年中国文
□□□□□元

让

我

们

一

起

追

寻

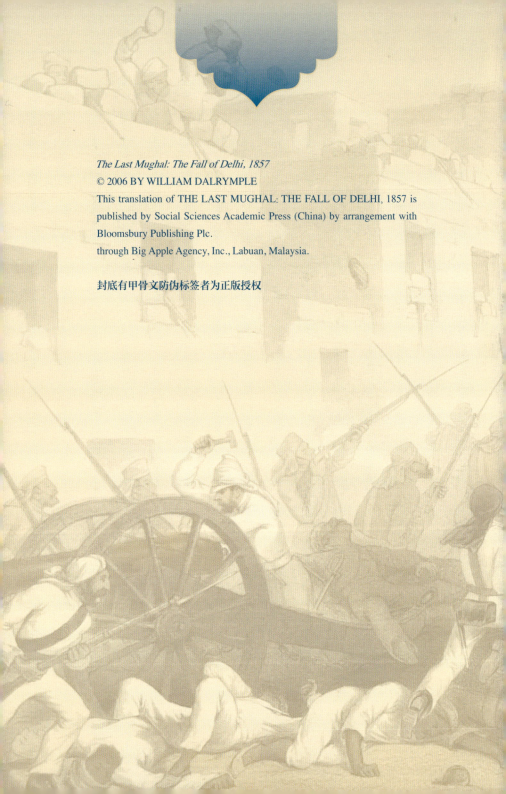

William Dalrymple

〔英〕威廉·达尔林普尔 作品八

莫卧儿王朝的

德里 1857 年

灭亡

何畅炜　李飚　译

The Last Mughal
The Fall of Delhi, 1857

社会科学文献出版社

SOCIAL SCIENCES ACADEMIC PRESS (CHINA)

本书获誉

英国

既权威又荡气回肠的一本书。

——黛安娜·阿西尔（Diana Athill），
《卫报》（*Guardian*）年度图书

叙事感人，紧扣心弦。

——《新政治家》（*New Statesman*）年度图书

达尔林普尔的笔触生动鲜活，这在学院派史学家当中确属
罕见。这部史书几乎以小说式的笔法，描绘得活灵活现，让我
们既近距离又超然象外地细探往事。达尔林普尔逸群绝伦，就
他所创作的此类作品的规模、抱负和文体而言，像是吉本的著
作《罗马帝国衰亡史》的东方版本。

——《苏格兰人》（*Scotsman*）年度图书

达尔林普尔天生就会讲故事，他这么绘声绘色、情真意切
地细述 1857 年印度兵变期间及事发前后莫卧儿帝国时期德里
戏剧性的历史进程，相当引人入胜。

——《星期日泰晤士报》（*Sunday Times*）年度图书

一针见血地彻底道出当代诸多事件的要害。全书结语是一则悲凉的诤言，只盼《莫卧儿王朝的灭亡》能摆在当今世界各国领袖的床头柜上。

——露西·穆尔（Lucy Moore），《每日邮报》（*Daily Mail*）

这无疑是达尔林普尔所书写的最气势恢宏、动人心弦、不同凡响的著作。本书描画生活于那个动荡年代里的真实人物的故事，其中包括英雄与恶棍、圣徒与浪荡子……《莫卧儿王朝的灭亡》堪称迄今为止达尔林普尔所写就的最哀婉凄美的作品。

——《世界时装之苑》（*Elle*）

全面翔实、深有见地、令人叹服。本书的亮点在于引文，全书引用大量未公开发表的第一手史料。在征引手头史料的过程中，达尔林普尔展露出历史学家所必备的两大才能：既能洞察秋毫，又能纵观大局。

——萨拉·惠勒（Sara Wheeler），
《每日电讯报》（*Daily Telegraph*）

一部多维度的鸿篇巨制，足以令先前那些避繁就简的作家惭愧。

——戴维·吉尔摩（David Gilmour），《观察家》（*Spectator*）

一部饶有趣味的纪事……古都德里就是该书富有生命力的灵魂。

——《经济学人》（*Economist*）

以慧心妙笔，重述颠覆扎法尔统治的事件——1857 年印度兵变，它可谓后来的"英属印度的斯大林格勒战役"。达尔林普尔在印度国家档案馆里寻获一座绝妙的文献宝藏。幸好有丰富的史料，《莫卧儿王朝的灭亡》得以洋溢生机、丰富多彩、经纬万端，足以令竭力主张推行强硬外交政策的读者，重新审视英国对印度的殖民统治所引发的后果……这部不同凡响的著作因作者孜孜不怠的调研、娓娓道来的文风和独具想象力的悲悯情怀而独树一帜。撰写这部史书，达尔林普尔虽心有义愤，却不曾忽视自己对读者所肩负的责任。本年度数一数二的史书由此诞生。

——《旗帜晚报》（Evening Standard）

在德里二十余载的生活积淀，让达尔林普尔深谙印度国情。他勤勉不懈地搜寻第一手史料，归功于此，他不矜不盈地细述 19 世纪欧洲列强所面临的最严重的武装反抗，以及英国人对那些敢于起事的人所施加的血腥报复。

——《金融时报》（Financial Times）

达尔林普尔是才华横溢的游记作家和历史学者，眼前的著作可谓出类拔萃。本书具有的颇多闪光点之一是搜罗印度档案馆馆藏迄今未公开发表的乌尔都语及波斯语史料，从英国人和印度人的双重视角述说历史。这是一部激愤之书，也是一部绝妙的好书。

——马克斯·黑斯廷斯（Max Hastings），《星期日泰晤士报》

细针密缕、见解透辟……在本书中，达尔林普尔独辟蹊径地记述印度兵变，陈说导致兵变的诸事件以及兵变余波，透过棱镜折射出的影像探查末代皇帝的一生。对于莫卧儿王朝帝都在遭受兵燹之灾前的市井生活，他绘声绘色地加以描写，同时他还巧妙地指明那段历史的各个关键点：这都是先前史学家时有疏漏之处。他补充的脚注是我所读到过的信息量最大的注解。不仅如此，他还出色地传达出对于探究一段历史所怀有的纯粹喜悦，每一位真正的史学工作者皆心领神会。

——杰弗里·穆尔豪斯（Geoffrey Moorhouse），《卫报》

远不止重述 1857 年起义，达尔林普尔以旁征博引、斐然成章的叙事手法讲述莫卧儿王朝的沦覆，颂赞 19 世纪初德里大雅绝世、昙花一现的莫卧儿文化。

——博伊德·汤金（Boyd Tonkin），《独立报》（*Independent*）

威廉·达尔林普尔对此题材饶有兴趣，这使他从当代研究印度史的众多学者中脱颖而出。这部作品的字里行间洋溢着对该国的热爱……他的调研包罗万有，他的热忱极富感染力，他是一位无与伦比的引路人。达尔林普尔对创作投入巨大热忱，行文明晰，字字珠玑。

——塞巴斯蒂安·莎士比亚（Sebastian Shakespeare），
《文学评论》（*Literary Review*）

鞭辟入里地剖析历史之周而复始，毫无顾忌地与当今之事相提并论，唇枪舌剑地谈到原教旨主义的起源，《莫卧儿王朝的灭亡》是一部慷慨激愤之书。对印度之爱，以及同样强烈的对歪曲和阻抑史实传播之恨，激起作者的满腔义愤。

——尼古拉·巴尔（Nicola Barr），《卫报》

孜孜不倦地调研，信息量巨大……达尔林普尔的著作表达了对典雅传统的遗失之痛和对逝去的一切之颂扬，整部著作的基调在史诗与挽歌之间来回切换。

——阿米尔·侯赛因（Aamer Hussein），《独立报》

一部写作技法高妙、缜密调研的史书。

——《观察家》（Observer）

1857—1858 年印度兵变和罢黜莫卧儿王朝末代皇帝，可谓划时代的重大事件。威廉·达尔林普尔锦心绣口、学识渊博，利用丰富的新史料，述说这段戏剧性的悲壮历史。

——C. A. 贝利（C. A. Bayly），剑桥大学维尔·哈姆斯沃思（Vere Harmsworth）帝国史与海军史教授

威廉·达尔林普尔巧妙地营造印度兵变前夕剑拔弩张、一触即发的氛围，张弛有度地把我们引至事件爆发时的情境……达尔林普尔的杰出成就在于他几乎时刻为读者提供事态进展的详情，这有赖于他所掌握的史料。他大量引用波斯语及乌尔都语文稿，透过回忆录、信札、官方报告以及对印度文化和伊斯兰文化的彻悟，陈说那场混乱。达尔林普尔怀着嫌恶愤懑之情细述英国人的报复行动。

——迈克尔·比尼恩（Michael Binyon），
《泰晤士报》（Times）

达尔林普尔创造了一种都市叙事，诚如理查德·科布笔下的法国大革命那般引人共鸣……本书有太多地方让人心折首

肯：深入的历史研究、感人肺腑的文字、对莫卧儿帝国晚期的印度人文世界的默契神会。就多方面而论，这同样是一部富有人情味、主张人人平等的隽永史书，一部大悲大悯、精妙绝伦的学术著作……对于 1857 年之事，鲜有作品能重新诠释得如此富有洞察力和挑战性。

——《泰晤士报文学增刊》（*Times Literary Supplement*）

此前没有一部书这么深入地探究德里当年的旧事，也没有一部书这么生动鲜活地描画莫卧儿末代王朝的朝中百态。

——迈克·达什（Mike Dash），
《星期日电讯报》（*Sunday Telegraph*）

杰作，堪称达尔林普尔的最佳作品：不只有极为有趣的扎法尔人生历程的介绍，还有对分崩离析的都城之生动写照。达尔林普尔显然对那座城市了如指掌。作者位居同代人中最资深的印度通之列，本书即是印证。

——《地理》杂志（*Geographical*）

摄人心魄，笔歌墨舞。

——《好书指南》（*Good Book Guide*）

印度

最佳的叙事体史书……这是透过被卷入大旋涡的不列颠人

及印度人的视角撰写的一部令人瞩目的纪事。与此同时，对于该起义的性质，达尔林普尔洞隐烛微……他的记述既引人共鸣，又细致入微。

——施瓦潘·达斯古普塔（Swapan Dasgupta），
《电讯报》（*The Telegraph*）

达尔林普尔是我们所处的时代里最伟大的史学作家之一。该书无疑会是他的最佳著作。

——《亚洲时代报》（*Asian Age*）

调研鞭辟入里，想象生动，富有强烈的戏剧感，敏锐地把握人性。那个时代全然活现：紧迫而富有情调、凄婉悲怆。这是一部精彩绝伦的读物。

——《第一城市》杂志（*First City*）

达尔林普尔笔下德里被攻占与沦陷的旧事，罕有地饱含仁义情怀，令人意兴盎然。他的行文翩翩栩栩、稳稳当当，整部书的立意明快透髓。

——《印度教徒报》（*The Hindu*）

扣人心弦、绘声绘色地细述 1857 年抵抗运动……重叙故人旧事，有血有肉、呼之欲出。

——《印度斯坦时报》（*Hindustan Times*）

达尔林普尔以故事大师的凌厉奔放，挥洒自如地陈说莫卧儿"李尔王"的心酸与病态……在《莫卧儿王朝的灭亡》中，历史在本质上充其量只是人间戏剧。

——《今日印度》（*India Today*）

意义深远……悲天悯人，沉博绝丽。《莫卧儿王朝的灭亡》堪称传世佳作，原因有三：首先，它是对一位饱经那段醉人历史的了不起的人物之生动写照；其次，它是迄今论及1857年德里之事的最细针密缕的作品之一；最后，它再次证明达尔林普尔能以最动人心魄的方式书写历史。

——帕万·K. 瓦尔马（Pavan K Varma），《DNA》杂志

历史被归档封存，却又历历可辨。缜密细致的调研与绝妙的写作风格，达尔林普尔兼而有之。他出色地捕捉到1857年前后的时代精神。尤有深意的是，他所创作的这部著作不仅谈古，而且颇具当代意义。国内外的其他印度历史学者若能见贤思齐，那么历史将既有教育性又有启发性，既振聋发聩又乐趣无穷。

——《印度教徒报》年度图书

（《莫卧儿王朝的灭亡》）示范了如何书写历史：不是枯燥乏味地罗列连串的列王、战斗和条约，而是把往事映现在读者眼前，给已然逝去的人物重新赋予生命，让读者感觉生活于其间，可以与书中人物共担苦乐悲喜、忧惧挂虑……达尔林普尔的作品唤起万千感慨，让每一个德里人泪眼婆娑。

——库什万特·辛格（Khushwant Singh），
《印度瞭望》杂志（*Outlook India*）

美国

调研深入，文笔优美……对 1857 年德里诸事件的记述，一针见血、引人入胜。

——《国家》杂志（*Nation*）

针对 1857 年之事的诸多争议，本书做出了独创性的重要贡献。

——《书单》杂志（*Booklist*）

达尔林普尔所擅长的是让当代人对重大历史事件感同身受、心领神会。

——托宾·哈肖（Tobin Harshaw），
《纽约时报书评周刊》（*New York Times Book Review*）

威廉·达尔林普尔的著作撼人心魄。它不仅是一部优秀读物，而且对于我们了解当年行将消亡的莫卧儿帝国的非凡历史，知悉德里历史、印度史、印度教徒与穆斯林和衷共济的往事，以及处于帝国主义和反抗的至关重要阶段之印英关系的演变，亦做出不可磨灭的贡献。如此出类拔萃、通幽洞微的学术著作，也能这么易懂易读、趣味盎然，确属罕见。

——阿马蒂亚·森（Amartya Sen）

澳大利亚

这部著作是对（莫卧儿帝国时期的德里）在其最后数月里的悲惨处境的巨细无遗的写照，具有很强的可读性。对于处在最兼收并蓄、最多元化阶段的伊斯兰文明之失落，它堪称一曲挽歌……达尔林普尔透过印度人及英国人的视角，绘声绘色地描述那场起义……一部不朽著作。对于印度历史中最重要插曲之一的研究，它开辟了一片新天地。针对持侵略态度的西方各国对东方诸国的侵扰干涉之举的危险性，它的教诲之言可谓中肯之至，适用于一百五十年前，同样适用于今时今日。

——约翰·祖布里兹基（John Zubrzycki），
《澳大利亚人报》（*The Australian*）

谨以此书

献给

爱女伊比（Ibby）

目　录

插图目录

科塔的拉奥造访德里，约 1840 年。Collection of Stuart Cary Welch

扎法尔的肖像画，摘自托马斯·梅特卡夫爵士的《德里画册》，约 1845 年。Add. Or. 5475 17，© British Library Board

扎法尔主持朝会，约 1840 年。© The Trustees of the Chester Beatty Library，Dublin

两头国事礼仪象。V&A Images，Victoria and Albert Museum，London

穿着夏服的贾杰切尔的纳瓦布与宫廷诸公。Add. Or. 4680，© British Library Board

贾杰切尔的纳瓦布骑着宠物虎，在乡间园囿四处游逛。Courtesy of the Cynthia Hazen Polsky Collection

《弗雷泽专辑》（Fraser Album）中描绘"九名马贩子"那页的细部，德里，约 1816—1820 年。Photograph courtesy of Simon Ray，London

四名士兵，摘自《弗雷泽专辑》，据认为是古拉姆·阿里·汗的画作，约 1816—1820 年。出自 collection of Prince and Princess Sadruddin Aga Khan

德里颇负盛名的苦修士"花郎先生"及其追随者。V&A Images，Victoria and Albert Museum，London

德里的一群苏菲派教徒以及娑度、瑜伽士和苦修士围拢在篝火旁。Courtesy of Joachim K. Bautze

一个名叫皮亚丽·贾恩的舞姬，摘自《弗雷泽专辑》，拉尔先生或胡拉斯·拉尔绘制，1815 年。出自 collection of Prince and Princess Sadruddin Aga Khan

一名整理登记簿的会计师，摘自詹姆斯·斯金纳的《贵族列传》。Add 27255 96V，© British Library Board

德里的鸦片馆和横躺在地的瘾君子，摘自詹姆斯·斯金纳的《贵族列传》。Add 27255 337，© British Library Board

印度舞妓马拉吉尔的肖像画，摘自《弗雷泽专辑》，拉尔先生或胡拉斯·拉尔绘制，1815 年。出自 collection of Prince and Princess Sadruddin Aga Khan

一个由舞姬和乐师组成的表演团。V&A Images，Victoria and Albert Museum，London

德里的一群说书人和滑稽演员，摘自《弗雷泽专辑》，约 1820 年。出自 collection of Prince and Princess Sadruddin Aga Khan

扎法尔的肖像画，奥古斯特·舍夫特绘制，约 1854 年。Courtesy of the Lahore Fort

一位德里诗人的肖像画，此人可能是穆明·汗大夫，此画据信是贾文·罗摩所作，印度，约 1835 年。© President and Fellows of Harvard College, Harvard University Art Museums

吉娜塔·玛哈尔，依照《伦敦新闻画报》所描绘的样貌。P2380，© British Library Board

《伦敦新闻画报》中的扎法尔像。P1519，© British Library Board

米尔扎·阿萨杜拉·拜格·汗，即诗人迦利布。P1007/16，© British Library Board

吉娜塔·玛哈尔，麦克莫汉将军拍摄，1872 年。Add. Or. 5475 17V，© British Library Board

阿奇代尔·威尔逊将军，约翰·杰贝兹·埃德温·梅奥尔（John Jabez Edwin Mayall）绘制。National Portrait Gallery, London

约翰·尼科尔森准将，威廉·卡彭特（William Carpenter）绘制。National Portrait Gallery, London

霍德森骑兵团的威廉·霍德森。P79（2），© British Library Board

哈丽雅特·泰特勒和罗伯特·泰特勒。

德里野战部队进逼莫卧儿王朝帝都。X271 3，© British Library Board

霍德森的骑兵团，费利斯·比托拍摄。Wilson Centre for Photography

9 月 14 日，英国人攻打克什米尔门。X271 16，© British Library Board

夺取德里城后，扎法尔的私人谒见厅被改为军官食堂，1857 年。1261. e. 31，© British Library Board

舟桥，费利斯·比托拍摄，1858 年。P193 1，© British Library Board

克什米尔门，费利斯·比托拍摄，1858 年。P25 14，© British Library Board

旗杆塔，费利斯·比托拍摄，1858 年。Wilson Centre for Photography

胡马雍陵，费利斯·比托拍摄，1858 年。P52 18，© British

Library Board

衰颓的废帝，"摄影师谢泼德先生"拍摄。P797 37，© British
Library Board

两名皇子：贾旺·巴克特和沙·阿巴斯，费利斯·比托拍摄。
Courtesy of Jane and Howard Ricketts Collection, London

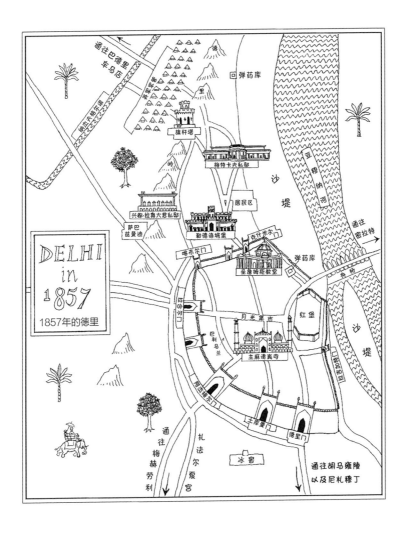

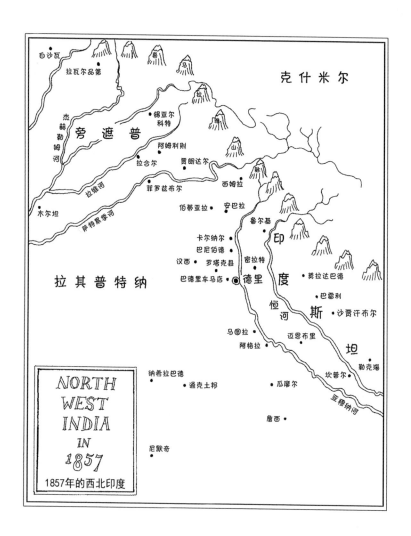

白沙瓦

拉瓦尔品第

克什米尔

杰赫勒姆河

旁遮普

锡亚尔科特

阿姆利则

拉合尔   贾朗达尔

拉维河   西姆拉

菲罗兹布尔

佰蒂亚拉 安巴拉

木尔坦

萨特累季河

暑尔基   印

卡尔纳尔

巴尼伯德   密拉特

汉西 罗塔克县

巴德里车马店 ● ◉ 德里 度 莫拉达巴德

恒河   巴雷利

沙贾汗布尔

马图拉

阿格拉   迈恩布里

斯

坦 勒克瑙

坎普尔

拉其普特纳

纳希拉巴德   亚穆纳河

● 通克土邦   ● 瓜廖尔

詹西

尼默奇

NORTH
WEST
INDIA
IN
1857

1857年的西北印度

人物介绍

莫卧儿人

莫卧儿皇族

皇帝巴哈杜尔·沙·扎法尔二世（Bahadur Shah Zafar II，1775—1862）：年届垂暮的莫卧儿皇帝，身为皇帝阿克巴·沙二世（Akbar Shah Ⅱ）的长子，却非宠儿。他是书法家、苏菲派教徒①、神学家、细密画家的赞助人、园林创建者以及正经八百的神秘主义诗人。但时至 19 世纪 50 年代，除去莫卧儿王朝依然赋他强烈的神秘感外，在日常临朝秉政时，他所真正拥有的权力已微乎其微，就很多方面而论，他都是"棋盘上的国王"②。1857 年 5 月 11 日，铤而走险的粗莽印度兵闯入皇宫，扎法尔起初虽深感惊骇，但最终同意赐福于该起义③，并将之视为其治下伟大王朝免于消亡的唯一途径。他后

---

① Sufi，伊斯兰教的神秘主义派别。（如无特别说明，本书脚注均为作者注。）

② 意指傀儡。英国人多称扎法尔为"国王"或"德里之王"。对于英国方面的史料引文，译文尽量维持原貌，其余统一译作"皇帝"，其他皇族成员和相关称谓亦依此。个别之处考虑到行文的连贯性，略有调整。——译者注

③ 即 1857—1859 年印度民族大起义，英国人称之为印度兵变（Indian Mutiny，或印度哗变），视其为起事、反叛、叛乱、暴乱、暴动或骚乱，而当时印度各地的看法也不一致。相关用词基本照原文直译，但考虑到上下文语境，略有调整。特此说明。——译者注

来逐渐对此决定懊悔不已。

纳瓦布吉娜塔·玛哈尔皇后（Nawab Zinat Mahal Begum，1821—1882）：扎法尔的正妻，妻妾中唯有她出身显贵。1840 年与扎法尔完婚，时年 19 岁，而他年届 64 岁。她凌驾于竞争对手泰姬·玛哈尔皇妃（Taj Mahal Begum）之上，最得皇帝殊宠。吉娜塔·玛哈尔抚育、调教独子贾旺·巴克特王子（Mirza Jawan Bakht），致力于将其——扎法尔的十六名子嗣中排行十五的皇子——册立为皇储。人们普遍认为扎法尔完全被吉娜塔·玛哈尔操纵，但 1857 年时扎法尔任她摆布的限度究竟若何，很快就大白于天下。

泰姬·玛哈尔皇妃：美丽的泰姬是微贱的宫廷乐师之女，1837 年扎法尔即位，这位当时最得扎法尔宠幸的泰姬便以后宫之首的身份主持登基庆典。1840 年扎法尔与时年 19 岁的吉娜塔·玛哈尔成婚后，泰姬便开始失势。到 1857 年，她因涉嫌与扎法尔之侄卡姆兰王子（Mirza Kamran）有私情而遭监禁。自此，扎法尔和吉娜塔·玛哈尔便与其彻底疏远。

法赫鲁王子（Mirza Fakhru，亦称古拉姆·法赫鲁丁王子 [Mirza Ghulam Fakhruddin]，1818—1856）：1849 年扎法尔的长子达拉·巴克特王子（Mirza Dara Bakht）死于热病，英国人认定扎法尔次年长的皇子——法赫鲁王子，将接替其成为皇储。法赫鲁王子是天赋异禀、广受喜爱的诗人和历史学家，无奈在吉娜塔·玛哈尔的影响下，扎法尔偏爱吉娜塔所生的时年 15 岁皇子贾旺·巴克特。扎法尔曾试图阻止把法赫鲁王子册立为储君，但未果。法赫鲁王子卒于 1856 年，很可能死于霍乱，不过据宫廷小道传言，其死于中毒。

莫卧儿王子（Mirza Mughal，1828—1857）：扎法尔第五

子，由名为萨拉夫·玛哈尔·赛义德妮（Sharaf ul-Mahal Sayyidani）的贵族出身的赛义德①所生，她是扎法尔后宫中资深望重的人物。1852 年法赫鲁王子遭罢黜后，莫卧儿王子便以吉娜塔·玛哈尔之门徒（protégé）的身份在朝中崭露头角，并被委任为城堡监守（qiladar）。1856 年法赫鲁王子离世后，莫卧儿王子成为扎法尔在世的嫡子中最年长的一位，或许就是此时，他与东印度公司军中那些心怀不满的印度兵有所接触。自 5 月 12 日起，他无疑是王室中的主要起义领袖。在起义与围攻的混乱中，他十分勤勉地维持着德里行政院的运营。

希兹尔·苏丹王子（Mirza Khizr Sultan, 1834—1857）：扎法尔第九子，是宫妃所生的庶子。1857 年，时年 23 岁的他，以外形俊美闻名，有作为诗人和神射手的某些资质，但就在这一年，他转而决定支持反叛者，此后基本不受尊重；同时，在巴德里车马店（Badli Ki Serai）一战中，他惶恐遁逃，致使叛军将士惊慌失措。在围城期间，他更是赃污狼藉，因未经许可便实施抓捕且向城镇的银行家征税，在原始史料中屡有遭批斥的记载。

阿布·贝克尔王子（Mirza Abu Bakr，卒于 1857 年）：法赫鲁王子的长子，是扎法尔在世的嫡孙中最年长的一位，亦是皇族里主要的刁徒泼皮（badmash）。暴动后数日内，他便开始出现在向皇帝奏禀的呈文和诉状中：被控狎妓酗酒、鞭笞仆佣、毒打看守，以及随意攻击试图管束他的警察。阿布·贝克尔王子名义上接管了叛军骑兵队，却洗劫古尔冈（Gurgaon）和德里各郊区，继后率军远征密拉特（Meerut），但损失惨重，整场行动以 5

---

① sayyida，同 sayyed，即圣裔，指先知穆罕默德的直系后裔，通常享有"米尔"尊衔。

月 30 日及 31 日叛军于辛丹桥（Hindan Bridge）败北而告终。

贾旺·巴克特王子（1841—1884）：最受扎法尔宠爱的儿子，是扎法尔与吉娜塔·玛哈尔所生的唯一孩子。虽是扎法尔十六名子嗣中排行十五的皇子，皇帝却决心设法令其成为皇储。贾旺·巴克特王子被娇生惯养，他自私自利，除双亲外，鲜有支持者，他对学业亦无太大兴趣。起义期间，其母令其对反叛者避而远之，吉娜塔·玛哈尔这么做，实则指望在印度兵溃败后，其爱子的继承权能得以保证。

伊拉赫·巴赫什亲王（Mirza Ilahe Bakhsh）：身为法赫鲁王子的岳父、阿布·贝克尔王子的外公，以及 1857 年前后宫中亲英派系的首领之一。在城池被围期间，他始终与威廉·霍德森（William Hodson）密切接触；城池失陷后，扎法尔之所以投降，实有赖于他的劝说。在随后数周里，他负责指认哪位亲戚曾对反叛者寄予同情，为自保性命，他竟然以包括亲外孙在内的大多数家人的生命为代价，终沦为尽人皆知的"德里叛徒"。

皇帝的内臣

阿赫桑努拉·汗大夫（Hakim Ahsanullah Khan）：绝顶聪明、足智多谋、学养深厚的大夫是扎法尔最信任的心腹，被委以宰相兼私人医生之职。1857 年之前，大夫与吉娜塔·玛哈尔关系不睦，但在 1857 年起义期间，二人同心协力，联手对抗叛军，并与英国人展开沟通。大夫的书函被反叛的印度兵发现时，印度兵曾试图将其处死，扎法尔却予以庇护。大夫持续力劝扎法尔不要投身于反叛大业，敦促他向英国人投降，然而扎法尔最终归降时，竟遭大夫出卖。扎法尔受审时，大夫提供了对主子不利的证据，以为自己换取赦罪。

马赫布卜·阿里·汗（Mahbub Ali Khan，卒于 1857 年）：宫廷总管太监，虽身处后宫（zenana）宫墙之外，却是吉娜塔·玛哈尔手下恶名昭著、心狠手辣的"执行者"。像其女主子一样，他对起义深感疑忌，暴动后，他成了宫中亲英派系的主要成员之一。他久病不愈，后于 1857 年 6 月 14 日亡故，但据盛传，他是中毒身亡。

米尔扎·阿萨杜拉·汗（Mirza Asadullah Khan，即"迦利布"［Ghalib］，1797—1869）：最伟大的乌尔都语（Urdu）抒情诗人，在可堪比拟者——扎乌克（Zauq）死后，自 1854 年起迦利布被誉为莫卧儿帝国时期德里"桂冠诗人"（Poet Laureate）。以其本心而论，迦利布是苏菲派神秘主义教徒；就其本性而言，他有意识地显露落拓不羁之相和贵族派头。对于 1857 年城池被围以及莫卧儿帝国时期德里沦亡之事，迦利布在其作品中提供了一些文风精雅、凄婉悱恻的记录。

查希尔·德拉维（Zahir Dehlavi，1835—1911）：在莫卧儿宫廷里担任扎法尔的侍从，自年满 13 岁那天起，便一直在红堡（Red Fort）里做事。1857 年，时年 22 岁的查希尔·德拉维已被擢升至掌管莫卧儿王朝铜制镀金鱼权标①的总管②一职。身为扎乌克的门生，查希尔·德拉维是个温文尔

---

① Mahi Maraatib，有两种形态：一种是长长的金旗杖的杖端刺一尾镀金鱼（如第一章篇章页上的插图所示），另一种是两尾镀金鱼悬于一张弓上（如彩插"两头国事礼仪象"中所示）。它是莫卧儿王朝最重要的徽记。尽管查希尔冠冕堂皇的官衔是"掌管莫卧儿王朝铜制镀金鱼权标的总管"，但其日常职责似乎没什么特别的，他实际上是皇帝的听差或侍从武官。

② Darogah，17 世纪指皇家事务总管，19 世纪指监管警察局、桥梁以及皇室里个别部门的中低级官员。

雅、知书达理的侍臣和诗人。其著作《革命故事》（*Dastan i-Ghadr*）——此前从未被翻译或被用于以英语记载该起义的任何史料——从宫廷显贵的视角，面面俱到、纤悉无遗地记述围攻及起义的进程，其他留存于世的史料均不能与之比肩。

叛军

巴克特·汗将军（General Bakht Khan）：1857 年之前，巴克特·汗是东印度公司军中的印裔炮兵上尉[1]，也曾是荣誉载身、久经沙场的阿富汗战争老兵。巴克特·汗身材魁伟、体格健壮，蓄着浓密的八字髭和连鬓胡楂，在被巴雷利[2]部队将士推举为将军而抵德里时，他荣载行政官和军事实际领导人之誉。围城战进行过半时，他于 1857 年 7 月 2 日抵达德里，乍看之下，巴克特·汗及其帐下的 3000 名士卒似乎会让叛军迎来迅速胜利，岂料此将军粗莽迂拙地对待其他叛军领袖，对待莫卧儿王子的态度尤甚，这很快就使他四面树敌。此将军的"瓦哈比派"（Wahhabi）宗教观同样犯了众怒。至 8 月中旬时，巴克特·汗因未能削弱英军防御工事被罢黜总司令（Commander in Chief）之职。

素达利·辛格将军（General Sudhari Singh）和希拉·辛格参谋长（Brigade Major Hira Singh）：身为尼默奇旅（Nimach Brigade）的首领，此二人是巴克特·汗的主要竞争对手，尤其在 8 月 25 日叛军于纳杰夫格尔（Najafgarh）遭尼科尔森（Nicholson）麾下纵队伏击，巴克特·汗任由他们属下

---

[1] Subahdar，印度兵诸团中资深的印裔军官。

[2] Bareilly，现印度北方邦北部城市，位于恒河支流拉姆根加河左岸，在德里东南偏东方向。——译者注

将士自生自灭之后，他俩拒不接受巴克特·汗的权威，并着力动摇其地位。

高里·尚卡尔·苏库尔参谋长（Brigade Major Gauri Shankar Sukul）：哈里亚纳团（Haryana Regiment）的首领，后成为效力于英方的最重要的内奸以及叛军队伍里的坐探。

沙尔法拉兹·阿里大毛拉（Maulvi Sarfaraz Ali）："瓦哈比派"宣教士，是巴克特·汗的精神导师，很快就以"圣战者（Mujahedin）组织的伊玛目（imam）"而闻名。起义前，大毛拉在德里生活多年，跟朝臣和市民均关系良好。在为举事铺路的日子里，他是最早宣扬对英国人发动圣战的阿訇之一。随着围城战持续推进，圣战武士（jihadi）的人数亦不断增加，他身为叛军领袖的影响力也随之逐步增强。

其他德里市民（DELHIWALLAH）

门士吉旺·拉尔（Munshi① Jiwan Lal）：起义爆发前，体态肥硕的吉旺·拉尔长期供职于英国常驻代表处（British Residency），担任托马斯·梅特卡夫爵士（Sir Thomas Metcalfe）手下的门士首领（Mir Munshi，即首席助理）。城池被围期间，吉旺·拉尔虽大部分时间遁匿于家宅的地窖里，但他竟能高效地指挥情报运作：每日差遣"婆罗门（Brahmin）和贾特人（Jat）各两名从各方打探消息，以掌握叛军的一举一动"，并适时地向英国驻德里岭情报机关的首长威廉·霍德森转禀消息。

---

① Munshi，印度的私人秘书或语言教师。

穆夫提萨德尔丁·汗（Mufti[①] Sadruddin Khan，即"阿祖尔达"[Azurda]，卒于 1868 年）：穆夫提萨德尔丁·阿祖尔达与扎法尔和迦利布均为至交。英国人在德里掌权得势的初期，阿祖尔达作为英国人与莫卧儿精英阶层之间沟通的桥梁，发挥了举足轻重的作用。三十年来，身兼德里的萨德尔阿明[②]、朝中首屈一指的文士和伊斯兰宗教学院[③]的教师等职，阿祖尔达始终采取温和的崇英派（Anglophilia）立场，能够在多重角色之间取得平衡。不过，1857 年在东印度公司传教士的煽动下，阿祖尔达遭离间，由此跟反叛者休戚与共。针对 1857 年 8 月 1 日于古尔邦节[④]期间发生的宰牛事件，阿祖尔达作为天生的斡旋者，在危急关头挺身而出，负责在圣战武士、朝臣和印度兵之间调停，避免了叛军队伍内部的一场潜在内战。

穆恩·乌德丁·侯赛因·汗（Muin ud-Din Husain Khan）：爆发起义时，他是帕哈尔甘吉（Paharganj）警察分局的局长（Thanadar），该分局就位于城郭高筑的都城略偏西南方。穆恩·乌德丁来自洛哈鲁市（Loharu）高门望族的一个小支系，其远亲包括迦利布和纳瓦布齐亚·乌德丁·汗（Nawab Zia ud-Din Khan）。穆恩·乌德丁救了西奥·梅特卡夫

---

① Mufti，有权发布伊斯兰教令的学者或教法说明官。
② Sadr Amin，穆斯林首席推事。
③ Madrasa，正确的复数形式应为"Madaris"，是伊斯兰教的传统学院或教育场所。这一时期的德里，亦有很多印度教徒在伊斯兰宗教学院求学。
④ 'Id，穆斯林的两大节日是开斋节和古尔邦节：开斋节又称肉孜节，时间是伊斯兰教历十月一日；古尔邦节又称宰牲节，时间是伊斯兰教历十二月十日。开斋节标志着斋月的结束，为纪念伊斯哈格（Isaac）之奉献而宰山羊或公羊，一如《旧约》和《古兰经》中都有所记载的其最初的庆典活动。

(Theo Metcalfe）一命，继后加入叛军，升任警察局长①一职。在起义的大部分时间里，他担任该职，直至被赛义德·穆巴拉克·沙（Sa'id Mubarak Shah）取代。起义遭镇压后，此二位幸免于难的前警察局长，都以乌尔都语绘声绘色地记述都城被围数月里的城中生活。

萨尔瓦尔·木尔克（**Sarvar ul-Mulk**）：年轻的莫卧儿贵族，暴动时，他大概 12 岁。爆发冲突期间，其阿富汗导师成为圣战武士，其父亦不得不保卫家宅，以免遭受暴取豪夺的印度兵的袭击。9 月 14 日之后，他们一家老小逃离都城，平安抵达海得拉巴（Hyderabad）。萨尔瓦尔·木尔克最终在该地撰写自传《我的一生》（*My Life*），细针密缕地描绘都城被围之事。

英国人

梅特卡夫家族

查尔斯·梅特卡夫爵士（**Sir Charles Metcalfe，1785—1846**）：首位赴德里的梅特卡夫家族成员，起先自 1806 年起，担任戴维·奥克特洛尼爵士（Sir David Ochterlony）的助手，随后自 1811 年起，担任英国常驻代表②一职。在最初那段时间里，查尔斯·梅特卡夫的行事风格颇符合首长为其设定的基

---

① Kotwal，莫卧儿城镇的警察局长、首席推事或者城市行政官。

② Resident，东印度公司派驻印度土邦宫廷的使节，起初充任总督派驻莫卧儿朝廷的大使，随着英国人权势渐盛、莫卧儿人渐呈日薄西山之势，常驻代表愈来愈多地担当起德里及周边地区统治者的角色，不但掌控城邑，甚至在其所派驻的宫廷施政。

调，他在莫卧儿王朝的沙利马尔花园（Shalimar Gardens）兴建私人宅邸，还（依照家族传统）"以印度仪礼"迎娶一个锡克妻子（Sikh bibi），并育有三子。时至 1826 年，梅特卡夫以常驻代表的身份返回德里，不仅抛弃锡克妻子，而且开始对印度和莫卧儿王朝的统治者采取一种迥然有别的态度。梅特卡夫离开德里出任加尔各答（Calcutta）理事会委员（Member of the Council）后不久，便在 1832 年致本廷克勋爵（Lord Bentinck）的书函中宣称："对于先前效忠的帖木儿（Timur）皇族，我已誓绝效忠。"

托马斯·梅特卡夫爵士（1795—1853）：1813 年托马斯爵士抵德里，担任其兄查尔斯·梅特卡夫爵士的助手，他的整个职业生涯都在德里度过，1835 年升任常驻代表一职。梅特卡夫一丝不苟、挑剔严苛，其职业生涯的大部分时间致力于筹议一份继承协议，以便让东印度公司在扎法尔晏驾后将皇族逐出红堡。梅特卡夫决意让扎法尔成为帖木儿皇族（Timurid）谱系中的最后一位皇帝，他对扎法尔虽有些感情，却几乎没有真正的尊重。当着扎法尔的面时，梅特卡夫一向有礼有节，但在私下里，他并未表现出太多善意。梅特卡夫写道："（扎法尔）性情温厚、才华横溢，却暗弱无断、首鼠两端，其所秉持的'唯我独尊'观念可谓谬妄。"梅特卡夫曾与法赫鲁王子议定一份继承协议，势必要让莫卧儿皇族离开红堡。1853 年梅特卡夫死于消化系统功能失调，而其主治医生认为死因是中毒，其家人亦深信：对其实施毒杀一事，是吉娜塔·玛哈尔指使的。

西奥菲勒斯·梅特卡夫爵士（Sir Theophilus Metcalfe，即"西奥"，1828—1883）：1857 年西奥·梅特卡夫在东印度公司担任低级治安法官一职，是与其父截然不同的人物。托马斯爵士为人矜持不苟，凡事求全责备，西奥则心胸豁达且善交际，欲有所表现时极富魅力。若说其父好清净且不尚酬酢，那么西奥则活跃聒噪，他乐于参加聚会，嗜好骑马，喜爱犬马。若说其父严于自律、安分守己，那么西奥则倾向于投机取巧，进而陷入其父所谓的"窘境"。1857 年 5 月 11 日叛方起事之际，西奥是城郭内为数不多的得以成功脱逃的英国官员之一，他加入德里野战部队（Delhi Field Force）之后，带头展开腥风血雨的复仇行动。

爱德华·坎贝尔爵士（Sir Edward Campbell，1822—1882）：托马斯·梅特卡夫爵士的女婿，在德里被围期间担任战利品代理人（Prize Agent）之职。坎贝尔曾是驻印英军前总司令查尔斯·内皮尔爵士（Sir Charles Napier）的门徒，而托马斯·梅特卡夫爵士一度跟查尔斯·内皮尔爵士有严重分歧；再者，坎贝尔虽爵位加身，却几乎一文不名：凡此种种原因，致使托马斯爵士起初竭力阻止他与其爱女乔治娜（Georgina，家人称之为"GG"）订婚。坎贝尔所属的第 60 来复枪团（60th Rifles）是首批试用新式恩菲尔德来复枪（Enfield rifle）的团之一，该团哗变后，他加入驻德里岭的德里野战部队。围攻结束时，他被推举为战利品代理人，负责对英方所攻陷的城池实施"合法"洗劫，不过他秉性温雅、审慎虔诚，实难胜任该项工作。

驻德里的英国人

米奇利·约翰·詹宁斯牧师（Reverend Midgeley John Jennings，卒于 1857 年）：1832 年詹宁斯牧师随军前往印度，

最初虽被派驻宁静山区大大小小的传教站，但长久以来他梦寐以求的是在德里开展传教活动，以"教化异教徒的传教士"之身份，全身心地投入一些正经工作中。1852年他总算获任驻莫卧儿帝国皇都的随军牧师一职，直接进入第一线——皇宫红堡，受邀与禁军（Palace Guard）统领道格拉斯上尉（Captain Douglas）合住于拉合尔门（Lahore Gate）寓所。詹宁斯的行为举止油滑又迂拙，这几乎没为他赢得什么朋友，德里的英国人群体中的很多人都将他视为"盲信者"。德里居民对他的嫌恶之情更甚，尤其在1852年他成功地让两名显要的德里印度教徒（Hindu）——罗摩昌德拉大师（Master Ramchandra）和奇曼·拉尔（Chiman Lal）——改信基督教之后。东印度公司曾打算让更多德里居民改信基督教，必要时还会诉诸武力，詹宁斯则亲自负责劝服信众。

罗伯特·泰特勒（Robert Tytler，卒于1872年）和哈丽雅特·泰特勒（Harriet Tytler，卒于1907年）：身为第38本土步兵团（38th Native Infantry）的老兵，罗伯特·泰特勒是位作风老派的军官，他与手下印度兵同休共戚，为他们的福祉挂心，对印度斯坦语（Hindustani）亦驾轻就熟。泰特勒看起来是个体察入微的蔼然仁者，当时这位带着两名幼童的鳏夫于不久前再婚，此次迎娶的是活泼达观的哈丽雅特。哈丽雅特的年纪小他一半，也像他一样邃晓印度斯坦语。泰特勒夫妇俩一同从事他们所热衷的业余艺术创作，而让这对军旅夫妻意外的是，二人双双成为先锋摄影师。暴动时，夫妇俩逃离德里去往安巴拉（Amballa），在当地终与德里野战部队会合。关于德里被围期间德里岭上的生活以及失陷城池的命运，哈丽雅特的回忆录可谓最佳的原始史料之一。

爱德华·维贝尔（Edward Vibart）：1857 年时，这位驻德里第 54 孟加拉本土步兵团（54th Bengal Native Infantry）的连长年仅 19 岁。他出身印度军人世家，其父是坎普尔（Kanpur）的骑兵军官。叛方起事期间，其父在坎普尔大屠杀中遇害，而他在暴动之际逃出城去，仅以身免。继后，死里逃生的维贝尔参与攻城战，克复城池。关于在攻城期间以及随后长期的报复行动中英国人所犯下的累累暴行，维贝尔的回忆录，尤其是他的信札，堪称最佳的原始史料之一。

德里野战部队

将军阿奇代尔·威尔逊爵士（General Sir Archdale Wilson，1803—1874）：时年 54 岁的阿奇代尔·威尔逊是位身材矮小、干净利落、谨小慎微的绅士。爆发兵变时，威尔逊是密拉特基地兵站的指挥官之一，随后他从卫戍地亲率一支纵队，在 5 月 30 日及 31 日于辛丹桥击溃阿布·贝克尔王子。6 月 8 日的巴德里车马店之战开始前不久，威尔逊在阿里布尔（Alipore）与德里野战部队会师。巴纳德将军（General Barnard）去世以及里德将军（General Reed）请辞后，威尔逊自 7 月 17 日起接过围攻德里期间的英军指挥棒。他迅即把防御策略落实到位，这令其在当时饱受诟病，但在援军赶到前，正因实施此项举措，才成功地保存英军实力。9 月 14 日强攻前不久，他们迎来援军。在攻取城池期间，威尔逊最终丢魂丧胆，约翰·尼科尔森曾一度威吓称，威尔逊若传令退兵，就毙了他。

约翰·尼科尔森准将（Brigadier General John Nicholson，1821—1857）：据传，这位寡言少语的阿尔斯特

新教徒（Ulster Protestant）曾亲手将当地一个强盗头目斩首，然后把那人的头颅搁在书桌上。尼科尔森"仪态威严，身高约六英尺二英寸，蓄长鬓髯，深灰色双眼、黑瞳孔，兴奋时瞳孔放大，犹如虎目灼灼"。出于不明原因，尼科尔森赋予宗教教派"尼科尔辛派"[①] 灵感，他显然被该教派成员视为毗湿奴（Vishnu）的化身。叛方起事期间，在印度的英国人当中，尼科尔森堪称传奇。他集虔敬、庄重、胆魄于一身，式遏寇虐又心狠手辣，这些正是鼓舞德里岭上的英军官兵所必须具备的品质。说到对这位伟大的帝国精神变态者的英雄崇拜，几乎没人始终能无动于衷。尼科尔森出现在围城战中，随后不久便于 8 月 25 日率部强行军，对纳杰夫格尔的一支印度兵纵队展开伏击。9 月 14 日，他亲自指挥强攻城池，当日身负致命伤。

威廉·霍德森（1821—1858）：1857 年之前，威廉·霍德森曾被大多数同僚视为害群之马。他是教士之子，千伶百俐又受过大学教育，迅速被拔擢为新先导兵团（Corps of Guides）的副官（Adjutant），但他的失宠同样猝然。1854 年的一项调查称霍德森挪用团部资金，随后他被解除指挥权。叛方起事期间，霍德森组建一个非正规骑兵团——被称为"霍德森骑兵团"（Hodson's Horse），他还在德里岭上卓有成效地推进英国情报机构的运作。他孤行己意，对扎法尔和吉娜塔·玛哈尔投降一事进行筹议，后于 9 月 21 日把身为俘虏的此二人押送进德里城。次日，霍德森又回去把莫卧儿王子、希兹尔·苏丹王子和阿布·贝克尔王子领进城，首先把三位王子与其侍从分隔

---

① Nikal Seyn，乌尔都语，大致意为"引军出动"。

开来，并将三人缴械，接着吩咐他们脱光衣服，然后在近距离平射射程内将三人全部杀害。数月后，霍德森在 1858 年 3 月的勒克瑙（Lucknow）围城战中身亡。

其他英国官员

坎宁伯爵（Lord Canning，1812—1862）： 刚逾不惑之年的坎宁是位英俊勤勉的保守党[①]政客，虽则有些不苟言笑。他之所以同意出任印度总督（Governor General）一职，不过是因始终未能在伦敦内阁里赢得高级职位而致的懊丧之举。成行前，他从未对印度有一星半点兴趣。自 1856 年 2 月甫抵该地至暴动时，他都没离开过暑热湿盛的加尔各答，但这一切都不妨碍他理直气壮地对"莫卧儿王朝矫揉造作的闹剧"抱以鄙夷不屑的态度。到任数周内，坎宁就把废黜莫卧儿皇族的计划落实到位。英方镇压反叛后，他曾试图遏抑己方恶毒血腥的复仇行动，其结果可谓好坏参半。

约翰·劳伦斯爵士（Sir John Lawrence，1811—1879）： 亨利·劳伦斯爵士（Sir Henry Lawrence）之弟，1857 年亨利爵士担任驻阿瓦德（Avadh）首席专员（Chief Commissioner）。约翰爵士是托马斯·梅特卡夫爵士在德里时的前副手，得益于吃苦耐劳、行事高效的隽誉，他扶摇直上，由东印度公司文官一职步步高升，1853 年获任新征服的领地旁遮普（Punjab）之首席专员。约翰·劳伦斯禁止属下军官赴山中避暑，而且尽人皆知的是他对孱弱之夫"糕饼人"——除去大概喜好糕饼外，还热衷于风雅之事——非常不屑。1857 年之

---

① 托利党（Tory）成立于 1679 年，为英国保守党的前身。——译者注

事证明，他堪称北印度所有英国官员中最具才干的一位，不仅迫使参与反叛的印度兵缴械，还新征募多个非正规团，迅速平定旁遮普以使最大数量的兵力可被派往德里岭。德里失陷后，他殚精竭力地把报复行动的规模降至最低，而且亲自废弃夷平整座皇都的计划，从而使莫卧儿帝国时期的德里得以保全。

致　谢

　　如果没有同事马哈茂德·法鲁克（Mahmood Farooqui）的博学广闻、勤耕不辍，本书就是天方夜谭。过去四年间，我们一直携手致力于本研究项目，其中许多最妙趣横生的部分——尤其是《兵变文献》（Mutiny Papers）中乌尔都语卷宗的隽拔译文，原始史料以艰涩的"希卡斯塔体"①书写，有时几已无法辨认——皆是他敬业不怠、锲而不舍、真才实学之硕果。他的下一个课题正是首次出版这份殆无人征引又异常丰富的案卷之学术版，我祝他福运满满。此外，马哈茂德也随时提供机变如神与奇思妙想的"传声板"：跟他共同研讨巴哈杜尔·沙·扎法尔，最惬意的事情便是一边按部就班地拼凑事件的全貌和本书的轮廓，一边享用卡里姆饭店（Karim）的烤肉串（kebab）和卡帕契拉香饭（Kapashera biryani），或者更通常的是简单地就着一杯国家档案馆（National Archives）的香甜热茶（chai）。

　　我要感谢布鲁斯·万内尔（Bruce Wannell）、尤努斯·加

---

①　shikastah，又称"断续背离书法"，是一种复杂难懂的波斯语及乌尔都语的草写体或书法艺术（字面意思是"断断续续的字迹"），流行于18世纪末至19世纪。"Shikastah"是纳斯塔利克体（nasta'liq，又称"波斯体字体"或"波斯悬体"）的精巧繁复又个性化的形式。书写者把诗行或句子里通常空白的段落连接起来，使得字母与单词间的自然停顿变得模糊不清。通常非常难认。

法里（Yunus Jaffery）、阿兹拉·基德瓦伊（Azra Kidwai）和阿姬蔓·阿拉（Arjumand Ara），他们在波斯语（Persian）及乌尔都语的其他原始史料方面，给予的帮助弥足珍贵。苏布拉马尼亚姆·乔达摩（Subramaniam Gautam）机敏无比，他用无数种方式予以帮助，我铭感不忘。我接手的资料浩如烟海，恐慌情绪随之渐渐来袭，幸好有玛格丽特·佩尔瑙（Margrit Pernau）、鲁德兰舒·穆克吉（Rudrangshu Mukherjee）和索尔·戴维（Saul David）随时善意地提出建议并给予鼓励。

最后，哥伦比亚大学（Columbia）的弗兰·普里切特（Fran Pritchett）教授自告奋勇，对本书进行细致严格的校订，而我本人的其他任何书稿都不曾享受过如此厚遇。仔细查阅她所有的校注、勘正的译文和改进的建议，就耗费了我将近两周时间，因此她起初为了校订我的书稿，放弃多少宝贵时间，一定超出我的想象。哈尔班斯·穆琦亚（Harbans Mukhia）、迈克尔·费希尔（Michael Fisher）、C. M. 纳伊姆（C. M. Naim）、马娅·亚桑诺夫（Maya Jasanoff）、萨姆·米勒（Sam Miller）、萨钦·穆尔吉（Sachin Mulji），以及我和善可亲的岳父母西蒙·弗雷泽（Simon Fraser）和珍妮·弗雷泽（Jenny Fraser）也都乐此不疲地仔细翻阅书稿。他们直抒己见，指正书稿中的事实错误和语法错误。

维基·鲍曼（Vicky Bowman）千方百计地安排我进入仰光档案馆（Rangoon Archives），拉合尔的 F. S. 艾伊耶兹乌德丁（F. S. Aijazuddin）亦给予同样的帮助。艾伊耶兹乌德丁还向我讲述拉合尔堡（Lahore Fort）所珍藏的先前未公开的靡丽华美的扎法尔肖像油画一事，他不止一次而是三次取下肖像画，并请人进行拍摄，以作为本书（英文版）的封面用图。

　　其他许多人或建言献策，或在学术方面予以帮助，或与我风雨同舟。我同样感谢下面这些人。

　　在英国：查尔斯·艾伦（Charles Allen）、克里斯·贝利（Chris Bayly）、乔纳森·邦德（Jonathan Bond）、约翰·福尔克纳（John Falconer）、埃玛·弗拉特（Emma Flatt）、克里斯托弗·汉普顿（Christopher Hampton）、克里斯托弗·希伯特（Christopher Hibbert）、阿明·加法尔（Amin Jaffer）、埃莉诺·奥基夫（Eleanor O'Keefe）、罗西·卢埃林－琼斯（Rosie Llewellyn-Jones）、杰里·罗斯提（Jerry Losty）、阿夫里尔·鲍威尔（Avril Powell）、拉尔夫·拉塞尔（Ralph Russell）、苏珊·斯特朗（Susan Stronge）、韦罗妮卡·特尔弗（Veronica Telfer）、菲利帕·沃恩（Philippa Vaughan）以及布里吉德·瓦当姆斯（Brigid Waddams）。格里夫斯旅行社（Greaves Travel）简直棒极了，我要向该社的梅赫拉·达尔顿（Mehra Dalton）致以特别谢意，他用飞机载着我往返于伦敦与德里两地，还把我送到苏格兰以跟父母兄弟团聚。

　　在美国：因陀罗尼·查特吉（Indrani Chatterjee）、尼尔·弗格森（Niall Ferguson）、格伦·霍罗维茨（Glenn Horovitz）、纳温娜·海德尔（Navina Haidar）、卢比·拉尔（Ruby Lal）、芭芭拉·梅特卡夫（Barbara Metcalf）、埃尔布伦·基梅尔曼（Elbrun Kimmelman）、特蕾西·杰克逊（Tracey Jackson）、萨尔曼·拉什迪（Salman Rushdie）、西尔维娅·肖图（Sylvia Shorto）以及斯图尔特·卡里·韦尔奇（Stuart Cary Welch）。

　　在印度：西玛·阿拉维（Seema Alavi）、巴勃罗·巴托洛缪（Pablo Bartholemew）、米尔扎·法里德·贝格（Mirza Farid Beg，已故）、拉纳·贝哈尔（Rana Behal）、古尔恰兰·达斯

（Gurcharan Das）、桑蒂普·杜格尔（Sundeep Dougal）、约翰·弗里茨（John Fritz）、那罗雅尼·笈多（Narayani Gupta）、埃德·卢斯（Ed Luce）、维娜·卡普尔（Veena Kapoor，已故）、A. R. 哈利勒（A. R. Khaleel）、让-玛丽·拉丰（Jean-Marie Lafont）、斯瓦普纳·利德尔（Swapna Liddle）、希琳·米勒（Shireen Miller）、加伊·米诺（Gail Minault）、萨米纳·米什拉（Samina Mishra）、哈尔班斯·穆琦亚、维娜·奥登伯格（Veena Oldenberg）、帕拉迪普·克里香（Pradip Krishen）、乔治·米歇尔（George Michell）、阿斯拉姆·帕尔韦兹（Aslam Parvez）、阿兰达蒂·罗伊（Arundhati Roy）、考什克·罗伊（Kaushik Roy）、阿拉丹纳·塞特（Aradhana Seth）、费斯·辛格（Faith Singh）、马拉·辛格（Mala Singh）、曼文德拉·辛格（Manvender Singh）以及帕万·瓦尔马。得益于乔普拉博士农场（Dr Chopra's Farm）的斯坦利（Stanley）、斯特拉（Stella）和杜格尔的出色工作，我们都安然无事。

戴维·戈德温（David Godwin）煞费苦心、据理力争，（巧妙地）促成我将本书转到布鲁姆斯伯里出版公司（Bloomsbury）出版，这位知交自始至终都极其忠实贤明。接触过我这本书的各位出版人皆满腹锦囊，他们是：布鲁姆斯伯里出版公司的亚历山德拉·普林格尔（Alexandra Pringle）、奈杰尔·牛顿（Nigel Newton）和段簪英（Trâm-Anh Doan），诺夫出版社（Knopf）的桑尼·梅赫塔（Sonny Mehta）和黛安娜·特赫里纳（Diana Tejerina），企鹅出版集团印度公司（Penguin India）的托马斯·亚伯拉罕（Thomas Abraham）、拉维·辛格（Ravi Singh）、戴维·戴维达尔（David Davidar）和哈玛莉·苏喜（Hemali Sodhi），里佐利出版社（Rizzoli）的保罗·扎尼诺尼（Paolo Zaninoni），比谢夏斯戴尔出版社（Buchet Chastel）的马克·帕伦特（Marc Parent）。我尤其要感谢迈克尔·菲什维克（Michael Fishwick），这位博识睿智的编辑、宽仁大度的挚友，二十年来一直与我相伴，最初是在哈珀柯林斯出版社（HarperCollins），自布鲁姆斯伯里出版公司跟我签约出版《仙那度》算起，至今刚好是第二十个年头。

　　撰写一部作品总会给最坚忍的家人带来压力，而我所拥有的家人足以令我深感幸运。不仅在我为本书做调研时，他们都要随我迁居，离开伦敦的家和学校，移居到德里，而且在我写作时，萨姆（Sam）和亚当（Adam）还要忍耐没有睡前故事的日子。六个月来，我把家庭生活置之度外，转而徜徉于莫卧儿宫廷的内庭院。娴静美丽、温婉可人的爱妻奥利维亚（Olivia），始终以近乎超人一般的体恤和宽容态度待我。

　　尤为感人的是，11 岁的爱女伊比对整个研究项目饶有兴趣。她任命自己为总编辑，而事实证明，她是个严厉得出奇的批评家。她直言相告称，父亲倾向于使用"太多字"。由于她的原因，本书多少有所删减。我以满心慈爱，将这本书献给她。

1862 年 11 月，季风季结束后不久，仰光（Rangoon）的
一个雾蒙蒙、湿答答的冬日下午 4 点，一具裹着尸衣的尸首在
一小群英国军人的护送下被运往一座无名墓，这座墓在围墙高
筑的监狱围场后面。

这片围场修筑在距瑞光大金塔（Shwe Dagon pagoda）巨
大的镀金尖塔略向山下的位置，俯瞰仰光河污浊的褐色河水。
围场周围坐落着新建成的港口驻军营地——这个停泊点和朝觐
名镇，十年前才被英国人夺取、焚毁、占领。该死者被称为
"国事犯"（State Prisoner），其灵柩由两个皇子和一位鹤骨霜
髯的毛拉（mullah）伴行。此种场合女性一律不准出席，一小
群人不知从何处获悉该犯之死的消息，他们由集市赶来，却被
武装警卫远远隔开。即便如此，一两个人仍然设法冲破警戒
线，得以在灵柩下葬前抚摸尸衣。

仪式颇为简短。英国当局不仅确保坟墓已挖好，而且务使
大量石灰随用随有，以期快速腐蚀灵柩和遗体。不准吟咏哀歌
或颂词，有所缩减的葬礼祷词被吟诵时，众人抛入泥土掩盖石
灰，而后小心翼翼地把草皮复位，在一个月左右的时间内都不
会留有任何痕迹，以使埋葬地无法被标示。一周后，英国专员
H. N. 戴维斯上尉（Captain H. N. Davies）致函伦敦方面呈禀
所发生之事，他补充道：

2

　　事后巡视其余国事犯——没落的亚细亚后宫（harem）里名副其实的渣滓，发现全无差池。亲族中看似无一人对缠绵病榻的耄耋老者之死心怀哀悯。他的死因显然归于咽喉部位单纯的衰朽和瘰痹。他在葬礼当天凌晨5点钟咽气。或许除去为伊斯兰教最终奏凯而祷告的寥寥几名狂热观者外，前国王晏驾可以说对仰光民众中信奉伊斯兰教的成员（Mahomedan）毫无影响。一圈竹篱环绕该墓，延伸一段颇远的距离。比及篱笆破烂，该处所就又被草丛遮得严严实实，不会留下任何痕迹，无从辨识末代大莫卧儿人的长眠之所。[1]

关于戴维斯所提及的国事犯，更恰当的称呼是巴哈杜尔·沙二世，他以其笔名"扎法尔"而为人熟知，此名意为"胜利"。扎法尔是莫卧儿王朝的末代皇帝，亦是成吉思汗（Genghis Khan）和帖木儿，以及阿克巴（Akbar）、贾汉吉尔（Jahangir）和沙·贾汗（Shah Jahan）的直系后裔。扎法尔生于1775年，彼时英国人由印度海岸上的三块飞地向内窥视，在印度的作为仍相对地中规中矩，主要掌控沿海霸权。纵观扎法尔的一生，他亲睹治下王朝衰败得威风扫地、渺不足道，英国人则将自身由不堪一击的商人，转变为攻城略地、走扩张主义道路的军事力量。

　　扎法尔即位颇晚，65岁左右才继承父位，当时莫卧儿皇族的政治衰微之势已不可逆转。但纵然如此，身居德里的扎法尔仍然成功地在自己周围缔造出一个灿烂辉煌的朝廷。就其个人而言，他是治下王朝里最才华横溢、宽仁大度、讨喜的人之一。扎法尔是技艺精湛的书法家、满腹经纶的苏菲主义

（Sufism）作家、颇有鉴赏力的细密画家之赞助人、有灵感的园林创建者和业余建筑师。更重要的是，身为正经八百的神秘主义诗人，他不仅用乌尔都语和波斯语，还用布拉吉巴沙语（Braj Bhasha）和旁遮普语（Punjabi）写作，从某种程度上来说，正是得益于他的赞助，德里迎来了可谓印度近代史上最伟大的文学复兴。身为魅力十足、成就非凡的抒情诗①作家，扎法尔亦为印度最伟大的抒情诗人迦利布和可堪比拟的莫卧儿"桂冠诗人"扎乌克提供了展示才华的机会。若说迦利布是莫扎特（Mozart），那么扎乌克就是萨列里②。

　　彼时，英国人正逐步从莫卧儿皇帝手里攫取越来越多的权力：从铸币上除去扎法尔的名字；夺取完全控制权，就连皇都德里也不放过；最终拟定计划，以使莫卧儿皇族彻底迁离红堡。当这一切发生时，莫卧儿王朝诸朝臣正痴迷于研究措辞精妙的回文抒情诗和尽善尽美的乌尔都语对句，而无暇旁顾。随着政治天空阴霾密布，众朝臣日渐在最后一段田园诗般的生活中——园林、娼妇和诗人雅集③、苏菲派灵修和拜谒苏菲派导师（pir）——迷失自我。究其原因，只因文学和宗教抱负取代了政治宏愿。[2]

　　受雇于英国常驻代表的一名新闻撰稿人所留下的宫廷日志（court diary），堪称这一时期最紧密聚焦于红堡的记载。此档案现藏于印度国家档案馆，包括扎法尔逐日生活的详细写照，

---

① ghazal，乌尔都语及波斯语抒情诗，诗歌形式为每行有相同韵律的对句和叠句，当时最流行的主题是爱情。——译者注
② Salieri，即意大利作曲家安东尼奥·萨列里（Antonio Salieri）。——译者注
③ mushaira，诗人在行家听众面前吟诵自己创作的诗文。

所呈现出的末代皇帝是宽厚仁慈的长者，待人接物均无可挑剔——即便在英国人极粗蛮地对待他时，他亦如此。扎法尔每天让人用橄榄油揉搓双脚以缓解疼痛，间或打起精神去游赏御花园、展开狩猎之旅或者组织一场诗人雅集。他"沐浴月光"、聆听歌者吟唱，或者享用新鲜芒果以度良宵。这位年迈的皇帝一直想办法遏制年轻妃嫔的不贞行为，但妃嫔中还是有一人怀了最超卓的宫廷乐师的孩子。[3]

继后，在 1857 年 5 月的一个早晨，三百名哗变的印度兵[①]和骑兵从密拉特驱马拥进德里，屠戮于城内寻获的每一个信奉基督教的男人、女人和孩童，并宣称扎法尔是其首领和真命天子。扎法尔绝非英国人的朋友，英国人剥夺其世袭财产，几乎天天令其受辱。但扎法尔亦非天生的造反派。不觉间发现自己名义上获任一场起义的领袖，他虽顾虑重重，却别无选择。自一开始，他就对起义之事强烈质疑，认为它必败无疑：一支由无薪农兵组成的乌七八糟、无军官加以管束的军队，欲与拥有世界最强大军事力量的军队相抗衡，即便后者刚失去孟加拉军队（Bengal Army）所征募的绝大多数印裔新兵。

伟大的莫卧儿王朝皇都正处于非凡的文化兴盛时期，岂料一夜之间沦为疆场。没有一支外来军队可插手干预或者支援叛军，而反叛者的弹药有限，他们囊空如洗、补给殆尽。事实证明，就对德里实施封锁的效果而论，突发于乡村郊野的混乱和无政府状态，比英方试图由德里岭高高在上的落脚点对城池展开围攻的诸多努力，着实有效得多。随着食物价格逐步上涨，

———————

① sepoy，源于波斯语的"sipahi"（战士）一词，指印裔步兵列兵。在此事例中，他们受雇于不列颠东印度公司（British East India Company）。

补给又逐日锐减，德里居民和印度兵很快就濒于饿毙。

德里围城战可谓后来的英属印度（Raj）的"斯大林格勒战役"（Stalingrad）：一场殊死决战在两个政权之间展开，参战双方都无法撤退。战事造成难以想象的人员伤亡，两方参战者的身心状况都已到忍耐极限。最终在 1857 年 9 月 14 日，英国人偕同紧急召集来的锡克及帕坦（Pathan）联军发起猛攻，进而夺取城池。他们暴取豪夺，把莫卧儿王朝皇都洗劫一空，城中各区各片的大量居民惨遭夷戮。单单一个封闭社区①切兰巷（Kucha Chelan），就约有一千四百名德里居民被杀死。19 岁的英国军官爱德华·维贝尔记述道：

> 命令已发布，要斩尽杀绝、寸草不留。这简直是谋杀……我近来目睹许多血淋淋的可怖景象，但如昨日所亲睹的那般刿目怵心之景，但愿我永不再见。女人都被饶恕，但一见到自己的丈夫和儿子被残杀，便发出撕心裂肺的尖叫，那叫声哀戚欲绝……苍天为证，我对他们心无怜恤，但若某个苍髯老者被带来，就在你眼前被射杀时，我想，能冷眼旁观之人，必有一副铁石心肠……[4]

在屠杀中幸免于难的那些都城居民遭驱逐，被赶至乡村郊野，自生自灭。德里被夷为一片空荡荡的废墟。皇室虽不战而降，但皇帝的十六个儿子大多被俘、受审并被绞死。两名皇子和一名皇孙先是自愿缴械，而后照吩咐脱光衣服，却被惨无人道地

---

① muhalla 或 mohalla，莫卧儿时期城市中不同的封闭街区，这些聚居区或邻近地区，亦即一组住宅巷弄，通常经由单一大门出入，夜间大门锁闭。

射杀。威廉·霍德森上尉于次日写信给其妹道："我在 24 小时内干掉帖木儿皇族的主要成员。我非残忍之辈，但老实说，有机会肃除地球上此等卑鄙小人，我确实乐在其中。"[5]

英方向观者展示扎法尔本尊，他被迫示众，"浑似一只笼中兽"，一名英国军官如此记载道。[6]《泰晤士报》驻外记者威廉·霍华德·拉塞尔（William Howard Russell）亦在观者之列，他得悉，该犯人是反抗西方殖民主义的最危险武装行动的幕后操纵者。那是个"迟钝、眼神飘忽、神思恍惚的老者，下唇无力地垂下，牙床也没了牙"，拉塞尔接着写道：

> 那人当真是他？曾构想出一个伟大帝国的复兴宏图，煽动起世界历史上最大规模的兵变。他缄口不语、昼夜默坐，双目垂视地面。对于自身被置于何等境地，他仿佛冥然罔觉……他眼里流露出耄耋老者所具有的迷茫、呆滞神色……有人听见他引诵自己作品里的诗句，还用烧焦的棍子在墙上写诗。[7]

拉塞尔对扎法尔所受的指控表示适度的怀疑，于是写道："他因起事反抗恩主，便被称作不知感恩。"

> 他无疑是个懦弱残忍的老者，但说到辜恩背义，纯属谬悠之说。于他而言，亲睹列祖列宗所开拓的整片疆土逐渐为人鲸吞蚕食，直到给他留下一个空头衔、一个更为空虚的国库，以及满满一皇宫一文不名的公主和皇妃……[8]

即便如此，扎法尔仍于次月被带至旧皇宫的残垣断壁之中受审，进而被处以流刑。他乘坐犍牛车离开心爱的德里，心碎地与自己所钟爱的一切作别。1862 年 11 月 7 日（星期五），流亡仰光的末代莫卧儿皇帝故去，享年 87 岁。

扎法尔诚心滋养、以身示范的宫廷文化，实则脆而不坚，它亦随着扎法尔的离去土崩瓦解。正如迦利布指出的："唯有皇帝在位，这一切妙事方能绵延赓续。"[9]比及扎法尔辞世，皇宫红堡大部已被拆毁，一同被毁的还有扎法尔情之所钟而加以美化的莫卧儿帝国时期德里的大片地区。其间，都城贵显的居民和廷臣——诗人和王孙公子、毛拉和商人以及苏菲派教徒和学者，悉遭痛剿穷追。绝大多数人或被抓且被绞死，或遭驱斥流放。很多人被押解至安达曼群岛（Andaman Islands）上专门新建的英属印度的"古拉格"（gulag）。幸免之人也忍垢偷生，穷得叮当响。诚如旧朝廷里屈指可数的幸存者之一迦利布所哀叹的："被废黜的皇帝，其男性后嗣——比方说锋镝余生者——每月支领 5 卢比津贴；其女性后嗣，年老者当上鸨婆，年轻者沦为娼妓。"[10]

> 这座城已然变成荒漠……老天爷做证，德里不再是一座都邑，而是一座营地，一座军营。无红堡、无城池、无集市、无水道……四样东西能够让德里保持勃勃生机：红堡、每日云集于主麻清真寺（Jama Masjid）的人群、每周去亚穆纳河大桥（Yamuna Bridge）的徒步之行，以及每年的卖花郎巡游。这些都无一幸存，德里又焉得自免？是的，（据说）在印度王国的疆土之上，曾有一座城被唤作彼名……

我们砸碎酒瓶酒杯

而今这对我们算什么；

滂沱大雨倘从天降

是否就酿成玫红的酒？[11]

莫卧儿王朝末代皇帝巴哈杜尔·沙二世虽是本书的核心人物，但本书与其说是扎法尔之传记，毋宁说是扎法尔所赋予人性的德里之画像，它是一部讲述莫卧儿王朝皇都的最后时光，以及皇都在 1857 年遭灭顶之灾而最终覆亡的纪事。过去四年间，我专心致力于这部纪事的调研与写作。包含扎法尔书函和法庭记录的卷宗散布于伦敦、拉合尔，乃至仰光。然而，大部分史料仍留存在扎法尔的故都德里，这座城一直让我魂牵梦萦、如醉如痴，已有二十余载。

1984 年 1 月 26 日，在那个雾蒙蒙的冬夜，时年 18 岁的我抵达德里，这是我与这座城的初次邂逅。机场周围尽是身裹披巾、缩成一团的男子，天气冷得出奇，而我对印度一无所知。

我的童年一直在福斯湾（Firth of Forth）海岸的苏格兰乡村度过，同窗里恐怕就数我的旅行经历少。我的父母深信自己生活在所能想象的最美的地方，所以除了每年春季去比家乡更寒冷潮湿的苏格兰高地（Scottish Highlands）一隅游览外，父母绝少带我们度假。或许正因如此，相较于更见多识广的其他青少年而言，德里对我产生更巨大、更无法抗拒的影响，我无疑从一开始就被这座城牢牢吸引。我背包去四处徒步旅行数月，还在果阿（Goa）游逛，但没过多久就设法返回德里，还在都城最北端，即老德里（Old Delhi）另一边的特蕾莎修女之家（Mother Teresa's home）找了份工作。

下午，当病患午休时，我常悄悄溜出去游逛。我会搭乘人力车深入古城内部，穿行于渐行渐窄的漏斗状沟渠小径和胡同死巷，感觉屋舍一个劲地朝我身边聚拢过来。尤其是扎法尔的皇宫遗迹，即大莫卧儿人的红堡，一次次地让我流连忘返。我过去总带着本书溜进去，在里面某座凉亭的荫蔽下，消磨一下午的时光。我很快就对曾居于此的莫卧儿人痴迷不已，亦开始如饥似渴地阅读关于他们的一切。正是在此，我首次萌生撰写一部关于莫卧儿人的书的想法，该构想现已扩容为四部曲，即四卷本的莫卧儿王朝史，我预计要再花二十年方能完稿。

然而，无论我多么频繁地游览红堡，它却总令我伤感。1857年英国人占领红堡时，拆毁瑰丽的后宫房舍，在该处建起一排兵营，看似仿照沃姆伍德斯克拉比斯监狱（Wormwood Scrubs）的样式建成。即便在当时，那种破坏也被认为是充满市侩作风的谬妄之举。维多利亚时代的著名建筑历史学家詹姆斯·弗格森（James Fergusson）绝非满腹牢骚的自由主义者，但其著作《印度及东方建筑史》（*History of Indian and Eastern Architecture*）述说对所发生之事的怖惧之情。他写道，"彼辈实施这桩恣意破坏的可怕蛮行"，甚至没打算"为自己所摧毁的东西订个计划，也未留存这座人世间最美轮美奂的宫殿的任何记录……工程师们觉察到借由毁坏皇宫内部，便可坐享其成地为营场设置一道围墙，对醉酒的军人来说，没人能神不知鬼不觉地爬越这道墙。出于这样或那样的卑劣的经济动机，皇宫便成了牺牲品"。他又补充道："近代史上能与之相提并论的

8　　丑陋行径，唯有北京圆明园的毁灭。"[12]

　　按理说本该在多年前拆除兵营，但红堡当前的所有者——印度考古调查队[①]钟情于延续英国人所发起的"破败作为"：任由汉白玉亭阁污浊变色，石膏构件垮塌亦无人过问，水渠开裂、荒草萋萋，喷水池干涸。唯有兵营看似维护良好。

　　我平时在伦敦和德里两地居住，距今已有二十余载，印度首都依然是我最喜爱的城市。最重要的是，这座城与前尘影事的联系不断激发我的兴趣。德里的历史遗迹数量之多、密度之高，乃至于在世界伟大城市之中仅有罗马、伊斯坦布尔和开罗能与之媲美。摇摇欲坠的墓塔、古老的清真寺或古书院硬生生地挤在最不可能的处所，它们冷不防地出现在环形交叉路上或市政园林里，迫使道路网转向，也遮掩了高尔夫球场的平坦球道。新德里（New Delhi）一点也不新，反倒是个哀吟的大墓地，它的废墟遗址多得足以令任何一位史学家都分身乏术。

　　殆非我一人为之所动。德里的废墟遗址向来让来客惊叹，或许尤以18世纪为甚。彼时这座城凋敝至极，气氛阴郁透顶，方圆数英里内，山河半塌、杂草丛生，被洗劫又一再被占领。为世人弃置不顾的，正是跨印度大陆、长达六百年的霸权之遗迹——那一时期君士坦丁堡（Constantinople）与广州之间最辉煌的城市德里的残败陈迹：土耳其浴室（Hammam）和园林宫苑、千柱寺（thousand-pillared halls）和巨大的墓塔、空荡荡的清真寺和寂寥的苏菲圣祠，凌乱堆砌的诸时代的残余物似乎没有穷尽。威廉·富兰克林中尉（Lieutenant William Franklin）于1795年写道："朝德里方向眺望，目所能及之处都被坍塌的

---

　　① Archaeological Survey of India，简称 ASI。——译者注

园林、亭阁、清真寺和墓地的废墟所覆盖。这座一度恢宏壮丽的名城，其周边地区现在看来不过是一堆七零八落的颓垣断壁……"[13]

18 世纪末，首批东印度公司官员在这些遗址中定居。一个个深怀悯恤之心、意虑分外乖僻的人相继而至，他们被德里所依然呈现的高雅宫廷文化深深吸引。英国驻印度新任总司令之妻——可敬可畏的玛丽亚·纽金特夫人（Lady Maria Nugent）造访德里时，惊骇于在当地所目睹的一切。英国常驻代表及其助手已"入乡随俗"，她在日志中写道：

> 两言三语，我且说说加德纳（Gardner）和弗雷泽二君。他俩仍属于我方，却都蓄着满脸的络腮胡，而且不吃牛肉和猪肉。就算没有更过分的，二君至少既是印度教徒又是基督教徒。他俩虽聪明睿智，但都离经叛道。他们早早来到这个国家，其所形成的信念与偏见让他们几乎成了本地人。[14]

结果发现，弗雷泽竟是我妻子奥利维亚的远房亲戚。我于十五年前撰写名为《精灵之城》的著作，书中浓墨重彩描绘的正是这一时期的德里，这个时期引人入胜又不可思议。此后它令我心中的火种又一次燃起，引出我的上一部作品《白莫卧儿人》，该书描写了 18 世纪末欣然接受印度文化的众多英国人。本书是我由古都德里所获灵感撰写而成的第三部著作。它的中心论题是：在弗雷泽所处的时代，印度人与不列颠人之间如此显明的相对和缓的关系，为何又如何被 19 世纪东印度公司治下的印度鼎盛时期的种族仇恨与种族歧视所取代。彰彰在目，那场起义是由此种转变所致，而非引发此种转变的肇因。

似乎尤其是两件事，让这种简单的共存并立关系彻底结束。其一是英国国力的崛起：数年间，英国人不仅挫败法国人，而且战胜印度的所有敌手，从某种意义上来说，当年的英国人无异于柏林墙（Berlin Wall）倒塌后的美国人，均势格局被打破，此种变化很快就使他们摆出一种毫不掩饰的帝国式傲慢姿态。

其二是基督教福音派（Evangelical Christianity）的优势地位以及由此引致的英方态度巨变。据同时期东印度公司雇员所拟写的遗嘱显示，他们与印裔妻子或情妇结婚或同居的习俗几已绝迹，而且18世纪印度之杰出人士的回忆录，因其中提到印裔妻眷或英印混血子女而被重新编订，以便把配偶的相关内容从较新版本的书中剔除。印度人不再像18世纪诸如威廉·琼斯爵士（Sir William Jones）和沃伦·黑斯廷斯（Warren Hastings）等杰出人物一度深信的那样，被视为拥有大量古老、超卓智慧的贤哲之传人，反倒只被看作"蒙昧贫弱的异教徒①"，甚至是"放荡自恣的多神教徒②"，以至于企望他们热切地期待改信。

此处有个要点。许多史学家漫不经心地使用"殖民主义"一词，仿佛它具有某种可明确定位的含义。然而愈益昭然的是，这一时期存在殖民主义的多种形式和判然不同的阶段，此外还存在很多迥然有别的方式，以充实、履行且超越

---

① heathen，指亚伯拉罕一神教出现前的旧神教的信仰者。——译者注
② pagan，指亚伯拉罕一神教之外的其他宗教信仰者。——译者注

依然不稳定的"英国性"（Britishness）理念。与其说是英国人本身，毋宁说是有着明确帝国主义意图的特定群体，亦即福音派信徒（Evangelical）和功利主义者（Utilitarian），开创了令人深恶痛绝的殖民主义时期，该变革对白莫卧儿人（White Mughals）和大莫卧儿人（Great Mughals）造成同等程度的不利影响。

　　原因在于，时至19世纪50年代初，很多英国官员已在心中酝酿最终除掉莫卧儿朝廷的计划，他们打算把英国的法律与科技，连同基督教一并强加给印度。1857年爆发的大兵变（Great Mutiny）正是对这种持续高涨的冷漠麻木情绪所做出的回应。亚洲规模最大的现代化军队——孟加拉军队13.9万名印度兵之中，除7796人外，其余人等都与其英国主子反目。[15]在印度北部某些地区，譬如阿瓦德，印度兵得到很大一部分居民增援。参战双方均犯下暴行。

　　德里是起义的首要中心。随着起义部队由印度北部各处蜂拥进都城——就连坎普尔的叛军诸团都盘算着径直奔赴德里，只因那那大人（Nana Sahib）率众改途易辙，进而袭击本团军官，这才作罢——很明显，英国人一开始就明白必须收复德里，否则将永远失去他们的印度帝国。同样地，印度兵一致拥护巴哈杜尔·沙的帝位，笃信巴哈杜尔·沙是印度斯坦①正统

————————

　①　Hindustan，指印度北部地域，包括现代印度的哈里亚纳邦、德里、北方邦以及中央邦（Madhya Pradesh）和比哈尔部分地区，这些地方的语言是印度斯坦语，现代印度的文献常把该地区称为"圣牛带"（Cow Belt，指恒河平原一带——译者注）。相对而言，19世纪的乌尔都语史料中罕有使用"印度"这一措辞，当地人有一种强烈意识，即把"印度斯坦"的存在作为一个整体，德里位居其政治中心。1857年最激烈动荡的正是该地区。

合法的统治者，他们意识到：倘失德里，便一切尽失。可供调派的每个英军士兵都被遣往德里岭，在印度夏季最炎热的四个月里，莫卧儿王朝皇都持续遭受英军炮兵的猛烈轰击，城内成千上万孤弱无依的平民深陷惊惧之中。

起义最初的几周里，虽有多支部队由印度斯坦各地奔赴德里，但此后的德里城，尤其是攻城军，在很大程度上依旧隔绝于世，无从获悉其他地方的事态进展。由此角度而言，德里围城战一直是战争中的战争，相对独立于德里以南、以东的战争之重大进展。直至7月底，德里岭上的英国人仍在朝思夜盼，希望得到东南方向不足三百英里处的惠勒将军（General Wheeler）麾下的坎普尔驻军的解救，而他们全然不知的是，一个多月前的6月27日，惠勒麾下军队就已投降，全军官兵几乎无一例外地遭到屠戮。同样地，德里守军坚信己方即将得到两支子虚乌有的波斯军队援救：一支军队由开伯尔山口（Khyber Pass）循山而下；另一支军队应是在孟买（Bombay）实施海上登陆，继而向东北方挺进。

1857年的叙事大多是在德里、勒克瑙、詹西①和坎普尔之间来回切换，由此意味着往来于各起义中心之间的信息联络和信息流，远超实际量。在本书中，我决定适可而止地提及他处的事态发展——除非是德里保卫战的参与者明确知晓的——由此试图还原为争夺伟大的莫卧儿帝国皇都的控制权而投身沙场的围城者与被围者，均深切体会到的与世隔绝、孤弱无依之感。

---

① Jhansi，又译作"章西"、"占西"。——译者注

　　过去四年间，同事马哈茂德·法鲁克和布鲁斯·万内尔跟我一起孜孜不辍地查阅涉及 1857 年德里之事的两万份、几乎无人使用的波斯语和乌尔都语文献中的众多卷牍，此份被称作《兵变文献》的案卷是我们在印度国家档案馆的书架上寻获的。[16]正因有这些文献，我们得以破天荒地从印度人的角度，切当地看待 1857 年德里之事，而不仅仅是惯常性地透过英国方面的史料追本溯源，并以老眼光看待它。

　　整个研究项目最重要的事情之一，就是发掘出印度国家档案馆馆藏的浩如烟海的文献宝藏。论及 1857 年之事的书籍有一个很普遍的问题是一些作者因印度方面史料匮乏而感到惋惜，所以相应地需要依赖于垂手可得的英国方面大量史料，包括回忆录、游记、信札和史书。然而，那些史料不仅承载着英方对诸事件的说法，而且传达了英国人对这场兵变所抱持的态度和成见，从该角度而言，自 1923 年文森特·史密斯（Vincent Smith）抱怨说"这段历史仅以一面之词被载入史册"以来，一切鲜有改变。[17]

　　然而，关于德里起义的四个月里的事，我在国家档案馆的这段时间，发现的馆藏文献资料可谓内容翔实，绝不亚于任何历史时期为任何印度城市所做的文字记载，其中包括：堆积如山的便条、请求、指令、请愿书、诉状和收条，一卷卷考勤簿和伤亡名单，胜利预言和效忠承诺，密探所发的令人疑信参半的短笺以及私奔情侣的书信。上述文献资料都以细绳捆扎得整整齐齐，被装箱置于凉爽肃静、配有空调的印度国家档案馆地下室。

　　愈发激动人心的是，诸多史料来自街头巷尾。这些文献虽

12

由奏凯的英国人从皇宫和军营搜集而来，却包含德里寻常百姓
呈交的大量诉状和请愿书。这些人是陶匠和娼家女、甜食制造
商和过劳的挑水夫，通常是史学工作者置之不论的一类人。
《兵变文献》充溢着现实生活的掠影：捕鸟人和石灰工匠的绳
床（charpoy）被印度兵偷窃；哈里亚纳（Haryana）的马贩子
卖出货品后，带着满当当的钱袋步行返家时，在德里市郊被古
扎尔人（Gujar）洗劫；赌徒们在一所新近被毁的房子里打牌，
还向隔壁女子抛媚眼，这让居于该地的家庭惶惶不安；甜食制
造商在未收讫上一批货的货款前，拒不把甜食送至库德丝娅花
园（Qudsia Bagh）的战壕。[18]

　　翻阅这些史料，我们认识了很多人，如舞姬哈斯尼
（Hasni），她趁着英国人袭击艾提尕尔清真寺（Idgah）之机，
逃离夫妇二人留宿的客栈（serai），去跟情夫私奔；或者是梵学
家① 哈里钱德拉（Harichandra），他援引《摩诃婆罗多》
（*Mahabharat*）的实例，劝勉德里的印度教徒离弃店肆、投身战
斗；又或者是哈菲兹·阿卜杜拉赫曼（Hafiz Abdurrahman），他在
禁止宰牛时烤炙牛肉串，被逮个正着，便去央求扎法尔宽宥；
再或者是娼妓曼古洛（Manglo）的兄弟昌丹（Chandan），因为
美丽的曼古洛被骑兵鲁斯塔姆·汗（Rustam Khan）捉住且被强
暴，冲到皇帝面前疾呼："他因禁、毒打她，纵然她号呼惊叫，
却没人帮她……倘使这种无政府、不公义的状态持续下去，圣
尊的臣民都将被毁灭。"[19]

　　《兵变文献》包含独树一帜、无与伦比的大量史料，可作为
了解如下情况的信息之源：日常事件、反叛者的动机、叛军所面

13

----

① pandit，又称班智达。——译者注

临的问题、城内的混乱程度，以及莫卧儿精英和城中信奉印度教的商贾阶层的暧昧不明、模棱两可的反应。所谓铢积寸累，这部史料汇编所涵盖的纪事，促使我们不依据民族主义、帝国主义、东方学或者其他此类抽象概念来看待该起义，而是把它看作一个充满离奇悲剧色彩、常以变幻莫测的结局收尾的人类大事件，进而让我们重现普通个体的面貌，他们的命运被偶然地卷入一场历史大剧变。归根结底，公共悲剧、政治悲剧和国家悲剧都由众多民间悲剧、家庭悲剧和个人悲剧组成。透过这些个体的发迹、挣扎、悲苦、哀痛和绝望的有血有肉的故事，我们可以尽可能地逾越时代与认知上的巨大鸿沟，而此前正是这道鸿沟，把我们与 19 世纪中叶印度迥然不同的世界隔绝开来。

　　随着由《兵变文献》获取之史料的规模与细节慢慢浮出水面，有一件事逐渐显明，那就是大部分史料自 1857 年被搜集成册以来，或者说至少自藏于加尔各答的一批箱子里的史料于 1921 年被重新发掘和编目以来，都不曾被使用。先前缘何无人妥善使用这么妙绝的大量史料，这个问题变得越来越难回答。[20]究其原因，上万篇论文和整个书架的《庶民研究》(Subaltern Studies)，每每笔精墨妙地把东方学和殖民主义以及对"他者"的想象理论化，这些作品无一例外，都冠以含有现在分词和语意晦涩的时兴名词的标题，譬如《殖民范式的形成》(Gendering the Colonial Paradigm)、《建构想象中的他者》(Constructing the Imagined Other)、《将想象中的建构他者化》(Othering the Imagined Construction)，如此等等，却不曾有依据《兵变文献》写成的博士学位论文，亦不曾有重大研究项目系统地探究此文献的内容。

　　原稿上艰涩的"希卡斯塔体"手迹确实常常难以读懂，它依循莫卧儿王朝末期的誊写记法，以一种含混晦涩的形式书写，

14

略去很多变音符号，有时还因褪色而变得模糊不清，这足以让最坚韧不拔的研究人员都打退堂鼓。再者，诸多残章遗篇，尤其是密探所呈送的报告，均以极小的字迹写在一张张小不丁点的纸上——当时意在将之缝进衣服里，乃至藏进密探体内。即便如此，此文献集无疑是被收藏在就它而言最知名、更触手可及的档案馆——印度国家档案馆，该馆设立于印度首都正中央的一座瑰丽堂皇的勒琴斯（Lutyens）① 时代的建筑内。我利用《兵变文献》，切当地获取其中的丰富史料，以作为 1857 年之事的信息源。我不时感到奇妙振奋，也着实难以置信，那感觉恍如去巴黎竟发现法国国家图书馆（Bibliothèque Nationale）馆藏的法国大革命（French Revolution）的完整记载被束之高阁。

同样令人振奋的是，德里两家主要的乌尔都语报纸——固执己见得惊人的《德里乌尔都阿克巴报》（*Dihli Urdu Akbhar*）②和更为严谨保守的宫廷公报（Court Circular）《阿克巴之光》（*Siraj ul-Akbhar*）——在起义期间，一期不落地持续刊行，印度国家档案馆几乎整套收藏了这两份报纸。我们此前可获取到的只是上述报纸的零碎译文。[21]

除去国家档案馆外，德里其他图书馆原来也藏有同样惊人的珍贵史料。在距梅赫劳利（Mehrauli）的扎法尔夏宫不远处，德里专员公署档案馆（Delhi Commissioner's Office Archive）藏有恢复运作的英国行政机关的完整记录。彼时官吏们安之若素地着手于诸要务：驱逐德里市民、围捕且绞死涉嫌参与起事的德里市民、

① 埃德温·兰西尔·勒琴斯爵士（Sir Edwin Landseer Lutyens, 1869—1944），被誉为 20 世纪英国最伟大的建筑师，为印度设计了"德里门"（又称"印度门"）等标志性建筑。——译者注
② 《德里乌尔都阿克巴报》的前身是印度宫廷邸报。

大片大片地拆毁德里城池。对于1857年德里之事，英国人当初的做法可谓恶毒蛮横，正因有这些文献，我们得以首次适切地把握它们所捕捉的历史全貌。就莫卧儿精英阶层而论，德里失陷后，随之而来的是一场近似种族清洗的浩劫。唯有维多利亚时代的英国人才会一意孤行地留存此等官僚作风的完备记录，在现今很多情况下，那些恶行都会被列为令人发指的战争罪行。

此外，翻查出几部此前未被翻译成英文、以第一人称讲述1857年德里之事的莫卧儿纪事。最令人难忘的是多愁善感的年轻诗人兼廷臣查希尔·德拉维所写的《革命故事》，书中描述单一个体的整个世界的崩塌，颇为动人。这部著作是在事件发生多年后，他在海得拉巴的临终卧榻上完成的，据说是依据以往的笔记撰写而成。相较于书写1857年之事的其他许多作者，查希尔·德拉维有所不同的是：无愧于心地记述他所笃信的往事之真相，一视同仁、开诚布公地谈论莫卧儿朝廷、印度兵和英国人的过失。

调研工作进行得愈久，愈渐洞然明晰，实际上存在着并驾齐驱的两种历史编纂学流派，它们各自使用几乎截然不同的一套史料。一方面，英国方面的史书以及印度后殖民时代（post-colonial）以英文撰写的、数量惊人的历史纪事，往往只使用英文史料来填平缺口。至于更新的著作，则使用佶屈聱牙的赛义德后殖民理论（post-Saidian theory）和行话术语，曲加粉饰。另一方面，同时代的印度及巴基斯坦的穆斯林学者所撰写的乌尔都语史书，倾向于利用完全对立、常常包罗万有的乌尔都语第一手史料。此外，就德里本地而论，存在很多绝佳的衍生学术著作，譬如阿斯拉姆·帕尔韦兹以妙笔撰写的乌尔都语的扎法尔传记，而以英语交流的读者尚不知晓此书，它的主旨之一是首次把论及1857年德里之事的卷帙浩繁的波斯语及乌尔都语第一手史料和第二手史料呈现在英语读者面前。

然而原来不只德里隐匿有大量新素材，其他几乎不曾被引用过的文献宝库也如雨后春笋般在南亚及东南亚各地涌现出来。富丽堂皇的旁遮普档案馆（Punjab Archive）坐落于拉合尔，馆内留有最受皇帝贾汉吉尔宠幸的舞姬安纳尔伽丽（Anarkali）的巨大穹顶墓，这座档案馆不仅是她本人的安息地，也是放置兵变前英国驻德里常驻代表处的完整记录的地方。而此前，史学家早已认定这些卷宗在 1857 年时被毁。[22]

在此可查阅英国常驻代表与加尔各答诸上司之间的所有往来书函，内容涉及撤废莫卧儿朝廷的计划。这些案卷也包含源自 1857 年的大量素材，其中包括密探所呈送的系列报告以及 5 月 11 日发自德里的两封著名电报，内容是就所发生之事警告拉合尔的英国人，以便在旁遮普的印度兵亲耳听闻密拉特及德里诸事件之前，英方就能将他们缴械。当时的情况如现在一样，这座坟墓仍是旁遮普邦秘书处综合大楼（Punjab Secretariat complex）的一部分，1857 年约翰·劳伦斯就是在此处运筹帷幄，以使英国人协心同力、克复德里。我对藏于安纳尔伽丽之墓的德里常驻代表处案卷展开研究期间，发现自己就在距离大理石石棺十英尺处的书桌上涂涂写写，据说此石棺是脍炙人口的宝莱坞（Bollywood）电影《莫卧儿大帝》（Mughal-e Azam）中流芳百世的烟花女子之墓。我的书桌距离约翰·劳伦斯的办公室仅两三百码远，而他正是由该处拟订行动计划以镇压印度兵哗变，进而恢复英国人对印度北部的控制权的。

坐落于仰光（或称 Yangon，被军政府重新命名）的非凡的国家档案馆，更叫人喜出望外。我去仰光主要是为了参观扎法尔的流亡所和逝世地，或许在某种程度上说，是为了寻求庇

佑（barakat）——扎法尔的信徒仍旧在其圣陵祈请庇佑。当
地一位友人，认识某个跟馆长相熟的人，正是在这位友人的策
勉之下，我才心血来潮地试着造访档案馆。结果是，扎法尔的
全部监禁记录都被搁置于此，这些史料被高效编目、扫描且以
"Acrobat PDF"格式数字化存储。在这方面，大英图书馆
（British Library）迄今仍瞠乎其后。得益于此，一日临近午时，
我才能带着一张闪闪发光的光盘离开档案馆，满满一书架的调
研成果都被装进这张光盘。

针对1857年的史实，此番探究完结时，我的发现证实了
很多更近期的史学家所日益坚信的主张。1857年之事不像维
多利亚时代或印度民族主义史学所偏好的那样，不是单一而有
条理性的兵变，也不是单纯饱含爱国情怀的民族独立战争，实
则存在一连串判然有别的起义和抵抗行动，其形式与命运取决
于当地及整个地区的局势、战斗激情和民怨轻重。

所有行动都在不同地点采取迥然不同的形式，这多多少少 17
解释了缘何事件过后一百五十年，学者们仍然用老掉牙的故事
就1857年之事该是兵变、农民起义、城市革命或者独立战争
的问题争论不休。答案是兼而有之，而且远不止如此：那不是
一场统一的运动，而是很多场诱因、动机和性质大相径庭的运
动。幸好有埃里克·斯托克斯（Eric Stokes）、鲁德兰舒·穆
克吉和塔普提·罗伊（Tapti Roy）所做的出色的区域研究，
学者们已然领会穆扎法尔讷格尔（Muzaffarnagar）与河间地
（Doab）、勒克瑙与本德尔坎德（Bundelkhand）的情势可谓天

差地别。[23] 1857 年德里之事的形式，亦截然有别于别处的起义。

原因在于，对于自身优于本国其余各地的优势，德里方面向来相当清楚：德里是大莫卧儿帝国皇都所在地，有天姿国色的佳人、最上等的芒果和风华绝代的诗人，本地人说最纯正的乌尔都语。印度兵悉力以赴，俾使莫卧儿人重新掌权，进而驱逐爱管闲事又惹人厌的异教徒（kafir）。纵使城内许多人起初欢迎印度兵的到来，但沙贾汗巴德①的民众很快就厌腻了接待那支规模庞大、自由散漫的军队，因为军中将士都是来自比哈尔（Bihar）和北方邦②东部地区的粗鄙暴虐的农夫。就阿瓦德民众而论，印度兵就是子弟兵，1857 年之事亦是一场人心所向、名副其实的起义，牵动着整个地区每个人的心弦。[23] 相较之下，对德里民众来说，涌进城的印度兵依旧是有着不同方言、口音和习俗的异乡陌客。德里方面的史料一贯地称之为"印度兵"③或"普尔比亚兵"④——其实就是外人，但阿瓦

---

① Shahjahanabad，城垣高筑的古城沙贾汗巴德现被称为老德里，是由莫卧儿王朝第五代皇帝沙·贾汗（1592—1666）建造，1648 年落成且被定为新国都。

② Uttar Pradesh，旧称"阿格拉和奥德联合省"，1935 年改称"联合省"，1950 年又改称"北方邦"。——译者注

③ Tilanga，显然源自"Telingana"一词，意指现代安得拉邦（Andhra Pradesh）的特仑甘纳（Telingana），18 世纪的卡纳蒂克战争（Carnatic Wars，指 1746—1763 年英国与法国为争夺南印度而在卡纳蒂克地区进行的三次殖民战争——译者注）期间，英方的很多印度兵起初都由该地征募而来。然而在德里，该名称似已习为故常地用来称呼英国人所训练的部队，虽则英国人的主要募兵地早就不是特仑甘纳，而是阿瓦德。故而在 1857 年，大部分印度兵应该来自现代北方邦和比哈尔部分地区。

④ Purabia，仅仅意为"东部人"。在德里，它与"Tilanga"一词交替使用，用以形容反叛的印度兵。这两个词都隐含"外来异族"之意，暗指"这些来自东部（指招募自印度东部恒河平原，即现代比哈尔邦和北方邦等地的婆罗门和拉其普特［Rajput］士兵，他们是孟加拉部队的核心组成部分——译者注）的异乡人"。

德方面的史料从未使用这两个词称呼印度兵。

　　说到对待印度兵的态度，此番转变被充分概括进穆罕默德·巴卡尔大毛拉（Maulvi Muhammad Baqar）的新观点。身为《德里乌尔都阿克巴报》的编辑，巴卡尔率直又絮叨，而其子正是乌尔都语诗人兼批评家穆罕默德·侯赛因·阿扎德（Muhammad Husain Azad）。1857 年 5 月起义爆发时，巴卡尔是新政权最狂热的摇旗呐喊者之一，他在自己的专栏中讲述异教徒所展开的剿灭印度诸宗教的嚣张计划是怎样蒙真主所赐而得到惩罚。就巴卡尔而言，骤然间情势陡转，英国人随之蒙受逆运，此乃天降神迹、神明助佑之明证，所以此等事件伴有幻觉和臆想，亦不足为奇。

> 　　一位尊者梦见我们的先知穆罕默德（愿主福安之）对耶稣说，你的信徒成为我的尊名和宏愿之敌，他们妄图消除我的宗教信仰。主耶稣答说，英国人非吾之信徒，他们未依循吾之正道，却与撒旦的党羽朋比为奸……一些人甚至发誓说，骑兵到来之日，数名绿袍骑士骑乘骆驼带头先行……这些绿骑士倏尔消失得无影无踪。唯留下一众骑兵，他们把所寻获的英格兰人剿戮尽净，将之大卸八块，犹如削胡萝卜、切小萝卜一般……[25]

然而仅两周后，未获薪俸的印度兵就洗劫德里的大多数集市，摧毁德里学院（Delhi College）的图书馆，袭击巴卡尔诸友的哈维利（haveli）——莫卧儿庭院府邸，把城中最妖艳的娼妓霸为己有。继而在 5 月 24 日刊行的报纸中，巴卡尔的论调彻底转变，他写道："全体居民饱受滋扰，受够了抢掠劫夺。城

内所有的正派人和有钱人均被置于岌岌可危的险境……都城正
遭摧残。"[26]时至 8 月,巴卡尔在《德里乌尔都阿克巴报》的多
个专栏中,整版细述比哈尔印度兵的疏懒粗蛮作风——依他之
见——印度兵发现德里的雅致奢华生活,此后战斗力渐被
弱化。

> 他们饮下都城的水,在月光集市(Chandni Chowk)
> 巡视一圈……参观主麻清真寺,享用甘塔沃拉糖果店①
> 的甜食。但自那一刻起,与敌作战、奋勇杀敌的冲动与
> 决心已然丧尽,壮士之勇与果决斗志悉被浇灭……好
> 些人坚称,很多印度兵在柳陌花街过夜,而后未沐浴
> 净身就上阵作战。② 他们之所以锐挫望绝,我们之所以忍
> 受祸乱,在一定程度上,正是这种不成体统的恶习
> 所致。[27]

19

此时巴卡尔已经暗中倒戈,投靠英方成为告密者,其谍报被偷
带出城,送至德里岭上的英军营地,那些谍报现仍留存于德里
专员公署的案卷中。

《兵变文献》中有很大一部分是德里普通市民的请愿书,
印度兵让他们蒙受苦难,那些书函总是禀呈给扎法尔,指望他
能庇护他们免遭日渐铤而走险的印度兵凌虐。意味深长的是,
在上表朝廷的请愿书里,德里匹夫匹妇用以描述 1857 年所发
生之事的措辞,鲜有使用"Ghadr"(兵变)一词,更少使用

---

① Ghantawala,德里最著名的糖果店。
② 穆斯林应当在行房后净身,因此这种抱怨既涉及礼俗中的不洁,又关乎
卫生问题。

"Jang-e Azadi"（自由斗争，或者更确切地说是"自由之战"），而更多是"fasad"（暴动）和"danga"（骚乱）。对于德里民众而言，1857年每一天所面临的现实，与其说是解放，毋宁说是暴行、无常和饥饿。岂止如此，通读《兵变文献》后不难发现，德里围城战有时看似一场三方角逐：印度兵与英国人一决雌雄；德里城内的苍生遭受"夹板罪"，可谓进退维谷；印度兵和英国人以暴行荼毒百姓生活。扎法尔显然把保护德里民众免遭洋人（firangi，即外国人或法兰克人①）和印度兵侵凌视为己任。

然而，史料里这么昭然记载的德里民众与印度兵之间持续深化的分歧，从未被任何史学家妥善整理成文。就唯我独尊的英国人而论，德里围城战是英国人英勇无畏地对抗背恩忘义、毫无差别的大多数本地人的伟大时刻。对印度独立后的民族主义史学家来说，1857年之事是顶天立地的自由斗士所展开的一场同心同德抗击恶贯满盈的帝国主义列强的伟大爱国斗争。 20 事实证明，当时的现实远非那么泾渭分明。以这种傲慢自大的态度，单纯把印度兵看作惹是生非、放诞无礼的"黑人"，此般做派的德里贵族，绝不止迦利布一人。[28]

对于1857年之事，纵然德里方面模棱两可的回应颇为暗昧，但显而易见的是德里是起义至关重要的核心。究其原因，这场起义虽有离散、分裂的特点，众多不同群体却有一个共同

---

① Frank，阿拉伯人对欧洲人的统称。——译者注

的目标——光复莫卧儿帝国（Mughal Empire）。

一个世纪以来，这一事实在某种程度上被民族主义史学家所掩藏，对于他们而言，信奉印度教的印度兵成群结队地涌向德里以复兴莫卧儿帝国，此念头多少有点惹人嫌厌。1909 年维纳雅克·达摩达尔·萨瓦尔卡（Vinayak Damodar Savarkar）出版其著作《1857 年印度独立战争》（*The Indian War of Independence*, *1857*），自那时起，1857 年 3 月的巴勒克布尔（Barrackpore）暴动就一直被看作那场兵变的关键事件，曼加尔·潘迪（Mangal Pandey）亦被视为其核心代表人物。上述立场被最近的宝莱坞电影所强化，它的英语版虽被称作《起义》（*The Rising*），但其印地语版直截了当地被命名为《曼加尔·潘迪》。不过从诸多方面来说，潘迪与两个月后所发生的"密拉特五月暴动"，几乎毫无干系。[29]

密拉特的暴动者反而直接投奔德里，奔向心驰神往的大莫卧儿朝廷，那里是印度斯坦各地普遍认可的合法性之唯一明确来源。[30]就连 18 世纪末以后一直起事反抗德里的勒克瑙，当地印度兵也以皇帝和阿瓦德宫廷的名义起事，并派遣使节前往德里，请求扎法尔同意年轻的准继承人比尔吉斯·卡迪尔（Birjis Qadir）持有"维齐尔"（Wazir）荣衔，而此前比尔吉斯·卡迪尔已开始以皇帝的名义铸造硬币。坎普尔亦如此，当地欢庆胜利的反叛者把胜利归因于"皇帝摧坚陷敌之运数"。[31]

如果说曼加尔·潘迪鼓舞了印度兵，那么印度兵显然没能明确表达出来，也没能涌向巴勒克布尔或加尔各答。但毋庸置疑，夺取德里才是让起义发生重大转变之妙举。扎法尔暗中支持印度兵这一事实，立刻把一场军队兵变——在东印度公司治下爆发的众多哗变事件和武装抵抗行动——变成针对英国在印

21

度之统治地位的重大政治挑战，它以迅猛之势逐步升级为纵观 19 世纪世界各地，帝国主义所面临的最严重的武装反抗。扎法尔的默许正是其导火线。

究其缘由，尽管就诸多方面而论，扎法尔可谓粥粥无能，但他仍是"哈里发"①。德里臣民立誓时，并非手按圣典，而是宁愿"以皇位之名"起誓。[32]埃米莉·艾登（Emily Eden）陪同其兄总督奥克兰勋爵（Lord Auckland）前往德里时，就连总督的私人随从——无论此人是印度教徒，还是穆斯林——也对皇帝纳头便拜。埃米莉写道："我们的仆从对他敬若神明。当地人都把德里之王视为合法君主，我想他确也如此。"[33]

诚如扎法尔的加冕肖像所描绘的，他是"神圣的殿下、当代哈里发②、像贾姆希德③般荣耀的世界之主（Padshah），是身畔环绕万千天仙之人、真主的影子、穆斯林的救星、伊斯兰教的捍卫者、帖木儿家族之苗裔、最伟大的皇帝、擎天撼地的众王之王、天潢贵胄、世袭苏丹"。就此而论，真正的反叛者东印度公司举旗反抗封建国主，委实罪无可脱。东印度公司宣誓效忠该封建王朝已长达两个世纪，毕竟一直以来，东印度公司在孟加拉都是以莫卧儿王朝的收税人之身份治理一方，直到 1857 年前不久，还承认自身处于莫卧儿王朝的附庸地位，甚至在其印章和铸币上都是如此体现的。[34]

---

① Khalifa，即真主在大地上的代治者。——译者注
② Caliph，同 Khalifa，莫卧儿皇帝所持尊衔之一，尽管"哈里发"头衔更经常地与奥斯曼帝国的皇帝联系起来。奥斯曼帝国的"哈里发"头衔承袭自阿巴斯王朝（Abbasids）。
③ Jamshed，中亚神话里的世界天使和恶魔之主。在菲尔多西的著作《列王纪》中，贾姆希德是世界的第四位王。——译者注

故此，印度北部众多平民百姓响应扎法尔的呼吁，这让英国人大为错愕：英国人早就把扎法尔视若儿戏，况且与印度舆情完全脱节，所以震惊于印度斯坦此般回应扎法尔的号召。只因看到扎法尔孱弱昏聩，英国人便两豆塞耳，未认识到对于印度北部的印度教徒和穆斯林而言，"莫卧儿"尊名仍具有怎样的感召力。叛军夺取德里后，马图拉（Mathura）的英方收税人马克·桑希尔（Mark Thornhill）随即在日记中述说内心的惊诧之情：

> 他们所谈论的话题都围绕皇宫礼仪，以及如何助其复兴。谁会担任御前大臣（Grand Chamberlain），哪位拉其普特纳①部族首领守御哪座城门，谁会是麇至沓来、拥立扎法尔称帝的五十二位王公（Rajah），凡此种种，他们揣来度去……我一面听，一面领悟到——于我而言，实属破天荒——那古老朝廷的辉煌给大众的想象烙上深深的印记，那些传统对他们来说何其珍贵，他们又如何心虔志诚地保留传统，而我们对此竟一无所知。在莫卧儿帝国存在某种怪诞异象，于是在沉睡百年后，他们开始沉湎于某种如梦似幻的生活。[35]

对很多人来说，莫卧儿王朝皇帝的魅力，既是宗教上的又是政治上的。印度的起义参与者以压倒之势把起义表述成一场宗教战争，将之看作反抗传教士和基督教迅速侵袭印度大地所采取的防卫行动，还概括性地称之为脱离外国统治的自由

---

① Rajpootana，同 Rajputana。——译者注

之战。20 世纪六七十年代有一部分史学家，通常主要是把
"大兵变"描述成反抗英国社会及经济政策的起义，声称最
重要的肇因是丧失土地权益和就业机会，由此引发城市革命
和农民起义。上述所有原因无疑都起到一定作用，不过印度
的起义参与者在清晰表述起事肇因时——正如他们反复在
《兵变文献》里长篇细述的——都不约而同地言明，东印度
公司欲把基督教和基督教律法强加给印度人，他们之所以起
义，首先旨在抗拒此举动，而当年很多英格兰福音派信徒，
确也这样盘算着。

　　诚如印度兵于 1857 年 5 月 11 日对扎法尔所言："我们携
手并肩、捍卫自己的宗教信仰。"[36]随后他们站在德里商业街月
光集市，向民众发问："同胞们，你们是否要与信仰之士同
行?"[37]改信伊斯兰教的英国男女——德里的此类人确实数量惊
人——毫发无损，但改信基督教的印度人立即被诛灭。迟至 9
月 6 日，在号召德里民众重整旗鼓、抵抗英国人行将发起的猛
攻时，他们才以扎法尔的名义发布宣言书，直截了当阐明：
"这是一场宗教战争，为信仰之故，要将之进行到底。皇城或
乡间村落的全体印度教徒和穆斯林居民均须责无旁贷……继续
忠于自己的信仰与教义。"[38]纵使有人认定"宗教"一词（就
穆斯林而言，指伊斯兰的"道"①）常被用于意指非宗派、一
般意义上的"法"（dharma，即使命与正理），因此印度兵自
称揭竿而起去捍卫"法"，他们所捍卫的既是自己的生活方
式，又是宗派意义上的宗教身份。乌尔都语史料通常不把英国
人称作英格兰人（angrez）、白人（gora）乃至洋人，反而几

23

---

　　①　din，即伊斯兰的信仰与责任。——译者注

乎是称之为异教徒和基督教徒（nasrani），个中深意仍耐人寻味。

尽管当时绝大多数印度兵是印度教徒，德里的大清真寺①却升起圣战（jihad）旗帜，很多反叛者自称是圣战者、立誓与异教徒战斗的伊斯兰勇士（ghazi）以及圣战武士。确切说来，在围城战接近尾声时，有相当一部分未获薪酬、忍饥挨饿、灰心丧气的印度兵渐渐溃散，而后德里的作战总兵力中，圣战武士所占比例变为 1/4 左右，其中包括来自瓜廖尔（Gwalior）的"立誓与异教徒战斗的伊斯兰自杀式勇士"团，他们立誓绝不再进食，要战斗到底，直至在异教徒的手中迎接死亡，"因为前去赴死之人，不需要食物"。[39]

据一份德里史料所载，骚乱的原因之一是"英国人关闭伊斯兰宗教学院"。[40]不过，这些言辞并未对 20 世纪 60 年代的史学家有所启发。但令人遗憾的是，在 21 世纪的"9·11 恐怖袭击事件"和伦敦"七七爆炸案"之后，我们再清楚不过地领会到了这些措辞的含义。史料手稿尘封的纸页发出圣战呐喊，凡此种种言辞，亟须引起关注。

如果说这一切在当代引起了强烈共鸣，那么在其他方面，如今的德里俨然正在迅速摆脱莫卧儿往事。现代德里，日益富裕的旁遮普中产阶层都居住在有大型购物中心、意式咖啡馆和多厅影院的梦寐以求的象牙塔里。纳杰夫格尔距离英迪拉·甘

① Great Mosque，指主麻清真寺。——译者注

地国际机场（Indira Gandhi International Airport）二十公里开外，德里围城战中最重要的战役之一就发生在该地。我造访当地时，发现城镇居民里无人对此战役有一星半点的了解，也无家族回忆可追溯。城内残存的最后的莫卧儿王朝遗迹——德里门（Delhi Gate）上，反倒贴满呼叫中心的招聘海报。

四处可见，一圈圈城郊住宅新区如雨后春笋般冒出来，后台处理部门、软件公司和豪华公寓楼群充轫其中，各类建筑迅速拔地而起，而仅仅两年前，这里的冬小麦田还麦浪滚滚。这个迅速崛起的以中产阶层为主干的印度全神贯注地着眼于未来。举国上下都由衷期望本国日益增强的国际地位，将以某种方式弥补那一段过往，而彼时旧事常被看作本国长时间被外国列强玩于股掌之上、接连不断地蒙受侵略和挫败之辱。无论出于何种原因，结果就是对德里辉煌过往的忽视，可悲可叹！有时看似世上没有任何一座伟大城市能像德里这么不受关爱与眷顾。当发现诗人扎乌克之墓被隐没在城市小便池下的时候，或者当可堪比拟者迦利布的"哈维利"庭院府邸变成煤仓一事被披露的时候，偶或引发强烈抗议，但总的来说，这些损失均未被记录在案。

这让我心如刀绞，重游最喜爱的一座座古迹遗址时，往往发现它们要么先被某个贫民窟或集装箱堆场所侵占，后又被印度考古调查队漠然无心地修缮重建，要么更常见的是一下子被拆毁。老德里99%的雅致哈维利已然被毁，一如那一片片城垣消失在人们的记忆中。据历史学家帕万·瓦尔马所述，记载于其著作《薄暮之宅》（Mansions at Dusk）中的大部分建筑物，不过是十年前才不复存在的。当地忽视过去或许还有文化原因，诚如一位自然资源保护主义者近来对我所言："你要明

白，我们印度教徒火葬死者。"不管怎样，德里所遗失的过去
25　无可取代，子孙后代不免会悲痛地回顾：21 世纪初的人们对
待资源保护之事的态度，是何等怠忽错谬。

　　冬日下午漫步时，我间或游逛到雕栏玉砌、古香古色的扎
法尔夏宫遗址。这座位于梅赫劳利的夏宫，距离我的德里私宅
不远，由大门口向外张望时，我未免心生疑问：扎法尔会如何
看待这一切。自毗邻皇宫的苏菲圣祠俯瞰过去，扎法尔时代的
遗风遗俗正疾速被外包产业、呼叫中心和软件园压过，但我猜
想扎法尔倘在世，他会想方设法与这个瞬息万变的网络时代的
印度敦睦共处。归根结底，务实精神和顺受天命一直都是扎法
尔胜人一筹的品性。纵然命运多舛，他却能领会到：世界不停
运转，不论犬吠得多么狂躁，生活的大篷车依然一刻不停歇地
继续前行。正如普遍认为出自扎法尔之手的一首诗所言，据说
本诗是在他被幽囚后不久写成：

　　　　身披纱罗锦绮，你款款而来，
　　　　春的芳泽袭袭，我目眩魂摇，
　　　　心花因你绽放，
　　　　爱在心头奔涌。

　　　　你我同息共衾枕，
　　　　情意合，不相弃；
　　　　怎承想，时过境亦迁，
　　　　你离我而去，我欢喜不再。

　　　　你的唇倚偎我的唇，

你的心叩动我悸动的心房，
我不愿再坠爱河，
贩卖爱的灵丹妙药之人
早就关张，我还枉自追寻。

我的人生黯暗，
心无所依，满目倾颓；
尘复归于尘，
我这百无一用的人。

德里曾是天园，　　　　　　　　　　　　26
蔚然大爱主宰苍生；
德里之魅今被蹂躏，
唯余颓垣一片。

逝者未裹尸布
落葬公墓，无人洒泪；
侯门朱户未诵祷文，
逝者墓亦无碑无铭。

心悲戚，伤者血淋淋，
情激昂，起义悲声泣；
血在滴，心已裂，
不禁泪茫茫。

扎法尔啊，世事总无常，

至此谁能下断言？

蒙真主大慈垂悯，蒙先知穆罕默德指引，

总有一天，一切都好。[41]

威廉·达尔林普尔

2006 年 1 月于新德里

第一章
棋盘上的国王

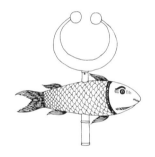

1852 年 4 月 2 日，炎炎夏夜①凌晨 2 点，贾旺·巴克特王子的婚礼巡游队伍离开红堡的拉合尔门。

大炮已配置于壁垒上，伴着一响礼炮，在灯烛辉煌的红堡塔楼上，礼花自高空中燃放，冲天焰火画出一道弧光，月光集市主大街对面的两扇城门随之敞开。

最先出现的是执杖侍从官（chobdar）。德里民众向来不那么喜欢被屏障阻挡，所以冲破巡游途中悬挂照明灯火的竹栅栏亦是常有的事。执杖侍从官的职分，就是在皇室象群——燃放焰火的场合，象群的举动总有些令人难以捉摸——慢悠悠地经由城门走出来之前，穿过激越的人群辟开一条道路。

严格意义上的巡游队伍，由马背上的两名国务大臣领头。马鬃上编饰有贝壳饰物，马颈部和腿部球节处绕挂着铃铛。大臣骑马出城时，众扈从执仪仗扇（punkah）随侍左右。接着走来一队莫卧儿步兵，手持亮锃锃的黑色盾牌和弯刀、长骑矛以及金碧招展的矛旗。

其后是皇室象群的前六头大象，它们均被覆以金色与番红花色相间的华美头饰，头饰上绣有皇帝的盾徽。象轿②里的诸

---

① 原文如此。印度人将一年分为三个季节："热季"或"旱季"，通常是 3 月至 6 月；"雨季"，7 月至 9 月；"凉季"或"冷季"，10 月至次年 2 月。——译者注

② howdah，撑于象背上的座椅，这一时期的象轿通常冠以华盖。

官吏高举着莫卧儿王朝徽记（自三个多世纪前抵印度，它就被莫卧儿皇族沿用至今）：其一是光芒四射的人脸太阳，其二是分别悬吊于金弓两端的两尾金鱼，其三是狮子模样的猛兽兽首，其四是金质法蒂玛之手①，其五是马首，最后是皇家圆顶罗伞②。它们都由黄金铸造而成，被高举于垂挂着丝质旗幡的镀金权杖上。

随后依次出现的是：一队身穿红色束腰短袍、手捧带盖托盘的宫仆，盘里盛有送往新娘家的食物和聘礼；一支骆驼骑兵中队，伴着隆隆的鼓声和朝天射击的枪炮声；禁军统领道格拉斯上尉亲率一小支东印度公司的印度兵团，护送着两门轻型加农炮，官兵头戴高顶毛皮军帽，身穿蓝色与番红花色相间的军服；斯金纳骑兵团（Skinner's Horse）的一队人马，众将士穿着黄色束腰外褂（tunic），系着猩红色腰带，上披护胸甲和貌似中世纪的盔胄；一组由犍牛挽行的四轮马车，车上坐着几支乐队，乐队由莫卧儿半球形铜鼓的鼓手、响嗽（shanai）吹奏者、号手和铙钹乐手组成；一辆漆成翠鸟蓝色的"布鲁厄姆"（brougham）欧式四轮马车，车上载有一群权重望崇的王公及皇子，他们身披烫金锦缎，在盛放的焰火照耀下，个个光彩熠熠。

各队人马后，跟着一队队高举火把的火炬手，散布其中的有手捧钟形玻璃罐的人们，罐内燃有蜡烛。还有一群群挑水夫，他们把皮囊里的水尽洒于路上，以把巡游队伍扬起的夏日

---

① Hand of Fatima，一种掌形护身符，穆斯林认为它是先知穆罕默德之女法蒂玛的右手，可以抵御传说中的"邪恶之眼"（evil-eye）。——译者注
② chatri，字面意思是伞，为一种带穹顶、以柱支撑的凉亭，常被用作最高的塔楼和尖塔之装饰性的特征景致。

尘埃浇落下去。

　　跟在布鲁厄姆马车后的是另一小群较年轻的皇子。这一回，诸皇子骑于马背上。新郎就在他们当中，位居正中、驭马而行。贾旺·巴克特王子年仅 11 岁，即便在倾向于让青春期的后嗣早早谈婚论嫁的社会里，他也算年幼的新郎。皇帝陛下所骑乘的大象，晃晃悠悠地紧跟在此皇子身后。陛下华冠丽服，安坐于金制象轿里。尽管夏夜酷热难耐，陛下仍身穿朝袍、满身珠宝，近侍手持孔雀羽扇随侍在旁。其余朝臣徒步跟随在后，组成一支蜿蜒逶迤的队列，声势赫赫地向后延伸，穿过红堡的大篷顶集市（Chatta Chowk），直达红堡正中央的鼓楼门（Naqqar Khana Darwaza）。[1]

　　此前不久，皇帝与贾旺·巴克特二人都曾摆姿让奥地利艺术家奥古斯特·舍夫特（August Schoefft）画像。[2] 扎法尔的肖像画描绘出一位褒威盛容、矜持内敛、相貌颇俊美的长者，他长着巧致的鹰钩鼻，胡须也经过精修细剪。尽管扎法尔身材高大、熊腰虎背，但长着一双水灵灵的大眼睛，睫毛长得出奇，棕色的眼眸里透出浓浓的和善与敏感。青少年时期的扎法尔王子，肖像画中的样子总是略显忸怩优柔：他胖乎乎、胡须稀疏，神色里明显流露出局促之感。然而随着青春逝去，步入中年的扎法尔逐渐"形神和谐"。异乎寻常的是，年届垂暮的扎法尔比以往任何时候都仪表堂堂。此时他 75 岁上下，双颊蜡黄，鼻子更为坚挺，也更有王者威仪。纵然如此，当这位年迈的君主屈膝跪坐、百无聊赖地拨弄念珠时，黑眼睛里仍显露出某种阴郁的神色，饱满的双唇依旧流露出早期肖像中可见的阴晦悲凄、驯良隐忍之神情。舍夫特画笔下的扎法尔身披金丝锦缎、横金拖玉，不过扎法尔略显招架不住：鹌鹑蛋一般大小的

29

硕大血色红宝石和一串串巨大的珍珠，看似那般沉重地绕垂在脖颈上，他多少有些不堪重负。实可谓皇袍加身的笼中鸟之传神写照。

相形之下，最得皇帝宠爱的皇子——年幼的贾旺·巴克特，似乎深嗜各种珍珠宝石、镶有珠宝的匕首和饰以嵌花的宝剑，他一身披挂极尽奢华之能事，几乎与其父相差无几。贾旺·巴克特的神情亦不同于其父：他一表人才，还端足架子，就一个 11 岁的少年而言，他出奇地自信、傲睨自若。他所彰显的自信惹人注目，其程度丝毫不亚于其父的慵倦游移之态。[3]

肖像画和婚礼巡游队伍都遗漏一人，此人就是不惜一切代价造就这场婚礼的妇人——最得扎法尔殊宠的妻子吉娜塔·玛哈尔。数月来，她一直为这一天做准备。但依循莫卧儿传统，陪同新郎官接亲的新郎亲友团（barat）里不得有女性偕行——即便贵为母亲和皇后亦不例外，不过巡游队伍的每一个细节均由她谋划。贾旺·巴克特王子是吉娜塔·玛哈尔的独子，因此她唯一的野心就是见证他——在扎法尔所有儿子中排行十五——在父皇晏驾时被拥立为皇。这个愿望影响了她的一生。

吉娜塔筹划这一场极尽奢华的婚礼，意在由她一手提升王子的声望，同时巩固她本人在此王朝中的地位。举行婚礼时，贾旺·巴克特的新娘纳瓦布沙·扎曼尼公主（Nawab Shah Zamani Begum）① 约莫 10 岁，她是吉娜塔的外甥女，而其

① Nawab，原本意指副王（viceroy）或总督，但后来仅作为一种尊衔。通常用于男性，但正如本例所示，偶尔用于女士。吉娜塔·玛哈尔也持有此尊衔。（语意最接近的英语词是公爵或女公爵，源自拉丁文"Dux"一词，"Dux"亦意为首脑或总督。）

父——马拉伽尔（Malagarh）的瓦利达德·汗（Walidad Khan）是皇后的重要盟友。虽没指望这么年幼的夫妇在一两年内圆房，甚至没打算让二人同居，但政治上的考量就意味着要立即举行婚礼而无须等到这对男女步入青春期。

就像吉娜塔所构想的那样，贾旺·巴克特王子的婚礼规模空前、极为奢华，它在人们的记忆中可谓无与伦比，足以让贾旺·巴克特诸兄的婚礼黯然失色。当年，年轻的廷臣查希尔·德拉维负责监督莫卧儿王朝铜制镀金鱼权标的保管事宜。六十年后他仍然念念不忘的是：皇室御厨分发给宫中官吏的一盘盘食物的香气；主庆典前的娱乐活动，可谓洋洋大观。多年后，查希尔·德拉维流亡海得拉巴，他写道："那等美妙绝伦、蔚为壮观的景象亘古未有。至少在我这一辈子，从未见过。那一场庆典，我永世难忘。"[4]

在正式举行婚礼的三天前，欢庆活动就拉开序幕。一支巡游队伍驮载着主要嫁妆，自瓦利达德·汗的府邸前往皇宫，所到之处烟花绚烂。"一连串身上被装饰得很绚丽的大象、骆驼、骏马和形形色色的运输工具。"《德里公报》（*Delhi Gazette*）如此记载。[5]继而是曼海蒂彩绘（mehndi）仪式。一对新人和一众宾客，还包括宫中所有女子，双手都饰以印度纹彩（henna）。结婚典礼当晚过后，庆祝活动将再连续举行七日。

大巡游当晚，在名为婚前守夜（ratjaga）的仪式之初，扎法尔赐予贾旺·巴克特一顶被称作"新郎头饰"（sehra）的婚用珠幔，它由一串串珍珠制成。与此同时，为宫里各阶层人士准备的愈加盛大的派对亦被安排妥帖，各派对分别配有多名乐师和一群群舞姬：经挑选的市民凑在一座庭院里欢庆，宫中稚童和学生嬉闹于另一座庭院，达官贵要在第三座庭院里宴饮，

31

王公及皇子欢聚于第四座庭院。[6]

扎法尔的财力罕能与其开销相匹配，遑论其妻的花销，故而筹备这场婚礼的大量前期工作，均涉及商定向德里放贷者借款的事宜——放贷者凭自身经验深知，可再次见到此项出贷钱款的概率何其渺茫——自12月起，英国常驻代表用来记载宫中事项的日志，便写满吉娜塔为获取所需巨额款项而做的种种尝试。借助于宫中恶名昭著、心狠手辣的总管太监马赫布卜·阿里·汗，吉娜塔终于得偿所愿。[7]修葺皇宫、展开彻底的大扫除、用灯火和枝形吊灯把宫殿装饰得华美堂皇。[8]营造出瑰丽无比的烟花盛景是另一个关注重点。1月至2月，印度斯坦各地的焰火师应召入宫以各显身手。[9]

环绕红堡的巨大红砂岩幕墙，冲天的焰火、爆竹和罗马焰火筒仍在竞相燃放，此时婚礼巡游队伍正沿着月光集市另一端，缓缓向西行进。集市里的树木和中央水道，在火把的照耀下熠熠生辉。巡游队伍蜿蜒前行，途经最近被新的德里银行（Delhi Bank）接管的苏姆鲁女王（Begum Sumru）哈维利的庭园，穿过大日巴伽蓝①——此刻，在上万盏蜡烛和灯笼的照耀下，大日巴伽蓝在尘埃中泛出层层光晕——随后巡游队伍突然左转，在沿布拉奇公主巷（Kucha Bulaqi Begum）一字排开的娼家女子宅院（kothi）的花格窗下行进。

巡游队伍继续前行，在主麻清真寺的月光白色大理石穹顶下再次转向，接着沿哈斯集市（Khas Bazaar）绕行，随后绕过金色清真寺（Suneheri Masjid）的贴金穹顶——虽小得多却被彩灯装饰得美轮美奂——继而穿过法伊兹集市（Faiz

_____

① Dariba，即Dariba Kalan，月光集市的珠宝街。——译者注

Bazaar)，进入达利亚甘吉（Daryaganj）。都城高门大户的宏伟邸宅均坐落于此，譬如贾杰切尔（Jhajjar）纳瓦布的著名豪华公馆，据加尔各答的英格兰圣公会大主教（Anglican Primate）希伯主教（Bishop Heber）所述，这座公馆"远比在莫斯科所见的一切都富丽堂皇得多"。巡游队伍的终点站——瓦利达德·汗的哈维利，便坐落其间。[10]

正如莫卧儿宫廷日志（Palace diary）所记述，途中"巡游队伍行经陛下手下各官员的府邸时，官员纷纷呈送贡品①，陛下则趁空检阅沿途彩灯"。[11]巡游队伍途经的街道，显然物阜民丰，这在很大程度上仍要归功于莫卧儿王朝。时至1852年，虽历经一百五十年之久的时运衰微和政局逆转，德里却在新近超越勒克瑙后，重拾前殖民地时期印度最大城市的地位。作为皇家官邸（Dar ul-Mulk）——莫卧儿王朝的皇都——所在之处，德里是精雅的莫卧儿大都会的典范。诗人米尔②写道："这座美丽之都，街道不只是街道，更宛若画家的画册。"[12]那一时期的另一位德里作家表达了类似想法，他把德里庭园的水道之水，比作闪闪发光的稿本纸页之莹洁光滑的边缘："它那水银般的水，好似纯银页边（jadval）正溢出石质书页。"[13]

同一时期，穆希达巴德（Murshidabad）及勒克瑙的土邦王室乐于尝试西式时尚和西方古典建筑风格，而作为莫卧儿风尚中心地的德里，依旧傲然坚守传统。扎法尔绝不会打扮得像英国海军上将，甚或像英格兰国教③牧师一般现身于朝堂

---

① nazr，印度宫廷中，由封臣奉献给领主的象征性礼品。
② Mir，名前冠以"米尔"尊衔，通常意味着持衔者是赛义德。此处是迦利布的门徒米尔·马哈迪·马吉鲁（Mir Mehdi Majrooh）。——译者注
③ Church of England，又称英格兰圣公会。——译者注

(durbar)，而据闻勒克瑙之纳瓦布的宫廷正是那番景象。亦无太多迹象显示，莫卧儿王朝后期诸帝所兴修的建筑物受到西方建筑的影响。扎法尔为其夏宫——"扎法尔夏宫"（Zafar Mahal）新修的大门，以及在芬芳馥郁的红堡夜苑"月光花园"（Mehtab Bagh）里建造的雅致庭园浮亭，皆以沙·贾汗时期的地道莫卧儿风格营建。

宫廷如此，都城亦如此，唯一例外是德里银行——这座宏伟的帕拉第奥风格宫殿（Palladian Palace）原是苏姆鲁女王的府邸——婚礼巡游队伍途经的此建筑群，稍稍尝试加入西方经典的三角楣饰和乔治亚风格的矩形窗，尽管此般东西融合的尝试，在勒克瑙和斋浦尔（Jaipur）早已司空见惯。1852年在德里城郭内，英国人的增建物仅限于一座圆顶教堂、新近由常驻代表处改造成德里学院的一座传统建筑，以及一座固若金汤的军火库。它们都位于红堡以北，不在巡游队伍行进路线的视野范围之内。再者，德里的欧洲人仍较少，城郭内大概远不足百人。诚如诗人兼文学评论家阿扎德后来所述："彼时德里，倘在城内见到一个欧洲人，人们便把他视为造物主之创造物的非凡样本，还会争相指给对方看：'瞧，走过一个欧洲人！'"[14]

其他人对待欧洲人的态度没那么宽宏，这也是事实。德里市民普遍坚信，英格兰人是猿与斯里兰卡女人（或者"猿与猪"）之间非正当交媾的产物。该信念盛极一时，以至于都城首屈一指的神学家沙·阿卜杜勒·阿齐兹（Shah Abdul Aziz）亦不得不颁布伊斯兰教令（fatwa）以表述其见解。他称这样的观念在《古兰经》和《圣训集》中都无依据可循，不管洋人的言行举止多么离奇古怪，他们仍是基督教徒，所以是

"有经人"①。[15]只要不以猪肉和美酒佐餐即可，因此与洋人交往（若有人出于任何奇情异致，欲如此的话）是完全允许的，甚至可以偶尔分享其食物。②

在一定程度上正因不常接触欧洲人，德里依旧是无比自信之地，民众都安居乐俗，颇惬意于德里城的辉煌及其卓越的文教（tahzib）状况和雍荣闲雅的都市风貌。这座城尚未经历自我信念的崩塌，而在公然不讳、横行无忌的殖民主义初起时，那将不可避免地随之发生。相反地，此时德里虽身处于日新月异的印度，但就诸多方面而论，它仍是一个保守的莫卧儿传统主义"泡沫"。在沙贾汗巴德，若有人想赞美另一位城中居民，他依然因循古老准绳，采用中世纪伊斯兰教的华丽辞藻，以古旧的诗意修辞写道：德里的女子如柏树般高挑婀娜；德里的男子如费里顿③般宽仁大度，如柏拉图般博古通今，如所罗门般贤明睿智；他们的医生如盖伦（Galen）般妙手回春。年轻的赛义德·艾哈迈德·汗④对自己的家乡和城中居民的优

34

---

① People of the Book，伊斯兰教对信奉天启经典者的泛称。——译者注
② 一方面，沙·阿卜杜勒·阿齐兹认定：穆斯林受雇于基督教徒，符合伊斯兰教法（Sharia）。但另一方面，他对英国人的智性能力基本没有信心。英国人对穆斯林神学的认知，可谓一塌糊涂，他对此颇为蔑视，称他们未能领会最基本的玄妙之思。各民族有各自的独特禀赋，他写道："印度教徒特别喜好数学。法兰克人尤具工业科技的才能。但几乎毫无例外的是，他们的头脑无法领悟逻辑学、神学和哲学之更精深的妙思。"引自 Khalid Masud, 'The World of Shah Abdul Aziz, 1746-1824', p. 304, in Jamal Malik（ed.）*Perspectives of Mutual Encounters in South Asian History, 1760-1860*, Leiden, 2000。
③ Feridun，《吠陀》之伊朗神话时代的凯扬王朝国王，为罗马人和波斯人的祖先。
④ 即后来的赛义德·艾哈迈德·汗爵士（Sir Sayyid Ahmad Khan），他是穆斯林改革者和阿里格尔穆斯林大学（Aligarh Muslim University）的奠基人。

点，可谓了如指掌。他写道：

> 德里之水入口甘甜，空气清爽宜人，罕有病灾。蒙真主恩典，居民肤色白皙、容貌俊美，芳华之年独具诱人的魅力。其他任何城市的人无法企及……尤其是，城中男子嗜学，对修习艺术兴味盎然。他们昼日昼夜、读读写写。倘细细描绘他们的每个特质，就等同于写一篇论述优良品行的论文。[16]

19世纪初的德里市民与现代纽约人颇为相像。他们悠然自得，对于自己所熟悉、钟爱的街道之外的世界，基本上不太关注。他们绞尽脑汁也想象不出会有人希望生活在他乡别处。诚如诗人扎乌克所述："扎乌克啊，怎会有人离弃德里及其巷弄？"他虽以夸张修辞加以言说，但这种文字背后暗藏着真切实在的自豪感，德里人以这座伟大文明的城市为傲。德里城作为学术、文化和精神性中心的声誉难得高涨起来，即便在其政治命运衰微时亦如此。

如果说有一样东西让德里城最感到自豪，那便是其语言的优美精雅。毕竟，乌尔都语诞生于德里①，诗人兼文学史家阿扎德将它描述成"在沙贾汗巴德的街市里寻获的流浪孤儿"。[17]据阿布德·哈克大毛拉（Maulvi Abd ul-Haq）所述："不曾生活于德里的人，绝不可能被看作乌尔都语的行家。主麻清真寺的台阶俨如优美语言的研习所。"这座城与其他城不同，德里"家家户户谈论"诗歌，因为"皇帝陛下是诗人和诗歌

---

① 尽管乌尔都语起源自德干语（Deccani）。

鉴赏家"，而"圣尊之城堡的语言是雅人深致的精髓所在"。[18]

对精雅的德里语言的陶醉之情，男女共有——德里乌尔都语有一种特殊方言，仅用于闺阁之中——或许更出人意料的是，对于各阶层而言皆如此。诗歌尤甚，为之如醉如痴的不仅有士绅名流，在相当大程度上还包括寻常百姓。早于贾旺·巴克特王子的婚礼两年所刊行的乌尔都语诗歌集《诗歌园地》（*The Garden of Poetry*），至少收录 540 名德里诗人的作品，作者涵盖皇帝和 50 名皇族成员，以及月光集市的贫贱卖水人、旁遮普路边小客栈（Katra）的商贾、年迈的德籍犹太雇佣兵"法拉苏"（Farasu）——德里的欧洲人当中，对莫卧儿文化渐生好感者，数量可谓惊人，他便是其中一位——以及年轻的摔跤手、娼家女子和理发师。[19]在这些乌尔都语诗人中，可以确定的是至少有 53 人拥有印度教教名。

故而在结婚典礼当晚，尽管瓦利达德·汗敬献了德里最好的舞者，但最令人久久不忘、热议纷纷的，与其说是欢庆活动、华筵或者焰火，毋庸说是"桂冠诗人"扎乌克和可堪比拟者瑠沙王子（Mirza Nausha）① 所吟诵的婚礼颂歌，后者的笔名"迦利布"现更家喻户晓。

新任禁军统领道格拉斯上尉，偕巡游队伍远行至瓦利达德·汗的哈维利。在他这样的局外人看来，这场婚礼更像是一场让人目眩神迷、融融乐乐的盛会。岂止如此，据莫卧儿宫廷

---

① 即诗人迦利布。——译者注

日志记载，整场仪式的唯一一起麻烦事发生于次日上午 10 点返回红堡途中。

瓦利达德·汗刚刚向来宾展示新娘嫁妆——"八十托盘衣物、两托盘珠宝、金床架和华盖、数罐银币、身挂绣花彩饰的一头大象和数匹骏马，以及两峰骑乘骆驼"，扎法尔也刚要偕一对新人动身返回皇宫，就在此时，"一个面包师把两三块饼干扔向贾旺·巴克特王子所乘坐的大象"。大象惊逸，肇事的面包师也被押送至德里监狱。[20]

然而此番熙熙融融、自信满满之景象，大多是具有欺骗性的。就像很多家庭婚礼一样，纵然对外展现出和睦兴旺的景象，但在表象之下，潜藏着剑拔弩张的局面。扎法尔和吉娜塔如此重视婚礼巡游，这本身就意味深长。诚然，莫卧儿人一向把巡游视为彰显权威的重要手段。早在两百年前，法国旅行家兼作家弗朗索瓦·贝尼耶（François Bernier）就曾描绘如下情景：17 世纪 40 年代末的某个夏季，沙·贾汗之女罗桑娜拉公主（Raushanara Begum）要去克什米尔（Kashmir）游玩，为她送行的巡游队伍披红挂绿、招摇过市。弗朗索瓦·贝尼耶在回忆录中写道："你想象不出来还有什么能比这更堂皇壮观。如果我未能以一种哲学家般的冷漠态度看待此等唐哉皇哉的炫耀，那么我很可能是被那天马行空的想象弄得五迷三道。正是那种想象激励了大多数印度诗人。"[21] 但自那时起，莫卧儿人业已长久丧失对克什米尔的控制权。确切说来，彼时莫卧儿人有能力挺进到德里近畿之外的地方，而此时距彼时已远不止百年。正如一首家喻户晓的打油诗所云：

沙·阿拉姆的王国，

从德里延伸到帕拉姆。①

就皇宫本身而言，红堡里的奇珍异宝早在 1739 年就被波斯侵略者纳迪尔·沙（Nadir Shah）搬走。半个世纪后的 1788 年夏，扎法尔不过是个 13 岁的少年，匪寇古拉姆·卡迪尔（Ghulam Qadir）夺取德里城，亲手把扎法尔的祖父沙·阿拉姆二世弄瞎，还让扎法尔的父亲——日后的皇帝阿克巴·沙二世为他跳舞取乐。可谓伤口撒盐的是，古拉姆·卡迪尔进而把沙·阿拉姆的数量惊人的藏书强行运走，后将大部分藏书售予阿瓦德的纳瓦布，这让皇帝震怒。[22] 至此徒留一位盲眼的皇帝，在一座半零不落的皇宫里坐江山。诚如阿扎德所述，那"只是棋盘上的国王"。[23]

沙·阿拉姆二世死后，莫卧儿人的权威进一步下降，因此扎法尔所掌控的邦畿甚至超不出帕拉姆，所握实权也仅限于红堡的墙垣之内，他俨然是居于御用梵蒂冈城（Vatican City）的"印度教皇"。就算在皇城内，诸多方面亦受制约。究其原因，英国常驻代表托马斯·梅特卡夫爵士虽友善照管扎法尔的日常生活，但仍密切监视他的一举一动，频频阻止扎法尔行使皇帝所享有的神圣不可侵犯的权利。

举例来说，未获梅特卡夫首肯，德里城外的达官贵要一律不得进入红堡。[24] 为行使自己国度的土地租用的权利，扎法尔不得不提请英国法院核准。[25] 未事先告知常驻代表，扎法尔不得把王室御宝中的宝石转赐他人，就连皇亲国戚亦不例外。间

---

① Palam，距离红堡不足十英里，靠近现代的国际机场。至于诗中所提及的是莫卧儿王朝的两位沙·阿拉姆中的哪一位，存在争议，而甚至可能指先于莫卧儿王朝的赛义德王朝的沙·阿拉姆（Shah Alam）。

或，对于扎法尔厚赐未经核准的礼物之事，如果代办渐有耳闻，扎法尔就被迫丢人现眼地要求对方退还馈礼。[26]梅特卡夫不发话，扎法尔不得向德里领地外的权贵赐授朝袍（khilat，封建君主权位的象征）。科利沙尔①的古拉伯·辛格王公（Raja Gulab Singh）于贾旺·巴克特婚礼次日造访皇宫，呈献"一匹骏马和七枚金莫赫②"以作为贡品，扎法尔回赠一件朝袍。当时梅特卡夫立即让王公退还朝袍，因为在他看来，此王公身为英国臣民，无权公开展示效忠异邦统治者的姿态。[27]

　　对于此等羞辱，扎法尔的诗文清楚地表明他究竟怨愤到何种程度。他学着把深深的颓丧与幽囚之怆升华为诗歌。他所创作的抒情诗充满着笼中鸟的意象，鹑鸟只能透过囚笼栅栏望见庭园，故而诗作的字里行间弥漫着对庭园的憧憬：

> 我欲奋翅鼓翼，
> 把这樊笼之篱，砸个稀碎。
>
> 却如画中囚鸟，
> 自由渺渺无望。
>
> 晨风徐徐，呢喃庭园，
> 我的眼中，春秋无别。
>
> 怎能知，

---

① 原文 Kollesur，疑为 Kolsar，属于查谟克什米尔。——译者注
② mohur，自1540年起铸造的印度金币，重11.99克，至今仍可使用。——译者注

几时春去，秋又归？[28]

在另一首诗中，扎法尔更直白地表达了同样的想法：

凡踏入这阴郁宝殿，

便终生圈于欧洲人的牢笼。[29]

扎法尔所体验到的如此程度的控制权丧失，可谓前所未有。彼时，英国人击溃印度斯坦大部分地区的主宰者"马拉塔联盟"（Maratha confederacy），1803 年英国人初到德里时，摆出一副沙·阿拉姆的保护者和救世主的姿态。[①]　总督韦尔斯利勋爵（Lord Wellesley）写道："纵然陛下彻底丧失实权、疆土和权威，但几乎所有印度土邦和各阶层人士都继续认可他拥有名义上的君权。各既有强权的流通铸币皆以沙·阿拉姆的名义铸造……"[30]

这虽千真万确，但韦尔斯利绝口不提的是这也包括东印度公司自行发行卢比，而其印鉴也直接承认东印度公司处于莫卧儿王朝的法定附庸地位，因此印章上刻有"沙·阿拉姆之忠仆"（Fidvi Shah Alam）字样。韦尔斯利写道，他希望"实质性地或代理性地把东印度公司推上莫卧儿人的御座"，但"恐此想法在英格兰受到质疑，便有所缩却"。莱克勋爵（Lord Lake）接到指示，要其呈现"犬马之心"，还要向老迈的君主"展现敬畏之心，对他恭而有礼、无微不至"。新任常驻代表还接到严格指示，要其遵从"所被认定的印度斯坦皇帝理应享有的"一切仪礼。[31]

39

---

① 这与早年间马拉塔人的作为如出一辙。罗希拉人（Rohilla）其实亦如此。

蜜月期并未持续太久。着手削弱莫卧儿王朝地位的人，正是托马斯·梅特卡夫的兄长查尔斯爵士。查尔斯为人冷酷，先于托马斯担任常驻代表一职。查尔斯在 1832 年的一封书函中宣称："对于先前效忠的帖木儿皇族，我已誓绝效忠。"随后他劝说总督单方面地宣布结束向皇帝敬奉礼仪性礼物或贡品这一旧传统，而该传统意味着公开承认英国人身为皇帝属臣的地位。查尔斯·梅特卡夫认同从严格意义上来说，英国人仍是莫卧儿王朝的采邑封臣，但因英国权势日盛以及莫卧儿王朝浸微浸灭之实情，他决计不再公开承认此事。查尔斯·梅特卡夫致函总督道："总的来说，我们从一开始就对国王慷慨相待，我从未发觉他不可理喻或傲慢不逊。"查尔斯继续说，但若皇帝拒不接受新现实，"我认为，我们今后最好的办法是令他落得无足轻重，而不是像先前那样维护他的尊严"。[32]

次年，东印度公司发行的卢比上移除了皇帝之尊名。奥克兰勋爵巡访德里时，甚至不屑于礼节性地拜会皇帝阿克巴·沙二世。到 1850 年达尔豪西勋爵（Lord Dalhousie）继任总督时，英国臣民一概不得接受莫卧儿王朝封授的封号："英格兰人身披莫卧儿王朝的礼仪朝袍"是"相当荒谬的事情"。[33]相较于韦尔斯利勋爵先时的允诺，此乃一种迥然有别的态度，而这相当于英国人试图把莫卧儿皇族的封建领主地位降低为臣属贵族。此后，莫卧儿皇族越来越多的权利和特权横遭剥夺。到1852 年，除去皇宫和其治下王朝百世流芳的美名外，扎法尔别无所有。

然而不管怎样，扎法尔仍获准开展巡游。他的君权日渐若有似无，用以展现君权的其他多数途径也被剥夺，他便充分利用现有权利。扎法尔统治时期的细密画，包含诸多让人感动的、描绘巡游场景的卷轴画：朝觐苏菲圣祠，一年一度举家迁居至梅赫劳利的夏宫，启程参加于古老的艾提厾尔清真寺（Id Gah）举行的古尔邦节庆典，动身去观赏于古旧的瑜伽摩耶（Jog Maya）神庙和库特卜大人（Qutb Sahib）苏菲圣祠举行的印度献花节"卖花郎巡游"（Flower-sellers' Fair）①。

　　由此角度来看，盛大壮观的贾旺·巴克特婚礼巡游，与其说是实力的象征，不如说是病入膏肓的莫卧儿王朝之最后一次纵情欢歌。

　　我们了解到的是婚礼当晚爆发种种口角。残存的婚礼官方纪事缘何未对此加以详述，背后的原因并不难理解。

　　最不足为奇的争执，发生在两位伟大的宫廷诗人迦利布与扎乌克之间。说到此二人的作风和身世，几乎一切都蕴含分歧的可能。扎乌克所创作的诗歌质朴明快，迦利布的诗歌则出了名的千丝万缕、雕文织采。② 扎乌克出身寒微，其父曾是普通

---

①　Phulwalon ki Sair，季风季期间于梅赫劳利举办的卖花郎盛会。

②　二人差异如此之大，以至于诗人阿布德·拉赫曼·胡德胡德（Abd ur-Rahman Hudhud）创作了一首著名的诙谐改编诗：

　　　天空的轴线兜兜转转

　　　不恋水崖，

　　　指甲画出彩虹弯弯

　　　不似琴拨。

　　另一位诗人的看法一致：

　　　我们效法米尔的诗意和王子的文风，

　　　但对于他（指迦利布），唯有他能效法自己的诗行，又或者真主独有那能耐。

步兵，但就是他获任御用"乌斯达德"① 职衔，而不是有意端着贵族派头的迦利布。扎乌克负责向扎法尔传授诗歌技艺，也因此被冠以莫卧儿帝国时期德里的"桂冠诗人"称号。

此外，扎乌克恬淡简朴度日，由黄昏到黎明都忙于吟诗作对，很少离开自己工作的小小庭院，迦利布却对自己浪子的名声深感自豪。就在这场婚礼的五年前，迦利布因赌博锒铛入狱，嗣后他把此事件——当时令人难堪至极——标榜为个人的荣誉勋章。有人曾当着迦利布的面，称赞虔诚的萨赫巴依长老（Sheikh Sahbai）的诗歌，迦利布便连珠炮似的驳斥道："萨赫巴依算哪门子诗人？他不曾品尝美酒，也不曾豪赌；他既未被情人以拖鞋抽打，也未领略过狱中风光。"[34] 在信札别处，迦利布把自己拈花惹草的习性展现得淋漓尽致。一位至交因情妇香消玉殒而陷入痛苦深渊，于是写信给迦利布。迦利布回信道：

> 王子殿下（Mirza Sahib），我不愿你继续走这条老路。在我年富力强的日子里，一位睿智非凡的贤哲劝告我："我不赞许禁欲，亦不禁止放浪形骸。吃吃喝喝、尽欢尽乐，但要牢记：聪明的苍蝇落在糖上，而非蜂蜜上。"所以我一直依此忠告行事。不善待自我的人生，就无以凭悼他者的亡魂……感赞真主赐予你自由，莫悲戚……每当我想到天园，想到我的罪若得赦免，那么我就会被安顿于有天园女神（houri）作伴的宫殿，跟贤淑可敬的女子相偕永生，那景象总让我的内心充满沮丧和恐惧……去天园寻她，多叫人腻

---

① ustad，意为精于一门技艺的艺术大师，在本书中指亲收弟子（shagird，诗歌大师的门徒）的公认的大师级诗人。

烦——那是男人承托不起的重负。一样古老的玉楼珠殿，一样遮阴蔽日的果树，还有一样的天园女神（愿真主庇佑她万福金安）依偎在我身旁。仁兄快醒醒，另觅佳人吧。

　　　新娘子迎着春来住

　　　旧岁皇历总无用处。[35]

在婚礼上，迦利布的婚礼颂诗[36]中的一行诗引发口角。迦利布沿袭一贯风格，似乎暗示赴会的贤才之中无人能像他一样，写出如此精妙的对句。现今大多数评论家会争辩说，迦利布的自誉之辞颇在理，但在当时，那番狂言被认为不仅是对扎乌克，也是对扎法尔的轻慢。扎法尔本人无疑是出类拔萃的诗人，他曾 42 指定扎乌克为其修改诗作，以表达对扎乌克高人一等的才能的信任。扎法尔很快就昭示其观点：赐授给扎乌克一件朝袍，还把荣誉职务"御苑总管"（Superintendent of the Palace Gardens）授予他。但对于迦利布，扎法尔则颇为张扬地疏于给他任何形式的荣誉。[37]扎法尔还鼓动扎乌克回应迦利布无事生非的俏皮话。"桂冠诗人"想出精妙的婚礼颂诗，它以对句作结，把战书抛回给迦利布：

　　　谁人自诩擅诗歌，

　　　谨诵斯言谕斯人：

　　　"君来看，

　　　真金不镀一墨客，

　　　正经珠慢怎缀得。"

阿扎德被公认为扎乌克的门生，亦是对扎乌克五体投地的虔敬信徒。据阿扎德记述："诗文被立即交到出席婚礼的歌者手里，到晚上时已传遍城内大街小巷，报纸也于次日刊载。"[38]

两位诗人宿怨之争中这一回合的特殊较量，扎乌克胜了。

扎法尔暮年的主要苦恼之一看来是后妃之间长期存在的紧张关系，而且后妃们似乎在一定程度上常年与幼辈男子私通。此等紧张关系形成一股强大的暗流，冲击着 1852 年的婚礼庆典。

十五年前的 1837 年，当扎法尔即位时，众妻之首是泰姬·玛哈尔皇妃。美丽的泰姬是微贱的宫廷乐师之女，正是她主持了扎法尔登基大典的庆典活动。[39]不过，泰姬没能长久维持这一尊位。仅仅三年后，19 岁妙龄、门第相对高贵的吉娜塔·玛哈尔被送进宫，而扎法尔年届 64 岁。数月内，吉娜塔·玛哈尔就与扎法尔完婚，事实上把泰姬从后宫之首的位置上轰了下来。

吉娜塔·玛哈尔是最受扎法尔殊宠的，此后她一直设法维持自己受宠的地位，直至扎法尔晏驾。但这并不妨碍古稀之年的扎法尔在随后几年里，另娶四名出身相对寒微的妻子，此外还新纳数名妃嫔。扎法尔于 1853 年 7 月订造五副香榻的银床脚，由这一事实来判断，当年似乎至少有五名此类女子住进皇帝寝宫。[40]概言之，扎法尔的后宫看来是个异常活跃的地方，即便皇帝 80 岁出头时亦如此。扎法尔共育有至少十六个儿子和三十一个女儿。迟至 1845 年，在皇帝整整 70 岁时，末子沙·阿巴斯王子（Mirza Shah Abbas）出生。

没有记录显示吉娜塔·玛哈尔与任何妃嫔势如水火——岂止如此，妃嫔中有一人与宫廷乐师檀罗斯·汗（Tanras Khan）通奸受孕，正是在吉娜塔的干预下，她才免受严刑酷罚。[41]不过，吉娜塔似乎一直与泰姬皇妃处于斗争状态，甚至一度费尽心机地要让后者身陷囹圄，其被控罪名是疑似与扎法尔之侄卡姆兰王子有私情。[42]尽管泰姬否认指控，但她被普遍认定形迹可疑。依据莫卧儿宫廷日志来判断，泰姬好像确实在城内私宅度过太多时光，夜间由私宅后门过于频繁地来去，那远非安守嫔则、志在贤德之皇妃的明智之举。[43]

就妇道女德和安保措施而论，扎法尔的后宫大体都是敷衍搪塞，这也是出了名的。除去跟檀罗斯·汗私通怀胎的皮雅·巴依（Piya Bai）外，其他几名后宫妃嫔各在不同时期被公开指控"行为不检"，而且至少还有另一起私通受孕事件：在贾旺·巴克特婚礼的前两个月，一名驻守于皇宫正下方的亚穆纳河河沿水门的印度兵，利用岗位之便与另一个姓名不详的婢女——很可能是扎法尔的嫔御之一——私会，印度兵被判处"笞刑，并戴着镣铐锒铛入狱"。婢女逃脱严惩，相对而言受了轻罚：只是被责罚"碾磨谷物"。[44]

婢女怀孕一事败露仅三日后，另有几名不速之客就公然违抗内侍之命。据 1852 年 2 月 1 日的莫卧儿宫廷日志所载细目记述，扎法尔立即传召大内总管称："未能将后宫拨乱为治，他甚为不悦。看更人（chaukidar）和执杖侍从官压根不在场，生人获准踏足后宫（zanan-khana）。据妃子昌德·巴依（Chand Bai）禀说，宦官虽设法阻拦，纳比·巴赫什（Nabi Bakhsh）仍强行闯入苏丹·巴依（Sultan Bai）的屋子……"总体状况可谓混乱不堪、上下崩颓，一度伟大的当权派在"虎落平阳"之际，未能恪守基本

44

仪礼。这样的画面无疑与东方学者所讹传的神话式的壁垒森严、深不可测的莫卧儿后宫迥然相异。不论扎法尔具备何等特质，打理红堡的家头细务显然非其才能所在，至少在其暮年如此。

权重望崇的亲王和王子可以活得悠哉游哉，扎法尔的亲生骨肉也有相当程度的自由，无论是在学术和艺术领域，还是从事狩猎、飞鸽竞技和斗鹌鹑活动，他们或耽于个人爱好，或声色犬马、优游卒岁。但对闲散宗室成员①来说，自主选择权极为有限。除权重望崇的亲王和王子外，另有两千余名孤苦无援的闲散宗室的王子和公主——诸先帝的孙辈、曾孙辈及玄孙辈后裔——大都穷困潦倒地生活在宫中围墙高筑的专属聚居区，聚居区位于扎法尔及其直系亲属的居住区的西南方向。45 这是红堡生活的阴暗面，亦是它最难堪的一面。故此，许多皇裔从未获准迈出红堡城门，尤其是在像达利亚甘吉所举行的公开庆典那样讲究排场的场合。据一个英国观察者所述：

45

> 皇裔聚居区筑有拔地倚天的围墙，令人无法俯瞰内景。聚居区内，触目皆是席棚，这些凄苦的可怜人居于其间。大门开敞之际，一群衣不蔽体、饿慌慌、惨兮兮的人蜂拥而出，把我们团团围住。一些看上去年近八十的老者，几乎寸丝不挂。46

扎法尔一门心思处理其他麻烦事，对于亲缘关系较远的亲属的种种苦难和悖逆不轨行为，他所展露出的耐心似乎相当有限。扎法尔深信，他们通常对宫中所发生的大部分偷窃及骚乱事件负有责任。一次，有人发现一名窃贼顺着红堡城墙飞奔，扎法

---

① salatin，即皇裔，指生于宫中的王子和公主。他们自居于红堡一隅，在某种程度上往往清贫却虚摆排场。

尔便评述道："那想必是一名皇裔。"另一次，如果引述扎法
尔的话说就是，"皇裔惯于彼此之间偷鸡盗狗"和"酗酒闹
事"。[47]扎法尔得悉闲散宗室成员之一"马哈茂德·苏丹王子
（Mirza Mahmoud Sultan）变得疯癫，夜间常在宫内四处游荡"，
便毫不犹豫地传旨说，他该"戴上脚镣，接受禁闭"。[48]

　　不过，皇裔偶尔会打破沉默，使扎法尔深陷更尴尬的窘
境。他们两度汇集了向英国常驻代表陈情的大批请愿书，声称
自己的基本权利正遭践踏。1847年适逢扎法尔秉政十年，百
名皇裔联名签署请愿书，向梅特卡夫诉说自身所蒙受的迫害：

> 由于德里之王的乖张脾性和作为，我们的境况濒于屈
> 辱、贫困之极限。他彻底屈从于仆从和恶谋士的支配……
> 属员们蒙受（总管太监）马赫布卜·阿里·汗和皇帝宠
> 臣的百般诋毁与凌辱。[49]

一年后，诸皇裔斟酌时机，恰在英国驻西北诸省（North West
Provinces）副总督（Lieutenant Governor）巡察德里时，发起又
一次反抗。这一回，他们把一张加盖有一百五十余名皇裔印鉴
的硕大羊皮纸诉状禀呈总督①，以寻求庇护。这些人声称，扎法
尔正设法阻止皇储与梅特卡夫见面，不准其讨论皇裔之不满。[50]

　　第二封诉状触及扎法尔的室家内部最敏感的冲突。究其原
因，在英国人施加给扎法尔的所有限制中，尤令他愤慨的是撤
废其自主选择继承人的权力。取而代之，英国人把外来欧洲人
的"长嗣继承制"理念强加给莫卧儿人。

　　1849年，存世的皇子中最年长的达拉·巴克特王子死于

46

---

① 　原文如此，疑为副总督。——译者注

热病。扎法尔有意将自己所选定的儿子册立为皇储，这一意图于此时初次浮出水面，而英国人想将次年长的皇子法赫鲁王子取代达拉成为皇储。法赫鲁王子天赋异禀，是广受欢迎的诗人、书法家和史学家。但碍于日益专横跋扈的吉娜塔·玛哈尔的施压，扎法尔转而欲极力将贾旺·巴克特王子册立为储君，而当年贾旺·巴克特王子只不过是个 8 岁孩童，在扎法尔的众多子嗣中排行第十五。[51]正如扎法尔在致副总督的书函中所述：

> 在我看来，其他子嗣中无人能像贾旺·巴克特王子那么适任此位置。我心感快慰地断言，贾旺·巴克特王子天生就有璞玉浑金一般的好习性。目前他未及成熟之年，非守正之人一概不得跟他来往。此外，其生母是我明媒正娶的妻子——出身高门大户的纳瓦布吉娜塔·玛哈尔……在此情形下，他最适宜居于皇储高位。他一直在我眼皮底下长大，所有时间都花在研习各个教育学科的学问上。我甚惬怀的是，他行事绝不会悖逆我之意愿。[52]

扎法尔对"长嗣继承制"持有异议，这多少有点讽刺意味，因为全亏得英国人固守此项继承原则，扎法尔本人才得以即位，而这本与其父皇阿克巴·沙二世的意愿相背。阿克巴·沙二世反倒力求让扎法尔之弟——落拓不羁的贾汗吉尔王子（Mirza Jahangir）——继承皇位，在此过程中，他对其长子的反感之情日渐强烈，以至于在 1807 年 3 月 21 日致函时任英国常驻代表的阿奇博尔德·西顿（Archibald Seton），此书函精确预见四十二年后巴哈杜尔·沙笔下的法赫鲁王子。阿克巴·沙写道："我的长子（亦即扎法尔）全无登基称帝的任何资格。"

虽未提供任何证据，亦未细说，但阿克巴·沙还是指责他"逆天悖理，因性质太过微妙，便不容我们多做解释"。①

而今对于先父之作为，扎法尔如法炮制，继续竭力举荐贾旺·巴克特王子。与此同时，最年长的皇子法赫鲁王子惨坐冷板凳，他开始学习英语，而且与野心勃勃的崇英派岳父伊拉赫·巴赫什亲王携手，开始拉拢梅特卡夫和驻德里的英军高级军官。游说活动最终大功告成。经过再三筹议，在贾旺·巴克特王子婚礼的三个月前，法赫鲁王子于 1852 年 1 月与梅特卡夫和副总督会晤并签署一份秘密协议。悖于其父之意愿，英国人正式允诺，认可法赫鲁王子为皇储，但提出一个等价交换的

① 顺便提一下，西顿认为这项指控太过捕风捉影，他致函加尔各答方面，称年轻的阿布·扎法尔（Abu Zafar）是个"非常体面的人"，只不过因不是皇帝的心仪之选而被"视若无睹"。阿克巴·沙反倒对贾汗吉尔王子关爱有加，西顿称他对贾汗吉尔王子"爱若至宝"。西顿对扎法尔的支持惹恼了贾汗吉尔王子，后者最终由红堡城垛，朝着常驻代表胡乱射击，成功地把常驻代表的帽子击落。1809 年贾汗吉尔王子被流放至阿拉哈巴德（Allahabad），1821 年，年仅 31 岁的贾汗吉尔王子，终卒于当地，"死因是暴饮霍夫曼（Hoffman）樱桃白兰地"。年少韶华的扎法尔遭受阿克巴·沙白眼相待，这无疑加重了扎法尔所一再展露的偏执、缺乏安全感的倾向。举例来说，其遭罗摩·莫罕·罗伊王公（Rajah Ram Mohan Roy, 1772—1833）以皇帝特使的身份前往英格兰，力图增加生活津贴，并对东印度公司一再削弱其地位的做法提出抗议。当时扎法尔曾一度臆测此次使命的主旨是剥夺其继承权，于是他怒不可遏地分别致函总督和罗伊。对于扎法尔的非难，罗伊在回函中予以冷静批驳，还尖刻地稍做补充道："不悟自我之善恶，无以明辨他者之善恶。"珀西瓦尔·斯皮尔（Percival Spear）的著作《莫卧儿人的没落》（*Twilight of the Moghals*，Cambridge，1951，p. 41ff）绘声绘色地讲述了扎法尔诚惶诚恐的青年时代以及即位称帝之事。阿斯拉姆·帕尔韦兹（原文 Aslam's Parvez，疑为 Aslam Parvez——译者注）用乌尔都语撰写的扎法尔传记的第一章也谈到此事。亦可参阅远不够全面的英语书籍，如 S. M. 伯克（S. M. Burke）与萨利姆·丁·库雷希（Salim al-Din Quraishi）合著的《印度莫卧儿王朝末代皇帝巴哈杜尔·沙》（*Bahadur Shah: Last Mogul Emperor of India*，Lahore，1995，pp. 43-50）。

条件（quid pro quo）。历时两个多世纪后，法赫鲁王子要把莫卧儿朝廷迁离红堡，移至遥远郊区的梅赫劳利，将沙·贾汗古堡拱手让给英国人，英国人会把它用作兵营和火药库；而且来日法赫鲁称帝，莫卧儿人要放弃长久以来所宣称的对英国总督的封建主地位，继后与总督晤面时，须平起平坐。[53]

当扎法尔听闻有关协议条款的传言时，大发雷霆，认为其子廉价出卖了彰显莫卧儿王朝国威的两块最神圣的基石。"一只黄褐色的恶犬，或许被误认为是胡狼的手足。"扎法尔向侍从愤然唾骂道——虽说有点令人费解。[54]法赫鲁王子随即遭到满朝文武的摈斥，扎法尔郑重宣布："倘谁与法赫鲁王子相视莫逆，便是公开与我为敌。"法赫鲁王子所身兼的朝廷官职以及他的津贴、房产和地产，都逐一被分给诸弟。值得一提的是，其弟莫卧儿王子雄心勃勃、孜孜不怠，是一众皇子中主要的反英分子。[55]

然而局势日渐清晰，英国人的地位无可撼动。一如受挫时的惯常作为，扎法尔日益阴郁哀怨。他宣称，如果他的意愿注定要遭受这么明目张胆的忽视，他欲逊位，继而去麦加朝觐（haj）。扎法尔致函梅特卡夫道：

> 明摆着……这个家族现如寒烟，徒留浮名。令人扼腕叹息的是，我之夙愿未获英政府核准，我深感苦闷。由此忧心如捣，生怕到头来发现自己成了您的烫手山芋。我该前往麦加朝觐，在那儿度过余生，因我明了，既已失去此世界，（但）未必亦要失去彼世界。日薄桑榆，我发觉自己竟已不能慷慨悲歌。[56]

梅特卡夫一筹莫展，不知该如何应对。他把所目睹的一切归咎
于吉娜塔·玛哈尔愈益邪恶的影响。梅特卡夫致函加尔各答方
面称："迄今为止，每与陛下独处，我总觉得他貌似可信、通
情达理至极。但他近来完全屈从于最得宠的妻子纳瓦布吉娜
塔·玛哈尔及其心腹谋士——总管太监马赫布卜·阿里·汗的
指引，（以致他）受劝诱而做出很多荒唐举动。"[57]

不过到 1852 年 3 月中旬，扎法尔似乎稍有振作，看似把 49
希望寄托于最后一搏，以期让常驻代表回心转意。扎法尔放弃
前往麦加朝觐的计划，转而投身于筹办贾旺·巴克特的婚礼一
事。他貌似坚信——或被吉娜塔·玛哈尔说服——如果这场婚
礼操办得足够风光，那么就是新郎的威望使然，英国人仍有可
能被迫郑重其事地接受扎法尔所亲选的继承人。同时代的人无
疑臆断，这场盛大的婚礼是扎法尔的破釜沉舟之举，力图说服
梅特卡夫认可贾旺·巴克特，此番做法会使《德里公报》公
开地把年幼的新郎称为准继承人。[58]

倾家荡产的全盘策略——确切说来，是操办婚事的整个方
案——终归一败涂地。原因在于，梅特卡夫很清楚整个事件的
弦外之意，为期十二天的婚礼庆典，他一刻也不曾露面，完全
无视此事。

时至 1852 年，托马斯·西奥菲勒斯·梅特卡夫爵士（Sir
Thomas Theophilus Metcalfe）已在德里待了近四十年，对于这
座城及其统治者，他都了如指掌。

他身材瘦小、弱不禁风、学究气十足，看起来机敏睿智，

秃顶，有一双明亮的蓝眼睛。女儿埃米莉觉得"他称不上英俊"，但认为他"美丽小巧的手脚"着实算可取之处。他确实是特别挑剔，内心深蕴温雅之气，以至于不忍看女士吃芝士。此外，他认为女性若执意吃橙橘或芒果，她们至少应在私人卫生间里暗自品尝。

他也绝不愿像某些前任一样，梦想着穿戴整套的莫卧儿长包头巾（pagri）和紧身长袍（jama），他更不会梦想着仿效英国驻莫卧儿朝廷首任常驻代表戴维·奥克特洛尼爵士，据说戴维·奥克特洛尼爵士每晚都偕十三名印裔妻子，绕着红堡城墙溜达，各位妻子分别骑乘各自的专属大象。[59] 与之相反，鳏夫梅特卡夫独自生活，他安排伦敦圣詹姆斯区（St James's）的裁缝普尔福德（Pulford），定期向德里寄送一箱素净而时兴的英格兰服装。

他向印度品味所做的一项妥协是抽银制水烟袋（hookah），每日用罢早餐都会抽上一轮，耗时正好三十分钟。一旦哪个家仆未能完成所安排的任务，梅特卡夫就会吩咐人取来一副白色的小山羊皮手套。他从银托盘上拿起手套，慢条斯理地套在自己白皙纤巧的手指上，接着就家仆之过"道貌凛然地"加以训诫，"继而很斯文地牢牢拧住肇事者的耳朵，然后打发该人离开——此种惩戒，每每奏效"。[60]

托马斯爵士有过一段幸福美满的婚姻，但在 1842 年 9 月，年仅 34 岁的妻子弗利西蒂（Felicity）出于不明原因发热而遽然离世。随后十年间，六个子女都去英格兰的寄宿学校就读，倍感哀戚的梅特卡夫常感悲伤，不愿与人交往。比及 19 世纪 50 年代初子女们陆续返回印度，他们发觉父亲变成小节苛礼、严苛守时的人，日常生活稍被打乱，他就怨气冲天。他的这种生活规律在 19 世纪 50 年代初已被牢牢建立，几乎成了雷打不动的事。女儿埃米莉写道：

> 他总是每日清晨 5 点钟起床，披上晨袍，接着移步至游廊，享用清晨小茶点（chota haziri）。往时他常在游廊上来回漫步，此刻府里家仆都会前来领受当日之命。7 点整，他走下建于游廊转角处正下方的室内游泳池。然后他穿戴整齐，在小礼拜堂里做祷告。8 点准时享用早餐。
>
> 诸事井然、分秒不差，所有家头细务都被有序安排，好似时钟运转一般。用罢早餐，水烟袋被拿进来，搁在他的椅旁……他抽罢水烟，随即步入书房撰写信函，直至马车——总是 10 点整准时停在门廊下——备好。他走向马车时会有一排家仆服侍：一人托着他的帽子，另一人捧着他的手套，又一人拿着他的手帕，再一人握着他的金头手杖，还有一人拎着他的公文箱。上述物品都被放入马车，继而属下印裔中尉（Jamadar）登上马车、坐于车夫身旁，驱车离开府邸，两名马夫（syce）则立于车后。[61]

51

由于无家人能使他变得柔和，又对社会喧嚣感到厌恶，梅特卡夫全身心投入工作。尤其值得一提的是，他筹议一份继承协议，以便让东印度公司在扎法尔晏驾后，将皇族逐出红堡。梅特卡夫决意让扎法尔成为帖木儿皇族谱系中的最后一位皇帝，他对扎法尔虽有些感情，却几乎没有真正的尊重。当着扎法尔的面时，梅特卡夫一向有礼有节，而且在致皇帝的书函中，称他为"至高无上、巍巍荡荡的吾友……谨表对陛下崇高的钦敬之忱，恕我将自己署名为陛下的挚友"。但在私下里，他有时并未表现出太多善意。[62]梅特卡夫在给埃米莉的信中谈道："（扎法尔）性情温厚、才华横溢，却暗弱无断、首鼠两端，其所秉持的'唯我独尊'观念可谓谬妄，结果只会令自己颜面扫地，还不时为地方当局平添诸多麻烦。"[63]

不过相较于前文或曾暗示的立场，梅特卡夫对德里及皇帝的态度，实则模棱两可得多。对于扎法尔所授予的令人瞩目的波斯尊衔，梅特卡夫颇感自豪，并为之订制形形色色版本的手写体版本，然后将之装订成册。① 此外，几乎与他个人的直觉本能相悖，梅特卡夫慢慢开始痴迷于自己所掌管的这座妙不可言的都城。梅特卡夫写道："这个魅惑之地有某种吸引力，人心无法淡然处之。"

52

　　　四面八方、宏伟壮观的古迹遗址绵延数英里，整座城随之映现出凝重氛围。玉楼金殿渐渐坍塌……无数巨型陵寝，原本是用来向后世逐一传颂逝者之不朽威名，而今所有陵寝皆成过眼浮云，无人知晓，亦无人问津……对于此等事，焉能漠然视之……[64]

梅特卡夫按部就班、适时地巡视城内林林总总的古迹，还创立德里考古学会（Delhi Archaeological Society），致力于揭开德里

---

① 正如他间或提醒信友所言，其尊衔全称是"人中龙凤（Sahib-i-Vala）、望尊德劭、胸怀鸿鹄之逸士（Manaqube Ali Mansib）、乐善好施之传人（Farzand Arjmand）、苏丹之誓（Paivand-e-Sultani）、举国推崇之贤哲（Muassam ud-Daula）、举国丹诚相许（Amin ul-Mulk）的托马斯·梅特卡夫爵士、骁勇善战的男爵（Baron Bahadur）、绿松石般的战将（Firoze Jung）、沙贾汗巴德英武盖世、至尊至贵的大人（Sahib Kalan Bahadur）"。

古迹背后的历史。精力充沛、满腔热忱的青年赛义德·艾哈迈德·汗便是学会成员之一。该学会自行出版会刊，其中大部分文章由梅特卡夫亲自委托城内知识分子撰写，并由他本人及时将乌尔都语译成英语。

对于留驻印度一事，大多数英国官员视之为临时事务，切盼启航归家那一刻到来，他们巴望揣着积蓄返回不列颠安家立业。有别于众人，梅特卡夫拿定主意要把全部家当搬到印度，除新落成的常驻代表处办公楼——被称作"勒德洛城堡"（Ludlow Castle）①，矗立于城郭外，位于都城以北新近建成的不列颠居民区（British Civil Lines）——之外，他还在德里为自己建造不止一幢，而是两幢乡间大宅。

在其信札中，梅特卡夫时而把自己设想成英格兰乡绅。然而在现实中，他似乎稍微有点远大的抱负。在某种程度上，正是他把治下机构扶植成与扎法尔之宫廷分庭抗礼的"朝廷"，造就了与莫卧儿王朝并驾齐驱的"梅特卡夫王朝"。梅特卡夫私邸亦称作"世界全景"（Jahan Numa），坐落于都城以北的亚穆纳河河畔，这幢占地广阔、富丽堂皇的帕拉第奥风格的平房，就位于红堡稍上游方向，含蓄地向红堡发出挑战。如果说红堡有大理石穹顶和芬芳馥郁的夜苑，苑内的灌渠水流汩汩、浮亭错落有致，那么梅特卡夫宅邸则有花坛，坛里的英格兰花卉争奇斗艳，还有大理石柱和游泳池、柏树林荫道和柑橘林、藏书两万五千册的书斋、精美的油画以及乔治亚风格的檀木家

---

① 命名一语双关，不是因为它与什罗普郡（Shropshire）的城堡相似，而是因为它以其最初建造者勒德洛医生（Dr Ludlow，即塞缪尔·勒德洛［Samuel Ludlow］。——译者注）之名以及其哥特式雉堞状城垛（castellated Gothic battlements）而命名。

具。此外，他的宅院里亦有一座满是波拿巴（Bonaparte）纪念品的拿破仑画廊（Napoleon Gallery），藏品包括皇帝本人的钻戒和卡诺瓦①所塑的拿破仑半身雕像。

53　　梅特卡夫在德里以南建造的另一幢乡间私邸"心之悦"（Dilkusha），坐落于梅赫劳利附近的一座经改建的莫卧儿八角形陵墓内，成为梅特卡夫对近旁的莫卧儿王朝夏宫"扎法尔夏宫"的回应之作。墓宅前，铺展开来的具有莫卧儿风格的庭园——由四个部分组成的四格花园②——只为彰显与扎法尔夏宫平起平坐的姿态。梅特卡夫的两幢私邸均被广袤的庄园环绕，穿过有着乔治亚风格的无比硕大的大门，方得以进入；两幢私邸皆有装饰性的建筑点缀其间，就拿"心之悦"来说，甚至建有灯塔、小堡垒、鸽舍、泛舟塘和装饰性的金字形塔庙（ziggurat）。

　　梅特卡夫也像扎法尔一样，堪称德里艺术家的慷慨赞助人。1842—1844 年，梅特卡夫委托名为马兹哈尔·阿里·汗（Mazhar Ali Khan）——同样深受扎法尔喜爱——的德里艺术家，创作德里城的古迹、遗址、宫殿和圣祠的全套画作，并请人把那些画装订成册，命名为《德里画册》（Dehlie Book）。他撰写一长篇说明性文字以作为画册的附文。女儿埃米莉在英格兰完成学业后，赴德里跟父亲会合，在归家途中适时收到父亲寄送来的画册。梅特卡夫还托人绘制一幅长约二十英尺、不同寻常的德里全景画卷。这两件受托之作，堪称现存的德里兵变前的最完整视觉影像。[65]

---

① Canova，即安东尼奥·卡诺瓦（Antonio Canova）。——译者注
② char-bagh，一种布局匀称的莫卧儿花园，整座花园被纵横交错的细流和喷泉分成四个方形区域，由此而得名。

　　就其自身价值而论，前述受托之作亦是伟大的艺术品。马兹哈尔·阿里·汗无疑接受过古老的莫卧儿绘画技法训练，但在为梅特卡夫工作时，他却要用英格兰水彩颜料在英格兰纸张上作画，还要以英格兰建筑立面图为模型，从而使得英格兰艺术与印度艺术相互冲击、彼此融合。此番异彩纷呈的交融，造就了现被称为"公司画派"（Company School）的新画种。

　　色彩鲜明质朴，几乎像陷入催眠状态似的对细节的关注，局部高光如宝石般闪耀，画面看似熠熠生辉：这一切都明确无误地彰显马兹哈尔·阿里·汗所受的莫卧儿画风训练。没有英格兰艺术家会想到，如此惊人的色彩搭配却能让画作大放异彩，宛如一场颇具美感的小型焰火表演。贵妇人①怯生生地涂抹的水彩画与此类画作相比可谓迥隔霄壤。然而，当过分在意精细程度的莫卧儿画风与细致严谨的欧洲理性主义相融合，所创作出的建筑画让人不仅可以观察，还可以感受到建筑物的特质。故此，虽是描绘德里学院建筑群的加齐·乌德丁（Ghazi ud-Din）之墓的画作，却巨细无遗地再现了后方清真寺那具有莫卧儿王朝风格的穹顶的各个细节。对于建筑师孜孜以求的玲珑透漏之理想，这位艺术家亦深谙其道，他笔下的建筑物形象宛如蕾丝襞襟一般纤薄精美，画中的墓冢灵妙而缥缈，几乎一口气就能把它吹走。

　　不只是作为艺术赞助人，托马斯爵士与扎法尔还有很多共同之处：在其他诸多方面，两人的境遇亦出乎意料地相似。政治上，他俩都隐约感觉到莫名其妙地被忽视。不论梅特卡夫在整个德里封闭社区内，怎么摆"官架子"高视阔步，但事实

54

――――――――――――

　　① memsahib，特指欧洲已婚妇女。——译者注

上，任职于东印度公司的很多后辈早已平步青云，把梅特卡夫远远甩在身后。举例来说，约翰·劳伦斯曾担任梅特卡夫的助手，连升数级后，现任新近征服的旁遮普省省督，官位高于梅特卡夫。愈发令人羞恼的是，梅特卡夫的兄长查尔斯先于他担任德里常驻代表一职，现已获授贵族爵位，并已由加尔各答署理总督荣升为加拿大现任总督。在此期间，托马斯·梅特卡夫继续毫无起色地在德里担任旧职。虽然德里作为印度斯坦的首都和莫卧儿帝国的中心的历史源远流长，但在东印度公司的文官中，德里常驻代表一职虽称得上美差，却绝非什么高位。这一点在 1833 年西北诸省新管辖区创建之后尤其如此，因为新管辖区由驻阿格拉（Agra）的副总督掌管，德里常驻代表（Delhi Resident）的职权进一步遭缩减。①

再者，梅特卡夫与扎法尔的家庭状况，在很多方面也惊人地相似。如果说扎法尔发觉自己与长子和继承人之间日益不睦，那么梅特卡夫亦如此。原因在于，十年前离家去英格兰求学的梅特卡夫之子西奥菲勒斯（或被称为"西奥"）最近返回印度。西奥在东印度公司担任低级治安法官一职，他与其父截然不同。托马斯爵士为人矜持不苟、凡事求全责备，而西奥心胸豁达且善交际，欲有所表现时极富魅力。若说其父好清净且不尚酬酢，那么西奥则活跃聒噪，他乐于参加聚会，嗜好骑马，喜爱犬马。若说其父严于自律、安分守己，那么西奥则倾

---

① 与此同时，其官衔由"常驻代表"改为"代办"（Agent），后又变更为"专员"，但为便于理解，本书自始至终使用"常驻代表"这一称呼。常驻代表起初充任总督派驻莫卧儿朝廷的大使，时至 19 世纪 50 年代，代办隶属于顶头上司——驻阿格拉的西北诸省省督。西北诸省省督负责处理涉及英国与莫卧儿王朝关系的日常事务，代办则只与驻加尔各答总督直接商议更为重大的事务，诸如继承权等。

向于投机取巧，进而陷入其父所谓的"窘境"。[66]因此，父子二人的关系多多少少有些紧张便不足为奇了。

故此，恰在贾旺·巴克特婚礼的前一年，即 1851 年 4 月，西奥去信告知父亲说，自己刚被派驻德里。托马斯爵士接信后，何其惶惶："我坦诚以告，我害怕跟他团聚。"托马斯爵士给排行居中的女儿乔治娜（家人称之为"GG"）写信道：

> 在有生之年，我不希望被迫偏离自己的生活方式，在自己家里倒成了陪衬。依我的经验来看，对你兄长来说，一切都得给他的"愿望"让位。我也性情急躁，但我一向加以控制。我感觉（此事的）结果不妙。（再者，）我须为他准备轻便马车和马匹。前几日我被一位友人斥责，他说："如果你不坚决要求他在生活上量入为出，那么他这样依赖你过活也就天经地义。"（写）这封信委实叫人不安，但我满腹苦水，不吐不快……[67]

然而在附笔中，梅特卡夫的语气变得愈加忐忑：

> 至爱的 GG，昨日给你写完信，《德里公报》就被送达至我处，"加尔各答通讯员"来函的一篇短评影射一起民事不法行为，我怕文中所提及的是你兄长。若真如此，他不仅会因激怒达尔豪西勋爵而被撤任，而且十有八九会被起诉，并在最高法院（Supreme Court）受审，也很有可能被（裁处）罚金，金额约 1 万至 1.2 万卢比。我势必要缴纳罚金，否则他就得入狱。这真是一团糟，假如我所惶惧的一切不期而至，那么把你的姊妹接出（英格兰

56

一事，我便有心无力。西奥不能明辨是非、审慎行事，这
太叫人悬心。他的挥霍无度，本已够糟糕。[68]

托马斯爵士一直觉得跟女儿们的关系比跟儿子们更和洽，他与
埃米莉和 GG 的往返书信总显得温情蜜意。但在 1852 年，当
扎法尔努力处理后宫所发生的私通艳事时，托马斯爵士也忙着
设法阻止 21 岁的乔治娜的炽热情事。

乔治娜倾心于一个名为爱德华·坎贝尔爵士的苏格兰年轻
陆军上尉，这让梅特卡夫大为惊恐。坎贝尔是驻印英军前任总
司令查尔斯·内皮尔爵士——托马斯爵士的苏格兰同僚，托马
斯爵士曾与其存在严重分歧——的门徒兼前任副官（Aide-De-
Camp）。雪上加霜的是，坎贝尔虽拥有爵位，却几乎不名一
文。某日上午，在东印度公司派驻德里的医务官格兰特医生
（Dr Grant）家中，坎贝尔与乔治娜隔着一架钢琴初次相遇，
GG 那天本是去医生家里为钢琴调音。到晚上，在禁军统领道
格拉斯上尉的陪伴下，他们还一起吟唱室内乐歌曲（parlour
songs）。[69]

托马斯爵士得闻此情事后，当即禁止这对恋人通信，GG
随即展开绝食抗议。梅特卡夫带着 GG 去新落成的穆索里
（Mussoorie）避暑山庄进行易地疗养，GG 眼巴巴地坐等心上
人的来信，然而每封信一经送达，就立刻被托马斯爵士没收。
父亲就寝后，相思成灾的 GG 在穆索里的绣房中给坎贝尔
写信：

我心爱的人，难以见到你的来信，一想到或许读不到
甚至见不到那些信，我就难以忍受，因为我知道它们就在

这儿！爱德华啊！要是能够你来我往地互诉衷肠，我会欣
喜万分！爱德华啊，每周小小一封短笺就能给我带来那么
强烈的喜悦。我看不出"有伤大雅"，在我看来，这简直
令人费解，在现有的环境下，怎会有人心存那样的想法。
我们不是彼此笃定吗？是啊，现在一切笃定不移……[70]

对于管控帖木儿皇族众多王公和皇子，梅特卡夫可谓游刃有 57
余，但他发觉在面对一个 21 岁妙龄女子的痛苦与绝望时，竟
然束手无策。梅特卡夫把 GG 留在山庄、身返德里后，在私邸
"心之悦"无奈地写道：

> 我相信你可以借助宜人气候，颐养身心，但愿你能吃
> 些东西。勿忘你有位父亲，他那么疼爱你，现目睹你的身
> 心现状，他哀思如潮；不管他给你带来怎样的忧恼，都是
> 情深意切和责任感使然。没有谁的父亲能有此般舐犊
> 之私。[71]

第二章
信徒与异教徒

米奇利·约翰·詹宁斯牧师身为德里基督教教众的牧师，
总是果决地直抒胸臆。

在贾旺·巴克特婚礼之前三个月，詹宁斯抵达德里。自那时起，他就一直致力于让德里居民皈依基督教的雄图大计。詹宁斯断言称，莫卧儿帝国皇都无异于尘寰间撒旦（Prince of Darkness）本尊的最后一座棱堡。他写道：

> 城郭之内生之傲与眼之欲，盛极于世；骄奢淫逸，规求无度。在地球的这一方膏壤，诸王国的一切辉煌都在那恶占有者的辗转相传中，灰飞烟灭。那儿的撒旦（Evil One）得到应允，至少证实自己所夸下的海口"要将国赐与谁就赐与谁"①，他恣心所欲地把世人玩于股掌之上。但真理、驯顺、正义之"大能"渺无影踪……[1]

詹宁斯打算铲除其眼中的印度之假信仰，必要时将诉诸武力。"像其他历史悠久的地方一样，这里的古老宗教亦根深蒂固，大丈夫要善于探幽索隐，方能将之斩草除根。"[2] 他的方法很简单：利用崛起的大英帝国之滔天权焰——显然是
"上帝之天命神秘操纵"的工具——以使异教徒改信基

---

① he giveth it to whom he will，见《圣经·旧约·但以理书》。——译者注

督教。

在提议设立德里传教会（Delhi Mission）的计划书之中，詹宁斯争辩称，现今英国王室对拥有"光之山"钻石颇为自豪，这颗钻石曾是印度最伟大的王朝——莫卧儿王朝皇族的所有物。英国人知恩图报，现在要竭力虔心地驱策印度洗心革面，进而"以那'无价珍珠'（指基督教信仰）予以回报……正如我们帝国在印度如此不可思议，又如此顺理成章地自东向西发展的进程"一样，英国人也应时刻准备为圣公会（Anglicanism）和唯一真神，征服次大陆。[3]他已然认定，对假宗教绝不应姑息。

1832 年詹宁斯前往印度，用其女的话说就是：他很快因"与宗教仪礼方面的麻痹怠忽进行斗争"而声名赫赫。詹宁斯最初虽被派驻宁静山区大大小小的传教站，被迫把精力投注在琐碎事务上，譬如为当地基督教公墓设计庄严肃穆的墓碑，但长久以来他的梦想是在德里开展传教活动，以"教化异教徒的传教士"之身份，全身心地投入一些正经工作中。[4]1852 年他总算获任驻德里的随军牧师一职，直接搬入第一线——皇宫红堡，受邀与"分外守文持正的"道格拉斯上尉及其病弱的妻子，合住于拉合尔门寓所。詹宁斯评述称，夫妇二人"像我本人一样'独尊教会'（churchy）……是传教活动的热忱后盾"。[5]

然而除道格拉斯夫妇外，詹宁斯因浮头滑脑、虚与委蛇的态度和倨傲麻木的举止——与《巴彻斯特教堂尖塔》（*Barchester Towers*）中的奥巴代亚·斯洛普（Obadiah Slope）的言行惊人地相似——而几乎没为自己赢得什么朋友。梅特卡夫一家对詹宁斯深恶痛绝。托马斯爵士认为他"两面三刀"、放诞无礼（"他经由道格拉斯把一本书还给我，却无只言片语的申谢之辞"），而西奥觉得他纯粹是"盲信者"。[6]如果说詹宁斯是奇葩之人，以致托马斯爵士和西奥都无法真心诚意地认同他，那么更加异乎寻常的是，颇具英国特色的英语《德里公报》以及全心拥戴莫卧儿王朝的乌尔都语《德里乌尔都阿克巴报》，在谈到詹宁斯时，观点罕见地一致。

《德里乌尔都阿克巴报》虔诚的编辑穆罕默德·巴卡尔大毛拉认为詹宁斯是个"狂热分子"，这虽不足为奇，但更出人意料的是，《德里公报》也判定他的传教活动有点狂热过头。[7]詹宁斯前往印度教的盛大节日"大壶节"（Kumbh Mela）现场，拉开阵势试图让攒集于恒河两岸的数以百万计的朝圣者改信基督教，他高声对会众"崇拜撒旦的多神教"之举进行谴责。《德里公报》指出，詹宁斯和两名助手或许应在方式方法上稍有些约束。一名通讯员致函该报称："诸传教士热忱有余、审慎不足，他们挑选异教徒聚集的烦嚣之地，作为自己表演的戏院。他们日复一日地向大众传道，但据我看来，就连成功的影子也没见着。他们不得不与反基督教的四大力量——贸易、犯罪、逸乐和邪神崇拜——一决高下。"詹宁斯的出现，尤令激进的裸形娑度（naga sadhu）恼火："一帮格外厚颜无耻的托钵僧，袒裼裸裎"，他们被撞见"在会众的拥挤之下，高视阔步、左来右去，或辱骂或哄撵与其擦身而过的每一个不信奉印度教的闯入者"。[8]

詹宁斯在本教区教众中也没获得多少人望。据托马斯爵士所述，一名老妪抱怨冬日里圣詹姆斯教堂（St James's Church）寒气袭人，詹宁斯便言称："其心若更温煦，其足亦会更暖和。"[9]德里教众同样不认为詹宁斯是很有魅力的传教士，大约这一时期的一名英国治安法官写道：

60

我去教堂做晚礼拜，留意到詹宁斯面露执拗神色……有此般神情的人会说："我知道这有点烦累，但我认为你要敢勇当先……"（比及他的冗长布道讲得慷慨淋漓）已是暮色苍茫，很快就有人拿来一支蜡烛。渐昏渐暗的教堂，孤光幽微，洪亮的说话声不绝于耳，布道者的身影半遮掩住那一小轮光亮，那氛围十分诡谲怪诞。而那传教士，不顾及天色渐晚，不肯减少一言半辞以缩短布道。据我记忆，那场布道不嫌词费地细述人世沧桑，力陈面对毫无把握的未来却迟不悔悟，是何等愚蠢。我当时顿觉神昏意乱，莫名至极。[10]

暂且不论詹宁斯本人有怎样的缺点，但在印度的英国人之中，有越来越多的人与詹宁斯抱持相同的观点和见解。十年前，坚贞不屈的亲印派（Indophile）范妮·巴夏礼（Fanny Parkes）造访印度斯坦时，已发觉社会态度正在转变，极端的宗教狂热"日甚一日，急速席卷坎普尔。正值芳华的女子有时公开声称，去舞会、赏戏、看赛马以及参加可能有四对舞（quadrille）的任何聚会都大错特错。许多军官也公开表达这样的观点，还自命为公理宗新光派（New Lights）"。[11]

19世纪四五十年代，印度到处都是虔诚的英国福音派信徒，他们不但意欲统治和管理印度，还打算拯救和改良印度。詹宁斯的同僚埃德蒙兹先生（Mr Edmunds）在加尔各答畅言无忌地宣扬其信念，声称东印度公司应当更强有力地利用自身地位以推动印度的改信。他在一封被广泛阅读的通函中写道："无论大家是否信奉同一宗教体系，但时机似已来临，是时候深思熟虑这个问题了。铁路、蒸汽船和电报，迅速把地球上各个国家连成一体……潜移默化之下，国度正在转变，各地的印度教势力亦逐渐被削弱。依循上帝所指定的时间，它终有一天垮台，我辈荣光万丈。"[12]

不再只是传教士梦想着让印度改信。身处德里西北方白沙瓦（Peshawar）的专员赫伯特·爱德华兹（Herbert Edwardes）亦坚信，由于英格兰新教（English Protestantism）之善妙，不列颠才有幸得赐一个帝国。他写道："赐授帝国的，实则是上帝。"上帝把此帝国赐予不列颠，因为"英格兰殚精竭力地让基督教得以维持使徒时代纯一不杂的形式"。[13]依循此断言，英国人越奋勉地传播那一纯正信仰，天命就越眷顾于扩张帝国疆域的种种努力。本此精神，法塔赫布尔（Fatehpur）地区法官罗伯特·塔克（Robert Tucker）新近竖立起多根大石柱，其上刻有波斯语、乌尔都语、印地语和英语的《十诫》（Ten Commandments），"一周两到三次"，用来"以印度斯坦语向凑在围场听宣讲的大批本地人诵读《圣经》"。[14]

这种福音派的宗教狂热甚至波及驻印英军。据近卫龙骑兵团（Dragoon Guards）的一名骑兵所述："宗教狂热情绪如雨后春笋般涌现，雄视一时……副官和军士长变得颇为道貌岸然，每天早上都参加宗教集会。"[15]在上述诸团，这成为一句口号："士兵擅战又擅祷，昭昭然最无敌。"[16]东印度公司旗下的军队也有类似情况，军中像第34本土步兵团（34th Native Infantry）指挥官史蒂文·惠勒上校（Colonel Steven Wheler）这样的军官们，都惯于给手下印度兵诵读《圣经》，此外还劝诱民众改变宗教信仰，对象涵盖"本地各阶层居民……在公路上、城内、集市和村落里……（期望）上帝让他成为使其邻人皈依上帝的幸运器具，或者换言之，把他从永堕地狱的诅咒中拯救出来"。[17]

类似见解同样得到东印度公司董事之中日益壮大的一批福音派信徒响应，其中首要者是查尔斯·格兰特（Charles Grant），他深信"他们（指印度教徒）受到迷信蛊惑，除此之外，几乎想象不出有谁会那么全然不顾地束身就缚"。格兰特提议大力增加传教活动，以便让其所定性的"无一例外，统统腐化……盲眼无珠一般堕落、孤豚腐鼠一般龌龊"的一国之民改信基督教。[18]他笃信，天命显然已把英国人带到这个罪恶巢窟，只为实现更崇高的目标：

> 难道没必要得出如下结论：赐予我们亚细亚领地，我们由此不但可以获取年收益，还可以在当地居民——因长期陷于无明暗夜，所以邪恶穷困、苦难深重——中间传播真理之光，以化冥顽？[19]

在印度本土，诸传教士的主要盟友是加尔各答的主教雷金纳德·希伯（Reginald Heber）。希伯一直勤勉地给予各传道会鼓励，并与印度各地的东印度公司官员通力合作，以使传教士的足迹踏遍英国管辖的领地。不久前的1813年，东印度公司章程还明令禁止前述行为，直至福音派"新教传教协会委员会"（Committee of the Protestant Society）在伦敦集体请愿要求修改章程，以准许"遍及东方各地区，普遍推广并迅速传播"基督教，嗣后才改弦更张。

正是在希伯的亲自监督下，此体制才得以逐步落实到位。对于富有侵略性的新使命，希伯志在必得，还创作一系列赞美诗以充当战斗口号。鼓舞人心的诗文，至今仍为人传诵，诗文充溢着圣战（Holy War）和基督教黩武主义的意象，譬如：基督教战士拼杀一条生路，以令灵魂得到救赎，"不畏荆棘、不辞劳苦、肝脑涂地"地为"真道"打那一场美好的仗。一首赞美诗开篇明义："圣子万里赴戎机，血红旌旗遥招展。"希伯的赞美诗同样揭示出传教士对潜在改信者的态度：

> 从格陵兰的冰山，
> 从印度的珊瑚海岸……
> 召唤我辈拯焚救溺，
> 助异邦摆脱罪业羁绊。

> 纵有辛香徐风，
> 柔拂锡兰岛屿；
> 纵有芸芸万象喜地欢天，
> 唯有人，丑相恶态。

> 大慈大悲尽徒然，
> 上帝恩泽普照尘寰；
> 异教徒无知无明，
> 竟相膜拜木神石神。

对于印度粗鄙的异教徒，希伯的看法跟随军牧师詹宁斯不谋而合。抵德里后不久，詹宁斯便写道："务必在某处发起猛烈抨击，但愿我们能亲睹它在此展开。"[20]

64   18世纪末英国人初抵印度斯坦时，博古通今的穆斯林乌理玛①起先的反应一直不明确。尽管有些人满口异议，辩称现今的印度斯坦是否成为"战争之境"（Dar ul-harb），进而成为展开穆斯林圣战的合法聚焦地，但大多数人所持的看法是：相较于此前拥有北方主宰权且信奉印度教的马拉塔人，英国人只会更良善进步。故此印度斯坦人心甘情愿地受雇于东印度公司，担任律师、门士和教师等职。[21]

若干尊显的大毛拉（即穆斯林阿訇）与英国女子高调盟结良缘，其中大多数英国女子皈依伊斯兰教。[22]此外，德里学界亦对基督教产生一定程度的兴趣。1807年，就在英国人甫抵德里后不久，莫卧儿朝廷欣然领受阿拉伯语译本的《新约全书》（New Testament），竟至"知恩报恩，还请求继续予以供给"。[23]

再者，德里乌理玛中有许多人，很快便跟显赫的亲印派官员结友。在英国揽权攘利之初，英国常驻代表处里的亲印派官员比比皆是。举例来说，沙·阿卜杜勒·阿齐兹就跟戴维·奥克特洛尼爵士的助手威廉·弗雷泽（William Fraser）结下深厚感情，威廉·弗雷泽一周拜访他两次，以提高自己的波斯语和阿拉伯语水平。[24]弗雷泽是来自因弗内斯（Inverness）的语

---

①　'ulama，在阿拉伯语中意为"拥有知识的人"，由此引申为"青藜学士团体"。实际意指伊斯兰阿訇，即一批对《古兰经》、逊奈（Sunna，先知穆罕默德在创教过程中的行为——译者注）和伊斯兰教法博识多通，并对宗教事务有决策权的贤士。'ulama为阿拉伯语复数形式，其单数形式是'alim，意为博学之士。

言学家兼学者，他依照德里的风俗修剪胡髭，"像波斯之王一样儿女成行"，后宫有"六七位明媒正娶的（印裔）妻子"。[25]弗雷泽深怀悯恤之心，饱谙穆斯林习俗，这令沙·阿卜杜勒·阿齐兹深受感动，他给予弗雷泽各式各样的建议，内容涉及前往白沙瓦途中要拜谒哪些圣祠，以及伊斯兰教法的微妙玄通之处。[26]

　　弗雷泽对之涌泉相报。抵达德里后不久，他便着手搜求"博闻多识的本地人……（其中）数人虽清贫，但我所碰到的是真正的难得之才"。[27]诗人迦利布亦位列其中，他后来写道，当弗雷泽遇难时，自己"心头再度燃起对一位慈父之死的哀痛情思"。[28]弗雷泽放弃吃猪肉和牛肉，以便能与印度教徒和穆斯林宾客同桌共食。他还穿着莫卧儿服装，诚心诚意地依循莫卧儿做派生活。在短时间内，他就因"结交德里的灰髯长者"而声誉鹊起，"……那些莫卧儿皇亲国戚是朝中没落贵族，几乎都是穆斯林"。[29]诚如法国旅行家兼植物学家维克托·雅克蒙（Victor Jacquemont）所述：

　　　　（弗雷泽）的习性半亚细亚化，但在其他方面，更像高地苏格兰人（Scotch Highlander）；他既是有独到之见的贤士，又是形而上的学者……亦有其他欧洲人承袭当地居民的习俗和观念，但相较于他们，他之所以最家喻户晓，或许是因其生活方式。我认为他对彼等的内心世界有真正深刻的理解，别人几乎都不具备此般能耐。印度斯坦语和波斯语仿佛是他本人的两种母语……[30]

弗雷泽于 1806 年 2 月 8 日给双亲写信，他在这封家书里初次描绘了德里："这是我所能拥有的最合心意的境遇……我欣然研读这些语言。它们是我主要的愉悦之源，（不过）除此之外，德里还提供很多（其他）食粮。我也正在收藏颇多份东方手稿。"[31]

热衷于莫卧儿遗风古道的，非他一人。弗雷泽的上司戴维·奥克特洛尼爵士同样倾心于德里的宫廷文化。奥克特洛尼深嗜水烟具（huqqa）、偏爱印度舞妓[①]、笃好印度服饰，这让希伯主教忧心如捣。此二人在拉贾斯坦（Rajasthan）的荒野邂逅时，奥克特洛尼穿着印度斯坦的宽松裤，戴着包头巾，坐在睡椅（divan）上接见希伯主教，仆从们手拂孔雀羽扇随侍在旁。奥克特洛尼本人的帐篷一侧是女眷的红绸帐篷，奥克特洛尼的妻眷于该处就寝，另一侧则是他女儿们的宿营地。主教见状，愕然失色，据他称，她们均"以红布裹身，还被重重遮护以避开亵渎的目光……这（俨如）东方君王（正在）出巡……"[32]

66　　据传奥克特洛尼有十三名妻子，其中之一原是浦那（Pune）的婆罗门舞姬，后改信伊斯兰教，奥克特洛尼在遗嘱中把她称作"比比·玛赫儒敦·穆巴拉克·丽莎夫人（Beebee Mahruttun Moobaruck ul Nissa Begume），又称奥克特洛尼夫人（Begum Ochterlony），我年幼孩子的母亲"。[33]她位居其他女眷之上，[34]年纪比奥克特洛尼小很多，看来必定是在与老将军的夫妻关系中占得上风。一个观察员评述称："委用（德里）专员戴维爵士无异于委用将军夫人（Generallee Begum）。"[35]

---

① nautch girl，印度的职业舞女和娼妇。

在此般混合的家族里，伊斯兰教的习俗和敏感问题都得到充分的理解和尊重。举例来说，一封书函记载称："奥克特洛尼夫人请求离家去麦加朝觐。"[36]岂止如此，奥克特洛尼甚至还考虑把子女们按照穆斯林养育成人。他与穆巴拉克夫人（Mubarak Begum）所生育的孩子们成年后，他便从门庭赫奕的德里穆斯林家族——洛哈鲁的纳瓦布家族领养了一个孩子。[37]穆巴拉克夫人所养育的这位闺秀，最终与其远亲，亦即迦利布的侄甥结为连理。[38]

如上所述，英国常驻代表处里有血缘和信仰互相融合的家族，除此之外，德里邻近地区亦有若干土邦王朝，此等望族同样或多或少成功地跨越伊斯兰教与基督教、莫卧儿文化与英国文化之间的鸿沟。汉西（Hansi）的斯金纳家族、卡斯甘吉①的加德纳家族，以及萨尔达纳（Sardhana）的苏姆鲁女王周围的社交圈，皆为18世纪的欧洲雇佣兵后裔。那些雇佣兵因婚姻关系而跻身于德里的莫卧儿精英阶层，进而产生一种融汇东西的生活方式，于是便在莫卧儿宫廷界与东印度公司常驻代表处的圈子之间，形成某种盎格鲁-莫卧儿（Anglo-Mughal）、伊斯兰教-基督教（Islamo-Christian）的缓冲地带。尽管这三个土邦王朝在名义上信奉基督教，但主要以波斯语和印度斯坦语交流，出入起居亦几乎完全是伊斯兰化的莫卧儿做派。

这种文明的融合有时或令人困惑。威廉·林尼厄斯·加德纳（William Linnaeus Gardner）在美国出生，后来娶了坎贝②的一位公主为妻，其子詹姆斯则迎娶扎法尔的嫡堂亲穆赫塔尔

---

① 　Khasgunge，同 Kasganj，现北方邦的一个镇。——译者注

② 　Cambay，古吉拉特的港口镇，初为土邦，后为英国保护领。——译者注

公主（Mukhtar Begum）。大家生儿育女，共同缔造一个盎格鲁-莫卧儿土邦王朝，其中半数成员是穆斯林，半数成员是基督教徒。确切说来，他们中的一些人，譬如詹姆斯·贾汗吉尔·施克赫·加德纳（James Jahangir Shikoh Gardner），似乎一直兼有两种信仰。[①][39] 1820 年加德纳夫人前往德里，商讨本世家与苏姆鲁女王之望族通过联姻结盟一事，当时便请戴维·奥克特洛尼爵士充当中间人。威廉·加德纳给一位亲戚写信道：

> 我想詹姆斯（即加德纳的长子）将于下一个开斋节订婚，但我不知晓内情，所以无法说得准确。阍奴和老妇人每日往返于（两个室家之间）……我唯一插手干预的事是邀请整个皇族出席婚礼（shadee），我对此予以否决，因为负担不起……[40]

末了，看似万事俱备时，苏姆鲁女王的随行人员中有人过世。苏姆鲁女王毅然决然地宣布：遵循穆斯林习俗，服丧四十天。日渐焦躁的加德纳，报告情况称："老女王完全是想办一场挥金如土、漫长烦琐的丧祭，除去把自己打得青一块紫一块外，还一直给全体德里民众提供食物，她亦指望戴维爵士能担当大夫的角色……以便在四十天丧期结束时替她除去丧服

---

① 加德纳家族和斯金纳家族都开始给子女取莫卧儿名字和欧洲名字，所以在内宅里，苏珊·加德纳（Susan Gardner）被称作舒比赫·贝居姆（Shubbeah Begum）。斯金纳家族的穆斯林支系迄今仍沿袭此惯例，密拉特的弗兰克·斯金纳（Frank Skinner）现掌控载客人力三轮车租赁行业，其名片背面，以乌尔都语字母写着他的莫卧儿名字"苏丹·米尔扎"（Sultan Mirza）。

（sogh）。"在服丧仪式中，奥克特洛尼理所当然地予以协助，不过他向一位友人吐露心声道，"老女王把基督教徒的习俗与印度斯坦人的风俗习惯熔于一炉，纵然他急于想做些事取悦那位老太太，却压根不晓得要做些什么"。[41]

改信基督教的人继续固执地坚守莫卧儿旧习俗，这般作风未必顺乎所有人的心意。奉派服侍苏姆鲁女王的天主教圣方济各会托钵僧（Capuchin）安赫洛·德·卡拉瓦乔神父（Father Angelo de Caravaggio），便发觉这是一场特殊的斗争。他致函罗马诸上司道："我在萨尔达纳已四载，见证了一座教堂的修筑和一个家族的构建。反正无法劝诱他们放弃穆斯林的习俗，现有情况既然改善无望，我便打定主意要全身心投入孩童的教育中……尽管我费心费力，但基督教仍未影响到穆斯林的风俗习惯，鉴于此，我（终）偕子女返回阿格拉。"[42]

安赫洛神父的不满可谓较为温和，与之相反，詹宁斯的举动颇为新颖，他深入这片情况复杂之地，侵权扰民，开展公然的"恐伊斯兰"（Islamophobic）传教活动，戏剧性地改变了整体氛围。初时莫卧儿精英阶层中有人竭力创建一种与基督教徒的有效关系，但他们现都渐渐心灰意冷；对于那些与卡菲尔异教徒（infidel kafir）和解的一切尝试向来都予以驳斥的人来说，詹宁斯的举动确也证实了彼等的偏见。

究其原因，19世纪初的若干年间，虽有其他几名传教士行经德里布道、辩惑和散发宣传册，但没人像詹宁斯这样采取明目张胆、咄咄逼人的方式。詹宁斯在上呈给英国圣公会差会①的首封报告中，谈到自己渴盼揽下德里"261座清真寺和

---

　①　Society for the Propagation of the Gospel，简称SPG。

200 座庙宇"，还毫不掩饰地自称意在抨击伊斯兰教和先知穆罕默德。[43]先前的传教士亦无同等级别的官方资助。除去其他贵显外，西北诸省总督和旁遮普专员也在詹宁斯的差传委员会（Mission Committee）名单之列。詹宁斯作为驻德里的随军牧师，其薪俸和差旅计划的费用也由东印度公司支付。

再者，詹宁斯抵德里时，英国人正着手运用新攫夺的权力，遏抑此前一直被视为合法宗教活动的诸多事项，转而冷酷高效、大刀阔斧地推广基督教，干涉程度之深，让穆斯林和印度教徒开始日渐惶惶。信奉印度教的寡妇焚身殉夫的"萨提"（Sati）习俗于 1829 年被法律禁止，这令许多正统派印度教徒感到惊恐。另一项法令准许信奉印度教的寡妇再婚，这让更多人深感震怖。自那时起，传闻一直不绝于耳，细述英国人如何利用政府孤儿院，让失去双亲的孩童改信基督教。英方于 1832 年提出法案，立法允许改信者继承祖产——伊斯兰教法明令禁止此事——此举似乎无可辩驳地证实改信之趋向。亦有人宣称，传教士有自行决定权，可向东印度公司狱中的受制听众（确实如此）布道。此项控诉未必不属实，因为该地区的监狱主管（Superintendent of Jails）也在詹宁斯的委员会名单之列。[44]

益发严重的是英国征服印度斯坦后，继之展开的土地整理①。英方以种种托辞，把数以百计的庙宇、清真寺、伊斯兰宗教学院和苏菲圣祠的获捐财产重占——实则是没收——不论何方有受让方权利的证明文书，一概不得出示。收复拨赠土地

---

① land settlement，旨在明确土地所有者以及所有者应缴纳的田赋额度。——译者注

的行动中，英方收缴了至少九座德里清真寺的获遗赠之所得。在其他事例中，东印度公司随意拆毁备受尊崇的庙宇和清真寺以修筑道路，此举尤令颇具影响力的神学家沙·阿卜杜勒·阿齐兹悲沮。[①][45]在少数个例中，由清真寺接收的土地转而被授予传教士，以便供其修筑教堂。在其他场合，英方同样冷漠无情得惊人，竟把充公或荒废的清真寺赠予传教士和基督教修士，以作为他们的栖身所。[46]

尽管总体上看，传教士在印度北部网罗改信者的举动尤为不成功，但日益严重的"传教士恐惧症"所激起的疑神疑鬼的氛围如此浓烈，以致英国人并无恶意的倡议也开始引发恐慌。英国人在德里以北的萨哈兰普尔（Saharanpur）建造医院，此举让当地人非常恐慌，担心英国人会废止深闺制度（purdah system），因为蒙面纱的女士要被请去医院，而非在家中接受诊治。以此类推，所有英式学校和学院都渐渐被看作传教活动的秘密机构。[47]

詹宁斯于 1852 年抵达德里，而德里乌理玛的知识反击正

70

---

① 勒克瑙的哈兹拉特·玛哈尔女王（Begum Hazrat Mahal）在解释何事致使她对抗英国人的时候，这也是主要怨言之一。在起义快要结束的日子里，她发布宣言讥讽英国人所宣称的允许民众信仰自由："吃猪肉、喝美酒；咬开油腻腻的弹药筒，猪脂掺着甜食；以筑路为由，摧毁印度教徒和穆斯林的庙宇；建教堂；派神职人员走街串巷，宣扬基督教；设立英语学校，按月向学习英格兰科学的人支付助学金，但至今都对印度教徒和穆斯林的礼拜场所弃之不理。凡此种种，民众怎能相信宗教事务不受干涉？"摘自《哈兹拉特·玛哈尔女王宣言》（Proclamation of Begum Hazrat Mahal），原文的译文藏于印度国家档案馆国外部（Foreign Department），1858 年 12 月 17 日政治磋商（Political Consultation）文献（驻奥德[Oudh]首席代表秘书 J. D. 福赛斯[J. D. Forsyth]致勒克瑙地区印度政府[GOI]国外部秘书 G. J. 埃德蒙斯通[G. J. Edmonstone]，1858 年 12 月 4 日）。

是在那一年初露端倪，这绝非偶然。那一年，学富五车的拉马特·阿拉·凯罗纳维毛拉（Maulana Rahmat Allah Kairnawi）撰写了广为流传的专论《发蒙解惑》（*Izalat al-awham*），他在书中条分缕析地对伊斯兰教加以辩护，抨击基督教各福音书（Gospel）经文前后矛盾及讹误之处，其论辞在一定程度上是基于德国的《圣经》学者的新发现。正如此毛拉所阐释的：

> 普通穆斯林一度对聆听（传教士）布道有所避忌，对研读其书籍和宣传册亦有所畏惧，故而印度的乌理玛之中无人关注对于这些宣传册的批驳事宜。经历一段时间，一些人却开始软化，目不识丁的（穆斯林）中有人面临失足之危。所以在我们伊斯兰教学者当中，有些人把注意力转向驳论之事……[48]

福音派信徒的新姿态，只不过是权势日盛的英国人所展现的日益增长的广泛而显见的傲慢气焰的部分表现。原因在于，英国人总算在1849年成功击溃并降服锡克人，终于发觉自己成了南亚的主宰者。英国人的军事敌手都已被征服：1757年消灭孟加拉的西拉杰·乌德道拉（Siraj ud-Daula）；1761年挫败法国人；1799年打败迈索尔（Mysore）的蒂普苏丹（Tipu Sultan）；1803年击溃马拉塔人，且于1819年再度一劳永逸地加以威制。

英国人头一回感到，不仅在文化上，而且在科技、经济和政治上都没什么东西要向印度汲汲以学，却有很多东西要谆谆以授。没过多久，帝国式傲慢就确立下来了，这种傲慢与基督教福音派的崛起相辅相成，逐渐开始对英国人与印度人之间各个方面的关系产生影响。

起初的德里学院与其说是一座西方大学，倒不如说是一所 71
伊斯兰宗教学院。它在 1828 年经东印度公司改造后，除原有的东方学学科外，还提供英语语言和文学方面的教育，旨在让当时被新学院委员会视为"半开化、半野蛮的印度蚩蚩者民，得以奋发向上"。上述举措的幕后推手是查尔斯·特里维廉（Charles Trevelyan），他是托马斯·巴宾顿·麦考利（Thomas Babingdon Macaulay）的妹夫兼门徒，这位麦考利先生在其备忘录中的断言亦颇有名："欧洲图书馆一书架的精博藏书，足堪媲美印度和阿拉伯的整个本土文学。"

> 从梵语（Sanscrit）所撰写的所有书籍里搜集而来的历史资讯，其价值逊于从英格兰预备学校所使用的最不值一提的节本里寻章摘句之所得……西欧诸语言让俄国文明开化。毋庸置疑，施诸鞑靼人的事，放诸印度教徒同样奏效。

如今在德里学院里，特里维廉把此类观点付诸行动，宣称"唯有英语文学之清泉，方能破浪前进，冲破那道看似不可逾越的樊篱，因为习惯与偏见的樊篱是以宗教情怀为后盾"。[49] 不久后的 1837 年，英国人废止以波斯语作为政府官方语言，并以英语取而代之，还间或把英语作为整个地区的官方语言。自此之后，昭然天下的是：英国人正紧锣密鼓地拟定日程，以便完全依循自身品味、传统和判断来统治印度。

但是，就连在新的英语学院受教育的印度人，也发觉自己几乎得不到英国人的善待。莫罕·拉尔·克什米尔（Mohan Lal Kashmiri）是德里英语学院（Delhi English College）所教出的首批学生之一，据他讲述，"大多数英格兰绅士以冷淡而卑劣的态度对待我们，这伤了我们的心，也就让我们遗忘英国统治的恩泽"。他附加一句警告，即"你们或能鱼肉百姓，或能用枪炮令他们心存畏怯，但是除非征服民心、赢得民意，否则敦睦相亲不过是一纸空谈"，而非现实。[50]

白莫卧儿人曾试图弥合这两种文化之间的鸿沟，英国人的改弦易调、日渐粗蛮令人深感懊丧。莫卧儿人兼容并包、融汇东西的宫廷文化，深深植根于威廉·加德纳的心中，像詹宁斯这样的传教士却强人所难，企图把自己的习俗和宗教加诸印度，这种举动对加德纳来说既惊世骇俗，又叫人费解。让他尤为恼怒的是，英国人竟然如此不了解印度人的看法。诚如加德纳写信给其堂远亲所言，英国人一再成功地触犯众怒，"原因在于，对土生土长的本地人缺乏了解……此等不公不正、逆天暴物的政府，亘古至今从未有过"。[51]桑榆之年的奥克特洛尼心有戚戚焉，年轻同僚对待皇帝及其亲族的方式，同样令他惊悸。奥克特洛尼致函心怀悯恻的威廉·弗雷泽："他们认为帖木儿皇族根本不值得获得最起码的体恤，此皇族显然受尽屈辱，他们颜面尽失而深陷窘况。恐怕……我们在当地人心目中没赢得什么人望，我们倒行逆施，如此昭彰。"[52]

范妮·巴夏礼在德里时，去红堡后宫拜望一位老公主，此公主是加德纳家族的远亲。在英国人刚开始掌权得势时，这类探访本是微不足道的惯常之举。但时至19世纪40年代末，德里的英国人社群对此所做出的反应，近乎令人震惊。范妮事后写道：

> 听闻，我因拜望此公主而备受指摘。瞧，贫厄如斯！诸皇帝的这些胤嗣，穷兮兮、哀怜怜！昔日访客拜别时，脖子会被挂上一串串珍珠和贵重珠宝。当命蹇时乖的哈亚特·丽莎大长公主①把新采摘的白茉莉所制成的颈圈，举过我头顶时，我毕恭毕敬地躬身俯首，仿佛她就是宇宙女王。其他人或许对这些人白眼相看，但我做不到。抚今追昔，沧海桑田。某日，一名绅士向我说起年轻王子中有一人挥霍无度，说他总是债务缠身，从不能靠津贴过日子。此王子的津贴是每月 12 卢比！还不及一名管家的工钱多。[53]

73

到 19 世纪 30 年代末，像弗雷泽、加德纳和奥克特洛尼这样的白莫卧儿人少之又少，这些人及其生活方式也渐渐绝迹。东印度公司官员的遗嘱表明，正是在这一时期，提及印裔妻子、配偶或女伴的遗嘱数目开始下降：1780—1785 年，每三份遗嘱中就有一份提到她们，但这一惯常做法急剧减少；1805—1810 年，每四份遗嘱中仅有一份谈及印裔配偶或女伴；到 1830 年时，每六份遗嘱中只有一份提到她们；时至 19 世纪中叶，几乎所有遗嘱都对她们绝口不提。[54]

这种联系减少的速度远远超过白人女性到来的速度，白人

---

① Hyat-ool-Nissa Begum，沙·阿拉姆二世的女儿，扎法尔的姑母。皇帝的姑母辈女性被称为"大长公主"。——译者注

女性的数目真正大幅攀升只是在 1857 年之后，而非之前。这是东印度公司转变征募模式的结果：1856 年文官制度（Civil Service）的改革意味着自 1857 年之后，文官在二十五六岁时才到任，这些人完成大学学业后，经历激烈角逐与层层选拔，继而奔赴印度，到那时往往已完婚。相较之下，早期的年轻男子未满 16 岁就要申请加入东印度公司，初来此地时仍是可塑的未婚者。故此我们不能像一代又一代的学童被教导的那样，把"渐行渐远"之事势归咎于欧洲贵妇人。

二十多年前，即 19 世纪 30 年代初，接纳印裔妻子或印度习俗的英格兰男子已渐渐成为世人骇怪的对象，甚至被人嘲笑。至 19 世纪中叶时，东印度公司官吏若"仿效穆斯林蓄连鬓胡、裹包头巾（turban），如此等等"，则越来越受到"奚落"。宽松裤（Pyjama）——18 世纪加尔各答和马德拉斯（Madras）的寻常着装——首次成为英格兰男子穿着入睡的衣物，而非日间衣着。正如 1856 年《德里公报》的一篇社论所言：

闻知种种实例：英格兰人白齿青眉、离乡赴印，久而久之，渐已彻头彻尾印度化。他们与当地人（通常是当地穆斯林）习性一致、情投意洽，以致对欧洲社会兴趣索然。他们从穆斯林中择选同伴和人脉，各方各面都以穆斯林的做派生活，或大大落落，或心照不宣地采纳穆斯林之信条，至少不再对基督教显露任何兴趣……这些人往往大才盘盘……他们谙熟当地人的作风，这或许是为自己的成功铺路，如若不然，要想飞黄腾达，或无把握，或不切实际。

但显见的是，这样的时光已然逝去。我们务必谨慎，莫被他们所持的论调误导，无论那些论调多么适用于他们鼎盛时期之任务。而今昭然若揭，此般阶层亡不旋踵，它现有的实际影响力只会阻滞印度的知识进步，并挑唆当地人墨守成规，固守东方的保守主义旧观念，进而敌视一切革新……[55]

随军牧师詹宁斯在红堡雅房内舒坦地安顿下来，他很清楚新官上任三把火的道理，这等败德辱行的歪风邪气亟待他来肃清。不久便有两名初级传道员加入进来：其中一人精通乌尔都语和波斯语，将穆斯林群体锁定为目标；另一人邃晓梵语（Sanskrit），旨在针对印度教徒传教。他们同心合力，开始在官方所谓的非宗教性的德里学院里暗中讲习《圣经》，借此迅速把德里精英阶层的一切忧惧和疑忌弄个清楚。[56]

不过，数月来无人改信，而对于詹宁斯劝诱他人皈依基督教的企图，民众的敌意与日俱增。1852 年 7 月，即贾旺·巴克特婚礼的四个月后，詹宁斯可谓立下赫赫一功。两名尊显的德里印度教徒，宣称欲改信基督教，其中一名是扎法尔的私人医生奇曼·拉尔医生（Dr Chaman Lal），另一名是这个医生的朋友、德里学院才华横溢的数学讲师罗摩昌德拉大师。詹宁斯迫不及待、慨然应允，还做出安排：7 月 11 日（星期日）于圣詹姆斯教堂举行公开仪式，在大庭广众之下为二人施行洗礼。詹宁斯随即致函英国圣公会差会，文中洋溢自我陶醉之感，如其所言：

这一方水土堪称得天独厚，大力开展传教行动的时机已然成熟……这些德隆望尊之人在德里颇有人脉，故此为 75

他们施洗之事，惹得满城沸腾……周日晚，印度教全体信
众都凑集于教堂周围……[57]

士兵们随时待命以防不测，但未立即爆发骚乱，不过在继后数
日里，一场"暴烈骚动席卷全城"。[58]名门望族随即让自家学童
从罗摩昌德拉大师工作的德里学院退学。与此同时，就连最亲
英的乌理玛也开始对诚奉基督教而日益激进的主子生起异心。

其中一人是穆夫提萨德尔丁·阿祖尔达，他与扎法尔和迦
利布均为至交。英国人在德里掌权得势的初期，阿祖尔达身为
英国人与莫卧儿精英阶层之间沟通的桥梁，发挥了举足轻重的
作用。阿祖尔达曾是戴维·奥克特洛尼爵士的朋友和门徒。三
十年来，身兼德里的首席穆斯林法官（即萨德尔阿明）、朝中
首屈一指的文士和穆夫提等职，阿祖尔达始终采取温和的崇英
派立场，能够在多重角色之间取得平衡。他是天生的斡旋者，
曾辩称受雇于东印度公司完全符合穆斯林律法，一切圣战念头
都离经背道，因为英国人允许民众享有充分的宗教自由。[59]不
过，关于"英国人的政策趋向何方"的问题，这下就连阿祖
尔达也开始持严重怀疑态度，因此悄然着手于规劝德里学院诸
生要对"基督教宣传"置之不理。[60]其他人更直言不讳。据一
名传教士所述："穆斯林很乐意把英格兰人赶下台。他们直截
了当告诉（我们）：'你们若非统治者，我们马上就能制止你
们布道，不是据理力争，而是拔剑论道。'"[61]

19世纪50年代初，激进基督徒是英国人群体中一股日渐

崛起的势力，如出一辙，德里的穆斯林群体中也相应兴起一股刻板的激进势力，除了一样乐于使用武力对抗异教徒外，对他人的信仰所流露出的鄙薄之态，同样毫不含糊。①

如果说伟大的废奴主义者威廉·威尔伯福斯（William Wilberforce）和克拉珀姆教派（Clapham Sect）有助于促成英格兰基督教基要主义者的福音派见解的传播，那么沙·瓦里乌拉（Shah Waliullah）则是穆斯林一方的激进伊斯兰改革运动之父，这位 18 世纪的德里神学家与阿拉伯瓦哈比派②的创始人伊本·阿布德·瓦哈卜（Ibn Abd al-Wahhab）曾同时在汉志（Hejaz）的麦地那（Medina）求学。虽则无证据显示他俩曾谋面，但二人所秉持的神学观念几无二致。沙·瓦里乌拉认为德里所奉行的伊斯兰教阐释，实属颠倒黑白、离经叛道，他返回印度后，旋即对之宣战。[62]

沙·瓦里乌拉及其子嗣——值得一提的是沙·阿卜杜勒·阿齐兹，亦为威廉·弗雷泽之友——强烈反对苏菲派的圣徒崇拜，他们将之比作偶像崇拜，而且对于综摄③的习俗尤不讳

---

① 雅利安社（Arya Samaj）这样的团体所领导的印度教改良主义运动——迟早会形成一种与伊斯兰教和基督教的这些改良主义倾向对等的印度教革新——直至二十年后的 19 世纪 70 年代末才延及德里。扎法尔治下的德里虽有很多显达的印度教徒，但由于当时城内没有统一的印度教领导层，无从形成步调一致的制衡力量以抗衡传教士和乌理玛。然而在孟加拉，印度教改良主义运动的某种萌芽初现。1857 年 1 月，驻巴勒克布尔的赫西将军（General Hearsey）抱怨称："加尔各答虔诚的印度教群体（我认为他们被称为'达摩社'［Dharma Sobha］）的某些代理人散布谣言，妄称政府一门心思让印度兵改信。"参见 Irfan Habib，'The Coming of 1857'，*Social Scientist*，vol. 26，no. 1，Uanuary-April，1998，p. 11.

② Arabian Wahhabi，伊本·阿布德·瓦哈卜于 18 世纪在麦地那所首倡的清教徒式伊斯兰教改革的追随者。

③ syncretic practices，指不同宗教的调和与统合。——译者注

言，他们深信这些是印度的穆斯林从信奉印度教的邻人那里习得的：朝觐印度教圣地、咨询信奉印度教的占星家、女人鼻翼穿孔并佩戴鼻钉、陵墓燃灯、圣地奏乐以及庆祝印度教节日，就连以芭蕉叶为碟进食的习俗亦受到咒诅。沙的解决办法是把非伊斯兰教的附加物和新事物剔除得一干二净，转而强调严格的《古兰经》一神教理论，申说祈祷文可以只上达于真主，而不必透过任何圣洁中介。[63]

77　　沙·瓦里乌拉判定人类理性无法凭借自身的力量见证神圣真理，他重申揭示神圣启示的重要性，力倡回归《古兰经》和《圣训集》经文。为了能让寻常百姓轻易读到这些经文，沙将《古兰经》译成波斯语，而后其子将《古兰经》译成乌尔都语，并借由新的德里出版社把两个译本广为传播。[64]像瓦哈比派信众一样，沙·瓦里乌拉也反对其眼中的同时代堕落的穆斯林统治者，沙及其后昆从拉希姆伊斯兰宗教学院（Madrasa i-Rahimiyya）的家族大本营，鼓动德里市民违抗其眼中的莫卧儿人的衰颓之风，劝诫民众莫像"有牵鼻绳的骆驼"一般行事。[65]

　　沙·瓦里乌拉对莫卧儿人的嫌恶，既是神学上的又是政治上的。莫卧儿王朝诸皇帝与印度教徒世代通婚——扎法尔颇有代表性，其生母是拉其普特人——印度教的观念和习俗从后宫徐徐渗透至皇宫其他地方，以至于莫卧儿王朝末期的诸皇帝均认可伊斯兰教的苏菲派所呈现的含垢弃瑕、交融并举的形式，这与开明的苏菲派契斯提教团兄弟会（Chishti brotherhood）一致，因其归于神学谱系截然相反的另一端，故而与沙·瓦里乌拉所持的强硬观点判然两途。许多原教旨主义者都认为此等自由主义观念近乎无信仰，无异于不信者（kufr）。[66]

　　伊斯兰教正统派主张：创世之目的是崇拜真主。此乃一种主从关系，真主是主宰，信徒是仆民。这种关系颇为直截了当：若敬奉真主得法，便获奖赏——审判日（Day of Judgement）降临时可升至天园——如若不然，则堕入地狱。莫卧儿宫廷的王公贵戚之中持苏菲派宗教思想的诗人以及德里"圣裔"（ashraf）精英阶层的圈中人都固拒此理念。他们反而辩称，真主应当受崇拜，不因他命令我们如此，而因他是这般可敬可爱的神。故此，一切传统都应受包容：男女老幼皆能表达对真主的敬爱，那样的能力凌驾于宗教结社、性别乃至社会阶层地位之上。缘何宫中所热烈奉行的伊斯兰教苏菲派也这么风靡全城，缘何宫廷圈子（court circle）被更正统的乌理玛这么猛烈咒诅，这正是原因之一。

　　据扎法尔当政时期的宫廷日志所载，拜谒德里古老的苏菲圣祠——一如既往地受到德里民众尊崇，就印度教徒和穆斯林而论，程度一般无二——几乎是每周发生之事，其次数远超过载录在册的清真寺朝拜。每逢圣祠守祠人入宫觐见，扎法尔便慷慨捐助，他还出资在圣徒墓上摆放鲜花——沙·瓦里乌拉学派对此尤不以为然。[67] 78

　　岂止如此，扎法尔本人就被认为是苏菲派导师，他过去常招收门徒"穆里德"①。[68]忠君爱国的《德里乌尔都阿克巴报》竟至称呼他是"获天庭称许，当代最杰出的圣徒之一"。[69]扎法尔甚至像圣徒一般穿戴，即位前风华正茂之时，扎法尔特意像清贫学者和苦行僧一般行住坐卧，这就跟他三个衣冠赫奕的弟弟贾汗吉尔王子、萨利姆王子（Mirza Salim）和巴布尔王子

---

　　① murid，在苏菲派导师门下求学的弟子。

（Mirza Babur）形成鲜明对比。"他形貌瘦小，衣着朴素，几近粗弊，"1828 年阿彻少校（Major Archer）报告称，"他的模样就像贫苦门士或语言教师。"那时扎法尔 53 岁，距继位称帝仍有十年光景。[70]

扎法尔的苏菲主义表现为两种迥然不同的形式。作为诗人和苦行僧，他接纳苏菲派神秘主义作品的精妙入神之处，但也同样深受大众化的伊斯兰教神妙迷信的一面感染。举例来说：扎法尔似乎坚信——像很多子民一样——身居苏菲派大师和皇帝的尊位，便被赋予可感知的灵性力量。因此，一名臣属被蛇咬伤时，扎法尔送去"一个由牛黄①制成的印玺和一些被吹有自己仙气的水"，将水赐予那人饮用，试图借此治愈他。[71]

对于伊斯兰的护身符②，皇帝亦深嗜笃信，尤其是用它来缓解痔疮或祛除邪咒。[72]在患病的一段时间，他召集一批出类拔萃的苏菲派导师，告知他们："几名后妃怀疑某个党派施邪咒于他，所以恳请他们采取措施予以补救，以便破除由此产生的一切忧惧。他们答说，会为陛下缮写一些符咒等。符咒会被搅入水中，取用（即饮下）后，便可守护他免受鬼魅的伤害。"[73]这类苏菲派导师、奇人异士和信奉印度教的占星家时常随侍在皇帝身畔，而且依照他们的建议，扎法尔定期献祭水牛和骆驼、埋鸡蛋、拘捕所谓的黑术士，此外还佩戴一枚特殊戒指以医治消化不良。[74]他亦依循谏言，定期以母牛赈济贫民，向苏菲圣祠捐赠大象，并把一匹骏马赐予主麻清真寺的哈

---

① Bezoar，药剂性结石，用以解毒。
② ta'wiz，上写有《古兰经》经文的护身符。——译者注

迪姆①。[75]

　　与之形成对比的是，扎法尔的诗歌达到炉火纯青的高妙境界，如这一时期的很多诗文一样，字里行间充溢着浓浓的苏菲派的爱之理想，苏菲派将此视为接近真主的最准确的途径，认为真主不是被奉于天园，而是深入人心。究其原因，如果说心的世界是苏菲主义的核心所在，那么它也奠定了莫卧儿帝国晚期德里的主要文学形式——"抒情诗"——的基石，其名称源于阿拉伯语"与女人谈情说爱"。[76]抒情诗人笔下的爱，可谓暧昧不明。诗人很少清清楚楚地言说它所指的是神圣之爱还是俗世之爱。此种暧昧措辞是蓄意所为，原因在于，心灵渴望与真主合二为一的向往之情，被认为像施爱者对被爱者的思慕之情一样意惹情牵、无所不容，这两种爱都能升华至神魂飘荡的地步，亦即苏菲派教徒所谓的"无我"状态②。[77]在苏菲派诗人看来，自心中探寻真主，就能把追寻者从狭隘的伊斯兰教正统派的桎梏中解放出来，从而鼓舞信徒超越律法的条条框框，转而着眼于它的奥秘本质。正如迦利布所述：

　　　　我崇拜的对象，非知觉所能及。
　　　　遥见克尔白天房（Ka'ba），无非一面罗盘。[78]

他奉劝正统派的信徒深入探究：独有你们，对真主奥秘的妙音充耳不闻。像许多同时代的德里人一样，迦利布所创作的宗教

---

① khadim，清真寺里负责管理维修、清洁、安全等事务的阿訇。——译者注
② fana，在对神的默祷中自我寂灭，从而与被爱者（指安拉）合二为一。——译者注

诗歌力透纸背，但对拘泥于字面意思的穆斯林圣典读物抱持怀疑态度。迦利布对天园的谐谑冥想颇具代表性，他在致友人的信中写道：

80 　　倘真在天园，我真会在拂晓时分畅饮《古兰经》所谈到的玉液琼浆，但天园的夜里，怎能醺醺然偕友悠悠闲步，怎有醉昏昏的众人歌吟笑呼？在那儿何以凭寄对季风云团的迷醉情思？没了秋天，怎有春天？美丽的天园女神若总在那儿，怎有离别愁与相见欢？在那儿怎能寻见一位姑娘，在我们将吻未吻时，她娇羞地逃开？[79]

本着同样的精神，在迦利布的诗歌中，正统派的谢赫①一向是伪善的斗筲之人的代表：

　　酒馆门畔有谢赫徘徊，
　　迦利布，可信我，
　　我前脚走开，
　　分明见他后脚溜来。

在私人信札中，迦利布也屡屡把乌理玛狭隘的律法主义与真正的灵性做对比：前者"训诫商人族群（baniya）和顽童，还沉迷于行经及产后出血的问题之中"；要对后者有所憬悟，则须"研读神秘主义者的著述，对如下基本真理亦宜铭记在心：真主真实无虚、显化万物"。[80]

① Shaikh，同 Sheikh，意为长老或酋长。——译者注

　　像宫廷的其他圈中人一样，迦利布准备静观其变，待这种见地"瓜熟蒂落"。如果真主存于心，不只是借由仪式，更多的是借由爱触及他，那么他对印度教徒就像对穆斯林一样可亲可近。于是在参访贝拿勒斯（Benares）期间，迦利布谑称自己心旌摇摇，想要一劳永逸地在那儿安顿下来；还戏称"真想放弃信仰，先在额头戳一个宗派印记①，再把圣线绑在腰间，而后落座于恒河河畔，以便将身心的污秽荡涤得一干二净，犹如一滴水融入恒河一般，与之浑然一体"。[81]

　　这是扎法尔以及莫卧儿列祖列宗里的很多人，对印度教所共同持有的态度。扎法尔显然有意把自身角色定位为印度教臣民的保护人，以及极端穆斯林之诸多要求与许多乌理玛之骇人的清教主义（Puritanism）的仲裁者。[82]扎法尔的一节诗晓示印度教与伊斯兰教"本同末异"，而对于这一相融相生的哲学，朝臣更是身体力行，君与臣都在各个层面上颂扬、展现这种印度教徒-穆斯林、印度-伊斯兰（Indo-Islamic）熔于一炉的文明。德里的印度教徒精英阶层前去参拜尼扎穆丁（Nizamuddin）苏菲圣祠，能引述哈菲兹②之言，还喜好波斯诗歌。他们的子女——尤其是负责行政管理的卡特里③和伽耶斯达④种姓后嗣——都师从大毛拉，并于更开明的伊斯兰宗教

81

---

①　即 Tilaka，印度教徒以朱砂涂抹于前额，印记的形状依个人喜好而定。——译者注
②　Hafiz，本名为沙姆斯丁·穆罕默德，14 世纪的波斯抒情诗人。——译者注
③　Khattri 或 Khatri，即神职人员种姓。——译者注
④　Kayasth，传统上是担任书记员之职的混合种姓。——译者注

学院求学。① 每逢印度教节日，他们还会为师长捎去食物类供品。[83]穆斯林中对皇帝枝附影从的人亦敬奉印度教圣人。朝中包括扎法尔本人在内的许多人，均遵循莫卧儿旧习俗——从上层种姓的印度教徒借鉴而来——只饮用恒河水。[84]朝中一队印度教占星家几乎从不离扎法尔身畔。[85]

宫廷日志记录了扎法尔如何在春季节日"胡里节"② 酣嬉：向廷臣和妻妾抛撒五颜六色的颜料，还用取自七眼井的井水沐浴净身，以此拉开庆祝活动的序幕。[86]在宫内，印度教的秋之节"十胜节"是以向扎法尔手下信奉印度教的军官分发礼物及贡品来庆祝的，而且（更意想不到的是）皇家马场（Royal Stud）的御马身上也被涂抹彩绘。到晚上，皇帝便观赏罗摩戏剧（Ram Lila）——颂扬印度教之神罗摩王战胜化身为"魔王罗婆那"（Ravana）的恶魔，德里每年都会焚烧魔王及其帮凶的巨型模拟塑像以示庆祝。[87]扎法尔甚至要求改变罗摩戏剧游行队伍的行进路线，让其循着皇宫整整一侧绕行，以便欣赏到蔚为壮观的场面。[88]在排灯节（Diwali）期间，扎法尔会秤取与自身等重的"七种谷物、黄金、珊瑚等，并督导向贫民分发之事宜"。[89]

宫廷日志中尽是此类事例：扎法尔对印度教徒的格外敏感的感情，致使他的日常活动受到影响。一晚扎法尔骑马外出，在渡河"兜风时……一名欲改信伊斯兰教的印度教徒焦急地

---

① 现今的某些激进伊斯兰宗教学院在某种程度上为其整体招致了不光彩名声，但要记住的是，许多最为杰出的信奉印度教的思想家，包括像伟大的改革家罗摩·莫罕·罗伊这样的人，都曾在伊斯兰宗教学院接受教育。
② Holi，又称"洒红节"，为印度教的春季节日，参加庆祝活动的人们会相互抛撒红色和黄色粉末。

等待自己的意愿获得皇帝默示。阿赫桑努拉·汗大夫（即扎法尔手下的宰相）置喙，称处理那人的请求恐不妥，陛下便吩咐将他撤离该场所"。[90] 在梅赫劳利古老的瑜伽摩耶神庙和库特卜大人之苏菲圣祠举行的一年一度的印度献花节"卖花郎巡游"期间，扎法尔宣布说："他不会同仪仗扇一道进入圣祠，因为他不得携扇入庙宇。"[91] 在另一场合，两百名穆斯林成群结队地出现在皇宫，要求获准在古尔邦节宰牛——印度教徒视牛为圣物——扎法尔以"恼怒的口吻，斩钉截铁地"告知他们："穆斯林的宗教信仰，并非取决于是否以牛献祭。"[92] 像迦利布一样，扎法尔对偏执的谢赫们极为鄙夷：宫里晚上的一项消遣活动包括"演员卡迪尔·巴赫什（Kadir Bakhsh）在皇帝面前扮演大毛拉（即穆斯林阿訇）。陛下非常高兴，吩咐（总管太监）马赫布卜·阿里·汗按例赐他礼物"。[93]

　　德里的乌理玛对朝中的这种事很是鄙夷。据赛义德·艾哈迈德·汗爵士所述，"许多德里大毛拉及其追随者都认为皇帝比异端者好不了多少，他们所持的观点是：不应在他常去参拜的清真寺以及受他庇护的清真寺里做祷告"。[94] 扎法尔对伊玛目阿里（Imam Ali）所怀有的虔敬心和深情厚谊，尤令正统的逊尼派（Sunni）如坐针毡。穆哈兰姆月①的什叶派②庆典——在

①　Muharram，伊斯兰教历一月，是什叶派穆斯林的重大节日，以缅怀因溃败而殉难的先知的孙嗣伊玛目侯赛因，教众在海得拉巴、勒克瑙和德里红堡等地尤其热情地加以纪念。

②　Shi'a，伊斯兰教的两大主要派别之一，可追溯到先知归真之后，派别随即分裂：一派承认麦地那诸"哈里发"的统治权威，另一派追随先知的女婿阿里（阿里什叶派［Shi'at Ali］，在阿拉伯语中意为"阿里一党"）。虽则绝大多数什叶派教徒居住于伊朗，但在印度德干一直有大量什叶派教徒，海得拉巴也作为什叶派的文化中心源远流长。

坚定的逊尼派教徒沙·瓦里乌拉看来,是伊斯兰教之异端邪说的典型表现——期间,宫里热火朝天地庆祝节日,扎法尔也聆听挽歌①。部分原因在于不断有传闻称,扎法尔其实早就改信什叶派教义(Shiism),这引发的后果是:皇帝接见德里乌理玛所派遣的多个代表团,那些人非常气愤并威胁说,如果传闻获证实,他们将实施最终制裁,即把扎法尔从聚礼日的主麻拜众中除名——实则把扎法尔革出教门,并取消其统治的合法地位。[95]

随着 19 世纪向前推移,此类严格正统派的见解在德里积蓄力量,乌理玛的地位得到巩固,以至于到 19 世纪 50 年代,扎法尔及其朝臣所秉持的苏菲派之海纳百川的作风渐渐被视为老派过时,一如当时坚定的英国福音派信徒群体眼中的白莫卧儿人融汇东西的生活方式和开明的宗教态度那般腐旧。互争高下的原教旨主义冲突,行将在历史舞台上演。

原教旨主义与扎法尔所崇奉的灵性异端之间的对立,也带有强烈的阶层因素。

如果说苏菲主义和抒情诗创作是宫廷文化和圣族后裔"谢里夫"② 的高雅文化标志,那么屈尊俯就的伊斯兰教改良主义运动则成为崛起的旁遮普穆斯林商贾阶层的标识,尽管此

---

① marsiya,即悼亡诗,指为纪念先知的孙嗣侯赛因殉难而创作的波斯语或乌尔都语哀歌或挽歌,在穆哈兰姆月于悼念伊玛目侯赛因的殿堂(ashur khana)吟唱。

② sharif,先知穆罕默德的外孙哈桑·本·阿里的后裔。——译者注

阶层堆金积玉、知书识礼，但总感觉自己被排除在精英主义的苏菲派宫廷文学的文化之外。沙·瓦里乌拉之子神学家沙·阿卜杜勒·阿齐兹是一位多产的伊斯兰教令的传导者，而且很明显的是，其中涉及经济事务的教令——关于信用证的许可程度或者关于通过贩卖奴隶获取收益，等等——如此之多，这就意味着许多前来征询意见的人都纵横商海、从事商业贸易活动。德里激进的伊斯兰宗教学院的资助者，无疑都是旁遮普的穆斯林富商巨贾，尤其是那些有志之士，他们号召向异教徒发动圣战，目标是创建一个把非伊斯兰教之毒瘤铲除罄尽的伊斯兰教社会。[96]

众人之中最心直口快的当数赛义德·艾哈迈德·伯热里（Sayyid Ahmad Barelvi），他是拉希姆伊斯兰宗教学院的校友，格外激进好斗。1830 年伯热里曾在西北边境（North West Frontier）向锡克人和英国人发起一场圣战，无奈霉运连连。从那时他就致函中亚诸统治者，请求他们携手将印度从英国人的统治中解放出来，言称"基督教徒"以及莫卧儿朝廷的非伊斯兰做派，"不仅颠覆伊斯兰文化，而且瓦解伊斯兰的生活方式"。[97]尽管伯热里被阿富汗人出卖，1831 年与旗下圣战武士一同死于锡克人的刀剑下，但是顺着连接白沙瓦、安巴拉、德里和巴特那（Patna）——正是圣战武士的其他主要集中地——的商道，圣战者组织残部暗中存留下来。

1852 年 9 月，即贾旺·巴克特王子婚礼的五个月后，亦即詹宁斯让罗摩昌德拉大师和奇曼·拉尔医生改信基督教的两个月后，梅特卡夫麾下驻德里的警察越来越草木皆兵，怀疑圣战者组织开始死灰复燃。他们依据密报，对数名公认的极端分子的行动场所展开黎明突袭，查出了证明其所认为的德里城内

"一宗瓦哈比派阴谋"的证据，并扣押"狂热分子大毛拉的往来书函，这些大毛拉鼓吹发起一场宗教圣战"以挞伐英国人。[98]此宗"阴谋"的核心人物是德里商人侯赛因·巴赫什长老（Shaikh Husain Bakhsh），他是旁遮普商贾界巨擘，跟拉希姆伊斯兰宗教学院圈子里更激进的伊玛目过从甚密。

同样激进的伊斯兰宗教学院的乌理玛，再次带头对抗詹宁斯及其传教团，尤其是在罗摩昌德拉和奇曼·拉尔受洗礼后，随军牧师詹宁斯又于 1853 年 5 月成功让某个"出身名门望族"但未披露姓名的赛义德改信基督教。[99]如果说传教团强化了穆斯林的种种忧惧，传教士增强了印方对英国人统治的反对之声，驱策正统派发展壮大为正统派信仰，继而创造出一片滋生圣战武士的沃土，那么反之亦然，正是"瓦哈比派阴谋"的存在，强化了詹宁斯及其支持者的信念，让他们坚信有必要向这些根深蒂固的"穆斯林狂热分子"，发起"猛烈进攻"。

宗教激进主义与欧洲帝国主义的历史屡屡交横绸缪，进而导致了非常危险的局势。基督教的一些基要主义者与伊斯兰教的部分激进主义者，以一种奇特而颇为具体的方式，强化了对彼此的偏见与仇恨。一方所怀有的深仇重怨，恰是另一方赖以生存的命脉。

第三章
畸轻畸重之弊

时至 1852 年，纵然英国人与莫卧儿人居住在同一座城市，有时还比邻而居，但彼此之间可谓龃龉不入、渐行渐远。

异族通婚现象——或者说至少是同居现象——在德里的英国人小社群里一度比比皆是，不过实际上此时仍存在种族隔离的情况。双方的日常接触越来越少，更勿论尝试相互谅解。德里的两份主要刊物《德里乌尔都阿克巴报》与《德里公报》最为清晰地展现了前述现象，不仅如此，简单比较一下两份报纸的专栏，或许能看出这一时期德里的英国人与印度居民之间与日俱增的误解的裂隙之端倪。诚然，对于随军牧师詹宁斯所从事的更极端的传教活动，这两份刊物的观点不谋而合，但在其他问题上二者几乎不曾持有一致看法。我们阅读不同报纸关于 1852 年诸事件的新闻报道，有时会认为它们所载的是迥然不同的两座城市的新闻。

按官方说法，《德里乌尔都阿克巴报》把激励读者"纳善避恶"视为己任。[1]其他刊物则持不同立场。一份乌尔都语报纸与之唱对台戏，据其所载："针对与该编辑的宗教观相异的正人君子，该份令人厌恶的报纸充斥着对诸君实施人身攻击的流言蜚语。"[2]这两种显然对立的说法都源自同一股汹汹势头：《德里乌尔都阿克巴报》在心直口快的什叶派编辑穆罕默德·巴卡尔大毛拉的把持下，公开抨击朝廷、乌理玛群体，乃至英国政府中的贪腐之事。

该报虽矢志不渝地忠于扎法尔，却严厉谴责皇宫事务部延迟支付月俸的腐败作风（"唯有皇帝、里长［Mukhtar］或御医［Royal Physician］身边的亲信近臣，获付薪俸"），不过对于行为更不端的某些王子遭受报应，该报亦幸灾乐祸——譬如，当放荡不羁的沙·鲁赫王子（Mirza Shah Rukh）在前往卡达姆谢里夫①圣陵途中被德里放债者伏击时。[3]该报把恶行归咎于刁恶廷臣的奸谋，称这些人正在蒙蔽皇帝圣洁的双眼。[4]

穆罕默德·巴卡尔大毛拉是德里人，这名德里学院的毕业生曾在母校任教一段时间，后因薪资微薄而离职，接着短暂受雇于英国人，继后为外国商贾创建一个日进斗金的集市，还修筑什叶派会堂（imambara），间或在该会堂布道。[5]

《德里乌尔都阿克巴报》除了反映巴卡尔本人的兴趣所在，它关注的问题主要集中于本地的政治和宗教事务：谈论罗摩昌德拉大师的改信，描述在苏菲圣祠目睹的最新奇迹，报道德里诸节日以及其间偶有发生的嘈吵喧斗，例如1852年穆哈兰姆月期间爆发的逊尼派-什叶派暴乱。报纸亦转述譬如皇宫更多侍女因"淫逸恶行"而受处罚等此类街谈巷议。[6]

穆罕默德·侯赛因是巴卡尔之子，也是前途无量的青年诗人，以笔名"阿扎德"撰文，常帮父亲打理报纸发表内容等事宜，故而《德里乌尔都阿克巴报》也对文学事务展露浓厚兴趣，翻印了诗人雅集所吟诵的最受赞誉的新抒情诗。对于扎乌克和迦利布之争，该报坚定不移地站在巴卡尔之友——阿扎德的"乌斯达德"②——扎乌克一边。迦利布因赌博而被捕

---

① Qadam Sharif，意为先知的足印。14世纪菲罗兹·沙把从麦加带回的一块有先知足印的石头，置于其子的坟上。——译者注

② 即古鲁（guru），意为导师。——译者注

时，该报幸灾乐祸地报道了这则丑闻。即便一言半辞谈到德里 87
城郭外的世界，该报往往只言及印度斯坦周边的城镇，充其量
远至加尔各答。不列颠几乎不曾出现在报纸专栏里——纵观
19 世纪 40 年代，该报仅七次提到东印度公司的故乡，远逊于
论及如埃及或波斯这类文明得体的伊斯兰国家的次数，而巴卡
尔的祖辈正来自波斯。[7]

　　相形之下，《德里公报》所关注的焦点是感伤的外派人员
的心之所向，是对切尔滕纳姆①周围的绵绵青山之渴望。报纸
专栏会谈到月光集市里水渠的灯火或者该报克什米尔门
（Kashmiri Gate）办事处附近道路的车辙，[8]偶尔也忧虑地提到
"胆大包天的匪盗行径（dacoitee）"，报道德里板球俱乐部
（Delhi Cricket Club）挫于加尔各答队之手而惨败，以及德里
德比大赛（Delhi Derby）的完整赛果，这些报道中还包括年度
机车比赛（Locomotive Race）的公告："只要是真正的独轮手
推车均可参赛，诸团的乐队小伙计（Band boy）担任指导，每
辆手推车里坐一名乐队小伙计，获胜者可得 8 卢比奖金。"[9]

　　偶有非常特殊的事件，会将英国人与莫卧儿人截然不同的
两个世界暂时聚合在一起。尽管在英国揽权攘利初期，英国人
与印度人常因参与莫卧儿宫廷生活和节日而聚首，但时至 19
世纪 50 年代，此种接触已倾向于坚决遵从欧洲人的主张：例
如在德里赛马会期间，当地权贵由乡间庄园突然进入城镇以参
加莫卧儿杯（Mogul Cup）的时候；[10]又或者在接纳印度会员的
德里共济会协会（Delhi Freemasons' Lodge）里。[11]

　　此等事件之一是特鲁德先生有限公司（Messrs Trood and

---

① Cheltenham，英格兰西南部城市。——译者注

Co.）的出现，它把巡回展带到德里，展览包括数台显微镜，《德里公报》称显微镜致使"当地绅士万分惶恐，他们悚惧于迷惘的双眼前所呈现的奇异现象"。[12]另一个此等事件是若尔丹先生（Monsieur Jordain）及其巡回马戏团（Travelling Circus）的到来：

88

> 若尔丹夫人（Madame Jordain）优雅的骑术与舞蹈，引得观众席里的欧洲人连声喝彩，当地人也情不自禁地"哇哇"高呼以表露喜悦之情。若尔丹先生的力量绝技不仅让当地人大吃一惊，也让所有看客震惊。奥利弗先生（Monsieur Oliver）驾驭着球环绕马戏团行进，在攀登斜坡的同时，还在球顶保持平衡。他在球上的新奇技艺……引得众人赞声不绝。温驯的小马拉贾帕克（Pony Rajapack）的表演，同样令人拍案叫绝。小马的一举一动都驯顺，它走到轿子上安睡后，整场晚会就此结束，它就这样被从地上抬走。[13]

然而《德里公报》的实质，亦如读者所关注的，确切说来是栖栖遑遑的编辑乔治·瓦根特利伯（George Wagentrieber）的心之所向，其实在别处。有关大英帝国扩张的报道频频出现：标志着第二次英缅战争（Second Anglo-Burmese war）结束的大炮轰鸣、吞并勃固①和占领仰光，还有由大英帝国的克里米亚（Crimea）、阿富汗及波斯前线发来的快信。不过最重要的是，此报满是来自祖国的新闻：位于西姆拉（Simla）和穆索里的名

---

① Pegu，缅甸南部城市。——译者注

为"桥景"（Bridge View）和"罗斯维尔"（Roseville）的、让人感到欣慰的伪英格兰乡间小屋的广告；苏塞克斯（Sussex）有意收留孩童来接受教育的热心家庭的告示，为的是免其习得印度口音。[14]其中一则告示写道："敬告父母和监护人：一位返回英格兰的女士乐于接管数名孩童，到埠后会把他们平安护送到目的地以与他们的朋友相见。"[15]另一则告示来自"一名已婚教士，他在萨默塞特郡（Somersetshire）的对身心健康有益的地区安家，希望把一两个孩子纳入家庭……跟他的子女共享教育，并由他本人看管。费用由 60 几尼到 100 英镑不等"。[16]

对于如何缓解囊中羞涩的背井离乡者之焦虑和乡愁，这份报纸可谓了如指掌。但时至 19 世纪 50 年代，德里居民即便出现在此报中，也只在极个别的情况下才被言及，进而会被以傲慢的态度，一贯地称为"当地人"或"我们的黑弟兄"。[17]然而相较于此等措辞所表明的态度，瓦根特利伯的心态更复杂一些，原因在于他娶了英印混血儿伊丽莎白（Elizabeth），她的父亲是斯金纳骑兵团大名鼎鼎的詹姆斯·斯金纳（James Skinner），亦是德里白莫卧儿社会的核心人物。

詹姆斯·斯金纳的父亲是苏格兰雇佣兵赫尔克里士·斯金纳（Hercules Skinner），祖父是蒙特罗斯镇长（Provost of Montrose），母亲是拉其普特人（Rajputni），外祖父是来自"博杰布尔地区"的拉其普特柴明达尔①。[18]斯金纳曾为马拉塔人浴血奋战，结果发觉因其父是英裔而遭马拉塔全军上下摈斥；之后他为英格兰人而战，岂料因其印度血统而日益被东印度公司区别对待。斯金纳在回忆录中写道："我以为自己正在

---

① zamindar，地主或领主。

为一个对种姓及肤色不持偏见的民族效力，但我发现弄错了。"他总结道，混合遗传"像一柄双刃剑，对我有利有弊"。[19]斯金纳因为莫卧儿诸皇帝效犬马之力而获授尊衔——"骁勇善战的征服者、威名赫赫的上校、国之栋梁詹姆斯·斯金纳爵士"（Nasir ud-Daulah Colonel James Skinner Bahadur Ghalib Jang），想必就算蒙特罗斯的祖父得闻，亦会瞠目而视。德里居民将其尊衔简化为"斯干达大人"（Sikandar Sahib），据说原因在于，莫卧儿首都的平民百姓把斯金纳看作亚历山大大帝（Alexander the Great）转世。

基督教徒斯金纳对于自己的宗教信仰，委实心虔志诚。漏尽钟鸣时，他修筑了德里第一座教堂圣詹姆斯教堂①，这座教堂成为德里英格兰圣公会社区的基石。但这并不妨碍他妻妾成群——范妮·艾登（Fanny Eden）对此印象深刻，她写道，"有那么多花容月貌的斯金纳夫人"，[20]据估计有十四位[21]——斯金纳于德里的哈维利附近，为穆斯林妻眷修葺一座瑰丽的莫卧儿王朝风格的清真寺，此外（至少据德里的传奇故事称）还为信奉印度教的宅眷建造一座庙宇。范妮·艾登称他为：

　　　　一名本土上校，肤色黝黑，比我们在当地遇到的任何白人上校都有头有脸得多，而且在战场上屡建奇功。

90

---

① 一座鲜为人知的小型亚美尼亚（Armenian）殡仪教堂，附属于吉申根杰（Kishenganj）的老亚美尼亚公墓，先于圣詹姆斯教堂约一个世纪修筑而成。这座小教堂临近吉申根杰火车站，现仍被继续频繁地使用，它似乎是老洋人城（Firangi Pura）——莫卧儿帝国晚期，在后来的萨巴兹曼迪附近设立的欧洲雇佣兵的城郊住宅区——幸存的遗迹。

> 这位谦谦长者居留于此。周日，我们前往他所修筑的大教堂，咫尺之隔，他还另建一座清真寺。他告诉我说，神之所在，即宗教之所在。但我猜想，他自称为穆斯林。[22]

艾登做此臆断，虽则错谬，但考虑到斯金纳彻头彻尾的莫卧儿生活做派、生硬又不合文法的英语表达，[23] 有此误解情有可原。斯金纳的众妻之首——很可能是瓦根特利伯的岳母——无疑是穆斯林，她名为阿舒丽·卡努姆（Ashuri Khanam），本身是个势位尊贵的地主，她的父亲名叫米尔扎·阿齐姆·贝格（Mirza Azim Beg），是有权有势的哈里亚纳柴明达尔，也是斯金纳非正规骑兵团的兵营驻地汉西的采邑主。[24]

斯干达大人故去后，"各色各样"、各有殊异的子女仍是德里显赫的地主和廷臣，他们曾试图弥合莫卧儿朝廷与英国人社群之间日渐宽广而越来越难逾越的鸿沟，但家族中某些成员逸出常轨的着装品味，没让这苦差事变得更容易。就连威廉·加德纳（William Gardner）也不禁被斯干达之弟罗伯特·斯金纳（Robert Skinner）逗乐："锦衣华服，更胜昔时倜傥男儿，还绕了一身金链银链，比马格德堡地牢（Magdeburg Dungeon）里的弗兰克男爵（Baron Frank）戴的链子还要多。"[25] 相较于其他人，斯金纳家族的一些成员显然发觉自己更多地因家族血统，而被悬隔于两个不同的世界之间。西奥·梅特卡夫一度报知其妹乔治娜（或称 GG，大家似乎都这么称呼她）："两个月又十四天以来，詹姆斯·斯金纳先生一直喝得醉醺醺，没一刻清醒。"[26] 故此，瓦根特利伯在《德里公报》上登载一篇文章，字里行间涌动着风谲云诡的暗流，就此果决地向白莫卧儿人的时代挥手道别。尽管瓦根特利伯的妻家在白莫卧儿人中举足轻重，但他此时显然认为白莫卧儿人的黄金时代一去不返。无论瓦根特利伯对姻亲斯金纳家族怀有怎样的感情，他显然知道未来在何方以及自己要支持哪一方。

然而用不了多久，他就会庆幸自己与这个"彻底印度化"的家族有姻戚关系，还会庆幸自己的妻子皮肤深色、能讲一口流利的印度斯坦语以及有驾驭莎丽（sari）的本领——对瓦根特利伯来说，到目前为止，这一切向来是真切感受到的淡淡的尴尬之源，或许对他恒忍的妻子来说亦如此。

91

19 世纪 50 年代初期，英国人与莫卧儿人有时不仅看似活在迥异的精神世界里，而且好似生活在不同时区。

英国人最先起床，在德里居民区（Delhi Civil Lines）以北的军营里，凌晨 3 点 30 分军号响起。而在此段时间，红堡里的莫卧儿诗人雅集仍似悬河泻水一般滔滔汩汩，而且在乔里集市（Chauri Bazaar）娼家女子的宅院①里，妖歌曼舞和抒情诗吟唱渐近尾声，女子们随之更进一步地恪尽其责，实可谓"携云挈雨意绸缪"。当莫卧儿诗人的歌吟笑呼以及娼家女子的卖笑追欢各自加快节奏时，像第 38 本土步兵团的 50 岁老兵罗伯特·泰特勒上尉或者新抵印度的 18 岁伊顿校友（Etonian）哈里·甘比尔中尉（Lieutenant Harry Gambier）这样的英格兰男子，正睡眼惺忪、呵欠连天地在床上坐起身，众

---

① kothis，高大坚固的联排住宅，通常俯瞰纵横交错的庭院。

仆从赶忙试着给主人修面，还帮他们穿上长筒袜。[27] 即将迎来的是军营练兵场上长时间的操练。

两小时后，比及太阳从亚穆纳河冉冉升起，诗人、娼家女子及其老主顾们陆续归床安寝，以消解漫漫长夜所致的疲乏。此时不仅是军人，就连英国平民都已起床走动，他们各自锻炼身体。像干脆利落、矜持不苟的罗伯特之妻哈丽雅特·泰特勒这样的妇人，或者像英格兰人社群的大美人安妮·福里斯特（Annie Forrest）——哈里·甘比尔已经在给她写信，委婉地吐露倾慕之情——这样的娇俏妙龄女子，大概都已回来，她们刚刚完成骑马绕营的晨练。为保护淑女的肤色，她们认为日出后太经常骑马，实非明智之举。[28]

到 6 点时，在被遮得黑漆漆的平房里，哈丽雅特忙着督导一大群家仆。第一项任务是准备盛大的早餐，维多利亚时代身在印度的英格兰男子，唯有享用完这顿美餐，才会思量开始新的一天。最起码可供选择的餐食有："碎排骨、吉列脑花、炸牛肉饼、辣炒腰子、现宰现烹的全鸡、炖鸭、爱尔兰炖肉、羊肉碎、腌羊头羊蹄肉冻，更不用说各色各样的印度菜肴，譬如辣炒杂菜（jhal frazie）、咖喱洋葱虾（prawn dopiaza）、奶酪鸡块（chicken malai）和侯赛尼煮牛肉（beef Hussainee）。若干盎格鲁-印度式融合菜也被添进这份餐单，比如马德拉斯风味烤腰子、马德拉斯带馅油煎饼（Madras fritter）和生姜辣椒煎免治①剩肉。"[29] 之后当然是最重要的盎格鲁-印度式早餐佳肴：英式鱼蛋烩饭（kedgeree）。虽则在德里，人们认为盛夏吃鱼

①　mince，用于烹饪领域，主要指将肉类等食材切碎或绞碎。——译者注

尤其不妥。①

当军营贵妇等候自家男人从练兵场归来时，城郭内的随军牧师詹宁斯已在安谧的圣詹姆斯教堂主持晨祷。墓地侧方的法庭很快也会开始工作，首席治安法官约翰·罗斯·哈钦森（John Ross Hutchinson）和查尔斯·勒·巴斯（Charles Le Bas）大概已经在办公室里，属下孜孜不辍的助手阿瑟·加洛韦（Arthur Galloway）和萨德尔阿明穆夫提萨德尔丁——通常以笔名"阿祖尔达"为人所知——亦如此。其间，姗姗来迟的联席治安法官西奥·梅特卡夫正骑着马由克什米尔门进城，赶来处理当日的工作。他懊恼自己没能尽职尽责地准备简报，也没能像父亲一样早起。除去游泳、安排家头细务和阅读报纸文件外，此时其父已处理完半日的公务。乔治·瓦根特利伯也已起床，吻别妻子伊丽莎白后，也像西奥一样，正由居民区赶往《德里公报》的克什米尔门办事处以开始一天的工作：或笔耕墨耘，或校对最新一期报刊。

德里居民之中，穷人比富人醒得早得多。随着旭日东升，当晨骑归来的英国人准备早餐时，在邻近卡达姆谢里夫圣陵的

①　直到 1947 年，狂饮暴食仍是驻印英国人的主要生活方式。迟至 1926 年，帝国时代的英国人所能吃到的饕餮盛宴，让奥尔德斯·赫胥黎（Aldous Huxley）骇目："遍及印度，普遍实行一日五餐制，包括两顿早餐、午餐、下午茶和晚餐。大城镇往往增添第六餐，当地的剧院和舞会让夜宵变得名正言顺。而印度人一日最多吃两餐饭，有时只吃一餐，隔三岔五还饥无可食，所以被迫承认自己低人一等……我们超凡的烹饪造诣让印度人刮目相看。我辈之声威与狂饮暴食息息相关。为大英帝国之故，真正的爱国志士会牺牲他们的肝脏和结肠，为未来的卒中和肠癌创造条件。身在印度时，我可谓尽力而为。但是冒着我辈之声威遭受破坏的风险，冒着整个帝国架构在身旁坍塌为废墟的危险，我过去常常悄悄省去一道菜，奈何心有余而力不足。"摘自 *Jesting Pilate*, London, 1926, p. 108。

高地上，第一批捕鸟人正以杂谷为饵布网，以擒捉早起出外觅食的晨鸟。果蔬商贩从尘土飞扬的路上走来，与捕鸟人擦身而过，一些人乘犍牛车，大多数人则徒步跋涉。他们由河间地的村落蜂拥而来，循着阿里布尔路把货物送往都城西北方的萨巴兹曼迪（Sabzi Mandi）新郊区，该区正好位于喀布尔门（Kabul Gate）外。

较早起床的印度教忠实信徒，由拉吉加特门（Raj Ghat Gate）鱼贯而出——每天这个时候，人群里披着棉莎丽的女子远比男子多——他们或做礼拜①，或赶在人群熙攘以及男洗衣工（dhobi）现身前，在圣河亚穆纳河的河水中晨浴。此时晨光熹微，唯有梵学家（pandit）与他们为伴。自圣河沿岸直至尼甘博德石梯（Nigambodh Ghat），一座座小圣祠排列成行。据德里神话所载，《吠陀》正是由此处浮出水面。此刻小圣祠鸣钟，以开始梵天瑜伽（Brahma Yagya）②晨修：日复一日、一遍又一遍地赞颂世界的创造与再创造。音调各异的钟声与梵语吟诵此唱彼和，在漆黑的圣殿密室里，毗湿奴神像和撒满金盏花的湿婆林伽（Shiva lingam）黑石雕像，亦与环绕其间的樟脑灯相映成辉。

深入都城内部——由城西的法塔赫布里清真寺（Fatehpuri Masjid）以南的克什米尔小客栈清真寺（Masjid Kashmiri Katra），到气势恢宏的主麻清真寺，继而直至吉娜塔清真寺（Zinat ul-Masajid）精雅的河畔宣礼塔——此时都可听闻晨礼

---

① puja，印度教的礼拜。
② 在印度教神话中，梵天是世界的创造神，包括人在内的宇宙万物皆由梵天创造。梵天瑜伽指印度教徒祭祀天神梵天的仪轨，包括十六项仪程，其间需吟唱《吠陀经》。——译者注

的最终唤拜声（Azan），繁音促节，一声更胜一声。于是乎，
倾诉精神的渴望与主张的连续呼喊声，此起彼伏、滔滔滚滚地
涌向河岸的听众。宣礼结束，随即一片寂静，猝然传来德里晨
鸟的百啭千鸣：画眉呦呦哓哓；八哥高声嗝啾；玫瑰色长尾小
鹦鹉时而叽叽喳喳，时而引颈长鸣；鹰鹃愤然惊啼；罗桑娜拉
花园（Raushanara Bagh）和提斯哈扎里（Tis Hazari）的扎法
尔御花园，在遮天蔽日的果林深处，万木葱茏、暑气熏蒸，噪
鹃阵阵啼鸣。

　　到这时候，就像年轻廷臣查希尔·德拉维位于马蒂亚玛哈
尔（Matia Mahal）的宅子一样，城内围墙高筑的金门绣户的
私家庭院里，众家仆陆续起身，他们先清过喉咙，再卷起竹
帘，回廊园林的水渠和喷水池随之映入眼帘。不多时，垫枕和
被单便被拾掇走，好腾出庭院游廊以享用早餐——印度教徒吃
芒果或油炸土豆面包（aloo puri），穆斯林或许喝些羔羊肉浓
汤（mutton shorba）。家仆们或者从井里汲水，或者去萨巴兹
曼迪购买新鲜甜瓜。一些稍富裕的人家许会备好咖啡。男性歇
居的一侧宅院，水烟"咕噜咕噜"的声音响起。内宅里，女
性既要帮孩童穿衣，又要扣好并系紧自己的露脐紧身衣
（choli）、直筒衬裙（ghagra）和短袖紧身胸衣（angiya），还
要披裹好高腰长衫（peshwaz）和莎丽。厨房里，每日例行地
剁洋葱、辣椒和生姜，准备把鹰嘴豆（channa dal）浸泡、去
壳。在其他地方，内宅形形色色的住户会以做祷告、缝补、刺
绣、烹饪或者嬉戏，开始新的一天。

　　没多久，年龄稍大的男童会起身上学，他们穿梭于巷
弄，赶到伊斯兰宗教学院开始一天的学习：忙着把《古兰
经》熟记于心，或者聆听大毛拉阐释《古兰经》奥理，又

或者研习哲学、神学和修辞学等人文学科。这远非枯燥乏味的任务，而是激动人心的分内之事。一名由北疆商道（Grand Trunk Road）的小城镇远赴德里的学生求知若渴，过去常去拉希姆伊斯兰宗教学院听课，纵使季风雨倾盆而下时亦不例外。为了不弄湿书本，他便把随身携带的书本放进罐里。[30]年迈的扎卡乌拉（Zakaullah）对儿时极速狂奔、穿行于沙贾汗巴德的窄巷（gali）之事记忆犹新，而对于德里学院传授的新学问，尤其是数学，他的兴奋之情亦是如此。威廉·斯利曼上校（Colonel William Sleeman）因镇压本地凶徒恶棍而身负威名，他也是印度朝廷施政的主要批判者，可就连他也不得不承认，德里地区所提供的伊斯兰宗教学院的教育，着实不同凡响。参访莫卧儿王朝帝都时，威廉·斯利曼上校写道：

> 世上或许罕有社群能像印度的穆斯林群体那般善施教化，遍地开花。每月职薪 20 卢比的人，其子嗣所受的教育通常等同于宰相之子。他们以阿拉伯语和波斯语为媒介，习得我们学院里的年轻人以希腊语和拉丁语所研习到的学问——语法学、修辞学和逻辑学。七年学业完成后，头裹包头巾的年轻穆斯林几乎与刚从牛津大学毕业的青年一样，饱谙这些学科的相关知识——他同样能侃侃而谈苏格拉底（Socrates，又称 Sokrat）和亚里士多德（Aristotle，又称亚里斯多德里斯［Aristotalis］）、柏拉图（又称阿尔弗拉顿［Alflatun］、博卡拉特［Bokrat］）和希波克拉底（Hippocrates）、盖伦（又称亚利努斯［Jalinus］）和阿维琴纳（Avicenna，又称布·阿里·塞纳［Bu Ali Sena］）。

此外，身在印度让他更具优势的是：用以获取知识的媒介语言，正是贯穿一生最需掌握的语言。[31]

德里的伊斯兰宗教学院之美誉，无疑足以激励巴尼伯德（Panipat）的青年诗人阿尔塔夫·侯赛因·哈里（Altaf Husain Hali）避婚出逃，他步行五十三英里远赴德里，即便形单影只、囊空如洗、倒街卧巷，却力图实现求学梦想，终在德里的著名学院求学。哈里后来写道："大家都想让我找份工作，但求学的热情压倒一切。"[32]德里终归是鼎鼎大名的知识分子聚集的中心，在 19 世纪 50 年代初，这座城市所绽放的知识活力可谓达到顶峰。它有六所遐迩闻名的伊斯兰宗教学院和至少四所规模较小的伊斯兰宗教学院、九种乌尔都语及波斯语报纸、五种德里学院所出版的知识类期刊、不计其数的印刷机和出版商，以及至少一百三十名尤纳尼[①]领域的医生。[33]西方科学所发现的众多新奇迹，在此首度被翻译成阿拉伯语和波斯语，诸多学院和伊斯兰宗教学院里思想开明、才智迸发的氛围亦很明显。[34]

然而，最受欢迎的是像迦利布、扎乌克、萨赫巴依和阿祖尔达这样的诗人和知识分子。哈里写道："天赐洪福，这一时期的首都德里，云集一批如此才华横溢的贤士，他们的聚会和集会，不禁让人想起阿克巴和沙·贾汗时代。"[35]哈里的家人最终追查到他的下落，寻到他后，把他拽回乡下（mofussil）的婚姻生活中，不过在这之前，哈里获准进入"格外轩敞富丽

① Yunani，同 Unani，爱奥尼亚医学，拜占庭时代传至伊斯兰世界，后发展成为波斯-阿拉伯传统医学，在印度流传至今。

的"侯赛因·巴赫什（Husain Bakhsh）伊斯兰宗教学院展开求学生涯。桑榆之年的哈里写道："我亲睹德里最后绽放的璀璨学术光芒，今朝忆念彼时旧景，令我肝心若裂、嗟悔无及。"[36]

其间，在月光集市，尽管德里银行的经理贝雷斯福德先生（Mr Beresford）上午9点就来上班，但直到11点，集市的第一批店主才陆续现身。他们打开自家摊档的窗板，喂食金丝雀和笼里的长尾小鹦鹉，还忙着拦挡最先到来的乞丐和托钵圣僧，这些人一边将钵里的硬币上下晃动，一边避开两旁店铺的"夹道鞭笞"。其中一些人妇孺皆知，甚至是德里备受尊崇的人物，譬如苏菲派圣愚（Majzub）丁·阿里·沙（Din Ali Shah）。赛义德·艾哈迈德·汗在概述这位德里最著名的市民时写道："他对凡尘诸事颇不介怀，以至于在大多数时候寸丝不挂。观者如堵时，他或迸发出过激言辞，但当如饥似渴的追寻者深思那些话语时，就会发现这些表面上看似毫无意义的言辞，其背后所蕴藏的是发蒙解惑的指路明灯。"[37]其中若干最受尊敬的托钵僧是女儿身，如巴吉（Baiji），"她是一个天赋异禀的女子，在沙贾汗巴德的老艾提尔尔清真寺（Old Idgah）附近的干茅草屋顶下度过一生。交谈时，她屡屡引述《古兰经》的一节节经文……凡她所预言之事，总是灵验"。[38]

店外的人行道上，没有专属经营场所的微贱商贩挤满各自的指定场地，这些人中有：拿着耳挖和探针的掏耳匠，扛着一捆捆印楝细枝的洁牙工，带着纸牌和鹦鹉的占星术士，携有蜥蜴和一瓶瓶浑浊的催情药油的江湖郎中，与扇尾鸽和珍奇品种的鸽子为伴的养鸽人（kabutarwallah）。同时，在远离路人视线及主街临街面的作坊里，珠宝商备好绿宝石和月长石、黄玉和

钻石、缅甸红宝石、巴达克山①尖晶石，以及兴都库什山区
97 （Hindu Kush）的青金石；鞋匠手拿鞣制好的皮革，忙着弯卷
鞋楦上的尖头皮鞋（juti）的足尖部位；铸剑师动手点燃熔炉；布
商抽出一卷卷织物；香料商则把大堆大堆的金橘色姜黄堆抹成形。

在执权杖者所把守的最大经营场所里的是德里出名的耆那
教徒（Jain）和马尔瓦尔（Marwari）放贷者，他们掌握着家
族信贷网以及被债户名单挤得满登登的名簿。贾旺·巴克特王
子举行婚礼后，扎法尔本人的尊名亦被列入该名簿。像萨利格
拉姆先生（Lala Saligram）、巴瓦尼·尚卡尔（Bhawani
Shankar），以及尼尔小客栈（Katra Nil）街区的富丽堂皇的哈
维利里的琼纳·马勒先生（Lala Chunna Mal）——众人中的首
富，也是贝雷斯福德先生所在的德里银行最大的单个投资
者——这样的人，则会疲惫地倒靠在垫枕上，遐想着怎么施谋
才能收回天文数字般的巨额钱款，因为他们先时糊里糊涂地把
那些钱贷给了囊中羞涩的红堡王子。[39]

正当月光集市活跃起来时，距集市以北两英里处的营地
里，一天的工作已渐近尾声，军人的大部分职责早就履行完
毕。他们要赶在单身汉所居住的砖砌小平房热得不堪忍受之
前，沐浴净身、快速阅读报纸文件，还要打上一局台球以消磨
一两个钟头的时光。临近傍晚的这段时间，尚需做的事只剩下：
"穿着宽松的便服"四肢舒展地随处坐卧，"或者读书，或者无

---

① Badakshan，中亚古国，在《清史稿》中被称为"巴达克山"，在《明
史》中被称为"把丹沙"或"八答黑商"，其控制范围大致为现今的阿
富汗东北部和塔吉克斯坦东部。原在帖木儿的帮助下，由迷里忽辛征服，
后为帖木儿帝国的属国之一，由沙哈鲁之子镇守。帖木儿帝国崩溃后，
成为独立王国。——译者注

所事事地打发时间，又或者睡觉"。[40] 一天的大部分时间几乎无事可做，就许多英军官兵而言，百无聊赖正是身处印度所要克服的首要困难。大约在这一时期，第 5 孟加拉本土步兵团（5th Bengal Native Infantry）的艾伦·约翰逊（Allen Johnson）在日记中写道："我懒散之丑态，极为糟糕。过去十天里，我几乎没翻开一本书，也没写下片言只语。事实上，我除了四处躺坐和闲逛，什么都没做。此刻我拿起一本书，迟眉钝眼、凝神观瞧，或者说是在床上心神不宁地左踢右蹬。我唯一挥之不去的念头，是对家乡的眷恋以及对本地人和事的嫌恶。"[41]

常驻代表处的办公楼勒德洛城堡位于稍南边的居民区，托马斯·梅特卡夫爵士在这里把当日的工作完成得七七八八：开完各种会议；对警察局长① 和法庭所征询的事宜予以答复；写完各种信；将来自皇宫的消息推敲和总结后，转呈至阿格拉和加尔各答。

下午 1 点刚过，完成一天工作的托马斯爵士，乘马车返回梅特卡夫私邸，而此时红堡里的诸多事务才刚刚开始。倘要迎来狩猎之旅，扎法尔的确能早起——年近八旬的扎法尔仍对狩猎乐此不疲②——但在诗人雅集或宫廷文娱晚会③之后，他宁

---

① kotwal，印度城市的警察首领，也是首席治安法官，而在莫卧儿王朝的某些城市，亦为最高行政长官。"kotwal" 的办公室被称作 "kotwali"。

② 据一份德里晚期史料所述，由六十名猎人（shikari）、驱猎物者和持火炬者随行，扎法尔于冬日凌晨 3 点动身狩猎。据此乌尔都语史料所载，驱猎物者先把猎物赶向扎法尔，然后扎法尔由肩舆射击，如果觅得野鸭和水禽，驱猎物者则会把禽鸟赶上岸。参见 Arsh Taimuri, *Qila-i Mua'lla ki Jhalkiyan*, ed. Dr Aslam Parvez, Urdu Academy, 1986。在论及扎法尔狩猎之旅的章节里，扎法尔给人的印象是热情奔放、精力充沛的运动健将，但因这份史料是在扎法尔流亡约三十年后写成的，故其准确性或可存疑。

③ mehfil，莫卧儿宫廷的文娱活动，通常包括舞蹈、诗朗诵以及吟唱抒情诗。

98

愿长时间躺在床上。扎法尔的一天是这样开始的："送水的侍女手托银盆和银水罐前来，摊开一张垫子（质料要么是布，要么是皮革），把银盆和银水罐置于其上。捧毛巾的侍女随后进来，手持方帕擦洗皇帝的脸和脚，还用毛巾和手帕清洁皇帝的鼻子。"[42]

　　紧接着是晨礼，在那之后奇曼·拉尔医生会亲力亲为地用橄榄油揉搓扎法尔的双足。[43]奇曼·拉尔医生改信基督教后，乌理玛曾呼吁将之解职，扎法尔却答称，医生的宗教信仰是个人私事，"他的所作所为，毫无愧疚可言"。所以这名医生继续每日于御前服侍。[44]继而扎法尔跌坐在被单上，享用清淡的早餐，其间，或会商讨晚间诗人雅集的韵律和押韵格式（tarah）。① 接下来，在一群阿比西尼亚（Abyssinian）、土耳其以及鞑靼女卫兵——身穿男性戎服、佩挂弓箭和箭囊——的陪同下，扎法尔会绕着皇宫匆匆遛个弯。[45]

99　　继后扎法尔批阅奏疏；接见御用园丁、猎人和渔夫，并接受他们的贡品；为一再发生的下述事件主持公道，譬如婢女私会被抓现行，或者皇裔行窃被逮个正着；接着跟"乌斯达德"扎乌克晤面，后者会帮他修改最新吟写的诗句。间或，扎法尔也可能接见亲传弟子以传授诗歌写作技艺，还帮他们批改诗文。举例来说，据宫廷日志所载，扎法尔于某年 3 月收"伽斯巴达（Khasburdar）和一个名叫皮拉姆·贾恩（Piram Jan）

---

①　众所周知，扎法尔笃好向朝臣下达诗赋难题。阿扎德曾谈及，扎法尔醉心于让宫廷诗人练习五重句（tazmin）的复杂技巧——在不丧失诗意和节律的前提下，向对句中添加额外一行，将之变成三行体诗。参见 Muhammad Husain Azad（trans. and ed. Frances Pritchett and Shamsur Rahim Faruqi），*Ab-e Hayat*：*Shaping the Canon of Urdu Poetry*，New Delhi，2001，p. 377。

的女性为徒，以教授诗歌创作"。①⁴⁶每天皇帝无疑会花数小时写诗和改诗，诚如阿扎德一言蔽之，扎法尔"对诗歌爱得如痴似狂"。②⁴⁷

此时别处，在皇宫临河一侧的国王塔（Shah Burj）里，法赫鲁王子在他的寓所，或勤勉地习练书法，或撰写著作《列王与先知史》（*History of the Kings and Prophets*），而他的弟弟即将埋首课业。莫卧儿人勤于课业、无怠无荒。一名访客写道："他们都在学业上不断精进，并受到谨慎监督。无论在后天习得的技能方面，还是在心智特质方面，印度的王孙公子之中能与（德里）皇族的任何成员并驱争先的，可谓寥若晨星。概言之，这是天赋异禀和良好德育教育的结果。"⁴⁸

100

这一时期，天潢贵胄所受的正经教育十分强调研习逻辑学、哲学、数学、天文学、法学和医学。像欧洲文艺复兴时期

---

① 由名字来看，皮拉姆·贾恩似乎是娼家女子。扎法尔公然打算教诲娼家女的事实可谓有趣的证据，它证明莫卧儿帝国时期德里的花魁名妓享有很高的社会地位，亦证明她们当中许多人以诗才闻名到何种程度。

② 关于扎法尔的诗歌所长，现代乌尔都语文学评论家莫衷一是。但在当时，同时代的人对扎法尔的诗歌天赋的描绘往往过甚其辞。评论家萨比尔（Sabir）于1855年写道："他的诗歌之谦恭主题（Mazmun），与傲骨和媚态同等重要。透过字里行间，其意义的光辉显而易见。"不只是措辞，就连一字一眼也似神奇的咒文："串串诗行借由主题映射，成为纸页上的寝宫灯芯。浑圆的文字经由主旨渲染，化作篇篇纸笺之节庆欢聚的酒壶酒痕。节庆意义的丰富多彩，是美酒所散发的璀璨光芒，而在尚武的诗节中，墨色湿润象征着血与汗。浑圆的文字，在神秘主义的诗句中是洞世的慧眼，而在浪漫主义的诗行里是催人泪下的慈目。论及大地回春的诗句，点缀行间的是绚丽花坛。"正如皇帝是寰宇之至高统治者（axis mundi）、"阴阳两界的庇护者、天使为他而战、时空统治者、皇冕宝玺之主……他的指令等同于命令，天旋地转都遵他一声号令"，故而他的诗歌主题笼括寰宇。诚如萨比尔以乌尔都语的双关语所言："由东方（matla，诗的起始对句）至西方（maqta，诗的收尾对句），是那金阳的远足地，苍天是那金阳的穹顶。"参见 Pritchett, *Nets of Awareness*, p. 11。

的诸宫廷一样，大家所希望的是，真正通文达理的任何亲王或王子亦能创作诗歌。《诗歌园地》于 1850 年集结成册，作为一本乌尔都语诗人的传记辞典，其中至少提到扎法尔直系亲属中的五十名成员。这些人中有数名女性，希伯主教也特别谈到扎法尔重视宫中女性的教育。[49]

在风华正茂之年，扎法尔本人可谓文韬武略样样精通，说到正经的莫卧儿式教育所力图造就的那一类博学多才之人，扎法尔堪称楷模：他谙晓乌尔都语、阿拉伯语和波斯语，还精通布拉吉巴沙语和旁遮普语，用这两种语言写诗亦游刃有余。[①][50]比及 33 岁，扎法尔已创作一卷个人诗集、一部逐字逐句评注萨阿迪（Sa'adi）著作《蔷薇园》（Gulistan）的长篇宏著、"一部三卷本的韵律学辞典"以及一部论述德干语的专著。[51]扎法尔年轻时，曾是赫赫有名的骑手、剑士和弓箭手，人近暮年仍是来复枪的神射手。[52]托马斯爵士的兄长查尔斯爵士凛若冰霜，对莫卧儿宫廷兴致寥寥，但就连他也不得不承认，扎法尔"是诸王子中最值得尊敬和最有才华的"。[53]

要说莫卧儿王子中对学习最不感兴趣的，要数贾旺·巴克特王子，他动辄逃课去游猎，结局不总是圆满。据常驻代表的宫廷日志所载，有一回"获报称，贾旺·巴克特王子用手枪射鸽子，其时一名男子正在亚穆纳河浸浴，两枚子弹嵌进该男子的腿部。陛下震怒，并且让人给伤者送去 6 卢比，还吩咐马赫布卜·阿里·汗将巴克特王子的猎枪、手枪和弯刀（tulwar）悉数上缴，并训示他要刻苦学习"。[54]

---

① 扎法尔用所精晓的五种语言中的四种作诗，集成一卷，唯独弃用阿拉伯语。

下午 1 点通常是红堡的早餐时间，此时军营开始供应简单的午餐（tiffin），餐食或许是烤家禽，相较于肥鱼大肉的盎格鲁-印度式早餐和晚餐，夹于其间的军营午餐可谓寡淡。不过，托马斯爵士居住的梅特卡夫私邸一向有自己的生活节奏，饮食起居均有章可循、准时准点。晚餐颇不寻常地定于下午 3 点开餐，因为托马斯爵士发觉这样"有益健康"。饭毕，他在拿破仑画廊读会儿书，而后走到凉爽的圆顶地下室，不紧不慢地独自打一局台球，"就他而言，那是极好的消遣，能够提供身体所需的锻炼"，好让他在每天最酷热难耐的时候也有事可做。[55]

一年有七个月时间、每天持续三小时，在炙热的午后，德里街道上空无一人：赫赫炎炎的白昼犹如午夜，清空了窄巷里弄，都城一反常态地寂寥无声。军营里，汗涔涔的青年军人在床上辗转反侧，吼嚷着让外面的摇扇仆从（punkah-wallah）摇得再卖力点。

城内有高高天花板的哈维利庭园里，人们遁栖于怡人阴凉处，生活继续，安适如常：他们先把由香根草制成的帘幕浸泡在清香的净水中，然后将之高悬于尖拱形的拱廊上；绳索穿过十二门方亭①高啄的檐牙上的金属箍，将编织精美的布天篷（shamiana）高高挂起。有凉爽的地下清凉屋（tehkhana）的人家，大伙儿会躲在那里，接着展开每日的屑役和娱乐活动：或者缝缝补补、写信、调教三尺童儿，或者吸烟、打牌、玩樗蒲棋戏（pachchisi）、下西洋棋。一名英国旅人被带下其中一座地下墓穴，眼前的一切惊得他目瞪口呆。他写道：

---

①　baradari，莫卧儿风格的方形凉亭，每侧各有三座拱门，故而得名。

　　我发现地下清凉屋与地面房间的温度差有 12 乃至 14
华氏度，罕有少于 10 华氏度的时候……下降约三十英尺，
到达套房时，发现这么漂亮的房间，陈设布置如此雅致，
我的怡悦之感与惊诧之情并存。整个空间类似大理石的颜
色，起初眼睛被相似处所蒙蔽，这种蒙蔽被清凉感加剧，
这与地面上挥之不去的憋闷感如此不同。长长的走廊通往
不同套房，走廊以彩色墙壁及其他装饰品装点……很多精
美的、描绘德里及其邻近地区的名流住所的素描画，为这
座童话般的宫殿增光添彩，因为光线可从上方射进来……
在炙热的 4 月至 6 月，待在这样的僻静之处几乎成了不可
名状的奢侈享受，因为那些时候，就算采取各种可行的预
防措施，楼上温度计的读数也绝少降至 85 华氏度以下，
高达 90 华氏度也很平常……[56]

直到临近傍晚 5 点钟，地面上才活跃起来，德里的大街小巷又
开始焕发勃勃生机：挑水夫（bhishti）最早出现，他们把水倒
在路面的尘土和糠秕上以清空山羊皮水囊；售卖蒌叶裹槟榔的
商贩（paan wallah）在货摊上动手准备蒌叶；水烟档主
（kakkar-walah）开始在路边摊档（dhaba）游荡；鸦片馆也即
将门庭若市。[①] 苏菲圣祠里一切诸事也将加快节奏。午后虔诚
信徒稀稀落落，但傍晚时人头攒动、摩肩接踵；附近巷弄里卖

---

①　在印度北部，鸦片被饮用而非被吸食。据这一时期的细密画中鸦片馆出
　　现的频率推断，鸦片成瘾似乎已是一个大问题。但因东印度公司独享鸦
　　片种植和鸦片贸易的垄断权，时至 19 世纪 50 年代，它在印度输出品中
　　所占的比例很惊人，为 40%，故东印度公司自然就不打算对该问题加以
　　管制。

玫瑰花瓣的小贩，原本蹲着打盹，现已从瞌睡里醒来；吟诵者（qawwal）用塔布拉鼓（tabla）和小型簧风琴（harmonium）奏起克瓦利①："安拉乎（Allah hoo），安拉乎，安拉乎……"

　　对红堡里的皇裔来说，此时是操练箭术，斗鹌鹑、斗公羊或公鸡，以及放飞猎鹰和鸽子的最佳时间。[57]夏季里，有些人会去皇宫正下方的亚穆纳河游泳或垂钓，尽管那并非无惊无险，举例来说，某年5月，时年17岁的"考斯·谢克赫王子（Mirza Kaus Shekoh）被一只短吻鳄夺去生命"，仅在三周前，他还以舞蹈和烟花来庆祝自己的婚事。[58]在季风季里，男人放风筝，女人荡秋千取乐。其间，扎法尔悠然安坐，准备开始他傍晚时分情有独钟的消遣：观看专人在套房下方的河里给御用象群洗澡，或者"看渔夫捕鱼"。[59]

　　接下来是夜晚在御花园的柑橘林间透透气，间或徒步，但通常乘坐肩舆。[60]就莫卧儿人而论，庭园被看作天园的映像，赏玩植物与品鉴馨香的才能被认为是心智开化的核心特征。一路徐行，扎法尔察看园丁侍弄花草，吩咐人把"芒果嫁接苗（送往）哈亚特·巴赫什花园（Hyatt Bakhsh Bagh）"，或者把新御苑（New Garden）——位于扎法尔套房下方的河岸上，由他亲自规划，园中植物亦由他安排栽植——的柑橘树苗和"芭蕉嫁接苗"分组排列。②[61]

　　偶尔，扎法尔感觉精力充沛时，便会下至河岸垂钓或者在

103

---

①　qawwali，苏菲派穆斯林用于灵修的音乐。——译者注

②　两名结伴来访的贵族意欲讨好扎法尔，于是赶着"运货马车"到来，"车上载满从勒克瑙带来的水果、树木和花卉"。贡品实属上上之选，他们随即在朝堂上获授高官尊爵。参见印度国家档案馆《宫廷情报摘要》（*Precis of Palace Intelligence*，条目1852年8月2日）。

萨林加尔古堡（Salimgarh）附近的沙地上放风筝，以度良宵。[62]有时他会派人请来迦利布做伴助兴，虽则迦利布不大乐意成为殷勤周到的廷臣，觉得整件事让自己劳心劳力。迦利布于1856年12月给友人写信道："吾友啊，我指着你的头起誓：在宫中的一天，我可谓孜孜汲汲、卑诣足恭。继后夜里，我倒头便睡，像苦力一样精疲力竭。"[①][63]

在北边军营里，一些更热衷于发号施令的上校下令晚间阅兵，其他不愿自找麻烦的人则径直走向食堂。与此同时，西奥·梅特卡夫已从治安法官的法庭脱身出来，他在梅特卡夫私邸北边的河岸上纵马驰骋，狗群跟在旁边奔跑。西奥梦想着或许能在一年一度的北印度追猎俱乐部大会（North Indian Coursing Club Meet）上获奖（且击溃来自斯金纳家族的劲敌），而西奥的父亲正是大会主席。该俱乐部每年冬季都会举办年度最佳幼犬竞赛，它对英国人社群来说是至关重要的大事。众所周知，《德里公报》有时会以整期报纸报道此事。[64]而此时，托马斯爵士坐于河畔露台，他盼着速速用罢晚餐，以便早早安寝。露台是他最中意的地方，每天这个时候也最为闲适。"（环绕露台）摆着三四把椅子，在更衣用膳之前，他就在这儿坐两三个钟头。友人们于此时前来拜访闲谈，这已然成为惯例……"

夕阳西下时，教堂、清真寺及庙宇内再次人如潮涌：傍晚

---

① 部分原因可能是，扎法尔放风筝时，似乎屡屡吸引一群钦慕者。稍早于1857年，德班德拉纳斯·泰戈尔（Debendrenath Tagore）造访德里，在临近都城时，先是见到一大群人"骈肩累迹地欣赏皇帝——作为一名放风筝者——的高超技艺"。引文摘自 Narayani Gupta, *Delhi between Two Empires 1803-1931*, New Delhi, 1981, p. 13。

法会的贡香燃灯祭（arti）的钟声响起，宣礼塔传来最终唤拜声，管风琴和弦的庄严低音宣示着随军牧师詹宁斯结束圣詹姆斯教堂的晚祷。上述声音与英国人四轮马车的"辘辘"声混在一起，马车穿过克什米尔门的隧道驶往居民区——两座拱门中的第二座被砖堵塞，由此所引发的抱怨被频频登载于《德里公报》。[65]

随着暮色渐浓，红堡里一队持火把者，在塔波鼓①、喇叭和笛子的伴奏下点亮灯火，红堡外的大街小巷上渐渐挤满薄暗归来的德里学院学生和伊斯兰宗教学院的男学童。一天的勤学苦读和熟记知识，令他们疲惫不堪。[66]不过两股人流罕有交集，正如多年后哈里追忆：

> 尽管当时的老德里学院可谓达到鼎盛，但我所成长的社会风气是：修学唯以阿拉伯语及波斯语知识为基础……对于英语教育，大家连想都没想过，如果说人们对此有任何想法的话，也是作为在政府部门谋职的手段，而不是要习得任何一门学问。恰恰相反，据我们的宗教教师称，英语学校蛮化未开。[67]

就英格兰人而言，夕阳是白昼谢幕的前兆，他们憧憬另一顿珍馐美馔——更多的咖喱肉汤（mulligatawny）；"一只肥硕的火鸡（越肥越好）……巨型火腿，餐台顶层是硕大的西冷牛排或牛股肉；餐台底层是煮熟且沿着侧方烤制的羊鞍和羊腿，连同家禽盛于一碟，鹅、鸭、口条、驼峰、鸽肉派……羊排和吉

105

---

① tabor，有响弦的双面小鼓。——译者注

列鸡排"、辣香骨以及炖肉和肉咖喱。炖肉及肉咖喱的原料取材于白天英格兰人中的运动健将所射杀的任何猎物。① 不过此后几乎没什么可期待的。[68]德里的英国人社群所提供的餐后余兴节目，尤其没有给法国旅行家维克托·雅克蒙留下什么印象，他写道："我未见（德里）宴聚的闲客表露点滴怡悦之情，巴黎舞会得以欢歌笑语的任何条件在德里的欧洲人社群中根本不存在。"[69]

德里的英国人社群确实是个古怪群体，即便以维多利亚时代侨民的标准来看亦如此。埃米莉·梅特卡夫对民职外科医生（Civil Surgeon）罗斯医生（Dr Ross）和阿洛伊斯·施普伦格医生（Dr Alois Sprenger）的印象尤为深刻：罗斯医生（"矮矮胖胖、甚为丑陋……是个非常糟糕的庸医"），他的三张标准药方是水蛭、被塞入脏脏的"黑啤酒瓶"的蒴那叶，"以及被装入粗糙木盒的巨大药丸"；[70]阿洛伊斯·施普伦格医生是德里学院院长，其妻"值得尊敬但很平庸"，据埃米莉所述，她过去常常藏起丈夫的裤子，以防止他夜晚外出而留她独守空房。[71]

毋庸置疑，在某种程度上而言，德里的英国人一直小心关注着更为英国化的密拉特驻地，该驻地有大型营地和较大规模的英格兰人社群，而且以戏院和奢华的团部舞会闻名。对于上述种种，德里几乎没有什么可以夸耀的。"这里鲜有社交活动，"常驻代表处的一名低级官员如此抱怨，还补充说，自己

---

① 格林威治（Greenwich）的阿诺特先生（Mr Arnot）在一本当年的食谱中敬告读者："可以用咖喱烹调任何东西，就连旧鞋也能美味可口，某些旧油布或梯毯也没有毛病（但是手套倘过于破旧，菜会太肥腻）。"参见 David Burton, *The Raj at Table*, p.76。

完成法庭工作后，几乎没有什么选择，唯有与私人古典藏书为伴而从中寻求慰藉，"我没完全忘记古拉丁语——希腊语早就被抛至九霄云外——但仍不时欣然耗费一个钟头时间，研思李维、塔西佗或者恺撒，亦常看看维吉尔和贺拉斯的作品。"[72]

106

西奥·梅特卡夫可不会把时间浪费在古典研究上，他在别处找乐子。西奥小试牛刀，跟英国人社群中的某些女士共同进行餐后音乐创作。他在一封信中告诉其妹 GG："我加入爱乐协会（Philharmonic Society），度过了一个愉快的夜晚——这种和谐氛围唯一显而易见的缺点就是蛇发女怪（Gorgon）的出现。那天'地狱中的厄尔'（Hell-in-er）绿眼圆睁地盯着我，好似怒犬一般，但她很难玩得酣畅，因为整晚都无人与她攀谈。相形之下，福里斯特小姐目前只不过被五名中尉和三名少尉恋慕。（军医之妻）鲍尔弗夫人（Mrs Balfour）煽惑他们，她的举止颇为不雅。"[73]西奥之妹 GG 也享受音乐之夜，尽管对她来说，演奏钢琴通常只是跟未婚夫爱德华·坎贝尔见面的借口。她承认，虽然对未婚夫的美妙男高音钟爱有加，但依她赏鉴——实不相瞒的话——他的演唱风格略显沉闷。[74]

西奥也在德里业余剧社（Delhi Amateur Dramatics）一试身手，参演《谁是笨蛋？》（*Who's the Dope?*）和《波尔卡狂热》（*The Polka Mania*），以"为苏格兰高地与群岛的贫苦大众"募款，虽则据《德里公报》所载，不是西奥而是"罗宾·拉夫黑德（Robin Roughhead）饰演的吉米（Jimmy）让观众哄堂大笑……该剧当之无愧地在观众的热烈掌声中落幕"。[75]

此等事完全不对托马斯爵士的胃口，他喜欢最先就寝。女儿埃米莉回忆道：

晚上他只吃非常清淡的饭食，因为"8点整离开餐厅"成为他雷打不动的习惯，为的是能早睡。那曾是令人忍俊不禁的一大欢乐源泉……观看他的行动：他坐着抽水烟，8点时钟报时，"就寝的发令枪"立时响起，他即刻从椅子上站起来，跟餐桌旁的每个人道晚安，而后松开领饰，将之抛于地上，同时走向门口，先解开马甲纽扣，再转身挥手，旋即消失于幔后，迈进更衣室……[76]

107 然而对德里民众来说，一天中最美好的时光即将来临。唯有日落后，月光集市才真正恢复生机。那时人行道上挤满天真烂漫的乡下小伙子或者由哈里亚纳诸村落涌进城的贾特农夫和古扎尔牧民，他们或旁观羁押于警察局外的枷号中的赌徒，或动身前往这座城市的发源地——熙熙攘攘的苏菲圣祠以祈福开运。别处可见：从勒克瑙到访的绅士，他们身穿被独特剪裁的阔臀宽松裤；初到埠的帕坦马贩子，这些高大蓄须的马贩子来自白沙瓦和安巴拉，他们涌出驿站，走进甘塔沃拉糖果店，这家著名的糖果店所售卖的糖果球（laddu）应该是印度斯坦最好的。咖啡馆①现也人满为患，一些桌畔诗人正在吟诵个人诗作，另一些桌畔学者辩说得不可开交。

在主麻清真寺的台阶上，说书人开始娓娓道来，他们能一连说上七八个钟头，中间只肯稍作休歇。最受欢迎的传说是《埃米尔哈姆扎的故事》（Dastan i-Amir Hamza），这部充满骑士精神的史诗般的传奇，对于围炉奇谈、传说、宗教话语和繁冗芜杂的荒诞故事，可谓穷搜博采。经年累月，这部"大杂

---

① qahwa khana，19世纪末茶被引入之前，它是印度斯坦原始型的咖啡馆。

烩"逐渐集中围绕着先知穆罕默德的伯父哈姆扎的游历故事。此故事或曾有的实事求是的主干都湮没于无形，数世纪以来，辅以大量的次要情节以及龙、巨人、方术士、公主、飞毯和飞壶等角色阵容，而飞壶是《埃米尔哈姆扎的故事》中巫师首选的旅行方式。

这部兼容并包、巨细无遗的传说，逐渐演变成包含两万个独立故事的鸿篇巨制，要经过数周彻夜说书，才能说完，而其印刷版有整整四十六卷。听众围拢在说书人身旁，听说书人细述：玉树临风、神勇盖世、侠肝义胆的哈姆扎，哈姆扎的恋人——花容月貌的波斯公主，以及哈姆扎的可怕克星——暴戾恣睢的巫师、大恶魔祖姆鲁德·沙（Zumurrud Shah）。此时在台阶另一侧，擅烤肉串的雅尼（Jani）扇着木炭火，肉串都用"火辣辣的辣椒"腌浸过，德里市民过去喜欢以此来惊吓外来访客：不事先告知此事，就带他们去那儿吃东西。穆罕默德·巴卡尔大毛拉之子青年诗人阿扎德，谈起初来德里的一个异乡人：他"整日未进食，于是扑向（烤肉串）大快朵颐。转瞬间，脑袋好似被火药炸开花一般，脑浆似要从口中喷涌而出。他号叫着向后一跃身，（带他来的德里市民却答说，）'我们住在这儿，只为这口辛辣味'"。[77] 108

扎法尔也喜好稍有辣味的晚膳，开膳时间不早于晚上 10 点半，而那时大多数英国人已经钻进被窝、酣然入梦。扎法尔偏好的菜肴是：炖鹌鹑（Quail stew）、鹿肉、摊着羔羊腰子的甜馕饼①、浓汤泡饭（yakhni）、烤鱼串和香橙炖肉。虽则在节庆场合，红堡的皇室御厨能做出五花八门、盈千累百的莫卧儿

---

① shir mal，经藏红花调味的甜馕饼（sweet nan）。——译者注

菜（Mughlai cuisine）。《最后的欢宴集》（*Bazm i-Akhir*）中描绘的一场筵席，包括 25 种面包、25 种不同的扑劳炒饭和焖饭（biryani）、35 种各色香辣炖菜和咖喱菜、50 种布丁，此外还有林林总总的开胃小菜、腌菜和泡菜。用膳时耳畔传来歌者的抒情诗吟唱，空气中弥漫着麝香、番红花、檀香木和玫瑰露的馨香。[78]

扎法尔对香浓味重的食物的偏好是出了名的，不管何种菜肴皆如此。扎法尔出现一系列消化功能紊乱的症状后，其诤友——首席大臣兼私人医生阿赫桑努拉·汗大夫于 1852 年 8 月禁止他吃"小红辣椒"，这让扎法尔闷闷不乐。[79]享用香芒果酱是扎法尔的另一大享受，也被大夫禁止。大夫称，扎法尔过度放纵而致腹泻。扎法尔对规谏置若罔闻，继续我行我素，进而饱受肠胃不适之苦，大夫"忿然作色，答说，如果皇帝这么满不在乎，最好还是立时将他革职。于是陛下向他赔情，保证今后更有节制"。[80]

对迦利布来说，深夜亦应享用跟芒果有关的食物，尤其是小巧玲珑、甜香四溢的昌沙①芒果。古往今来，迦利布与别具慧眼的其他许多德里市民共享这一美味。一次聚会，一群德里知识分子探讨好芒果该具备何种品质。迦利布言道："依我看，芒果唯有两点不可失，那就是果肉的香甜与饱满。"[81]年届垂暮，对于所钟爱的水果，迦利布的食欲逐渐下降，日益忧恼的他在给友人的信中表达了焦虑之情。迦利布告知信友说，自己从不吃晚餐，取而代之，在炎炎夏夜等"食物完全消化后，马上坐下来吃芒果。我直言相告，我会不停地吃，直到肚子胀得几乎

---

① chausa，同 chaunsa。——译者注

喘不过气来。就是现在，我每天仍在同一时间吃芒果，但都不超过 10 或 12 个，若是大个头的品种，我只能吃六七个"。①[82]

迦利布还有另一大乐事，要利用夜幕的掩护来享受。他写信给友人，描述自己理想中的完美生活："储藏室里有 17 瓶美酒，于是我昼读夜饮。"[83]

迦利布吃完芒果，还憧憬着与美酒作伴；② 夜归的疲顿劳工们赶在封闭社区的大门被锁前返回村落；月光集市的萨利格拉姆和放贷者终于陆续打烊；与此同时，红堡的晚宴渐近尾声，这正是给扎法尔奉上水烟袋以及晚间娱乐活动开始的时刻。娱乐活动形式多样：檀罗斯·汗的抒情诗会，一群萨伦吉琴（sarangi）演奏者的器乐演奏会，或者宫廷说书人和红堡舞姬表演团的演出。其中最著名的是扎法尔的御用琴师，即大名鼎鼎的西塔琴（sitar）盲人琴师辛马特·汗（Himmat Khan），赛义德·艾哈迈德·汗爵士认为"他在德鲁帕德③方面的造

---

① 有则佳话称，芒果树挂果之际，一日，迦利布与扎法尔于红堡的月光花园漫步，该处的芒果属于皇室专享。他们一路徐行，迦利布不停地伸头探脑、专注地看着树上高悬的芒果。"皇帝问他：'阁下，你看什么看得如此心神专注？'迦利布双手合十答道：'吾皇陛下、我的引路人，某位古代诗人写过：

每颗果实顶上都工整写明：

归 C 之孙、B 之子 A 所有

我要留神看看，这些果实里有没有哪个写着我之名以及家父和祖父之名。'皇帝微笑不语，当日便遣人把一大篮顶级芒果赏赐给迦利布。"参见 Ralph Russell and Khurshid Islam，*Ghalib*：*Life and Letters*，New Delhi，1994，p. 98。

② 像许多作家一样，迦利布亦非完全反对日间浅饮小酌，但在这些场合，他往往以玫瑰露稀释后再饮用，一面写作，一面细啜慢品。

③ Dhrupad，印度古典音乐流派。——译者注

诣，绝伦逸群、无人企及"。

110　　　　（阿克巴御用的伟大乐师）坦森（Tansen）倘尚在人间，亦会成为他的谦恭门徒……天南海北的统治者和达官贵要，恳请他加入麾下，并给予大笔钱款以保他富贵，但因不合群又自满自足——逸群之才特立独行的专利——他不肯离开德里。自诩歌声绕梁的每个歌者，在抵达沙贾汗巴德后，只消听他的一小节音乐，便会忘却自己的音符（sur）和节拍（taal），反倒对他顶礼膜拜、奉若神明……这位超凡入圣、深藏若虚的不世之材，他的声声吟唱，唱尽内心之苦痛，盈溢着圣智之悦。[84]

其他时候，当扎法尔觉得需要安享恬静时，一件让他颇为享受的事是一面下棋，一面等新月初升。据描述，另一些时候，用罢晚膳，他只是坐着"欣赏月光"。[85]

扎法尔若想提早安寝，那就意味着众人要在午夜前后散去。歌者许会获准进入寝宫，并于屏风后吟唱，御用女推拿师会按摩扎法尔的头足，阿比西尼亚卫兵则在门口坚守岗位。[86] 1852 年檀罗斯·汗失宠后，扎法尔首选的小夜曲吟唱者是一名被简称为"歌者卡努姆①"的女子。[87]不言而喻，此类歌者间或会从寝室屏风后出来。扎法尔最后的几桩婚姻之一，便是迎娶名叫曼·巴依（Man Bai）的歌姬，1847 年完婚后，她被称作阿赫塔尔·玛哈尔（Akhtar Mahal），当时扎法尔已经72 岁。

————————

①　Khanam，意为公主或贵妇。——译者注

在这样的夜晚，扎法尔相对较早就寝。随着红堡诸事徐徐落幕，许多王子动身前往闹市。一些人或许赶去乔里集市的宅院里幽会，人们透过楼上的格子窗，可望见灯光和翩跹曼舞，在遥远的月光集市，亦能听见此处的塔布拉鼓声和歌声。一名访客记述道："女人们打扮得花枝招展，尽态极妍、逞娇斗媚，以引起男人的注意，她们或直接拉客，或通过皮条客。四下里漫溢着拨云撩雨、贪欢逐乐的氛围，众人夜聚于此，恣心纵欲。"[88]

德里娼家女子的姣丽蛊媚，闻名遐迩。世人仍会谈起一个世纪前的花魁艾德夫人（Ad Begum），她因寸丝不挂地现身于聚会而名噪一时，只不过她全身上下经过巧妙涂抹，无人觉察："她仿照宽松裤的款式，惟妙惟肖地勾画以点缀双腿，实则未穿裤子；还用墨水描绘花朵和花瓣以代替裤脚卷边，那跟罗摩（Rum）的锦衣华服上所能寻见的样式，简直一般无二。"可堪比拟者是努尔·巴依（Nur Bai，又译作努尔·白），据说她是如此受欢迎，以至于大莫卧儿"欧姆尔"①的大象每夜都把她屋外的窄巷堵得水泄不通，然而就连最权重望崇的显贵，也得"送巨款，方可获准入屋相会……无论谁恋慕于她，都被卷入需索的旋涡，终落得破家败业……唯有腰缠万贯、不吝金玉的人，才能尽享那云雨之欢"。[89]

但在1852年，当扎乌克与迦利布的事业都如日中天时，最受瞩目的不是娼家女子，而是诗人雅集，尤其是在位于阿杰梅丽门（Ajmeri Gate）外的老德里学院的庭园里，或者在穆夫

111

---

① umrah，即副朝，穆斯林的两种朝觐方式之一。该词亦可用作对完成副朝的穆斯林之尊称。——译者注

提萨德尔丁·阿祖尔达的府邸举办的诗人雅集。

法尔哈图拉·拜格（Farhatullah Baig）的著作《德里最后的烛光》（*Dehli ki akhri shama*）是一部虚构的但内容翔实的作品，描述了据称是扎法尔治下德里所举办的最后数场大型诗人雅集中的一场。在戴维·奥克特洛尼爵士的印裔遗孀穆巴拉克夫人的哈维利，庭院内华灯绽放，院中围坐着皇室数名擅长作诗的王子，此外还有其他四十位德里诗人，包括阿祖尔达、穆明（Momin）、扎乌克、阿扎德、达格（Dagh）、萨赫巴依、谢夫塔（Shefta）、米尔、名叫雅尔（Yal）的著名摔跤手以及迦利布本人。另有仅存的一个白莫卧儿人——亚历克斯·希瑟利（Alex Heatherly），据一位评论家所述，他是"伟大的乌尔都语诗人"，[90]因与斯金纳家族有亲戚关系，所以是伊丽莎白·瓦根特利伯（Elizabeth Wagentrieber）的远亲。

> 庭院已被填高，使之与房屋基座齐平。厚木板上铺有棉毯。枝形吊灯、枝状烛台、壁灯、吊灯和中式灯笼数不胜数，把大宅变成一座名副其实的光之穹顶……屋顶中央垂挂着一排排的茉莉花环……整座宅院弥漫着麝香、琥珀和芦荟的芬芳……水烟具已被擦拭得锃亮，它们顺着地毯、以短短的间距排成一行……
>
> 座席的布局早被安排好，以使跟勒克瑙宫廷有交情的人，落座于主持盛会的诗人右边的指定席位，德里的高才大德及其弟子则坐在左边席位。红堡的来客都手握鹌鹑，因为那阵子，斗鹌鹑和斗公鸡盛极一时……[91]

韵律和押韵格式已被预先设定好，常常极为复杂。很多参与者彼此相熟，友谊赛的精神得到弘扬。众人争相传递水烟袋，分发蒌叶裹槟榔和甜食。随后主席——此情形下是法赫鲁王子——开腔道："以安拉之名（Bismillah）。"

这声宣布，全场顿时肃然无声。宫廷贵客们把鹌鹑放进鹌鹑袋，并把它们拾掇到垫枕后面。婢仆撤走水烟筒，取而代之，在每位来宾面前摆放痰盂（以备嚼蒌叶之需）、装有蒌叶的银食盒（khasdan）以及一盘盘馥郁的香料。与此同时，皇帝的私人代表自宫中前来，他捧着皇帝所作的抒情诗，数名掌礼官偕行……他恳请获准朗诵抒情诗，法赫鲁王子领首允准……

从这一刻起，诗人们开始各自吟诵：他们来回交换对句，半唱半诵；有些诗人因隽辞妙语或洞幽烛微而令人起敬，大家为之鼓掌欢呼；不那么有才华的诗人则沉吟不语。持续赋诗直至黎明，此时轮到扎乌克和迦利布登场，他们要把诗歌之夜推向高潮。但早在那之前，清晨的军号声已从北方遥遥传来。两英里外的英军军营里正开启截然不同的一天。

1852 年，英国人与莫卧儿人发觉自身处于一种不稳定的状态：纵然矛盾一触即发，但还算大致平衡；双方各不相谋，也相安无事。尽管为皇储人选一事而剑拔弩张，吉娜塔·玛哈尔拒不接受法赫鲁王子继位，但皇宫与常驻代表处暂时维持休战状态。

然而时至 1853 年，一连串死亡事件极具戏剧性地打破了此种平衡。到该年年底，曾与法赫鲁王子签署继承协议的三名英国官员都蹊跷殒命。最可疑的是，托马斯·梅特卡夫爵士半死不活地缓缓离世，依据照料过他的医生们所述，那是简单的中毒病例。

第四章
山雨欲来

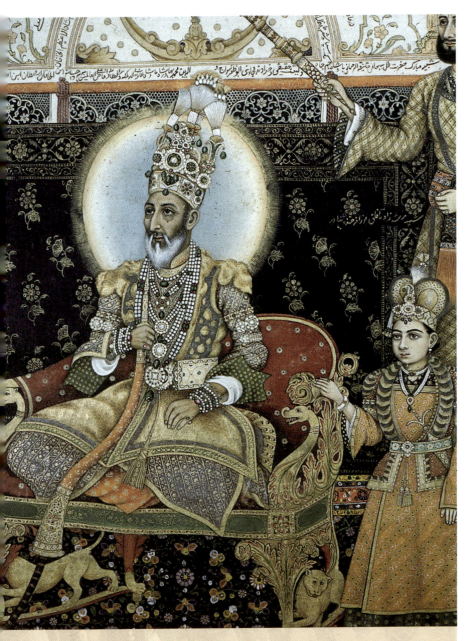

古拉姆·阿里·汗为巴哈杜尔·沙·扎法尔二世绘制的加冕肖像，可能是在他1837年登基之后不久绘制的。靠右站立的是年幼的莫卧儿王子。扎法尔的尊衔被刻于其身后的壁缘上："神圣的殿下、当代哈里发、像贾姆希德般荣耀的世界之主，是身畔环绕万千天仙之人、真主的影子、穆斯林的救星、伊斯兰教的捍卫者、帖木儿家族之苗裔、最伟大的皇帝、擎天撼地的众王之王、天潢贵胄、世袭苏丹。"

上：该画卷展示了一支穿过德里街巷的莫卧儿宫廷的巡行队伍，约 1818 年。
当时的扎法尔身为储君阿布·扎法尔·西拉杰·乌德丁（阿克巴·沙二世仍是
皇帝，只是没有出现在图中），他身后是其诸弟中的一位，可能是萨利姆王子。

下：来自英国常驻代表处的一行人。图中戴高顶礼帽、蓄鬓角的常驻代表可能是查尔斯·梅特卡夫爵士，而其弟兼助手托马斯（即后来的托马斯爵士）坐于其身后，亦戴高顶礼帽。

德里鸟瞰图

上：伟大的聚礼清真寺 (Friday Mosque)，即主麻清真寺，约1840年。

下：红堡，约1770年。

可与扎法尔夏宫媲美的梅特卡夫私家宅第

"库特卜私邸"，坐落于一座经过改造的莫卧儿时期的陵墓内，该陵墓曾是阿克巴的奶兄弟之永眠地。

梅特卡夫私邸，位于红堡以北的亚穆纳河河畔，亦被称为"世界全景"。

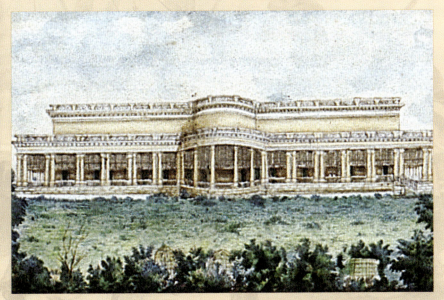

年轻时的巴哈杜尔·沙·扎法尔二世，约 1790 年。

大名鼎鼎的西塔琴盲人琴师乌斯达德辛马特·汗（赛义德·艾哈迈德·汗爵士认为"他在德鲁帕德方面的造诣无人能及"）。

一位带着画笔及诸多用具的画家，这或许是马兹哈尔·阿里·汗的自画像，约 1830 年。

莫卧儿王子，约 1850 年。

受托马斯·梅特卡夫爵士委托，由马兹哈尔·阿里·汗绘制的德里全景画里的两个场景，约 1850 年

由拉合尔门向南远眺护城壕和皇裔的居住区所望到的景观。

自主麻清真寺鸟瞰月光集市(右手侧)最远端的景观。除堡墙和主麻清真寺外，包括上图所在的这两个片区里所呈现的建筑物，几乎都在起义末了、英方重夺城池之后展开的清拆行动中，被英国人摧毁。

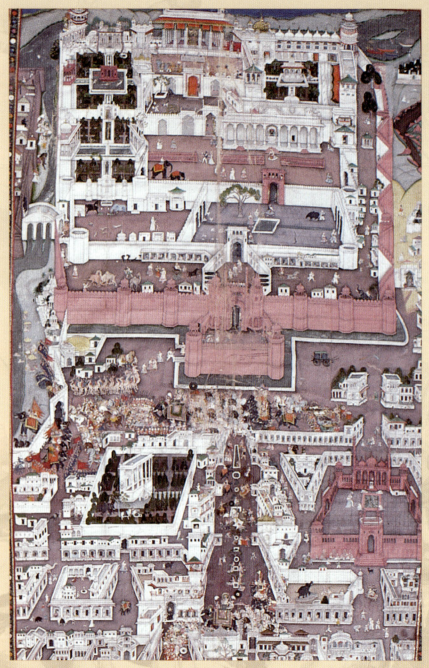

科塔的拉奥造访德里，约1840年。图中显示扎法尔透过一架小望远镜，凝视着拉奥与其驼队及四轮马车由左手上方的角塔悉数抵临。

1853 年临近夏末，托马斯爵士开始怀疑自己被投毒。

他不是病病恙恙的人，鲜受病痛之扰，亦恪守缜密规划的日常安排、节制饮食、很少外出或熬夜，以确保自己身体强健。但在 1853 年的雨季之初，他冷不防地开始感到严重不适，进而出现呕吐症状。一连数周，他发觉自己吃什么吐什么，病势急转直下。这让女儿埃米莉惊恐。探望父亲后，埃米莉写道："他看起来病骨支离，脸色苍白。他罹患顽疾、持续呕吐，那是一种刺激性呕吐，呕出水样物质。他脸上常有的小片疹痕也变得愈发明显。一望可知，他身体抱恙，尽管他未感到任何疼痛。"[1]

1852 年 12 月，梅特卡夫私邸内柴火熊熊，全家人在德里欢聚以庆祝圣诞节。西奥在私邸，更不寻常的是西奥之妻夏洛特（Charlotte）——丈夫被调派至德里后，她决定继续留在西姆拉——也在，此次梅特卡夫私邸之旅，她怀上他俩的第一个孩子。乔治娜亦在私邸，她的绝食抗议终究取得预期效果，其 父同意她与爱德华·坎贝尔通信。嗣后不久，她接受爱德华爵士的求婚。其父最终首肯此桩婚事，这让 GG 心花怒放，其余家庭成员更是如释重负。乔治娜的姐姐埃米莉也在德里，她与刚出生的孩子安妮及自己的丈夫爱德华一同由凉爽美丽的康格拉（Kangra）南下，爱德华刚获任该丘陵地带的专员，那是公务部门最抢手的职位之一。埃米莉写道：

就为期仅一个月的假期而论，旅途漫长，但父亲决意要我们去。我们在那儿合家团圆、载欢载笑，那么乐融融地度过圣诞节……孙辈们让亲爱的爹爹如此骄傲，他认为"莫蒂"（Motee，即安妮，埃米莉的小女儿）是他所见过的最漂亮的孩子，她确实是甚惹人爱的宝贝……家里有另一些宾客，统共一大群人，如此地欢天喜地。有这么多子女同时聚在身边，爹爹何其安详，他神采奕奕。天气晴好，也有好些次骑马和驾车出游、野餐和晚宴。唉！这是最后的圣诞节……[2]

节庆期间，托马斯爵士向埃米莉和女婿透露了自己与法赫鲁王子所达成的秘密协议的细节：

透过如下官员继续进行这些交涉：外事秘书亨利·义律爵士（Sir Henry Elliot）、副总督托马森先生（Mr Thomason）以及德里常驻代表，即我爹爹托马斯爵士……交涉持续进行，耗时超过一年半，直到皇储最终同意英方所提议的条款……到目前为止，事态进展得颇为顺利，这出乎家父的意料，因为他深知宫里有个强大的派系，其成员挖空心思地阻止皇储对政府的提议给予支持。该派系以皇后为首，那妇人机敏恶毒……所以，她得悉皇储同意那些安排时火冒三丈，便铁了心要实施报复。家父对她的品性了如指掌，知道她不会让任何障碍阻止自己实现目标。家父也明白她的报复行动不会停止，他对我们说："这出戏的第一幕既已上演，下一幕会是什么？"[3]

116

故而在 1853 年秋，当托马斯爵士的消化功能衰退时，对于正在发生的一切，他不免疑窦丛生，然而自是查无实据。听闻亨利·义律爵士和托马森先生被报称有类似症状，他亦不感到意外。尽管身体抱恙，他仍决定信守承诺，出席 10 月于西姆拉举办的 GG 的婚礼，尤其是因为这次旅行还能见到西奥的新生儿，即家族的从男爵爵位的未来继承人。托马斯爵士只提出一个条件：因为十年前的 9 月 26 日，妻子弗利西蒂卒于西姆拉，他说自己要在周年纪念日过后才愿意进城。

西奥和夏洛特夫妇的第宅位于西姆拉的教堂附近，临近 8 月底时，一家人陆续聚集于此。自炎热天气之初，GG 就一直在那里帮忙照护孕期的嫂子，埃米莉也由康格拉骑马一路南下，并于 31 日跟他们相会。一周后，西奥仍未从德里的工作中抽身赶来，夏洛特稍早于预产期诞下一名健康的男婴。埃米莉写道：

这婴儿身强体健，一切看来都充满希望，统统有望迅速复原。她安心静养……西奥于婴儿降生后的第八天意外到来，这让她惊喜交加。她眉开眼笑，夫妇俩为自己的儿子喜不自胜。第九天，她被搬到沙发上，我外出一小时，留下西奥守在她身旁。我返回家中时，得知她打了一阵寒战。她看起来不像患病，但从那晚起，对于周围的一切，她似乎越来越神志不清，对宝宝也没太大兴趣。她显然很昏沉、瞌睡连连，就连进食时也好像不太清醒。

医生们的面色日益凝重，听完她絮叨一件事，二人看起来跟我一样震惊。今天星期几？你母亲死于 9 月 26 日，不是吗？这似乎是她所思虑的唯一一件事，我们虽遵照医

117　　嘱，试着对她百般抚慰，说那日子已经过去，却不奏效。她说："不，你母亲那天过世，我也会死在 26 日。"

9 月 22 日，她病入膏肓，于是被施予圣餐礼（Holy Communion）。西奥悲不自胜。次日，她昏卧在床，不曾翻身，对任何事都不关注了……末了，医生嘱咐西奥问问她，是否有什么特别心愿要向西奥表达，或者有什么要寄予襁褓小儿的。她只是摇摇头，西奥以为她没听明白，便问："爱人啊，你不知道我是谁吗？"她笑嫣嫣地望着他说："不，我知道，你是小宝贝的爸爸。"可怜的西奥！他彻底崩溃、哀痛欲绝，不得不被搀出屋外。

继而，她发生连串痉挛，一连持续数小时。这么深爱她的人，目睹此情此景，更似万箭攒心。最终，她稍稍平静，便转向我说："安妮，难道你听不见它们吗？"我说："亲爱的，你听到什么？"她说："啊！天使在歌唱，还有竖琴。我能清楚地听到它们。"片刻后，就在夜阑人静时，她转向我说："安妮，何时是 9 月 26 日？"我遵照医嘱，苦口婆心地劝她说，那日子早已过去，因为他们说，她头脑中根深蒂固的这个念头正在扼杀她的生命。虽然对其他事毫无知觉，但在那一点上她非常清楚。午夜后，痉挛再度发作……

正当太阳冉冉升起、照耀于卧榻上时，她猛地由榻上起身，娓娓吟唱一支歌曲，那曲调跌宕起伏、诡谲怪诞，没有词只有曲。由于她容光焕发、满脸喜色，我们只得静静地好奇旁观。之前接连数日，她一动不动，而此刻凭着超自然的力量，就这么突然撑起身来。西奥赶忙伸手把她扶住，她并不理睬他，一曲终了便倒回榻上，没再挪动身体。她死于 9 月 26 日下午 3 点……1853 年 9 月 28 日，最亲爱的夏洛特被安葬于西姆拉老公墓内我妈妈的墓旁。她的骤逝毁了亲爱的西奥之生活。[4]

此消息传给托马斯爵士时，他正在平原边缘的卡尔卡（Kalka，位于通往西姆拉的山路底端）露营，静待妻子的忌日过去。他本人现在也身染沉疴，面色苍白、形容憔悴，除清汤外，吞不下任何食物。家人见到他后，决定取消先前为 GG 和爱德华·坎贝尔筹划的盛大教堂婚礼，取而代之，在西奥的起居室里办了一场气氛沉闷的家庭婚礼。一周后，新娘新郎动身前往西姆拉另一边的丘陵度蜜月。托马斯爵士此时已骨瘦如柴，便偕西奥启程返回德里，西奥哀恸不已。他们徐徐前行，托马斯爵士显然命若悬丝。据埃米莉所述：

> 他未感到疼痛，只因没完没了的干哕和呕吐所致的虚弱，让他性命危浅。我尽可能快地追赶他，但甫抵安巴拉，西奥就传来讯息称，我敬爱的父亲于 11 月 3 日颇为安详地长眠（于梅特卡夫私邸）。他无疑被下过毒药，而毒药以植物为主，且经过精心调配，因此未留下任何痕迹，但毒性缓慢而稳步地发作。那是当地知名大夫都知晓的秘密。[5]

据宫廷日志——它是照例逐日为托马斯爵士准备的——记载：最后一夜，西奥忧心如焚，他铤而走险地派人去请扎法尔的私人医生阿赫桑努拉·汗大夫，"有可能的话，探明父亲罹患的是何种疾病"。大夫及时驱车赶到梅特卡夫私邸，但刚到该

¹¹⁸

处，"当值的外科医生就评述说，没必要请他（指大夫）来会
诊，他便离去"。[6]不难想象当时的绝望处境：托马斯爵士垂死
挣扎，西奥愿意赴汤蹈火以挽救其父的生命，罗斯医生却拒绝
让自己所深深疑忌的人进来掺和托马斯爵士的溘逝之事。

　　时至年底，亨利·义律爵士和托马森先生亦长逝，算上托
马斯爵士，虽然除症状可疑外，并无确凿证据能够证明三人是
被毒杀的。[7]但在多年后，阿赫桑努拉·汗大夫被问到可否随心
所欲地（ad libitum）毒杀生灵时，正如大夫向哈丽雅特·泰
特勒所吹嘘的，他答说："我可以。给我看看你要害的人，告
119 诉我，你想让他几时归天，一年内？六个月？一个月或一天？
他会如期身亡，更重要的是，你们的内科医生绝对弄不清真正
的死因。"[8]不论真假与否，托马斯·梅特卡夫中毒以及吉娜
塔·玛哈尔对此负有罪责的传闻，在东印度公司圈子里渐获广
泛认同，也让东印度公司的官员们以比昔时愈加褊狭的眼光看
待莫卧儿家族。

　　托马斯爵士在离世前曾预言，法赫鲁王子不会比他长命太
久。出乎所有人的意料，法赫鲁王子多活了将近两年半时间：
他于 1856 年 7 月 10 日盛年早逝，实则死于霍乱而非中毒。

　　如果说宫中有人指望新任常驻代表能够彻底改变托马斯爵
士对莫卧儿朝廷所施行的政策，那么他们即将大失所望。

　　西蒙·弗雷泽是威廉·弗雷泽的远亲，而威廉·弗雷泽是
奥克特洛尼昔日的助手。与大家所能想象的形象大相径庭，西
蒙·弗雷泽是个和蔼虔诚、滚圆溜胖、显得有几分孤单的老鳏

夫，他喜爱唱歌，人生的主要乐趣是为朋友们组织小型音乐晚会。东印度公司董事兼福音派信徒查尔斯·格兰特是其亲戚，初时格兰特帮弗雷泽于印度谋得一职，一到印度，弗雷泽便同意担任随军牧师詹宁斯的传教团之赞助人。弗雷泽写道："我虽不赞同他的很多主张，但因他是良善的基督教徒，我对他敬重有加。"[9]

继后不久，西蒙·弗雷泽甚至加入圣詹姆斯教堂的唱诗班。唱诗班现由新来的詹宁斯之女组织，这位热情似火的21岁金发丽人名叫安妮，其友克利福德小姐（Miss Clifford）同样楚楚动人。自二人开始组织唱诗以来，由军营驱车进城参加圣詹姆斯教堂冗长的主日礼拜的军人人数骤增。没过多久，不仅唱诗班的男高音与男低音声部完美整合，还有一名男低音歌者——孟加拉工兵团（Bengal Engineers）的查理·托马森中尉（Lieutenant Charlie Thomason）成功地与牧师之女订婚。[10]

像托马斯爵士一样，西蒙·弗雷泽之妻也早逝，但不同于梅特卡夫的是，弗雷泽不曾因时制宜地与子女重聚，子女们在英格兰寄宿学校长大成人后，选择继续留在英格兰，除了间或向父亲要钱外，几乎不跟他通信。正如弗雷泽责备长子时所言："对于你私生活的具体情况，我简直一无所知。此情此状，无疑令人十分不满，然而彼此之间惧怕书信往来，看来在某种程度上似乎是我们家族成员的特性。"[11]另一个孩子西蒙·J. 弗雷泽牧师（Reverend Simon J. Fraser）被调派至印度，弗雷泽去接他的时候，二人擦身而过，竟然都没认出对方。[12]

弗雷泽毕生效力于东印度公司，就任何方面而论，他都没太脱颖而出。由于德里是最后的派驻地，他也无更远大的抱

120

负，便决意悠游度日，充分利用此番派任所赐的良机。1854
年弗雷泽给儿子西蒙写信道：

> 我对自己的职位十分满意，德里与我相宜，我虽身体
> 微恙一段时日，但现在逐渐摆脱小疾的困扰……我们近来
> 一直（为唱诗班之事）操劳，还打造了一曲美妙的圣歌，
> 它自是切合时宜。没什么突发的麻烦事，所有常去教堂做
> 礼拜的团体都对我们努力的成果赞不绝口。我们在本地有
> 一两个很不错的表演者。整个炎热时节，我希望或可每两
> 周把人召集在一起，听点世俗音乐，纵使担任司仪的全部
> 麻烦事总是由我一力承当。无论是在我的私邸，还是在别
> 处举行集会，人们都变得那么漠然，尽管他们会参与你为
> 他们所筹办的一切活动，却仍不会劳神地亲力亲为。倘不
> 加练习，乐音何以余妙绕梁。[13]

弗雷泽忙于唱诗班的练习，除了必不得已的案牍之劳外，他无
意让公务占用自己更多的时间，所以在德里消磨整整一个月时
121 光后，才费神去拜谒皇帝。扎法尔于 1853 年 12 月 1 日在莫卧
儿王朝大型御苑 "罗桑娜拉花园" 为其筹办首个接风会，弗
雷泽甚至没能出席，唯余欢迎仪式期间来园中露营的扎法尔诸
女眷，她们埋怨 "天气十分寒冷"，而且 "数名妃嫔诉苦说，
花园周围的印度兵肆意说着淫词秽语"。[14]

　　弗雷泽宣布自己即将退职的消息两天后，法赫鲁王子离世
的凶讯传来。弗雷泽是个向往恬谧梦乡的老者，对于新出现的
继承危机，他的反应有着 "梦乡受扰" 的迹象。"国王尚余的
子嗣均无鳌里夺尊的大家风范，亦无非比寻常的可取之处，无

望唤起当地居民的悯恤之情。"弗雷泽致函新任总督坎宁伯爵如此说道，虽则无任何记载显示，实际上弗雷泽在向加尔各答方面中伤诸皇子前，曾费心与他们中的任何人晤面。[15]

法赫鲁王子离世翌日，弗雷泽在信中解释说，自己少有地造访皇宫，拜谒皇帝以致吊慰之忱。弗雷泽非但没见到曾预期的哀悼场景，反倒发现漠然无泪的皇帝。皇帝准备了一封事先写好的致总督的书函，在函中再次对贾旺·巴克特王子继位一事予以敦促。弗雷泽得悉，法赫鲁王子的遗体已落葬于梅赫劳利的库特卜大人之苏菲圣祠附近。扎法尔在信中辩称，贾旺·巴克特之所以适宜成为储君，基于如下理由：他是嫡子；至少在饱含爱子之情的父亲看来，他"生来就有一名皇子所不可或缺的一切禀赋、资质，而且品行高尚，在我的引导下受到全面教育。其余（子嗣）均不能与之相提并论。（唯有）他值得我宠爱"。[16]

不过弗雷泽另有想法，他极力奉劝坎宁说，诸王子都不该被认可为准继承人，尤其是贾旺·巴克特。他辩称，1856 年 2 月兼吞独立的"膏腴之地"阿瓦德王国，五个月之后，法赫鲁王子之死提供绝佳机会，俾使莫卧儿皇族为其世系行将断绝一事做好准备。他认为，这应在扎法尔晏驾——而今此事为期不远——后旋即施行。弗雷泽总结道："依我看来，把哪位王子定为准继承人都不妥当。总的来说，诸王子都非权重势威、怀瑾握瑜之人……鲜有公众对该皇族的命运感兴趣。最受尊崇的皇族成员既已被踢出局，一个有利契机由此显现，好为顺应该皇族及该国的情势变迁引入变革。"[17]

新任副总督 C. B. 桑希尔（C. B. Thornhill）全心全意地支持此想法。他由奈尼塔尔（Nainital）丘陵的避暑别馆致函加尔各答方面，督促坎宁依照弗雷泽之言把握时机，言称"倘不利用眼前唾手可得的天赐良机而引入变革，则会深感遗憾。变革显然适切于印度帝国（Indian Empire）之现状，（亦）会使诸王子自身的利益最大化"。他接着解释为何把诸王子逐出家园并立即切断其唯一的收入来源——私用金——符合莫卧儿诸王子的最大利益："有理由翘首以待的是，废止皇室阶层的名号和形态会让他们更易于弃绝游手好闲之陋习以及层出不穷又邪恶可耻的轻浮举止。时至今日，那已然令这些人虚掷韶华。"

坎宁伯爵毫不犹豫地采纳谏言。毕竟，他仅于五个月前才来印度赴任，接替前任达尔豪西勋爵。刚逾不惑之年的坎宁是个英俊勤勉的保守党政客，尽管有些不苟言笑。他之所以同意出任总督一职，不过是因始终未能在伦敦内阁里赢得高级职位而致的懊丧之举。成行前，他从未对印度有一星半点兴趣，而且到 7 月时，都没离开过暑热湿盛的加尔各答。确切说来，初抵印度的数月，他发觉自己几乎每天都被禁锢在"陈设破烂不堪"的总督府（Government House），周围满是堆积得像喜马拉雅山一般的公文箱。如果说政府大楼的外观可谓富丽堂皇，那么他惊骇地留意到，整座大楼连一间盥洗室都没有，"加尔各答无排水所需的落差"。他把此般生活状态说成是"几乎无异于苦役犯（的生活）"。[18]

但是，这一切都不妨碍坎宁理直气壮地对"莫卧儿王朝矫揉造作的闹剧"，抱以鄙夷不屑的态度。坎宁当即回函，应和弗雷泽的提议：

出于国家利益的考量，让土生土长的本地人联想到皇族之日常权威的标识，几乎都已从"德里皇冠"① 卸下；
总督和总司令一度供献给国王的贡礼，已被中断；铸造带
有国王印记的硬币之特权，现遭弃废；总督官印不再带有
封臣纹章；就连当地首领也禁止使用此类纹章。英国政府
既已牢牢把持实权，出于对现状的应有尊重，酌定事宜如
下：不能一直固守此等隶属于依从的外在表象。对于
"德里之王"② 头衔，亦依此而论，该头衔被赋予的是虚
构的至高无上主权。[19]

纵然不谙印度世故，但坎宁相当清楚，现在是时候跨出激动人
心的历史性一步，撤废统治印度北部三百余载的莫卧儿王朝：
亨利八世（Henry VIII）在英格兰即位时，莫卧儿王朝始皇帝巴
卑尔（Babur）就已占领德里。坎宁写道，不列颠治下的印度
帝国从未如此长治久安、国富兵强、民熙物阜。"近些年来，
人们在印度所见证的不单是英国人开疆拓土，还有英国之权势
的显著巩固。英国的霸权地位变得更加统一和坚不可摧，即便
在帝国的早期版图内亦如此。"故此，"保留名义上的'印度
斯坦至高无上的国王'（King Paramount of Hindustan）逐渐成
为一大异象，其程度比之前更甚"。坎宁与弗雷泽观点一致，
现今决计不让任何一位莫卧儿王子被认可为准继承人。坎宁总
结道："印度东北部诸省（Upper Provinces）的时局不似 1849
年或 1850 年那么风雨飘摇。不管怎么看，即便就穆斯林而论，

124

① Crown of Delhie，代指莫卧儿帝国皇权。——译者注
② King of Dehlie，尽管印度斯坦民众始终尊称扎法尔为"世界之主"或皇
帝，但英国人执意以己方所冠以的不那么尊贵的名称"德里之王"称呼
扎法尔。

德里皇室的存在已成为无足轻重之事。"[20]

坎宁新抵印度，考虑到他的情况，不可能指望他惇信明义。但正如诸事件将揭示的：他的议事录所显露的对于印度北部情势的全方位误读，非一章一段所能尽表。英国人与印度臣民现已渐行渐远，对印度的舆情如此鄙夷不屑，以致判读周遭的征兆以及衡情酌理地分析自身处境的能力尽丧。妄自尊大和帝国自信贬抑了探寻实情的热望，更不可能洞悉该国的真实国情。

更具体说来，皇室诸王子中的某个人原本可接替扎法尔登位，现在就连微乎其微的希望亦被英国人扑灭，英国人由此创造的局面是：皇族各成员都失无所失、人人义愤难平，他们宁肯破釜焚舟，也要设法保全自身地位。英国人很快就要为这一致命错误付出高昂的代价。

法赫鲁王子死后仅八个月，德里局势日益动荡的迹象就浮出水面。1857 年 3 月 18 日清早，一张传单——"一张有污迹的小纸，绘有出鞘的利剑与盾牌"，西奥如此描述——被张贴于德里主麻清真寺的后墙上。[21]该宣言宣称是伊朗的沙昭告天下：一支英国远征军刚于波斯被打得落花流水，波斯军队已跨越阿富汗边境，正由赫拉特（Herat）挺进德里，赶来把德里从基督教徒的统治中解放出来：

　　　　倘天从人愿，计日可待，我将出现在印度斯坦大地，
　　我心畅然，定会令彼邦统治者和臣民欢喜。英格兰人夺去

彼等的食物，让彼等不得安逸，我将以其人之道还治其人之身，勉力促进彼土繁荣、彼民富足。令众周知，我对任何人的宗教信仰皆无异言……3月6日，届时将有900名伊朗士兵与高级军官一同踏足印度，目前德里已有500名乔装改扮的士兵……（在此期间）穆斯林务必克己慎行，切莫扶助或支援基督教徒，亦须尽可能坚贞不渝地忠于自己的穆斯林同胞。[22]

告示被张贴三小时，引来大批民众拥聚观看。西奥·梅特卡夫赶巧骑马路过，他上前撕下告示，此事方作罢。岂料次日，告示的内容被全文翻印于宫廷公报《阿克巴之光》上，在全城上下引起一阵骚动，虽则该报理所当然地对下述两点表示怀疑：宣言的真实性，以及波斯人战胜英国人的声明之真伪。

乌尔都语报纸早就简要报道如下事件：印度斯坦各地的巡夜更夫逐个村落地传递神秘"薄煎饼"（chapatti，或称"油煎饼"［fried puri］，如德里报纸所报道的）。2月的《落日余晖》（Nur-i Maghrebi）有一则报道提到有人在布兰德舍赫尔（Bulandshahr）附近的某些村落间传递它们，到3月初时，已延及马图拉——位于通往阿格拉的交通要道上——不过看似就此止步，不曾进一步被传到德里。即便在德里，似乎也无人知晓它们有何意义，[①] 就德里的数份报纸而论，分配给此事的版面，肯定远不及如下报道：伊斯兰教令被张贴于马德拉斯，

---

① 著名的"薄煎饼"或"油饼"的确切含义是什么，尚不明确。依据当时不同城镇及村落所给予的各种解释来判断，整个地区所做的诠释不尽相同。许多人无疑把它们领会为发出信号，预示着遍及印度斯坦即将迎来戏剧性的剧变，但无证据显示它们对德里民众的意识造成太大冲击。

"号召全体信徒奋起反抗异教徒……为这样一场战争捐躯的人，将成为殉教者"；亦有振奋人心的传闻称，俄国人或波斯军队，抑或两方都在行军途中，即将开进德里。最受瞩目的当数 3 月下旬以后陆续出现的报道，谈及孟加拉驻军的动荡局面，尤以博汉姆布尔（Berhampore）和巴勒克布尔为甚。据西奥所述，时至 1857 年春，德里民众"一清二楚：印度兵军队所急需的是官兵尽忠竭诚，那频频成为街谈巷议的话题"。[23]

德里日益动荡的局势，至少可追溯到上一年冬季。1856 年 2 月 7 日，英国人单方面并吞繁盛的阿瓦德王国（亦即英国人所称呼的奥德，位于德里以东）。此举的借口是阿瓦德的纳瓦布——诗人、舞者和享乐主义者瓦吉德·阿里·沙（Wajd Ali Shah）"荒淫无道"。① 对于英国人欺凌、抢劫诸纳瓦布之事，德里民众已司空见惯，一如英国人迄今近一个世纪之所为，然而明目张胆地兼吞王国，此举在印度北部各地所引发的恐慌，其程度远远超出英国人看似有所领悟或者确实有所预见的。莫卧儿人认为自身的处境岌岌可危，而且此般认识逐渐被强化。更重要的是，这让东印度公司军中的印度兵焦躁不安，原因在于大多数印度兵是从阿瓦德乡间信奉印度教的高种姓家族招募而来，现却发现自己被迫让祖国沦为藩属。

实施并吞期间，贪赃枉法和间或的残暴作风尤令人惶恐。就连英国官员亦察觉，所发生之事绝非"可敬的东印度公司"

① 兼吞阿瓦德，尽管很难说是正当之举，但一个不争的事实是瓦吉德·阿里·沙并非低眉垂眼的羞怯之辈。温莎堡（Windsor Castle）皇家图书馆（Royal Library）藏有一册厚厚的对开本的书，书名为《爱之史诗》（*Ishq Nama*），瓦吉德·阿里·沙著，书中包含不同情人的数百幅肖像。每页一幅肖像，附上一首短诗加以注解，以赞颂各位情人的品性与情爱之能。

（Honourable Company）历史上更可敬的一段插曲。东印度公司雇员罗伯特·伯德（Robert Bird）居然撰写一部匿名出版的著作，定名为《天国至高之处的匪盗行径，亦即东印度公司对奥德的抢掠》（*Dacoitee in Excelsis, or the Spoilation of Oude by the East India Company*）。[24]作为所发生之事的局内人，伯德在书中披露这一切可谓谬妄之至，竟然是很大程度上凭空捏造的卷宗——最终作为议会的《奥德蓝皮书》（*Oude Blue Book*）发表——被东印度公司内部的各利益相关方汇编成册，借以推动兼吞阿瓦德一事。此卷宗描述一个行政区，"因政府失政而堕入罪行、浩劫和无政府状态，该政府愚痴低能、贪腐堕落"。伯德写道，这景象几乎无异于"（一部）以官僚文风虚造出来的东方传奇文学"，但它被"一个铁证如山的简单事实"驳倒：阿瓦德民众分明"宁愿选择遭诋毁的"纳瓦布"政权，而非让贪得无厌却过于乐观的东印度公司执政"。

伯德指出，尤其是"跟两个（政府）都打过交道的人——受雇于东印度公司的印度兵，其人数达五万之众"——尤为强烈地感受到两个政权判然两异，所以怨气冲天：

> 兼吞之举本身，似乎就是暴力掠夺之恶行，不但诸恶行完全站不住脚，而且关于所有的产权，其依据似乎一直不能确定。就其变幻莫测的程度而论，在任何文明开化的统治下都闻所未闻。我们由各方面得悉，土地所有者流离失所。简言之，东印度公司对该行政区擅自处置，就好像不仅有权获取其岁入，而且该行政区内的一切资产也都成了强弓劲弩之下的战利品。事实上对他们来说，它仿佛是

127

一座新近发现的渺无人烟的荒岛，发现者有权恣意
处置。[25]

许多较小的土邦已被东印度公司悄然并吞，由此获得丰厚的利
润。总督达尔豪西（1812—1860）推行所谓的"无嗣失权"
（Doctrine of Lapse）政策，印度教由来已久的"养子继承父
位"惯例遭取缔，从而促成蚕食鲸吞，这样的做法不得人心、
天怒人怨：1848 年兼吞萨塔拉（Satara），1853 年兼吞詹西，
1854 年兼吞那格浦尔（Nagpur）。然而说到攘夺其他地方的图
谋，"兼吞阿瓦德"的恶劣程度远非上述图谋所能同日而语，
原因在于：阿瓦德已被熬炼成"唯唯诺诺的忠实盟友"，英方
并吞阿瓦德，甚至没有"不存在被认可的继承人"这一名义
上的正当理由，而仅仅以"虚构的罪状"和"《奥德蓝皮书》
对形势的虚妄审察"为托词。[26]

128　　继阿瓦德被并吞和法赫鲁王子溘逝之后，莫卧儿皇族谱系
被废止一事显然近在眼前。

此事尤令时年 81 岁的扎法尔震骇。他早就明确表示，除
去将所继承的寥寥祖业原封不动地代代相传外，他别无所望。
早在 1843 年时，他就试图直接致函维多利亚女王（Queen
Victoria），恳请这个最起码的要求得以满足。扎法尔写道：

　　　　基于不顺遂的境况，我治下王国之花业已凋零，而本
家族的锦绣河山在你的股掌之上……辱没或提升其尊

严……我现已迟暮，壮志全无。我打算全身心投入宗教事业以慰残生。但我切望，列祖列宗的名望与尊严得以维护，并可依照英国政府原先所做的约定，将之完好无损地传给我的孩子们。[27]

而今面对阿瓦德的前车之鉴，扎法尔把目标定得愈发低了。闻知阿瓦德被吞并，扎法尔首先采取的举措是：焦心如焚地给达尔豪西写了连串求援信，称因"尘世间，人活着的日子本就是有数的……（况且）八旬之年，人生更是没有依靠，近来我们一直忙着苦思自己家族，尤其是纳瓦布吉娜塔·玛哈尔皇后及其后嗣贾旺·巴克特·巴哈杜尔王子（Prince Mirza Jawan Bakht Bahadur）的未来福祉，以让他们免受苦痛困厄"。扎法尔只求英方做出保证，即在他晏驾后，二人可获照拂。不过一如以往，达尔豪西的回应既轻蔑又刻薄，他吩咐手下一名秘书回函道："关于陛下赐予后妃和该皇子之权利，陛下务必憬悟：它们不能被维持下去。在陛下本人的有生之年，它们可得以维持，但不得超越该时限，否则将悖于昔时惯例。"[28]

提心吊胆的不止扎法尔一人。莫卧儿王朝及其宫廷的消亡是一件只会给整个德里蒙上阴影的大事，因为全城的繁荣及资助大多直接或间接源自红堡。随着莫卧儿人走向末路，城内许多人发现自己丢了饭碗，这些人中有廷臣和朝廷文官、珠宝商和银匠、厨师和舆夫、卫兵和宦官、乐师和舞姬。在英国人治下，这些人都无望就业，反正英方的西北诸省行政官已被派驻德里以南一百五十英里处的阿格拉。

就宫廷诗人而言，这同样是极凶险的恶兆。迦利布于1856年2月23日写道："对于阿瓦德及其国事，我虽为门外汉，但该国的灭亡尤令我神伤。我敢断言，正义感尚未全然泯灭的印度人，无不心有戚戚焉。"[29] 迦利布曾从纳瓦布那儿领受一小笔恩俸，2 月阿瓦德被并吞，他便失此薄俸。7 月随着诗门弟子法赫鲁王子离世，迦利布的收入遭到进一步削减。迦利布于 1856 年 7 月 27 日给友人写信道：

> 你一定要注意，于我而言，皇储之死是个沉重打击。这就意味着，时下唯有皇帝当朝，我与朝廷的缘分方得以维系。天晓得谁会是新皇储。赐我知遇之荣的恩主，撒手长逝。方今之世，谁人慧眼识英才？我笃信造物主，我顺从他的旨意。我目前的直接损失有：他（指法赫鲁王子）过去每月给我 10 卢比，好让我给两名养子买水果。现在谁会给我这笔钱？[30]

迦利布一如在他那个时代之前和之后的许多文人墨士，都有引火烧身的奢豪嗜好，强烈的自我价值感和捉襟见肘的财力让他饱受煎熬。迦利布的财务状况向来不稳定，他曾因屈从于个人荣誉感而拒绝担任收入颇丰的德里学院波斯语教授一职，随后宦囊尤显羞涩。当时的情形如下：迦利布受邀申请新职位，他乘肩舆来到德里学院，抵达学院大门后，秘书官托马森先生却未出来迎接，于是迦利布拒绝入内，还坚称是自己的贵族身份使然。僵持许久之后，托马森先生

亲自出来解释说，在迦利布接受总督正式接见的场合，我方正式迎接才妥当，而此刻他作为一名求职者前来，受迎请则不妥。迦利布答说："如今我齿德俱尊，思

量着接受政府任用，以期锦上添花，而不是来贬损已有的宠遇。"秘书官答道："我循途守辙、不越雷池。""既如此，尚希见宥。"迦利布言罢离去。[31]

此般情形下，另一件烦心事就愈发让迦利布气恼：扎法尔不是更推崇他，反而把大多恩宠和与之匹配的丰厚恩俸，赐予显然是二流之辈的扎乌克。迦利布对此百思不解。诚如他一度斗胆跟扎法尔指明的：

> 我发誓，圣主谅必亦感自豪，天降洪福才使圣主拥有像迦利布这样的奴隶，其诗歌，文如春华、思如涌泉。我一身本领，急需圣主把注意力投注于我，将我视为至宝，敞开心门让我飞进圣主的心扉……看我完美无瑕，见我浑身解数……为何谈论皇帝阿克巴时代的诗人？我的存在本身就足以证明，圣主的时代更胜一筹。[32]

扎乌克于1854年故去后，扎法尔终于委任迦利布为"乌斯达德"（即古鲁或大师，此处意为诗歌老师），让他享有与之相配的厚俸。于是（至少据德里传说称，）迦利布总算松了一口气，因为那"谈吐一如栈房掌柜之人"与世长辞。[33]即使扎法尔或认为迦利布才疏学浅，但朝廷仍然充当迦利布赖以生存的财务命脉。早在1852年皇帝抱恙时，迦利布就心怀忐忑地写道："当下会发生什么？我被泽蒙庥、高枕而卧，现又会落得怎样的下场？"[34]他稍后补充道："莫卧儿王公及皇子聚集于红堡，吟诵自己的抒情诗……此朝廷时日无多。它怎能千秋万代？谁知明日他们能否相会，即便能相会，嗣后能否重逢？这场集会随时都可似昙花那般。"[35]

131 　　迦利布怀有悲观情绪的一个原因是：不同于许多身在德里的人，他对西方国家所取得的科学进步一向知之甚详。1827年造访加尔各答期间，他参观了相关展览。赛义德·艾哈迈德·汗曾试图劝说迦利布为皇帝阿克巴著名的宫廷实录《阿克巴的体制》（*Ain i-Akbari*）的一个版本撰写序文，迦利布当时回信称艾哈迈德·汗不应总是回顾旧时的莫卧儿人，而应拥抱未来。迦利布写道：

> 瞧瞧英格兰大人们！他们远远领先于我们东方的先祖。他们让风浪无用武之地，借助火和蒸汽来驾船扬帆起航。他们无需使用琴拨（mizrab），就能创造音乐。他们施展魔法，文字像鸟儿一样翱翔于天空。天空已被点燃……无需油灯，便可点亮城市。此等新法则，让其他法则都被淘汰。既然有一座蕴藏珍珠的宝藏伏于足畔，缘何非要从见弃于人的旧谷仓里捡拾稻草？[36]

　　继法赫鲁王子溘逝和阿瓦德被并吞之后，迦利布认为保险起见，应即刻采取措施找寻其他收入来源，又因英格兰人明显欠缺雍雅的仪度，所以他愿倾囊相授。迦利布经由坎宁向维多利亚女王转呈一首波斯语颂诗（qasida）。开篇简要赞美女王"似群星一般璀璨"，恭维她手下的总督"像亚历山大一样震古烁今，像费里顿一样昂霄耸壑"，随后话锋一转，迅速陈说要务，即提醒女王勿忘由来已久的惯例：诗人令君主不朽于诗行间，作为回报，君主理应供养他们。

　　伟大的伦敦女王（Begum of London）显然不似理应的那

般，并不熟知此等俗事的礼数，故此迦利布在附信中稍稍直
言，提醒维多利亚女王：名垂青史而真正伟大的统治者，"恩
赏治下诗人和良善的祝福者，向他们口中填满珍珠，以黄金称
量他们，赐予他们村庄和酬报"。以此类推，"尊贵的女王" 132
要责无旁贷地"授予呈请者迦利布'太阳之侍者'（Mihr-
Khwan）荣衔和御赐朝袍，并以丰盛的餐桌上的少许面包屑犒
赏他——说白了，也就是一份'恩俸'"。[37]

　　迦利布眼巴巴地等待女王感激的答复以及恩赏和厚俸，但
什么也没有等到。不过，这首颂诗很快就起到重要得多的作
用，助他死里逃生。

　　挥别 1856 年、迎来 1857 年之际，如果说迦利布发觉自己
焦虑沮丧，那么西奥·梅特卡夫的状况同样一团糟。

　　猝然间失去妻子和父亲的西奥试着全身心投入工作，坚持
继续干着他驻德里联席治安法官的工作。然而独自养育孩子的
压力和令人沮丧的任务——既要卖掉梅特卡夫私邸的其余大部
分家当，又要出售先父的藏书——所有的重担都压在他肩上。
西奥对儿子依恋不舍，借此留住对亡妻仅存的记忆。西奥于
1856 年初给 GG 写信道："我断不能与他分离。每天有大量时
间丢下他一人而无女士相伴，尽管这令我深感不便，但我确实
对他关爱备至。我儿时不曾体验过此般慈爱，情感的缺失总让
我悲从中来。"[38]

　　然而随着 1856 年向前推进，精神上的压力逐渐对西奥的
身体产生不良影响，尤其损害到了他的眼睛。1856 年 8 月在

密拉特，西奥终于向 GG 袒露此事：

> 倘得知数月来，我的左眼一直深受疼痛和视力衰弱的折
> 磨，你会感到难过。目前必须放弃用眼，我被迫放弃工作已
> 长达三个月……或许就连这种静养也不太够，很可能不足以
> 让它痊愈……我遵照医嘱住进黑屋，但未来的前景不那么令
> 人振奋。我还要去德里归置（梅特卡夫私邸里）先父的全部
> 遗物。一个月结束时，如果发觉眼睛有所康复，我就打算去
> 丘陵区旅行……你认识的寡妇之中，有没有谁愿照料单身男
> 士，因为我相当无助，读写之事均被禁止。[39]

133 乔治娜正在克什米尔避暑，她随即主动提出照顾西奥之子查
理。西奥虽不情愿，但心存感激，最终勉强答应。在西奥撕下
主麻清真寺墙上的传单后不久，他就给妹夫爱德华·坎贝尔去
信，重申自己多么需要度个假。西奥称，如果运气好的话，
1857 年 5 月就能于丘陵区跟爱德华和 GG 相会。西奥情凄意切
地给爱德华写信道："关于这种知觉麻木，我无以名状，它把
我压垮，让我感到很无助。倘不从一切工作中解脱出来，有一
个完美悠长的假期，我认为自己再也振作不起来了。"[40]

对于西奥的苦境，爱德华不像 GG 那么心怀悲悯。爱德华
曾在加尔各答的威廉堡（Fort William）总部担任查尔斯·内
皮尔爵士的副官，后者也就是其赞助人离开印度后，坎贝尔的
职业生涯随之深陷困局，目前的工作远不能提升他的声望，更
不能从中谋利。坎贝尔现带领第 60 来复枪团的一个连官兵，
他们的工作是勘察旁遮普－信德（Punjab-Sindh）边境的木尔
坦（Multan）周围地区，据了解该地区是整个次大陆最炎热的

地方，这与威廉堡的奢侈享受无疑判若霄壤。现得知自己微薄的收入都被西奥的稚子和保姆花光时，坎贝尔大发雷霆。他于克什米尔给 GG 去信，说：

> 我对西奥非常恼火。关于租赁之事，我认为询问他无济于事，不要给他任何提示，因为他不会接受。我想不妨列一个小备忘录，让他看看我们所实际支付给巴克斯特夫人（Mrs Baxter）的费用和查理的寄宿花销，然后要求他付钱。[41]

不过相较于本身缺钱又不顾及他人情感的内兄，其他烦心事更让坎贝尔火冒三丈：军方刚指派他负责训练旁遮普驻军，还让官兵们使用最新且最先进的新式武器。坎贝尔向 GG 解释道：

> 我埋首于林林总总的团部事务，关于新式恩菲尔德来复枪的操作，我需要先给他们做示范。我们的伙伴更钟爱老式枪。我认为他们会喜欢新式来复枪，但当下看不出怎么能让他们喜欢。一个不利的情况是，如果按照所希望的那样频繁退子弹和清洁，我们负担不起。我们只有那么点弹药……而且发射几发子弹后，里面就会被堵塞，很难再装填弹药。[42]

134

爱德华没拿技术细节来烦扰妻子，但新式恩菲尔德枪存在的问题是：与此前使用的滑膛枪管布朗贝斯步枪（Brown Bess musket）不同，新式来复枪采用直槽式枪管（或称膛线枪管）。虽然这一点让枪支的精准度大大提高，射程亦有所增加，但的确导致新式来复枪更难装填弹药，而且为了让弹丸滑下枪管，除了用通条连续不断推进外，还需使用大量润滑脂。爱德华必须教会驻军官兵的正确步骤包括：咬掉弹药筒顶部，把火药倒入来复枪，随即用连杆把弹丸以及油腻的弹药筒的其余部分塞下枪管。[43]

虽说是全新技术，东印度公司却决定由加尔各答的达姆达姆兵工厂（Dumdum arsenal）制造弹药筒，但该兵工厂以往并无制造此类型弹药的经验，这是很不明智的决策。其结果是，不可避免地出现初学阶段的问题，尤其是达姆达姆兵工厂最初制造的几个批次的弹药筒，似乎被涂敷太多润滑脂。由此导致两个后果：第一，正如爱德华给 GG 的信中所言，这意味着枪管很快就被多余的油脂阻塞，需要频繁加以清洁；[44]第二，把弹药筒的油腻敷层放入口中，那令人极为不适，咬碰弹药筒成了每个来复枪手痛恨之事。

谣传迅速扎根于这片膏壤，言称所使用的大量润滑脂，岂止令人生厌，实则亵渎信仰，因为它们是由牛脂（冒犯大多数印度兵，他们是素食的高种姓印度教徒，现在不得不触碰那些致使备受尊崇的牛蒙受苦难的东西，这让他们烦闷至极）和猪脂（印度教徒和穆斯林都把猪视为不洁之物，由此冒犯了几乎全体印度兵）的混合物制成。

上述传言似确有凭据，诚如坎宁伯爵后来所承认的：令人不适的润滑脂起初确实是由这些亵渎性原料制成。[45]润滑脂的原料迅速被更换，在很多情况下，印度兵获准以蜂蜡和酥油（即澄清黄油）自行调配润滑脂。然而实可谓搬砖砸脚，不仅大多数印度兵断然拒绝触碰新式来复枪，而且愈发危险的是，下述想法很快就得到众人认可，即人们认为这种错误绝非偶然，而是东印度公司更宏大阴谋的一部分，旨在着手实施大规模改信计划之前，破除印度兵的种姓制度和礼仪的纯洁性。

传教士及其支持者——存在于军队和行政机关的福音派信徒当中——全无智略又莽撞的行动，赋予那些捕风捉影的传言几分可信度。东印度公司若肯从较低种姓阶层招募旗下的印度兵军队，这或许没那么重要。但长久以来，英国的政策是从繁礼多仪、矩步方行的较高种姓阶层征募印度教徒以作为兵源，尤其是来自阿瓦德、比哈尔和贝拿勒斯周围地区的印度教徒。那些人受英国人影响，自视为精英阶层，这些印度北部的乡野村夫成为印度兵后，逐渐对制备食物和进食颇为讲究，传统上一直相对不稳定的印度种姓观念亦随之经历强化过程，也就是一些学者所谓的"梵化"（Sanskritisation），因为印度兵逐渐把此类问题理解为自尊观的核心。[①]

更糟糕的是，这样的局势甚至更容易爆发冲突，因为军队早就因毫不相干又更世俗的薪俸和规章制度问题而濒于哗变。最早意识到这一点的高级军官之一正是爱德华·坎贝尔昔日的上司查尔斯·内皮尔爵士。查尔斯·内皮尔爵士于 1850 年辞去总司令一职，具体原因是他日益担忧东印度公司因治下印度

136

---

① 在东印度公司旗下某些团里，高种姓印度教徒约占应募新兵的 80%，但到 1857 年，这个比例在其他团中略有下降，这本身就是局面动荡的主要原因之一。但总体而言，暴动时孟加拉本土步兵团的高种姓印度教徒约占步兵的 65%。1842 年细分种姓后，可获得的详细数字如下：拉其普特人 27993 人（34.9%），婆罗门 24480 人（31%），低种姓印度教徒 13920 人（17.3%），穆斯林 12411 人（15.4%），基督教徒 1076 人（1.3%）。关于东印度公司的军队与军方"梵化"的更多内容，参见西玛·阿拉维的开创性研究 *The Sepoys and the Company: Tradition and Transition in Northern India 1770-1830*, New Delhi, 1995。亦可参阅索尔·戴维的著作 *The Indian Mutiny*，这部著作在从军事层面论及 1857 年之事方面尤有见地。

兵群体中的骚乱而陷入"巨大危险"。达尔豪西勋爵完全置若罔闻，对于内皮尔的书面报告，达尔豪西回函道："关于印度处于险境的呼声，此事压根站不住脚。印度摆脱源自外部的一切战事之危，况且新臣民俯首帖耳，凭此就无内部暴动之虞，其长治久安一刻也不会被军中普通士兵局部的违逆之举所威胁。"[46]

　　爱德华·坎贝尔与内皮尔向来亲近，他对这种不满的情势亦有觉察，而且迅速认识到这种新威胁所造成的危险，毕竟已有颇多正当理由惹得印度兵怫然不悦。当时，印度斯坦许多印度兵世家子弟发现自己在军队中谋得一份工作普遍会被拒绝，因为东印度公司忙着以廓尔喀人（Gurkha）和锡克人扩充队伍，原因在于 19 世纪初期和中叶，在廓尔喀战争和锡克战争期间，交战方历经苦征恶战，而廓尔喀人和锡克人的战斗技能令英国人刮目相看。印度人就算谋得一职半位，也几乎没有升迁机会：纵使多年恪尽职守、鞠躬尽瘁，亦无印度人能擢升至东印度公司军中印裔上尉（即军官军衔，每团十个名额）或印裔少校（subahdar-major，即高级军官，每团一个名额）军衔之上，实权完全由英国人独揽。[47]

　　再者，昔时英国军官与手下士卒打成一片——跟士卒的姊妹同居，亦数见不鲜——现今变得越来越高不可攀、粗鲁无礼、冷眉冷眼。白莫卧儿人的时代一去不复返，他们过去常常跟手下士卒一起摔跤或加入其舞蹈行列，行军中还时常预先捎信到邻村，让村里最好的棋手摆好阵势等待应战。1857 年之后，印度兵悉达罗摩·潘迪（Sitaram Pandey）撰写回忆录，据他所述：

想当年，大人们会说我们的语言，比现在说得好多了，与我们更是常来常往。而今军官虽须通过语言考核，还不得不阅读书籍，却还是不通晓我们的语言……诸大人过去常常为全团官兵献上舞蹈表演（nautch），还参加各种男子竞技，还带我们外出狩猎，现在却绝少出席舞蹈表演，因为随军牧师大人告诫他们说此举不当。这些随军牧师大人一如既往地竭力让英国军官与手下印度兵渐行渐远。当我是个印度兵时，连队的上尉会让一些士兵在自己家里待一整天，跟他们谈天说地……在我有生之年，亲睹大人们对我们的态度发生翻天覆地的变化。我知道今时今日，许多军官只是在不得已的情况下才会跟手下的士兵讲话，而且那让他们腻烦，所以他们会设法尽快摆脱印度兵。一位大人曾告诉我们，他从不晓得该对我们说什么，可当我是个年轻士兵时，大人们总晓得要说什么、该怎么说。[48]

更添一抹愁云的是，印度兵的相对价值和薪俸已经严重下降——数额不菲的额外补贴，譬如免邮资和名为"战时津贴"① 的额外津贴都被慢慢削减——且目前的服役条件比以往任何时候都严苛：很多印度兵的家国阿瓦德被东印度公司兼吞，约在同一时间，东印度公司通过了极不得人心的《一般兵役征募法》（General Service Enlistment Act），该法规定全体印度兵都要准备随时去国外服役。正统派的高种姓印度教徒被

---

① bhatta，战时东印度公司向印度兵额外支付的出征津贴。——译者注

禁止"渡过黑水"①，此举反而进一步证实了印度兵的忧惧，他们断定东印度公司正在紧锣密鼓地策划阴谋，以剥夺其地位和宗教信仰。

《德里公报》于1855年5月登载一篇长文，声称该文章的作者是"一名印裔老军官，刚因伤退伍，在本村安顿下来以度残年"，但实际上几乎可以肯定的是该文由英格兰军官执笔。据作者称，时下诸村落里最佳的潜在新兵都无意"入伍，因为军队随时可能变为海军"。此军官坚称，有人忧心如捣，担心军事职业渐失威望而体面扫地，因为东印度公司正在积极征募并提拔低种姓的人。当前东印度公司统帅部逐渐认为这种人较少惹是生非，不那么繁礼多仪、矩步方行，但就现有官兵来论，他们是"我们无法了解的人，村里1200名村民中，有1000个人都鄙视他们"，此军官这样说道。"东印度公司威名赫赫、富有四海，而那相较于其'种姓偏见'的名声，却可谓小巫见大巫。"[49]

《德里公报》所载的那篇文章的原作者极有可能是罗伯特·泰特勒上尉。

身为第38本土步兵团的老兵，泰特勒是位作风老派的军官，他与手下印度兵同休共戚，为他们的福祉挂心，对印度斯坦语亦驾轻就熟。泰特勒看起来是个体察入微的蔼然仁者，当

---

① Black Water，即"黑水禁忌"（Kala Pani），称渡过深海将使人丧失种姓。——译者注

时这个带着两名幼童的鳏夫不久前才再婚，此次迎娶的是活泼达观的哈丽雅特。哈丽雅特的年纪小他一半，也像他一样邃晓印度斯坦语。哈丽雅特的童年在军队度过，她跟随其父所在的团穿越印度平原，印度斯坦语是她从印裔女仆（ayah）那儿习得的第一语言。泰特勒夫妇俩一同从事自己所热衷的业余艺术创作，不过让这对军旅夫妻意外的是，二人双双成为先锋摄影师，他们纤悉无遗地记录德里的古迹遗址，其中大部分遗迹此前不曾被拍照。

数年前的第二次英缅战争期间，达尔豪西——哈丽雅特说他是"个顽固不化的苏格兰人"——曾命令泰特勒所在的团渡海挺进仰光。印度兵所面临的窘境让泰特勒亦觉汗颜无地。哈丽雅特在回忆录中写道："他们是来自奥德的等级非常高的高种姓之人，让他们走海路赴缅甸会引发哗变。英方本该做的是吁请他们主动出征……我丈夫说：'我知道倘发号施令，我手下士卒绝不会去，但只要政府恳请他们自告奋勇，他们无一例外将齐齐上阵。'"

上司对泰特勒毫不理会，起航的命令亦已下达。印度兵的回应是：他们会去，但不会走海路。达尔豪西为了惩一儆百，命令全团官兵由陆路行军，不是开赴仰光，而是挺进印度最危险的派驻地之一——达卡（Dacca）。在五个月内，全团除三人幸免外，其余的人要么命染黄沙，要么住院就医。依哈丽雅特之见，"此举最不似基督教徒（unChristianlike）之所为，这些可怜人只是维护自身的宗教权利，英方却想让其一同赴死，任其惨死"。[50]

对于手下印度兵的宗教情感，泰特勒知微知彰又心怀悲悯，所以当他们陆续听闻有关新式恩菲尔德来复枪的传言并向

139

他打听传言的真实性时，泰特勒焦虑不安。时至 1857 年春，
尽管尚未给德里军营的驻军配发新式来复枪，但向德里诸团下
达的命令如期而至：每团各调派两个连官兵，前往北疆商道以
北一百英里处的安巴拉，受训使用新式来复枪。哈丽雅特写
道："我们的士兵开赴该驻地，在离开德里前，虽流露出几分
不驯之气，但诸军官仍心存希望，认为他们一旦明白我们既不
想摧毁其种姓制度，也无意把他们变成基督教徒，这一切便会
涣然冰释。"[51]但希望很快落空。

> 安巴拉的公报纷至沓来，向准将禀陈：对于使用恩菲
> 尔德来复枪和涂油脂的弹药筒，士兵们怨声载道。丈夫常
> 对我说："如果我们治下的本地人造反，印度必失无疑。"
> 随着日子一天天过去，他委实日渐心焦，因为不满的端倪
> 随处可见。[52]

违逆不满的迹象确实变得越来越明显。3 月 29 日在孟加拉的
巴勒克布尔，一个名叫曼加尔·潘迪的印度兵，号召战友举
义，还开枪打伤两名军官。该印度兵迅即受审并被处以绞刑。
泰特勒也了解到，嗣后不久，安巴拉的英国军官恳请军方撤回
使用新式来复枪的要求，但总司令乔治·安森将军（General
George Anson）对此置若罔闻。安森是个好赌之人，被誉为
"欧洲最佳惠斯特（whist）牌手"，他凭着仅以 120 英镑购得
的赛马，赢得 1842 年的德比大赛。[53]然而安森对帐下印度兵，
就不像对赛马的直觉那么十拿九稳。得悉部队官兵将要哗变的
消息后，安森言道："我绝不会屈从于他们令人厌恶的偏
见。"[54]结果，从那晚起直至 5 月，安巴拉军营遭受一波阵纵火

袭击。与此同时，咬碰弹药筒的任何印度兵——包括来自德里 140
诸团的——被同胞逐出种姓，并被讥讽为基督教徒。兵站指挥
官 E. M. 马蒂诺上尉（Captain E. M. Martineau）写道：

> 这感觉要多糟就有多糟，事态发展到如此地步，我简直
> 想不出任何适切的方法予以纠正……我知道此时此刻在本土
> 军中，一股异乎寻常的躁动在全军普通士兵心中潜滋暗长，
> 但那究竟会导致什么后果，我不敢妄言。我可以觉察山雨欲
> 来，可以听到飓风呼啸，但说不出它将于何时何地如何迸
> 发……我想，他们不晓得自己会做什么，除去捍卫自身的宗
> 教信仰外，并无任何行动计划。[55]

4月底，纷扰波及密拉特，当地第 3 轻步兵团（3rd Light
Infantry）同样拒绝发射此种枪弹。主谋随后被捕。5月第一周
的周末，泰特勒属下的印裔少校兼挚友曼苏尔·阿里（Mansur
Ali）自德里北上，准备赴任军事法庭（Court Martial）庭长。
临行前，曼苏尔·阿里告诉罗伯特："长官，倘查明这些人有
罪，我将尽己所能、严惩不贷。"

他说到做到。5月9日，曼苏尔·阿里正式判处该团至少
八十五名印度兵十年的劳役刑。当晚密拉特集市出现多篇告
示，号召全体真正的穆斯林揭竿而起以诛戮基督教徒。[56]

1857 年 5 月 10 日破晓，尘土飞扬的德里热得令人窒息，
因为当下临近暑热最盛之时。事实亦证明，1857 年比往年更

炎热干燥。

泰特勒夫妇依照习惯从军营驱车南下，前去参加圣詹姆斯教堂的早礼拜，路上偶遇一名同寅，此人刚由安巴拉的来复枪训练归来。"我丈夫高喊道：'哟，伯罗斯（Burrowes），士兵们怎么样？'他答说：'噢，泰特勒，现在还行。他们在返程途中。'"

141 　　不过罗伯特依然担忧，所以心存戒备。那晚他听见"（印度兵）宿营区的邮车（dak gharree）喇叭'嘟嘟'作响。此事极不寻常，因为本土军人从不乘邮车出行。我丈夫断定是我们的印裔少校曼苏尔·阿里由军事法庭返抵。印裔仆役旋即回禀说不是曼苏尔·阿里归返，而是一些人从密拉特赶来宿营区探友。我丈夫觉得这事稀罕，但并未认真揣摩"。[57]

在德里并非只有泰特勒一人察觉到与密拉特有关的诡谲之事。泰特勒夫妇驱车前往教堂的途中，大概会经过市电报局，电报局位于克什米尔门外的居民区。局里的查尔斯·托德（Charles Todd）和两名年轻助手布伦迪什（Brendish）和皮尔金顿（Pilkington），正与密拉特电报局的友人闲谈。他们听说，因为刚刚公布的判决，密拉特城内动荡不安。两家电报局于9点钟双双歇业，以避过一天最热的时候。

下午4点，结束午休的托德回来时发现与密拉特的通信联络被切断。据他揣测，这跟电缆的薄弱环节，即穿过亚穆纳河河底的部分电缆有关，由于"用以制造缆线的绝缘材料老化"，那部分电缆"导致故障时有发生"。布伦迪什和皮尔金顿被派外出检查。然而让他们惊诧的是，远至亚穆纳河东岸的各部分电缆均完好，由河对岸向托德发回信号亦无问题。故障显然出在密拉特方向的某处，但到这一阶段已是下午6点，天色太晚，当日不可能再有更多的发现。于是"托德安排停当，议定次晨亲自外出，力争恢复通信联络"。随后电报局打烊，托德动身返回寓居的平房，享用晚餐。[58]

正当托德关门收工时，乔治·瓦根特利伯和伊丽莎白·瓦根特利伯参加完詹宁斯所主持的晚礼拜，策马归来时途经电报局。那夜他俩迎来一个不速之客。更不寻常的是，登门人是权重望崇的德里显贵——洛哈鲁的纳瓦布齐亚·乌德丁·汗，他是迦利布的表兄弟，其父曾是伊丽莎白之父詹姆斯·斯金纳的生意伙伴兼至交。据女儿朱莉娅①讲述，乔治和伊丽莎白挤坐于游廊上，他们跟纳瓦布郑重交谈，

142

> 但是对于本地访客，我罕有热情，所以立即进屋，没再出来。不过在他走后，他们谈到一些警告之辞，事关入狱的密拉特骑兵，他被警告说："决策有失英明，政府必将后悔。"他们认为应把纳瓦布所暗示的事告知托马斯·梅特卡夫爵士（指西奥）。当夜我父亲便向他发去一封信。[59]

然而西奥另有所忙，他正忙着为休假打点行囊：预定次日一早踏上旅程，前往克什米尔与 GG 和爱子查理相见。那夜他疲顿而颓伤，故此未依信行事。

纳瓦布拜会瓦根特利伯夫妇之际，参加完晚礼拜的西蒙·弗雷泽步出圣詹姆斯教堂，另一封信被呈递到他手上。但正值星期日，是每周一次与唱诗班携手演出的日子，弗雷泽无疑一

---

① 即朱莉娅·霍尔丹（Julia haldane），乔治的继女。——译者注

心扑在其所钟爱的演出上。无论出于什么原因，他随手就把信封放入口袋，直至次日早上才想起它。[60]

弗雷泽享用早餐时，总算拆阅书信，那是一封警告信，称印度兵最终决定在密拉特举事，还打算于周日晚诛灭驻地的基督教信众。弗雷泽大惊失色，急召轻便马车以立即采取行动。但到那时，自是为时已晚。

密拉特的印度兵不但起事并展开围剿，而且朝着东南方向①彻夜纵马疾驰，就在那一刻，他们纷纷涌上舟桥（Bridge of Boats），踏入城郭之内以搜寻当朝皇帝。

---

① 原文如此，疑为西南方向。密拉特位于德里东北方。——译者注

第五章
愤怒之主的利刃

基督历 1857 年 5 月 11 日（星期一），对应的是穆斯林斋
戒和补赎的圣月"赖买丹月"① 第 16 日。

在伊斯兰教封斋（Islamic Lent）期，城市日常生活的节
奏有明显的变化。一天开始得比平常早得多，日出前一小时，
月儿还高挂在空中，主麻清真寺响起的阵阵锣声开启了新的一
天。灯火渐明，住家匆促准备饭食。托钵僧敲门唤醒似乎仍在
酣睡的人们，借此挣得几派萨②，因为想要在日落前狼吞虎咽
地吃些东西，这是最后的机会——就正统派穆斯林而论，日落
前甚至滴水不进——此刻离日落尚有十二个小时以上。[1]

时值盛夏，德里火伞高张，燥热难耐至极。借着黎明前的
微光，德里城内穆斯林家庭的庭院里，人们坐于屋外，背靠着
垫枕享用封斋期晨食（sahri）。禁食前的餐饭多为香甜的细面
条（sivayan），这么一大早就能提起食欲的人，亦会吃些烤肉
串。红堡一声炮响宣告太阳即将从地平线升起，而此前所有食
物都要被三口两口吞下。在热风炙浪来袭的这段日子里，唯有
此时清风阵阵，为清晨平添一丝丝魅力。

到上午 7 点，扎法尔用罢晨膳，正在滨河祈祷室"泰斯比
哈屋"（tasbih khana）做晨礼。他扶杖起身时，留意到身旁左

① Ramadan，伊斯兰教历九月，又称斋月或热月。——译者注
② paise，印度、巴基斯坦、卡塔尔、马斯喀特和阿曼的货币单位，1 卢比
  等值于 100 派萨。——译者注

侧的目力所及之处的中间区域，就在逶迤的河流对岸的舟桥尽头，一道烟柱呼呼地从收费亭高高腾起，旭日现已映衬出它的轮廓。益发不祥的是，亚穆纳河对岸尘土滚滚、遮天盖地。据年轻侍从查希尔·德拉维记述，銮舆总管（Chief of Palanquin Bearers）米尔·法塔赫·阿里（Mir Fateh Ali）在祈祷室门外恭候，扎法尔唤他带自己晨巡皇宫，还吩咐他遣一名驿使，骑骆驼迅即探明起火及尘土飞扬的原因，扎法尔亦传召宰相阿赫桑努拉·汗大夫和禁军统领道格拉斯上尉。道格拉斯上尉对常驻代表负责，执掌皇宫安保。[2]

比及大夫和统领现身，该驿使已经回来。他只骑行至几千码开外的萨林加尔古堡的棱堡，由该处能清楚地望见：身穿东印度公司军服的印裔骑兵（sawar）刀剑出鞘，伴着"哒哒"蹄声穿越舟桥。他们已洗劫焚毁亚穆纳河东岸的收费亭，还袭击并杀害了收费人和市电报局局长查尔斯·托德。而在半小时前，查尔斯·托德刚乘轻便马车动身，想要探查通往密拉特的电报线路中断的原因。印裔骑兵长驱直入，沿途遇到英国官员的若干仆佣，同样立斩无赦。该驿使补充道，清晨的浸浴者正仓皇逃离河畔石阶①，争先恐后地穿过皇宫正北的加尔各答门（Calcutta Gate）进城。闻此言，扎法尔当即下令：城门和红堡诸门都应关闭；若是还来得及，亦当毁桥。[3]

扎法尔所传达的戏剧性消息，让道格拉斯上尉和阿赫桑努拉·汗恐慌，但几乎没太错愕，因为军中兵变的传言，不仅在皇宫流传数月，而且近来愈来愈急迫而确切。[4]就在二十分钟前，红堡的拉合尔门守卫唤来道格拉斯，禀称一名骑兵单人独

---

① ghats，常由台阶通抵河畔，便于沐浴和洗衣。

马地闹事。当时道格拉斯正在拉合尔门正上方的寓所——他与随军牧师詹宁斯同住于该处——内，于是径直下来，探问来者何求。这名印裔骑兵坦然答说，他在密拉特哗变，他和战友们不会再为东印度公司卖命，还言称是时候为信仰而战，不过既已进抵德里，便来红堡寻斗烟抽、觅口水喝。道格拉斯岂能去给他找烟和水？于是命令守卫捉拿这个狂傲横蛮的印裔骑兵，但守卫还没来得及动手，骑兵就笑着扬鞭而去。[5]大夫在赶往红堡的大篷顶集市调查骚乱原因时，接到扎法尔的召见令，他与道格拉斯一同到达皇帝的祈祷室。

当三人仍在商酌该采取何种行动时，由二十人组成的一队骑兵，淡定自若地循着河岸疾驰而上。皇宫与亚穆纳河仅一岸之隔。"一些人刀剑出鞘；另一些人握着手枪和卡宾枪；更多人正从舟桥方向涌来，貌似马倌且头顶包裹的徒步男子偕行。"[6]目力所及处的中间区域，还有一伙"密拉特监狱（Meerut Jail）的囚犯和古扎尔部落民①，以及来自德里周围村落的其他刁徒泼皮（即土棍或瘪三）"。大概在印度兵向南开

---

① 古扎尔人是信奉印度教的牧民和牧场主，其中很多人是半游牧民，数世纪来，他们赶着牛和马游荡于印度西北各地，尤其是在拉贾斯坦。他们有自己的传统和神祇，甚至还有关于自己起源的口传史诗——讲述英雄牧人提婆那罗延（Dev Narayan）的故事。在临近阿杰梅尔（Ajmer）的萨瓦伊博杰神庙（Sawai Bhuj）举行的提婆那罗延节，是各宗族的古扎尔人及其家畜的年度盛会，该传统延续至今。城邑邻人始终对古扎尔人疑忌重重，把他们视为窃贼和罪犯，无独有偶，同一时期的欧洲人总是如此看待吉卜赛人（Gypsy）。莫卧儿帝国时期德里的很多看守或看更人都出身于古扎尔家庭，其征召依据是：昔时的偷猎者乃最好的猎场看守人。平定和安置古扎尔人及梅瓦特人（Mewati）堪称英国人在德里施政初期所创的不世之功，叛军未能如法炮制，正是其败北的一个主要原因。由于古扎尔人和梅瓦特人有效地包围城镇，进出城镇的人悉遭劫掠，所以古扎尔人卓有成效地达了英国人无法实现的目标：名副其实的围城。

146　　进时，这些人追随而来。[7]数世纪以来莫卧儿人都是在萨曼塔
（Saman Burj）听取诉愿人的心声，于是众人在萨曼塔的镀金
穹顶和花棂隔栅下驻足，继而开始高声呼唤皇帝。据扎法尔对
此事件的记载："他们说自己杀光密拉特的英格兰人之后赶
来，因为英格兰人让他们用牙咬涂敷有牛脂和猪脂的子弹。无
论印度教徒还是穆斯林，信仰皆已被破坏。"[8]

　　至此，道格拉斯主动提出下去跟那些人谈谈，但是皇帝加
以制止，说他赤手空拳，那些杀人凶徒肯定会宰了他。"我不
让他去……接着守堡武士（Qiladar Bahadur，指道格拉斯）走
到窗边向他们发话。"他说："'别来这里，这些是皇宫女眷的
香闺绣阁，你们站在对面，就是对皇帝不敬。'[9]闻此言，他们
一个接一个地朝着（南边的）拉吉加特门（Rajghat Gate）方
向渐渐散去。"[10]

　　据扎法尔所载，"然后守堡武士说'我会去处理此事'，
便告退了"。[11]

　　道格拉斯"激动"地离开，他要确保都城的诸多城门都
依旨被关闭。但数分钟内，危坐于柱廊的扎法尔，就见城郭之
内一柱柱黑色的浓烟朝南边滚滚腾起，看似出自最气派入时的
城区"达利亚甘吉"。扎法尔曾于五年前偕家人在该处巡游，
以见证贾旺·巴克特王子的婚礼。

　　扎法尔清楚地看见，印度兵现已踏入其治下都城。[12]

　　就西奥·梅特卡夫而言，5 月 11 日意味着开始抛下工作，
前往克什米尔享受长达六个月的公休假。

他饱受疲顿和颓伤之苦：这种强烈的"知觉麻木把我压垮"。此外，左眼目前异常红肿，不得不戴上眼罩，岂止如此，德里民众开始称他为"独眼的梅特卡夫"。对印度情势的危急性，西奥不抱任何幻想。一位友人正在返回英格兰，西奥近来告诉友人说："你有幸归家，但我们很快就会被踢出印度，或者说会为了生存而殊死血战。"西奥急需休假，此时他迫不及待地想登上驿轿（dak palki），让它载着自己去喜马拉雅山脉凉爽的绿色山谷与 GG 和爱子查理相会。自七年前抵印，从严格意义上来说这是他首次休假。[13]

西奥早早起身，先锁好梅特卡夫私邸，接着在上午 7 点左右，步态悠然地动身前往司法大楼（Kutcherry Court House）——就位于克什米尔门内侧——的办公室，以便向接任者移交工作。他惊诧地发现那儿的法庭空无一人，

> 只有助理推事（Assistant Magistrate，指阿瑟·加洛韦）在场，他干等着，不知如何是好……（据）报，昨夜有人无意间听到公库守卫（Treasury Guard）嘀咕说，政府一直在破坏他们的宗教，还说"天要落雨娘要嫁，由它去吧"。随后亚穆纳河大桥的监管人就禀称，哗变者正（从密拉特）匆匆赶往都城。[14]

西奥透过办公室后方那扇面向河的窗户向外望，尽管河对岸在尘埃中泛起光晕，仍然切实地望见一大群步兵在一队印裔骑兵的带领下开赴舟桥，他们摩拳擦掌、只待渡桥。

西奥跃身回到轻便马车里，径直驶向位于稍南边且紧邻德里学院新址的壁垒森严的弹药库，它与德里学院合用沙·贾汗

之子达拉·舒克赫（Dara Shukoh）的具有莫卧儿风格的、宏伟的哈维利故址。①[15]西奥于该处遇到友人——掌管军火库的孟加拉炮兵队（Bengal Artillery）的乔治·威洛比中尉（Lieutenant George Willoughby）。西奥向威洛比索要两门炮，准备将它们置于桥尽头以阻止哗变者过桥。不过，自大院后部的河畔棱堡上方望去，正好俯瞰舟桥，二人发觉一切为时已晚：目前数百名哗变者在桥上以散兵队形行进，最前面的印度兵已占领亚穆纳河的德里一侧河岸。[16]留下威洛比来封闭弹药库并构筑防御工事予以固守，而后西奥风驰电掣般地出发，看看还能否关闭加尔各答门，因为它掌控着由舟桥进城的通道。

只此一次，西奥及时赶到。常驻代表西蒙·弗雷泽以及西奥的资深同僚——德里的两名首席推事约翰·罗斯·哈钦森和查尔斯·勒·巴斯已抵城门，他们赶在印度兵到来前设法关闭城门。印裔步兵未能推开城门，于是举步折返，西奥于该处听到他们重重的踏步声。印度兵现沿砂质河床向南行进，以图另择路径进城。这四名英格兰男子站在城门的宇墙上，透过双筒望远镜惶然凝望着印度兵。而他们身后，在城门与扎法尔所挚爱的葡萄园——安古丽花园（Anguri Bagh）之间，攒聚着一堆想要浸浴的人和越来越多焦躁不安的旁观者，"城中群氓随时可为早就乱哄哄的闹事者增添新鲜血液"。[17]

猜度着印度兵正在运筹决策，拟经拉吉加特门或吉娜塔清真寺寺门进城，弗雷泽遣西奥快马加鞭地赶往皇宫南边，务使

---

① 西尔维娅·肖图在论文中雄辩地称，弹药库入口标示了达拉·舒克赫的哈维利大门遗址，此入口仍存留于世，被用作老德里明托路（Minto Road）交通岛的公共小便池。参见 Sylvia Shorto, *Public Lives, Private Places, British Houses in Delhi 1803-57*, 未出版论文, NYU, 2004。

该处接获指令，听令闩闭两座城门。西奥跃身回到轻便马车里，绕着宫墙风驰电掣而去，但前行不过两三千码远，当临近皇宫雄伟的拉合尔门时，一伙参与兵变的骑兵由相反方向而来，在与月光集市相交的交叉路口，跟西奥不期而遇。那伙印裔骑兵没准是先前驻足于萨曼塔下向扎法尔诉愿的同一伙人。无论如何，他们成功进城，现在对所能寻获的每一个基督教徒穷追猛打。西奥之妹埃米莉·梅特卡夫在回忆录中记述道：

> 他们举刀亮剑、大叫大嚷，当看见乘坐轻便马车的西奥菲勒斯爵士时，其中一些人便向他冲来，妄图攻击他和马，但（西奥挥动马鞭抽打他们，他们）只挥砍到车篷……西奥菲勒斯爵士觉察到一大群愤怒的民众比肩叠踵地聚集于皇宫前面的开阔地，他们都身穿白衣衫，仿佛在期待一个欢庆日。于是他驾着轻便马车，全速穿行其中，见自己仍被骑马的哗变者追逐，他便跳出马车，跃入那群人当中。[18]

西奥甩掉深色外衣，还脱下长裤，免得在其他人当中太过惹眼。[19]他身穿底衫裤一往直前，

> 推挤着穿过人群，直至碰到某处树下站着的一群骑警，他们似乎期待一场纷争。这些人身为联席治安法官，应受他指挥，他便吩咐他们向哗变者冲锋，岂料他们纹丝不动。所以他把为首的军官撞下马（西奥菲勒斯爵士力气很大），然后自己跳上马，从那人手里猛拽过缰绳，策马扬鞭奔进市中心，去面见警察局长（指当地警察头领）。

149

到此刻整座城处于骚乱状态：店东七手八脚地关闭店肆，集市的一些商铺已遭抢掠，浓烟从达利亚甘吉的欧洲人宅邸腾起。再者，仍无任何迹象显示英军部队由密拉特举兵追击哗变者，而西奥想当然地认为理应如此，但不多时他就听说，驻扎于北边德里军营的印裔官兵已抵克什米尔门，正在编队以展开反击。西奥再度上马，仍然只穿着"衬衫衬裤"，他穿过迷宫般的沟渠和僻街陋巷，朝着克什米尔门方向行进，只盼着所寄望的部队能救他一命。

不料疾驰经过一座清真寺时，一大块砖由上方窗户被抛下来，不偏不倚击中他的后颈。西奥坠马滚下沟渠，一动不动、没了声息。[20]

150　　　当西奥风驰电掣般离开后不久，西蒙·弗雷泽惊闻城内传来射击声和印裔骑兵的呐喊声。

弗雷泽猛然憬悟，印度兵此刻就在城郭内，他和同僚却如困兽般背对着一道落闩的城门，沿街越来越多激愤的民众，人数现为五百人。弗雷泽走下宇墙，命令麾下小型护卫队——由非正规骑兵组成，据信是崇英派贾杰切尔的纳瓦布为弗雷泽配备的——提剑拔刀，面向下方街道一字排开。哈钦森、查尔斯勒·巴斯和道格拉斯上尉赤手空拳，靠城门基部的哨兵警卫室那一侧站立。其时，名叫春尼（Chunni）的新闻公告员就在人群中，据这个目击者所述：

此事刚罢，约七名骑兵和两名骑乘骆驼的男子自达利亚甘吉方向而来，他们循着皇宫一路驰骋，近至手枪的射程之内，那整伙人立即向门畔的欧洲绅士开火……贾杰切尔的印裔骑兵非但不抵抗，还抛下弗雷泽先生哄然而逃。[21]

高级推事哈钦森的右臂受伤，伤口位于肘部正上方。[22] 不过，弗雷泽奔向警卫室，从卫兵手中抓过火枪，将其中一名骑兵击杀。一见印裔骑兵阵亡，沿街聚集的群众气愤起来，杀气腾腾地纷纷向这伙人涌来。道格拉斯和哈钦森不但被弗雷泽帐下亲兵离弃，还被身后的城门困住，二人只得跃入皇宫护城壕的沟渠。道格拉斯摔得很惨，碰撞壕底时跌断脚踝。持权杖者马汉（Makhan）跟在道格拉斯身后跃下，在他的扶助下，道格拉斯顺着沟渠一瘸一拐地走向拉合尔门，皮破血流的哈钦森在另一侧加以搀扶。

　　同时，弗雷泽因为胖得跳不动，便驾着轻便马车直接猛冲向人群，令他意外的是，竟能毫发无损地脱身至另一边。他与皇宫相去半英里，在路途中再次遭遇数名印裔骑兵袭击，骑兵用手枪向他射击，却未击中，常驻代表安然无恙地到达皇宫的拉合尔门。该处可见随军牧师詹宁斯笔挺的身影，他站在最高的穹顶凉亭，透过望远镜谛视都城。他的身旁是女儿安妮及友人克利福德小姐——她俩是弗雷泽唱诗班的指挥。[23]

151

　　持权杖者马汉扶持两位伤者走出沟渠，依据马汉后来的证词，道格拉斯的"伤势相当严重，于是请人将他运送至颂诗房（Kuliyat Khana），待他从所经受的打击中稍作恢复。其间，牧师詹宁斯先生下来找他，并和哈钦森先生把他抬到城门上方的寓所"。[24]安妮·詹宁斯和克利福德小姐把道格拉斯安置于寓所的床榻上，给他一些茶水，并为他敷裹脚踝，还帮哈钦森处理伤口。

道格拉斯上尉被抬上楼时，留在楼下的弗雷泽力图组织一道防线以守御拉合尔门。他下令关闭城门，而且差人向扎法尔索要两门加农炮和一支武装卫队。他还讨要两顶肩舆，以便把安妮·詹宁斯及其友移送到皇室后宫。然而，"局势如此混乱，不可能马上找到卫队和轿子（palki）"。

> 所下达的指令不被理会。奉命唯谨的意愿欠缺，王室起逆心而拒不从命。弗雷泽继续等了一阵子，以待轿子被送抵城门。怎奈所下达的指令似被置之不理，弗雷泽拂衣而去，似要进入道格拉斯上尉的房舍。人群步步紧逼，弗雷泽命令他们退开。己方一个本土步兵连扼守入口，他马上命令官兵装填弹药、闩闭城门，但他们抗命不从。故此，弗雷泽先生对众官兵的行为提出抗议。众人默不作声。[25]

到此时，一大帮男人和男孩肩摩袂接而至（，并且）开始拍掌，对正在发生之事表现出一种无礼逞能之态。一见这么明显的敌对情绪，弗雷泽先生迅即举步折返道格拉斯上尉的寓所，行至楼梯口时，一个名叫哈吉（Hajji）的宝石工匠举剑向他砍来。手握一柄入鞘利剑的弗雷泽先生猛然转身，将鞘中利剑猛刺向哈吉。弗雷泽先生对守卫城门的印裔军士（havildar）言道："这是何种行为？"于是，印裔军士装模作样地驱散人群，但弗雷泽先生一转过身，印裔军士便向宝石工匠点点头，示意他即刻再次进击。就这样，受激励的宝石工匠向弗雷泽先生冲去，在其颈部右侧砍下一道深深的致命伤，弗雷泽先生应声倒下。说时迟那时快，藏匿于毗邻的户外厕所中的另三名男子冲出来，用刀剑在弗雷泽先生的头部、面部和胸部左刺右砍、上劈下斩，直到他死透了。[26]

马汉作证称：

> 我在楼梯顶端，行凶之事发生在楼梯底部。随后人群一窝蜂地涌向上方寓所，那里是绅士们（即道格拉斯上尉、哈钦森先生和詹宁斯先生）的退隐处。一阵刀砍剑劈，转瞬间他们和两位闺秀就被戕杀……（随军牧师詹宁斯走到门口，又逃下一段楼梯，随即被砍毙）。我去道格拉斯上尉所在的房间，见他还未死去。皇帝驾前一个名叫马姆杜赫（Mamdoh）的脚夫对此亦有觉察，便用大头短棒击打道格拉斯上尉的前额，登时将其杀害。我见到其他几具尸首，其中包括两名女士的遗体。哈钦森先生横尸于一个房间，道格拉斯上尉、詹宁斯先生和两名女士的尸身散卧于另一个房间的地板上，只有道格拉斯上尉殒于榻上。
>
> 弗雷泽先生死后一刻钟内，一众人等悉被杀绝，此时是上午9点到10点之间。绅士们遇害后，人群开始哄抢其财物。唯恐自己小命不保，我便逃往城内私宅，未曾返回皇宫。[27]

比及随军牧师詹宁斯被砍死，两名最优秀的改信者之一亦遭残杀：奇曼·拉尔医生一直在达利亚甘吉的医院照看病患，那时印裔骑兵穿过拉吉加特门展开首度冲锋。拉尔医生听闻器哄之声，便走出医院一探究竟，随即被街头民众指认出来。紧接着"一名士兵把他摁倒在地，坐在他胸膛上质问他信什么教。拉尔医生答说自己是基督教徒，印裔骑兵便用手枪近距离开枪，将他打死。继而骑兵洗劫并焚毁诊所"。[28]

起事的宗教性质逐渐清晰。改信伊斯兰教的英国男女自始至终得免于难，改信基督教的印度人——印度教徒或穆斯林——却遭追捕。奇曼·拉尔是发轫之初的首批受害者之一，詹宁斯及其手下两名传教助手——二人沿月光集市奔逃时被砍杀——亦在列，但有一名叫作奥德威尔夫人（Mrs Aldwell）的英印混血基督教徒得以虎口逃生，因为她晓得伊斯兰教的信仰表白"清真言"（kalima），所以向掳获她的人自称是穆斯林。士兵们答说，倘杀害穆斯林，"（自己）就像异教徒一样邪恶，他们只不过决意诛灭基督教徒"。[29]

一名改信伊斯兰教的英国人，是东印度公司的前军人，取名为阿卜杜拉·贝格（Abdullah Beg）。起事期间，他一直都是反抗英国人统治的最活跃分子之一。5月11日"哗变者甫抵城，他立时与之和衷共济，实际上成为领头人和军师"。后来有人见到他在戈登军士长（Sergeant-Major Gordon）的协助下为叛军操炮。戈登军士长是另一名被推定的改信者："外形高大健硕，拥有与生俱来的白皙面庞——虽已被晒得黝黑至极——

153

他英姿飒爽、气宇轩昂。"当时沙贾汗布尔（Shahjahanpur）爆发起义，基督教徒随之遭大规模屠杀，因为手下印度兵认为他拥有穆斯林信仰，这才使得他死里逃生。没过多久他就被带到德里，据说是于城郭面北一侧操炮。①30

无论该起义的动机是什么，不同阶层对它的响应明显分化。自5月11日上午起，德里民众中最狂热的反叛分子是地位较低的中间阶层手工工人——尤以穆斯林织工和纺织商居多——以及来自同一阶层的旁遮普穆斯林制造业者和商贾，这些人长期支持圣战者运动。初抵莫卧儿王朝帝都的印度兵寥寥可数，正是前述人等让队伍迅速壮大，由此让整座城陷入一片恐慌，致使众多更穷苦的德里贫民趁火打劫、肆意抢掠。②

相形之下，德里精英阶层的印度教徒和穆斯林对于参与起义一事存在分歧，而且打一开始就对以东道主身份招待来自印度斯坦东部的大批铤而走险、凶暴的印度兵迟疑不决。出身高

154

---

① 在叛方起事后期，莫拉达巴德（Moradabad，现印度北方邦北部城市——译者注）邮政局长鲍威尔先生（Mr Powell）和其他四个据信的改信伊斯兰教（更确切地说是"该团将士让他们成为穆斯林"）却拒绝为叛军而战的英格兰人，随同在沙贾汗布尔兵变的部队将士进入德里城。在围城战余下的时间里，他们一直被拘禁在警察局。圣战武士荷枪实弹、严加看守，但他们未受伤害。9月英国人猛攻城池时，他们终得以脱逃。参见东方与印度事务办公室汇编（OIOC，即 Oriental and India Office Collections），欧洲语言，手稿，卷宗 B，编号 138，《赛义德·穆巴拉克·沙之纪事》（Account of Said Mobarak Shah）。
② 据目击者莫罕·拉尔·克什米尔的证词所述，"城中恶棍很快就加入他们（指印度兵）的行列，囚犯也被放出监狱，使前述歹徒的人数得以扩充。卡努姆集市（Khanam Bazaar）和纳胡尔（Nahur，旁遮普穆斯林的聚居地）的居民是哗变者最主要的阵列，嗣后他们着手抢掠并屠杀基督教徒及其眷属"。摘自 OIOC, Home Miscellanous, 725, pp. 389–422, Letter Written by Munshi Mohan Lal to Brigadier Chamberlain dated November 8th 1857 at DEHLIE。

贵的阿卜杜勒·拉提夫（Abdul Latif）是愤怒的目击者，他记载道："所有宗教教义皆被漠视和亵渎，就连可怜妇孺亦不被放过。对于（反叛者的）暴行，城中精英与德高望重的乡绅莫不震骇，甚而被撞见向那些人讨情。啊！山河破碎，因这种种罪孽，这座城被'邪恶之眼'击垮。"[31]正在发生的一切，迦利布同样看在眼里，也很清楚这样的情况很不对劲。他写道：

> 穿过德里开敞的城门，醉醺醺的骑士和强横粗蛮的步兵拥进来，他们攫夺城池。关上我房间的门，我细听那喧闹扰攘之声……四面八方皆可听到步兵的奔跑声和骑士到来的马蹄声，此起彼伏、声声不绝。向外望去，甚至没有一掬尘土不沾染人血……惋叹那窈窕淑女，袅袅婷婷，面色红润，身躯宛如新采掘的亮银般闪耀光泽！无尽悲怜那罹难孺童，其步态比鹿儿更美妙、比山鹑更悦目。大伙儿都被卷入死亡旋涡，进而浸没于茫茫血海中。[32]

就迦利布而论，这场起义关乎较低阶层的群体的崛起而非英国人的没落。他认为革命最可骇的一面是：他们这些雍容大雅的精英手中的控制权，看来已然被一群少条失教、血统不确定的恶棍夺去。迦利布写道：

> 淑人君子和通儒达士业已垮台，寂寂无闻之辈昔时无名无望、无金无玉，今朝堆金叠玉、财倾天下。灰头土面、串街走巷之人似被怠惰的风儿萦拂，竟声称风儿是他的奴隶……恬不知耻！他们手执刀剑，日间打家劫舍，夜间横卧锦褥绣床……帝都德里的统治者没有权力驱赶他

们，怀有不臣之心的上苍创造物却"鸠占鹊巢"——恍似在没有园夫的庭园，不结果的树木充牣园中……他们在皇帝周围集结重兵，而他无力逐之，便在裹挟之下垂翼暴鳞，他们如天狗食月一般把他攫噬。[33]

年幼的莫卧儿贵族萨尔瓦尔·木尔克此时大概 12 岁，眼前的一切同样让他心惊胆落。家仆拉希姆·巴赫什（Rahim Bakhsh）带他登门拜望姨母，姨母家宅就在临近主麻清真寺的布拉奇公主巷。穿过月光集市的大日巴伽蓝时，"我们见到大伙儿都惊恐地四散奔逃"。

> 拉希姆·巴赫什是个壮汉，他立即把我背起，狂奔而逃。到姨母家时，宅门紧闭，但拉希姆·巴赫什撞门而入，他铆足劲儿，我俩向前扑了进去，跌得很惨……（来自东部的印度兵）"普尔比亚兵"，个个目空一切、无法无天。他们到临后，我们家家户户皆重门击柝。[34]

暴动亦令扎法尔的男侍查希尔·德拉维深感惊骇。初见印度兵逼近时，皇帝传召手下侍从来朝。随着周围街巷陷入火海，查希尔佩刀挂剑上路——"刀剑闲置好些年"——兵荒马乱中，他试图遵照皇帝谕旨入宫。查希尔走到屋外，耳边传来射击声：相去一段距离，愤怒的民众正在闹事，一会儿追袭基督教徒，一会儿抢劫更豪阔的店肆。查希尔壮着胆子、翻身上马出发，穿过空寂无人、阖窗闭户的马蒂亚玛哈尔封闭社区向主麻清真寺进发。

156

　　行至小门，只见紧倚渠墙的菩提树下伫立着三四名骑马的士兵，他们身穿无领长衫（kurta）、系腰封（dhoti）、扎小头帕、腰间悬剑。信奉印度教的男子正与他们攀谈，还殷勤款待他们：一些人拿来刚出锅的油煎饼，另一些人捎来甜食，还有一些人送水来。我没太在意，只管向红堡继续前行。

　　稍后见到一伙刁徒泼皮，为首的是个貌似摔跤手的彪形大汉，他身穿无领长衫、系腰封，头戴一顶帽子，肩扛一根长竹棍（lathi），带领着众多同样衣装的男子。在阿什拉夫·贝格（Ashraf Beg）的宅子附近，匪首用竹棍敲击路灯，路灯碎落一地，他便对朋伴笑道："嘿，瞧瞧我刚才又杀死个异教徒。"随后他们开始破坏一家布料商商铺的锁。我继续策马疾行。

　　警察局附近聚集大批歹徒，沿途店肆悉遭劫掠……城中罪犯眼见兵戈扰攘之中蕴藏着大好机会，迅即决定加入反叛者的行列。贪如饕餮之人激动地把反叛者引至银行门口，他们残忍地屠戮（贝雷斯福德家）屋内的男女老少，还撬开财宝箱，劫夺箱中纸币。上述反叛者与聚众闹事者有：造反的军人、脱离牢狱的罪犯和恰马尔贱民①、二流子、男洗衣工、理发师、屠户和纸巷（Kaghazi Gali）造纸工、扒手、摔跤手，以及其他无业游民。体面人家无一人加入其行列，因为城中有头有脸的人都蛰居深宅，不甚知晓城内发生何事。

　　聚众闹事者恣意地从银行掠取钱财。他们上扛下拎、

---

① chamar，指贱民和清洁工，为"不可接触者"种姓，通常从事制革和清扫等职业。

能拿便拿：恰马尔贱民、鞋匠和无业游民，每人拿走三袋钱；纸巷住户则将贼赃堆于家中，因为他们（与银行废墟）仅一墙之隔。一小时内，至少140万卢比被劫。（月光集市）各处骚乱频频，人们狂砍乱劈，直杀得血流成河。暴徒无情地造就人间地狱，人人无疚无惧，一心只想着发财致富。

抵达宫门时，我见到红堡的护城壕附近约有五十名骑马的男子，他们一字排开扼守入口。一阵强风袭来，一册英格兰书卷的破碎纸页纷纷飘向红堡……[35]

凡与旧政权有关联的人，都成为众矢之的。过于肥胖的吉旺·拉尔是英国常驻代表处的门士首领①，起先他急于尽其所能地为雇主卖命，耳闻英国官员中的朋僚怎么接二连三地被穷追猛打且被诛杀，他写道："我泪干肠断，只叹自己心余力绌、无计奈何。"不过吉旺·拉尔很快就意识到，自身的处境亦远非安全：

> 我体形臃肿又为人熟知，不可能神不知鬼不觉地外出……一群群刁徒泼皮正在向士兵们指出欧洲人及比较富裕的本地人的住处……接着一人禀说，刁徒泼皮指名道姓地称我是罪该万死的门士首领，还自告奋勇地指明家府之所在。我惊恐万状，命人关门上闩。本宅建于（14世纪）皇帝菲罗兹·沙（·图格鲁克）（Emperor Firoz Shah Tughluq）时代，由坚石砌筑而成，像城堡般牢不可破。闭门堵户，

---

① Head Munshi，即秘书长（Chief Secretary）。

158　　随后家人进入宅中地下的套房，该处一直被严加遮护。我安排全体家仆于房前屋后、昼警暮巡，下令任何人一律不得入内……此座城，人心惶惶——屋宇和店肆都大门紧闭，隐匿其中的同室之人祈求真主垂怜，愿得他护佑。[36]

许多人只因家道殷实便遭抢掠。首批被列为攻击目标的一些人，是德里城中财帛丰厚却无人望的马尔瓦尔人和耆那教徒放贷者，尽管这些人与英国政权绝无直接联系。印度兵踏足于德里后，银行合伙人马图拉·达斯（Mathura Das）和萨利格拉姆旋即被劫掠者纳入首批受害人之列。"印度兵猛攻萨利格拉姆的第宅，意图强取豪夺，但起初连螺钉都没松脱，"一个匿名的新闻撰稿人于次日记述道，"夜半时分，印度兵总算破门而入，与城内穆斯林（合力）将第宅的全部家当洗劫一空。"[37]诸合伙人先时试图索债而让沙·鲁赫王子被擒，以致宫廷显贵衔恨于心。如今他们迫不得已，来到扎法尔面前乞请庇护，央告道："陛下，卑仆家宅里的所有东西都被劫掠。我们的银行业务和商业交易彻底被毁、悉遭搁置……当下甚至难以采办日常生活之需。"[38]

其他人虽不像萨利格拉姆那么殷富，却也遭受同样厄运。据警察局长赛义德·穆巴拉克·沙所载：

> 成群逐队的印度兵、骑兵和其他人串街走巷，劫夺凌虐体面正派的市民。人荒马乱之中，此前落脚于客栈的舟瓜尔（Ranghuir，拉其普特穆斯林）一行八人，纠集一伙土匪，把整整一片城区掀个底朝天。他们用骆驼载满金莫赫、珠宝饰物和其他贵重物品，起程返乡……那天，劫掠恶行持续一天一夜。[39]

不多时诸多奢华的哈维利，悉被破门而入并被洗劫一空，暴徒通常是以住家窝藏基督教徒为借口，这就促使穆夫提萨德尔丁·阿祖尔达协助组建一支私人警队以保护自己及自己圈子中的人。他求援于仅存的足以跟印度兵叫板的德里市民，这些人既拥有充足军备又骁勇善战，正是圣战者组织地下网络的圣战武士，他们宣誓效忠领袖埃米尔（amir），接受效忠誓词①约束。此等兄弟会会众注定要参与圣战，此刻他们丢弃神秘面纱，陆续集结于德里，准备投身于长久以来梦寐以求的圣战。② 不久之后，圣战武士将成为德里起义的一股重要力量，他们虽与反叛的印度兵并肩作战，却全然独立于印度兵之外。

暴动之际，圣战的浮言虚论盛极一时，有些人竟把印度兵称作圣战者，纵使他们当中绝大多数人是婆罗门和其他高种姓印度教徒。穆罕默德·巴卡尔大毛拉在《德里乌尔都阿克巴报》上撰文，无疑把这场暴动揄扬为圣战。依他之见，印度兵是由恼怒的神祇之手引领，神所愤慨的是英国人向真正的信仰发起连连攻击。故此巴卡尔与大多数知书识礼的德里精英不

① bayat，指对伊斯兰国家领袖的拥戴誓词。——译者注
② 据吉旺·拉尔的日记所载，该警队于 5 月 15 日投入战斗。起义末了，在阿祖尔达受审期间，他在法庭上提到旗下圣战武士卫队的三位统领之名——阿布德·拉赫曼·卢迪亚纳维（Abd ur-Rahman Ludhianawi）、其子赛义夫·拉赫曼（Sayf ur-Rahman）以及穆罕默德·穆尼尔（Muhammad Munir）——还谈到雇用他们的缘由。在起义后期，圣战武士确实成功抵御阿祖尔达府第所遭遇的一次袭击，据吉旺·拉尔记述："今日，50 名士兵袭击萨德尔丁·汗大毛拉（Moulvie Sadarud-Din Khan）的府第，但见到 70 名圣战武士严阵以待，所以仓皇退避，只从阿赫桑努拉·汗的府第劫走两匹公驹。"愈加明确的是，据报阿祖尔达拒不索要钱财，称他雇用的立誓与异教徒战斗的伊斯兰勇士只为自保。参见斯瓦普纳·利德尔以妙笔论说阿祖尔达的散文，摘自玛格丽特·佩尔瑙的著作《德里学院》（新德里，2006 年）。关于阿祖尔达的审判，参见印度国家档案馆（国外部，1859 年，政治类，113/5）。

同，他从一开始就热血满腔地为这场起义摇旗呐喊。那日上午
8点，巴卡尔出街，凝神细探所发生的一切。他写道：

> 笔者不才，因听闻枪炮声，为伊斯兰教之故，步出家
> 宅，况且因系念读者之欢愉消遣，更胜一己之微躯贱命，
> 160 所以毅然地迎着骚乱而去，以便探查详情。克什米尔集市
> （Kashmiri bazaar）人头攒动，大家东奔西窜……数名英
> 格兰男子手执出鞘的刀剑狂奔，一伙印度兵持枪在其身后
> 追赶。后面不远处的城中居民：一人拎着厚木板，另一人
> 抓着绳床的床腿，再一人握着竹棍，他们齐齐追逐印度
> 兵。城内一些匹夫匹妇甚至起劲地向英格兰男子掷砖头，
> 还向他们吼嚷……
>
> 在荣耀清真寺（Fakhr ul-Masajid）前面，不同群体的
> 印度兵悠然而立，约有二十人，民众正把清真寺（一些
> 英格兰人曾于该处避难）指给他们看。我看见印度兵进
> 入清真寺，他们在寺内射杀诸人。再向前行，就见到
> （圣詹姆斯）教堂和柯林斯大人（Collins Saheb）的第宅，
> 有三百名印度兵和穆斯林骑兵立于该处。① 不同群体自该
> 处分散开去，向所有人打探英格兰人的去向。倘有人提供
> 任何情报，四五名士兵立即跟随该人，顷刻间，便可发现
> 卧毙于各个里巷的基督教徒。他们踏入每座宅院，诛戮英

---

① 德里的英国家庭之中，弗雷泽的副手托马斯·柯林斯（Thomas Collins）
的大家族伤亡人数居首。据仍挂于圣詹姆斯教堂墙上的牌匾所载，至少
有二十三名家族成员"都于1857年5月11日当天或前后几天，在德里
被残忍杀害"。近旁是为随军牧师詹宁斯、德里银行贝雷斯福德一家以及
奇曼·拉尔医生所立的牌匾，奇曼·拉尔医生被描述成"一个本地基督
教徒，这座教堂的一名礼拜者"。

格兰男子及其妻小，各座宅院均遭劫掠。教堂和司法大楼的一切可移动之物，包括桌椅乃至铺设于地面的大理石板，统统被夺走。不多时，我就看见专员办公室书记官长尼克松大人（Nixon Saheb）的尸首。某个"才子"还把一块饼干置于其口中……

我朝着德里学院望去，眼见它的全部东西都作为战利品被夺走，其中包括肖像画、图画和器械、化学制品和药品，以及一资料室的英语和波斯语藏书，还有价值数千卢比的地图。劫掠行为猖獗到如此地步，以至于就连地板和门铰链亦被掘走。枪炮声从四面八方传来……[40]

关于 5 月 11 日诸事件的记述，穆罕默德·巴卡尔始终既是宣教士，又是好奇的报人和战地记者。5 月 17 日出版的报纸头版中，除去一篇冗长的神学论述外，几乎整版刊载《古兰经》经文，论及尘世浮华与真主的力量。原因在于，巴卡尔打定主意：不仅要叙述所发生之事，还要加以诠释，进而强调这是神祇之手使然，因为他笃信，此番史无前例的事件背后存在神的旨意：

一些人发誓说，穆斯林骑兵到来时，数名绿袍骑士骑乘雌骆驼带头先行，倏尔消失得无影无踪。唯留下一众骑兵，他们把所寻获的英格兰人剿戮尽净……

依仗真正的复仇者，触犯神怒的英格兰人遭受天诛，此言当真不虚。他们倨傲不逊，让自己遭到天谴，因为正如神圣《古兰经》所言，"真主不喜倨傲者"。真主已令基督教徒锐挫气索：短时间内，这场屠戮把他们彻底毁灭……因他主宰一切，他击破他们所有的阴谋诡计。方今之时，你等身为德里民众，须责无旁贷地信服真主和那些殚精毕力、忠心赤胆之人，他们一心只为保护"真主在大地上的影子"尊贵陛下（即皇帝巴哈杜尔·沙·扎法尔）。务须时刻谨记，他们得蒙全能的真主本尊的扶持。[41]

面对诸事件的新进展，巴卡尔 27 岁的儿子穆罕默德·侯赛因——后以诗人阿扎德的身份蜚声四海——的激越之情，亦不相上下。印度兵进抵德里后，该报发行的第二版报纸于 5 月 24 日面世，登载阿扎德"破天荒"发表的诗作，题为《警世倾覆史》（A History of Instructive Reversals）。抒情诗以一连串反诘句"亚历山大的帝国现在何处？何处去寻所罗门的王国？"起首，而后笔锋一转道出印度基督教帝国的命运，今朝分明日暮途穷：

162

昔时基督教徒隆隆日上，
擅天下揽四海，
颠乾倒坤智周万物，
九五之位赫赫煌煌，
兵雄将勇当者披靡。

招架愤怒之主的利刃，
彼器焉可用？
大才盘盘无以自赎，
鬼蜮伎俩无裨于事，
科学知识无益于己。

东方印兵挥戈诛尽。

旷古未有之异事，
看老天爷怎生
玄更妙革化冥顽，
除尘涤垢澄宇内。

阿扎德啊，当鉴戒：
纵有智心慧眼，
基督教统治者终覆亡，
离尘渺无痕。[42]

在都城以北的军营里，5 月 11 日一大早就情况不妙。罗伯特·泰特勒于上午 8 点结束晨间操练，返回寓居的平房，随即向怀胎七月的妻子诉苦道："哈丽雅特，今日我手下士卒行如禽兽。"[43]

泰特勒细说始末：当军事主官宣读对密拉特的印度兵袍泽所判刑罚时，泰特勒手下士卒"曳足并发出嘘声，以行动表达对获刑印度兵的恻悯之情"。泰特勒告诉妻子说，如果他们的行为再不检点，他就操练他们个酣畅淋漓。哈丽雅特在回忆录中评述道："他做梦都没想到，日暮前竟无人可训。"

尽管日出后仅一小时，泰特勒一家所寓居的平房外门也张 163
挂着浸水的香根草帘幕，但热浪仍然炙人。夫妇二人沐浴后，刚刚舒坦地坐下享用早膳的第一道"甜瓜"菜。屋外游廊上，裁缝们埋首飞针走线。突然"屋门骤开，一名裁缝冲进来，他紧扣双手、慌里慌张地说'大人，大人，军队（fauj）来了'"。泰特勒向妻子解释道："那些家伙由密拉特远道来访，大概正在城内大吵大闹。没什么好怕的，我们的官兵将奉遣予以压制，一切很快就会结束。"[44]

最近修筑的新火药库，位于梅特卡夫私邸以北的亚穆纳河河岸上，泰特勒奉派带领两百名印度兵守御该处。与此同时，泰特勒的上级军官里普利上校（Colonel Ripley）率全团官兵南下至克什米尔门，打算围捕歹徒。这差事显然刻不容缓，而且是让一伙乌合而来的哗变者缴械，这听起来不太费事，因此里普利赶忙动身，留下一个名叫爱德华·维贝尔的青年军官，让他去相当远处的炮兵营房，取来存放于该处的两门轻型加农炮。

19岁的连长维贝尔来自印度军人家庭，其父是驻坎普尔的骑兵军官。维贝尔花了二十分钟备好炮，然后火急火燎地离开军营，穿过居民区飞奔而下。他后来写道：

> 我们仍有一段距离，步枪射击声就历历可闻。此刻随着教堂跃入眼帘，由教堂周围的袅袅硝烟来看，我团官兵在现场显然积极参与战斗。我们全速推进，不多时，撞见华莱士上尉（Captain Wallace）从克什米尔门出来。他哀请我们说，看在"上帝的分上"尽快赶路吧，因为全体军官正被骑兵队的骑兵射杀，但手下士卒既无心应战，又无意守护他们。听到这个惊人的消息，帕特森少校（Major Patterson）立刻要求我停止行进，还让我装填弹药。继而两门炮通过城门向前推进，步兵紧随其后。就在此时，我们倒霉的（里普利）上校的躯体被抬出去，毫不夸张地说，他被大卸八块。就在肩部下方，一只手臂几

乎被砍断。我从未见过此般骇人的景象。那可怜人还活着，虽然几乎无法清晰吐字，我侧耳细听他气息奄奄地道出只字片语：我们没机会对抗骑兵队，因为我方士卒已倒戈……

接着进入城堡主垒（Main Guard），我发现一切都七颠八倒。在教堂前面，数名身穿浅灰色军服的骑兵队骑兵，正朝着皇宫方向疾驰而回。威尔逊中尉（Lt Wilson）移来一门炮以钳制他们，但还没来得及开炮，他们就消失于视野之中。至于我团士卒，我见不到任何印度兵，他们都没了影踪……

我们中的一些人终于冲过内门，最先扑入我眼帘的是：伯罗斯上尉（Captain Burrowes）的尸身横卧于教堂墓地的大门近旁。接下来我留意到，其他几具尸体东横西倒地散毙于该处。最终寻回五人……自那时起，我目睹许多可怖景象，但那天眼睁睁地看着可怜的袍泽被抬进来，万千思绪涌上心头，令我永生难忘。他们死于非命，因饱尝苦痛而面容扭曲，浑身上下也被横斩竖剁，反叛分子对他们无所不用其极。两三个钟头前，我们还一起有说有笑……[45]

周遭沉寂得瘆人，维贝尔"如坐针毡、悬心"以待。间或，有落伍者抵临城郭内仅存的这座英军前哨站，其中包括：里普利属下的三名军官，三人先时落荒而逃，深匿于僻巷；还有如花似玉的安妮·福里斯特、其母和两个妹妹——小妹"9岁，乖巧可人"——一伙激动的民众劫掠其宅时，她们得到家仆庇护。大伙儿描述了故友贝雷斯福德一家如何破釜沉舟地死守德里银行的情景："在院内遭到反叛者驱赶……几名银行行员陪同这些可怜人，他们下至屋宇的上层露台，在该处拼死顽抗，继后终被制伏。一行人无一逃脱。"不过贝雷斯福德夫人在遇害前，用丈夫的猎猪矛刺穿至少三名印裔骑兵的身体。

165　　据维贝尔所载，"随我们一同避难的女士，犹如惊弓之鸟一般"就不足为奇了，尤其是当她们身边的印度兵开始嘀嘀咕咕，说眼下时机"已到，该向妄图瓦解其种姓制度和宗教信仰的人复仇了……"

　　维贝尔总结道："可想而知，我们当前的处境一直危如累卵。"[46]

　　维贝尔所在的克什米尔门桥头堡，可谓摇摇欲坠。到午餐时间，城内所有未抵该处的英国人，事实上均已遇难。死里逃生者寥寥无几，英国商人詹姆斯·莫利（James Morley）便是其中之一。

　　莫利和家人以及生意伙伴威廉·克拉克（William Clark）一家，同住在达利亚甘吉的克什米尔小客栈集市（Bazaar Kashmir Katra）。他们所在的城区是最先举事的地区之一，所以一家人潜匿于屋后。其间，家仆去门口放哨以防不测。怎料愤怒的民众风流云散、洗劫他处，整整三小时再无他事发生。又因一家人无从得闻任何消息，莫利最终决定出去窥探一番，想看看此时可否乘虚遁逃。他后来写道：

　　　　我手握粗杖步入街头，街上空空荡荡、阒无人声。我继续沿街而行，未遇一人……只有一位老翁坐在店门口。我站了好一阵子，仅隔一段距离，依稀望见一伙男子。相去遥遥，我勉强听到喧闹和叫嚷声。我认为他们许会进逼我们家宅，因而驻足观望一段时间。最终听闻身后传来一声巨响，我骋目四顾，见一大群人冲入家宅宅门。他们也瞅见我，一些男子顺着街道猛冲向我。我随即循左侧街道逃走。我知道有一条小巷通往家宅（后面）。

我向前奔逃，另一条巷子里跑出来两名男子，他们高吼着"杀死洋人"（mar feringee ko），猛扑向我。一人执剑，另一人手持铁箍棒（lathee）。我陡然止步，然后疾速回身，给执剑男子当头一击，把他击倒在地。另一人朝我的头部打来，但我俯身向前，铁箍棒仅擦过我的肩膀。我抡圆手中杖，擂中他膝盖正下方，他坐倒在地，痛得嗷嗷叫。[47]

莫利见一伙暴民在其身后集聚，于是继续奔逃，最终遁入用以存放马车和手推车的棚屋。众男子成群作队，在街上奔跑着搜寻他。莫利在藏身处听见形形色色的路人说东道西，谈论他逃向何方。他一连躲了四个钟头，这才蹑手蹑脚地出来，决定想法子探查妻眷的命运若何。

最终来到家宅下方的庭园垣墙外，我穿过小边门进入宅院……鸦默雀静。四处散落着由屋内抛出的残破椅子、平底玻璃杯、碟子、书籍，等等。若干捆衣物正在燃烧……我终于听见响动，牛舍附近似有人哭泣。我在那儿发现家里年迈的男洗衣工，这位老汉侍候家父近二十载。

166

我大声呼唤他的名字，他一见我，便放声喊道："啊，大人！他们把他们全杀了，他们把他们全杀了。"

有那么几分钟我仿佛被击晕，然后站起身说"随我进屋吧"……激愤的民众可谓肆意妄行，四下里，被损毁的各种物件东横西倒。桌子被短柄斧劈成碎片，橱柜被清空，所有东西散落一地。果酱和果冻聚成堆，白兰地和葡萄酒从碎瓶中流出来，散发出一股刺鼻的酒味。

每个微小的细节都深深印在脑海里。洞悉凶多吉少，进而怯懦退避，这本是人之常情，所以我在外屋徘徊、不停四顾。最终鼓起勇气，迈进隔壁屋。正前方，克拉克可怜的稚子被钉在墙上，他耷拉着脑袋，一道黑色的血流顺着墙壁淌下，在他脚边积成黑乎乎的一大滩。岂止如此，他想必是在母亲的眼皮底下被惨无人道地杀害。我闭上眼，不寒而栗，再张开眼，却见到益发骇人的景象。克拉克与妻子并肩而卧。但我不愿描述那场景，我怎能描述那般场景。我说过她处于妊娠晚期。

听闻一声惊叫，我走进邻近门厅的卧房，只见年迈的男洗衣工扼腕恸哭。我奔至门口，却迈不开步进房。我无力面对那种场面。我不忍细想，或许会像刚才见到可怜的克拉克夫人那样，与我不幸的妻子相见。我只得坐下，把双手瘫在膝上。[48]

穆恩·乌德丁·侯赛因·汗是帕哈尔甘吉警察分局的局

长，该分局就位于城郭高筑的都城略偏西南方。

穆恩·乌德丁来自洛哈鲁市高门望族的一个小支系。19世纪初，他支持英国人对抗马拉塔人，继后在德里声誉鹊起，其远亲包括迦利布和纳瓦布齐亚·乌德丁·汗。事发前一晚，纳瓦布齐亚·乌德丁·汗曾去警告瓦根特利伯一家，言称大祸临头。

穆恩·乌德丁与英国人的大业可谓有着很深的关系，他跟托马斯爵士和西奥·梅特卡夫亦为世交。"油饼"和"薄煎饼"传遍德里周边村落的报道，以及印度北部各地军营里英国人的房舍被付之一炬的传言，令穆恩·乌德丁忧心如捣。虽然他已经拜访过西奥，而且提醒说半个世纪前，类似信号预示过马拉塔联盟政权的垮台，但发觉自己是白费力气。穆恩·乌德丁后来写道："政府官员似乎根本不把此事放在眼里，不满情绪蔓延至本国的山南海北，我们视之为不容小觑的前兆，（他们）却毫不理会。"[49]

11 日（星期一）清晨，在司法大楼的法庭里，穆恩·乌德丁和首席推事约翰·罗斯·哈钦森正忙着处理一起刑事案件。亚穆纳河大桥的监管人跑来警告哈钦森说，驻密拉特官兵大兵压境，当时穆恩·乌德丁也在场，哈钦森便遣他去市警察局，提醒局长有此险情。到达该处时，来自拉吉加特门的一名信差通报说，印度兵抵城。得闻此事，穆恩·乌德丁意识到危险，于是火速奔向哈钦森回禀消息，继而穿过阿杰梅尔门，返回自己所任职的警察局。就在他忙着让手下警察部队做准备之际，一个形单影只、蓬头垢面、只穿着"衬衫衬裤"的欧洲人骑马上前。来人正是西奥·梅特卡夫。[50]

西奥不清楚自己昏迷了多久，然而在人荒马乱中，竟无人觉察他俯卧于沟渠，而他的坐骑仍于不远处吃草。西奥飞身上马，手执出鞘的利剑，纵马奔出阿杰梅尔门。他是最后一批虎口逃生的基督教徒之一。[51]

穆恩·乌德丁赶忙把西奥迎进警察分局，迅速给西奥穿上自己的印度斯坦服装，随后遣骑士前去查看通往军营的道路是否畅通。不消几分钟，骑士便回来，他们显然是吓坏了，回禀说道路被一伙人完全占领，他们忙忙乱乱、不择手段地抢掠。

故此，穆恩·乌德丁和西奥动身上路，沿着荒僻小径穿行于远郊，指望避开如此马仰人翻的骚乱。但没走出多远他们就意识到，根本没法安全到达，并且一致认为西奥暂避风头方为上策。穆恩·乌德丁选择当地一个名叫布拉·汗·梅瓦蒂（Bhura Khan Mewati）的地主府第，劝告西奥要遁迹潜形，直至骚乱最糟糕的时期过去且英方自军营兴兵掌控局势为止。

穆恩·乌德丁把西奥留在该处，只身返回自己所任职的警岗。他脱下制服换上印度斯坦服装，然后穿过无人把守的城门策马进城，查看惊魂未定的家人安全与否，继而向红堡进发。由于英国当局没了踪影，穆恩·乌德丁决意向皇帝报到应遣。

169　　穆恩·乌德丁驱马经过乔里集市，店肆都关门落闩，他深思：缘何"一小撮人的猝然侵袭，可以制造这么大的恐慌……对哗变者的兵力一无所知以及对其人数的夸大报道，（曾）把"都城精英"吓瘫了"，致使他们坐以待毙，甚至不采取任何措施以遏抑这种无政府状态。不足两个钟头，这座伟大繁荣的都城已然变成战区：

　　　　政府的主要行政官员皆殒命。人人都（只）想着自身安危、家人平安以及个人财产安全……街头巷尾，居民

中的败类来去匆匆，满载从欧洲人的屋宅抢来的赃物。我
来到中央警察局，发现此处早就被抢得空空如也，就连那
些门也被掠走。[52]

进入警察局，穆恩·乌德丁发现两名警察蜷缩在废墟中。他们
细述原委，说两个印裔骑兵纵马前来嚷喝："你们是拥护还是
背弃自己的宗教？"警察局长答说，"我们都拥护自己的宗
教"，进而囚犯被印裔骑兵释放。继后不久，"身穿绿衣衫、
裹着红色包头巾的两名男子骑骆驼一路小跑经过，高喊道：
'尔等小民听着，护教的战鼓隆隆响。'他们从何而来，又去
往何处，我的线人不得而知，但街头那些热血沸腾又栗栗危惧
的群众，笃信他们是上天派来的使者"。众囚犯前往铁匠铺，
请人砍除脚镣之后折返，接着袭击警察局，把种种物件扫荡
一空。[53]

　　抵红堡时，混乱程度不相上下。"那地方空荡荡、冷清
清。"穆恩·乌德丁如此写道。步行穿过空无一人的殿堂楼阁
到达泰斯比哈屋，穆恩·乌德丁说服仅剩的两名当值宦官带他
朝见扎法尔。"我哀请皇帝制止此事（指抢掠），并筹备恢复
秩序之事。皇帝答说：'我无能为力。全体侍从不是昏了头，
就是溜之大吉。我徒留于此、茕茕孑立，身边无一兵半卒听命
于我，徒唤奈何？'"[54]

　　穆恩·乌德丁恳请扎法尔授命，皇帝便遣他在两名执杖侍
从官的陪同下前往达利亚甘吉，设法营救所寻获的每名基督教
徒，皇帝应允将他们庇护于皇宫。穆恩·乌德丁写道：

　　　　我和执杖侍从官大声宣布皇帝的御旨（即务必停止

170

杀戮），到目前为止，我们的干预卓有成效，约有十二人幸免。他们被送往皇宫且待在"小新宫"（chhota khasa）套房，我们还命人给他们吃些东西。我苦苦搜寻，直到天近薄暮，挨门逐户地踏遍每一座平房，希望能找到需要施救的生还者。只寻获寥寥数名还活着的基督教徒，他们都被带进宫。[55]

到下午 4 点时，穆恩·乌德丁又寻获十九名幸存者，并把他们送交给皇帝。然而随着时间推移，越来越多衣衫褴褛的密拉特印度兵，或骑马或徒步迈进红堡，皇宫更是鸦飞雀乱、剑拔弩张。穆恩·乌德丁抵红堡后不久，查希尔·德拉维于上午 11 点左右到来，他发现阿赫桑努拉·汗大夫奉扎法尔之命，正在监督一名皇家裁缝做活儿，以给弗雷泽、道格拉斯以及詹宁斯一家裁剪下葬用的尸衣。由于扎法尔颁御旨称，红堡全体人员均应参加遇害者的葬礼，所以其他廷臣齐聚于此，准备衔命行事。就在那时，一群印裔骑兵气势汹汹地疾驰而来，径自迈入红帷（Lal Pardah）另一侧区域的皇家御苑：

> 阿赫桑努拉·汗大夫望见他们便说，在死亡降临的一刻，我们应同声齐念"法谛哈"[①]（为亡人祈祷）。随着骑马的男子逼近私人谒见厅，我们开始齐声诵念。他们翻身下马，拴住马，没脱靴子就直接走进来。看起来总共有三十人，全都穿着无领长衫和宽松长裤（paijamas）、裹着包头巾。一些人携带卡宾枪，另一些人佩带手枪。他们

① Fatiha，即《古兰经》开端章。——译者注

看见白色长裹尸布铺展开来，便转向阿赫桑努拉·汗大夫问道："这是什么？"大夫答说："这是你们所作所为的恶果，是你们和你们的崇拜者所犯下的杀人罪行。"士兵们愤然驳斥道："你比信奉基督教的异教徒好不了多少。"① 说罢，旋即把准备好的尸衣统统扯开，还把它们撕成碎片。

171

　　随后一名印裔骑兵用手枪抵住宦官（兼大内总管）马赫布卜·阿里·汗的腹部，吩咐他给他们弄些补给。马赫布卜·阿里·汗说："我们尚无补给，我如何给你们提供？"阿赫桑努拉·汗大夫帮腔道："陛下亲口承认自己身无分文。他几乎像托钵人一样生活。我们能从哪儿弄到补给？皇家马厩所储备的谷物，足够马匹吃一个月。只管拿去，但那能维持多久？也就够你们撑持一日。"

　　士兵们前往皇家御苑"月光花园"，把马拴在那里。稍后另一群士兵又来索要补给，这回总共60人。他们也得到同样的答复，接着再有50人到来。不多时，已约有300人聚集于月光花园。[56]

从廷臣的角度来看，印度兵抵临是一种侵扰。上一次如此多不请自来的士兵涌入红堡，还要追溯到1783年。当年古拉姆·卡迪尔夺取皇宫后，弄瞎彼时的皇帝，扎法尔时年仅8岁。自

---

① 宗教与起事总是辅车相依，以至于1857年所有忠于政府的印度人始终被贴上基督教徒的标签，实可谓陈陈相因。参见 Rudrangshu Mukherjee, ' "Satan Let Loose upon Earth": The Kanpur Massacres in India in the Revolt of 1857', *Past and Present*, no. 128, p. 116, 该作者在文中援引《坎普尔书面证词》（*Depositions at Cawnpore*）中胡达·巴赫什（Khoda Bux）之证词。

那时起，不曾听说有谁骑马通过红帷，或者不脱履到临私人谒见厅。1830年梅赫劳利一年一度的阿克巴·沙献花节期间，英国常驻代表弗朗西斯·霍金斯（Francis Hawkins）那般行事，致使皇帝向加尔各答方面控诉其"唐突不恭之举"，要求采取措施，以便"从我等璀璨开明的心灵之亮锃锃的镜面上，揩去哀戚愁怨之尘"。霍金斯随即被革职。[57] 如今数百名蓬头垢面、邋里邋遢的东印度公司前印度兵从天而降，自作主张地投宿于皇宫内宫，还把坐骑放养在皇帝所挚爱的御苑果树林中。

将近午后3点，情势变得益发紧张，蚁集于皇宫的印度兵渐渐躁动起来，再度纷纷聚拢到扎法尔的禁宫周围。他们以身许国，显然期待皇帝能抛金撒银，怎承想在城内毁誉参半，在皇宫里亦被公然横眉冷眼对待。再者，他们千里迢迢来到德里以寻求皇帝庇护，然而自清晨的第一队骑兵向扎法尔叫嚷以来，扎法尔一直未现身。在下午4点左右，诸首领传话给皇帝，称他们前来"为我等之宗教而战，趁便向陛下问安"。[58] 再次召唤皇帝未果，众士兵集结于私人谒见厅前面的庭院里，"相继举起火枪、手枪和卡宾枪朝天鸣枪，一时间人喊马嘶、沸反盈天"，扎法尔的律师①古拉姆·阿巴斯（Ghulam Abbas）如此记载道。

　　皇帝听闻聒噪之声，出来站在贵宾谒见厅（Hall of Special Audience）门口，打发身边侍从责令部队将士停止喧闹。皇帝吩咐侍从召请本土军官前来朝见，不妨请他们说说看：这等行径，其意何在。此言一出，喧闹声戛然而

① vakil，大使或代理人（虽则现代仅指律师）。

止，骑兵队诸军官上前来，照旧骑于马上。他们解释说自己被要求咬弹药筒，但使用该物就剥夺了印度教徒和穆斯林的宗教信仰，因为弹药筒涂敷有猪脂和牛脂，为此他们诛灭密拉特的欧洲人，继而赶来托庇于圣上。

皇帝答说："我未召唤你们，你们为鬼为蜮。"闻此言，约有一二百名哗变的步兵拾级而上、踏入谒见厅，言称："除非皇帝陛下加入我们，否则我们都死定了。倘使那样，我们势必只会为自己而破釜沉舟。"

扎法尔与骑兵争辩了好一阵——通常正式谒见中从未有过这样的情况——劝其滥杀。于是，"皇宫朝堂上呈现一派荒诞至极的混乱景象：七言八语、唇枪舌剑"。[59]据出身望族的阿卜杜勒·拉提夫记述： 173

> 吾皇好似棋盘上被将死的国王。他克制许久，而后言道："像我这样的老叟，缘何丢丑至此？这般聒噪，何故之有？吾等已然日薄西山，实可谓晚节末路，我唯愿遁世幽居。"[60]

一众廷臣对反叛者的恶行劣迹火冒三丈，他们与印度兵争论，不料竟被这些人挟制得闭口藏舌，只得各回各位。阿赫桑努拉·汗对印度兵说："'长久以来，你们惯于在英格兰人的统治下定期领受薪饷。皇帝没有金库，怎能给你们发饷？'诸军官答道：'我们会把整个帝国的岁入呈送至你们的金库。'"[61]扎法尔继续跟印度兵争辩了好一会儿，告诉他们说："'我既无军众，亦无弹药库或金库。以我的现状，不适宜加入任何人的行列。'他们说：'但求陛下赐福。我们会提供其他一切之需。'"[62]

接着停顿良久，扎法尔斟酌自己要如何做出选择。扎法尔虽有许多优秀品质，但柔懦寡断一直是他最大的弱点。埃米莉·艾登讲述了1838年造访德里时发生的一件趣事：当时扎法尔身为皇储，他"受到劝诱或胁迫去见"埃米莉的兄长——总督奥克兰勋爵。但事到临头，关于是否前去，扎法尔拿不定主意，于是卧床不起，接二连三地差人传话，至少有"十三名医生来禀说，他病得来不了"。整个下午，扎法尔思前想后、摇摆不定，继后"又改变主意，屈尊驾临，而且在此期间，在外等候正式谒见的我军半数官兵都热昏过去了"。[63]1852年扎法尔与法赫鲁王子起争执一事，亦如出一辙：周复一周，扎法尔摇摆不定，一日把大儿子逐出朝堂，禁止任何廷臣与之交往；次日又申明对此皇子的爱，叮嘱满朝文武不必畏忌，只管待他如友，尽可以参加他举办的季风时节的聚会。[64]

174　　而此时，在扎法尔做出此生最至关重要的抉择的一刻，就在德里大多数名流巨子不假思索地联合起来反对打家截道的哗变印度兵之时，他一反常态地果断选择向哗变者赐福。个中缘由不难猜测：四下里皆是披坚执锐、热血沸腾的印度兵，颇具威胁性，他们把他团团围住，他几乎别无选择；再者，可以说是托西蒙·弗雷泽和坎宁伯爵的福，扎法尔所能失去的东西少之又少。尽管印度兵无疑让扎法尔既局蹐又恼火厌烦，但他仍做出关键选择，这将改变其治下王朝和皇城德里的命运，使得它们两者与起义共存亡：

、　随后皇帝端坐于椅中，兵卒、军官和其他人等挨个上
前，在他面前俯首，祈请他把手置于他们头上。皇帝照
做，他们逐个退下……众将士把马拴在庭院，投宿（于
皇宫以及桥那边昔时的莫卧儿"巴士底狱"　[Mughal
Bastille] 萨林加尔古堡），他们把寝具铺展在谒见厅
（Hall of Audience），还分兵把守皇宫各处。[65]

就在这个关键时刻，皇帝刚刚公开地——纵然犹豫勉强——向
哗变者赐福，哗变者也忙着在宫里落脚栖身，一阵威力巨大的
爆炸震得全城天摇地动，二十英里开外都可听闻爆炸声。建筑
物晃动，皇宫里多处石膏天花板坍塌。

在红堡以北半英里处，遭到印度兵围攻的西奥之友威洛比
中尉炸毁了弹药库，该弹药库是印度北部最大的储存枪支弹药
的军火库。其时袭击弹药库的一大伙圣战武士、反叛分子和印
度兵，连同几乎所有英国守军一起被炸身亡。

5 月 11 日的大部分时间里，罗伯特·泰特勒上尉都在北
边很远处的梅特卡夫私邸另一边，对于同胞的遭际或者当时宫
中所发生的戏剧性政治革命，他茫无所知。

泰特勒在军营稍东北方的被称为"白堂"（White House）
的大型军队建筑，奉派率领全连两百名印度兵戍守新火药库和
亚穆纳河浅滩。泰特勒晓得天下不太平，但完全不知道逆运改
天换地：英国在德里城及周边地区的统治迅速被摧毁。

泰特勒知道手下士卒列队接受检阅时判决结果被宣读，众

175

士卒对驻密拉特的印度兵心怀怜悯；他也知道密拉特的印度兵抵临德里的消息传来时，众士卒"群情激昂"，他也让他们做好行军准备，而这些人"不时激越地吼叫"；他向手下士卒分发弹药时，见到一些人硬夺走远超规定配额的弹药，他把有罪之人记下来，留待日后惩办。但因身在偏远岗位，他无从得知事态进展的确切消息，虽则他朝下游方向望去，可清楚见到城内升起烟柱，还隐约听到步枪声和大炮声。

午后不久，泰特勒和同僚加德纳上尉（Captain Gardner）察觉到印度兵拒不遁入"白堂"庇荫，反而三三两两地聚集在炎炎烈日下。泰特勒后来写道：

> 我命令他们入内，别像这样暴露于骄阳下，他们答说："我们喜欢晒太阳。"我再次让他们进来（但无人挪步）。那时我首次留意到一个本地人——从外表看是个战士——慷慨激昂地向众人说教：说每个强权或政府都有其寿限；还说据其书卷预言，英格兰人把揽政柄之事已到尽头，这实属稀松平常。我还没来得及把他捉拿法办，城内弹药库就爆炸，两个连的士卒惊天一呼，抓起武器一哄而散以奔赴都城，放声呐喊着："世界至尊必胜（Prithviraj ki jai）！"我和加德纳上尉赶忙在他们身后追赶，责令那些"叫得应"之人返回各自岗位。强令未果，换之以央告，但事实证明都是白费力气。[66]

176　泰特勒发现麾下只剩八十名印度兵，"多半是先前跟我一起在阿富汗服役的老战士"，他深感"迷茫无措，不知该如何应对，也不知该做些什么"。不过传令兵于数分钟后传达紧急命

令，让泰特勒务必赶往位于俯瞰城郭的德里岭中心地带旗杆塔
（Flagstaff Tower）与己方准将会合。

　　泰特勒最终到达旗杆塔时，那里已乱作一团。当日随着时
间推移，坐落于贫瘠的德里岭顶峰的这座孑然凄立的低矮圆
塔，成为军营和居民区中所有剩下的英国家庭以及设法逃出城
郭的寥寥数人的避难地，其中就包括泰特勒之妻哈丽雅特。妊
娠晚期的哈丽雅特感觉身体沉重，一反常态地慌张和抽噎。四
岁的稚子弗兰克（Frank）问："妈妈，这些不听话的印度兵
会杀了我爸爸吗？他们也会杀了我吗？"平素那么处变不惊的
哈丽雅特，那钢铁般的沉着终于被击垮。瓦根特利伯宗族全体
成员也在塔楼里。那日上午，族长乔治在前往《德里公报》
办公场所途中，侥幸躲过克什米尔门那些反叛的印度兵，该场
所现被洗劫一空。

　　塔楼外立着两门轻型野战炮，它们由格雷夫斯准将
（Brigadier Graves）和德里推事查尔斯·勒·巴斯监管。那日
上午早些时候，闩闭加尔各答门的那群人当中，唯一幸存者正
是查尔斯·勒·巴斯。此时二人指挥的是：一个连的印度兵，
这些人愁眉锁眼，显然心怀不满；基督教男子乐团（Christian
Boys' Band）的英印混血孤儿，他们一年一度的独轮手推车赛
跑数年来一直是德里德比大赛最精彩的竞赛之一。现今他们却
被迫服现役，还被配发火枪，目前在塔楼顶部的城垛后站岗。

　　驻地成群的女眷挤于塔内，其中数人才得悉其夫、其子或
兄弟遇难。同样心烦意乱的是随军牧师詹宁斯手下卓绝群伦的
男高音查理·托马森，他是为数不多的在场的欧裔军人之一：
被从军营病榻转移至塔楼，结果竟被告知其未婚妻安妮·詹宁
斯于皇宫遇害。

177　　　　塔楼里唯一的龛室直径仅十八英尺，没有窗户，在最好的时节里也室闷逼人，暑热最盛时更似烤炉一般。更糟的是，为了安全起见，很多女性被送上令人窒息的内部楼梯间，致使数人昏厥。[67]但比起不适、炎热和缺水，愈益恼人的是吉凶未卜之悬忧。在这一天里，连三并四的报告带来消息称，英国人的处境越来越恶化：我方逆运连连，人员相继殉亡，而获得驻密拉特英军诸团援救的前景却变得愈来愈渺茫。据年轻的弗洛伦斯·瓦根特利伯（Florence Wagentrieber）所述：

> 妇孺（，此外还有）男女仆佣，全都狼狈不堪地挤在一起。由于酷热不堪、心焦意躁，很多女士的状况甚为凄苦。小家伙们紧紧依偎着母亲，啼哭不休。在这里：妻子成了孀妇；姊妹因兄弟捐躯的传闻而不停抹泪；一些人的丈夫仍在心有不满的印度兵当中执勤，目前尚不知其遭际如何……塔楼附近没有一棵树，无以遮蔽骄阳……炙热难耐，孩童们被脱得光溜溜。[68]

踏入这个人头攒动又闹哄哄的场所，泰特勒立刻看出：孑然凄立的塔楼根本无法御敌，然而将妇孺集聚在这样一个处所，无疑会引发另一场夷戮，其规模会比先时发生于城垣内的屠杀大得多。据其妻哈丽雅特记述，泰特勒毫不犹豫地径直走向格雷夫斯准将，"字正腔圆、掷地有声地"问道：

> "长官，恕我冒昧，你们做何盘算？"
> 他答说："泰特勒，留在本地保护妇孺。"
> 我丈夫斩钉截铁地说："长官，这愚不可及，你们有

食物吗？"

"没有，泰特勒。"

"你们有水吗？"

"没有，泰特勒。"

"那么，你们打算怎么保护妇孺？"

"我们能做什么？如果探出头去，他们会把我们　178
射杀。"

我丈夫言道："诸君看这儿……我们守不住己方据点，因此有责任组织撤退。"

军官们高声嚷道："看在上帝的分上，别听泰特勒之言。"于是我丈夫说："也罢，诸君自便，留在此处任敌宰戮吧，不过我会与家人一道离开，日后再接受军事法庭的审判。我不会束手坐视妻小被屠。"[69]

泰特勒正说着，只见一辆犍牛车孤零零地出现在山坡脚下，它驶离克什米尔门，正"嘎吱嘎吱"地缓缓爬上德里岭的斜坡。车内躺着多名英国军官的遗体，被以血迹斑斑的女裳薄薄遮盖，那是上午早些时候进城而致殉难的一众人等。尸首都被砍得血肉模糊、残缺不全，其中一名牺牲者的姊妹伯罗斯小姐（Miss Burrowes）正热汗淋淋站在塔楼里。这辆犍牛车实则由爱德华·维贝尔派送至军营，但误打误撞地循路到达旗杆塔。行坐不安又惊乍乍的避难者将之视为印度兵的恫吓之举。纵然那不是发送者的本意，但无疑产生了那般效果。

一见尸首，泰特勒麾下残余的印度兵便催促上尉长官说，倘要免遭同样厄运，就得出逃。他们告诉他，密拉特印裔骑兵的坐骑目前正于近旁的奥克特洛尼花园（Ochterlony Gardens）① 歇脚。"他们巴望你们彻夜留于此处，以便暇时来杀你们。"印度兵如此告知泰特勒。

179 　　闻此言，战战惶惶的一众人终被吓破胆。哈丽雅特·泰特勒写道："准将及属下军官得知大难临头，旋即意识到自身好似牛蹄之鱼，大家争先恐后地冲向各自的马车，绝尘而去。"[70]

　　爱德华·维贝尔驻守于城郭的克什米尔门紧内侧的城堡主垒，那日随着时间推移，他所扼守的阵地变得越来越岌岌可危。

　　维贝尔所在团的两百名失踪的印度兵于 1 点时突然再次现身，他们一踏进克什米尔门，就为那天上午早些时候的行为辩

---

① Ochterlony Gardens，专名为穆巴拉克花园（Mubarak Bagh），是奥克特洛尼专为妻子穆巴拉克夫人而向助手威廉·弗雷泽购买地皮建造的，它距离沙利马尔花园（Shalimar Bagh）以南仅一矢地。奥克特洛尼之墓是一座殊形妙状的混合型风格纪念塔，中央穹顶显然是德里圣詹姆斯教堂的样子，顶部耸立一座十字架，虽则侧翼被鳞次栉比的小型宣礼塔环绕。故此，关于奥克特洛尼似在婚姻生活中达成的宗教融合，奥克特洛尼之墓正是其完美的建筑方面的表现。在这起事件中，虽说奥克特洛尼死于德里并被安葬于密拉特，但在 1857 年战乱期间，这座空墓还是被毁。而到那时，其遗孀穆巴拉克夫人已改嫁给一个名叫维拉耶·阿里·汗（Vilayat Ali Khan）的莫卧儿埃米尔，在战事中，此埃米尔在叛军那边作战。建筑史上一个彻底被遗忘的非凡时刻：伟大的莫卧儿帝国最后一座花园冢——泰姬陵（Taj Mahal）堪称此传统的登峰造极之作，它并非出自末代莫卧儿人之手，而是由一位苏格兰裔美国（Scottish-American）将军建造。欲查阅奥克特洛尼陵墓的图片，参见 Emily Bayley in M. M. Kaye (ed.), *The Golden Calm: An English Lady's Life in Moghul Delhi*, London, 1980, p. 181。

解，称自己之所以溜之大吉、丢下本团军官自生自灭，是因为手无寸铁而被哗变者弄得措手不及。此言是否属实，维贝尔尚拿不准，不过他留意到：“众士卒的举止表面上虽毕恭毕敬，但他们成群闲站着，交头接耳。我连一名受命放哨的印度兵拒绝听命行事，他莽撞地擅离职守，偷偷溜回人群中。这一切颇让人忐忑，实为不祥之兆。”

起初，维贝尔一直与弹药库的威洛比中尉以及拒绝离岗的助理推事阿瑟·加洛韦保持联系，阿瑟·加洛韦的岗位就在圣詹姆斯教堂另一侧、咫尺之遥的司法大楼里。但到下午3点左右，加洛韦被手下心怀不满的司法大楼守卫（Kutcherry Guard）杀害，威洛比为防止库中物资落入哗变者之手，选择炸毁弹药库，“猛烈的爆炸撼动城堡主垒地基，波及中央区域”。到这阵子，维贝尔及战友们深感底气不足，面对发生在己方阵地前方两百码处的哄抢教堂之暴行，他们甚至怯于插手遏止，“刁民悍众为所欲为，就连垫子和凳子也被他们扛走”。[71]

威洛比和助手福里斯特中尉（Lieutenant Forrest）——三位福里斯特小姐的父亲——现身于城门时，守军的士气顷刻得以提振。他俩“浑身沾满灰尘和火药，福里斯特中尉被火枪子弹击中，手部受重伤”。随后不久，驻守弹药库的另一些皮焦肉裂、缺胳膊少腿的中士，一瘸一拐地进城。不过，扼守城门的印度兵当中的不满情绪之征，此时渐渐显露无遗，他们开始拒绝听从任何命令。一支印度兵卫队和两名英格兰军官奉遣携两门大炮登上德里岭，他们于半小时后返回，两名军官却神秘失踪。众人探问印度兵因何回来，军官又出了何事，他们含糊其词。在此期间，维贝尔写道：

180

　　印度兵三五成群地不断进入围场，我们察觉己方士卒变得坐立不安、心神不宁，在此节骨眼上，一些印度兵冲向城门以关门上闩，接下来的举动是涌入一群军官当中举枪齐射。围场内的其余印度兵迅疾有样学样……我见到戈登上尉（Captain Gordon）坠马……此刻骇人真相闪现心头：我们四面楚歌、坐待殄毙，却无从脱逃。我几乎不知道自己在做什么，就奔向院坝通往上方棱堡的斜坡。所有人似乎都在做同样的事。大伙儿涌上斜坡时，我两次被撞翻。弹飞如雹，从我们身边呼啸而过，紧擦胸墙发出一阵可怖的"嘶嘶"声。可怜的史密斯（Smith）和雷弗利（Reveley）就在我近旁阵亡。雷弗利带着一把上膛的枪，他垂死挣扎，站起身朝着一群印度兵发射两枪管子弹，下一刻便气绝身亡。[72]

在斜坡顶部，维贝尔从棱堡的雉堞墙望下去，向下有二十五英尺落差，即可进入下方壕沟——"其余任何时候，任何人都会认为这简直疯了。"[73]数名军官一跃而下，拼死拼活地跑上几乎垂直的壕沟外崖。维贝尔正要加入他们的行列，但从棱堡另一边的军官营舍里传出几位福里斯特小姐的惊叫声，她们的母181 亲方才肩部受伤。维贝尔奔至她们的所在处——"这一会，子弹呼啸着穿过窗户"——扶她们翻上胸墙。军官们把剑带牢牢地绑在一起，在维贝尔及女孩父亲的帮助下，她们被逐个放下来。

　　尚余"一名肉墩墩的老媪"，她尖叫连连，拒不跳下。到此时，下方的印度兵已把一门大炮对准他们，一炮"轰入稍右边的胸墙，碎片溅了我们一身。如果浪费时间苦口相劝，委实愚不可及"，维贝尔写道，"有人推了她一把，她一头栽进下方的壕沟里"。[74]

五男五女共十名幸存者，一个接一个地试着攀上壕沟的外崖顶。"一次又一次，女士们几乎到达顶部，但脚下的泥土慢慢崩塌，致使她们滚回壕沟。然而绝望赋予我们超凡的能力，我们一心苦攀，最后都成功登顶。此时已跑下短短的斜堤，纵身跃入生长于底部的枝繁叶茂的灌木丛。"

随着夜幕降临，幸存者们奋力穿行于茂密的灌木丛、朝着河流进发，随后溯流而上挺进梅特卡夫私邸。途中，他们看到自己被追击。

> 但不等再看一眼，我们拔腿便跑，希望在追兵赶上来前到达私邸……长满棘刺的灌木把女士的衣裳扯碎。我们继续奔跑，汗水顺着面庞淌下，我们渴得喉焦唇干，却不敢回头望。[75]

比及到达梅特卡夫私邸，天色漆黑如墨。屋宅被"一伙形迹可疑的人"包围，但私邸的员工们好心收留避难者，他们心急如焚地叩问西奥的命运，因为自那天上午之后，就再也没见过西奥。托马斯爵士凉爽的地下台球室漆黑一片，避难者都被领下来，三位福里斯特小姐随即坠入沉沉梦乡。不多时，蜡烛、食物和一瓶瓶啤酒被端了上来。福里斯特夫人（Mrs Forrest）的伤口被敷裹好，每个人都憩息了三个钟头。

然而到 9 点时，员工提醒说印度兵由军营赶来私邸不过是迟早的事，因为军营仅咫尺之遥。众人可听到该方向传来

182

"哗变者的呐喊声，夹杂着步枪齐射和大炮开炮的声音"。兜囊装满食物和一瓶瓶水，一行人再次起程，他们打算涉渡亚穆纳运河，然后朝东北方向跋山涉川，以期到达相距三十八英里的密拉特英军诸团驻地。维贝尔写道：

> 我们每人照管一名女士，分配给我照拂的是年幼的福里斯特小姐。可怜的小丫头不停地问各种各样天真无邪的问题。对于所发生的骇人事件，她无法领会。就这样，我们步履维艰地走了大约半小时，陡然间，身后升起一道明亮的火光。

他们恰好及时离开。在稍下游方向，诡异可怖的色彩映现于亚穆纳河的黑暗水域，梅特卡夫私邸烟炎张天。

夜幕低垂时，虔敬的穆斯林停歇以享用封斋期晏食①，德里的大街小巷随之再度人迹寥寥。查希尔·德拉维从红堡归家，途经之处疮痍满目。他写道：

> 我抵乌尔都集市路（Urdu Bazar road，紧邻主麻清真寺）时，一片阒寂，连只鸟的影儿都见不着。岂止如此，全城上下都陷入一种诡异的寂静，城市仿佛骤变成荒野。商肆被洗劫一空，屋宇和哈维利皆大门紧闭，没

---

① iftar，在赖买丹月，日落后的饭食。

有一丝光亮，就连街灯玻璃亦碎落一地。我经过警察局
到达（月光集市的）小大日巴（small Dariba）门口，见
到那儿的刀匠、甜食贩及布商的大小店肆都被毁遭劫。
一个婆罗门行乞者倒卧于银器商的店铺前，奄奄垂绝。
他仍在呻吟，背上有三处豁开的刀剑伤。最终我抵家宅
（位于马蒂亚玛哈尔）。此时未及半夜，但已关门闭户、
落锁上闩。[76]

此时的德里，英国人社群中剩下的人莫不望尘奔溃。詹姆
斯·莫利整晚都躲在男洗衣工的棚屋里，凝听屋外的家仆议
论他的妻子和其他家人的凶死——以及对他本人的死亡的推
测——"一人说，杀害贵妇人及孺童大错特错，我们将来如
何获得雇佣（rozgar）？另一人却说，他们是异教徒，现在德
里之王会养活大家。"随后在男洗衣工的协助下，莫利身穿
男洗衣工之妻的衬裙和罩纱，得以死里逃生。莫利写道：
"我一辈子都待在这个国家，但仍有草木皆兵之感，生怕有
人跟我讲话。不知他们能否察觉我的蒙面罩袍（chadar）裹
得狼狈，进而将我识破。"所幸的是，他们坐在男洗衣工的
犍牛车上的一堆脏衣服旁，经由无人把守的城门，安然驱车
出城。

　　虽说是深更半夜，路上却满是干劲冲天的人群，他们或是
匆匆赶往德里抢掠，或是满载着劫掠物归去。一伙男子一度将
他们围住，诘难男洗衣工在待洗的衣物中藏匿珍宝，那老汉神
色自若地叫众男子来搜，结果一无所获，众男子便放他们离
去。此后男洗衣工拦阻了更多人群，因为他逢人便说：趁还赶
得上趟儿，赶紧去洗劫洋人。晨光熹微，他们逃匿于路畔庙宇

近旁的达兰萨拉①避难。[77]

其间，罗伯特·泰特勒和哈丽雅特·泰特勒乘坐一辆超载的马车登程，朝着卡尔纳尔（Karnal）行进。就像当日试图持危扶颠的所有其他英国人一样，逃离旗杆塔出师不利，霎时陷入一片混乱。泰特勒本打算带着妇孺经由东北边的巴戈帕特（Baghpat）浅滩上路，以撤往密拉特。但几乎在顷刻间，纵队已四离五散，半数马车动身奔赴巴戈帕特，其余马车走错方向，起程前往军营。人喧马嘶、手忙脚乱之中，泰特勒麾下残余的印度兵不知去向，他也与妻子走散，还撞见一伙刚由本村抵城而欲趁火打劫的古扎尔部落民。那伙人手持包铁粗棍猛冲向泰特勒，设法让他落马，泰特勒仅以身免。

泰特勒最终撵上哈丽雅特及子女们——他们所乘坐的马车先时择错路登程——结伴同行的还有同僚加德纳上尉之妻。加德纳夫人询问泰特勒自己丈夫的遭遇，于是泰特勒自告奋勇地回去找加德纳。后来得知，加德纳当时没能跟其余一干人等一道离开。泰特勒最终寻到他时，负伤的加德纳正蹒跚穿行于火光冲天的军营。另有两次，泰特勒于古扎尔人当中穿过：一次是在赶回去寻找袍泽途中；最后一次有负伤的加德纳跨坐于他身后的鞍褥。每一次，古扎尔人都以棍棒击打来人，千方百计要把他们拽下来。[78]

再一次追上马车，泰特勒一跃而上，一行人向前疾驰而去。意识到印裔骑兵兴许开始在后追击，泰特勒御马"追风掣电"一般赶路。哈丽雅特写道："我们没走出多远，就听见加德纳高喊'泰特勒，回头看'。"[79]

_____

① dharmashala，朝圣者的暂栖所。——译者注

我们把目光投向军营方向，只见一座座平房及营舍深陷火海。此景令人厌恶，知晓我们最宝贵的一切永远不再为自己所有，即那些绝对无法用钱买到的东西：天亡爱儿的头发、手稿和画作、书籍、衣物、家具、一辆超大型四轮马车、数匹马、一辆轻便马车，如此等等。确切说来，算上我丈夫的军服，我们的损失价值约达两万英镑，在那个年头，对一名穷军人来说，那是一笔巨款……不过一心想着飞奔逃命，无暇他顾，很快我们忘记那磨难，而在其他任何时候，那都算是令人哀痛欲绝的劫难。[80]

相较于远遁的泰特勒一家，大不相同的是，瓦根特利伯一家决定在德里郊区碰碰运气，转而投靠伊丽莎白·瓦根特利伯之父詹姆斯·斯金纳的故交。

考虑到纳瓦布齐亚·乌德丁·汗于前一晚登门造访，他们深信可倚恃他的友情，所以从旗杆塔直奔纳瓦布的园宅，此宅坐落于塔楼西北方，沿着卡尔纳尔路北上一小段即可到达。往时纳瓦布常以此宅供他们度周末。

一到那里，园夫（mali）就热情接待他们：为伊丽莎白·瓦根特利伯的褓袱儿挤山羊奶，还备好薄煎饼和蔬菜以作饭食；马车和马匹被隐匿起来，车轮的痕迹被擦得一干二净，挽具也被藏进屋内。乔治·瓦根特利伯拿着先前携带的数把枪，跟继女朱莉娅及小婴儿弗洛伦斯一起登上屋顶，伊丽莎白和看更人留在下面，她以蒙面罩袍（chador）遮面并憩于绳床。看更人

185

看似性情暴戾，伊丽莎白告诉他说，倘有蛛丝马迹显示他以任何方式出卖他们，其夫会把枪对准他，保证会先射杀他。[81]

月儿高挂，乔治由屋顶可见到德里四处陷入火海，军营也火光熊熊，还可听到火枪连番射击的声音和野战炮的"隆隆"炮声。当英格兰人最后一批马车的"咔嗒"声顺着卡尔纳尔路散去后不久，一队队骑兵开始出现在门口以搜寻基督教徒。朱莉娅回忆道：

> 家母吩咐看更人说，别向要进来的人表露丝毫异议，因为那会立刻让他们生疑。她不肯让看更人靠近大门，也不放心让他远离自己。叛兵两次来到门口跟看更人打招呼，盘问他是否窝藏洋人。末了，一名骑兵来到距她正坐着的位置不过几码远的地方，他勒住马，要求被带着巡视屋宅各处。看更人遵从家母所下达的训示，告诉骑兵说，一些欧洲人曾经路过，但并未停留便驱车径直循路而去。看更人还对骑兵说，他若愿意，只管踏遍屋宅各个角落。看更人的迅速回应看来让骑兵颇为满意，骑兵随即纵马而去，搜寻所谓的途经之人。[82]

186　将近午夜，传闻纷至沓来，说有人出卖瓦根特利伯一家，还说另一支由二十名印裔骑兵组成的骑兵队已经上路。看来别无选择，一家人唯有速即奔逃。伊丽莎白给马匹套上挽具，将它们驱赶至宅前，把孩子安置于马车内，乔治则爬上车厢。乔治写道：

> 在我们驶入大路前，爱妻劝我把火器放在手边，所以

我握着一把装有子弹的双管枪，还把手枪带上车厢，又把两支来复枪留在车内。我的继女和稚子待在马车里，我嘱咐继女说，我一开火，就把它们递（给我）。我们把自己交托给上帝，唯愿上帝垂荫佑，继而驶入北疆商道。[83]

泰特勒一家驶离德里，前行仅约十五英里，马匹就疲顿得渐行渐缓。他们在政府邮政所（dak）的驿马厩驻足，要求换马却被拒，泰特勒对官员拔枪相向，这才强夺来一匹马。

离开马厩前进数英里，超载的马车车轮齐齐崩裂，让"马车车身成了一堆无可救药的废物，故而除了步行别无他法"。每名男士抱一个小孩，两位身怀六甲的夫人以及哈丽雅特的女仆玛丽（Marie），拖着沉重的脚步跟在后面。他们估摸着随时可听见骑兵"嗒嗒"的马蹄声一声近似一声地迫近。

步行几英里后，反倒听闻马车声。马车的主人是一个英格兰妙龄女郎，先时驶往德里途中曾与他们擦身而过，她拒不听从他们提示性的呼喊。此刻她一口回绝泰特勒的请求，不让任何人搭便车。

"我绝不会做那种事！"搭便车的请求得到如此答复，"你们打算毁掉我的马车吗？"

"那我就不请准了。"泰特勒说罢，便开始忙着把加德纳夫人、玛丽和我本人，连同我们的孩子一起安置于马车内。

我们就这样继续前行，直到车子的一只后轮滚下来。妙龄女郎（她年仅16岁）说："你看看，我就知道你们会弄坏我的马车。我现在该怎么办？"[84]

187

这一回有如神助一般，不久前刚刚丧偶的尼克松夫人从天而降，其亡夫是专员办公室书记官长尼克松，他口衔饼干、横尸街头。尼克松夫人登上邮车顶逃过一劫，她之所以幸免，是因为在兵戈扰攘、风飘雨摇之际，邮车仍在指定时间准时驶离德里，好似无异常之事发生一样。此时御夫提供绳索，他们用绳索重新固定车轮。泰特勒一家又缓缓驱行数英里，直至马车弹簧最终彻底报废。随后就像处置第一辆车那样，他们把第二辆车丢在路上，自己继续前行。"5月的夜里暑气熏蒸，我们几已被累得精疲力竭……渴得要命，但除了路边水洼里尚未干透而略呈绿色的淖泥外，无水可饮。"

天将拂晓，他们征用那日的最后一辆车：一辆载满破损武器的二轮弹药输送车，在驶往现已被毁的德里弹药库途中，两名车夫一见泰特勒的转轮手枪，便落荒而逃。一行人继续徐行，上午 10 点到达卡尔纳尔。

泰特勒一家苦等一整天，只待友人及同僚与他们会合。但到那日晚，先时离开旗杆塔的整群人之中，至此仅有六名德里避难者成功脱险。[85]

尽管泰特勒一家一路披荆斩棘，但相较于瓦根特利伯一家循着相同道路的旅程，泰特勒一家的征途更似一场郊游。瓦根特利伯一家撤离得太晚，当下古扎尔部落民在路上成群结伙地奔走，一心想着劫掠难民和落伍者。乔治回忆道：

我们可能前行了一英里，那时妻子向我指明，一簇人鱼贯般地出现在我们前方的道路两旁。他们显然不怀好意，我便打起十二分精神以保护自己及家人。我们走近时，他们穿过道路围上来，我举枪瞄准他们，这起到威慑作用，他们不敢近身，但他们追着马车尖叫，还恶狠地挥舞棍棒和杖杆。

　　我们把他们远远地甩在身后，不料竟与另一伙人狭路相逢。这一回，歹人更是多不胜数，也更难对付。我们走近时，他们横穿过马匹前方的道路，持矛、挥剑、舞动铁箍棒，杀气腾腾地聚上来，还高声喝道："站住！"我指着自己的枪厉声喊道："走开！"但有一人比其他歹徒更有贼胆，他走上前一把抓住马头的缰绳。我见别无出路，于是开火，那恶棍应声跌于马车后，其余人等仓皇退却。我妻子扬鞭策马继续疾驰，众歹徒急起直追。我料定他们就要赶上来，便举起来复枪放了一枪，击中为首的歹人腹部。那人一头栽倒，其他人遂破口大骂，轮番诅咒我本人和我八辈祖宗。[86]

　　他们稍稍领先时，伊丽莎白就停下马车，把马挽具整理妥帖，其夫也重新给武器装填弹药。没走出多远，再一伙古扎尔人步步紧逼、围拢过来，这回成功地猛击中一匹马的头部。瓦根特利伯又一次开枪击倒为首之人，但在此之前，其妻也被铁头粗棍狠狠袭击。另一人持剑于马车旁跑上来，那人亦被击毙。再一人成功爬上马车车篷，正要施加可能致命的一击时，同样被乔治及时击毙。

　　他们摆脱第三伙古扎尔人，还未超前多远，便与一大批印度兵碰个正着。那些军人完成安巴拉的恩菲尔德来复枪训练任务，正在归途中，他们围住马车，询问一家人在这种时候踏上这种路外出做什么，这些人显然对先前发生的戏剧性事件毫不知情。说时迟那时快，古扎尔人赶上来，在远处驻足，对瓦根特利伯一家怒目而视。伊丽莎白发觉上天无路、入地无门，又留意到这些军人表现得此般友善，因而央求印度兵出手相助。她告诉他们说，她是"斯干达大人"詹姆斯·斯金纳之女，"所以有资格得到全体真正军人的保护"。结果证明，此乃切当之妙策：

189

> "你当真是伟人之女，"他们说，"我们认识斯金纳上校，正是我们团奉派把他的遗体从罗塔克县（Rohtak）护送至德里。"[87]
>
> 刹那间，他们中的四五人挺身而出，站在我们的马车旁，举起火枪瞄准我们的敌人，告诫敌人莫靠近，否则必杀无赦……
>
> 此后我们不曾被近距离骚扰，恶棍匿于桥梁的矮护墙后，其攻击仅限于把矛、棍棒和沉甸甸的石头，暴风疾雨般地砸向我们。承蒙天佑，我们幸运之至，无人被击中。我们的一匹牝马被重重割伤、瘢痕累累，马车上亦布满暴殄过后的斑斑痕迹。[88]

斯金纳之尊名再一次救了他们。破晓后不久，一家人在一口村井旁停下来，向马匹身上泼了些水，让它们提提神。一群人很快聚拢过来，其中许多人看起来远非友善。岂料他们中的一人原是斯干达大人的老仆从，斯干达大人曾在该地区拥有一处地产。瓦根特利伯夫妇之女朱莉娅回忆道：

那是一位白须飘飘的可敬老者，他似乎认识家母，虽则家母完全不记得他。"你是斯金纳上校的子女之一。"他一面说，一面摘下包头巾，将之进献给她。在这种时候，这份钦敬之忱来得惊人，尤其是据其他人对待他的方式——他们对他毕恭毕敬——可知，他似乎是个颇有名望的人。

"你是何人？"她探问道。

"累年来，我得蒙上校大人的恩泽。为了他的任何子女，我甘愿粉身碎骨，"那位老者答道，"你愿将自己托靠于我吗？"[89]

那老者及时抓过马车缰绳，护送他们一路前行。11 点时，他们望见前方路上有衣衫褴褛的另一行人，那正是格雷夫斯准将和查尔斯·勒·巴斯，其他数名军人随行，众人都全副武装。下午 4 点，他们抵达安全地——巴尼伯德。[90]

5 月 12 日上午，德里城内几乎完全没有英国人了，而自 1803 年击溃马拉塔人之后，他们一直雄霸德里城。

西奥醒来时穿着不合身的印度斯坦服装，匿于陌生人府第后屋；卡尔纳尔的泰特勒一家与巴尼伯德的瓦根特利伯一家，狼吞虎咽地吃下早饭；在犍牛车上的詹姆斯·莫利晃晃悠悠，思忖着失去妻子及家人的生活；爱德华·维贝尔等一行人藏在密拉特附近田野的一簇高草中，以避开外出搜捕英国难民的印度兵搜查队；迦利布不以为然地透过自家花格窗，凝神细望印度兵在其居住的巴利马兰集市（Ballimaran）封闭社区招摇过市；穆罕默德·巴卡尔大毛拉提笔为《德里乌尔都阿克巴报》撰文，详细描述前一日所亲睹的一切不可思议的景象和征兆；风华正茂的穆罕默德·侯赛因·阿扎德以这场起义为题材赋诗；查希尔·德拉维和阿赫桑努拉·汗大夫想尽办法，着手让印度兵迁离皇宫最重要的礼仪性殿宇楼阁；这一切如火如荼，扎法尔也心神焦炙地竭力展望自己的未来。

前一夜，扎法尔为穆恩·乌德丁所收容的四十余名英国俘虏提供庇护，他们中的一些人栖身于扎法尔的私人祈祷室"泰斯比哈屋"，那是扎法尔仍能称为己有的皇宫少数区域之一。依照吉娜塔·玛哈尔的建议，扎法尔还遣驿使，骑骆驼迅即前去向英国驻阿格拉副总督①送去密函，告知所发生的一切并向其求援。扎法尔看得出，印度兵颇为凶暴，不仅喜怒无常，而且少条失教，对宫廷礼数一窍不通。扎法尔之所以反感他们，最重要的一点是他们拒不对他优礼相待。一名新闻撰稿人写道："印度兵着履（上殿），陛下对此深表不悦。"[91]

191　　尽管扎法尔迟疑不决又战战惶惶，尽管城池被劫、廷臣被扰而天下大乱，但他看得出：哗变者的到临或许尚不完全是一种诅咒，事实上或许代表真主之手，那意味着连做梦也没想过的天赐良机，其治下伟大的莫卧儿王朝由此得以重建。午夜前后，扎法尔批准鸣放21响礼炮，以示其统治时期开始迈入新阶段。莫罕·拉尔·克什米尔是人脉颇广的德里学院校友，他与英国大业同音共律，故而在起事后不久，就不得不逃离德里。扎法尔对待这场革命的态度虽游移不定，却愈渐欢欣踊

---

① 原文 Governor，疑为 Lieutenant Governor。——译者注

跃，莫罕·拉尔·克什米尔特别论及此事：

> 我不曾从德里或别处的任何本地人那儿听说，在爆发兵变前皇帝巴哈杜尔·沙跟兵变者有联系。不轨之徒却让自己成为皇宫及皇都之主……随后他们设法在一场皇家巡游中让陛下抛头露面，以恢复国民的信心。而今皇帝第一次发觉自己被气宇轩昂、训练有素的部队将士前呼后拥，他们枕戈待命以拥护他的伟业；他瞧见出来围观巡游的居民未阴沉着脸望他；他发觉个人事务的转机得到大部分居民的首肯；他谛听（英国人）被灾蒙祸的消息；他察觉一个团又一个团的将士鞍前马后地侍奉他；他接禀讹传称我方全体欧裔官兵都奔忙于波斯，还称欧洲政局可谓八方风雨，故而向印度（派）援军纯属天方夜谭；他获悉孟买和德干（Deccan）两地（亦）爆发兵变。所有这些事都让巴哈杜尔·沙笃信：命中注定，他要以残年余力恢复伟大的帖木儿帝国之疆域。[92]

扎法尔对起义渐持的开放态度——虽则不曾彻首彻尾、全心全意，还一再出尔反尔——彻底改变这场抗争的本质。东印度公司治下曾有多次兵变爆发，最具戏剧性的当数 1806 年于韦洛尔（Vellore）爆发的兵变，当时印度人与英国人兵戎相见，愈益宣威耀武以抵御英国的扩张。然而，之前不曾有此等强有力的联合势力，可拧成一股绳以挑战英国的霸权。

192

凭着把东印度公司属下的印度军队与仍可怀柔天下的莫卧儿人的神秘性相结合，扎法尔不情不愿地接受名义上的起义领导权，及时地把它由单纯的军队哗变——固然得到德里平民所

策动的毫不相干的杀戮及抢掠的支援——转变为纵观整个 19
世纪世界各地，西方列强所面临的最严重的武装反抗。

　　但就扎法尔而论，更急迫的问题是：即便他一掷乾坤，是
否只不过就是将一拨主子换成另一拨。

第六章
毁灭与血腥之日

暴动当日 4 点，查尔斯·托德手下两名助理报务员布兰迪 193
什和皮尔金顿闩门收工后，动身逃往安全地：先去旗杆塔，继
而奔往密拉特。

不过在遁退前，他们用莫尔斯电码（Morse code）敲出两
封紧急求救电文，发给总司令和旁遮普及西北边境的军营。所
抄录的两则电文原稿仍留存于拉合尔的旁遮普档案馆（Punjab
Archives）。第一封电文于正午前后的某段时间发送，内容较
另一封详尽，其中写道：

> 军营陷重围，哗变者来自密拉特第 3 轻骑兵团
> （Meerut 3rd Light Cavalry），人数不详，据报一百五十名
> 士兵切断与密拉特的通信联络。舟桥已被占领。第 54 本
> 土步兵团（54th NI）奉遣抗御，但无效。数名军官死伤。
> 都城情势相当动荡。军队已南下，但迄无定局。

第二封电文就在两名报务员遁去前发出，他们敲道："我们须
离弃办公室。平房正被密拉特印度兵尽数焚毁。他们今早抵
城。我们离岗。我们认为查尔斯·托德先生遇难。他今早外 194
出，至今未归。"[1]

这戏剧性地证实此项名为"电报"的新科技——迦利布
将它视为那个时代的奇迹之一。电文被送达安巴拉，数小时内

被转发至拉合尔、白沙瓦和西姆拉。

总司令乔治·安森将军正在凉爽的喜马拉雅山脉夏都优游卒岁。一名驿使循着蜿蜒的山径，连夜骑快马将此则电报递送上来。周二早上，安森在享用早餐时接获电文。自四十多年前的滑铁卢战役后，安森就不曾有战时服役经历，他似未意识到正在发生之事的严重性，一如早前对涂敷油脂的弹药筒的重大意义等闲视之。[2] 次日晚，安森属下的参谋基思·扬上校（Colonel Keith Young）在日记中写道："他看似对（整件）事颇嗤之以鼻。我们拭目以待吧。" 两天后，总司令仍在西姆拉裹足不前，安森的上述反应甚至让最推心置腹的朋友也开始渐感不安。扬的妻子在信中写道：

> 总司令难辞其咎，他不习兵事，似乎无法领会局势的严重性。周二上午最初接获坏消息时，他本应立即出发。军需总监（Quartermaster-General）比彻上校（Colonel Becher）极力奉劝他说，事不宜迟、分秒必争，但他断然拒绝，说自己要等邮件。消息传来，若不即刻处理，电报机有何用？[3]

四天后，即 5 月 15 日，安森总算挺进到安巴拉，随即发现后勤方面的问题，那就意味着麾下军队无法继续向前推进：作为某项费用削减举措的一部分，军队的辎重骆驼已经在最近被售卖。三个欧裔团集结于安巴拉——此时已被称为"德里野战部队"——但当下找不到承运人以载运诸团官兵向目的地进发，全军甚至寸步不前。

当然还有其他问题。西姆拉方面所承诺的补给未能兑现，因此除去存放于弹药袋里的 20 发弹药外，诸团官兵起初别无所有。此外，至少有一个团的辎重遗失于绵绵丘陵与安巴拉之间的某地，将士每人仅剩两件白色短外套和一条长裤。[4]更糟的是，驻扎于安巴拉的诸团印度兵显然心怀不满，手下幕僚劝诫安森立即解除上述印度兵的武装，安森对此置若罔闻。结果是：没多久，他们也反戈闹哗变，扛着完好无损的武器遁逸，顺着北疆商道南下德里。年轻的弗雷德·罗伯茨少尉（second lieutenant Fred Roberts）写道：

195

> 我亲爱的母亲啊，你不会相信英格兰人能背负痴愚之罪责，可在这场危机中，此般痴愚几乎总是表露无遗……委实荒唐，一支军队就这么不战而溃……你简直不能相信，一切瘫痪至怎样的程度。我们有个举棋不定、疲沓至极的总司令。[5]

但那不只是安森之过，驻密拉特欧裔诸团之所以未能开赴德里追赶哗变者，背后存在类似的后勤问题。5 月 12 日，即密拉特暴动两天后，阿奇代尔·威尔逊将军作为两名基地指挥官之一，写信向妻子承认："我们没能力兴师。没牲口，仅有十五头大象和几头犍牛。"[6]威尔逊的同僚休伊特将军（General Hewitt）更是拖泥带水，正如威尔逊本人所记述的："（休伊特）是个糟糕透顶的老糊涂，一心只想着保护自己的老胳膊老腿不受伤害。"[7]

一连十天，安巴拉的部队官兵发现自己陷入孤立无援的境地，被困于酷热难耐的山脚下而动弹不得。其间霍乱慢慢滋长，一场瘟疫自此开始，最终因此瘟死的人几乎与毙命于反叛分子枪弹下的人一样多。来自第 75 戈登高地人团（75th Gordon Highlanders）的年轻中尉理查德·巴特（Richard Barter）回忆道：

> 臭气熏天，三四名士卒刚被可怖的灾殃夺去生命，其尸首被卷进被褥（rezai）相邻横陈。热得不得了，一丝风也没有，树叶纹丝不动。我们坐在亡者及垂绝者当中，树下凝滞的空气中回荡着气息奄奄之人的呻吟声，声声响彻耳畔。[8]

196   直到 5 月 24 日夜间，即暴动后整整十三天，安森总算率麾下野战部队从安巴拉动身前往莫卧儿帝国皇都。岂料抵达卡尔纳尔后不久，总司令本人就在 27 日晚死于霍乱。到那时，部分原因在于英国人未采取任何有效的应对措施，驻扎于如下地区的印度兵诸团陆续爆发兵变：西北边境的瑙谢拉县（Nowshera），旁遮普的安巴拉、皮劳尔镇（Philour）和菲罗兹布尔（Ferozepur），拉其普特纳的纳希拉巴德县（Nasirabad），以及西北诸省的汉西、希萨尔（Hissar）、莫拉达巴德、阿格拉、阿里格尔（Aligarh）、埃塔瓦（Etawah）、迈恩布里（Mainpuri）、向东南方向远至阿格拉以东的埃塔（Etah）。[9]

从地图上看，诸场暴动似乎是由德里向外泛起的层层涟漪，从而形成一个个同心圆。皇帝巴哈杜尔·沙二世及其治下复苏的莫卧儿帝国，此时成为诸多心怀不满的个人、团体和运动的一切迥异期许及宏愿的聚焦点，最终波及印度北部各地的穆斯林和印度教徒。但凡哗变将士起事反抗英国主子，几乎都

会奔赴德里。让英国人瞠目结舌的是，并非所有的哗变将士均采取暴力的方式，反而

> 未滋扰甚至未侮慢英格兰长官，他们……平静而坚定地宣布自行退役，不再为东印度公司效力，将作为德里之王的臣民应征入伍。在若干实例中，他们甚至还向长官施礼，表现得毕恭毕敬，进而迎向这场抗争的众星环极之所，以壮大叛军的队伍。叛方即将在印度斯坦的伊斯兰教首都向我方开战。[10]

鉴于此，当时莫卧儿王朝与英国统治的未来在很大程度上取决于德里发生之事。德里野战部队开始循着北疆商道"隆隆"作响地缓缓南行，此后不久，弗雷德·罗伯茨写信给母亲道："全印度的命运仰仗于我们的胜利。最终是否会落得折戟沉沙，天晓得会发生什么。"[11]

就英国人而言幸运的是：事实证明，并非所有的英军指挥 197 官都像安森、威尔逊和休伊特那样迟钝无能。

约翰·劳伦斯爵士身处于拉合尔的旁遮普首席专员行署，他可谓龙精虎猛。5 月 13 日上午，心怀不满的四个印裔团迅速被解除武装，其间英裔炮兵在练兵场的另一边操控十二门大炮，炮口指向印度兵，炮弹入膛蓄势待发。前一夜，为免印度兵生疑，一场团部舞会按计划举行。一名军官在日志中记述道："我们忍泪吞声、强颜欢笑，十分和善地把这一晚应付过

去。半数女士未到场，在场的人几乎掩饰不住内心的焦虑。"[12]

与此同时，在西北方更远处的白沙瓦，5 月 11 日夜间德里的电报一经送达，印度最激进好斗的两名福音派官员赫伯特·爱德华兹和约翰·尼科尔森便碰头筹谋。英方的对策是组建一支强有力的机动纵队（Moveable Column），其成员以非正规部队为主，可对旁遮普地区施加威慑以胁迫其乖乖就范。爱德华兹于 5 月 12 日致函约翰·劳伦斯道："纵队须即刻出征。此种不满情绪绝不能单凭言辞驳倒，非把它镇压下去不可——血流得越早，血流得越少。"[13]劳伦斯同意。四天内机动纵队就于杰赫勒姆（Jhelum）组建而成，可随时向各个方向火速出动。反对东印度公司的抗争无论爆发于何方，英方都准备镇压。[14]

尼科尔森还有另一些更加残暴血腥的点子，他未禀告上司，但后来随着德里大规模屠杀的更多细节显露，他才向爱德华兹表达那些想法。尼科尔森提议，他们联名提出"一项法案，以将谋杀德里（英国）妇孺的凶手活活剥皮、施刺刑或火刑……犯下那般暴行的凶手仅被处以绞刑，这主意气得人七窍生烟……如果我有办法，绝不会眼睁睁地看着单单施绞刑，就轻饶那等恶魔"。对于尼科尔森的点子，爱德华兹不为所动，因此尼科尔森称，爱德华兹若不肯帮他，他就独自谏言：

关于对谋杀妇孺的凶手施酷刑一事，倘别有切当之法，我认为我们不该只因那是当地习俗，就予以遏抑……《圣经》教导我们，应按罪过之轻重施以鞭刑。再者，倘使绞刑足以惩罚那帮兔崽子，那么它对普通哗变者来说就太重了。现若任我处置彼辈，我会十分心安理得地科以我所能想到的最痛不堪忍的酷刑。[15]

从原则上讲，约翰·劳伦斯绝非嫌恶强硬措施。他身为托马斯·梅特卡夫爵士在德里时的前副手，因吃苦耐劳、行事高效的隽誉而扶摇直上，由东印度公司文官一职步步高升。约翰·劳伦斯禁止属下军官赴山中避暑，而且尽人皆知的是他对荏弱之夫"糕饼人"——除去大概喜好糕饼外，还热衷于风雅之事[16]——不以为然。听说手下一名低级官员把一架钢琴搬至其所寓居的旁遮普平房，劳伦斯愤然道，"我会替他砸烂钢琴"，让他"在五年间，从旁遮普的一头到另一头搬五次家"。[17]劳伦斯手下一名长期受罪的官员听闻此故事，随即评叙道：

> 我从加尔各答带来一套漂亮的餐具，岂料被竭力劝说，切莫让人得知此事，以免我也被从一个地方到另一个地方踢来踹去，直到整套餐具碎个稀巴烂……他（指劳伦斯）是粗暴鄙俗之人……（他心目中）地区专员的典范，是一个蹬靴穿马裤、心如铁石、工作狂似的男儿，那男儿差不多住在马鞍上，要整日工作且几乎日日通宵达旦，只要有条件便可随时随地吃喝，还不受亲情羁绊，没有妻小束缚，而其全副家当只包括一张行军床、大约一套怪异的桌椅，以及可悬于一峰骆驼上的一小箱衣物。[18]

约翰·尼科尔森本人与上述描述完全吻合。即便如此，此二人的关系也很紧张，因为尼科尔森不惯于听命——更别说受诘责——于任何人。一名青年军官把他描绘成：

199

> 仪态威严，身高约六英尺二英寸，蓄长鬓髯，深灰色
> 双眼、黑瞳孔，兴奋时瞳孔放大，犹如虎目灼灼，（还
> 有）一副呆板的面庞，脸上不曾掠过一丝微笑……坚定
> 的责任感让尼科尔森绝口不提"慈悲"二字……（而且）
> 他享有印度最佳剑客之美誉。[19]

尼科尔森是个寡言少语、单子独立的阿尔斯特新教徒。据传在担任驻拉瓦尔品第（Rawalpindi）的地区专员（District Commissioner）期间，他曾亲手将当地一个强盗头目斩首，然后把那人的头颅搁在书桌上当作纪念品。[20]此外，他寡言少语。档案馆藏有一则颇有代表性的短笺，是他写给劳伦斯的书函，全文如下："长官，我刚击毙来杀我的人，谨此奉告。您恭顺的仆人，约翰·尼科尔森。"出于不明原因，尼科尔森赋予一个完整的宗教教派"尼科尔辛派"灵感，被此教派成员视为毗湿奴的化身。平日里只要教派信徒敛声息语，尼科尔森便予以容忍，但如果"他们膜拜或开始诵经，则会被带走接受鞭打"。惩罚一成不变："用九尾鞭（cat-o'-nine-tails）鞭笞三十六下。"[21]

即便——又或许部分是因为——有此种令人费解的崇拜，尼科尔森以满腔怒火厌弃印度（"我对印度及其居民的嫌恶之情与日俱增"），认为唯有阿富汗人较之更卑劣[22]，尼科尔森在 1842 年阿富汗战争的灭顶之灾期间被俘并被囚，前述观点在那之前就已形成。当时尼科尔森获释后，偶然撞见亡弟的尸身，其外生殖器被砍下且被塞入口中。尼科尔森对阿富汗人的恶感——确切说来，是对任何国籍的印度人和穆斯林——已然固化：他自称只感觉"一股强烈的恨意"。[23]他立志在这片异教

徒的蛮荒之地扩张英国人的基督教帝国（Christian Empire）的版图，唯此志愿，才令他留在东方。岂止如此，在阿富汗战争的腥风血雨中生还让他怀有一种近乎救世主式的使命感：如果说万军之主耶和华（God of Hosts）救了他，而那么多基督精兵皆殉难，那么必是为了让他实现上苍的某个更崇高的目标。

　　从某种程度上而言，正是由于这种救世主式的倾向，即便是在最好的光景，上司亦须小心应付尼科尔森，故而坦诚直率的劳伦斯未见得是这差事的最佳人选。上一年，劳伦斯给尼科尔森派去一名英印混血的部下，借此"羞辱"他，尼科尔森随后的反应是：扬言要杀了劳伦斯，或者照他的话说是"实施正当杀人……个人如同国家一样，各自享有权利"。正如尼科尔森致函爱德华兹所言：

　　　　因此作为个人，我对劳伦斯有同样恰当的宣战理由（casus belli），一如英格兰作为国家向波斯或中国宣战一样……整个旁遮普地区众目昭彰，我认为他令我蒙耻……同样处境的人若敢于更频繁地替天行道，我确信世间会少一些不公与压迫……至于说"祈求神的恩典宽恕他"，我做不到。那将是彻头彻尾的伪善：口中道出那番言辞，心中涌现的情感却大不相同。[24]

就像一个观察员所述，尼科尔森或许"正是暴力的化身"，然而他近乎精神病态的脾性，对于应对眼前的危机却再适合不过。当"安森"们和"威尔逊"们疲沓游移之际，尼科尔森迅即开始四面出击、围追堵截，解除诸团印度兵的武装，镇压兵变，进而绞死诸渠魁。尼科尔森舍弃对哗变者施以"炮决"

之刑的惯常做法，他摒弃这一由来已久的莫卧儿做派并非出于
慈悯，而是因为他认为："此举耗费的火药，或许能更有效地
物尽其用。"[25]他的行为迅速成为维多利亚时代传奇的来源，但
由于他本人的信札及急件是记载他的诸多作为的唯一史料，所
以无从梳理、难以去伪存真：据说他从不睡觉，浑身是胆；还
说他几乎单枪匹马地突袭阿塔克（Attock）堡垒；仅率一小队
帕坦非正规军（Pathan irregulars）就歼灭几个团的哗变印度
兵；还有一次，他一剑挥下，硬生生把一名男子劈成两半，事
后只评述说"那银剑不赖"。[26]尼科尔森赶尽杀绝、不留活口。
身为其麾下机动纵队的成员，一名军官无意间听到如下的简短
交谈：

201

"杰克，将军在此。"

"何以见得？"

"哟，瞧那儿，有他的印记！"

战友被告知要放眼瞧的"那儿"是一对绞架。每个
绞架都"装饰"有六名被施绞刑的哗变者，近旁还有几
辆牛车，载满造反的印度兵，他们正等待受刑……尼科尔
森绝少在军事法庭审案。

约翰·劳伦斯爵士致函尼科尔森，要求他"恢复军事法庭审
判，开审当地反叛者，随附清单写明需科以的各种刑罚"。
尼科尔森誓与敌不共戴天，他只是送回此急件，在背面赫然题
写几个大字："哗变当以死罪论处。"[27]

开赴德里的路途中，尼科尔森继续枕戈坐甲、昼警暮巡。
5月中旬的一个炎炎夏夜，在贾朗达尔（Jalandhar）附近的一

顶帐篷食堂里，一群隶属于尼科尔森麾下机动纵队的英国军官饥肠辘辘地坐等晚餐。原本预计一个小时前端上餐食，但一名被派往炊事帐篷的传令兵带回消息说，会稍迟些开饭。最终，身材高大、面貌粗犷的尼科尔森大步流星地走进来，清了清嗓子以引起同席者的注意，他致歉道："诸位先生，抱歉让大家苦等晚饭上桌，可我一直忙着绞死你们的厨子。"

据尼科尔森称，透过手下密探，他发现团部炊事员刚才在袍泽的餐汤里掺入乌头。他起先要求炊事员们尝一口汤，却遭到拒绝，他随即把热汤强行灌给一只倒霉的猴子。猴子前翻后滚，几秒钟后就断了气。正如在场的一名军官所述，数分钟内，"我们团部的炊事员都被装点于邻近的一棵树上"。[28]

这般波谲云诡的时期，另一位脾性相似的英国军人亦崭露头角。

1857 年之前，威廉·霍德森曾被大多数同僚视为害群之马。千伶百俐的霍德森是教士之子，与大多数同时代的驻印军人不同的是，他曾在剑桥大学三一学院（Trinity College）接受过大学教育。其兄弟是一名教士，据他称，书本往往会令霍德森头痛，霍德森对自己身为"基督精兵"的天职感兴趣得多。[29]

一位相识者描述霍德森道："黄头发的高个儿男子，面庞苍白光滑，胡髭浓密，一双大眼睛颇不近人情，眼神焦躁不安。"[30]其他人也谈到他冲动甚至鲁莽的秉性，以及他作为"完美无缺的剑客"之身手。霍德森抵印度时，正赶

202

上锡克战争（Sikh Wars）的硝烟弹雨，他扶摇直上成为驻阿姆利则（Amritsar）地区专员，继后赴西北边境走马上任，出任优素福扎伊（Yusufzai）部落地区的代理副专员（Acting Deputy Commissioner）兼新先导兵团的副官。他的失宠同样猝然。1854 年的一项调查称，霍德森滥用并挪用团部资金，犯有贪腐罪、伪造账目罪和重大过失罪，随后他被解除指挥权。他当时写道："我的失势完完全全、彻彻底底。"[31]

后来，多项控罪均宣告不成立，但风言风语继续在他身边流传：关于未经审判就非正当地禁锢一名优素福扎伊部落首领及其 12 岁的儿子，此外还蹊跷地诛杀一个放贷者，据信该人曾借钱给他。[32]据说，他正与"辖区的大部分帕坦人及阿夫里迪部落民（Afridi）"结下私怨，而且他这个人亦不受手下士卒欢迎。[33]故此，他继续背负极不光彩的名声，许多人赞同军医爱德华·黑尔（Edward Hare）的观点，认为他太恣睢无忌，无法成为一名好军人，真的"只适合带领意大利强盗"。约翰·劳伦斯之兄亨利曾是霍德森的靠山，起事爆发前不久的 3 月 21 日，亨利实际上已对霍德森撒手不管，他写道："我怀疑目前是否有人能帮你。"[34]

起事爆发时，霍德森仍在竭力敦促展开正式的公开调查，以裁定涉及他的所有不利指控罪名不成立。然而一如面对新的危机，尼科尔森的腾达势不可挡一样，霍德森的活力、冷酷无情和那股"没皮没脸"的自信，亦令他迅速引起总司令的注意，没过多久便成为安森帐下幕僚中的红人。起事爆发后五天内，他就被任命为助理军需总监（Assistant Quartermaster General），获准招募锡克非正规骑兵（Sikh Irregular horse）以

203

组建自己的小型私人军队，"效力于情报部且作为一支私人护卫队"。几天后，霍德森于主力军前方侦察时，在卡尔纳尔——他与该地的一群德里难民同栖共宿，其中包括安妮·詹宁斯的未婚夫查理·托马森以及瓦根特利伯全家——接到安森传来的消息，称霍德森麾下军队要被扩充为一整支新的非正规骑兵团，该兵团以他自己的名字被命名为"霍德森骑兵团"。[35]

霍德森的首批任务之一是与一支小型锡克骑兵护卫队一起，骑马穿过动荡不安的乡野前往密拉特，与当地坐困愁城的诸团重新建立通信联络。霍德森凭借非凡的骑行能力完成该项任务：5月21日晚9点动身，次日拂晓时分到达密拉特。霍德森把消息传达给威尔逊，还发现另一位将军休伊特"陷入六神无主的痴愚状态"。霍德森沐浴、用早膳，还睡了两个小时，随后径直返回卡尔纳尔，不得不杀出一条血路以闯过最后30英里，他于23日在安巴拉跟安森碰头。暑热最盛时，两天时间行程250英里。当夜他再次折返卡尔纳尔，并于次日晚给妻子写信道："五晚只有一晚睡在床上，我颇感劳顿。"[36]

像尼科尔森一样，霍德森很快就因省却与法律有关的细节而声名在外，尤其是在对待自己所俘获的每个哗变的印度兵之时。霍德森于5月16日写信给妻子道："人们倾向于以悯惜之心对待这些反叛的印度兵，这份慈悲心放错了地方，终将贻害无穷。"稍后他更不讳言地解释道："我立时击毙他们，绝不让手下士卒留活口。"[37]霍德森因以杀戮为乐而恶名昭著。属下一名军官写道："他是个出色的剑客，来者必杀，从未失手。对于这些反叛者当中的最骁勇悍戾之徒，他过去常常加以要

弄，那法子堪称完美。我想象此刻的他：或笑盈盈，或纵声大
204 笑，格挡最骇人的攻击，仿佛掸苍蝇一般镇定自若，时刻都在
大声吼嚷：'唷呵，这下再试试。''那算啥？''你自称剑
客？'如此等等……只要有一场酣畅淋漓的激烈混战，他就像
国王一样快乐。"[38]

　　没那么戏剧性而最终更值得关注的是：霍德森以行动证
明，他是个心狠手辣、手眼通天的情报机关领导人。一名对他
钦慕有加的军官特别指出："他甚至一向知道反叛分子正餐吃
什么。"[39]在进军德里途中，霍德森招募名叫拉杰卜·阿里
（Rajab Ali）的独眼大毛拉出任其首席助手，此人先时担任锡
克诸邦政治专员（Political Agent）乔治·克拉克爵士（Sir
George Clerk）的门士首领，继后曾和亨利·劳伦斯爵士一起
横穿旁遮普。[40]

　　拉杰卜·阿里随即设法进入德里，在城内建立铺天盖地的
密探及告密者网络：从信奉印度教的一流银行家和莫卧儿崇英
派贵族，到英国前官员，再到瓦根特利伯手下一名《德里公
报》前审校编辑，各色人等无所不有。最引人注目的是，他
千方百计地把哈里亚纳团的高里·尚卡尔·苏库尔参谋长招募
为线人。该线人身为最显达的印裔指挥官之一，不但充当内
奸，指控其他数名完全清白无辜（往往十分杰出）的印裔军
官从事间谍活动和通敌，借此分裂印度兵委员会，而且定期提
供至关重要的连串战略情报。拉杰卜·阿里还迅速跟吉娜塔·
玛哈尔、扎法尔手下的宰相阿赫桑努拉·汗大夫以及宫中亲英
派系建立联系，该派系以法赫鲁王子的崇英派岳父伊拉赫·巴
赫什亲王为首。

　　霍德森的间谍网络在城内的核心人物，是常驻代表处肥硕

的门士首领吉旺·拉尔，尽管他幽闭于家宅的地下清凉屋暗处，却很快成为城郭内最重要的英国情报特工：每日差遣"婆罗门和贾特人各两名从各方打探消息，以掌握叛军的一举一动，所涵盖的范围包括街巷阡陌、红堡、诸城门，如此等等，事无巨细一一记录，以供我的主子们参考"。[41]据吉旺·拉尔本人的日记所载，早在 5 月 19 日他就接获指示称，务必留于城内，须从一个"乔装改扮成托钵僧①"的蓝眼睛欧洲人那儿搜罗谍报。

此人身穿一件泛红（gairwa）的无领长衫（kurtah），穿着好似名为"萨特"②的印度教托钵僧，脖子上挂一串圣罗勒（Tulsi）珠链，额头绘有"罗摩难陀教派"（Ramanandi）标志。只不过他的眼睛是蓝色的……脸上还有一些像"印度黄"（peori）那样的微黄涂料。他告诉我说自己在贝拿勒斯生活了很长一段时间，洞晓梵语，深谙乌尔都语，所以没人能从言谈里识破他……他坐了两个小时，直抒己见、娓娓道来，还谈到反叛分子的蒙昧愚痴。

他从腰布——像婆罗门一样裹着长腰布——的褶层取出数封书函……随附让我转呈给贾杰切尔、巴哈杜尔格尔③和伯勒布格尔④诸首领的训令……他建议我（留在城

205

---

① faquir 或 fakir，苏菲派圣徒、苦修士或云游四海的穆斯林苦行者（字面意思是贫困者）。

② sadh，印度教的一神教派信徒。——译者注

③ Bahadurgarh，哈里亚纳南部城市，位于德里以西。——译者注

④ Bullubgarh，同 Ballabhgarh，哈里亚纳法里达巴德区的一个镇。——译者注

内）……提供叛兵方面的此类消息，这些消息政府或能派上用场。他补充道："况且，我们自己的人会来找你，以便从你那儿带走消息。"

最难的是经由公路或穿过城门通行的人们，都被反叛分子仔细搜查，就连裤子和鞋子也被逐一细搜。若搜到什么，当事人便会被处死。若发现那人是报信者，发信人的屋宅便遭洗劫，发信人绝不会被叛兵饶赦。然而我送出的信函……经由假扮成叫花子的家仆传递，我允诺给予颇为慷慨的酬金以酬功报德……①[42]

206　来自此类间谍的数千张便笺得以在印度国家档案馆的《兵变文献》里保存下来，其中很多便笺经由跑腿者——乔装改扮为娑度（sadhu）或托钵僧——网络被带出城。便笺所涉及的内容，从对叛军阵地——炮位、兵营、供水、各团弹药库和军械库——详尽冗长的分析到反叛分子所面临的问题，例如火帽短缺所引发的问题，再到印度兵各团之间的争执和分歧，不一而足。上述便笺中包括很多细碎文献，它们经过巧妙裁剪以便缝入鞋和衣裳，用微小的字母书写而成，对迫于眉睫的攻击进

①　近来一些学术性的后殖民时期作品，揶揄关于"欧洲人伪装成印度人、实则充当间谍"的观点，还驳斥此类断言——后成为许多维多利亚时代小说的题材——是"异想天开"，譬如参阅 Gautam Chakravarty, *The Indian Mutiny and the British Imagination*, Cambridge, 2005, 尤其是第五章"反暴动与英雄主义"。但就此事而论，我们似不能理直气壮地对吉旺·拉尔本人的日记质疑，因为在其他方面，它亦看似是一份可靠而无懈可击的文献，虽则有些阿谀奉承。参见 *A Short Account of the Life and Family of Rai Jiwan Lal Bahadur, Late Honorary Magistrate of Delhi with extracts from his diary relating to the time of the Mutiny 1857 compiled by his son*, Delhi, 1902, p. 30。

行警示，并且告知攻击预期发生的时间和地点。便笺还就如下问题提出建议：如何增进炮击的有效性、如何充分利用防御工事的薄弱点，以及如何破坏舟桥。[43]

事实证明，并非所有资料都精确可靠。对于城内的绝望和不满情绪之规模，密探动辄夸大其词，英国金主想听什么，他们就告禀什么。霍德森和共事的英国情报军官很快就有所觉悟。但在接下来的数月里，英国人从都城获取的谍报数量之大，叛军阵营的谍报之匮缺，确实是影响德里争夺战战果的决定性因素。诚如高级城市警察赛义德·穆巴拉克·沙后来所述："事实上，关于英军兵力及英方阵地的情况，叛军未能掌握真正靠得住的情报，叛方亦无坦诚的间谍可依仗。"[44]

到6月第一周之始，霍德森率领德里野战部队沿着北疆商道南行，似蜗行牛步般由卡尔纳尔向德里进发。60岁的将军亨利·巴纳德爵士（Sir Henry Barnard）是德里野战部队的新指挥官，他听从约翰·劳伦斯爵士的劝告："立即行动，与任何一队欧裔官兵一起挺进该地点，危险终将消弭。迁延时日，其势必将燎原。"[45]巴纳德现有一支规模适中的、可听候差遣的军队，该军队约由600名骑兵和2400名步兵组成，由大约50门大炮和野战炮所组成的小型攻城炮列提供支援。

霍德森率麾下非正规骑兵团于主力纵队前方行进：在前侦察，料敌于先，以免中埋伏。有一回，霍德森骑马登上德里赛马场（Delhi Race Course），已远至被焚毁的军营上方才遇见叛军哨兵。[46]与此同时，尼科尔森奔忙于西北边境，召集应征入伍的锡克及帕坦非正规骑兵，以助于取代哗变所流失的印度斯坦官兵。①

　　不多久，霍德森与尼科尔森就会携手将英国人"膺惩"的熊熊烈焰，燃至巴哈杜尔·沙治下新独立的莫卧儿帝国皇都德里的城门。

　　扎法尔通过展开巡游来庆祝 5 月 12 日的下午。巡游于德里各处，一向是扎法尔情有独钟且最行之有效的手段，以仪式性地宣告和维护君权。5 月 12 日这一天，亟须宣告此君权。

　　前一天，除去成群结队的劫掠之徒外，德里大街小巷阒无一人。查希尔·德拉维写道："情势仍然很糟糕，一伙伙盗贼拎着空口袋，洗劫所能闯入的所有体面市民的屋宅。"

> 他们挑选豪门富户的宅宇，言称有贵妇人潜匿于此宅，或称有大人们在彼宅，以此煽惑暴徒。一闻此言，一伙伙暴徒就在印度兵的带领下，气势汹汹地冲进宅子。转瞬间，就见城市的乌合之众肩扛或手提搜罗来的各种赃物，离开那一片颓垣碎瓦。47

数名处尊居显的莫卧儿贵族被粗暴对待，深宅大院也被洗劫一

---

① 事实证明，锡克人格外热衷于应募从戎。原因在于，虽然他们自己跟英国人打过两场大仗，最近一场仗也只不过发生在 1849 年，但是他们对莫卧儿人的宿仇旧恨，重于他们对英国人或曾怀有的任何嫌恶之情。莫卧儿人曾戕害两名最伟大的锡克教古鲁：1606 年古鲁阿尔琼·德夫（Guru Arjan Dev）殉难，1675 年古鲁德格·巴哈杜尔（Guru Tegh Bahadur）殉难。当然，德里遐迩闻名的财富亦具诱惑力。

空，其中包括德里什叶派社群有权有势的领袖哈米德·阿里·汗（Hamid Ali Khan），他被控窝藏欧洲人，还被拽上朝堂。扎法尔不得不出面干涉，令其免遭处决。[48]前一日的火灾致使都城大片地区仍在燃烧，此时的红堡容纳了众多印度兵，他们遣派己方卫兵把守宫门。据穆罕默德·巴卡尔大毛拉所载，"现今皇宫似一座军营"。[49]

最先蒙受暴行祸害的是小大日巴（Chota Dariba）的珠宝商、借贷业的商人族群以及著名布商，声名远扬的德里甜食制造商亦在其列，他们的美名显然传至阿瓦德和比哈尔，因为据新闻撰稿人春尼·拉尔（Chunni Lal）所载，"在城中各街巷里，步兵部队强行闯入甜食商的店肆以实施抢掠"。[50]放贷人那罗延·达斯（Mahajan Narayan Das）的宅宇遭劫，全副家当被一扫而空。一个名叫莫罕·拉尔的珠宝商被印度兵绑架并被置于枪口下，直到给印度兵两百卢比，算是破财挡灾。[51]

娼家女子同样易受攻击，数座宅院陷入成群军人的重重包围，至少一名娼家女被劫持：舞姬曼古洛被掳走，还被印裔骑兵鲁斯塔姆·汗奸污。[52]德里市民时而还击，据春尼·拉尔记载："步兵和骑兵对那伽尔塞特大街（Nagar Seth street）发起攻击，意在暴取豪夺，但居民闩闭诸门，用碎砖袭击士兵，将之击退。"[53]其他地方的城镇居民亦以暴代法、私自治罪，例如在豪兹卡吉区（Hauz Qazi），"一些印度兵与封闭社区住户之间"爆发一场骚乱。[54]

间或，愤怒的民众寻获仅余的某一伙基督教徒幸存者，硬生生将之从藏身处拽到警察局，幸存者在该处被如期处决。12日上午的遇害者当中有德里学院博学多识的院长弗朗西斯·泰勒（Francis Taylor），他试图乔装脱逃却被发现，众人二话不

208

说，立即将他打死于街上。稍后，伊丽莎白·瓦根特利伯的酒鬼堂兄约瑟夫·斯金纳（Joseph Skinner）被从自家哈维利带走，他在警察局被私刑处死，进而斯金纳府第被抢个底朝天。很多受害者仍姓名不详，在春尼·拉尔的叙事中，一段典型记事表述了原委：

> 四名欧洲绅士被窝藏于商人穆罕默德·阿里（Muhammad Ali）之子穆罕默德·易卜拉欣（Muhammad Ibrahim）的屋宅，骑兵听闻此事，便去该处杀死欧洲人并抢劫屋宅。一名欧洲女子打扮成本地人，前行于埃伦伯勒水塘（Ellenborough Tank）附近，遭骑兵杀害……两名欧洲绅士装扮成本地人，前行中在警察总署前遇害。[55]

209

依穆罕默德·巴卡尔大毛拉看来，不费吹灰之力便能置英国人于死地，此中存在某种神迹般的东西，他在《德里乌尔都阿克巴报》中写道："英格兰人仍被陆续发现，亏得有天授神武，他们被轻易制伏。彼辈狂妄自大，招致天谴神罚。英格兰人现在蒙受看不见的力量打击，原因在于他们对伊斯兰教怀有敌意，以及对意图毁灭伊斯兰教信仰之作为的支持。"[56]

除去把基督教徒定为攻击目标外，暴动后数周来，声势浩大、此起彼落的暴力事件所彰显的爱国主义或民族主义精神却少得惊人。起初的军中兵变，打开分歧与冤屈——涉及经济、宗派、宗教和政治方面——的巨型"潘多拉之盒"（Pandora's box），然而暴力和报复行动既已开始，要予以遏止绝非易事。在此期间，很多印度兵无非是趁着纲纪废弛，不失时机地发财致富，很多德里市民亦如此。[57]

　　禀呈给皇帝的诉状纷至沓来，其中许多被留存于《兵变文献》。由这些诉状来判断，受影响最严重的当数德里的平民百姓，他们甚至没有门扉或哈维利高墙的部分保护。事实证明，城外贫民格外易受攻击，譬如吉申根杰和尼扎穆丁这样的郊区，该区居民发现自己不但成了来犯的印度兵的俎上之肉，而且成了周围乡村一伙伙古扎尔人的刀下活鬼。在起事的头几天里，于扎法尔面前乞请保护的最大代表团之一就来自帕哈尔甘吉西郊。他们称呼皇帝的措辞，满是莫卧儿老式尊衔——扎法尔被称为"哈里发之冕"（Throne of the Caliphate）和"世间苍生的救星"（Refuge of the Inhabitants of the World），但所呈递的诉状却显露出该政权彻底无能的事实：

　　　　我等贫苦草民，斋辛格普拉（Jaisinghpura）和沙甘吉（Shahganj，亦称帕哈尔甘吉）的居民，聚首叩觐"与真主之光交融的大师"（Luminous Presence），自古以来，我们的聚落一直依傍皇家禁苑（Royal Estate），但如今，印度兵走出阿杰梅尔门欺压店主，不付分文就强抢货物。部队将士闯入不名一文的贫民屋舍，寻见什么便拿什么，就连绳床、餐具和成堆的柴薪也不放过。每当陛下卑微的仆人乃至我们最德隆望尊的居民，就自身所陷的悲凉苦境，前去哀告印度兵，印度兵只是以枪炮和刀剑恐吓他们。我们遭受部队将士剽掠，可谓上天无路、入地无门，故此向陛下呈禀这一纸诉状，望圣上把正义慈悯的目光投向我们，还望给印度兵颁一道谕旨，让他们别再来讨是寻非。在仁君圣主的支持下，我们方可太平度日。万乘之主啊，愿繁荣昌盛、万耀千荣的骄阳，因你之故熠熠生辉！[58]

210

抵临红堡的另一个大型代表团，是由都城的食品销售商和谷物零售商组成的，他们诉苦称，尽管存货尽被攫夺，但部队将士未付"一派士（pice），商人悉遭恐吓和毒打"。[59]彰明较著，皇帝没能力救助任何请愿者，事实上就连红堡堡墙内的大篷顶集市的商贩，朝廷也是不得不颁布特别的命令予以保护："倘有印度兵抗命不从，军官应立即上报。"[60]印度兵还抢劫阿杰梅尔门外的皇帝御用制冰厂，无谓地销毁红堡的储备冰。[61]甚至连皇家信差（harkara）也抱怨说遭到印度兵袭击："他们来到我们的屋舍闹事，还抢掠家当。"[62]

城外乡间的形势越来越糟糕。扎法尔曾遣若干骑士向阿尔瓦尔的王公（Raja of Alwar）讨要救兵和援助，古扎尔人却在梅赫劳利外围的路上袭击了他们。诸骑士赤身露体、遍体鳞伤地回来，禀称古扎尔人"抢去他们的马、衣服和钱财，夕人夺走皇帝的书函且将之撕碎，然后又把碎片放回他们手中"。[63]

211   扎法尔传召若干处尊居显的朝臣进宫，商酌可采取的措施，以期遏止城内的劫掠恶行、拨乱为治。扎法尔坐在银御座上召见群臣。1842年总督纳贡典礼被停止，自那时起，银御座就被闲置，此时被搬出来擦得锃亮，安放于私人谒见厅。

几已别无选择，朝臣便决定：皇帝应骑坐在象背上出巡，贾旺·巴克特王子坐于陛下身后，"一个团的步兵和携一些枪炮、特别武装的御用家臣，以及一队乐师随行"，穿过阒若无人、烟雾腾腾、遭劫被掠的都城，力求给长街短巷带来和平。巡游队伍伴着鼓声，穿行于大小集市，皇家公告被宣读："吾国已复归吾皇所有"，以及扎法尔收回自古以来理应归其所有的至高无上的权威，现须停止劫掠，店肆亦须重新开业。此外，莫卧儿王子"乘象前往各警察总署，发布公告称，凡被判抢劫罪之人，均以割鼻削耳惩处”。[64]

扎法尔离开皇宫时鸣放 21 响礼炮，归来时再鸣放 21 响礼炮。但事实证明，此巡游与扎法尔惯于展开的巡游大相径庭。在彼巡游中，巡游队伍会停下来，让臣民上前向皇帝呈献象征性的贡品以示效忠。然而时过境迁，

> 挨门挨户的哭喊声与请愿声，扰得皇帝心烦意乱，这些声音现来自：遇害的欧洲人之仆佣、商铺遭劫的店主、屋宅被破门而入的上等阶层人士。大家都指望皇帝速即匡时济世。所到之处，众人哀恳皇帝遏抑蔓延至都城各处的横抢武夺之恶行。[65]

扎法尔于当晚召集大朝会。“一份行云流水、满纸云霞的波斯语敕令（rubakari）”，号召印度兵各团全体印裔上尉，对手下士卒的恶行严加管束，言称“此般事态极不合宜”，既已恢复莫卧儿人的统治，就要光复一个“其他国王和君主皆单膝跪拜以敬候称臣”的王朝。[66]诸军官洗耳恭听，但不到一小时，另几连的印度兵现身于朝堂大声抱怨，因为粮店拒不开业，他们在城镇里弄不到吃食，还毫不客气地叫皇帝给他们找些东西吃。

212

> 疏忽于指令的倨傲语调，忘却体现皇帝尊严的高调措辞，他们以这般不敬的言辞称呼他：“喂，你这个大王！”“喂，你这个老伙计！”“听着！”一人嚷喝着抓住他的手。“听我说！”另一人边说边摸老皇帝的胡须。他们的行为让他怒火中烧，但他无法阻止此番放诞无礼的举动，便在

仆从面前哀叹自己时运不济、命途多舛，唯此聊以自慰……

　　这一整日变故频频，他心劳意攘、惶惑畏怯，竟发现自己落得此般田地，沦为某些人的傀儡。忆往昔，那些人奴颜婢膝地听命于他，还求之不得。思今朝，在覆灭与暴动中，不服从的精神盛行于都城各阶层，他们便恬不知耻地趁机嘲弄羞辱于他。[67]

如果说对于起事之前英国人强加给扎法尔的条条框框，从诸多方面来看，扎法尔都是一位理想的君主，他之所以能够以实则受软禁的身份扮作主人，催生一场文化大复兴，部分原因亦在于此。那么很快就愈渐明晰的是，他年事已高，神神道道，还不食人间烟火，甚至无从胜任战争领袖的角色。毕竟，他已82岁遐龄，缺乏精力和雄心，又不谙世故，确切说来，欠缺驾驭举事"猛虎"所需的干劲与决心。

　　相反，他如此人微言轻，甚至无法阻止印度兵把公众谒见厅①变为弹药库和炮兵宿舍，亦无法阻拦壁垒上的叛军卫兵不停窥视后宫闺阁。恼怒的后宫女眷频频诉愿，足见一斑。其所挚爱的庭园被破坏，他更是无力阻挠。在5月的大部分时间里，他再三催促，想让骑兵把马牵出御苑，却未成功。[68]

　　13日上午，扎法尔君临德里，再次试图多多少少地控制

---

　　①　Diwan i-Am，即 Hall of Public Audience。

局势。他踏勘前一日的毁坏时，发现多处仍在燃烧，意识到急
需灭火救灾，尤其是内部被毁的弹药库周围。毕竟，德里的许
多屋舍不过是由泥巴和茅草建造而成，就连更堂皇的屋宇也有
木制露台和穆沙拉比格栅。

查希尔·德拉维自告奋勇地去向警察局长求援，以图集结灭
火所需的人手。查希尔事后写道："我认为——但愿不会如
此——如果残余火药起火，那么转瞬间整座城镇就会陷入火海。"

> 警察局长差遣两三百名挑水夫，他也亲自来帮忙，我
> 们一起把弹药库及城镇周围屋宇的熊熊烈火尽数扑灭。亏
> 得我们及时采取行动。河畔弹药库里有堆积如山的煤和火
> 药，另有约两百门炮弹入膛、蓄势待发的大炮。多不胜数
> 的来复枪横七竖八散落一地，还有不计其数的手枪。我得
> 悉在两三天内，"蜂营蚁队"就搬走火药、枪支和大炮，
> 只留下炮弹。

> 就我等廷臣而论，这些日子危机四伏。我等皇家奴仆
> 头顶上时刻都悬着命运之刃，我不时被反叛分子围住，他
> 们还用手枪抵住我的胸膛。一日（指暴动后不久），我们
> 20 或 25 人与阿赫桑努拉·汗大夫一起坐在红堡的栈房里，
> 普尔比亚兵就在那时前来，他们把我们团团围住，掏枪喝
> 道："尔等异教徒！尔等都是秘而不宣的基督教徒！我们知
> 道你们在给英格兰人写信……"我们深感震惊，告诉他们
> 说，倘真如此，为何不开枪把我们就地正法——至少有个
> 了断，我们便不用日复一日地在这般压力下惶惶度日。他
> 们当中一两名军官尚算知情达理，亦能安抚其余人等。好
> 说歹说，他们总算离去，但我们都被吓得魂不守舍。

214

查希尔记述每日另有三四百名印度兵是如何来德里与纠合之众会合的，最终，来自印度斯坦各地的七八千人逐渐麇集于此。

> 他们侯服玉食，豪饮大麻拉茶①，吃最好的拉杜果仁酥（laddoo pera）；已然停止自己举炊，至于两餐，则以香喷喷的油炸包子（puri kachori）和蜜滋滋的甜食果腹；夜间高枕而眠……他们掌控德里、恣意妄为，我们呼天不应、叫地不灵。这恍若谚语式的"昏庸君主治下的黑暗之城"（andher nagri chaupat raj）。

> 如此波谲云诡，迅即让德里的平头百姓厌腻，他们祈求上苍令其摆脱这场不期而至的大灾难，把权柄交还到照拂子民的统治者手中。其间，反叛的印度兵和城中愤怒的民众一夜暴富，他们日进斗金，想抢谁就抢谁。他们当中一些人大发横财，很快就没有足够的地方存放赃物，于是把卢比换成金币，还把金币捆在腰带上。与此同时，德里的平民百姓渐被活活饿死，作坊一概关闭，店肆休业，人们无所事事而只得闲坐。[69]

德里城内这种无法无天的无政府状态的背景之下，纵然莫卧儿朝廷安弱守雌，却揽回一个世纪以来不曾享有的北斗之尊与政治身价。

① bhang，有轻微麻醉性的传统饮品，是以牛奶和香料掺放大麻制成。

自 1739 年波斯人洗劫城池以来，此时首次恢复每日朝会， 215
而且在印度斯坦各地，皇帝巴哈杜尔·沙二世再次被誉为
"擎天撼地的众王之王"（Mightiest King of Kings）、"天潢贵
胄"（Emperor son of Emperor）、"世袭苏丹"（Sultan son of
Sultan）。诚如《伟大的朋友》（Sadiq ul-Akabhar）所述："我
们谦恭地深深感谢真主，对他感恩戴德，他终结基督教徒的暴
政，恢复'真主在大地上的影子'、'神圣先知的代理人'
（Deputy of the Divine Prophet）尊贵'哈里发'陛下的施政和
管治。"[70]虽有此般虚比浮词来蛊惑人心，但在假象背后，皇室
已然分裂为互争雄长而分歧严重的诸多派系。

最热血沸腾、欣然接受起义的团体由五个有志无时的年轻
王子组成。暴动之日前，他们的前途一直看似暗淡无光：无论
贾旺·巴克特王子是否继承扎法尔的帝位，无论莫卧儿人是否
继续留在红堡，他们看似都注定要像"槛花笼鹤"一般，过
着虚摆排场、捉襟见肘的王侯生活。就他们这些人而论，这场
起义所展现的千载难逢的机会，可助人生腾达。这五人都立刻
抓住命运所展现出来的机会。

五名王子中有四人绝非天赋异禀，在宫中亦资浅望轻，
1857 年之前的宫廷记事（Palace records）中几乎没有他们的
身影。希兹尔·苏丹王子是扎法尔的第九子，为一个名叫拉希
姆·巴赫什·巴依（Rahim Bakhsh Bai）的宫妃所生的庶子。[71]
1857 年，时年 23 岁的他，以外形俊美闻名——岂止如此，迦
利布称他像优素福（Yusuf，即《圣经》中的约瑟夫）一般俊
美——有作为诗人和神射手的某些资质。他出现在莫卧儿宫廷
日志中，一次是：1852 年向父亲索要一头大象和一座位于梅
赫劳利的私邸，当即被拒。或许是因为他与失宠的法赫鲁王子

同声共气，而毋庸置疑的是，其妻跟法赫鲁王子之妻似乎一直是挚友。[72] 在宫廷日志中的另一次出现显得更加没有前途：1852 年 8 月，因殴妻一事，扎法尔当着满朝文武的面斥责他，就在那时，王子"扑倒在陛下脚边，央求陛下赦过宥罪。皇帝怒冲冲地打了他两三下，然后宥恕他，告诫他今后要与妻子融洽生活"。[73]

216　　　决心与反叛分子共命运的诸王子中的第二人，是法赫鲁王子的长子阿布·贝克尔王子，他是扎法尔在世的嫡孙中最年长的，亦是希兹尔王子的挚友。在 1857 年之前，阿布·贝克尔王子唯一出现在宫廷记事中是因 1853 年 11 月的一起枪击事故，他可谓自取其祸，失掉自己的一根手指。然而在起义期间，他迅速把失去的时间补回来，在所有皇室成员中，阿布·贝克尔王子似乎最快抓住新体制所呈现的契机，他如脱缰之马，放浪形骸：暴动后数日内，他便开始出现在向皇帝奏禀的呈文和诉状中，被控狎妓酗酒、鞭笞仆佣、毒打看守，以及随意攻击试图管束他的警察。[74]

　　　第三个王子愈加寂寂无闻，1857 年之前，关于巴克塔瓦尔·沙王子（Mirza Bakhtawar Shah）为人所知的仅限于：他是扎法尔的第十一子，为扎法尔与嫔御罕娃（Hanwa）所生的庶子，生于 1839 年，1852 年与法赫鲁王子之女成亲。[75]第四个谋逆不轨的王子是扎法尔的另一个孙子阿卜杜拉王子（Mirza Abdulla），他是扎法尔的长子①沙·鲁赫王子之子。沙·鲁赫王子卒于 1847 年。父亲死后，阿卜杜拉王子便与身为嫔御的母亲哈依鲁姆·巴依（Khairum Bai）离宫赴麦加朝觐，1853

---

　　① 原文如此，扎法尔的长子实为达拉·巴克特王子。——译者注

年 12 月由麦加归返，祖父赐他一匹上等的白色牝马以作朝觐归来的贺礼。此后的宫廷记事中全无阿卜杜拉王子的影迹，直至 1857 年 5 月暴动。[76]

第五个王子却与其余四人大相径庭，在起义的数月里，不论存在何种民政运作体系，此王子都能迅速确立自己实际上的首领地位。莫卧儿王子是扎法尔第五子，也是扎法尔在世的嫡子中最年长的一位。1857 年，时年 29 岁的莫卧儿王子只比摄威擅势的嫡母吉娜塔·玛哈尔小 9 岁，其生母名为萨拉夫·玛哈尔·赛义德妮，是贵族出身的赛义德（即圣裔），亦是扎法尔后宫中资深望重的人物。[77]

与其余四个反英的王子不同，起义前莫卧儿王子就频频出现在宫廷记事中，在朝中亦处尊居显。论及法赫鲁王子失宠，他是主要受益者：1852 年 2 月法赫鲁王子失势后，莫卧儿王子遂担任显赫之职——宫廷国务大臣（nazir）兼城堡监守，这实则令其成为宫廷主计长兼大内总管；他还接收法赫鲁王子的大部分财产以及由此产生的收益。[78]他之所以谋得高位，某种程度上是因为与吉娜塔·玛哈尔达成共识，事实上成为吉娜塔·玛哈尔的门徒。吉娜塔·玛哈尔不仅待他如友，而且协助他抗衡法赫鲁王子。宫廷日志中有一则有力的记载，言及莫卧儿王子就接替法赫鲁王子之职所面临的重重问题向吉娜塔·玛哈尔讨教，于是她劝告他："关于此事，莫惧莫畏。"[79]

莫卧儿王子的画像现存两幅。1838 年绘制的扎法尔加冕的肖像画展现了一个穿戴整套朝服、诚恳庄敬的 10 岁男童。[80]然而最发人深思的画像，是奥古斯特·舍夫特于 19 世纪 50 年代初——暴动前几年的某个时间——所绘的油画肖像。[81]该画描绘了一位英俊精悍、身轻体健的青年，他所穿着的飘逸的白色长袍，衬托出他的深色皮肤、棕色眼眸和一脸黑胡子。如果说舍夫特笔下所描绘的扎法尔是位慈眉善目、疲倦忧伤的老者，那么他笔下的莫卧儿王子截然相反：画中的青年焦躁不安、急性子、郁郁不得志，傲然瞪视着画框外，强压怒火，甚至还流露出一丝苦涩。

尽管他所佩戴的宝石与此套肖像画中其弟贾旺·巴克特及其父的一样多，但引人注目的是他的剑及尖利的匕首。从莫卧儿王子的面部表情来看，几乎无可置疑的是，倘有需要，他会使用那些武器。他有一种活力和入世的冲动，而其父恬静无欲、遗世越俗的神情，全然没有此种活力和冲动。他那种岸然神色和凛然之气在看似虚浮自负的其弟画像中同样无迹可寻。尽管如此，他眼中还是稍稍流露出一丝自馁神色，恰如扎法尔一般。

虽然文献资料只字未提印度兵抵临德里当日莫卧儿王子的行踪，但到 12 日上午，他与诸弟现身朝堂，一起"要求执掌军队的主要指挥权"。扎法尔听从吉娜塔·玛哈尔和阿赫桑努拉·汗大夫的劝告，拒绝该请求，辩称"他们年纪尚轻、经验尚浅，不足以担当此等职务，对（军人）的职责也茫无所知。结果，他们怫然不悦"。诸王子于次日与军官归来，"军队诸军官与他们一同奏陈此事"。扎法尔和阿赫桑努拉·汗大夫再次予以反对，扎法尔言道："你们不懂此项任务，当军官作甚？"但是，诸王子和印度兵力排众议，"所以在两天后（即 15 日），他们分别获授指挥权和御赐朝服"。经印度兵首肯，莫卧儿王子被授予总司令之衔。[82]

莫卧儿王子连同"同道"阿布·贝克尔和希兹尔·苏丹，可能在暴动前就与印度兵秘密接触过，后来吉娜塔·玛哈尔无

疑也坚称是这样。① 这有助于解释：莫卧儿王子何以如此快地
跟印度兵建立一种默契，宫中其余人等却因疑心而对印度兵若
即若离。不管怎样，从那一刻起，莫卧儿王子就干劲十足地投
身于公务，协同西奥·梅特卡夫之友兼救星穆恩·乌德丁·侯
赛因·汗——莫卧儿王子获任第二日便委任他为警察局长——
管理军队，并设法治理城镇。　　　　　　　　　　　　　219

　　《兵变文献》所包括的最令人吃惊的事之一，是莫卧儿王
子及其办公室开展的文书工作数量之多。该文献包含莫卧儿王
子下达的成千上万条命令，岂止如此，有几册记编里全都是这
些命令。② 单单汇编 60 就包含莫卧儿王子的秘书处所下发的
831 条命令。

　　引人注目的是，诸多关于 1857 年之事的印度民族主义记
事都臆断莫卧儿王朝的各个王子必是怠惰的纨绔子弟，此般认
识在大英帝国的史学家当中可谓普遍。莫卧儿王子通常被认定

---

① 起事结束时，吉娜塔·玛哈尔入狱，牢头爱德华·翁曼尼中尉
（Lieutenant Edward Ommaney）在 1857 年 9 月 30 日（星期三）的日记中，
记录这段揭露内情（虽则是露骨的利己）的对话："今天上午，桑德斯
（Saunders）下来⋯⋯与前王后吉娜塔·玛哈尔长谈一番，但所获情报跟
她提供给我的情报一样，即她、其子贾旺·巴克特和年迈的前国王都与
这场反叛毫无干系，而后宫嫔御所生的皇子莫卧儿王子和希兹尔·苏丹
以及皇孙阿布·贝克尔才是诸事件的急先锋。据她所知，先时无人图谋
造反，但上述三人除外，她直到后来才知晓此事。再者，年迈的前国王、
她本人和其子可以说是被幽禁。他们曾设法阻止皇室统领道格拉斯闯入
龙潭虎穴，在得知他负伤后，便送去食物，还捎话安慰他⋯⋯她还称，
哗变诸团抵城之前，她对兵变之事毫不知情。"参见国家陆军博物馆
（National Army Museum），6301-143，爱德华·拉康·翁曼尼上校（Col.
E. L. Ommaney）的日记。另外，很明显的是诸王子没有袖手旁观，他们
不仅等着迎接哗变者，而且确保红堡诸城门开敞。5 月 11 日德里诸团的
行动强烈暗示着他们在一定程度上预先跟密拉特哗变者通同一气，但从
其行动中压根找不到证据证明红堡诸王子在等待暴动并随时准备挂帅。

② 例如，参见汇编 57、59、60、61、62 和 63。

为怯懦无用的贵族，但是从国家档案馆馆藏的文献资料来判断，在支持 1857 年起义事业的所有人之中，莫卧儿王子堪称最龙精虎猛、埋头苦干的人之一。甚于旁人的是，莫卧儿王子对如下两点的重要性，似乎最为了悟：首先是为起义提供某种有组织的后勤支援，其次是一以贯之地管理德里。虽则结果证明，莫卧儿王子的施政罕能超越危机管理，也未能成功地把施政本身变成一股风行草靡的势力，以致他无从控制印度兵各团以及越来越多蚁聚于德里的自雇的圣战武士，但若说施政失败，肯定不是因为疏懒。

自第一周起，莫卧儿王子就接二连三地下达命令和号令：试图让印度兵搬出城、迁入井然有序的连串军营；派遣警察或禁军，以援救被劫的每座集市以及宅宇被袭的每个贵族；允诺向印度兵支付薪饷，而且筹措资金以发饷；为印度兵和德里民众寻获足够的食物；接受个别印度兵的陈情诉愿并予以处理；提供锹、铲、斧和沙袋，以修筑堑壕和防御工事；强制军方实施严格的行为准则，如未经允许不得搜查屋宇；展开交涉以管束城郭外的古扎尔诸部族；创建铸币厂，铸造带有扎法尔肖像的硬币；同样重要的是，力图感召日渐消沉的父亲并且管控诸兄弟。

以扎法尔的名义向印度全体王子和王公发出一封通函，它的幕后推手几乎无疑是莫卧儿王子。通函恳请诸君参与起义，呼吁他们效死输忠，理由是所有信仰都受到英国人攻击。此函特别提到英方禁止焚身殉夫的"萨提"习俗和允许改信者继承家业的法令，东印度公司对传教活动推波助澜，所谓的让关押于英方监狱的囚犯改信。通函载明："英格兰人是推翻所有宗教的人。你们要胸中有数，他们的目标是摧毁印度斯坦诸宗教……我现已坚信不移，倘使英格兰人继续留在印度斯坦，他们将……彻底推翻我们的宗教。因为英格兰人是（印度教徒和穆斯林）共同的敌人，（我们）应当勠力同心、奋勇杀敌……仅凭这一点，印度教徒和穆斯林的性命与信仰就会得救。"[83]

不过另有一份精妙绝伦的宣言，大概不是由莫卧儿王子或中书法庭创作，这份文书（相当错误地）被称为"德里之王宣言"（Manifesto of the King of Delhi），或者（由于它与扎法尔无关，更确切地）被称为"阿扎姆加尔宣言"（Azamgarh Proclamation）。与前述通函不同，此宣言的论调几乎与宗教完全无关，它所针对的是基础广泛的不同利益集团。岂止如此，这是起义期间所创作的最接近于民族独立宣言的文书。宣言的开首语定下调子，犹如战斗号角一般的檄文指出："在异教徒和奸诈的英格兰人的暴政与压迫下，印度教徒和穆斯林正遭毁灭。"宣言同时指出，"当前因宗教之故，我们跟英格兰人即将兵戎相见"，还号召"班智达①和托钵僧"与莫卧儿大军共襄义举。宣言的大部分篇幅专门用来控诉不平，怨称英格兰人对土地所有者课税过重，垄断文职部门及武装部队的"全部显职，独揽尊官厚俸"，并以廉价的英国进口商品充斥市场，迫使印度工匠失业。

某些史学家颇感快慰地找到一份出自 1857 年的稀见文书，它开诚布公地言及经济和社会苦情，于是他们把这份非同寻常的近代文书与红堡联系在一起，由此或许夸大了它的影响力和重要性。原因在于，它的作者实则是名不见经传又相当神秘的

221

---

① 　pundit，即学识渊博的大学者。——译者注

莫卧儿王朝王子菲罗兹·沙（Firoz Shah），尽管有可能是扎法尔之孙，但他仅于阿瓦德和勒克瑙作战，在起义过程中不曾踏足德里。或许部分原因在此，耐人寻味的是，他所提出的更世俗的议题在论调和内容上都独树一帜，可谓异于实情，虽则莫卧儿王朝皇都当时主要的苦情皆班班可考。[84]

如果说大部分王子是因为几乎没什么损失却获益良多才投身于起义的话，那么吉娜塔·玛哈尔和她心爱的独子贾旺·巴克特之所以背驰于起义，也是基于同一理由。

吉娜塔·玛哈尔全然反对夫君所追寻的道路，认为那将毁掉贾旺·巴克特的良机。二人成婚后，扎法尔在重大问题上公然拂逆吉娜塔·玛哈尔的劝谏，这亦属首次。据阿赫桑努拉·汗大夫的回忆录所载，皇后"抗议皇帝对她不瞅不睬。（但）他（只是）答说：'让真主的旨意降临吧。'"[85]

吉娜塔·玛哈尔显然预估到：英国人行将归来打垮印度兵，己方对英方竭诚尽节，或许仍能令他们认可其爱子继位一事。且不论她怎么推情准理，不管怎样，正是她鼓动扎法尔于暴动当晚遣驿使，骑骆驼迅即向驻阿格拉的西北诸省省督报信。[86]继后她确保贾旺·巴克特与起事者保持距离，且不以任何方式受到暴行牵连。莫卧儿王子获任总司令时，贾旺·巴克特虽被授予"维齐尔"虚衔，但他销声敛迹，对印度兵避之犹恐不及，故而未卷入都城施政之事。[87]

在宫内的谨慎亲英派系中，站在吉娜塔·玛哈尔和贾旺·巴克特王子这一边的有：宦官头子兼吉娜塔·玛哈尔手下执行

者马赫布卜·阿里·汗、扎法尔手下的宰相阿赫桑努拉·汗大 222
夫，以及已故的法赫鲁王子的岳父伊拉赫·巴赫什亲王。1852
年时，伊拉赫·巴赫什本是吉娜塔·玛哈尔、贾旺·巴克特和
马赫布卜·阿里·汗的死对头。当前这场危机导致旧朝廷派系
突如其来地再结盟：莫卧儿王子本是吉娜塔的门徒，现成为她
的敌手；先时的仇敌伊拉赫·巴赫什亲王，摇身一变成了她的
盟友。[88]

　　扎法尔本人与妻子和主要谋士稍稍保持距离。虽然深知印
度兵所造成的危险，嫌恶他们的言行举止，帝都遭受劫掠亦令
他惶恐懊丧，但他还是认识到如下可能性：这场起义仍有可能
拯救帖木儿皇族，并且确保他治下的王朝拥有未来。自1837
年登基后，他坚持不懈致力于此。故此，扎法尔赐福于起义，
亦公开予以支持，还正儿八经地担当起新近被赋予权力的莫卧
儿皇帝之角色，同时尽其所能地限制印度兵的掠夺和破坏。

　　就这场起义而论，吉娜塔·玛哈尔、马赫布卜·阿里·汗
和阿赫桑努拉·汗大夫所施行的政策，全然独立于皇帝，亦与
莫卧儿王子及其他诸王子的策略截然相反。至于三人擅自为谋
的程度，在暴动五天后的5月16日（星期六）早朝，以最戏
剧化的方式浮出水面。新闻撰稿人春尼·拉尔出席早朝，据其
日记所载：

　　　　骑兵及步兵在上级军官的陪同下上朝，禀呈一封盖有
　　阿赫桑努拉·汗大夫和纳瓦布马赫布卜·阿里·汗之印鉴
　　的书函，言称在都城的德里门将此函拦截下来。他们抱怨
　　说：大夫和纳瓦布把书函送给英格兰人，邀请他们即刻来
　　都城；彼等还允诺称，如果英格兰人对"认可皇后吉娜

塔·玛哈尔所生的皇子贾旺·巴克特王子为皇储”一事表示赞同，那么就彼方而言，将致力于捉拿并移交当前身处于德里的全体军人。[89]

223　大夫和宦官——他扶病，只得俯伏于轿内被送上朝——都发誓称，此公函纯属伪造，但没人相信他们。事态渐渐看似对两位廷臣十分不利，“骑兵及步兵战士抽刀拔剑把大夫围住，声言自己坚信大夫与英格兰人通同一气”。[90]

　　就在此刻，一名印度兵提到被扣留于宫中并且处于扎法尔安全监护下的英国俘虏。那些俘虏先时匿于城中多个家族，在被叛方发现而行将就戮之际，新任警察局长穆恩·乌德丁收容了他们。嗣后俘虏人数增至五十二人。印度兵指控大夫和宦官让俘虏活命，以便“在英格兰人到临时，彼等可移交俘虏且令众士兵遭夷戮”——士兵们究竟心存何念，自不必说。[91]

　　接下来印度兵去提押俘虏。俘虏被扎法尔收留、照养于皇室厨房旁边的一间屋子，那里距拉合尔门不远。印度兵把俘虏捆绑起来，将他们押送至皇宫鼓楼（Naqqar Khana）前的浅水塘附近的一棵菩提树下，然后开始奚落说，他们即将受戮。

　　据吉旺·拉尔所述，起初“皇帝和廷臣如泥塑木雕一般呆立”，惊骇于印度兵所思忖之事。“随后皇帝命令印度兵分派系站立，穆斯林和印度教徒各站各位，皇帝呼吁他们各自讨教于宗教导师，看看是否有‘残杀无助的男女和孩童’的任何权力。”[92]扎法尔言道：“绝不允许彼辈滥行诛戮。”他还补充说，皇后亦彻底反对任何屠杀。[93]赛义德·穆巴拉克·沙记述称：

皇帝涕泣哀请哗变者别夺去无助妇孺的性命，对他们说："当心，因为你们倘如此行恶作孽，神罚会降临到我们大家身上，真主也会差遣天仙降临大地。因何残杀无辜？"但哗变者一意孤行，答称："我们会在陛下的皇宫宝殿诛杀他们，这样一来，无论怎么收场，陛下与我们都会被看成一根绳上的蚂蚱，英格兰人会认为陛下同样罪责难逃。"[94]

警察局长穆恩·乌德丁和廷臣查希尔·德拉维亦在场，据二人记述称，皇帝继续跟印度兵争辩，拒不答应他们滥杀无辜，但最终被阿赫桑努拉·汗大夫劝止，只得默不作声。对于往来书函被曝光一事，大夫深感震愕，所以劝谏皇帝说，如果继续争辩下去，他俩都会丧命。

查希尔见印度兵准备继续大开杀戒，便哀求大夫尽最后的努力以遏止屠戮。查希尔后来记述称：

> 我告诉他，我看见俘虏被押解出去，担心他们即将诛杀俘虏，恐怕他须从速采取行动予以制止。他给予的答复是："我能做什么？"我告诉他说，现在是时候证明我们的忠肝义胆，况且欲解救皇帝，他就得设法说服反叛分子停止此等罪行并解救俘虏，如若不然，英格兰人会来荡平德里，把德里城变为鸡犬不留的凄荒之地，对"令无辜者血流成河"之恶行实施报复。阿赫桑努拉·汗答道："你还是个孩子，尚不明了：在公共生活中，人须理智行事，而非屈从于个人情感。眼下我们若试图劝阻反叛分子，他们会先杀我们，再杀英格兰人，然后弑杀皇帝。"[95]

反正为时已晚。阿赫桑努拉的话音刚落,印度兵和皇宫里狂暴的民众就已揎拳掳袖、一哄而上。

> 他们让俘虏坐下,其中一人用卡宾枪朝着俘虏射击。皇帝的两名披坚执锐的贴身侍从,继而挥舞刀剑将欧洲人尽数斩杀,男女和孩童一个不剩。大约有两百名穆斯林站在水塘边,他们冲着俘虏喊出最不堪入耳的恶言秽语。皇帝手下一名侍从的利剑亦折断。血雨腥风过后,尸体被抬上两驾马车,然后被扔进河里。上述事件在全城各处的印度教徒中掀起巨大骚动,他们言称,这些普比亚兵犯下此般丧尽天良、令人发指的残暴罪行,他们绝不会打败英格兰人赢得胜利。[96]

225　就扎法尔而论,这场大规模屠杀是个转折点。印度兵说得一点没错,英国人绝不会宥恕大规模枉杀无辜之恶行。事实证明,扎法尔未能及时遏止此事,导致他及其治下王朝就像那些印度兵一样,难逃灭顶之灾。

到起义的第二周周末,就连原本热血沸腾的穆罕默德·巴卡尔大毛拉也渐渐开始重新斟酌所发生之事。5 月 24 日,巴卡尔在《德里乌尔都阿克巴报》的一篇社论中写道:

> 全体居民深受暴取豪夺的滋扰,无不疾首蹙额。无论是都城民众,还是来自东方的异乡人,个个都忙着抢劫掳

掠。警察局甚至没有丝毫控制力和权威。詹姆斯·斯金纳上校的第宅被洗劫,不堪言状。古扎尔人和贾特人在城内及周围的乡镇制造浩劫。道路被封锁,数以千计的屋宇遭劫并被焚。德里全体望门富户都面临巨大危险……都城正遭蹂躏。[97]

不过巴卡尔强调称,抢掠城池的不只是印度兵,城中愤怒的民众同样负有罪责,其中一些人把自己伪装成战士。他写道:

> 由弹药库和英格兰人的宅院劫夺枪支、武器和弹药,人们逐渐习惯于装扮成印度兵以趁火打劫。昨日有五名男子被捕。最终据透露,有些人是在军营里做工的鞋匠,亦有两人是恰马尔贱民(即"不可接触的贱民"阶层)。他们被押至所声称的所属排,当谎言被揭穿时,印裔上尉和印度兵把他们重重鞭笞一通,他们现被囚禁。[98]

巴卡尔明白,这种无政府状态背后存在一个根本性的权威问题。暴动前,各团之间显然有那么一些共谋和沟通的举动,但每个团各自兵变、靠自己的力量奔赴德里,而且一经抵城,就指望本团印裔上尉掌握领导权。诸团照旧自行做主:各团分别安营扎寨,不接受任何印度兵担任统率全军的将领,强烈抗拒"其他任何团的指挥官向己方发令"之提议。诸王子与个别团拉帮结派,莫卧儿王子试图充当协调各方的总司令,但成效非常有限。由于莫卧儿人始终未能付薪饷,也未能适当惩罚步入歧途的印度兵以及真正抗命不遵的诸团,所以他们实际上可对武装反叛的军队行使的权力始终很有限。从某种程度上而言,诸团依然是一批迥然各异的私人军队，各团受本团印裔上尉指挥，上尉充当半独立的军阀角色。"反叛分子群龙无首。"卡普尔塔拉王公（Raja of Kapurthala）手下的新闻撰稿人可谓一语破的。[99]

令事态恶化的是，到第二周周末，步兵团与印裔骑兵队之间的战斗逐渐变得普遍。密拉特印度兵与德里印度兵仍尤为不睦，频频因瓜分城中所掠赃物一事大打出手。[100]正如迦利布当时在日记中所写，迅速麇集于城内的印度兵"千军集结，无将挂帅。帮伙多不胜数，无人发号布令，竟还枕戈待战"。[101]皇帝同样愁闷。据一名密探告禀：德里及密拉特诸团将士拒不听命于本团指挥官，反倒两相打斗起来。流血事件过后，扎法尔摇头叹道："天塌压大家。"[102]

巴卡尔亦惶惶不安，他在自家报纸中写道："人人都对都城警察局长的雷厉风行赞不绝口，但由于己方对印度兵缺乏控制，全城上下凄然无助。据说很多贫民濒于饿毙……放贷者因惧怕印度兵，所以敛声匿迹。如下两件事的筹办，具有高度必要性和紧迫性：首先是分发薪饷，其次是管束印度兵。"[103]

227   如果说印度兵拒不服从其他印度兵诸团的印裔上尉指挥，那么他们更不乐意听命于德里警察，如果警方试图阻止其劫掠，他们立刻还击。在拉合尔门，一名警察设法制止印度兵抢掠，反被打得很惨。地方警察局长事后向新任警察局长穆恩·乌德丁禀报：

在壁垒下方，一名武装警员（barqandaz）察觉墙边藏匿有若干袋赃物，故而盘问物主——一名印度兵，他不仅反唇相讥，还拔剑相向。一阵推搡吵嚷，直到另一些印度兵前来（帮助己方战友），他们把这名武装警员打得血淋淋，方才住手，而后自行将之拘禁。印度兵照理是皇家奴仆。倘长此以往，恐不能维持秩序、严肃纪律。[104]

另一回，一群印度兵在卡西姆贾恩巷（Gali Qasim Jan）勒索保护费，一名警察尽力想办法加以遏止。当地警察分局局长向警察局长禀告称：

> 凡有贼赃途经此处，他们都要收受贿赂，如果收了贿赂，便放任不管。但凡有人不向他们行贿，就会遭受卫兵百般侵扰。本警察分局的武装警员被差遣于该处站岗，每当警员对他们提出异议，他们就辱骂恫吓。近来每况愈下：他们已经开始对勒索不到钱财的人实施拘捕；他们现亦言称，我们应当全部撤离警察局，别再碍手碍脚。[105]

尽管莫卧儿王子施政软弱，但扎法尔还是意识到自己确实有一个绝招，能设法给印度兵施加一些压力。这个绝招就是"不合作"。他首次隐约察觉可用这种方式挥舞权柄是在 5 月 14 日。当时他三令五申让印度兵迁出其所挚爱的月光花园，他们都置之不理。扎法尔见状，遁入禁宫，他"心烦意乱、茫然无措，因此闭门不出，拒绝赐见任何人"。没过多久，一些印度兵就陆续搬出御苑，迁入都城以北的残垣断壁的军营。

　　发觉这一招行之有效，一周后，扎法尔颁下一道诏谕，威胁说若不停止抢掠其治下子民，他干脆飞遁离俗，自行离城并幽居于麦加。五年前他曾以同样的招数威胁托马斯·梅特卡夫爵士。这一回竟然奏效。巴卡尔在《德里乌尔都阿克巴报》

228

中深表赞许地报道这一进展：

> 据诏谕所言，因听闻全体居民遭劫被抢而陷入毁灭境地，混乱和无政府状态亦泛滥全城各处，尊贵的陛下颁下一道诏谕，宣明士兵们正滋扰全体居民和国家忠仆，导致他们所有人无法生活。"先时洋人恣心所欲地向我们亲爱的臣民发号施令，全体居民饱受英格兰士兵的侵扰而惶惶不可终日。如今尔等印度兵以抢掠恶行闹出更多乱子，生出更多悲苦。倘长此以往，这些日子必是末日。我不恋王权、不嗜财帛，特晓示天下：我将前往（梅赫劳利的）大师阁下（Khwaja Saheb）的（苏菲圣祠）遁世幽居，陛下的全体臣民也将陪同其统治者一道离去。今后我打算移居至麦加的克尔白天房和禁寺（Haram Sharif），在该处祈祷、忏悔、忆念全能的真主，聊度残生。"
>
> 据说于朝堂之上宣读诏谕时，在场众人无不眼噙泪水。让我们祈求全能的真主、匡世济民之恩主，在都城旋乾转坤、拨乱为治。这将抚民恤众，亦将抚平陛下额上挂虑忧惧的愁纹……[106]

然而事与愿违，5 月 19 日反倒有迹象表明，存在一种潜在的甚至更具破坏性的分歧。那日上午，德里城内更正统派的毛拉之一穆罕默德·赛义德大毛拉（Maulvi Muhammad Sayyid）在主麻清真寺升起一面圣战旗帜，显然意图把起义变成一场专属的穆斯林圣战。扎法尔即刻下令卸下旗帜，"因为如此展示宗教狂热，往往只会激怒印度教徒"。

229　　　20 日，消息传来称德里野战部队集结于安巴拉。大毛拉正是在此时现身于皇宫，他苦谏扎法尔，声称印度教徒都是英格兰人的支持者，故而对他们发动圣战完全合法。与此同时，一个由德里印度教徒组成的代表团也出现在红堡，他们吹胡子瞪眼地否认大毛拉的指控。扎法尔声明，在自己眼里印度教徒和穆斯林是平等的，"这样一场圣战根本不可能展开，这种念头愚不可及，因为普尔比亚兵大多是印度教徒。此番举动将引发一场内战，其结果将是可悲的。圣战是对抗英格兰人。我禁止向印度教徒发动圣战"。[107]

在起义的这一刻，扎法尔似乎成功地让圣战武士平息下来。但八周后，当大量"瓦哈比派"圣战者从印度北部各地凑聚于都城时，事实证明，局面将难以控制得多。

第七章
釜鱼幕燕

　5 月 23 日，正当安森将军终于从安巴拉开拔时，一人身穿褴褛的印度斯坦服装，骑马走近卡尔纳尔的英军营地外围的警戒哨并要求入营。在被盘问姓甚名谁、有何贵干时，来人自称是西奥菲勒斯·梅特卡夫爵士，哨兵一笑置之。驻德里的助理治安法官早就被推定死亡，岂止如此，据说其头颅被悬于阿杰梅尔门外的杆上示众。但事实证明，此陌客所声言的非同小可之事，字字属实。他确实是西奥，近两个星期以来一直在逃亡。

　　暴动后的头几日，西奥被藏于帕哈尔甘吉的布拉·汗·梅瓦蒂府第内宅的屋顶上，主人家对他嘘寒问暖并以美食相奉。西奥和布拉·汗常于晚上外出，朝着德里方向漫步，凝望燃烧着的建筑物，一日夜里还旁观了一场庆祝莫卧儿王朝重掌政权的焰火表演。那段时间里，西奥一直盼着得悉英军官兵自密拉特到临的消息，以便恢复英国的统治。但在第四天上午，即 5 月 14 日，仍无英军官兵抵临的任何迹象，布拉·汗告知西奥说，听闻其藏身处被追踪到，如果他滞留于此，自己的家宅会遇袭，还会满门被屠。布拉·汗说自己会提供另一处地方，央求西奥迁往该处。据西奥之妹埃米莉的回忆录所载：

　　　暮色中，他把西奥菲勒斯带到结核灰岩（kunker）采掘场——由此处采掘物料，用来筑路——里面有个小洞穴。他将一把印度弯刀（tulwar）和一支手枪交给西奥菲勒斯，因为他说西奥菲勒斯可能会被跟踪或遇袭。洞穴的入口狭小，西奥菲勒斯爵士觉得自己一次对付一人，应付裕如。那日及次日夜里，他都听到外边传来脚步声和说话声，于是静候袭击者现身。光线足以令他看清出现在入口处的一名男子的身影时，他便猛扑向该男子，用自己的弯刀将其砍死。[1]

知道自己的藏身处被发现，西奥于第二天上午向友人穆恩·乌德丁传信乞援，后者现任扎法尔手下警察局长。西奥求他襄助自己赶赴贾杰切尔，因为当地的纳瓦布是梅特卡夫宗族的故交。穆恩·乌德丁一直审慎地与西奥保持联系，他警告西奥说——如他俩先前推断的那样，这场危机似不可能迅速解决，还"说事有必至，理有固然"。而他的回应方式是送去"一匹骏马和一些钱……随附如何展开旅程的建议……根据安排，西奥菲勒斯爵士将乔装为本土士兵，化名为希尔·汗，此后我们所有的通信往来都以化名避人耳目"。

次日，穆恩·乌德丁收到由贾杰切尔发来的一份正式收款收据。[2]既然此二人是旧友，穆恩·乌德丁便臆断西奥与贾杰切尔的纳瓦布在一起会很安全。就像穆恩·乌德丁的本族"洛哈鲁氏族"一样，贾杰切尔的历代纳瓦布都因支持英国人而掌权得势，起先是在19世纪初对抗马拉塔人之时。此纳瓦布与梅特卡夫一家还有一条共同纽带：两家趣味相投，均是古拉姆·阿里·汗（Ghulam Ali Khan）和马兹哈尔·阿里·汗的家庭作坊出品的公司画派画作的热心赞助人。托马斯爵士曾委

托马兹哈尔·阿里·汗在自己的著作《德里画册》以及瑰奇
壮丽的都城全景画卷中描绘城镇的古迹。纳瓦布则委托古拉
姆·阿里·汗——很可能是马兹哈尔的叔伯长辈——绘制其宫
廷的系列画作：在一幅画中，纳瓦布与宫廷诸公穿着轻逸的夏
服；另一幅画中，他们身裹冬日披肩。纳瓦布还委托创作他自
己猎狮的画作，以及另一幅描绘他本人骑坐着宠物虎、在乡间
园囿四处游逛的绝妙画像。[3]

　　纵然如此，纳瓦布却没像所料想的那样恭迎西奥。甫抵纳
瓦布的宫室，西奥

　　　　即刻以朋友的身份求见。纳瓦布回话，问来人姓
　　名，西奥菲勒斯爵士报上大名。西奥下马后，被领进
　　一个小房间候谒。他被迫等了一段时间，继而向纳瓦
　　布传话。纳瓦布回话称，欢迎他来家宅避难，但自己
　　不能面见他。

　　　　下午期间，双方信使往还数次，西奥菲勒斯爵士惊讶
　　于其友竟以如此怠慢的方式待他。最终，纳瓦布遣法庭书
　　记官（sarishtadar）送来一封书函，在函中称自己不可能
　　面见西奥菲勒斯爵士或者把他留于宅中，因为若窝藏任何
　　欧洲人，自己会被德里之王攻击，但称会为西奥菲勒斯爵
　　士提供一匹马和一支由两名士兵组成的卫队，一路指引他
　　返回德里。

　　　　纳瓦布一清二楚的是，通往德里的道路，西奥菲勒斯
　　爵士像他旗下士兵一样熟稔。鉴于此，士兵奉遣，其目的
　　显然不友善。不过，西奥菲勒斯爵士发觉自己别无可得，
　　于是接受提议。纳瓦布为他配备的矮种马，不是他原先的

232

良骏，而是一匹丑拙而毫无步调可言的驽马①。西奥菲勒斯爵士让士兵们在前骑行以作为向导引路，在夜幕掩护下，他把矮种马驭离主路、踏进沙地丛林，尽可能快地朝汉西方向奔逃而去。他的坐骑很快就因劳顿而没了力气，他只得昼夜徒步赶路，露宿于丛林，吃的喝的是沿途村民所施舍的薄煎饼（chuppatti）和牛奶。他听到这些人谈论大人种姓②的欧洲人是如何被屠，以及政府是如何被移交给德里之王的。

233　次日上午，西奥不得不脱离丛林的掩蔽重返大路。他步行一阵子，就在此时

　　若干骑马之人匆促奔驰的声音传来，他回头望去，只见两名身穿纳瓦布旗下军队制服的印裔骑兵疾速逼近，眼看就要追上他。他确信自己就是他们追击的目标，唯一可能的避灾处是邻近村落，他原本不打算冒险进村。

　　但他别无选择，况且有把握的是在正午时分，村落居民会在室内或街上某个阴凉角落午憩，他们把自己裹进长长的罩袍里，还遮盖面庞以蔽暑热……西奥菲勒斯爵士有样学样，十分幸运地在一群躺卧着的熟睡者当中占得一席之地。几分钟后，印裔骑兵呼喝着前来，责令村民举报英格兰男子匿于何处，却无人应答，因为个个都在酣睡。于是一名印裔骑兵用骑矛戳着一名男子再次查问，而西奥菲

---

① tat，指劣等货。——译者注

② sahib log，锡克战争后，英国人的自称，他们将自身列为印度的最高种姓。——译者注

勒斯爵士就躺在该男子身旁。

　　熟睡之人被这么粗蛮地唤醒，大为光火，冲着印裔骑兵咒骂称没有英格兰男子经过那条路。士兵们继续赶路，策马疾驰的声音渐渐消失，（西奥）就像进村时一样，神不知鬼不觉地悄悄溜出村子，匆匆赶回丛林。他遁迹匿影，直到很晚的时候，如愿见到错失猎物的追捕者归家……（数日后，）他半死不活地抵达汉西。[4]

西奥直奔梅特卡夫一家的另一位世交府邸，他在汉西的运气要比在贾杰切尔好些。亚历克·斯金纳（Alec Skinner）是詹姆斯·斯金纳上校——人称"斯干达大人"——在世的儿子中最年长的，也是伊丽莎白·瓦根特利伯的众多兄弟中排行最大的。斯金纳一家的汉西府邸，是一座杂乱无序拓展的乔治亚风格宅宇，由伊丽莎白之父建造，是家族主要的乡间宅邸。在昔时美好岁月里，斯干达由此处管理麾下非正规骑兵团，还经营育马场。

　　然而到头来，西奥在斯金纳家中只客居一夜。尽管叛方起事尚未蔓延至汉西，但整座城镇可谓"山雨欲来风满楼"。因为从亚历克口中得知安森将军在挺进卡尔纳尔途中，西奥未敢停歇，随即借了一匹马，于拂晓时分动身，快马加鞭一路驰抵英军营地。次日，消息传来称在西奥离开数小时后，驻汉西的部队官兵突发哗变，主人家及其年迈的穆斯林母亲几乎如奇迹般地逃脱虎口，仅有一峰赛驼背着他们穿越沙漠、遁往比卡内尔（Bikaner）。

　　西奥力倦神疲，所经受的磨难让他心生怨怼，终被煎熬得神经崩溃。托马斯爵士一向认为西奥反复无常，有些我行我

234

素、不计后果。随后发生的事证明托马斯爵士是对的。就西奥而言，发生在他身上的事以及所亲睹的一切都令他嫌恶，友人和同僚们自然很快就开始担心：抵临卡尔纳尔时，他那种焦虑愤怒又心神不宁的神色，怕是要到叛方起事结束方能消散。在此期间，西奥着手扳平局面——依他看来——务使未施援手或者杀害其友及其家庭成员的人，悉被绞死和镇压，无论是在法律允许的范围内，还是游离于法律之外。正如友人查尔斯·桑德斯后来所述："梅特卡夫如此疯狂地对穆斯林实施报复，他见到自身所受的一切苦难以及曾经信赖并待之如友的人们背恩忘义，由此似乎激起他个人的一种敌意……"[5]

次日上午，西奥致函驻阿格拉副总督的秘书 G. B. 桑希尔[①]：

敬启者：

我荣幸地通知您，我自德里经由汉西抵达卡尔纳尔，尽管身体状况欠佳，仍致函恩请副总督：恩准我以某种官方身份，陪同军队及总司令开赴德里。我认为自己所掌握的关于德里城和辖区的本地情报，或许对政府有用……我随时甘愿任职于能尽己才的地方，但我与德里发生关联已有八年之久，在这十万火急之际，我自然而然认为，这么长时间的关联将确保我于该地就职。

我很荣幸成为您恭顺的仆人

T. 梅特卡夫[6]

235

① 原文如此，疑为 C. B. 桑希尔。——译者注

西奥的请愿被及时获准，然而诚如继后发生的诸事件所示，就所有人而论，他的请求倘遭拒绝会好得多。

不止西奥一人，印度斯坦各地的部队官兵、土匪、部落民和难民均东飘西徙，难民亦绝不都是英国人。举例来说，杰出的乌尔都语文学评论家哈里（Hali）晚于西奥两三日，踏上同一条道路。

哈里在"格外轩敞富丽的"侯赛因·巴赫什伊斯兰宗教学院求学时，家人追寻到他的下落，随后他与家人一道返回位于北疆商道上的卡尔纳尔稍南边的巴尼伯德。一年后，即1856年，妻子诞下一名男婴，哈里意识到眼下要找份工作，而后只身前往行政中心希萨尔，该地距离斯金纳一家的汉西宅邸数英里远。哈里虽无人脉亦无推荐人，但最终在代理收税人（Deputy Collector）办事处找到一份差事。起事爆发时，他仍在那里做事。

哗变的印度兵——以未来的英方间谍高里·尚卡尔·苏库尔参谋长为首——与梅瓦特部落民起来反抗，他们谋杀收税人，卷款扬长而去，赶往德里投奔扎法尔旗下的军队。继后哈里几乎别无选择，只得"铤而走险"起程返回家乡巴尼伯德。途中他被古扎尔人拿获，坐骑也被劫走。剩下的路，哈里步行乞食，抵家时痢疾病情严重。由于一路风餐露宿，他形容枯槁，以至于虽接受知名大夫医治，仍抱病一年多，余生饱受胸闷气短和肺胃虚弱的困扰。[7]

爱德华·维贝尔一行人同样历尽磨难。他们逃离梅特卡夫

236 私邸后不足一小时，私邸就遇袭且被焚。他们向前游荡，设法寻得一处地方，徒涉深深的亚穆纳运河（Yamuna canal）。让一行人惊恐的是，他们察觉涉河的唯一途径是原路折返，以便在军营正下方徒涉。夜幕降临后的数小时内，该处是德里最危险的地方，反叛的印度兵麇集在那里，劫掠、破坏并焚毁英国人的每座平房，借此发泄对东印度公司的怒气。维贝尔在回忆录中追述道：

> 我们循着运河河岸潜行，人人心惊胆战，逐渐靠近火光熊熊的军营，尽管清晰可见多不胜数的劫掠者之身影，他们正忙着洗劫毗连的平房，但我们继续前行，竟无人觉察，进而发现所搜求的浅滩，其紧邻区域空无一人。我们心生快慰，无以言表。
>
> 我们即刻准备横渡，巴望在破晓前将自身与军营拉开大约三四英里距离。但让女士涉渡是件不大容易的事，因为河水比我们预想的深得多，我下河带路时，随即发现河水齐胸深。[8]

这群人借着逐渐暗淡的月光继续转悠，穿过一片荆棘遍布而未经开垦的平原。女士不惯于步行，到这阵子双脚已经起泡出血。更惹人忧恼的是，当天早些时候弹药库爆炸时，福里斯特先生受到严重惊吓，而后逐渐表现得古怪：慢慢开始远远地掉队，间或消失得无影无踪。从军营算起，到黎明前避难者们只不过前进三英里，他们越来越清晰地意识到，自己统共拥有的武器不过是两把老旧的本团指挥刀和一支双管鸟枪。他们一头奔向某处灌木丛林，全都躺卧于矮林中，因为累得筋疲力尽，纷纷打起盹来。维贝尔写道：

> 我正迷迷糊糊睡去，猛然间有人摇晃我的胳膊，惊呼有印度兵向我们迫近。我们发觉在不足 100 码远的地方，一队来自密拉特的落伍的印度兵，正以一条直线向我们走来，他们约有 8 人或 10 人，其中两人骑矮种马。天正破晓，借着半明半暗的光线，我们只看得清他们披坚执锐，虽则只有半数人身着戎装。他们经由一条乡间小路赶往德里，现径直冲向我们所隐伏的地点……我们勉强够时间悄悄溜至灌木丛下，尽量把自己藏好，他们就已逼近。我们敛声屏息、提心吊胆地注视着他们，不敢动，简直呼不给吸。
>
> 此刻在距离我们不过数英尺处，他们排成一路纵队缓缓经过……其中一人俯身从地上捡起某样东西，接着向战友耳语一番，进而全体印度兵遽然止步。唉！水壶泄露了我们的行踪！我们慌手忙脚，竟把它丢置在露天处……阒寂无声，唯有印度兵的喃喃低语打破沉寂……我不自觉地扣上枪的扳机……（但）转眼工夫，就见到他们默默离去……[9]

随后几天里，这群人的运气已然耗尽。他们冒着暑热穿过一片光秃秃的平原，漫无目的地游荡，朝着所希望的密拉特方向走去，没有食物和钱财，还眼睁睁看着福里斯特落得"丢魂丢魄、疯疯癫癫"的地步：他躲进灌木丛里，拒绝随行，"说他觉得自己被所经历的一切彻底累垮，反倒求之不得的是旁人莫来扰他，任他在原地长眠"。两天后，他们遇到另一伙同样衣衫褴褛的德里避难者，这伙人由维贝尔的上级指挥官尼维特上校（Colonel Knyvett）带领，一行人的人数增至十七人。但嗣后不久，他们都被包围。

包围者面目狰狞，配备有矛和大头短棒。这些不是旁人，正是可怖的古扎尔人。他们的人数迅速增加，我们放眼四顾，可望见同样武装的其他人向我们奔来。最终我们被彻底包围时，他们发出骇人的呐喊，随即向我们猛扑过来。我们背靠背站着，试图把他们击退，但只是徒劳。怎奈（敌众我寡），他们的人数十倍于我们，我们很快就被制服。一个泼皮抓住我的剑，设法从我手中夺过剑。我的反抗纯属白费力气，身后的一击，把我打得四仰八叉……

在整场混战中，我见到尼维特上校举起佩枪，直接瞄准其中一名恶棍……亏得有人大声唤他莫开枪，于是他故意除去火帽，然后交出佩枪。好在我们破例让自己被缴械，如果抗争下去，我们无疑会丢掉性命。

令我们屈服后，他们立即动手把我们抢个精光。饰纽、戒指、表等，都被拽掉。就连我的贴身马甲也未能幸免……毫不夸张地说，一名女士的衣裳被从背上扯下来，其他人遭受同样野蛮的对待。最后，他们把一切都据为己有，只给我们留下衬衫和裤子，给女士们留下上衣。整帮人后退一小段距离，开始为战利品之事发生口角。[10]

一行人燥热又焦渴地游荡了三天，在福里斯特再次失踪并被寻回之后，另一个古扎尔战团包围了他们，但"发现我们没什么可抢，便拽下上校长礼服上的镀金纽扣——前一伙泼皮不曾留意——他们自感心满意足，而后准许我们继续前行"。[11]

　　一行人逃离德里后整整一星期，援助总算到来，伸出援手的是一个最出乎意料的人：弗朗茨·戈特利布·科恩（Franz Gottlieb Cohen），他以笔名"法拉苏"创作的波斯语及乌尔都语"诗作，可谓车载斗量"。时年 80 岁的法拉苏是末代白莫卧儿人之一，亦是那个判然不同且没那么两极分化的时代之遗黎故老。[12]其父是德籍犹太雇佣兵，与一名莫卧儿公主成婚，1777 年诞下法拉苏，他当时效力于谜一般的人物——萨尔达纳的苏姆鲁女王。[13]

　　苏姆鲁女王所掌管的是印度最令人神往又妙融东西的宫廷之一。据说她原是克什米尔的舞姬，名为法尔扎娜·泽布·乌恩丽莎（Farzana Zeb un-Nissa），生于 1751 年，自从成为德籍雇佣兵瓦尔特·莱因哈特（Walter Reinhardt）的妻子后，就开始迅速发迹。莱因哈特神情峻厉，故而人称"苏姆布雷"（Sombre，该词印度化为"苏姆鲁"）。莫卧儿王朝皇帝把德里北边河间地的一大片地产赐予莱因哈特，那时莱因哈特就偕苏姆鲁女王同行，把萨尔达纳村变成自己的首邑，统治阶层择自莫卧儿贵族以及两百多名法国及中欧雇佣兵所凑成的一伙破衣烂衫、饭囊衣架之徒，他们中的很多人看似改信伊斯兰教。[14]法拉苏的父亲约翰-奥古斯都·戈特利布·科恩（John-Augustus Gottlieb Cohen）就在上述雇佣兵之列。

　　苏姆布雷死后，遗孀苏姆鲁女王代为统治，部分时间在萨尔达纳，部分时间在德里月光集市的大型私家府第。她改信天主教——虽则继续以穆斯林的方式遮盖头部——还直接吁请教宗（Pope）为其宫廷派遣一名牧师。比及名字有趣的尤利乌斯·恺撒神父（Father Julius Caesar）现身于萨尔达纳，女王已开始以一种混合着巴洛克和莫卧儿装饰母题的风格，建造印度北部最大的主教座堂：从莫卧儿风格的抹角拱耸起一座巨大的传统穹顶，装饰有蜂巢状的波斯蜂窝拱①母题。②[15]

诚如主教座堂的建筑式样所示，女王的基督教信仰毫无正统性可言。在萨尔达纳，长达三日的圣诞节庆祝活动以大弥撒拉开序幕，"接下来的两日，有一场舞蹈表演和一场焰火表演（用以活跃气氛）"。对包括法拉苏在内的萨尔达纳诗人来说，那是吟诵自己所创作的乌尔都语诗文的良机。[16]女王以同样的热情庆祝十胜节（Dussera）、排灯节和胡里节（Holi）。除此之外，女王亦涉足巫术——其继承人戴维·奥克特洛尼·戴斯·苏姆布雷（David Ochterlony Dyce Sombre，这名字取得极好）的日记，数次言及女王请女巫师施法术以驱邪伏魔。[17]

女王旗下的欧裔雇佣兵当中，有三名军官成为乌尔都语大诗人，其中最卓著的当数法拉苏，他甚至被德里学院院长阿洛伊斯·施普伦格纳入最杰出的印度诗人名单。据法拉苏墓的波斯语碑文所载，"他为女王殿下效力五十载，最后三十二载担任布达纳（Budhana）的地区税务官（tahsildar）"。[18]

女王死后，英国人单方面侵吞其遗产。嗣后，今已年迈的法拉苏将哈尔昌德布尔（Harchandpur）布局凌乱的自家哈维

---

① murqana，装点于清真寺或宫殿门廊上的钟乳石状装饰物。
② 更奇特的是墓地，现隐于萨尔达纳的公交车站后，杂草丛生、少人问津。女王旗下包括法拉苏父子在内的欧裔雇佣兵，分别被安葬于墓地数座微缩的帕拉第奥风格的"泰姬陵"里，陵墓上所覆的杂七杂八、奇离古怪的混合装饰物，可谓满坑满谷：巴洛克风格小天使（putti）围绕着波斯语碑文欢蹦乱跳，格栅屏风（jali，石质或木质）簇拥着传统拱门昂然耸立。在鼓座基部，观者料定可于穹顶的四个角上寻见宣礼塔或者至少数座小塔，不料那里反倒兀立着四个巴洛克风格的双耳细颈罐。

利作为大本营，继续在英国人手下担任地区税务官。① 此时消息一传来，称半裸的英国避难者饥渴交加地在其领地周围游荡，他随即由哈维利派出搜救队。维贝尔写道：

> （当）一名信使从哈尔昌德布尔到临，称自家主人——一位姓科恩的先生——得知我们的悲惨处境，便派他来对我们的境遇表示慰问，还恩请我们随他去避难……我们自是喜出望外。我们在 7 点到 8 点之间到达该处，受到那位老者及两名孙嗣的热诚欢迎。看来他们坐拥周遭数座村落，为此每年向政府支付一定数额的钱款。老者本人在当地生活一辈子，如此之久，事实上他几乎遗忘自己的母语，一切习俗都被彻底同化。但在这方面，两名孙嗣有所不同，他们生活得更有欧洲做派。

---

① 女王的继承人戴维·奥克特洛尼·戴斯·苏姆布雷被剥夺财产继承权后，赴英格兰讨还公道。他于当地作为激进辉格党（Whig Radical，即现在的自由党［Liberal］）的公认候选人，最终由萨福克郡（Suffolk）萨德伯里（Sudbury）当选议员，成为首位亚裔的英国下议院议员（MP）。继后，由于苏姆布雷曾大规模行贿，该选举被宣布无效。后来其英格兰裔妻子玛丽·安妮·杰维斯（Mary Anne Jervis），成功令他被宣布为精神失常并将他送入疯人院。苏姆布雷不知怎的设法逃脱，千方百计逃往法国，在法国被证实神志完全正常，接着提出诉讼，指称其妻贿赂一名医生而将其关起来，以便攫夺财产。苏姆布雷还出版了一部 591 页的著作《戴斯·苏姆布雷先生对精神失常指控之驳斥》（Mr Dyce Sombre's Refutation of the Charge of Lunacy）。他继续起诉，力图索回财产，但屡屡告败。他与一系列娼妓之间明目张胆且日渐怪异的伤风败俗行为，对其讼案可谓毫无帮助，直至 1851 年 7 月 1 日，他终心灰意冷地孤寂谢世。他的故事与威尔基·柯林斯（Wilkie Collins）的著作《白衣女人》（The Woman in White）有某些显著的相似之处，亦有人称他的故事为儒勒·凡尔纳（Jules Verne）的小说《印度贵妇的五亿法郎》（The Begum's Fortune）提供依据。参见迈克尔·费舍尔的著作《殖民主义逆流》（Counterflows to Colonialism，New Delhi，2005 年）第八章的妙论。

241　　　　一杯热茶让我们顿感神清气爽，用罢茶，干净的衣服
也被送来，我们便脱下自己所穿的脏衣烂衫，沉浸在肥皂
和水的难得享受中。一间房专门预留给一行人中的女士，
她们总算能更衣改扮，穿上由上等淡黄色土布（nankeen）
裁成的一些干净无领长衫以及雪白、可露脸的全身罩袍
（chuddah）。后来她们以本地人的方式，把它们罩在头上
并披裹肩部。女士们装束新颖，看上去委实衣妆楚楚，
（第二天早上，）她们与我们一同享用早餐时，我们简直
认不出那是昨日的孤凄女子……

　　　　至于福里斯特……他留在科恩老先生的"至圣所"
闭门不出：一边享受难得的布屏风扇，一边抽着馨香的水
烟……下午4点，"铜盘重肉"之食摆在我们面前，令我
们吃惊不小的是，还有几瓶啤酒。撤下晚餐，随即呈上一
瓶极好的干邑白兰地（cognac）……[19]

嗣后不久，经由法拉苏报信，一支救援队和一支骑兵护卫队由
密拉特赶来。从一行人逃离德里算起，现已八天。到次日夜
间，十七名避难者悉抵庇护所，他们安然踏入现已防御森严且
围以壕沟的英军驻密拉特军营。

八天后的5月27日晚，威尔逊将军所搜罗的犍牛总算足
以令其离开密拉特以追击哗变者，怎奈为时已晚。其麾下的小
型军队只有2000名步兵、50名骑兵和6门炮；出征目的地是
德里以北八英里处的阿里布尔，须于该地与自安巴拉南下的野

战部队主力会师。

开拔前，威尔逊——矮小整洁、蓄山羊胡、花甲之年的绅士——满怀信心地给身在北边穆索里山间驻地的妻子写信："哗变者……未展现欲来攻打我们的意愿。"[20]事实证明，在这一点上就像在许多其他事情上一样，威尔逊将军大错特错。其实一段时间以来，扎法尔频频敦促向密拉特发起进攻，很大程度上是想让尽可能多的印度兵离开皇宫及其治下都城。扎法尔的孙嗣阿布·贝克尔王子时常惹是生非，他新任骑兵队指挥官，远征亦是一招奇策，以将该皇孙遣离红堡。

阿布·贝克尔王子于两周前获擢升，现领导反叛的印裔骑兵，自那以后，他已然成为一大负累。先时身为小王子，他人微言轻，而今既已摆脱劣势地位，便开始带领属下将士四处招摇，在城内及周遭地区为非作歹。他奉遣保卫城郊以御古扎尔人，却劫掠萨巴兹曼迪、萨夫达尔宗墓（Safdarjung's Tomb）周围地区以及古尔冈。一份乌尔都语时事通讯记载道："该王子抢劫这一地区，还将它付之一炬。"[21]嗣后不久，他与"都城叛军首领"米尔·纳瓦布（Mir Nawab）领军征伐罗塔克县。据一名目击者所述：

> 他们于该地抢掠并焚毁居民区的每座屋宇，洗劫城池，凌虐男性、凌辱妇女。米尔·纳瓦布本人掳走三名戴满昂贵首饰且信奉印度教的美娇娘。继后阿布·贝克尔王子及手下一大帮压迫者，在叛变的印度兵卫队陪同下，带着官府全部的金银财宝返回德里。[22]

242

自那以后，他和米尔·纳瓦布就开始攻击德里什叶派社群的领袖哈米德·阿里·汗的哈维利，以此解闷消闲。"凭着（完全没有根据的）借口，托言称其与英格兰人勾结，便搬上数门炮对准其宅，欲将其炸飞"。哈米德·阿里·汗发出遇险的消息，要求即刻停止袭击，消息传到扎法尔那儿时，他大怒。但当扎法尔指示骑兵勿遵从阿布·贝克尔之命时，他们予以拒绝，答说："他是我们的长官。他吩咐我们去的地方，我们为何不该去？"[23]阿布·贝克尔被暂时停职，不得指挥骑兵队，但此命令似被置之不理。[24]故此，扎法尔得悉阿布·贝克尔王子希望领军征伐密拉特的英国人时，自是万分乐意，命他"与麾下将士一道奔赴密拉特，当地有英格兰人的大炮，他须尽快掳获且加以运送"。[25]

243　　事实上，穆罕默德·巴卡尔大毛拉在《德里乌尔都阿克巴报》论究远征密拉特之事，已有一段时日，近来社论开始抱怨称，远征军迟误开拔，全无必要。他于 5 月 31 日写道：

> 每日均有消息称部队官兵行将动身前往密拉特，但此事似乎永远不会发生。一直以来，智者始终强调：夺取密拉特和卡尔纳尔之事刻不容缓；倘若全能的真主反对，基督教徒便不得成功……"精神导师之子"（Murshidzada）尊贵的阿布·贝克尔王子非常渴望挥师展开这样一场远征，其实他已面圣，恳请陛下恩准他带领一支兵力可观的分遣队。我辈应给他让路，到那时问题可得以迅速解决。[26]

接下来是最后一次耽延，印度兵坚决要求扎法尔御驾亲征，言称：

　　"届时圣上将亲睹我们如何为你而战。"陛下答称自
己年老力衰，四处走动或有困难，他甚至无法"在祈祷
的大日子（指开斋节）"走远至"艾提尕尔清真寺，虽
然它紧邻城郭外。自法鲁赫西亚尔（Furuksiyar）时代算
起，他和列祖列宗在为期 108 年①的时间里均不曾目睹一
场战役。陛下补充道："我对兵法一无所知，但你们对此
了如指掌。"诸军官答说，倘若圣上无法亲自征战，则须
遣一名皇子出征。[27]

　　最终，先于威尔逊由密拉特开拔两日，即 5 月 25 日，"迫于皇
帝的压力"，一支印度兵大军在野战炮兵和马拉炮兵的支援
下，由阿布·贝克尔王子率领着由德里出发，以图夺取密拉
特。[28]敌对双方皆茫无所知的是，一支属于敌方的军队正朝着
己方挺进。

　　事实证明，威尔逊从密拉特行军，一如先时安森从西姆拉
行军一样乱哄哄。英国人找不到骆驼，其所征用的土里土气的
犍牛车确实颇不适合运送军队。[29]威尔逊于 28 日向妻子承认
道："首段征程，真可谓鸡飞狗跳、马仰人翻。但愿今晚我们
会做得好一些。我们的畜力车主要是双轮牛车，那是很大的麻

244

　　①　原文如此，疑为 138 年。莫卧儿王朝第九位皇帝法鲁赫西亚尔 1713—
1719 年在位。1719 年，法鲁赫西亚尔聚集七万大军，与莫卧儿王朝当时
最有实力的将领赛义德弟兄二人于德里开战。兵败后，他被囚并被勒
死。——译者注

烦和不便之源。"[30]

威尔逊未言及一事，其行军同样引人侧目的是：残暴且似无头苍蝇一般试图对当地居民实施报复，不管哪个倒霉蛋让其麾下纵队碰到，一概不得幸免。崇英的警察赛义德·穆巴拉克·沙绝非英国人的批判者，就连他也记述称："部队官兵一路推进，一路实施报复，除去（真正的）土匪和拦路强盗外，还有数百名无辜的旅人被俘并被绞死。"[31]

5 月 30 日下午 4 点 30 分，两支敌对的远征军终于在英国人新建的横跨辛丹河（Hindan river）的钢悬索桥上狭路相逢，双方都大吃一惊。首次短暂交战，以英国人过桥逐退印度兵告终，英方仅遭遇轻微伤亡，但叛军于次日下午 1 点复返，挑起一场硝云弹雨的激战。[32]据穆恩·乌德丁所述：

> 炮火拉开战斗的序幕。邻近跨河而建的辛丹桥，（阿布·贝克尔王子）攀至河附近的一所房子屋顶上观战。他不时向手下炮兵传话说，他们的炮火把英格兰人的队伍轰得辙乱旗靡。
>
> 他在桥附近设置一个炮位与英格兰人交火，那阵势变得像一场问答对话。刹那间，一枚炮弹在炮位附近爆炸，盖了炮手一身灰……（阿布·贝克尔王子）初次体验到炮弹炸开的威力，匆忙由房子屋顶下来，攀鞍上马，与印裔骑兵护卫队一道疾驰而去，深入阵地后方，不理会部众的连声哀号。
>
> 继后，兵离将散、抛戈弃甲。部队将士挠败的消息传至德里，德里方面下达命令关闭城门以阻止印度兵进城。前述败兵到临时，发现亚穆纳河（舟）桥已

扎法尔的肖像画，约1845年，摘自托马斯·梅特卡夫爵士的《德里画册》。

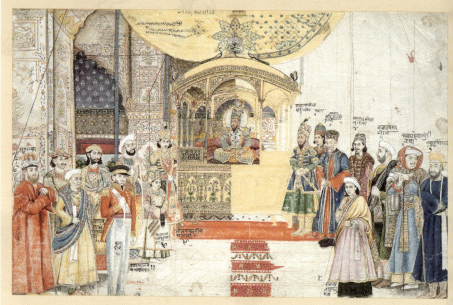

扎法尔主持朝会,约1840年,分立两旁的是两名较年长的皇子:达拉·巴克特(卒于1849年)和沙·鲁赫(卒于1847年)。

两头国事礼仪象。右手边的象驮着莫卧儿王朝铜制镀金鱼权标,象背上的人颇有可能是查希尔·德拉维,因为其官衔是掌管莫卧儿王朝铜制镀金鱼权标的总管。

穿着夏服的贾杰切尔的纳瓦布与宫廷诸公。

贾杰切尔的纳瓦布骑着宠物虎，在乡间园囿四处游逛。

德里民众

左上：居留在城内的阿富汗┆
贩子。

左下：谋职的雇佣兵。

右上：德里颇负盛名的苦修┆
"花郎先生"(Mr Flowery Man)┆
其追随者。

右下：一场夜间集会，德里┆
一群苏菲派教徒以及娑度、┆
伽士和苦修士围拢在篝火旁。

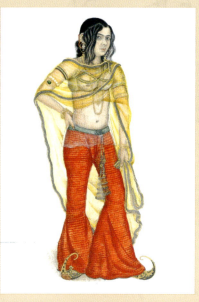

舞姬皮亚丽·贾恩 (Piari Jan)，由艺术家 一名整理登记簿的会计师。
拉尔先生 (Lallji) 或胡拉斯·拉尔 (Hulas
Lal) 绘制。

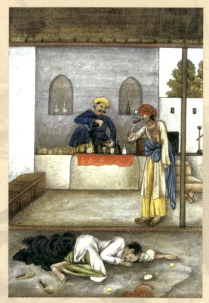

德里的鸦片馆和横躺在地的瘾君子。　舞妓马拉吉尔 (Malageer)。

一个由舞姬和乐师组成的表演团。

德里的一群说书人和滑稽演员。

扎法尔的巨型肖像油画，约 1854 年，由奥地利的艺术家奥古斯特·舍夫特绘制，现藏于拉合尔堡。

遭破坏。①他们试图过桥，仓促间，舟桥垮塌，约两百人溺毙。[33]

威尔逊虽赢得一场象征性的重要胜利，但印度兵的炮兵部队比预想的有战斗力得多，这致使英方伤亡惨重。岂止如此，威尔逊挥兵挺进，险些中道而止，当晚他给妻子写信道："我方蒙受重大损失，我仅率麾下小型军队，无力承受。再来一场此种胜利，我定遭歼灭。"[34]威尔逊本人两度险丧命：阵雨般的葡萄弹两次在其身周呼啸而过，但他奇迹般地安然脱险。[35]

再者，巴纳德将军麾下的德里野战部队仍不见踪影，但图姆斯少校（Major Tombs）手下马拉炮兵的弹药现几已告罄，而马拉炮兵的快速机动作战一向是英方制胜的关键。威尔逊于6月1日心焦火燎地写道："给我剩下一支小型军队以拒捍反叛分子的全部兵力。"[36]闪念间，威尔逊考虑撤回密拉特，但始料未及的是，次日得到锡尔毛尔廓尔喀团（Sirmoor Regiment of Gurkhas）以及一伙工兵的增援，他们由德拉敦（Dehra Dun）南进，也在找寻巴纳德将军。[37]锡尔毛尔团指挥官里德上校（Colonel Reid）写道："我发现威尔逊准将陷入颇尴尬的窘境，他惧怕另一场攻击……我这么快就与他会合，他深感欣喜，委实冷不防被吓了一跳。"[38]

与此同时，正当威尔逊迟疑之际，辛丹桥一战的胜利势头业已错失。据穆恩·乌德丁记述：

> 当下印度兵于开阔地与英格兰人争斗。他们胸怀必胜

---

① 大概是害怕英国人追击。

的信念，却被打败，故而对未来充满强烈的忧惧……
（但）英格兰人未乘胜追击，反倒没了影踪，印度兵亦逐
渐把恐惧抛诸脑后。[39]

246　　如果说巴纳德麾下军队以令人懊丧的进度慢吞吞地去跟威
尔逊会师，那么原因之一在于：军队沿北疆商道开进时，恣意
地大举夷戮印度人。行军途中，一名军官给兄弟写信："我不
会以看待白人的眼光看待黑鬼。如果对这些残忍的畜生、卑怯
的恶魔宽仁慈悲，那么在彼辈眼中恰是诞妄，我辈也无疑未推
进自己的事业。"[40]

　　野战部队与威尔逊会师前一晚，拉伊村①发生一起尤为血
腥的事件。事发前，"第9枪骑兵团（9th Lancers）的一名男
子，在一条干涸的小河道桥下发现（英国）小孩的一只脚，
脚仍穿在鞋里，踝关节处被砍断"。[41]29 岁的中尉理查德·巴特
效力于第 75 戈登高地人团，下午 2 点左右，正值一天酷热最
盛时，他在营帐里熟睡，那只脚被拿进来。

　　　　随后立刻响起"嗡嗡"的人声，仿佛某个受扰的巨
　　大蜂巢之响动，大伙儿拔腿猛冲，一眨眼工夫，营地附近
　　的每座村落都陷入火海。数名军官参与此行动……游街示
　　众后，九名（村民）被吊在路旁一棵大树上。[42]

----

①　Rhai，距德里二十二英里。——译者注

后来事实浮出水面：西奥·梅特卡夫是聚众行私刑的肇事者的
头领之一。

　　对野战部队中很多人来说，哗变的印度兵实施各种暴行的
报告——早就经由传闻煽动，子虚乌有的大规模强奸也被列入
其中——只不过证实他们自身所固有的偏见。苏格兰裔文官罗
伯特·邓洛普（Robert Dunlop）自愿加入一支被称作"卡其
色信使"①的非正规骑兵部队。让他本人沾沾自满的是：德里
及密拉特的无辜妇孺被屠，证实长久以来他已然相信的一切，

　　即本地人的性格懦弱幼稚，但残忍奸诈……明摆着的
　　事实是，盎格鲁-撒克逊人对亚细亚人所怀有的傲然蔑视
　　之情，原来在很大程度上拯救了我们的印度帝国。抵临此
　　国度后，几乎人人都做好充分准备以给予此国黑黝黝的居
　　民平等的权利和特权。但……经验促成"他们蜕化堕落"
　　这一共同信念。[43]

247

在行军中，一名女性站出来反对此般露骨的种族主义态度，此
人正是哈丽雅特·泰特勒。逃离德里后，夫妇俩千方百计奔赴
安巴拉。罗伯特所属的驻安巴拉第38本土步兵团解体后，他
就赋闲，随后设法谋得一个新职位，负责掌管野战部队的军方
金库。泰特勒一家现在缓缓南下、往回行进，在三周前，一家

———————

　　①　Khaki Risalah，在亨利·劳伦斯爵士指导下成立的先导兵团。——译者注

人拼命逃离的正是这条道路。此时目睹并肩行军的英军官兵荒唐暴虐的行为，他们深感震怖。那日孩子的脚被拿进营地，即将临盆的哈丽雅特在同一天见到：

> 一棵金合欢树的树枝上悬垂着一个身材矮小、穿着洁净白衣裳的可怜男子，他是信奉伊斯兰教的面包师。从我们所能搜集到的消息来看，数日来，这个可怜人总是迟迟不向士兵们奉上早餐的面包，因此汤米·阿特金斯①威胁说，倘再发生这种事，就绞死他，于是他们就这么做了。我无法理解，如此残忍的行为如何获准，因为要是轮到他们，同样早该被绞死，而我料想，甚至连一个士兵亦不能被放过，即便是为了正义。在围攻期间，可能大多数做出此等行径的人，大概都自我问责于一种"神力"（Higher Power）以对自身的罪孽负责。44

稍后，罗伯特·泰特勒成功解救一名随营人员，令其免遭同样的厄运：

> 就在我丈夫的营帐外，我们听闻一个可怜的老头发出一阵哀号："求大人开恩，求大人开恩。"我们还见到一些士兵把他拖走，显然要绞死他。我让丈夫飞奔去追赶他们，叫他们留那可怜的老头一条命。他一追上他们，便说："小伙子们，你们打算怎么处置那可怜的老头？"

248

---

① Tommie Atkins，维多利亚时代称呼普通英国步兵的俚语，因此"汤米们"（Tommies）指一群英国士兵。

"哎呀，绞死他，长官，那是当然。他是个潘迪
（Pandee，指反叛分子）。① 我们看见他在自己的犍牛前手
舞足蹈。"

泰特勒上尉答道："胡说八道，小伙子们，他根本不
是潘迪，只是个犍牛车驭夫罢了。"

"不是啊，长官，我们知道他是个潘迪！"所有人都
脱口而出道。

我丈夫再次答说："我看你们这些小伙子不过是想找
些乐子。让那可怜的家伙走吧，你们去追那条狗，换作吊
死它吧。"

"我明白了，长官，你不想让我们绞死他。"

"没错，我的确不想。"

于是他们放走他，接着奔逐一条狗，把狗当场
吊死。[45]

巴纳德将军新驻扎的营地，位于德里以北八英里处的阿里布
尔。圣三一主日（Trinity Sunday），即 6 月 7 日，威尔逊将军
总算率麾下军队进入该营地。西奥被引见给新上司赫维·格雷
特黑德（Hervey Greathed），格雷特黑德先前担任密拉特专员

---

① 如果说"汤米"（Tommy）是这一时期称呼普通英国士兵的俚语，那么
"潘迪"（Pandee，或 Pandey）则是称呼反叛的印度兵的俚语，该称呼源
自曼加尔·潘迪，他是最先起来反抗东印度公司的印度兵之一。3 月 29
日在孟加拉的巴勒克布尔，他开枪打伤所属的第 19 本土步兵团（原文如
此，疑为第 34 本土步兵团——译者注）的两名长官，还高呼："这是为
了我们的宗教。我们要是咬这些弹药筒，就成了异教徒。"参见鲁德兰
舒·穆克吉短小精悍的著述《曼加尔·潘迪：勇敢的殉教者，抑或偶然
的英雄？》（*Mangal Pandey: Brave Martyr or Accidental Hero?*, New Delhi,
2005）。

（Commissioner of Meerut），是效力于野战部队的最资深的英国
文职官员。他写道："（梅特卡夫）说自己身体康复，能够工
作。事实将证明，他对于德里的认识，对我很有用。"此二人
融洽共事。格雷特黑德稍后写道："我非常喜欢梅特卡夫。他
是个极活泼又快活的小伙子，可以说无忧无愁。"[46]

西奥亦收到妹妹 GG 和妹夫爱德华·坎贝尔的消息：爱德
华手下士卒突然在锡亚尔科特（Sialkot）暴动，进而演变成兵
变，他设法安然脱逃，继后一路奔赴西姆拉，于康士坦提亚
（Constantia）与身怀六甲的 GG 重聚。1852 年他俩正是在这所
宅子里成亲。但紧接着，爱德华受命南下，跟西奥一同加入德
里野战部队。到达西姆拉后不久，爱德华给母亲写信道："至
于军队怎么向德里挺进，我们焦急观望。那在很大程度上取决
于以何种方式处理此事……现在我们全都听天由命。"[47]

威廉·霍德森及手下间谍组织的首脑拉杰卜·阿里也在野
战部队的阿里布尔营地，二人正忙着拾掇德里的密探陆续发来
的报告。野战部队慢悠悠地跟印度兵交战，这令霍德森深感沮
丧，他写信给妻子道："整个罗希尔坎德地区（Rohilcund）陷
入兵变。事实上，阿格拉地区是西北诸省唯一一个现受我方控
制的地区。关于耽延之弊害，此乃何等可怕的教训。恐怕还要
耗费很长时间，此事方可了结。"他补充道："然则就个人而
论，我没理由抱怨。"[48]

6 月 8 日凌晨 1 点，当野战部队拔营时，霍德森一马当
先，以便在前侦察。嗣后不久，正是他带回消息：就在英军前
方的莫卧儿老驿站"巴德里车马店"周围，新筑防的叛军前
线拔地而起。

自辛丹桥战败到德里野战部队抵临阿里布尔的这段时间里，莫卧儿王子没有虚费光阴。

　　一队队工人被抓差，以修葺德里年久失修的城垣；一排排火炮被安放于萨林加尔古堡以及城垣的数座棱堡上；城外循着德里岭——军营东北方的阿拉瓦利山脉（Aravalli Hills）岩石嶙峋的山脊——亦火炮林立。由莫卧儿王子的秘书处向警察局长下达的命令，可谓十万火急：“招募尽可能多的劳工，修整炮台。此事刻不容缓，切莫耽延。我不会接受你或你的属员任何的托词和怠惰。”[49]其他命令则是索要骆驼、犍牛车和驮篮，以运送泥土、斧头、锹铲和挑水夫，还索要更多苦力以助修筑堑壕。[50]

　　最令人印象深刻的是莫卧儿王子发起下述举措：在北疆商道的一家老驿站（caravanserai）建立坚固的防御阵地，以阻截自北部进入德里的敌人。此乃御敌之理想地。两旁是沼泽地，在客栈与西边一座小山冈之间有一排火炮据壕固守，它们跨越道路两侧、提供一道密集布阵的小型莫卧儿“马奇诺防线”（Maginot Line）：来自阿里布尔方向的每支军队都别无选择，只能沿着一条狭窄的堤道冲杀过去，径直面对密集的莫卧儿枪炮。

　　一支大规模步兵部队在希兹尔·苏丹王子的指挥下、在总管太监马赫布卜·阿里·汗的协助下，于7日下午6点奉遣北上，众将士被安插于排炮之间，于炮后静候迫在眉睫的袭击——英军预计在8日上午发起猛攻。动身前，马赫布卜·阿

250

里·汗"向战士们分发可口的面包和碎果仁硬糖①。印裔上尉亲吻皇帝的双足，就这样离城出征"。[51]号角吹响、撼天动地，查希尔·德拉维闻声从红堡城墙向外观瞧，他望着部队将士和弹药运输队离城，不由得纳闷：不知上午会迎来什么。[52]

数小时后，莫卧儿王子向父皇呈送一封短笺，向他保证说无须担忧。他写道：

> 荫庇万民的上主，安心吧！对于我们的仇敌，愿陛下心头无恐惧之虞。主上的忠仆过去两天来一直跟麾下士卒一同置身于堑壕。堑壕挖掘工在哪里，他就在哪里。请放心，我们的仇敌不会靠近半步——我把全部人马带至前线以夷戮异教徒。行将接战，托赖真主永恒不灭的恩典，陛下即将亲眼见证：主上的仇敌被征服。[53]

6月8日凌晨，英军开始向前推进，第75戈登高地人团的理查德·巴特发现自己身处第一线。

251 三个多小时的行军过后，凌晨4点20分刚过，在黑暗中，叛军阵地扑入眼帘，因为印度兵炮手点起的唯一一堆篝火照亮了阵地。他后来写道：

> 篝火附近的丘垠升起一股烟雾，说时迟那时快，一件

_____

① nuqul，由粗黄糖、腰果、扁桃仁和芝麻制成的小块硬糖果。

大型军械所发射的一枚实心弹"嗖"地划过一些树,飞向道路右方。第75团现接到命令,(朝右)转向……我们继续进行部署时,敌军发来的另一枚炮弹击中我方译员格兰特的马,炮弹直接打中马胸部,穿透躯体,再从尾部穿出,这让骑马之人重重坠于马下,但无其他毁伤。紧接着,我的左方传来一声哭号,在靠近格兰特的坐骑遇难处,我见到己方首个伤员向后倒下,他的一只手臂被炮弹炸得粉碎。

此刻,炮弹像暴风疾雨一般密密袭来,由于我们在敌军炮台正前方,恰好处于他们的射程之内,当其余诸团进入阵地时,将军命令第75团趴下。我离镫下马,对此一点都不后悔,我尽可能地缩紧身子。那时炮弹尖啸着飞过我们头顶,伴着奇特的响声,一声入耳、毕生不忘。几分钟后命令传来:"第75团向前推进,攻取炮台。"顷刻间,我们列阵迎战。

不久,己方战友接连快速倒下……敌方炮弹每次发射都击中我方线列。一枚炮弹尤令我难忘,它把一人的脑壳掀掉,更确切地说,是把脑袋炸开花。我连的老沃尔什上士(Colour Sergeant Walsh)浑身溅满鲜血和脑浆,结果过了好一阵子,才又看得见东西。

巴特麾下将士很快到达距离印度兵排炮一百五十码的范围内,放眼可见敌方步兵在低地上排成线列,他们向着前进中的英国人开火。

在各连队中炸开的缺口,下一刻就被重新填满,我方线列仍向前推进……我看见一枚榴霰弹正好对着右翼一个连队爆炸，炸开一个巨大的缺口，附近士兵不由自主地背过身去。我大声唤道："弟兄们，别回身，别回身。"他们立刻答说："别担心，长官巴特先生，我们没打算回身。"他们继续默默地合拢阵亡战友所留下的缺口。

是时候了结这一切。于是……命令下达："第75团准备冲锋"，上好长排刺刀……一声狂暴的呐喊，更确切地说是冲锋陷阵时，线列中响起复仇的怒吼。敌军有样学样，也举起刺刀稳步向前，来跟我们接战，但当我们欣喜若狂的呼喊声响起时，他们招架不住，敌方线列动摇并波动，很多人开始用佩挂于臀部的燧发枪射击。最终当我们渐渐包围他们时，他们全都掉头鼠窜，我方同伴随之爆发出一阵嘲弄的笑声。第75团诸将士，纵然上气不接下气，但在三分钟内，就以胜利者的姿态站在敌军炮台上，掳获炮台里的重型枪炮以及后方大型营地里的多门野战炮和成堆的轻武器及弹药。[54]

事实证明，就英国人而论，此次掠获叛军的野战炮是一个至关重要的战略时刻，这在很大程度上使得印裔步兵于围城战的其余时间里孤军奋战。[55]

到上午8点，一切都已结束。叛军方面最先遁逃的人之一是希兹尔·苏丹王子。他将自身置于战斗的最前线，戴着"一顶光彩溢目、在阳光下熠熠闪光的头盔"。然而当英国人的实心弹开始落于皇子右方时，他即刻以"弹药库的储备物资与主力部队分散于异处，需前去调集"为借口撤退。[56]马赫布卜·阿里·汗试图阻止他逃走，但未成功。自那以后，"没什么能阻止印度兵逃窜，他们仓皇奔向都城，穿过克什米尔门、喀布尔门和拉合尔门一拥而入，任由身后的城门开敞着"。[57]据赛义德·穆巴拉克·沙所述，"那日，大量哗变者、骑兵、步兵和炮兵丧生，更多的人负伤。众多死者散布于战场各处，但大多数伤员要么凭借自身努力，要么在朋辈的襄助下设法抵城"。[58]

就一些英国人而言，这到头来却是一场甘苦参半的胜利。英方所遭受的伤亡比预期更严重，远超小型军队所能抽调的人员数量，而且英方官兵在敌方死者中认出自己相识并待之如友的印度兵。对第38本土步兵团的军官来说尤其如此：暴动前，该团一直屯驻于德里军营；英国人在巴德里展开猛攻，致使该团被"斩头去尾"，以至于再也没能作为一支成建制的部队走向战场。[59]经过战场时，罗伯特·泰特勒见到手下老勤务兵塔库尔·辛格（Thakur Singh）。先时泰特勒一家逃离旗杆塔，他恳求登上马车与他们同行，但因没有空余地方而被拒。现今他与一位叔伯长辈并排倒毙，该长辈是本团的印裔军士，泰特勒一家跟这位长辈相识十余载。哈丽雅特在回忆录中，略记自己对阵亡印度兵的复杂感情。她写道：

> 我眼见我方一些高大英俊的堂堂男儿横尸疆场，尸身多少因高温而肿胀，还赤条精光。随营人员结伙抢走他们的金银珠宝，最后到来之人掠走他们身上的衣服，让那些可怜的家伙就像造物主创造他们时一般模样。这些高种姓的印度教徒英挺而出色。一名男子的额头被台球般大小的洞贯穿，一个十足的归天巨人。在其他任何时候，我目睹此等骇人可怖的景象，本会深怀哀悯之心……但此时我不

253

禁要说："你们残杀我们可怜的妇孺，他们不曾伤害你们，因此你们咎有应得。"[60]

英军第一线官兵于11点时在穆巴拉克花园短暂停歇，早年间，奥克特洛尼购得这座老花园并以其印裔妻子之名命名。然而巴纳德决定不停止前进的步伐，不待进一步休整，便率军穿过被烧得精光的军营——"四面八方，昂贵的家具东横西倒，一些平房的墙壁也被遇难者的鲜血染得污迹斑斑"——奋勇前行、进逼德里岭。[61]巴纳德在此把麾下军队分为两路纵队，从而成"掎角之势"夹攻德里岭。

英军在高地上几乎未遇抵抗，轻松掳获莫卧儿王子新近竖立的排炮。查希尔·德拉维自城郭焦急观望，据他所述：

254　　　　被调派至德里岭的反叛者们，眼见叛军袍泽使出吃奶的劲儿逃回城里，便擅离职守，离弃大炮、营帐和全部弹药遁入城内。英格兰人的军队抵达军营时，察觉德里岭上所有堑壕都寂然无声，于是登上德里岭，占领那些岗位、焚毁叛军营寨，还调转被遗弃的大炮，把炮口对着都城。[62]

英国人所遭遇的唯一强硬抵抗是在旗杆塔，那里正是一个月前那番混乱的现场。印度兵唯独于该处坚守阵地，他们"以声势逼人的枪炮齐射迎战欧洲人，造成许多人员死亡以及大量人员受伤"。[63]傍晚时分，叛军亦"马后炮"式地试图经由萨巴兹曼迪发起仰攻。廓尔喀人挥舞出鞘的廓尔喀弯刀（kukhri knife）将之击退。[64]到下午5点，英国人控制了整座德里岭。

随后不久，英国人发现满载着暴动中英方首批亡者尸首的犍牛车，仍旧停在旗杆塔附近，车内现只剩下遇难者光秃秃的枯骨和军服，团徽纽扣依然闪着光。[65]

其间在南边城内，印度兵遭遇的挫败，其规模之大确也无法掩饰。查希尔·德拉维在去皇宫值守途中，目睹这场战役的第一批伤者摩肩接踵地涌进城。

上午 8 点左右，我正要去红堡当值，到达乔哈里集市（Johari bazaar）大门时，看见大批伤员抵城。每个伤者均由四五名普比亚兵搀扶。道路因淋漓的鲜血而变色，恍如胡里节一般浸浴在红色中。两名骑马的士兵跟我擦肩而过，我瞅见他们胸部有小洞般的弹痕，背部也血流如注。他们的内脏定是千疮百孔，但他们右手握着手枪，还牵着马缰绳。脸上没有丝毫痛苦和恐慌之色，他们神意自若，还相互交谈。他们身负此等伤，还能撤离战场骑行四英里，至今仍让我感到惊诧。

稍后，我看见一名骑马的士兵快马加鞭飞驰而去。他身上多处也有深深的弹痕，鲜血从伤口流出，就像水从龙头流出一样，以致其周身满是血块。他后面是另一名失去一只胳膊的徒步男子。两三名普比亚兵与这个人一道，他们向他保证说，从那儿带他去营地医院，但是该男子予以抗拒，还叫他们离他远点。比及我抵红堡，已经碰到很多此类伤兵。[66]

四下里弥漫着渐趋强烈的恐慌感，唯有莫卧儿王子临危不乱，言称：这就像下一局西洋棋，只要王棋紧挨着车棋，"他就稳

255

坐钓鱼台，全无‘将死’之虞”。[67]

据门士吉旺·拉尔所述，尽管英国人赢得大规模胜利，但那日也标志着英方坐失一大良机：未试图乘胜逐北、即日攻占城池。他写道：

> 城民攀至家宅屋顶上，心惊胆战地凝望着远处交火……看见哗变者陆续返城，（他们）连珠炮似的破口怒骂，指责哗变者胆小如鼠，城门口的将士则诟骂本土骑兵，那些骑兵在当日早些时候回来，现于城内避难……因交战结果之故，士兵们看似万念俱灰……非常令人遗憾的是：这一日英格兰人未乘胜追击。倘如此，他们本可夺取城池，因为城门都开敞着。英格兰人举步不前，城民深表诧异。[68]

不过巴纳德决定在德里岭停止行进，严密防守这片俯瞰都城的高地，此中确有某种睿智。那夜在尽被焚荡的军营平房隐蔽处，英国人搭起营帐。虽已征服制高点，还架设枪炮以俯望北城墙，但没过多久他们就意识到，即便未尝试强行挺进都城街巷而未进一步冒险，当前的处境仍如釜鱼幕燕。

256　　在接下来的几天里，英国人自德里岭山脊顶上的观察哨，很快就望见一个又一个哗变团越过舟桥，踵足相接地涌进德里城。更扰人心的是，他们还循着北疆商道从英国人后方涌来。每一群新的哗变者抵临，只是又一次强调如下事实：至少就同等规模而论，英方自己的小型军队没指望得到解脱。

次日，随着城内叛军的排炮炮轰逐渐以惊人的威力和准确度击中无掩蔽的英军阵地，来自都城昼日昼夜持续稳定的攻击也逐渐造成英方人员消耗，许多人这才慢慢醒觉：正在发生一种离奇的角色反转。诚如野战部队随军牧师约翰·爱德华·罗顿（Reverend John Edward Rotton）扼要所言：

在我这样的文职人员看来，恕我毫不客气地坦言，这似乎确有鲁莽性：梦想着以不过两个营的步兵以及一支由欧裔骑兵组成的小型军队，在没有威力巨大的炮兵助阵的情况下，就得以攻陷德里……我们前来围攻德里，不料转瞬便知：其实我们是被围者，哗变者才是围攻者。[69]

第八章

以牙还牙

英方于 6 月 10 日开始炮轰德里。

起初造成的损害只是微乎其微。现阶段英国人拥有的大炮数量相对较少，亦无大型攻城炮，而且就大多数德里市民而言，双方炮兵对决几乎无异于一种供人消遣的乐事。让英国人绝望的是，印度兵沿着城垣棱堡密集架设一排排重炮，其火力压过英军，正如威廉·霍德森于攻城首日亲自观察到的："他们是出色的炮手，以准确的炮击打击我方炮兵。"[1]德里民众蜂拥而出，登上自家平屋顶，"皇帝及皇室于皇宫顶部落座"，皇裔则由红堡棱堡观瞧。[2]萨尔瓦尔·木尔克回忆道："当时天气炎热，实心炮弹时常飞过我们头顶。每夜，我们望着它们所发出的刺眼光芒，视之为放烟火。"[3]

如果其中一发炮弹坠于贵府，就没那么娱心悦目了，就像一个月后在萨尔瓦尔·木尔克自家哈维利所发生的事。他写道："一枚实心炮弹飞快地穿过楼上屋顶，坠落到游廊上，我们正在那里用餐。我伯父迅即奔向炮弹，把盛满水的瓶瓶罐罐扔到炮弹上。"[4]

事实证明，皇宫易于成为英国炮手的攻击目标，英军一门榴弹炮很快就持续对准该目标，以便把开花炮弹抛射进沙·贾 汗时代的红石墙内。[5]查希尔·德拉维察觉到英国人如何挑选美观的白色大理石皇室寝宫予以炮轰。他写道：

德里岭上的哨位，可谓举目皆是，每日由哨位开炮。随着他们修正射程，当开花炮弹爆炸时，常常造成严重破坏。如果实心炮弹落在多层建筑物上，会彻上彻下地贯穿建筑物而直达底部；如果落在平坦表面上，则会扎得很深——戳进地里至少十码——周围的一切都被摧毁。开花炮弹更糟：红堡里沙·贾汗的老房子，倘被它们直接命中，就会被炸得粉碎。在围城后期的晦气夜晚，人们仿佛置身于人间地狱：暗夜里，十发开花炮弹一齐射出，然后相继爆炸。[6]

宏伟的国王塔面朝着亚穆纳河河边地区，很快就被一发实心炮弹损毁；另一发炮弹坠于红帷附近，炸死一个马童和一名公告员；再一发炮弹落在皇宫南边宫闱上，把吉娜塔·玛哈尔的侍女沙梅丽（Chameli）压得粉碎。没过多久，吉娜塔就搬出红堡，迁至拉尔库安（Lal Kuan）的私家哈维利，她认为私邸没那么无障无蔽——或许也更不受印度兵制约，而此时皇宫里，印度兵可谓无处不在。此举能让她一方面与心爱的独子贾旺·巴克特王子拉开一段空间距离，另一方面对反叛分子退避三舍。[7]

此后不久，开花炮弹齐射，险些击中皇帝陛下。赛义德·穆巴拉克·沙取代穆恩·乌德丁，新近获任警察局长。其时身在宫中的赛义德·穆巴拉克·沙写道：

> 一日早晨8点左右，皇帝未出禁宫，三四十名达官贵要环绕宫内庭院的景观池塘（hauz）落座，恭候圣上驾临。正当君主从寝殿现身时，三枚开花炮弹径直落在圣上

身前及身后，继而爆炸，但奇迹般地未毁伤一人。陛下赶忙退去，一直坐于该处的其余人等皆起身撤离。当晚陛下召集军中主要军官，对他们如此言道："我的弟兄们啊，对诸君或这座城的城民来说，不再有任何安身之处，对我来说，甚至连一个能让我坐下来的安全的地方都没有。实心炮弹和开花炮弹漫天卷地、无休无止，究其根源，诚如你们所见，在我每日惯于坐憩的景观池塘畔，实心炮弹和开花炮弹正如雨点般纷纷坠落。诸君自称前来与基督教徒作战，誓将他们撵走，却连拦阻实心炮弹和开花炮弹掉入皇家宫阙，亦无能为力？"[8]

259

对扎法尔来说，一周里的第二件恼人事如下：6 月 14 日，扎法尔的总管太监马赫布卜·阿里·汗相当意外地死亡。他抱病一段时间，不过据皇宫小道消息称，其死因被归结为中毒。[9]

城内各处，人们的意气渐渐消沉。据赛义德·穆巴拉克·沙所述，既有反叛的印度兵掠抢，又有英国人的炮轰，德里民众"无论好人或歹人，无论对英格兰人怀有好感或敌意，现在都感觉自己好似被关进笼里的耗子而无从挣脱"。[10]

就迦利布而言，英国人炮轰德里是"压死骆驼的最后一根稻草"。上个月里，粗野的乡巴佬在他所深爱的都城封闭社区内，对他的友人作威作福，他目睹那般景象，却一直隐忍。如他所述：

饭囊衣架，个个趾高气扬、恣意妄为。（而）王公贵人，曾经朝歌暮宴，点亮供娱乐的璀璨明灯，欣喜于玫瑰的光辉，而今卧于黑灯瞎火的斗室，焚灼在悲凄的火焰里。城中美貌佳人的珠宝……填满秽恶无耻的窃匪毛贼的麻袋……平素里，情郎们不得不面对的最大劳神事，不外乎对娇媚情妇的执拗幻想，当下却要忍受这些恶棍的心血来潮。[11]

在他这样一个沉迷于写信的人看来，更糟的是：这一切导致邮件中断。迦利布在围城记事《希望的故事》（Dastanbuy）中写道："邮政系统陷入一片混乱，实际上业务已停止。邮差不可能往还，所以既不能寄信也不能收信。"[12]

而让这位诗人更加深感烦闷和煎熬的是来自德里岭的轰炸。他写道：

> 喷火的枪炮和电闪雷击般的攻城炮卷起滚滚浓烟，犹如乌云垂下天际，那声响好似冰雹"劈劈啪啪"落下。一天到晚听闻大炮开炮，仿佛石头从天而降。朱门大户无油燃灯。一片漆黑，他们要等电光闪耀，方能寻见玻璃杯和水罐来解渴……在此般无政府状态下，勇者亦觉草木皆兵。无论是对待苦行僧还是对待皇帝，士兵们都称王称霸。[13]

对大多数德里民众而言，邮政业务的暂停和断断续续的炮轰是最不足为虑的烦心事。事实证明，暴动一个月后，城中平头百姓的生活颇为艰难，尤以贫民为甚。好些挑水夫及清扫夫被强行征调，前去修筑和维护城池防御设施，这导致城市的环境卫生变得一塌糊涂，就连名流巨子的聚居区达利亚甘吉，也有死骆驼陈尸街头而日渐腐烂。[14]

印度兵被安置于全城各处，其进驻仍是个问题：即便他们未实施抢掠，城中商家出于对暴力勒索的恐惧，生意亦陷入瘫痪。7月，皇城巡官拉坦·昌德（Ratan Chand）向扎法尔禀呈一封斐然成章的波斯语书函，恳求圣上采取行动以令月光集市恢复生机："由于民兵骑士投宿于十字路口的店肆，还把坐骑拴在该处，所以大多数租店的批发商遁逸，留下的人则忙着清空自家商铺。这就意味着没有可获的租金收入，就连政府修缮的店肆，现也关门歇业"。[15]

富裕的放贷人照旧最先受到影响。搭档祖格尔·基肖尔（Jugal Kishor）和休·普拉萨德（Sheo Prasad）于7月1日抱怨称，每天都有骑兵造访，"他们前来是为了趁火打劫，想把我们吓个半死或把我们囚禁。最近三日来，我们被迫躲藏起来，但雇员和仆从一直遭受骚扰与迫害。我们现已陷于困窘，凄怆地逃离家园。我们的荣耀和名誉已然随风逝去"。[16]

印度兵被安置于附近各处，就连最卑微的商人也发觉随处都有士兵屯扎，这就意味着民众吓得不敢外出购买货物。职掌月光集市警察分局的哈菲兹·阿明乌德丁（Hafiz Aminuddin）局长，于6月20日致函市警察局长称：

> 一个名叫阿南迪（Anandi）的木材商央告称，过去十一天来，一支骑兵团一直驻屯于公主花园（Bagh Begum）附近，而他的商铺就坐落于该处。出于恐惧，没人到店购买任何东西，他的收入尽失。故此我盘算：该店主可否获准将店铺迁离该处。请指示，我当奉命行事。[17]

买卖虽陷入停滞状态，物价却快速上涨。这与英国人到临几乎没什么关系，与英国人或曾有过的重兵压境、围困城池的任何计划更是"风马牛不相及"。从某种程度上来说，这样的局面是都城周围的古扎尔及梅瓦特部落民造成的：当时他们有效控制着德里畿甸大部地区，对试图沿皇都内外道路迁移的人实施抢劫，从而让都城陷入封锁状态，他们的作为远比北边英国人所成就之事更立竿见影。哈里亚纳（Haryanvi）马贩子梅赫拉布·汗（Mehrab Khan）来自索赫纳①，他的经历具有代表性：意识到在饱受战争蹂躏的德里，自家马匹的价格会水涨船高，于是他把三匹牝马带进城，设法把其中两匹牝马卖给驻扎于达利亚甘吉的一些印裔骑兵，然后将贩马所得揣进兜里，骑着第三匹马返家，那时"在梅赫劳利附近，古扎尔人猛扑向我，我被打劫"。[18]

由无政府状态引发此番封锁，它带来的苦果是：城内供给迅速减少，物价快速上涨。英国人登抵德里岭后，穆罕默德·巴卡尔大毛拉在所发行的第一期《德里乌尔都阿克巴报》中如此写道：

> 民众渐渐开始因缺乏生活必需品而饱受煎熬，就算寻见那些必需品，也买不起，因为价格那么高。店肆要么停业，要么在营业时，千人排队抢购区区百个石榴。那儿的东西颇为劣质，但"饥饿"是更大的主子，"需索"是真正的奴隶监工，所以人们往往逮到什么就买什么，还将之视为恩物。诚如啬啬之言所云："如果寻不着小麦，大麦

---

① Sohna，哈里亚纳的一个城镇，位于德里西南方。——译者注

也行。"

又苦又脏的酥油，以 1 卢比 2 锡厄①的价格出售；几乎不可能找到面粉；白麦变得像（神话中的）凤凰（Anqa）。即便如此，你的问题还没完：当你把它交给磨坊主时，他千般理由万般借口才同意碾磨。等你回来取时，他却说一个印度兵从自己手中夺走碾磨品，他能奈何？

产自城内园子的一些芒果及其他农产品，确实被送抵几处地方，但穷人和中产阶层只能垂涎三尺地看着这些新鲜的珍馐美馔进入富人宅第。都城衣冠齐楚的时髦绅士，尤其是惯于享用蒌叶裹槟榔及烟草的女士，因得不到这些物品而深受其苦，因为目前只能在一个地方，即主麻清真寺外的集市买到蒌叶裹槟榔，那里一片烟叶的价格也高达两派萨，对我们大多数人来说过于昂贵。看看全能的真主给我们的教训：往日里我们那么挑三拣四，拒斥上好的小麦，还抱怨说我们的面粉太臭，只适合施与托钵僧。现今我们毫不犹豫地争抢集市里最劣质的下脚料。[19]

在文章结尾，穆罕默德·巴卡尔回归自己最热爱的主题"忠于皇帝"，他称皇帝为"真主在大地上的代治者"，还拐弯抹角地批评印度兵，说他们未能对皇帝恭敬有加：

不久之后，我们便能确信：这些白人（gora）被剿灭而长眠不起。我们应当为"真主在大地上的影子"、我们尊贵陛下的王国开疆拓宇而祈祷。我们的此位皇帝是此时

---

① ser，1 锡厄等于 933.10 克。——译者注

代出类拔萃的圣徒之一，他已获天庭委任。事实上，他在英国人的幽囚下苦度多载，虽不曾煽惑任何人起来造反，亦不曾为自己贪求皇位和财富，但天赐神恩已然降临到他身上，此神恩由真主的军队带来。我们务必确保皇帝不再成为任何人手里的囚徒，故此军民双方都责无旁贷，对待皇帝的决定近乎对待真主与他的先知的允准。任何人都不应畏惧英国人，因为他们所获成果是借由欺诈和违背契约（指忠于莫卧儿人的契约）而谋得。[20]

面对食物短缺，城内其他人的态度就没那么形而上。此时禀呈给扎法尔的诉状，其中若干封来自皇家园夫，他们控诉称尽管有禁军在场，印度兵仍然突袭并哄抢果树：

> 启禀陛下，我们已备妥包括香蕉、葡萄和李子在内的价值 1000 卢比的收成，但印度兵前来将之劫走，剩下的东西也被抢个精光。官府调派苑圃门口的卫兵，也完全无济于事，因为印度兵压根不理会他们，而且当卫兵提出异议时，印度兵只是一把夺过他们的枪支。[21]

纵然都是难以忍受的困苦，但对于跟盘踞于德里岭上的小型英军行将展开交锋一事，德里城中仍存在一股强大而自信的暗流。初见英国人回返，城民大惊失色，而一旦从惊魂未定中缓过劲来，英国野战部队（British Field Force）脆而不坚、兵微将寡之事实便开始显见。同样昭昭在目的是，城郭内叛军守备部队的兵力正迅速增加。

印度兵各团百般尝试、力图把可恨的基督教徒赶出坚不可摧的堑壕，可以说吸引了所有的目光，但正如头几番尝试所表明的，那谈何容易。

英国人返抵德里岭后的两周里，叛军迎来数千名援兵——分别来自北部的安巴拉和贾朗达尔以及西部的哈里亚纳和纳希拉巴德县。最大规模的援军来自东边 200 英里处的巴雷利，这支叛军浩浩荡荡地向德里徐徐进发。遍及印度斯坦，孟加拉军队的 13.9 万名印度兵，除 7796 人外，现都奋起反抗东印度公司，目前过半数人要么在德里，要么在奔赴德里途中。[22] 亦有报告称，一支由 3000—4000 名武装平民组成的大型武装力量——贾特自耕农在首领沙·马勒·贾特（Shah Mal Jat）的带领下起事——刚于巴戈帕特袭击镇守英军防线后方桥梁的留守部队，由此切断英国野战部队往返于密拉特的通信联络、增援和补给。

凑聚于城郭内的平民、反叛分子和难民可谓龙蛇混杂，他们闹得局势动荡不定。更令英国人烦恼的是一个新群体又从天而降：由三教九流的乌合之众组成的多个大型的自由圣战武士团体抵达德里，其成员包括"瓦哈比派"大毛拉、好战的纳格什班迪耶教团托钵僧以及虔诚的穆斯林平民。其中穆斯林平民人数最多——尤其是"织工、工匠和其他工薪族"——他们笃信自己有责任让其所认为的"伊斯兰之境"（Dar ul-Islam）摆脱可憎的异教徒之统治。[23] 在围城第一周里，400 人由附近的古尔冈、汉西和希萨尔涌进城，不过最大规模的代表团——兵力远超 4000——来自拉贾斯坦的通克土邦（Tonk），

264

这个寸土尺地的穆斯林土邦欣然接受极端"瓦哈比派"宣教士的历史可谓由来已久，况且此土邦早被英国情报军官视为盲信的温床和圣战者运动的地下中枢。

甫抵德里，圣战武士便在主麻清真寺和河畔的吉娜塔清真寺的庭院里安营扎寨。在德里所有清真寺之中，最美轮美奂的当数吉娜塔清真寺。说到印度兵与圣战武士之间的不信任和紧张关系，可由如下事实来衡量：尽管两者常并肩作战，但印度兵似乎仍对单独出入这两座清真寺的人进行定期搜查，还扣押若干形迹可疑的人。[24] 间或，占压倒性多数的信奉印度教的印度兵与激进的穆斯林圣战者之间的紧张关系，会演变成全面巷战。[25]

265

圣战者和鼓励暴动的大毛拉在都城的清真寺呼吁圣战，他们与德里数名更极端的伊斯兰主义者意气相投，其中就有旁遮普穆斯林社群的"瓦哈比派"。[26] 萨尔瓦尔·木尔克的阿富汗裔家庭教师是个虎背熊腰的壮汉，也是动身去德里岭跟圣战武士并肩战斗的人之一：

> 这位大毛拉体格强健、大脑袋、垂发过肩，是祷告和诵经的行家。一日他来找家父，言称这些天全能的真主赐予人类大恩，如果我们不乘势而上，很是可惜。家父探问"恩"是什么，他便答说："圣战与殉教。"家父不遗余力地劝阻他，但他对殉教之事很疯狂。最终，他头裹包头巾、腰悬利剑、手握来复枪，毅然上路。[27]

但总的来说，饥饿凶暴又无薪饷的印度兵麇集于城郭之内，其人数之众，早就让德里民众惶惶不安。至于另外接待数千名狂热的圣战武士，德里民众仍心存疑念，尤其考虑到以下两点：圣战武士对德里的印度教徒——占全城半数人口——所持的态度远非友善；对于德里精英阶层所注重的"勿打乱城内印度教徒与穆斯林之间的微妙平衡"之理念，亦嗤之以鼻。赛义德·穆巴拉克·沙写道："他们所宣称的目标是讨伐异教徒的征战，然而他们真实的目的是掠夺。凭借此种方式，来自各方的整整五千人以立誓与异教徒战斗的伊斯兰勇士的身份涌进德里，其中一大半人配备战斧（gundasah），他们身穿蓝色束腰外褂、头裹绿色包头巾。"[28]

圣战武士遭受此般冷遇，以致没过多久，一位大毛拉就来到扎法尔面前诉苦说他们受到不公正的忽视。这份诉状以一个新头衔称呼扎法尔，大毛拉写道："'誓诛堕落异教徒的宽宏慈爱之士啊'，我等圣战武士展现出无畏大勇和无私奉献的精神，但直到现在仍未得到丝毫激赏。至于我们过得如何，同样没人理睬，甚至没有一言半辞来问个寒暖……我们只希望自己的劳绩获得认可和奖励，如此方能继续参加战斗。"[29]

一人自称是印裔骑兵首席指挥官（Principal Risaldar），他率领通克土邦圣战武士，上呈类似诉状，就情形而论，其控诉更严重：发起猛攻时，其帐下圣战武士遭印度兵离弃，被丢下独自迎战卡菲尔异教徒。

> 昨日我们加入战斗，圣上之忠仆亲手送 18 名异教徒入冥府，臣仆的 5 名部下阵亡，5 人负伤。陛下，我们与异教徒浴血奋战之际，军中其余人等不施援手。他们哪怕像之前所料想的那样，只是站在旁边假装援助也好。蒙上苍襄助，昨日本可夺得全面胜利……我现在指望能有一些

266

武器可被犒赏给属下，连同一些微不足道的资金，俾使他们鼓足干劲作战以诛戮异教徒，以实现他们的愿望。

莫卧儿王子的短笺草草写于诉状背面，称皇家军械库空空如也，只能送去一些资金。[30]那笔钱显然不够用：到7月底时，一批批圣战武士陆续来到扎法尔面前，禀称"他们无米下锅，忍饥受饿"。[31]

圣战武士确实成功做到一件事，那便是让德里的印度教徒栗栗危惧，从而潜在地疏远了印度教徒。对于这场暴动，德里的印度教徒和穆斯林起先所做出的反应并无明显差异。5月和6月时，激进的印度教宣教士那么直言不讳，全然无异于穆斯林宣教士。乌尔都语史学家扎卡乌拉写道："在月光集市及其他集市，梵学家传达印度教经纶（Shastra）诫律，要求他们与（异域蛮族）英格兰'蔑戾车'①战斗。"[32]特别值得一提的是梵学家哈利钱德拉，这位婆罗门似乎尤为煊赫，他出现在若干份英方谍报报告中。一名密探告禀道：

267   他告诉诸军官，凭借占星术和秘术，他得悉神力会支援这支军队。他指定一个黄道吉日，称那日会有一场惊心动魄的恶仗——新的一场"俱卢之野大战"（Kurukshetra，《摩诃婆罗多》中的高潮一战），就像昔时俱卢族（Kaurava）与班度族（Pandava）之间的战斗一样。他告诉印度兵说，战马的铁蹄会踩踏英国人于血海之中，继而

---

① mlechchha，意为异域蛮族，即风习跟印度教制度不同的非雅利安的贱民。——译者注

胜利将属于印度兵。军中全体人员都对该梵学家言听计
从，竟至于把他择定的吉时吉地，选作战斗的时间和
地点。[33]

文献资料数次提及阿赫桑努拉·汗大夫给婆罗门付酬劳——大
概是遵从扎法尔的指示——好让他们每日"礼敬（圣）火"，
为胜利祷告，甚至还提到一位婆罗门，说他告诉扎法尔："如
果自己连续三日被安置于一座防卫森严的屋宇，并获准得到用
以制造馨香烟雾所需的全部材料，他将以玄谋令皇帝奏凯。"
那看似恰到好处地打动了扎法尔，该婆罗门如愿得到所需的一
切。[34]莫卧儿朝廷的所有文告中一次又一次地强调"印度教徒-
穆斯林"统一体，重视"因母牛和猪导致的争斗"，重申为
"伊斯兰正道与法"而战。一本名为《伊斯兰的胜利》（*Fath e-Islam*）的革命小册子，尽管书名如此，但它着重指出印度教
徒与穆斯林之间合作和共存的必要性，作者笃信莫卧儿历代皇
帝一贯以厚德博爱照拂信奉印度教的臣民：

> 印度教徒应与皇帝结盟，目的在于捍卫自己的宗教，
> 还应庄严宣誓。印度教徒与穆斯林彼此亲如手足，亦应诛
> 灭英格兰人，其原因在于，信奉伊斯兰教的诸皇帝和其子
> 女一同保护穆斯林的生命与财产，他们也以同样的方式护
> 佑印度教徒。全体印度教徒务须全心全意地对信奉伊斯兰
> 教的诸皇帝俯首听命、尽忠竭诚……印度教徒将一如既往
> 地忠于自己的宗教，我们亦将保持我们的信仰。我们大家
> 要相扶相携、相护相佑。[35]

268　同样地，在很多情况下印度兵诸团中既有印度教徒也有穆斯林，正如赛义德·艾哈迈德·汗爵士后来特别提及的：其混杂程度如此之深，以至于逐渐视彼此为兄弟。[36]岂止如此，一些信奉印度教的印度兵在禀呈给朝廷的诉状中，开始使用伊斯兰教的言辞，把这场起义作为圣战来谈论，还把英国人说成是异教徒。[①][37]

纵然如此，但随着城内圣战武士总数渐增，德里的起义日益呈现伊斯兰教的色彩，致使似曾蛰伏的潜在紧张关系恶化，许多印度教徒也变得越来越焦躁忧闷。无疑，一些圣战武士坚信，"信奉印度教的全体居民都支持他们（指英国人）"，"钱商和印度教徒跟基督教徒结盟"。[38]一位上了年纪的贵妇人向扎法尔呈送的诉状亦很能说明问题。该贵妇人显然把起义看作几乎无异于信奉印度教的外乡远民前来劫掠其哈维利的借口。她央求扎法尔道，"请派五名穆斯林的骑兵护卫"，并称呼扎法尔为"敬爱的亲人，我的掌上珠，我的心肝宝"，"请保护我免遭印度教徒的邪恶和腐败劣行侵扰。如你所知，原因在于，悉达罗摩集市（Sita Ram Bazaar）的印度教徒对我们居心不良，他们有个满腹奸计的狡诈头领。真主保佑，但愿印度教徒不会施展诡计把某个奸细引入军中，以致我的宅子遭到洗劫"。[39]

在此背景下，或许并非巧合的是圣战武士到临后不久，穆罕默德·巴卡尔大毛拉就在专栏中登载言论，呼吁都城的印度教徒莫灰心丧气——诚然，这意味着他忖度他们逐渐开

①　固然存在如下可能：此说法所反映的大概是皇宫的穆斯林抄书吏在把印度教信众的书函译成波斯语时所用措辞，而非后者实际使用的言辞。

始这样。在 6 月 14 日一期的报纸中，巴卡尔刊载一封不同凡响的信，针对的是信奉印度教的读者。他在信中号召全体德里市民勠力同心抵抗共同的英国敌人，他把英国人比作印度教史诗《罗摩衍那》（Ramayana）中的魔王罗婆那。他写道：

> 我的同胞啊，你们看看：英格兰人的狡黠与计谋，他   269
> 们那依照自己所希望的方式旋转乾坤的能耐，他们幅员辽
> 阔的疆土以及盆满钵满的金库和岁入。上述种种或令我们
> 感到气馁，怀疑自己永远战胜不了这样一个民族。但是我
> 的印度教徒兄弟，如果你们查阅自己的圣书，便可看到有
> 多少辉煌王朝如何在印度斯坦大地上诞生，又都如何消
> 亡。就连魔王罗婆那及其麾下魔军亦被罗摩昌德拉国王①
> 打败……除了太初神"原人普鲁沙"（Adipurush），一切
> 皆无常……
>
> 如果说真主令这些辉煌的王国都如电光石火一般衰
> 亡，你们缘何未领会真主业已隐秘赐救，（以打败英国人
> 的）这个历时百年的王国，故而这个曾经轻蔑地看待真
> 主的子民并且称呼你们的兄弟姐妹为"黑人"的社群
> （指基督教徒）现在受辱蒙羞？认识到这一点，你们就会
> 无忧无惧、无畏无碍。今时逃遁和背弃之举，近乎拒绝神
> 助与神恩……[40]

---

① Raja Ramchandra，即上主罗摩（Lord Ram），他是信奉印度教的国王兼神祇。

圣战武士或许让印度教徒惶恐，但在接下来的几周里，圣战武士一身是胆、舍生忘死，常令印度兵汗颜，尤其在发现一些最出色的圣战武士原来是女儿身时。赛义德·穆巴拉克·沙颇为惊诧叹服，据他所述：

> 这些狂热分子中有几人参与肉搏战，多不胜数的人被欧洲人剿灭。往往是来自兰布尔①的两个形容枯槁的穆斯林老妪带领反叛分子。老妪携出鞘的刀剑远远地走在前头，当印度兵退缩时，她们就劈头盖脸地奚落他们，称他们为懦夫，还高声嚷着让他们瞧瞧妇人怎么奋勇当先，而他们却不敢跟上前。"我们毫不畏缩，在像雨点般落下的葡萄弹中前进，而你们东逃西散。"印度兵会为自己辩解说"我们去取弹药"，但妇人答道："你们留下来战斗，我们会给你们取弹药。"这些妇人确实频频给炮群里的男人取来枪弹补给，在疾风骤雨般倾泻而下的葡萄弹中，她们勇往直前，凭着真主的旨意，她们未被击中。末了，两人中有一人被俘……当这帮立誓与异教徒战斗的伊斯兰勇士动身发起猛攻时，妇人总是走在最前头。[41]

事态很快就变得明朗的是：叛方将士进攻德里岭之所以屡遭失败，绝非缺乏勇气，更多的是因为没有真正的战略想象力、独

---

① Rampur，现印度北方邦城市，位于德里以东170公里处。——译者注

创力和协调行动。赫维·格雷特黑德于 6 月 25 日写道："若不是持续不断地新引入哗变将士，暴动本会逐渐止息。他们被各个击破，看来也无任何限定的打击对象。"[42]再者，恢复城内秩序的所有尝试尽皆受挫，其问题在于叛方缺乏一个明确且被公认地享有行政权的人物。同样的问题亦令叛方有条不紊、有效连贯作战的图谋尽付东流。

自英国人复返德里岭的第一天起，反叛分子每天都从都城西侧的拉合尔门蜂拥而出，顺着德里岭山坡一哄而上，他们通常穿过西郊的萨巴兹曼迪（蔬菜市场），完全暴露于英国敌手的视野内。他们毫不畏惧地对英军阵地发起连串正面攻击，时常把自己的满腔怒火对准英军前线的关键据点——帕拉第奥风格的白色公馆。彼时莺吟燕舞的年代，威廉·弗雷泽建造此公馆，现依据继后的房主之名，称之为"兴都·拉奥大君私邸"。

纵然印度兵时常悍勇无比，但一次又一次被廓尔喀人逐退。廓尔喀人被安置于此邸，他们迅速巧妙地设防、构筑起坚固阵地，继而藏身于沙袋后，毅然坚守。攻城战的第四天，即 6 月 13 日，廓尔喀指挥官里德少校（Major Reid）写道：

　　　　今天上午，我们得悉两个团的哗变者新近抵城，（我们听说）他们披坚执锐，将于下午 4 点攻打我们。果不其然，他们来了……我对迎战来敌做好一切准备，任由他们来到二十步之内，我才以葡萄弹和步枪全面开火。我带着两三个连的官兵展开突击……越过山丘……我方损失是三死十一伤，三人右臂截肢……他们在该团总司令（Sirdar Bahadoor）的率领下，成纵队沿北疆商道挺进，总

271

司令让自己颇为惹眼，高声叫嚷着让手下士卒保持距离，因为他打算把战阵转向自己左侧。他们奋勇拼杀，血战到底。第 60 团的总司令被我的传令兵拉尔·辛格（Lall Sing）杀死。我从死者的胸膛上取下印度绶带（Ribbon of India）。哗变者约 5000 兵力，有步兵和骑兵。[43]

印度兵的胆量总令老长官刮目相看，而其战术却非如此。由城郭观瞧，他们成群逐队、浩浩荡荡，看起来的确威武雄壮，查希尔·德拉维认为这场较量是"离奇又令人神往的一战，世人前所未闻、前所未见，原因在于，双方军队都属于英国政府，叛军也受训于见多识广的英格兰军官，所以俨如一场师徒间的战斗"。[44]虽则英军兵微将寡，但印度兵各自为营地展开攻击，单个团接着单个团、日复一日轮流对早有防备的英军阵地展开正面进攻，极少对英国人造成重负。妄自尊大的霍德森当时以一贯的鄙夷态度声言："他们确实几乎无异于骚扰我们，其所酿成的唯一大恶，是让我方士卒顶着酷暑一连数小时待在外边。"[45]话虽如此，但就其战略而论，印度兵明显未能利用自身压倒性的兵力优势，它所反映出的现实是：出于军规，叛军首领中无人受过任何培训以指挥连级（即百人）以上的单位；亦不曾学习如何在大型军事行动中，运作较大规模的后勤和战略方面的相关事宜。更糟的是，每日上午他们不得不收复前一日占领的阵地，因为印度兵每晚都要返回城内各自不同的营地寝息，以便置身于英军大炮的射程之外，把德里岭和进山的道路丢给英国人把持。

攻城战现阶段，圣战武士比印度兵更碌碌无为。原因在于，他们很少能足够接近英军堑壕，以致无法挥斧杀敌。《泰晤士报》杰出的通讯员威廉·霍华德·拉塞尔目睹他们在德里以东作战，据他所述：

> 立誓与异教徒战斗的伊斯兰勇士是些不赖的家伙，多半为苍髯长者，缠着绿色包头巾和腰封，每人都有一枚银质印章戒指，其上刻有大段《古兰经》经文。他们把头埋在盾牌底下出击，于头上挥舞弯刀，可谓寒光凛凛，大呼着"伊斯兰正道（Deen）！伊斯兰正道！"，舞动得如癫似狂。一名斗士走上前，高声呼唤我们速来应战，他来到距离线列不足一码远的地方，置身于密集的弹雨中。接着，一个年轻士兵从队列中走出来，用手中的恩菲尔德来复枪，在其双眼之间连续射击，然后以刺刀猛刺其面部，送那可怜的斗士归天。[46]

对于叛军而言，起初人员伤亡的多寡似乎无关紧要，因为日日都有新到的人源源不断地涌入叛方营地，以扩充叛军人数——进而在每天早上前仆后继地奔赴沙场。但可想而知，随着围城战由6月拖延至7月，对于迎战英军炮兵的葡萄弹，印度兵的积极性逐渐减弱，更不消说迎战廓尔喀人的廓尔喀弯刀和刺刀。陆续出现于《兵变文献》的多份命令，显示造反的热忱业已减退。卡达姆谢里夫圣陵的看守人发来一封诉状，控诉印度兵逃避责任而潜匿于圣陵，还恐吓皮尔扎达①，抢夺厚木板、梁木、指环和轻便床，"已致捕鸟人、石灰匠和其他数类人的居住地荒无人烟。我们若试图阻止他们来此，他们就向我

---

① pirzada，苏菲圣祠的看守人。

们亮出枪，还威胁说要杀了我们……"[47]

更能说明问题的是：早自6月23日起，莫卧儿王子就以总司令的身份发布危急号令，恳请印度兵慎始敬终、恪尽职守。此号令是"向未赴堑壕的各排和印裔骑兵全体军官"发出的。

273　　　虽则事实上是为信仰和宗教之故发起这场战争，但你们当中竟有许多人仍未上战场，反倒在庭园或店肆里打发时间。其他人躲进营舍，苟全性命。皇帝陛下已令你们所有人以他的盐起誓①：各排都将继续展开进攻以歼灭异教徒。然而你们不再表现出这样做的意志。可悲可叹的是，当这场对峙关乎宗教和信仰且得蒙陛下护佑之际，你们却依然隐忍而不去战斗。切记，自明日起，对于不上战场的排，将停止发放津贴。但今日，诸排和骑兵分队倘能奋勇争先、不屈不挠，而先时确也如此，将获朝廷赐授的奖赏、勋章和荣誉。而且，皇帝陛下亦会大悦。

此号令补充一则附言：

致第二排（2nd Platoon）全体军官：

　　业已向你们发出命令：务必向特里瓦拉②进发并展开进攻。但目前获悉你们未上前线，此刻反倒在该地附近的庭园里闲荡。这完全不能被接受。你们应即刻赴该地歼灭异教徒。[48]

---

① 在一神教徒的信念中，盐是人与神建立契约的象征。——译者注
② Teliwara，位于德里岭南端，距离旧德里2.69公里。——译者注

说到印度兵每日面对的杀戮，最可悲的一面是：实则在攻城战早期，他们就已经找到英国人的"阿喀琉斯之踵"（Achilles heel），但是浑然不觉。6月19日，印度兵冲破惯例，一反常态地发动更有创意的夜袭，由三面夹攻德里岭，致使英军的资源消耗殆尽。日落前一小时，在来自纳希拉巴德县装备精良的反叛武装力量的带领下，叛方将士于德里岭后方展开奇袭，这场大规模奇袭不仅由萨巴兹曼迪铺开，而且由西北边的穆巴拉克花园以及东边的梅特卡夫私邸一同袭来。战斗持续一整夜，杀得英军马仰人翻而无片刻喘息。据英军随军牧师约翰·罗顿所述：

　　敌军以压倒性的人数优势出现，有炮兵、骑兵和步 274
兵……我们时常纳闷儿：他们为何不曾有系统、有规律地发起这样的（后方）攻击，到头来，多次攻击的效果想必早就影响到我们，即便不比我们预料得快很多……我们在异常猛烈又非常令人不快的炮火下继续血战，夜幕迅速降临……

　　此次交战的结果，在营地大多数人的心头留下颇为哀伤的印迹。不是因为我方的胜利值得怀疑——虽则我们付出非常沉重的代价才赢得——而是因为我们起先顺理成章地认为，敌人以这种方式向我们暗示出其日后意欲贯彻的计划。敌人眼界大开，看到或许会胜过我们的优势所在：只要于后方袭扰我们。事实上，我们比敌手更了解自己的弱点，我们并非无所畏惧。所幸事实证明，那是杞天之虑。[49]

反叛分子的谍报严重匮乏，他们闭塞到那般程度，以致根本不晓得在攻城战这么早期，己方已如此接近胜利。就其自身而言致命的是，反叛分子未再尝试向英军后方发起真正的联合进攻，直至晚得多的时候，而那时为时已晚。

西奥·梅特卡夫的妹夫爱德华·坎贝尔于 7 月初抵临德里岭，他被调派至兴都·拉奥大君私邸附近，刚巧赶上印度兵急风暴雨般的大规模攻击。像英军营地的其他所有人一样，他深深震撼于英国人危如累卵的处境。次日晚，他提笔给西姆拉的孕妻 GG 写信。上一回身在德里是五年前的圣诞节，当时在同一座德里岭另一头的梅特卡夫私邸，在托马斯爵士不赞成的目光下，坎贝尔向 GG 求爱。

书信以家族消息开头，因为 GG 之前来信询问关于西奥脱逃的更多细节，还打听两座德里家宅现在看起来如何："你穿过老房子的废墟吗？库特卜私邸（Kootub House）被毁了吗？"[50]作为答复，坎贝尔解释说自己跟内兄尚未进行严格意义上的交谈，因为几乎是自己一到临，西奥就跟霍德森骑兵团一同奉派外出，目前离营去解除英军阵地后方一些村落的武装。坎贝尔告诉 GG 说，不过西奥的双眼再次变得又肿又痛。坎贝尔认为内兄应当休假并北上西姆拉，以便从先前逃离德里的苦痛经历中彻底恢复，那样的话，还能让他帮忙照望孕期的妹妹。坎贝尔补充道："我看不出他在此有何用，除去他所提供的该国情报外，但（对于）那些情报，他们似乎并不太在意。"[51]

他继续写道，梅特卡夫私邸内部彻底被损毁，由于英军阵地毗邻亚穆纳河河岸，私邸框架现成为阵地最东端的警戒哨。私邸被毁坏得如此严重，以至于坎贝尔揣测：抢掠者居然"在每个房间里点一把火……唯一留有屋顶的是（西奥昔时居住的）巴彻勒平房（Batchelor's Bungalow）"。但从"心之悦"传来较好的消息，坎贝尔写道："我们派一些人前去查看库特卜私邸，他们说私邸尚好而未被劫掠，家仆都在那儿。这非常奇怪，不是吗？"

爱德华知道这对 GG 来说意义非凡，失去其钟爱有加的家宅，GG 像其余家族成员一样心乱如麻。就他们而言，这还意味着经济方面的某种东西，因为就像德里其他许多英国家庭一样，在 5 月 11 日时他们几乎失去全部资产。临近暴动的几个月里，西奥因未能继续拍卖亡父的藏书和艺术品而在家族内部饱受指责。[52]到头来那几乎没什么差别：此前拍卖所得被存入德里银行的家庭账户，但银行的账簿及财产先于梅特卡夫私邸数小时，被付之一炬。现今至少存在如下可能性：亡父的一些财物或许还能在梅赫劳利附近的另一座私邸原封不动地留存下来。

坎贝尔向 GG 转告上述好消息后，接着就德里岭上英国人当前的处境，做出悲观评估。

潘迪们大约在 8 点出来，坚决地对兴都·拉奥大君私邸前面的前出炮群展开持续攻击……我们主要的危险来自实心炮弹和开花炮弹，那是我所经历过的最激烈的炮火。

我不得不整日维持猛烈火力，以阻止哗变者偷偷绕到我们非常薄弱的左侧。于我而言，那段时间可谓焦灼，我不禁感到处境相当危急。当前我们的来复枪连这么势单力薄——我属下仅有 30 名士卒胜任职守,而非 70 人上下。我还有约 4 名伤员,谢天谢地,无人阵亡。有很多事值得为自己额手称庆——因为我多次侥幸逃生——潘迪们一直设法悄悄逼近我们,除去以直接火力打击外,还有雨点般绵绵不绝的乏弹(spent bullet)飞过我们上方,击打四面八方的岩石,致使一名中士手臂被射穿,一人手部受伤,另一人颈部受伤……我属下初级尉官摩根(Morgan)的腿部被一枚大炮乏弹碰了一下。一人的军帽被子弹射穿,另一人的帆布背包被少许炮弹穿过,再一人的腿被弹片击中……

诚如穆罕默德·巴卡尔大毛拉曾向读者承诺的,叛军显然得蒙神援。接下来坎贝尔同样向 GG 断言称,上帝站在英国人一边。坎贝尔写道:

我相信,我主上帝会抚慰我的娇妻,因为他的抚慰是唯一信实的存在,唯一经得起所有考验的存在。GG,你独自在那儿应付裕如,我最亲爱的人啊,切莫过于畏惧德里被夺走。你是知道的,我一直告诉你:我认为这会是耗时很长的事件,就我亲见的皇宫的天然及人工防御工事而论,我觉得我们无法遂心快意地攻取它或者做出对该国有任何益处的事,直到募集一支更大规模的武装力量以展开更大型的围攻,并且为我们的枪炮提供更大量的弹药储备。我想在目前的状况下进行突击,没法儿不是灾难性的。

我认为上帝之手显然与我们同在……我相信他总会让
我体面勇敢地恪尽职守。亲睹哗变者丧命，其他人往往感
到愉悦，但我感觉不到。他们也都是上帝的创造物，我觉
得大量的屠杀都得记在我们的账上。祈求上苍，愿我们蒙
上帝的恩泽而谦卑。[53]

坎贝尔的焦虑情绪反映出德里岭上英国人之中存在的一种日渐
强化的认识。他们前来展开围攻，但目前的兵力显然无法围城
或攻占城池，但别无选择，唯有想办法坚持下去，任由反叛分
子为所欲为，也只能照单全收，直至某个时刻来临，诸如救援
来临时。在此期间，约 4000 名政府军[①]官兵对抗 2 万余名反
叛者，而且叛军人数每日还在增加。正如威尔逊将军写信给妻
子所言：“至于‘既然在此，我们要做些什么’的问题，我们
也一样如堕五里雾中……老实说，我认为我们似乎不可能有法
子攻取德里，没有全能的上帝慈悲佑助，恐怕凶多吉少。我相
信上帝不会放弃他的子民的大业……”[54]

如果说面对当前的僵局，城内存在某种令人懊恼的情绪，
那么德里岭上的情境远不止如此。弗雷德·罗伯茨写道：“我
们东游西荡，充分意识到自己没别的事可做。像这样踯躅于德
里很令人沮丧。我们倘能好好打一仗，从而了结此事，（这）
便算不了什么，但这些潘迪多不胜数，还从没变少过。”[55]

与德里城内市民不同，英国人有相当规律的食物供应，武
装车队由安巴拉出发，沿着北疆商道南下给英方运来给养。但
几乎在其他一切方面，相较于德里岭下的德里市民，英国人的

---

①　government troops，指英国东印度公司的军队。——译者注

处境都更糟。除营帐外，野战部队官兵无以遮挡，以致很多官兵"死于卒中和日射病，在两三分钟内，他们的脸就变得颇黑——看起来很可怖"，更不用说每日的攻击以及来自都城的持续轰炸。[56]除了距后方一英里处的亚穆纳运河外，别无水源，该处的水流"若不是味道（令人作呕），本会被误认为是豌豆汤"。污水处理措施极其原始。

一两周后，通往德里岭的山坡上高高堆叠的浮肿又变黑腐烂的印度兵尸体所散发出的气味，变得越来越令人难以忍受。况且岩石太坚硬，就连最浅的坟也根本无法挖掘。一名士兵给其母写信道："前天我担任警戒哨，空气中弥漫的气味让人感到极为不适。10 码以内约有 15 名死去的潘迪，尸身处于腐烂状态。像我们这样一连 38 个钟头吸入臭气，那浓烈的恶臭味简直让人无法忍受。"[57]当时，一小队又一小队的英国援军正由旁遮普赶来，他们总是在望见都城之前很久，就嗅到自己离它不远了。接近德里之际，乔治·鲍彻上校（Colonel George Bourchier）写道："透过鼻部器官，我们心痛不已地觉察到那便是自己行将投身的现场。从阿里布尔到营地，一路上形态各异的死亡状态迎接我们的到临，树木被乱砍乱劈以作为骆驼的食物，就连树木的外观亦甚凄怆：光秃秃的粗枝投向天空，似在摇曳自怜，又似在召唤，以降罚于那些破坏者。"[58]

无处不在的苍蝇是英军营地的另一特征，对此几乎没人忘得掉。营地随军牧师罗顿（Padre Rotton）写道：

> 在你的营帐里，在你用餐之际，在你忙于履行职责时，它们追寻着你，无论你选择什么菜肴为食，只要不加遮盖，一大群苍蝇立即就在上面歇脚，甚至像一杯茶那么

简单的东西，也会在数分钟内落满苍蝇，除非你格外小心。液体表面因漂浮于其上的苍蝇而呈现黑色外观，令人作呕不已：一些断了气，另一些气息奄奄。[59]

德里岭的营地生活可谓混浊不堪，这亦令年轻中尉查尔斯·格里菲思（Charles Griffiths）惊骇，他刚从菲罗兹布尔到来，像罗顿一样，立刻就对苍蝇深恶痛绝，它们似乎让人避无可避。他写道，一天的开始，很多时候不是被号角声或炮弹爆炸声吵醒，而是苍蝇爬过你沉睡的双唇时，你被那感觉唤醒……

> 毫不夸张地说，它们黑压压不计其数，遮天蔽日突然来袭，盖住我们中间的一切。它们肮脏可恶，我们知道，它们的存在归因于死去的人和动物腐烂的尸体。四面八方倒卧着渐趋腐烂而未加掩埋的尸体，它们靠那些尸体养肥自己。尸体腐败，污染空气，况且酷热炎炎。于是，瘟疫在己方营地日渐弥漫，从各个团——既有欧裔团又有本土团——攫取性命，那又怎会令人惊讶？[60]

6月27日季风季即将来临，随后的情况变得更糟。一夜间德里岭就变成格里菲思所戏称的"一片沼泽和泥坑"，霍德森则称之为"一个冒着热气的泥塘"。罗顿在日记中写道："营地简直变成池塘，还变得臭气熏天，那气味异常刺鼻。"蛇被赶出洞穴，猛然间大量繁殖，"就算不比敌人的飞弹瘆人，至少几乎（与之一样）可怕"。黑蝎子"像龙虾仔一样"，我们时常发现它们爬过卧具。[61]夜间几乎不可能入睡。如果说湿热和臭味还不够的话，大炮的隆隆声、豺狼和狗的嚎叫声，以及

279

《德里公报号外》（*Delhi Gazette Extra*）所描述的"执拗的骆驼'咕咕噜噜'的呻吟声"，亦令憩息成为遥不可及的奢望。[62]更严重的是，在这潮乎乎、臭熏熏的滞水泥沼中，霍乱再次暴发，病魔以惊人而致命的速度传遍营地。[63]在这么不健康的环境中，只有最基本的医疗设施，不得不经历截肢的众多伤员几乎没人能挺过鬼门关，亦不足为奇。

军官至少可以使用团部食堂，基督教徒和英印混血难民饥肠辘辘地赶到营地后，却被拒绝享受此优待。随军牧师罗顿曾述说自己看到他们"瘦削的四肢、凹陷呆滞的双眼、扭曲憔悴的容颜以及抽搐的身体"时的惶愕之情。[64]临盆在即的哈丽雅特·泰特勒及其子女同样不得使用团部食堂，他们被迫住在马车里，车上载有其夫必须守护的军方金库。哈丽雅特写道："在马车外，我们没有家。我们成日成夜待在那里，在自己的膝上用餐。"[65]那是个危险又暴露的位置，没过多久：

> 一枚开花炮弹在离马车相当近的地方爆炸，一块巨大的碎片落到车轮下方，但谢天谢地，我们没人受伤……晚上威洛克上尉（Captain Willock）顺便来看望我们。一发开花炮弹在旗杆塔上空经过，"飕飕"作响地向前飞来，直至进入我们印度兵的防线，落进泥墙内，继而于该处爆炸，那儿靠近我们所在之处。可怜的威洛克上尉跳起来说道："我的天哪，那是什么？"我平心静气地答道："哦！只不过是枚炮弹而已。"我无动于衷的做法，让他错愕，他在食堂里加以复述，自那以后，这便成为营地里的一句口头禅："哦！只不过是枚炮弹而已。"可怜的家伙，他寿短命薄，不曾有足够长的时间来适应：日夜听闻此般声

280

响，一个人会变得多么习以为常。

6月21日凌晨两点，哈丽雅特在其所居住的马车里诞子，但那不是此等大事所惯有的欢喜时刻。哈丽雅特哀伤地写道（她已目睹数名亲生骨肉夭亡于印度）：

> 我的婴儿出生时患痢疾，我们并不指望（他）能活过近一周时间。当孩子脱离直接危险时，这位菩萨心肠的医生说："好啦，泰特勒夫人，你可以考虑给他取个名字了。"可怜的孩子，一出生就如乞丐般，降临到这个恼人的乱世里。他躺在那里，靠近大篷马车的开口处，仅被一小块方形法兰绒随便披裹着，落月在他的小脸蛋上熠熠闪耀，唯以警报声、叫嚷声和枪炮声作为摇篮曲。[66]

一周后季风季骤临，雨水开始奔流过马车的茅草顶篷，丈夫罗伯特把哈丽雅特和婴儿迁入一座被空置的钟形武器库①，他还特地把稻草铺盖在武器库地板上。哈丽雅特写道：

> 我用一条湿床单包裹着自己的婴儿，赤足走进那座钟形武器库，然后便留在那里。此番经历之后，我的确忖度着我们娘儿俩会送命，但蒙上帝垂怜，我们未添灾病，我还能给自己的婴儿哺乳，而不似往常那样需要借助一瓶牛奶，因为不管怎样，眼下既没有瓶子也没有牛奶。我们睡在地板上，身下只有稻草和一床被褥，没有令人舒适的枕

---

① bell of arms，圆锥形的钟状建筑物，用于储存武器。

头。一名可怜的军官阵亡,他在临终前曾托人变卖自己的
家当,直到那时我丈夫才购得他的床单……(但)我的
襁褓儿连眼睛都没眨一下,他一直躺在自己的稻草床上酣
睡。就算躺在宫殿的羽绒床上,他也不可能睡得更香。[67]

281　有人催促给孩子选个合适的名字,哈丽雅特想出个像她的境遇
一般稀奇古怪的名字:斯坦利·德里军·泰特勒(Stanley
Delhi Force Tytler)。

7月随着时间流逝,因雨季渐浓,且因英方的胸墙和防御
工事久而久之变得日趋完善,越来越多英国人逐渐死于霍乱,
而非死在印度兵的子弹下。随军牧师罗顿日常的部分职责是定
期探访营地医院的两个霍乱病房。他后来写道:

　　需要强大的承受力,才受得了这两个医务室里令人嫌
恶的景象。病患持续不断干呕,使得这个地方令人颇感不
适。苍蝇落在你脸上,继而穿过衬衫领子空出的开口爬下
你的背。你与垂死者一同诵读时,苍蝇也间或飞进你的喉
咙……我的《圣经》因疫病之故,留下惹人心痛的印迹,
每当翻开被玷污的书页,就让我想起在那些围墙之内所亲
见的好些个痛苦面容……在这些医院里,此种致命疾病比
比皆是,最终我只能指望这样履行自身职责:先占据一个
中心位置,把一张椅子当作跪垫,好跪在上面祷告,接着
为全体病患念一段连祷文,然后手持《圣经》诵读并阐

释某节适切的经文……[68]

7月5日，霍乱夺去第二名英国将军的性命：在5月致使安森将军丧命于卡尔纳尔后，眼下其继任者巴纳德将军同样被除掉。面对眼前的危机，如果说作为领导者，安森和巴纳德似乎都力不胜任，那么最庸懦无能的当数第三名接掌帅印的指挥官——上了年纪的将军托马斯·里德爵士（General Sir Thomas Reed）。威尔逊认为他："老迈龙钟，更适合待在病患所用的卧榻，而非揽取指挥权。"[69]其他人的言辞更直截了当。来自东洛锡安（East Lothian）的苏格兰青年托马斯·卡德尔中尉（Lieutenant Thomas Cadell）写道："精选一堆笨伯给我们领头。在其统率之下，我看不出我们到底打算怎么挺进德里。"[70]

诚如赫维·格雷特黑德在里德接任当日所预言的那样，这个上年纪的将军"病恹恹，什么也做不了"。[71]一周后，将军仍在营帐中瑟缩不前。格雷特黑德在给妻子的信中写道："我们没看见里德将军，也没听说他的消息。至于他刚买的一匹拴在近旁桩上的马，我希望我能以同样的话提到它，因为它在过去的两小时里嘶啸连连。"[72]没多久里德就彻底放弃挣扎，反倒选择遁居于西姆拉。挂帅不足两周后，他于17日随同伤病员的大篷车队离开德里岭。他末了的举动是：遣走两个分队的骑兵，那些人近乎哗变，看来很可能会开小差；还把指挥权交卸给威尔逊将军。

虽说威尔逊总是过于谨慎、远非富于想象力，但相较于三个前任，可以说以行动证明自己是卓越的战略天才。对于所交派任务的难度，他不存任何幻想。正如听闻自己获委任时，他在给妻子的信中所言："啊！我心爱的埃伦（Ellen），这样一个可怕的重任丢到了我肩上，我多么了解自己的软弱以及能力上的欠缺，我感觉似要昏倒在这重担下。"[73]尽管缺乏干劲和信心，但威尔逊确是头脑清醒的军事思想家，能够认识到英国人暂时别无选择，故而选择一个防御策略：据守英方阵地，直到援军自旁遮普抵临。

威尔逊禁止如下不断削减英国人数量的冒险行为，譬如代价高昂而时常混乱无章的反攻或"猎鼠式追击"，即把撤退的印度兵逐下山，攉进萨巴兹曼迪的庭园。近来两次此类反攻近乎灾难，一次损失 220 人，仅 5 天后，另有 200 人战死。此外，威尔逊按部就班地着手于改善胸墙、防御工事和堑壕的质量，拆毁英军阵地后方的跨越亚穆纳运河的数座桥梁，以阻绝任何可能来自后方的进一步奇袭。[74]

威尔逊于 7 月 18 日给拉合尔的约翰·劳伦斯爵士写了一封绝望的书函，概述英国人的处境之严峻性，以及不管代价如何，劳伦斯都须立刻向德里岭增援之必要性：

密函

劳伦斯爵士：

我已跟部队总工程师贝尔德-史密斯上校（Colonel Baird-Smith）商酌，我俩得出的结论是：目前猛攻德里城的任何企图，必以我方挠北收场，且必将酿成灾祸。

本部队现由 2200 名欧洲人和 1500 名本地人组成，总共有 3700 把刺刀，而反叛者多不胜数，且已获四面八方的哗变诸团增援。他们准备完备，拥有坚固的防御工事和精良的装备……反叛者已向我方阵地实施 20 次各类进攻，今日再次出动以发起第 21 次进攻。诚然，他们总是被逐退，但驱敌所致的伤亡已令我方损失大量将士……

我决意将己方现有阵地坚守至最后一刻，我认为重要至极的是阻止目前身在德里的叛兵大肆流窜，以免整个国家成了他们的天下。然而要让我守住阵地，就须获得强有力的增援，并须火速获援。我听说完全不可能仰仗从下方（指从加尔各答）募集的军队。因此我恳切求告，尽你所能并尽可能快地从旁遮普向我遣来如下支援：一个纯粹的欧裔团，如果可能的话；一两个锡克或旁遮普团。我直言相告，除非迅速获得增援，否则本部队即将被伤亡和疾病削减得片甲无存，届时唯有撤退至卡尔纳尔。那等不幸进程，祸必随至，其状若何，我不可揣度。

乞以电报速复为荷，且言明：在援兵方面，阁下能为我提供什么援助；援兵预计何时加入我方阵营。

敬祈示知

阿奇代尔·威尔逊[75]

威尔逊极度愁闷的一个原因是：迄今为止，英国人所遭遇 284 的最大规模叛军于 7 月 1 日抵达舟桥。由德里岭可见巴雷利旅诸纵队向后延伸，一眼望不到头，继而消失在热霾中。军队由至少四个团的步兵——约 2300 名士卒——组成，此外还有：700 名骑兵；600 门大炮，其中包括急需的若干马拉炮兵；14 头象；300 匹备用马；一支由犍牛车和骆驼组成的车队，犍牛车和骆驼的数目达 1000，以运送帐篷、弹药和补给、价值 40

万卢比的财宝；以及殿后的另外"三四千名立誓与异教徒战斗的伊斯兰勇士"。[76]

上述将士于 7 月 2 日横渡舟桥、挺进都城，吉娜塔·玛哈尔之父纳瓦布库里·汗（Nawab Quli Khan）在加尔各答门以水果和甜食相迎。英国人透过双筒望远镜无助观望之际，他们长驱直入、彩旗招展，印度裔军乐手演奏《欢呼吧，小伙子们欢呼吧！》（Cheers Boys Cheers）——那日上午，一支来自菲罗兹布尔的规模小得多的英军，正是合着同一首曲子开进英方营地。[77]赛义德·穆巴拉克·沙记述道："城内没有开阔地足以容纳如此庞大的人群，所以该旅于（城南）德里门外扎营……这被认为实属必要，因为成群的印度兵已在城里，他们占据了所有屋舍和大多数店肆。举例来说，第 73 本土步兵团（73rd NI）整团人马接管了整个阿杰梅尔集市（Ajmeri Bazaar），每家店铺内（安置）六七个印度兵。"[78]

说到巴雷利部队浩大的规模，同等重要的是其领导班子：此二人似乎有能力为叛方提供他们一直未能获得的方向和团结。二人中的一人是印裔炮兵上尉巴克特·汗，他曾是荣誉载身、久经沙场的阿富汗战争老兵，拥有罗希拉血统，身材魁伟、体格健壮、蓄着浓密的八字髭和连鬓胡茬，在被巴雷利部队将士推选为将军而抵德里时，他荣载行政官和军事实际领导人之誉。

德里岭上数名英国军官碰巧在私下里熟知巴克特·汗。在沙贾汗布尔时，乔治·鲍彻上校曾到其府上向其学习波斯语，还记述说巴克特"非常喜爱英格兰社会……（而且）是个绝顶聪明的人"。[79]其他人则没那么宽厚，一些英国军官认为他大腹便便、附骥攀鳞，而且最令德里岭上的军人厌烦的是他

"蹩脚的骑术"。

另一名叛军领袖是巴克特·汗的精神导师——伊斯兰主义宣教士沙尔法拉兹·阿里大毛拉。那时大毛拉早就以"圣战者组织的伊玛目"而闻名，他在德里生活多年，跟朝臣和市民均关系良好。在为举事铺路的日子里，他是最早宣扬对英国人发动圣战的阿訇之一。他于 5 月 1 日在沙贾汗布尔发表演说，告诉听众："……现今我们的宗教陷入危险。业已丧失本国度的主权，业已向不洁的异教徒俯首称臣，我们可以放弃先知穆罕默德（愿主福安之）赐予我们的不可剥夺的特权吗？"[80]

然而至关重要的是，在那之前，沙尔法拉兹·阿里曾在穆夫提萨德尔丁·阿祖尔达的伊斯兰宗教学院"不朽之所"（Dar ul-Baqa）任教，该学院坐落于德里主麻清真寺以南。任教期间，由于有代数学和几何学方面的学识，他成为最受尊崇的德里乌理玛成员之一，岂止如此，在兵变前，赛义德·艾哈迈德·汗就专门提到他，盛赞他是德里智性宝冠上最璀璨的瑰宝之一。[81]尚不清楚暴动前沙尔法拉兹·阿里与巴克特·汗之间关系的本质，但据一些史料记载，正是沙尔法拉兹·阿里说服巴克特·汗加入这场抗争，当然无可否认的是比及军队抵达德里，巴克特·汗已牢牢地被他牵着鼻子走。也不单是巴克特·汗，随军前来的四千名圣战武士亦仰赖大毛拉指引精神的方向。如果说谁能让印度兵、圣战武士和德里精英三方团结起来，可能只有此二人能做到。

德里岭上的人兴许对巴克特·汗一直存有好坏参半的看法，但扎法尔及其谋士似乎没怎么怀疑过。抵城后一天内，巴克特·汗和沙尔法拉兹大毛拉就被召进宫，接受正式招待会的款待。正是在此次接见过程中，巴克特·汗的某些不那么练达的特质初次显露出来。因为像许多"瓦哈比派信众"一样，巴克特·汗蔑视世俗统治者，认为他们不符合伊斯兰教教义，反倒憧憬一个严格意义上的伊斯兰政权。

巴克特·汗和大毛拉偕旗下两百五十名军官一同到达，皆身穿全套军礼服，还大不敬地骑马径直经过公众谒见厅，未下马就踏入禁宫。[82] 显然，不管其在战场上具备何种品质，也不管其或许是何等龙精虎猛的行政官，巴克特肯定不是外交家。可以说顷刻间，巴克特对待皇帝一众朝臣的失礼态度，迅即开始犯众怒。出席召见的阿赫桑努拉·汗大夫颇不以为然，他写道：

巴克特·汗朝见皇帝，连同他麾下团的军官，以及与其为伍的圣战武士。但有违礼仪的是，他未在红帷（即通往皇帝禁宫入口处的红色幕帷）躬身行礼，其同伴们亦未施礼，众人虽予以劝谏，他却置若罔闻。他步入私人谒见厅，走近皇帝的御座时，就像对待平起平坐之人一样行额手礼，而后仅从身侧取下佩剑，把剑呈递给皇帝。这般无礼不恭令陛下大惊，但皇帝仍夸许其麾下将士神勇无畏……

（巴克特·汗属下两名军官）说："陛下应赐予巴克特·汗宝剑和圆盾，因为他受之无愧，这种恩典适切于这样一位首领。"起初皇帝托言称未备妥剑和盾，但在被再三央求下，便由军械库取来剑和盾，将它们赐予巴克特·汗。即便如此，巴克特·汗仍无贡品呈奉给皇帝。他（反而）言道："我听闻圣上已把军队的统辖权授予皇子皇孙。那可不妙。把兵权交给我，我会把一切安排妥帖。

这些人晓得哪门子英格兰军队的习俗？"皇帝答说："应
军中众军官之请求，皇子皇孙才获委任。"接着皇帝叫他
退下。[83]

尽管巴克特·汗行为失礼，但扎法尔显然仍认为自己可以信赖
他。在随后几天里，扎法尔赐予巴克特·汗"儿子"
（Farzand）和"世界之大人"（Sahib i-Alam）荣衔，令其对全
体叛军拥有最高军事权力，以接替前任总司令莫卧儿王子。随
后扎法尔任命巴克特·汗为总督，莫卧儿王子则被授予"副
官长"（Adjutant General）官衔，这实际上把莫卧儿王子由军
事指挥官变为行政首长。[84]

　　相较于英方所率领的小型军队，叛军虽具有压倒性的人数
优势，但受制于英军由德里岭展开的炮轰，令其一度陷入瘫
痪，巴克特·汗积极主动地尝试解决上述诸多肇祸难题以报圣
恩；对于印度兵洗劫城池所引发的问题，巴克特·汗亦试图妥
善处理，并张罗全数支付皇家薪俸；向警察局长及其属下警察
下达严格指令，以尽数逮捕劫掠者；还发布命令称，应把印度
兵迁出集市，徙置于德里门外的新营地。据门士吉旺·拉尔所
述，随后几天是旋风般的连串命令与革新：

　　　　将军击鼓为令，颁布一道公告称，全体店主务须持有
　　武器，任何人都不得赤手空拳地离开私宅。没有武器之人
　　应向司令部提出申请，将得到无偿发放的武器。但凡士兵
　　抢掠被逮个正着，将被处以断臂之刑。所有曾（劫夺）
　　弹药之人务须把所得物移交给弹药库，违者处以重刑……
　　将军视察弹药库，下令妥善整理储备品和物资……一则命令

287

是告知（较年轻的）诸王子的：其与军队相关的所有进一步的职司被解除……下达命令让部队全体将士于晨间列队阅兵……来自英格兰阵营的三名密探被处死……让部队将士从德里门列队行进至阿杰梅尔门（Ajmere Gate）以接受检阅。将军蔼然可亲地对士卒们讲话，还百般抚慰……（但）告诫（他们）勿侵扰和抢掠市民。[85]

巴克特·汗落实到位的新军事战略，益发让人刮目相看。叛方尝试侧翼作战——7月3日遣一支部队沿亚穆纳河北上至阿里布尔——但部分失败，部队焚毁村里的英方补给基地后，于归途中被英国人发现，继而遭遇伏击，随后落败，但那至少是一次富于想象力的革新。其间，巴克特·汗开发出一种新的车轮战法，以期持续打乱英国人的阵脚。英方间谍向英国人禀告新规则："不可一日无一场小规模战斗，为此目的要兵分三路，俾使每日至少有一路人马作战。"[86]

　　加快进攻节奏的效果可谓立竿见影。据理查德·巴特所述，由于"巴克特·汗所组织的体系……我们几乎经受不住……精疲力竭。知晓无望脱身于苦海，一些士兵变得自暴自弃，他们猛冲向敌人故意送死，以便尽快摆脱这种生活，他们的想法是：既然要来的迟早会来，越早了结越好"。[87]

　　7月9日，即巴克特·汗抵德里后整整一周，那正是他选定的日子，以图同心协力、一劳永逸地摧毁英军阵地。

　　清晨5点，在倾盆大雨中，巴克特·汗麾下若干非正规骑兵由后路包抄，来自都城的大规模炮击随之展开，战斗序幕拉开。他们所穿的白色军服与英国非正规军一般无二，亏得此番伪装所致的混淆，才设法在警报鸣起前深入英军营地，这是首批成功冲破英方防御工事的叛兵。他们砍伤一些炮兵，在被逐出前，还差点成功地掠获英军骑兵炮，那些炮可谓至关重要。

与此同时，巴雷利部队倾巢而出，他们涌出城冲向城郊吉申根杰，意图由英方右翼迂回包抄。英国人设法将之击退，但与其说是印度兵溃逃，毋庸说是他们诱使英国人离开堑壕而于山坡下更远处继续作战，因为英国人在该处的掩护少之又少。让查尔斯·格里菲思中尉惊叹的是：敌军以钢铁般的纪律，秩序井然地持续撤退，同时每隔一段距离，他们就转身成纵队并以火枪射击，敌军炮口也时不时地来回调整方向，朝着暴露的英军队列发射实心炮弹和葡萄弹。

> 此时暴雨如注、雨幕茫茫，浸透我们单薄的棉衣裳，数分钟内就把我们浇得浑身湿透……我方许多士卒倒下……此乃不折不扣的地狱之火（feu d'enfer），我方蒙受的损失变得如此惨重，所致的结果是短暂受阻，唯有千难万难地催赶士卒向前……这一日的损失，超过自围城之始任何一日的损失。我方接战的小型军队，伤亡人数达二百二十一人。[88]

稍向西的其他地方，在圣战武士的支持下，巴克特·汗指挥一场攻击，占领英军设置于提斯哈扎里花园的偏僻警戒哨。英军脆弱的精神状态，即他们所承受的恐惧、挫败感和重压，能够以此来衡量：据威廉·爱尔兰少校（Major William Ireland）所

述，入侵叛军营地后，英军官兵中有数人

> 把怒火撒向若干印裔仆佣，那些人当时聚集于教堂墓地附近避难，他们毫无自卫能力。几个可怜的人被屠杀，一些人躲在坟墓后。一名女子的胸部被射穿……那么多血腥战斗和处决已令我军士卒变得残暴，他们现在认为，本地人的性命不及最低贱动物的命值钱，其长官亦未通过言传身教以尽力纠正他们……
>
> 有些仆佣曾以惊人的赤胆忠心行事，可就连军官也暴虐无道地苛待他们。他们遭到士卒殴打、凌虐……很多人被杀害。患病的马夫、割草工以及轿夫，其中许多人是在给我们帮佣时受伤，数月来他们躺在光秃秃的地上，日间暴露于阳光下，夜间挨寒受冻……食堂里谈话的语气狂妄暴躁：公然宣告对德里居民实施一场全面大屠杀。但尽人皆知，许多德里居民还巴望我们奏凯……[89]

关于德里岭上的生活记事，下述文字突显了时常被遗忘的情况：事实上，略超半数的士兵以及几乎所有的广大后勤人员不是英国人，而是印度人。总而言之，这是一种诡谲怪诞的宗教战争，在这场战争中，穆斯林皇帝受兵变军队逼迫而反叛基督教压迫者，而在兵变军队中，信奉印度教的印度兵占压倒性多数，那些印度兵自觉自愿地前来面圣（起初违背皇帝本意），恳求穆斯林"祝安"庇佑和莫卧儿王朝的领导，他们把莫卧儿人视为自己正统合法的统治者。

更奇怪的是，就莫卧儿王朝的新武装力量而论，对于其凝聚力和统一性的最大威胁之一是成群圣战武士的到临，他们最终在德里城内叛军中至少占半数。英国人对上述武装力量展开反击时，为了对抗莫卧儿王朝，便招募一支主要由帕坦和旁遮普穆斯林非正规军组成的新军，借此实施反攻。诚如德里兵变纪念塔（Delhi Mutiny memorial）上的伤亡数字显示，军官中不少于 1/3、底层官兵中足足 82% 的"英国"死伤者都被归类为"本地人"。[90] 围城战终了时，比及最后的援兵由旁遮普抵达德里岭，"英国"部队中的印度人大概占总人数的 4/5。如果说德里起事是以英国人与一支由大多信奉印度教、主要召集自阿瓦德的印度兵组成的军队之间的较量开始，那么它是以一支族群混杂的反叛武装力量与英方雇佣军之间的战斗收场，叛方至少半数是平民身份的圣战武士，其所迎战的军队则是由来自西北边境和旁遮普的、受雇于英国人的锡克及穆斯林雇佣兵组成。

再者，从德里岭发出的信函中虽然充斥着关于"英国人胆气横秋"和"当地人怯懦"的浮言虚论，但此等种族歧视言辞均出自这样一个群体：在种族"纯洁性"上，其自身家庭背景绝非完美的盎格鲁-撒克逊典范，岂止如此，在有详细史料可考的个例中，或许让他们自己难堪的是，事实上他们融合了精彩的多元文化。伊丽莎白·瓦根特利伯显然拥有斯金纳氏族的所有堂亲，其中许多人——很可能包括她自己的母亲——都为印裔穆斯林。西奥和 GG 透过詹姆斯·梅特卡夫（James Metcalfe），拥有若干位旁遮普的锡克堂亲。詹姆斯为查尔斯爵士与锡克妻子所生，查尔斯爵士是托马斯爵士的兄长，也是前任德里常驻代表。彼时在拉合尔，查尔斯爵士于兰吉特·辛格（Ranjit Singh）的宫廷里结识那位可人儿，随后依照家族传统"以印度仪礼"娶亲。[91] 詹姆斯有一半旁遮普血统，十多岁时他在英格兰与嫡堂亲一起生活，目前住在伦敦。西奥之

291

弟查尔斯——后成为门士吉旺·拉尔与穆恩·乌德丁合著的《兵变纪事》（*Mutiny Narratives*）的译者——过去常去伦敦探望詹姆斯，他对堂兄的美妻颇有好感，正如他在给 GG 的信中所言："一位笑盈盈的端正女子，我的时机来临时，会毫不犹豫地把这样一位佳人娶进门。其实坦白说，我真的很喜欢她。我见到她的那一刻，便对詹姆斯说，詹夫人（Mrs J）酷似 GG。"[92]

随军牧师罗顿是愈加显眼的个例。对于英格兰人身为上帝的选民（God's Chosen People）之事，虽然牧师说得天花乱坠，但他有一整整一大家子的英印混血嫡堂（表）亲。这些人包括：不会说英语的詹姆斯·罗顿（James Rotton），以及改信的堂兄费利克斯·罗顿（Felix Rotton）跟不同的印裔妻子（"从各方面来讲，都是彻头彻尾的本地人"）所生的二十二个信奉伊斯兰教的儿子。前述所有人在那个关头都忙着在阿瓦德叛军一方作战，叛方将士围攻英国驻勒克瑙常驻代表处时，他们同样积极参与。据印度事务部图书馆（India Office Library）的东印度公司文献所载："直至 7 月末（即 1857 年 7 月），费利克斯·罗顿先生似乎都自愿归属于叛军，从而成为反叛者之父，嗣后因最强有力的'不忠推定'而大吃苦头。"他没有帮英国人任何忙，"虽则他本人是欧洲人的后代，（而且）他所有可从戎操戈的子嗣都敌视我们，所以他应对自己的子嗣负责"。[①][93]

甚至是弗雷德·罗伯茨，在发回家乡的书信中虽满是对

---

① 1858 年费利克斯·罗顿向英军投降时，声称他本打算奔赴常驻代表处，"但印度部队将士进城时，他睡着了"。参见 Rosie Llewellyn-Jones, *A Fatal Friendship: The Nawabs, the British and the City of Lucknow*, New Delhi, 1992, pp. 32–3。

"粗鄙的当地人……一伙卑劣的胆小鬼"的咒骂语，但他也有一个同父异母、英印混血的穆斯林兄弟约翰·罗伯茨（John Roberts），人称"小大人"（Chhote Saheb），像罗顿牧师的堂（表）亲一样，那一关头约翰正在勒克瑙致力于反抗英国人的斗争。约翰"完全以印度人的做派生活，是虔诚的穆斯林，总是一丝不苟地对待诸如乃玛孜①和封斋（roza）之类的宗教仪轨"，还娶了一位叫作沙扎迪公主（Shahzadi Begum）的勒克瑙女士，她是纳瓦布拉姆赞·阿里·汗（Nawab Ramzan Ali Khan）的外孙女。约翰与弗雷德的共同之处是写作才能，他虽不会读写英语，却是众所瞻望的乌尔都语诗人，笔名"贾恩"。他俩的父亲是将军亚伯拉罕·罗伯茨爵士（Sir Abraham Roberts，巴斯勋位［KCB］），将军在听说约翰同父异母的兄弟被誉为德里岭上的英雄、约翰却站在反叛分子一边时勃然大怒，随即停止向约翰提供生活费。将军怒气冲冲地写道："但愿你能从王公那儿获得些帮助，你为了他，架枪架炮地对抗英格兰人。如果像其他人那样去找常驻代表，你本会获救，但现在你根本不可能得到任何东西。"[94]

就叛军而言，7月9日对英国人发起的进攻，无疑是到目前为止最成功的。但宫里和都城内的人们期望过高，以至于仍存在一种强烈的失望感，因为至今仍无重大突破，英国人照旧像往常一样牢牢地盘踞于德里岭上。

---

① namaz，伊斯兰教的每日五次礼拜。——译者注

292

在随后几周里，这种挫败感加剧。传至都城的谍报可谓匮乏，这就意味着反叛者中没人意识到巴克特·汗的战术经证实是多么成功。他们未察觉英军阵地的脆弱性以及巴克特·汗施加的压力，只看到英方战线依然如故，于是嘀嘀咕咕地埋怨巴克特·汗，很快就怨声载道。让莫卧儿王子怨气满腹的是巴克特·汗以那种方式令他被剥夺统帅权，其余印度兵则不乐意听命于别团指挥官。由于多次进攻均未能带来任何决定性胜利，巴克特·汗的威望及其对印度兵的掌控力都逐渐开始下滑。

将近 7 月底，对巴克特·汗的控诉开始在朝堂上公开声张。29 日，一名印度兵抱怨说："很多天过去，将军仍未挥师出征。"巴克特·汗怒不可遏，但皇帝评述称，方才之言不虚。[95]几天后，一场计划好的进攻因大雨被取消，其时扎法尔勃然作色，说："你永远攻不下德里岭……你带给我的所有财宝都已被你耗尽。内库（Royal Treasury）空虚。我听说士兵们一天天陆续动身返家。对于克敌制胜之事，我不抱任何希望。"

293　　　　瓜廖尔的 2000 名部队将士和纳希拉巴德县的 6000 名圣战武士发来的数封请愿书于次日送达，言称他们准备好向德里进军，只要皇帝一声令下。但扎法尔下口谕答复说："号称有 6 万人在德里，他们都没把英格兰人的军队从德里岭撵走，汝等 6000 人能有何作为？"巴克特·汗接着诉苦说，印度兵不再服从他的命令。扎法尔答称："那么，叫他们离城。"[96]扎法尔稍后补充说，令人无法忍受的是，全体市民仍然

遭受士兵的侵扰和恐吓，他们来到都城，宣称的目标

是歼灭英格兰人而非他们自己的同胞。这些士兵总是夸口说，他们正由防御工事所提供的安全处出去消灭英格兰人，但他们总是返回都城。相当明显的局面是，英格兰人最终会重新占领这座城，还会置我于死地。[97]

基于此，7月底军事指挥权又有另一番变化就不足为怪了。巴克特·汗实际上被免除总司令之职，最高权威反倒被移交给行政院（Court of Administration），莫卧儿王子出任行政院院长，且以其父皇的名义行事。行政院是个古怪的机构，可以说是经选举产生的军政府，它扬弃莫卧儿王朝的政治理念，呈现出西方共和派所给予的强烈影响，以至于使用英文字词表述行政院的不同职位。依据非凡的十二项章程，行政院有十名成员：六名成员由军方选举产生（muntakhab），步兵、骑兵和炮兵各两名；余下四名成员来自皇宫。

行政院定期举行会议，充当联络委员会角色以联系军方和民政当局。[98]间或，行政院实施有效干预，譬如，指责希兹尔·苏丹王子未经它的许可，便实施抓捕且向城镇的银行家征税。[99]但它不曾起到统一的中央指挥部的作用，巴克特·汗也始终与它保持距离。由《兵变文献》残存的记录来看，它在很大程度上是莫卧儿王子及其军事盟友的机构，而仍在巴克特·汗指挥下的巴雷利旅，实际上照旧独立于该机构。 294

鉴于此，行政院实则达成之事，似与打算由它完成之事截然相反。与其说是协调叛军各团，倒不如说是强调各团之间现有的分歧，让它们比先时愈益急剧地分化为相互竞争的派系，各派系在各自独立的军阀领导下各行其是。不管怎样，巴克特·汗的军事体系宣告终结，即刻缓解了德里岭上英国人的痛苦。正如理查德·巴特特意提及："在朝堂上，德里之王因战果乏善可陈而冥落哗变者的首领，从而引发相互指责，致使一些人拒绝继续贯彻执行巴克特·汗所组织的体系。于是，当我们几乎站不稳时，攻击停息，似由上天安排，让急需停歇的我方部队得以安闲休憩。"[100]

巴克特·汗坚持强硬路线"瓦哈比派"观点，这加快了他倒台的速度。有迹象显示，他对高种姓印度教徒的"需要不予满足"，故而那些印度教徒正式向皇帝提出申请，询问能否把他们调至莫卧儿王子部下。[101]后来巴克特·汗违背皇帝特别明示的愿望，召集都城全体乌理玛，逼迫他们签署一道伊斯兰圣战教令，宣称全体穆斯林须在圣战武士的首领沙尔法拉兹·阿里大毛拉的指挥下，拿起武器投身于这场宗教战争。后来，包括迦利布之友穆夫提萨德尔丁·阿祖尔达在内的数位大毛拉，自称违背个人意愿而被迫签字，还称受到威胁说，倘予以拒绝，"他们会妻离子散、家破人亡"。[102]

既然有前述伊斯兰教令壮胆，圣战武士致使曾由印度教徒和穆斯林双方成功坚守的共同战线，在将近7月底时出现最严重的裂痕。事因宗教节日古尔邦节（Bakr 'Id，亦作 'Id ul-Adha）即将来临，朝廷上下一向付出巨大努力，绝不允许以"公共理由"令都城四分五裂，但让他们恐惧的是，圣战武士煞费心机地蓄意伤害印度教徒的感情。遍及伊斯兰世界，在通常情况下，穆斯林献祭一只山羊或绵羊，以纪念易卜拉辛的牺牲和真主对伊斯玛仪①的宽恕，借此庆祝古尔邦节。但正如穆罕默德·巴卡尔所写：

> 来自通克土邦的立誓与异教徒战斗的伊斯兰勇士，打定主意要在大约三日后的古尔邦节当天于主麻清真寺前的空地上屠宰一头奶牛。他们言称：倘使印度教徒对此有任何反抗，势必招来杀身之祸，他们跟印度教徒算完账后，接下来会袭击并歼灭洋人。他们还称："因为我们注定成为信仰的殉道者，杀死一个洋人，由此可获殉教荣耀，同理杀死一个印度教徒，借此获得荣耀亦无妨。"[103]

嗣后不久，受指控宰奶牛的五名穆斯林屠户，在7月19日被若干信奉印度教的印度兵割喉。一场全面危机——沿着都城的宗教轴心把整座城割裂开来——看似即将发生。此乃扎法尔平素忧惧之事。由于德里差不多刚好有半数人是印度教徒，扎法尔一向了然于胸的是：若没有半数臣民的赞同和祝福，他不可能平治天下。此外，扎法尔的母亲信奉印度教，以及他平日所遵循的诸多印度教习俗，足以让更正统的乌理玛骇惧。事发后，扎法尔临时施宜，异乎寻常地果断做出回应。屠户被杀当日，扎法尔就禁止屠宰奶牛，不准食用牛肉，并且批准：凡宰奶牛者，一经发现，一律以"炮决"酷刑惩办。警方随即做出反应，甚至严格到如下程度：任何售卖烤肉串的小贩

---

① Ismail，《古兰经》中即将用来献祭的孩子是伊斯玛仪，而不是像《旧约》所说的那样用以撒（Isaac）献祭。

(kebab-wallah)，倘被发现烤炙牛肉串，即遭逮捕。其中一个小贩哈菲兹·阿卜杜拉赫曼向朝廷上书，发誓说自己不是屠户，因此不能被追究屠宰奶牛的责任，况且由于印度兵闹事，才毁了他平常的生意，他是自那以后才开始从事烤炙肉串的营生。但他未获释。[104]

296   接下来，扎法尔颁布一道御旨，称城镇全体奶牛务须加以登记，并吩咐不同封闭社区的看更人和清洁工，把“拥有奶牛的穆斯林家庭”尽数上报给当地警察分局，接着各警察分局“就穆斯林所饲养的全部奶牛”开列清单，然后把清单呈禀至宫中。诸警察分局局长接到指示，务须在六小时内将御旨付诸实施。[105]警察局长赛义德·穆巴拉克·沙于 30 日接到指示，要在城镇各处大声宣布：绝对禁止屠宰奶牛，因为会引起“不必要的争斗，那只会让敌人强大起来”；任何人“即便怀有藐视政府命令的想法，甚或付诸行动，都将受到严惩”。[106]

进一步的命令继之而来，其中包括一道古怪得“超现实”的指令，称全体已被登记的奶牛，现应被收容至都城中央警察局。扎法尔兴许一直不愿意或者没办法关押圣战武士，但他能把奶牛关起来。然而事实证明，这道御旨难以执行得多。赛义德·穆巴拉克·沙惶恐地奏报称：“如果全体穆斯林的奶牛都被关进来，那么将总共有 500 头至 1000 头奶牛。为此用途，我们需要一处大型牧场或围场，奶牛可在该处被圈养几日，但鄙臣未听说哪儿有这种地方，况且牛主只会担忧起疑。”正如预期的一样，此计划遭弃，取而代之的是从奶牛主那儿获取字据，牛主承诺不会应允献祭自家的牛。[107]

最终，穆夫提萨德尔丁·阿祖尔达奉派去圣战者当中斡旋。[108]密使的选择实属高明，不仅仅因为阿祖尔达是德里城内最受尊崇的穆斯林知识分子、"最睿智的贤哲"，据赛义德·艾哈迈德·汗评价——德里诗人萨比尔认为，阿祖尔达能够"以学识，给予柏拉图当头棒喝"，还能够让亚里士多德"从完美之巅，坠入耻辱之尘"；[109]而且因为阿祖尔达是天生的外交家，虽为沙·瓦里乌拉的清教徒学校的产儿，却身兼诗人和诗人的赞助者身份，他作为德里乌理玛里首屈一指的成员，过去常常在莫卧儿人与常驻代表处之间成功斡旋。此外，阿祖尔达不仅是扎法尔的亲密谋士和盟友，还是沙尔法拉兹·阿里大毛拉的老师兼前雇主，正是阿祖尔达塑造了沙尔法拉兹·阿里的职业生涯，直至沙尔法拉兹·阿里离开德里。关于两者之间交换了什么信息，没有留下任何记载，但调解结束时，沙尔法拉兹大毛拉同意说服圣战者，在古尔邦节放弃屠宰奶牛和享用牛肉之乐。

幸亏扎法尔采取多项预防措施，8月1日的古尔邦节得以平静度过。英国人透过己方密探，察觉到日益加剧的社群紧张局势，故而渴盼一场大规模的社群骚乱，岂料大失所望。赫维·格雷特黑德所能做的只是给妻子写信发发牢骚："对于为信仰而战的穆斯林，此乃绝妙的讽刺：在信奉伊斯兰教的皇帝督导下，今年古尔邦节，任何人都不许献祭奶牛。"[110]

就扎法尔和穆罕默德·巴卡尔大毛拉而论，奶牛被宰、圣战武士和屠户被杀事件，似已成为一个转折点。

自从印度兵和圣战武士一波波涌来，让此二人生活的城市蒙受抢掠和恐吓，已有两个半月之久。不过至少在起初看来，似乎过渡期一旦结束，也许就有希望建立一种新秩序，进而复

297

辟莫卧儿王朝，因为此二人都把莫卧儿王朝历代皇帝看作
"哈里发"——印度斯坦唯一正统合法的神圣统治者。但到 7
月底时，战胜英国人一事似乎越来越遥不可及。印度教徒与穆
斯林的和平共存，可谓维系德里统一体的"中央缝合线"，目
前看来，可能性大得多的结局是"缝合线"即将松散开来。
这在扎法尔和巴卡尔眼中，代价太过高昂而无力承受。屠户被
杀后，在接下来的一周里，二人完全分头行事，各自去英方阵
营打探情况，以期跟德里岭上的部队达成和解。

扎法尔和巴卡尔都酝酿了很长一段时间，才做此决定。7
月随着时间推移，扎法尔变得越发消沉，在情感上逐渐超然于
起义之外。他的一片丹心从来就是掏给自己治下都城和王朝，
然而变得越来越明显的是，这场危机不仅不符合那两者的利
益，恰恰相反，现今可能性大得多的是：这场起义将导致德里
毁灭以及享国三百余载的莫卧儿人最终垮台。萨尔瓦尔·木尔
克的伯父"身穿全套朝服、头裹包头巾、腰间系带"，前去朝
见皇帝，讨要若干将士以跟英国人作战。其时扎法尔答说：
"我孤家寡人，没有将士给你。我年届八旬，弱如扶病。这场
仗不属于我。兵变部队正在战斗。如果你渴望参战，就去找这
些部队的军官，同他们处理此事。"[111]

298

夫君采取灾难性的亲叛军（pro-rebel）方针，吉娜塔·玛
哈尔看在眼里，不由得火冒三丈，因此退居至城内私宅。现今
扎法尔既不能依靠皇后，亦不能转而求助于大内总管——太监
马赫布卜·阿里·汗，于是他的行为变得反复无常，以致看似
渐渐开始崩溃。他毕竟 80 岁[①]退龄，甚至在起义前就显露出

---

① 原文如此，扎法尔生于 1775 年，时年实为 82 岁。——译者注

一些衰老的迹象。

随着围城战缓慢进行，前景愈来愈暗淡，扎法尔对朝中大事的反应，变得越发耍性子和以自我为中心。有时他的反应委实古怪到疯癫的地步，恍若印度的"李尔王"（King Lear）一般丧心病狂，譬如，他把岳父任命为"奥德的纳瓦布"（Nawab of Oudh），但是自 18 世纪中叶后，莫卧儿人就不再控制此地区。[112]后来扎法尔曾试图劝服一名心怀不满的印裔将军留在德里，借助的手段是向此人提供"德干和古吉拉特（Gujerat）省督"之职，而上述地区不受莫卧儿人管辖的时间甚至更久。[113]到 8 月初，扎法尔选择通过诗歌创作来逃避目前的不利局面，他笔下的诗行就像他的情绪一样，在阴郁和不切实际的乐观之间游移。密探高里·尚卡尔于 8 月 7 日禀称：

> 皇帝一整日都忙于谱写诗歌作品，他创作的一节诗如下：
>
> 扎法尔啊，我辈行将夺取伦敦，
> 为时不远矣。[114]

不写诗时，扎法尔的大部分时间花在设法让印度兵离开他所挚爱的御花园上，御花园中的很多庭园，先时由他亲自设计。6 月时他总算如愿以偿，不料两周后，发现"第 54 本土步兵团的两百名士兵以及一名医生和其家人，于该处止宿"。扎法尔怫然不悦，正如他致函莫卧儿王子所言："皇家扈从频频屈尊朝该方向行走，在此等场合，深感诸多不便。故此，你身为朕之子，应奉旨就此事跟朝廷军官商谈，让这些士兵和此名本土医生迁走。"[115]

299

其他时候，扎法尔看似只祈望逃脱。他威胁说要离开德里，前往麦加朝觐，在那里祈祷度日。起初那很可能只是一种手段，力求让起义各方团结一致，同时向印度兵施压，迫使他们俯首听命于他，停止抢掠其治下都城。但到 7 月时，那似乎确实反映出他的一种由衷的愿望，只为逃避此般不寒而栗的处境。令他忍无可忍的是，眼巴巴地看着自己所谋划、所致力的一切——他建立的钟灵毓秀的文明绿洲以及终其一生竭力保留的王朝遗风——在眼前分崩离析、荡为寒烟。

在扎法尔的审判中所出示的最可悲的文书之一，是致小藩臣阿布德·拉赫曼·汗（Abd ur-Rahman Khan）的书信，该文书揭示扎法尔受困至何种程度。阿布德·拉赫曼·汗是小集镇贾杰切尔的纳瓦布——先前正是同一人拒绝为西奥提供庇护——扎法尔在信中恳请纳瓦布前来解救他。扎法尔称呼纳瓦布为"沙场猛虎"（Tiger in Battle），不过纳瓦布实则是个有纨绔习气的唯美主义者，一生中不曾见过一场战争。扎法尔解释说：

> 鉴于许多令人不快的状况发生，朕因老迈龙钟之故，不能埋首于政府和国家事务，现今朕所余留的渴望，唯有从事可获真主和人类认可的一类善行，侍奉和敬拜真主，以此聊度残生。

他接着详细说明他那完全不切实际的计划：首先，要"跟尊贵的帖木儿王族全体成员"以及"全体皇室成员的一切所有物和动产"一同迁至梅赫劳利的库特卜大师（Khwaja Qutb）苏菲圣祠；然后，待旅途所需的一切都被收集齐整之后，继续穿过饱受战争摧残的印度，前往麦加和麦地那"圣龛"（Holy Tabernacles）。故而他恳请贾杰切尔的纳瓦布："朕的忠仆，速速入朝见朕，带上你百分百信任的家臣⋯⋯以保护皇室成员，直至朕动身前往真主的圣殿（指麦加）。此般行事，你将捍卫朕全部的神圣应允和喜悦，你的声名同样会传遍全人类。"不过有个后勤方面的小难题，扎法尔写道："这儿无从（得到）任何马车，因此务必随行带来四五百辆运货马车和五六百峰骆驼。"[116]

300

纳瓦布打定主意要做"骑墙派"而不献身于任一方，所以告罪说自己深感歉意，他写道，因时势这般风雨飘摇，所以不能前来援助"真主的影子"。据一名英方密探所述，正是此后不久的一晚，当印裔军官离开扎法尔后，扎法尔吟诵了如下对句：

> 天塌压大家，
> 我再也不能休，不能眠。
> 唯有我最终的离别，终会来，
> 不管在朝晨，还在暮夜。[117]

在围城期间，查希尔·德拉维一直作为听差侍奉扎法尔。7月底至8月初，随着时间的流逝，他见到扎法尔的情绪越来越低落，直至达到一种近乎绝望无助的状态。许久之后，查希尔写道：

> 他总是陷入悲戚伤感的情绪，他的眼里时刻噙满泪水。晚上，他常走入御用祈祷室"泰斯比哈屋"独坐，

还会咒骂反叛者。我们接到指示要轮流到场，一天夜里在我当班时，听见卫兵要求我们均须保持戒备，所以我们都裹上包头巾，做好准备。皇帝驾临时，我们都起立致敬。皇帝坐在"泰斯比哈屋"里的矮御座上，身后靠着一个垫枕，接着向我们发话："对于正在发生之事的全部后果，你们有所了悟吗?"沙扎达·哈米德·汗（Shahzada Hamid Khan）答说："历时一百五十载后，陛下业已重振威望，莫卧儿人失陷的帝国亦被克复。"

301　　皇帝摇头道："我的孩子们，你们稀里糊涂。听着：我没做任何事来招惹这番毁灭。我没有财富和珍宝，也没有地产和帝国。我从来都是托钵人，一个坐在角落里寻索真主的苏菲派教徒，身边伴着寥寥数人，天天糊口度日。但如今，遵照上苍的旨意，大火在密拉特点燃，燎至德里，引燃这座伟大的城市。现在看来，我和我的家系注定要巢倾卵覆。伟大的帖木儿（指莫卧儿）历代皇帝之名至今依然流芳，但那尊名不久就会被毁得彻彻底底，也会被忘得干干净净。这些弃信违义之人（指印度兵）反叛自己的主子，接着来此寻求庇护，不久之后，他们都将离去。既然这些人平素就对自己的领导者不忠，我又能指望他们什么？他们来毁掉我的家园，一旦栋折榱崩，他们便会逃之夭夭。届时英格兰人会把我和我的子女斩首，还会把我们的头颅悬于红堡上方示众。他们不会饶恕你们任何人，倘使你们当中有人得救，那么请谨记我的诫语：你们即便想把一小块面包放进嘴里，它也会被夺走，还会被使劲儿丢得远远的。他们会像对待村野庶民一般，苛虐印度斯坦的王侯将相。"[118]

就扎法尔而论，跟英国人接触并探讨达成协议的可能性并非难事，事实上其妻与宰相二人已经透过霍德森手下的情报头子拉杰卜·阿里大毛拉（Maulvi Rajab Ali），与德里岭方面保持间接联络。巴卡尔大概选择相同路线，他遵照要求，校核整理一份时事通讯，上呈至英军营地的情报部门。留存于德里专员公署档案馆的一份同时期译文，所译的看似是巴卡尔的第一份报告，想必是当时译于德里岭上。该译文揭示出这样一个坦陈己见的狂热反叛者，为何在不到三个月的时间里梦想就幻灭得如此彻底。他写道：

> 信奉印度教的印度兵因屠宰奶牛之事，杀死五名屠户，自那以后，叛军中的印度教徒与穆斯林之间就一直存在重大意见分歧。我们这部分体面居民，被印度兵的暴行逼入穷途末路，亦无望虎口余生。我走到哪里，巴克特·汗将军手下的密探就尾随到哪里。穆夫提萨德尔丁·汗（即阿祖尔达）宅第各处都有哨兵，所有出入口均禁止通行。我透过吉娜塔·玛哈尔劝谏皇帝，建议他打开城门以邀请英格兰人前来夺取城池。我告诉他说，倘能消灭哗变者，将对他本人及其子女大有裨益。皇帝赞同我的建议，并应允依此行事。怎奈出于我们信仰的差异，阿赫桑努拉·汗大夫阻止我的忠告被执行。大夫是逊尼派教徒，本报告笔者是什叶派教徒。[119]

302

论及以期达成协议的上述迟来的尝试，此二人均不会从中获益。尽管德里岭上的威尔逊将军和拉合尔的劳伦斯都建议加尔各答方面称，扎法尔的提议至少应加以探讨，但坎宁坚决主张

不应进行任何形式的谈判，还称无论如何都不应准许扎法尔认
为：我方一旦平息反叛，他将获准保留自己的旧头衔和地
位。[120]故此，莫卧儿朝廷落得不上不下：感觉自身与起义日渐
疏远，况且目前越来越有可能的情形是起义失败，它却无法让
自己摆脱与起义的关联。在此期间，穆罕默德·巴卡尔继续被
霍德森留下来充当内奸，但未能争取到任何形式的保证，以确
保在城池沦陷时，他对举事大业的背叛可保其一命。

时至 7 月底，有明显迹象显示军事天平正在不可逆转地向
英方倾斜。以人数而论，尽管德里岭上的部队官兵在数量上仍
大大超过城内将士，但叛方将士所发起的进攻与日俱减，也变
得越来越缺少冲劲，而叛方领导班子内部的意见分歧还在不断
加大。7 月 29 日，格雷特黑德在给妻子的信中写道："形势逐
渐开始转变，拍打我方防御磐石的波涛，威力已然没那么排山
倒海。"[121]

当下在英军营地里，众人的心思渐渐转到复仇的念头上。
303 不只是夷平城池的话题，大家还热烈地公开议论大规模屠杀德
里市民之事。这种复仇心态是经英方新闻界煽风点火所致，那
时新闻界刚获悉叛方在整场暴动中对英国平民所犯下的最严重
战争罪行：在坎普尔的比比伽尔赫（Bibigarh）残杀 73 名妇女
和 124 名儿童。乔治·瓦根特利伯是英方最嗜血的人之一，先
时逃离德里后，他偕妻子和家人设法前往拉合尔，此时自该地
编辑一份重生的《德里公报》，被称为《德里公报号外》，该
报旨在成为面向德里英国人社群之残余成员的时事通讯兼摇旗

呐喊者。在一期又一期的报纸中，瓦根特利伯歇斯底里地号召彻底毁灭德里、"荡灭恶魔。他们如地狱一般的罪行，玷污垣墙，抹黑历史的书页"。[122]

革命暴行和恶毒罪行之风暴横扫居住于孟加拉的英国人，留下一片荒凉可怖的残骸，唯有地狱恶犬所显露的无恩无义和罪恶可与之比拟。至此，他们已发起并执行自己邪恶的阴谋，希图再次举起先知穆罕默德的旗帜，以对抗人类被赐予的新天道——降世为人的上帝之子耶稣基督（Christ Jesus）……

印度教徒和穆斯林以世界历史上空前未有的大量严酷行径，把自身的种姓制度和宗教信仰昭告天下。即将施予他们的惩罚同样对等：正义即慈悲，风暴行将席卷这座劫数难逃的城市，"血债血偿"将是贯穿始终的口号。英国战士务必从速，复仇天使利用你展开大屠杀，等候你向德里进击。

让我们看得稍远一点，依照德里立时应有的样子眺望它：它被英国军队重新占领，总指挥官坐在莫卧儿皇宫里，一条大麻制的颈链绕着国王的喉咙以作为其王冠的替代物。继后为英国的正义，他献出生命。接下来如何？这就是我们的回答：让德里陷入静默！一片阒寂，城郭之内像死一般阒寂……与此同时，永不停息的正义在自己的航道上滚滚前行，布天罗撒地网，在自己的圣地以卷入这场骇人风暴的每个当地人的生命献祭。[123]

对于大屠杀德里居民一事，维多利亚时代的福音派信徒依据所阅读的基督教圣典，将之视为遵照神的吩咐且被"称义"①。如下消息于 8 月 5 日送抵德里岭，称数量可观的援兵终于上路，众所期待的杀戮可以说更靠近一步了。为了勉力完成这项"壮举"，约翰·劳伦斯不得不抽调驻旁遮普的几乎全体英军官兵，由此冒着巨大风险，更要押注于旁遮普可保持平静。不过，满载着重型火炮、长达一英里的攻城炮兵集群已集结于菲罗兹布尔，正沿着北疆商道"隆隆"行进。行进速度快得多的机动纵队已抵安巴拉，只消数日便可去援救野战部队。

就德里岭上英军官兵的士气而言，尤其是对于渴盼在德里城郭内大开杀戒、清算总账的人而言更妙的是，有消息称随着机动纵队渐行渐近，现在领头的是约翰·尼科尔森。

---

① 在基督教神学中，指个人脱离罪恶而进入恩典的道路，亦即上帝使罪人变得正直的行为，又称"因信称义"。——译者注

第九章
风云突变

8月14日（星期五），约翰·尼科尔森准将恰在早餐前开
进德里岭上的英军营地。

随同尼科尔森到达的有来自木尔坦的1000名英军官兵和600名非正规骑兵——均为旁遮普穆斯林——以及一个英军炮兵连，其后有1600名锡克印度兵接踵而至，这实际上让威尔逊麾下小型军队的规模翻倍。但对于四面楚歌的德里野战部队而言，产生最大影响的是尼科尔森本人的驾临，而非随行部队官兵的到来。[1]霍德森给妻子写信道："尼科尔森有万夫不当之勇。一想到正在发生某种决定性的变化，营地里（现在）生气蓬勃。"查尔斯·格里菲思平时持重内敛，如今溢美之言更甚。他写道：

> 最令我们踔厉风发的是英雄约翰·尼科尔森置身于我们当中，很多故事讲述他大才盘盘、赳赳雄断……外形瘦削，但身材高大，整个人的仪表和神态反映出他属于"人中龙虎"。镇定自信、足智多谋、浑身是胆，任何困难都吓不倒他。他不屈不挠的精神，似乎顿时为部队注入新鲜活力……人人都把尼科尔森的名字挂在嘴边，每名士兵都知道，己方将采取强有力的措施以确保最终胜利。[2]

自5月离开白沙瓦后，尼科尔森——此前是驻西北边境的一个

名不见经传的 36 岁军人兼文官，在他本人的小圈子外无人知晓——在数周时间里，成为印度北部英国人中的传奇人物。先时英方接二连三的失策和麻木的态度，突然引发暴动，进而以游移迟缓又笨拙的回应，任由暴动以此般速度蔓延开来，在那之后，英国人终归急需一些英雄。尼科尔森集虔敬、庄重、胆魄于一身，式遏寇虐，兼具争强斗狠、心狠手辣的本事，对于懊丧地躲在德里岭顶上胸墙后的英军官兵而言，那些正是鼓舞人心所必须具备的品质。

　　叛军每日的进攻让野战部队官兵疲惫不堪，这种状态距今已有两个月，况且慢慢传开的一些事情让野战部队官兵人心惶惶，例如遍及印度斯坦进一步暴动的传说；勒克瑙被围以及常驻代表处的杰出捍卫者亨利·劳伦斯爵士战死，随之传出的诸多坏消息；坎普尔的英国守备部队连同军中妇孺被杀的噩耗。最糟糕的是，密拉特老态龙钟的休伊特将军以及野战部队远非耀眼的前后几位薄志弱行的老迈指挥官——安森将军、巴纳德将军和里德将军——的庸懦无能，尤令部众愁闷。

　　对他们来说，要应对前述心力交瘁又神经质的老者，尼科尔森可谓完美解药，早在尼科尔森抵临德里前的很长一段时间，故事已然流传开来：机动纵队日行四十六英里的强行军；手下士卒在阴凉处歇脚时，尼科尔森何以"直挺挺地骑于马上，在刺眼的骄阳下一动不动地"等待；他何以从来不寝息，夜间旁人歇息时，他熬夜书写信函和急件；以及他"以无以名状的仇恨，憎恶印度兵"到何等程度。

　　最重要的是，尼科尔森最近在特里姆加特（Trimmu Ghat）赢得胜利的消息，让英军营地群情激奋。当时整整一个团的哗变印度兵从锡亚尔科特赶赴德里途中，尼科尔森凭借连串强行军而于特里姆加特予以追踪和伏击。当印度兵背向拉维河（River Ravi）时，他率部赶上，确保一个不剩地痛剿全团印度兵，致使"大多数印度兵（最终）想在（季风雨灌注的）拉维河上涨的河水中求生时丢掉性命。仅有极少数人被俘，随后当然被击杀"。[3] 时至 8 月，关于机动纵队"血腥勋劳"的消息，甚至传到加尔各答，坎宁赞许地写道，尼科尔森"俨如复仇的化身，横扫此国度，已然令摇摆的人心栗栗危惧"。[4]

说到对这个帝国精神变态者的"英雄崇拜"，几乎没人始终能无动于衷，但也有例外。在行军途中尼科尔森无谓的戾气，让年轻的爱德华·翁曼尼中尉深感震悚。7 月 21 日，翁曼尼在日记中写道："他炫耀自己是个残忍的人。例如，一名炊事小伙夫在行军队列中阻挡他的去路，便被责打（他让一个肌肉非常发达的正规兵执行该任务）。小伙夫抱怨，便被再次带上来，后因第二顿痛打所致的影响而丧命。"[5] 他属下将士随心所欲地对无助的俘虏施以极端暴行，尼科尔森听之任之已至如下地步，同样令翁曼尼惊骇：

> 第 2 非正规骑兵团（2nd Irregulars）中的一人把浅滩指给锡亚尔科特的哗变者，该人的双手被砍下，身体被一把刺刀刺穿，然后被施以绞刑；一批批俘虏被捆绑双手带出去，进入丛林后，锡克人点燃了他们。从长远来看，此般残酷行径必定对我们造成不利影响，况且因这些人已对我们做了同样的事……我们没理由要仿效他们。应该尽一切办法干掉他们，绞死或枪毙真正有罪的人（但无辜者应得幸免）。[6]

德里岭上某些仍未变得那么残暴的军官，同样对尼科尔森印象不佳。里德——先时里德少校与手下廓尔喀兵最先遭遇印度兵向兴都·拉奥大君私邸频频发起的进攻——细述原委："我想自己从未见过这么一个人，从我第一眼见到他就这么不喜欢。我无法忍受他倨傲的举止和古怪的冷笑。他问了几个关于敌军阵地的问题，然后闷头继续向前走。"[7]对于这个日益被看作是野战部队真正领导者的严苛人物，赫维·格雷特黑德也拿不准该如何回应。抵临当晚，尼科尔森在军官食堂用餐时始终一言不发地坐着，人高马大的帕坦男仆在其身后，"手握一把上了扳机的转轮手枪，不允许旁人向其主子递送菜肴"。[①][8]正如格雷特黑德于次日向妻子抱怨所言：

> 尼科尔森将军来用餐。他是一表非凡的堂堂男儿，除非万不得已，否则绝不说话。就公众人物而论，此乃一大天赋。但在过去两个月里，如果我们同样一本正经、少言寡语，我认为我们应该活不下来。睦睦融融的食堂晚餐让我们打起精神。[9]

尼科尔森丝毫不受那些批评影响，他于次日清晨出外四下转悠：骑马绕行德里岭，研究防御工事，巡查炮台和胸墙，并着手拟订攻城计划。"留意到一个样貌十分出众的陌生人，他正在视察我方全部警戒哨，还追根究底地探问它们的强度及来历

---

① 据说尼科尔森曾救过这个帕坦人的命。夜间这个帕坦人也睡在尼科尔森的营帐外，以至于每个进营帐的人都不得不跨过他倒卧的身躯。参见 R. G. Wilberforce, *An Unrecorded Chapter of the Indian Mutiny*, London, 1894, pp. 28-9。

方面的事情。"一名士兵回忆道：

> 他的穿着未提供关于他官阶的任何线索，主人显然不
> 曾费神考虑一下……很快就弄清楚他是尼科尔森将军。关
> 于他的容貌，营地里尚不是众所共知，但同时私下有传言
> 称，他具备最卓越的军事天赋。他高大健壮，有结实的胸
> 部、强壮的四肢和炽热威厉的神情，伴有少许粗莽气。他
> 的容貌透着冷峻美，有长长的黑胡子和低沉洪亮的嗓音。
> 他的整副身架以及整个人的举止透露出几分天资、决心和
> 巨大的力量，还有一种严峻场合下掌权者所具备的魄力，
> 以至于无人觉察不到。[10]

相较于威尔逊将军整洁、怯懦及蓄山羊胡的形象，此二者的对
比可谓再鲜明不过，所以相互间的抵触亦不可避免，尤其是尼
科尔森向来不会听命于任何人。尼科尔森高人一等的态度让威
尔逊心生怨愤，他毕竟是尼科尔森的上级指挥官。反之，面对
威尔逊的谨小慎微和没完没了的担忧，尼科尔森则深感震惊。
尼科尔森致函约翰·劳伦斯道："威尔逊说重炮一到，就会采
取攻势，不过他以一种犹豫不决的方式讲出那番话，我怀疑若
不是被迫履职尽责，他能否那么做……他压根应付不了这场危
机，我相信他自己也能感觉到这一点。"

据后来的信函披露，二者间的争执逐渐加剧。8月中旬，
尼科尔森告诉劳伦斯："威尔逊的脑力正在衰退。他自己也这
么说，相当明显，他说的是真话。"三周后在致劳伦斯的信中
越发出言不逊，尼科尔森写道："在我的黄金时代，所亲见的
无用将军不知凡几，但到目前为止，尚未碰到一个像他这样无

知又呱呱乱叫的'障碍'。攻占此地后，什么也劝诱不了我，我不会在他本人的指挥下任职一天。"[11]

但恰在尼科尔森继续抱怨之际，威尔逊所采用的战法之逻辑性——逐渐增强德里岭的防御工事，其间按兵不动地静候攻城炮兵集群抵临——正得到证实。叛军的袭击虽已变得日渐稀落，但从未停止，原因在于，每当一个新的哗变印度兵团越过舟桥开进城并被接纳为叛军的一部分之前，都被要求通过进攻德里岭来证明自己。英方之所以能够日益成功地应对此类大规模猛攻，又对自身几乎不造成任何损失，这在很大程度上归因于威尔逊预先采取的防御性措施。

数日前，来自拉贾斯坦的尼默奇印度兵团偕"数千人、10 门野战炮和 3 门臼炮"一同到达，随后联手对德里岭发起进攻。在瓜廖尔旅和 12 门野战炮的支援下，进攻持续一整夜且一直延续至次日中午。到午餐时分，千余名印度兵横尸沙场，但英方人员伤亡极少，死伤共计仅 46 人。先导兵团①的亨利·戴利（Henry Daly）认为，这是"我们向潘迪所展示的最成功而科学的痛击。敌方蒙受重大损失，消耗一车又一车的弹药，却不曾见到我方将士。采取守势时，这些是我们应给予敌方的教训"。[12]

310　　英国人在堑壕内安然如故，比以往任何时候都更能察觉出敌手盲目纯粹又可悲的勇敢。查尔斯·格里菲思写道："他们几乎天天战斗，那百折不挠的勇气无以超越，纵然每次都落败，他们还是一次又一次地回来重新开始战斗。"[13]

---

①　先导兵团成立于 1846 年，意在以兵团维持与阿富汗接壤的动荡不安的西北边境治安。

来自都城的进攻不仅变得更无成效，而且频次变得越来越少。正如赫维·格雷特黑德于 8 月 4 日在给妻子的信中所言："自 2 日以来，他们几乎未发一枪一弹，炮台也未开一炮，如果他们尝试另一次进攻，那纯然鲁莽。"[14]

随着战事变得更平静，英国人的信心也变得更足，于是寻得更多消遣以使有闲暇的人忙碌起来：一些人去德里岭后的亚穆纳运河里钓鱼；另一些人踢足球、打板球、玩套圈游戏；有一日，竟有一场矮种马赛马。格雷特黑德开始每天去营地另一边骑马，还特别提到自己"（现在）可以安全地长距离扬鞭驰骋"，尽管他向妻子承认，"在营地界域另一边，死去动物的排出物"所散发的恶臭"减损这种远足的愉悦感"。[15]

周遭也有较多食物和更多奢侈品：一大群绵羊被从菲罗兹布尔赶下来以提供受欢迎的鲜羊肉补给，崇英的旁遮普王公也着手将定期供应的谷物送下来。英军驻拉伊补给基地距德里以北仅一日行程，经由有效管理，并由金德的王公（Raja of Jheend）戍守。[16]安巴拉"皮克与艾伦商店"（Peake & Allen）开了家分店，面向负担得起的人，售卖诸如牙粉、大头针、纸张、巧克力糖果以及"某种高品质的摩泽尔葡萄酒（Moselle）"一类稀罕新颖的货品，虽然店内白兰地每瓶 8 卢比的售价绝非大多数人的财力所能及。价格更实惠的是帕西（Parsi）商人贾汗吉尔（Jehangeer）和高华治（Cowasjee）所售的啤酒，他们以低于"皮克与艾伦商店"的价格，贩卖"上好的英格兰瓶装啤酒"，一打卖 15 卢比。[17]

每天仍有因霍乱所致的多起死亡事件，德里岭上正在腐烂的人和动物尸体所散发的恶臭，也比以往任何时候都糟糕，但311 战壕里的人们普遍意识到形势业已开始转变，士气比一个月前高昂得多。赫维·格雷特黑德于8月6日写道：

> 我得承认，比起印度其他任何地点，这里或许少了些呻吟声，多了点快活……自我们在目前的阵地扎营以来，哗变者已于二十五场战斗中败北，他们现已迎来所能指望获得的全部援兵，军需品储备亦逐渐耗尽。另一方面，我方部队不久将获增援……况且，城池陷落一事不大可能延迟到本月底之后。有人认为我们治下的印度已然走到尽头，此种谬见正在失去威力，即便是最无知、最骚动的人也不那么认为。我预计，重树己方权威不会有太多困难。[18]

其他人梦想着德里的财富在自己下方摊开，以此振作精神，他们希望从"阔老黑"那儿捡起"一两件精巧的小钻石"。[19]"1857年的德里是印度斯坦最大最美的城市之一，无疑也是最富裕的城市，"查尔斯·格里菲思写道，"我们一清二楚的是城郭内有数不尽的财富，甚至此时，每当想到那份赏金，我们的内心都感到振奋，只要攻陷那座造反的城市，随之便可享有赏金。"[20]

季风雨的威力正在衰退，7月热气袅袅的沼泽也被8月茂盛又泛着光泽的青葱草木所取代。某些英国军官的审美感受更为敏锐，他们逐渐意识到以往不曾留意的事：英方阵地的惊人之美。口齿伶俐、聪明睿智的哈里·甘比尔正是留意到这种美

的人。甘比尔年仅 23 岁，不久前离开伊顿公学，5 月 11 日曾
在德里，当夜随尼维特上校一同逃走。数日后他和尼维特跟维
贝尔等一行人会合，甘比尔在那儿坠入爱河，神魂颠倒地爱
上——一如过往的那么多人——可爱的安妮·福里斯特，而在
那之前，他已远远地倾慕安妮很久。

　　他们一行人曾被古扎尔人抢劫，也曾饥肠辘辘、衣不蔽体
地在河间地的村落间到处游荡，继后终获法拉苏的解救。共患
难让哈里和安妮变得亲近。眼下甘比尔自德里岭给身在密拉特
的安妮写去欢愉又富含诗意的书信，描述自己在德里岭上的日
常生活，所涉及的内容从每日当作早餐的混合了西瓜和芒果的
奶油果蓉，一直到所目击的军事演习，可以说无所不包。暴动
前，他与安妮二人曾在德里的聚会上共度一些时光，此刻他写
信告诉安妮说，被包围的这片地方看起来多么不同。他写道：

　　　　景色非常优美，想象日落时分，你在旗杆塔，背后
是：一堆红彤彤的云彩；一道起伏的绿色地平线；一片宽
阔苍白的斑纹，那是坍毁的居民区里垮塌的柱子和熏黑的
平房所形成的。接下来望向都城：左右两侧是德里岭，你
足畔的坦荡平原延伸至城墙，翠色欲流，一些地方经栽植
而蓊蓊郁郁。这儿的壁球场看起来很干净，军官偶尔来
玩，球场另一边是柯尔先生（Mr Curl）住处隔壁的房
子——礼堂（Assembly Rooms）在它们对面，没屋顶，还
被烧焦。（这唤起）迥然不同的追忆：关于灯光、音乐、
裙子、"肉体"和垂挂的头饰、轻便舞鞋、勒·巴斯、枪
骑兵方块舞（Lancers），以及最后的波尔卡舞（Polka），
还有——既然我不说你也会说——我不妨加上 H 小姐

312

(Miss H.)，连同她可爱的盎格鲁式阴沉面容……

在礼堂另一边，你可见到勒德洛城堡（原为常驻代表西蒙·弗雷泽的邸宅），它后面有两所砖砌的平顶房，加洛韦一家近来住进其中一所房子……透过望远镜可望见潘迪成群结队、东奔西窜，他们在墙壁和石块的掩护下鬼鬼祟祟地逼近，向我方警戒哨射击，尽管他们总也射不中！倘是艺术家，城市延绵，怎不令人垂涎。河流蜿蜒而下形成一片宽阔的银色薄层，依旧完好的舟桥似一弯精巧的线横跨其上。伴着一道闪光、一柱烟和"砰"的一声响，由沃特尔棱堡（Water Bastion）发来一枪，射进梅特卡夫的马厩……教堂穹顶缺了十字架，威严高耸的主麻清真寺看似挑衅般地矗立在它旁边，那俨如基督教雌伏于假先知的信仰之下。克什米尔门的断壁残垣（中，数门炮）把炮弹"轰隆隆"地射进（北边德里岭上的）老清真寺，然后开花炮弹遍地爆炸。兴都·拉奥大君（私邸）受到来自摩丽门（Mori Gate）、喀布尔门和拉合尔门同样微不足道的关注，阿杰梅尔门（上的炮）则下射萨巴兹曼迪。[21]

313 尽管甘比尔敏感得足以发现景色之美并加以描绘，但他亦觉察到战斗的残暴让自己变得冷酷粗鄙，他给安妮写信坦诚相告。甘比尔讲述了一支印度兵的骑兵部队怎么在一场交战中被击退，接下来

他们撤退后，一匹没人骑的马四处游荡。在壁垒掩护下，两人沿路而下，擒获那匹马，还在马的附近发现一名

受轻伤的印裔骑兵，于是他们踹他的头，他随即毙命。我的心肠变硬，那没唤起我的怜悯之情，若换作是个更高贵的敌人，同样的行为会让我心生恻隐。那是匹俊美的阿拉伯白马，然而穿透马身的一枪起了作用。它无疑是军官的战马。"绝汗"① 让油光光的皮毛失去光泽，紧张的眼神、胀胀的鼻孔和颤抖的四肢表露出它痛苦至极。一发子弹了结它的痛苦，我哀惜那马，对那人却没有此般悼惜之感。[22]

爱德华·维贝尔的转变更大。哈里·甘比尔得悉，亲姊妹就在暴动前由坎普尔迁至勒克瑙，侥幸逃过当地的大规模屠杀。维贝尔却没那么幸运：先时逃离德里，他饱受磨难，随后经过一段时间调养，继而得知就在他离开密拉特前，双亲、诸弟和两名姊妹都在坎普尔大屠杀中遇害，他亦猜度——事实证明，实属谬断——遇害前姊妹被强奸。

历经 5 月 11 日的创伤，继后奔逃至密拉特，维贝尔始终保持着好心情和仁慈。但时下，曾为之而活的一切已然失去，他一门心思只想复仇：要么大开杀戒，要么血染沙场。岂止如此，他很快就令自己确信，他之所以得蒙上帝宥免，正是为了特定目的："给双亲报仇。我亲爱的母亲，我的弟弟们和姊妹们，还有我那可怜的父亲。"[23]

"我现在觉得再也没什么能带给我一丁点幸福与愉悦。"维贝尔写信给英格兰的戈登叔叔（Uncle Gordon）——他少数幸存的亲戚之一说，

---

① death-sweat，又称"脱汗"，指在病情危重阶段、阳气欲脱时，汗出淋漓不止的现象。——译者注

满脑子想的都是惨遭屠杀的可怜双亲，我可以说是机械地四处走动，几乎不在意自己身上发生了什么。天哪！为何如此慈悲地让我幸免，而双亲被夺走？接获报告时，我怀着哀痛的心情，拿起每份报告通读全文，把他们在坎普尔所受苦难的每个触目惊心的细节从头读到尾。有时我觉得，上帝绝不会让他们遭受那番折磨，我又想他们还活着，于是我爱戴的母亲的面容就浮现在我面前，我眼前浮现的是听闻我逃亡，她给我写那封信时的面容。她写道："直至临终一刻，我都会赞美全能的上帝，都会铭记我对他的感恩之情，因你，我的儿，我自己的娇儿，一直被这么仁慈地让与我们。"如今我痛失慈母，仅有的物件是那封珍贵的书信，以寄哀思。

我的父亲也一样——我所见的是，我返回德里时向他道别的情景，那只不过早于可怕的暴动四天。他握着我的手说："上帝保佑你，我的孩子。"如今我活着，他已长逝……我一想到他可能不得不蒙受这一切，但身边无人安抚他、无人给予他慰藉，我就被气得发疯啊，我立誓要向这些恶棍、杀人犯和恶魔复仇……

远道至此（指至德里岭）——我视死如归，一心只想复仇——我若活下来，便能说："是的，我也在那儿，我也在德里帮着给双亲报仇。"有时亲睹这些黑家伙被杀，我确实感到一阵战栗，但那只是一瞬间。我见过五名印度兵倒毙，我还去向他们啐唾沫。昨日我目睹两人遭枪击，他们毙命后，被扔进河里——但愿每一个凶手都这样死去……继续诛戮，绝不放过尔等武夫！铭记坎普尔！[24]

关于"别处的英国人以惊人的暴虐和邪恶对这场起事做出回应"的消息正在慢慢传遍德里。英军所谓的"惩戒之师"（Army of Retribution）在坎普尔大肆屠城，一支锋镝余生的印裔骑兵支队近日抵达德里城内，他们讲述尼尔将军（General Neill）麾下官兵在重新夺回大屠杀发生地之后实施大规模残杀的行径：军队所到之处，每座村落怎么被纵火焚烧，妇孺老幼怎么在自己家里被烧死；锡克人怎么获准对被俘的印度兵严刑拷打、施以刺刑，还将之活活烧死；其他人怎么被迫把大屠杀发生地的地面舔干净，接着"猪肉、牛肉以及可能打破种姓身份的每样东西"都被塞下那些人的喉咙，使得他们被仪式性地剥夺种姓，然后被缝进猪皮并施以绞刑。即便那样还不算完，尼尔下令称——悖于两种信仰的轨则——嗣后全体印度教徒都要"被土葬，穆斯林则要被火葬"。[25]

　　其他地方的英国人如此说服自己：鉴于印度兵对英国妇孺犯下滔天罪行，由此免除任何必要而无须像对待人一样来对待反叛分子。A. R. D. 麦肯齐上校（Colonel A. R. D. Mackenzie）写道："常言道，在哪儿遇到蛇，就在哪儿杀之。他们既已屠戮我方毫无自卫能力的妇孺，倘不诛灭之，我们就超脱凡人，就算不上人。"[26]就英国人的心态而论，即便将战线对面的任何人视为同属一个物种，亦很快变得不寻常。J. M. 韦德上尉（Captain J. M. Wade）写道："我（简直）无法把这些印度兵看作人，而把他们当作爬行动物加以消灭，只是习见做法。"[27]新的《德里公报号外》印刷厂位于拉合尔，乔治·瓦根特利伯从那儿摇旗呐喊，极力煽动这种情绪。他在一篇社论中告诫道："起事者的兽行有目共睹，我军将士恼怒得近乎发狂。"[28]

　　此外，英军很多官兵怒不可遏地渴望复仇，与其说是一种

欲望，不如说是《圣经》昭示的一种权利。英军士兵华莱士
（Wallace）是"贵格会教徒"（Quaker），他惯于一边吟诵
《圣经·诗篇》第 116 篇（116th Psalm），一边用刺刀刺杀印
度兵敌手。诚如尼尔将军所言："神之道（Word of God）未赋
予我们权力，故此不得对人命施以新潮的柔情（moden
tenderness）。"[29]随军牧师罗顿完全同意。他写道，反叛分子未
意识到，这场抗争其实是

> 道义之战、一场真理与谬误之间的冲突，但他们选择
> 偏护黑暗、远避光明，故而无论如何都不会有所作为。再
> 者，他们的双手沾染无辜无助妇孺的鲜血，正是那鲜血
> （现在）哀恳上苍以报仇雪恨。毫无疑问，上苍闻听恳
> 求。除去向这样一个民族复仇外，上主别无他法。[30]

316

英国人残暴复仇的传闻，致使恐惧蔓延至整座德里城，赫
维·格雷特黑德得悉此事，丝毫不感到难过。他写信给妻子
道："抵达坎普尔的印裔骑兵悲凄地陈说己方溃败之事，估
计有万人遭屠杀；还讲述关于（穿褶裥短裙的苏格兰）高地
人的可怖传说，说苏格兰高地人是穿裙子的男人，来自锡兰
食人族（Cannibal），所以就这些人而言，廓尔喀人只不过是
小老鼠。"

不过他补充说，德里城内民众和印度兵当前还有很多更为
紧迫的烦心事。英国人现在认为，反叛分子或会全部逃离都
城，因为他们所面临的不是军事上，而是后勤上的大灾难，以
致其阵地变得不堪一击。他写道："他们缺少金钱、弹药和食
物。我慢慢开始收到王子及王公的来函，他们声称一直以来都

对我们怀有深厚感情，还言明只想知道能为我们做些什么。他们必须自己找出答案，因为我不会回函告知。"[31]

德里岭上的士兵发觉自己有更多吃食和更少忧心事，而德里城内的对手日渐濒于饿毙。

一段时日里，印度兵暴露出其在军事与战略上的局限，尤其是：未能搜罗谍报；未能有效地与其他反叛中心协调，诸如坎普尔和勒克瑙；未能说服印度中部及拉其普特纳的大多数中立的王公不再骑墙观望，以共襄义举。特别值得一提的是，德里的反叛分子还未能认识到他们在德里岭上本可以多么轻易地从后方拿下英国人。尼科尔森于 8 月 28 日写道："我认为到目前为止，威尔逊一直有相当充分的理由感到焦灼。敌军若有进取精神，向他后方分遣一支强兵，我们至多能遣出五六百人抗敌。但当下要尝试那个花招为时已晚，他们自己亦心知肚明，实可谓计穷智短，所以谋划不出任何新的行动计划。"[32]

唯有随着围城战缓缓进行，才渐趋明显的是：叛军在行政和财务组织上的失败——与在军事和战略上的短处一般无二——将导致其最终覆灭。反叛分子虽能制造动荡和混乱，却不能恢复秩序。在德里周围的郊野乡村，这一点对他们来说尤为致命。他们未能建立一个治理良好的"解放区"（liberated area）或莫卧儿王国，以便从中抽取赋税收入、人力和最为重要的食物补给，最终证明，此乃德里反叛分子最具灾难性的一项失败。当时正是穆罕默德·巴卡尔大毛拉认清此事，于是在社论中屡屡就此撰文。他写道：

317

我们尚未尝试征取 1 卢比的赋税收入，那等漫不经
心，何其诡谲。天晓得在那失败之中有何谋划与意图，又
是什么正在造成那等懈怠……应当委派不管哪个埃米尔或
贵族，去向王公及其他显贵征收贡物和税收，以令尊贵陛
下的施政和统治得以建立。过去一向派驻有异教徒的收税
人的全部地点及地区，都应有尊贵陛下的一名代表被派任
为地区征税官（Ziladar），连同若干部队将士和伊斯兰教
的旗帜。但凡村落被确认且经标记，则可依照规定从当地
征收钱款。应向各处派驻一个或多个排。毫无疑问的是，
倘无此类措施，上述区域周围的显贵及地方当权者就不能
戒除心中仍存有的对异教徒的敬畏之情；反之，他们就不
会放弃内心最深处的希望，企盼见到自己的（莫卧儿）
政府复辟。[33]

随着 6 月逝去，迎来 7 月和 8 月，全城居民忍饥受渴的情况日
甚一日，穆罕默德·巴卡尔大毛拉经观察而发表的前述言论，
其准确性变得越来越明确。英国人于 6 月初切断亚穆纳运河流
入都城的水流，因此全城仅有的水，现来自城内的咸水井和东
边的一条河。沐浴者以及在河中取水的挑水夫，发现自己暴露
于英国人的炮火下。[34] 即便如此，仍有很多人来取水，甚至还
坐着钓鱼，他们暴露于露天环境里，冒着被流弹击中的危险，
希望钩捕到新鲜的渔获。[35] 食物形势同样严峻。自 6 月以来，
挨饿的市民、圣战武士和印度兵接连发出讨要食物和养料的请
愿书，那些书函源源不断涌入红堡。城市街头强烈的饥饿感亦
已成为英方密探呈文上报的一个突出主题。

　　早在 6 月 7 日，就连皇室雇员也抱怨说已经一个月未领受

口粮。[36] 6 月 12 日，警察局副局长在给助手的信中称，数营将士刚从哈里亚纳开进德里，恳请他们为新来者找些食物。书信底端有如下回复："据呈报，店肆里一无所剩，没面粉，没豆子，什么也没有。我们该怎么办?"[37] 到 6 月 15 日，各团军官纷纷来到红堡，诉苦说本团将士不能空着肚子攻击英国人，还说手下印度兵开始陆续归去，"在战役结束前，已然被饥饿逐退"。[38]

六周后的 7 月 28 日，密拉特印度兵的印裔上尉基尚·达亚尔（Kishan Dayal）和卡迪尔·巴赫什（Qadir Bakhsh）赴宫廷禀称，部下正在挨饿。兵变时他们把自己的全部财产丢弃于密拉特，"所以目前状况吃紧。大约八天到十天过去了，我们甚至连一粒鹰嘴豆都没收到。由于这一切花费，我的部下灰心丧气，没有放贷人愿意向他们提供贷款"。[39]

不仅是放贷人，商贩和店主也拒不提供赊购服务。8 月 4 日，德里甜食商一起去找警察局长，声言既然从未收到此前所供物资的货款，日后买主若不以现金付款，他们将不再供应甜食。[40] 到 8 月 14 日，新抵城的尼默奇旅公然威胁说，倘不供给吃食，他们就要开小差。该旅两名印裔上尉来到扎法尔面前，禀明让他们彻底绝望的处境：

> 陛下，本奏疏事关怀着为皇帝陛下效力的冀望，千里迢迢、克服重重阻碍之后，方抵皇都的尼默奇部队。到目前为止，圣上恭顺的仆人一直是自己支付马匹、骑兵、炮兵、牛、大象和骆驼的费用。陛下，骑兵和炮兵、大象和骆驼都属于萨卡尔（Sarkar，指英国政府），迄今为止，无论在何种情况下，前述津贴总得以支付。但眼下，四五天

319

以来，包括战士和牲畜在内的整支部队一直在挨饿，现已分文不剩，甚至无以支付基本开销。全体战士下定决心去战斗，但他们问我们：连续禁食两三天的人，怎能作战？

故此，出于圣上的慷慨之心和博大胸怀，臣等想劳烦圣上来支付皇家军队所产生的全部开支，并以一个答复给予这些卑微之人表彰。如若不然，请惠告众战士，付款事宜倘未被妥善安排，没有战士准备好赴沙场。仰恳勿将此理解为违抗不从，但圣上若不想尼默奇旅留下，恳请给臣等一个明确答复。凡注定的，终会发生。早前臣等已呈送数不清的请愿书，但尚未收到任何回复。

忠诚地致以最崇高的敬意，

素达利·辛格将军和希拉·辛格参谋长[41]

到头来，尽管没有立即可供使用的钱和食物，尼默奇旅仍被说服留下来，但密探报称叛军内部的逃兵越来越多，人员流失日趋严重。据间谍图拉卜·阿里（Turab Ali）所述，仅在 8 月的第一周，就有 750 名骑兵和 600 名圣战武士"遁归梓里……因为他们在城内得不到赖以度日的口粮"。[42]

整个七八月间，莫卧儿王子所领导的行政院，一直忙乱地努力筹集资金，以支付食物费用、负担士兵的开销。起初他们试着向城市的放贷人借款，但只成功筹措到仅够数日补给之用的 6000 卢比。月光集市的警察分局局长被委以的工作，是向尼尔小客栈①的银行家及商人族群榨取钱财，他禀称："在这

---

① Katra Nil，月光集市的一处院落，聚集有婚纱及其他服装商人。——译者注

些人当中，一些人隐匿于屋宅里；另一些人不给予任何答复；　320
大多数人找这样或那样的借口，将卑职拒之门外，还总是密切
留意一些招数以逃避应缴款项。"[43]一个月后情况相同，警察分
局局长报告称："每当下官去他们屋宅，他们就关闭门户而不
做任何应答，完全不见踪影。"报告底端有一则注记，笔迹出
自莫卧儿王子且盖有其印鉴，他提议采取一个更强有力的方
法。皇子建议："宣布一道命令，若上述放贷人继续隐遁，你
会对他们施以'炮决'之刑。"[44]

马图拉位于德里通往阿格拉途中，当地知名的富有放贷人
拉克西米·昌德（Laxmi Chand）接获传信称，以获邀任职
"皇家司库"（Fotadar）换取 50 万卢比贷款，但他仍说自己爱
莫能助。[①][45]作为报复，该放贷人的德里代理人被捕且被带至巴
雷利部队营地，于该处遭受"虐待"。[46]

走投无路之下，莫卧儿王子于 8 月 7 日把都城尊显的商人
族群和银行家尽数拘捕，并把他们带到红堡。他们在那儿受到
死亡威胁，除非拿出私人钱财，为起义提供巨资。被捕者当中
有英格兰人手下形形色色的前官吏，其中包括门士吉旺·拉
尔。一天晚上，他打开自家哈维利的大门让挑水夫进来，那时
遭到印度兵突袭。吉旺·拉尔被捆绑着带到红堡，眼前的一切

---

① 不久，马图拉的放贷人果真招募军队以援助英国人。参见 Eric Stokes,
The Peasant Armed：*The Indian Revolt of 1857*, ed. C. A. Bayly, Oxford,
1986, p. 232。欲了解个中缘由，可参见乔达摩·巴德拉（Gautam
Bhadra）的论文《1857 年的四名反叛者》（Four Rebels of 1857）精彩记
述的起事爆发时，可恨的马图拉商人族群如何遇袭、被劫以及遭受折磨，
详见 *Subaltern Studies*, Ⅳ, ed. R. Guha, Delhi, 1985, p. 254。这有助于
解释为什么拉克西米·昌德未认真的有条件帮助反叛者，纵使他有意那
么做。值得注意的是，总的来说，英国人统治的崛起在很大程度上——
尤其在孟加拉的发展初期时——归功于与印度放贷人串通一气。

令他震怖：

> 我被带至楼上的莫卧儿王子面前，在那儿见到一大群
> 人被召集在一起，不过以一种不合常规的奇怪方式。一
> 侧坐着莫卧儿王子，他斜倚着枕头……王子前面是著名的
> 印度兵参谋长库拉伊·辛格（Kuray Singh），他在自己的
> 床上伸展全身。那般模样毫无宫廷礼仪可言，皇帝朝中官
> 吏还乱糟糟地四处活动。被捕的萨利格拉姆先生、罗摩
> 吉·达斯·古尔瓦拉（Ramji Das Gurwala）以及大约二十
> 五名银行家都坐在那里，我也遵从命令跟他们同坐在
> 一排。
>
> 反叛者向我们索要金钱，威胁到那般程度，以至于枪
> 被架在我们肩上，他们还开了火。纵然如此，我们的心仍
> 然保持坚定，我们拿定主意，宁可死，也不屈服于反叛者
> 的威胁。因此我们（整夜）身陷此般凄惨境地，直到
> （次日）下午4点。[47]

321

整日整夜手枪被亮出来，群体成员还受到死亡威胁。不过，门
士吉旺·拉尔和其他门士终被崇英的伊拉赫·巴赫什亲王拯
救。当时伊拉赫·巴赫什亲王把莫卧儿王子引至一旁，警告
说："英格兰人会攻陷德里，你也会落入英格兰人手中。这些
人是英格兰人的门士，你将来要依靠他们援助。我建议你释放
他们，以令他们背负恩债。"[48]

威吓银行家之举既已失败，莫卧儿王子转而努力劝说集市
里的商贩，要求他们提供50万卢比，另以赊销的方式向军队
供应食物，他承诺"会在分发薪俸时付款"。然而，众商贩拒

不接受朝廷的承诺之词，即便受到警察局长施压，被要挟说会有牢狱之灾，店铺也会有计划、有步骤地被掠取，他们都不为所动。[49]时至 8 月初，诸密探陆续禀称，许多旁遮普商人和"阿什拉斐小客栈（Ashrafee ka Katra）的马尔瓦尔人"已被扔进大牢，直到他们付清钱款方可获释。[50]其他很多放贷人相继锒铛入狱，其中包括萨利格拉姆——众人中最卓著的人之一。[51]他们继续被监禁，直到 9 月第一周扎法尔得知所发生之事后，"命莫卧儿王子，不得如此虐待皇帝之臣民，最好是收取各人认可的款额，而且要以温和的手段加以实现"。[52]

亦有各种尝试，以向都城贵族筹措 30 万卢比，还半心半意地试图向德里以西的小片区域——梅赫劳利和古尔冈诸村落——征税，该区域名义上仍在扎法尔的控制下。但再一次，几乎没什么钱到位。[53]到月底，莫卧儿王子的属下不顾一切地筹钱，甚至开始在红堡对面的莫卧儿"巴士底狱"萨林加尔古堡挖掘被埋的宝藏。间谍高里·尚卡尔记录道："人们对皇帝说，其祖先的珍宝被埋藏于此，有些人甚而提到确切地点。但尚未有任何东西冒出来。"[54]后来他们掘出"若干门小型野战炮"，但经证实，要得到"可望寻获的财富"，胜似大海捞针。[55]

程度相仿的绝望之情，引发谣言：波斯军队正要来解救反叛者；该军队过关斩将闯过阿富汗，经由白沙瓦进入印度，现于阿塔克横渡印度河（Indus）；波斯官兵的另一拨海上突击，是经由孟买上路的。巴卡尔在《德里乌尔都阿克巴报》中评述道："我们无法核实那些消息，但那并非不可能的事。"[56]

究其原因，至 8 月中旬时，快用光的不只是金钱，火药和枪炮火帽储备也渐趋耗尽。叛军的行政管理是它怠忽职守的最

322

惊人的单个例证，因为起义爆发时，他们已接手印度北部最大的储存武器弹药的军火库。但在起义的头十天里，他们不曾部署警卫看守弹药库爆炸后的残余军需品，这致使城镇居民乃至乡下的古扎尔人都来自取所需。[57]

结果到 7 月下旬时：开花炮弹的引信和撞击式火帽供应短缺；火药已耗尽，他们曾试图制造火药，却因城内缺少硝石和硫黄而遇到麻烦。叛方做出多方尝试，派人去向印度斯坦各地著名的烟火制造商求援，这些人中有一人是"密拉特居民阿克巴·汗（Akbar Khan），他去找皇子皇孙，主动提出制造一种拥有非凡尺寸和威力的抛射物，一枚抛射物就能消灭一整片区域的人。皇子皇孙确信他有本领这么做，便预付给他 4000 卢比，吩咐他以这笔款子作为经费，即刻在宫内开展此项工作"，但实验似乎未获成功。[58]

当初反叛分子从英格兰人的屋宅夺来含酒精的烈性酒，现在甚至有人试着用酒制造爆炸物。于是在 9 月 2 日，"144 瓶酒"被送到火药工厂，但结果充其量只是相互掺混。据多名英格兰观察者指出，围城期间尽管叛军炮兵的射击术一直非常好，但是自 7 月后，叛军的开花炮弹未能爆炸的现象变得越来越普遍。[59]

最沉重的打击发生在 8 月 7 日。当时一发偏离弹道的英军开花炮弹，引燃坐落于楚利瓦尔兰巷（Gali Churiwallan）的火药工厂，那是叛军主要的火药工厂之一，在该处工作的 500 人都被烧成灰烬。印度兵想当然地认为是通敌行为所致，故而袭击扎法尔朝中宰相阿赫桑努拉·汗大夫的哈维利，指控其犯有叛国罪。大夫的哈维利被焚为平地，迦利布触景伤情，身为大夫的挚友，他在那府宅里度过许多欢怡良宵。在《希望的故

事》中，迦利布将此举视为对他所热爱的德里——他曾施以
援手共同缔造的钟灵毓秀、文明开化的都城——发起的又一轮
猛攻。尽管大夫保住性命，但"胡闹还没完，直至府宅被彻
底毁坏"，迦利布写道：

> 那府宅雕梁绣柱、美轮美奂，跟彩绘的中国宫殿不相
> 上下。宅宇遭劫，屋顶被焚。大梁和天花上镶嵌的镶板，
> 皆化为灰烬。墙壁被烟熏得乌漆墨黑，悲切切、惨凄凄，
> 府宅看似披了件黑斗篷。

> 说什么苍天赏时运，莫被糊弄。
> 苍黄翻覆的老天爷，
> 把人们搁进爱的安乐窝，
> 再让他们堕入苦痛炼狱。[60]

至8月中旬时，食物短缺逐渐开始产生严重影响，每天有大批
饥饿的印度兵和圣战武士陆续由城内慢慢散去。如果没东西
吃，他们便对继续战斗之事断了念想。

8月16日，霍德森接到一份谍报，据该谍报所载，扎法
尔同样颓丧而超然，此时或许太过神思恍惚，甚至没试图阻止
众将士离去。在他本人眼中，至少他现已抽身而出，不再参与
起事。"昨日约有两百名全副武装、穿戴齐整的印度兵骑马
（离城）上路，当时有一些叛军拦住他们，还向红堡方面禀报
此事。"一位不具名的间谍写道：

> 皇帝召他们进宫，询问因何离去。他们言道："妻眷

324

会为我们忧心，再者，没剩什么东西可吃，那才是我们离
去的真正原因。"皇帝叫他们上交所持有的每件武器和骑
兵装备，准许他们离去。然后皇帝在朝堂上公开宣告：
"我不在乎谁去谁留。我未邀请任何人来这儿，也不阻止
任何人（离开）。凡是想留下的人，只管留下；否则，他
们尽可远走高飞。我不持异议。我之所以扣留这些武器，
是因为英格兰人倘来此，我便能将之移交给他们。如果部
队将士需要它们，只管拿去。我与此事，不存在任何利害
关系。"[61]

穆罕默德·巴卡尔大毛拉是扎法尔最忠实的支持者，无怪乎他
此时会写道："圣上的精神状态依然不佳。"[62]到月底时，饥荒
变得益发糟糕。8 月 30 日，更多饥肠辘辘、面黄肌瘦的部队
将士废然前往皇宫，声称倘不给食物，他们就无以为继。

> 陛下，自到这儿的那天起，我们这些忠诚的臣子就已
> 拜倒在主上脚下。但主上仍未向我们提供任何维持费，我
> 们带来的全部东西都已耗尽。主上倘不能供给我们生活之
> 所需，须告知我们。饥荒如此之甚，以致我们别无他法，
> 只得与陛下决裂，继而奔赴他处。除陛下外，德里城内包
> 括文官在内的其他所有人都与英格兰人结盟。[63]

其间，城中百姓锁闭门户，他们匿于门后，尽其所能地努力活
下来。8 月随着时间推移，出现在《兵变文献》中多封请愿书
325 里的城市印象是一个被毁的城市，它半废弃又闹饥荒。赌徒以
及被请愿者称作"流氓、无赖和坏蛋"之人，坐在被焚毁的

屋宇里玩纸牌,那些屋宇或已遭印度兵抢掠,或已被英军的开花炮弹直接击中。法伊兹集市的米尔·阿克巴·阿里(Mir Akbar Ali)发来请愿书,诉苦称赌徒过去常常坐在废墟顶上窥视其家宅的深闺内院,"向里面的女子抛媚眼,还嚷着人所不齿的污言秽语"。[64]大多数店肆歇业,里面空空如也,除非已被接管而用作军人的兵舍,如果是那种情况,便可见到无精打采的印度兵坐在台阶上抽"大麻叶和大麻脂(churrus)"。[65]

纲纪废弛一如往昔。成群饥饿的印度兵仍在索要保护费,近来是向月光集市的店主索钱。[66]其他人则突袭邻近屋宅以实施抢劫,只为暂时解饥。瓜廖尔骑兵团(Gwalior Cavalry)先前被安排住宿于弗朗茨·戈特利布·科恩——诗人法拉苏——的德里哈维利,一直到8月中旬,该团官兵都表现得异常克制,但最终也于毗邻的封闭社区内撒野闹事,事毕归去,途中顺道造访当地警察分局,解释说:"我们什么都没得吃,故而抢劫封闭社区。"[67]城郭外的情势愈发糟糕:早在6月时,德里的割草工就纷纷拒绝到城墙另一边去,除非有军方护卫队随行。[68]

就穷人而论,相较于城内印度兵或者德里岭上的英国人,放贷人一样惹人忧恼。虽然商人族群向市政官员诈称穷困,并拒绝捐钱或贷款以襄助起义,但他们加紧尝试以期收回未偿清的债务。《兵变文献》中留存的大量诉状,来自穷困潦倒的德里市民,他们因遭到商人族群勒索而被逼得发狂。例如,德里门楼(Delhi Darwaza)周围地区的一个代表团于8月16日入朝觐见皇帝,控诉贾特玛尔先生(Lala Jatmal)及其同伙,称他们跟骑士和步兵一同到来:

实施恐吓，甚至向无助的女子和寡妇以及贫困者勒索钱财……陛下，贾特玛尔先生用强横的武力和胁迫手段，挨家逐户地收钱……我们穷人失去了两餐饱饭。鉴于采用非法手段和邪门歪道，他应受到严厉惩罚。如果主上这么做，今后别的人就不敢压迫和欺骗任何人。[69]

由于有效警力尽失，清算旧账也很容易。马里瓦拉封闭社区（Muhalla Maliwara）居民发来一封诉状，称他们先前控告的两名有势力的女子——拉达（Radha）和坎哈伊娅（Kanhaiya），正明目张胆地谋划以实施报复。"现在这些人威胁我们说：'就凭控诉，你们能对我们造成什么伤害。我们之所以此时才要攻击你们，就是因为没有政府。'我们都担心自己性命不保。烦请警察局长调查此事。"[70]

正常生活土崩瓦解，确实至少为恋人提供了一同私奔的机会。8月里诉状不断涌现，据其数量来判断，当月日益恶化的无政府状态似乎推动着一场放纵的"私奔狂欢会"。苏拉杰·巴利（Suraj Bali）之妻巴拉希娅（Balahiyya）跟比卡利（Bhikari）私奔，其夫颇感惊诧与痛心，据他所言，她"侵占我的全部财富，偷偷摸摸地把它们带走"。[71]一个名叫侯赛尼（Hussaini）的昔时娼家女，此前嫁给一位伊斯兰长老（Sheikh Islam），现趁机跟随一个新男人动身离去。该长老向扎法尔解释说，自己是改信者，原本信奉印度教，暴动时逃离密拉特，遁至德里城内避难。他们抵临艾提尕尔清真寺附近，此后不久，侯赛尼就遇到鞋匠胡达·巴赫什（Khuda Bakhsh），长老把此人描述成"奸细和赌鬼"。侯赛尼兴许怀念旧日生活的勃勃生气，兴许发觉与长老做伴有点保守无趣，故而离弃伊斯兰长老,随身带走"我由家中带来的所有值钱东西",该长老如此说道。[72]

其中一些情人是印度兵,原因在于,就像很多战争一样,雄赳赳的战士几乎从不缺乏爱慕者。毕尔·巴赫什(Pir Bakhsh)是打锡工匠和炊具匠,他不仅和自己的妻子住在一起,还一直跟兄弟的遗孀齐娅(Ziya)姘居,据邻居们说,毕尔·巴赫什隔三岔五地毒打齐娅。可以肯定的是,8月下旬齐娅被一个名叫扎米尔(Zamir)的印度兵夺去,这个印度兵显然是在一场恶劣的家庭打斗后,给予她庇护。在对案件取证时,齐娅告诉全体出庭人员:"小客栈封闭社区(Katra Muhalla)全体居民都可以为毕尔·巴赫什的殴打行为作证。"毕尔·巴赫什否认指控,声称是妻子打了齐娅。他在一份证词中陈述道:"我所做过的只是掌掴她一次。那是女人间的斗争。"他还说自己没打算娶齐娅,不过看来,扎米尔获许带齐娅一同离开。毕尔·巴赫什当然不得不签署一份保证书,称自己"不会对该妇人施加任何压迫,如果我造成任何伤害,将支付50卢比罚金"。[73]

其他人抓住机会,通过诱拐和强暴妇女来满足个人欲望。娼家女子特别易受伤害,一如在起义期间她们始终属于弱势群体。5月初娼家女曼古洛被印裔骑兵鲁斯塔姆·汗绑架,尽管后者接到皇宫下发的两则命令,命他释放曼古洛,但至7月下旬时,曼古洛仍被囚禁。

曼古洛的连番诉状被呈递至皇宫,既有发自兄弟昌丹的——似乎曾充当其皮条客——又有发自另一个男子的,该男子自称"切迪(Chhedi),是来自古尔冈营地的旅人",还称自己被"不信神的洋人之剽掠恶行弄得无家可归",换言之,他是从乡下来的众多难民之一，事实是对于被认定的一直持有敌意或者在 5 月 11 日晚英国人逃离德里时未施援手的各村落，英国人一律实施惩戒行动，以致当地人避走他乡、流离失所。据切迪所述，"本团已经发生一起骇人听闻的事件：宫廷的印裔军士①法尔赞德·阿里（Farzand Ali）残杀一个名叫伊玛玛姆（Imamam）的娼家女，她被活活扼死。卑奴生怕鲁斯塔姆·汗会置曼古洛于死地，因为他整日整夜地恐吓和毒打她"。[74]另一纸曼古洛释放令被一个名叫法伊兹·汗（Faiz Khan）的人撕碎，该人是鲁斯塔姆手下的印裔骑兵上尉（risaldar）。那时昌丹再次上书朝廷，重申鲁斯塔姆·汗：

> 囚禁并毒打她，即便那娼家女号呼惊叫，却没人帮她。尽管再三传唤，但该骑兵上尉仍不服从命令。倘使这种无政府、不公义的状态持续下去，圣尊的臣民都将被毁灭。故此，我盼望能就追回该娼家女一事，以书面形式向前述骑兵上尉下达另一则敕令（parwana）……官府应把她的证言记录在册，以令我这可怜人获得补偿，小民方能为圣尊的福泰安康和鼎鼎威名吟咏祷文。[75]

在被围城池的街巷里任性妄为的不只是印度兵，另有数名作奸犯科的王子逍遥法外，他们恣心所欲地寻欢作乐。一如从前，最恶劣的犯罪者是阿布·贝克尔王子。一个绝非不典型的夜晚，他出现在米尔扎·古拉姆·高斯（Mirza Ghulam Ghaus）的哈维利，此人的姊妹们都是出了名的德里美人。据说，阿

---

① Dafadar，印裔卫兵，军衔相当于军士。

布·贝克尔王子告诉古拉姆·高斯：

> "我醉得很厉害"，而后就开始满口污言秽语。我吩
> 咐姊妹们躲起来，他（指阿布·贝克尔）见状便举剑悬
> 在我头上，还拿着手枪比画，但我成功安抚他……在此期
> 间封闭社区一直紧锁大门，以防发生任何偶发的不幸事
> 件，只因取钥匙耽搁了些时间，他就开始辱骂该处居民，
> 进而用数把双筒枪，朝着大门胡乱扫射一通……法伊兹集
> 市的一名掷弹兵走上前说了些什么，阿布·贝克尔王子竟
> 用剑刺了那人三下。到那时，亚历山大排①的四十名士兵
> 以及其他印度兵聚拢过来，着手在封闭社区内建立秩序。
> 当这一切发生时，我让姊妹们跳过围墙，接着遣人把她们
> 绕道送往拉尔库安，以确保她们自身的安全。[76]

幸好他这么做了，因为没过多久，阿布·贝克尔王子和同伙就
闯进宅子趁火打劫，甚至顺带赶走于内院寻获的"一匹马和
一对阉牛"。当以阿布·贝克尔王子为首的一伙人正要离开
时，警察局副局长骑马赶来以对骚乱事件展开调查，但他对副
局长的抗议不予理会，反倒用剑猛刺对方，还在混战中设法夺
走其坐骑。不过这时候，阿卜杜拉王子——扎法尔的长子②，
即已故的沙·鲁赫王子之子——骑马上前，斥责堂兄弟引发此
番骚乱，好说歹说之下，总算让他离开那地方返回红堡。[77]

鉴于都邑日趋混乱而走向没落，穆罕默德·巴卡尔大毛拉

---

① 原文是 Alexander Platoon，疑为 Alexander Platoon（亚历山大步兵
团）。——译者注
② 原文如此。——译者注

329 的《德里乌尔都阿克巴报》读起来令人愁沮亦不足为奇。8 月
23 日，巴卡尔在社论中写道："随处可见'取命天仙'在头
顶上空盘旋。周遭正在发生的一切，应被看作我们的（恶）
行（恶）举的结果。我们把'卑下自我'奉为我们的神，便
不顾忌全能真主的言语和命令。"

巴卡尔还以相当长的篇幅，详述英国人在坎普尔及其他地方
所采取的报复行动："信奉基督教的异教徒现已开始暴取豪夺和大
肆破坏，尤其针对穆斯林。无论在何处赢得控制权，他们都不分
青红皂白地滥施绞刑，还把大小村落尽数摧毁，在无法对我方胜
利之师造成任何伤害的地方，他们就拿吾皇的臣民泄愤。"[78]

说到战胜英国人的任何残存希望，所面临的最严重威胁照
旧是不同诸团之间的分歧，而且分歧正在逐步恶化，其程度更
胜以往。

叛军队伍的最后一次大规模扩充来自尼默奇旅，相较于密
拉特及德里诸团的印裔上尉，该旅诸首领甚至更强烈地反对巴
克特·汗的权威，竟至在 8 月 23 日指控巴克特·汗——颇不
公正——勾结英国人，称"他让麾下将士按兵不动，直至获
得英格兰的援兵增援"。[79]

所有这一切都是受英方间谍和坐探——哈里亚纳团的高里·
尚卡尔·苏库尔煽惑，由他引出一名锡克证人，作伪证称曾目睹
巴克特·汗向德里岭递送便笺。巴克特·汗发誓说自己忠心不贰，
但扎法尔公开讨论禁止其踏足红堡的可能性，尼默奇旅诸军官则
着手策划阴谋，以期武力解除巴雷利部队将士的武装。[80]

正是想要重树权威，亦想同心合力地为斥逐英国人而做最后一次努力，巴克特·汗谋划出一项绝妙又颇具野心的新计划，其想法是：经由阿杰梅尔门遣出一支大军，军队出动看似要向西撤退。但它不是朝着斋浦尔继续行进，而是经由纳杰夫格尔附近的桥、横渡亚穆纳运河，继而循原路折回，自后方伏击英国人。这正是两个月前反叛分子本该想出的那种富于想象力的计划，当时英国人正处于最脆弱的状态。到此阶段，对于能把印度兵调离其治下都城的任何计划，扎法尔都欣然赞成。"去吧，愿真主护佑你们！"扎法尔说，"攻击英格兰人，借此展现你们的耿耿忠心，歼灭他们，奏凯还朝。"[81]

于是就这样，巴克特·汗于 8 月 24 日率 9000 名士兵、携 13 门炮，冒着瓢泼大雨动身离城。到目前为止，为单独一次进攻集结武装力量，这属于规模最大的一次。将士们毅然出发，踏过湿滑的道路朝着筑有围墙的纳杰夫格尔村前进，因为运河恰位于该村以南，他们希望由那儿横渡运河。

亚穆纳运河位于帕拉姆正北，印度兵到达亚穆纳运河时，雨下得比之前更猛，但他们发现英方已遵照威尔逊将军的指令摧毁桥梁，那是威尔逊将军的战略的一部分，目的是令印度兵远离英军后方。巴克特·汗同样有备而来，他遣人修缮桥梁，但工作完成得很糟，几乎是将士们一开始渡桥，桥就再次断裂。24 小时后才完成修缮工作，在等候期间整支军队"整整一天一夜，暴露于此季节的恶劣气候中，还被雨水浇得浑身湿透"。此外，"叛军将士（现）已差不多饿了三日"。[82]

湿浸浸、饿慌慌、心境怅惘的叛军将士 25 日再次起程，他们排成窄纵列，循着纳杰夫格尔沼泽远离城市的一侧泽畔前进。路颇难行，据赛义德·穆巴拉克·沙所述："到达沼泽

330

时，部队将士已经疲惫不堪，却没工夫憩息解乏以恢复精力。炮架轮子不停沉入沼泽以致行进缓慢，印度兵还不得不在过膝深的水里涉水而行。"[83]

从德里登程时，巴克特·汗麾下的巴雷利部队一直居于叛军队首。在该桥暂时停止行进后，巴克特·汗的死对头兼劲敌——素达利·辛格将军和希拉·辛格参谋长所率领的尼默奇旅却走在纵队队首，跟随其后的是来自纳希拉巴德团的一小队人马。仅在两天前，那两位尼默奇将军还曾试图推翻巴克特·汗的指挥权。这种组合预示着：远征告捷的前景不妙。

英国人透过野外双筒望远镜，谛视印度兵大军浩浩荡荡地离城。查尔斯·格里菲思写道："一连数小时，由德里岭望见他们成群结队地走出拉合尔门和阿杰梅尔门，继而前往我们的右后方。"[84]关于巴克特·汗动身的报告被送抵威尔逊将军手中时，他完全晓得该派谁去拦截巴克特·汗。岂止如此，扎法尔想甩掉巴克特·汗的心情固然急切，但从很多方面来说，威尔逊将军甚至更急于让约翰·尼科尔森离开英方营地。

次日，即 25 日凌晨 4 点，暴雨如注，尼科尔森与机动纵队一同出发。除麾下将士外，他还带领三队马拉炮兵以及野战部队的一批形形色色的英国步兵，其中包括其胞弟查尔斯·尼科尔森（Charles Nicholson）以及查尔斯·格里菲思和爱德华·维贝尔。尼科尔森旗下的小型军队总计有 2500 人，其中半数是英国人。西奥·梅特卡夫充当向导，他一马当先，引领众人穿行于德里的僻路小道。

威尔逊曾下一道命令称，务必沿大路进军，勿在季风季的泥沼中迷路。尼科尔森随即就不理会劝告，反倒听从西奥的建议穿过被水淹没的乡野，以便抄近道，因此不得不把马拉炮队从齐膝深的淤泥中拖出来。纵然有淤泥和滂沱骤雨，尼科尔森仍设法激励麾下纵队以惯常速度向前行进，因为他一贯笃信，用兵贵在出奇制胜。纵队齐步行进六小时，上午10点在芒来村（Munglaee）停留两小时，吃了顿发潮的早饭，然后在中午穿过倾盆大雨重新开始行军。[85]下达指令称，纵队须悄无声息地进军，"不得有任一种声响"。[86]

就在下午4点前，西奥于队伍最前头勘查另一条可能存在的近路，不料在纳杰夫格尔以北两英里处偶遇尼默奇旅的先遣侦察兵，对方立即发起冲击。诸印裔骑兵朝他砍杀，但就像5月11日那天一样，西奥设法避开他们的刺击，安然无恙地返回主力纵队。[87]

就在英军官兵的正前方，位于运河另一侧，坐落着一座古老的莫卧儿驿站。尼默奇部队的前卫正于该处歇息，他们在九门炮的守护下，静候本纵队其余人员赶上来。远远落于其后的正是巴克特·汗麾下的巴雷利部队，该部队仍在帕拉姆桥附近。许多印度兵正在呼呼大睡，其他人也把自己的武器堆放起来，正忙着扎营，"很多人还解下腰带和装备"。[88]疲惫至极的英军官兵现已长途跋涉12个小时，已在瓢泼大雨中行进约20英里，其中许多路段需要蹚过深深的淤泥；他们还越过两片沼泽，"把弹药袋顶在头上，在高及腰际的水中穿行"，但尼科尔森毫不犹豫，下令立即发动突击，要打印度兵一个措手不及。[89]

印度兵的数门炮对准横跨运河的桥，尼科尔森命英军官兵

332

经由一个浅滩横渡至运河一侧，并迅速在另一侧排成两列横队。尼科尔森骑马顺着横阵来回走动，高声呼喊着让部队官兵保留火力，直到接近敌方炮群，继而上刺刀展开冲锋。查尔斯·格里菲思写道："官兵们以一声欢呼作答，而后以横阵穿过平原向前推进，步伐稳健、铁骨铮铮，俨如列队接受检阅。"[90]

> 敌军已经开火，我们用枪炮回敬他们，步兵以扛枪姿势快步行进，直至一百码范围内，我们才齐射予以打击。接着就听到英军士兵的战斗呐喊，那两个团展开冲锋，流星赶月般地奔向客栈。
>
> 我团的加比特少尉（Lt Gabbett）最先到达敌方堑壕，穿过一个炮眼时，左胸被刺刀猛刺一下，他被打趴在地……稍后（死）于内出血。但士卒们跟随而来，把面前的一切扫荡净尽，并缴获客栈内的四门炮，还用刺刀刺杀反叛分子，对于在我军逼近时逃窜的敌人，亦予以射击。[91]

333 虽是尼科尔森指挥冲锋，爱德华·维贝尔却是最先与印度兵交战的人之一。维贝尔于次日写信给一个依然在世的姊妹道："我们猛攻他们的阵地，还把他们逐出阵地……夺取敌方整座营地，并缴获全部弹药和辎重。"

> 我们向前冲锋，面对他们所有人以及他们的步枪射击，子弹从一座正方形围场后喷发而出，围场筑有围墙且四周设有射击孔。我方将军带头喊出一声震天撼地的

欢呼，伴着欢呼声，我们把他们赶出来并撵到刺刀尖
上——呃，我无法向你诉说，猛冲时有怎样一种令人发
狂的感觉突然向我袭来，我竟想起我们亲爱的父母，于
是热切地渴望复仇。这是我的首场战斗，尽管我近旁的
人纷纷被击倒，但是上帝慈悲为怀，乐于再次护佑我。
一枚子弹甚至射中我的剑，歪打正着救了我身后那人一
命——但现在描述这一切，何乐之有？我们面前的一切
不过是黑暗和苦难。我亲爱的生身母亲，她的面容总是
浮现在我眼前……[92]

那日深陷绝望的并非只有维贝尔一人。尼科尔森展开进攻时，
大多数印度兵仍然步履维艰地向前推进，他们沿着沼泽泽畔排
成一列，无法左右移动，前后也被印度兵同伴围住。即便在沼
泽边上，淤泥也很可怖，很多人要在及膝深的泥沼里蹚行。赛
义德·穆巴拉克·沙写道：

> 在泥沼中这么苦苦挣扎时，英军的枪炮向他们开火，
> 那时，来自十二门炮的葡萄弹密匝匝地落入尼默奇部队
> 中，步兵和炮兵都无助地渐渐被困于沼泽里，他们动弹
> 不得，不能前进也不能撤退，大批人纷纷倒下。英军数
> 门炮在我军队伍里造成此等破坏之际，雪上加霜的是，
> 我军将士看不见英军的炮，因为树木和未收割的高秆作
> 物掩蔽了那些炮。尽管众将士的处境艰难至极，我方炮
> 兵仍然频频开炮，印度兵也不停开火。但是既不能前进、
> 亦不能后退，对他们来说，可谓山穷水尽。不管是勇夫，
> 还是懦夫，除了驻足捐躯外，别无他法。那一日，仅是

葡萄弹就让尼默奇旅的四百七十名骑兵、步兵和炮兵
丧生。[93]

334　巴克特·汗在帕拉姆桥附近收到消息称，前方尼默奇部队将士
与英国人交战。就反叛武装力量未来的凝聚力而论，益发糟糕
的是他得悉消息时所做出的反应：三日前尼默奇诸将军指控巴
克特·汗变节通敌，此时他便不急于赶去援救他们。巴克特·
汗一听到枪炮声，反而让预备队停止行进。赛义德·穆巴拉
克·沙写道：

> 他与尼默奇部队诸军官关系不睦，这是实打实的事
> 实。由此缘故，一方渴盼另一方毁灭。每个首领都希望单
> 单只有自己名满天下，亦希望本人被颂赞为胜利者。（幸
> 好）此前纳希拉巴德旅于右侧推进，事实证明，该旅的
> 火力打击对百余名英国人造成致命伤，从而使得尼默奇部
> 队残部得以逃出沼泽。倘不是因为那样，没有一人，甚至
> 没有一头归属于该旅的动物能活着逃脱。他们的数门炮落
> 入英国人手中，兵变军队也秩序大乱、狼狈逃窜。溃窜之
> 际，实心炮弹无休止地侵扰他们。最终，他们疲惫不堪、
> 跌跌撞撞、纷纷攘攘地追上巴克特·汗麾下生力军，随之
> 一同撤退，欧洲人则把缴获的炮拆开并置于象背上，而后
> 运送至德里岭上的己方营地。[94]

就双方而言，此战都是一个关键转捩点。自两个半月前的巴德里
车马店之战以来，德里野战部队首次在正面战场上与叛军交锋，
克敌制胜的规模之大、对叛军士气的打击之严重，就意味着交战

双方都确信无疑：对都城展开一场全面突击，现已近在眉睫。

　　一周后的 9 月 4 日，攻城炮兵集群的 8 英里长的象队，总算缓缓进入英军营地，一同拖拽的是 60 门重型榴弹炮和迫击炮，在其前面是 653 辆"两轮牛车"排成的长龙——犍牛车满载着弹药、榴霰弹、实心炮弹和集束葡萄弹，其中很多是在旁遮普兵工厂新近生产的，在叛方起事期间，那些工厂一直持续高效运作。许多攻城炮如此巨大——尤其是 6 门能发射 24 磅炮弹的巨型大炮——以至于要用数组大象予以拖拽。[①][95] 伴随攻城炮兵集群而来的，是一支由 400 名欧裔步兵组成的护卫队、一大队锡克骑兵，以及"俾路支营（Belooch battalion）的一大堆士卒，那些人的样貌极其狞恶粗犷"，查尔斯·格里菲思如此记述道。[96]

　　所有补给都被卸至工兵堆场，赫维·格雷特黑德于次日前去巡视。此前应征入伍的旁遮普灌溉专家理查德·贝尔德-史密斯，现担任野战部队的总工程师，他在堆场里忙着制订计划。格雷特黑德写道：

> 　　实心炮弹和开花炮弹供应充足，看来足以把德里碾得粉碎，我不曾见到作战方案，但每日的工作已被规划出来且被记录在案，繁枝细节一个不落。贝尔德-史密斯是细致入微、面面俱到的人。工兵堆场里一派繁忙景象：那儿有密密丛丛的篾筐和一大片埽繟[②]，全都准备停当，只待

---

①　旁遮普诸王公提供象队以运送攻城炮兵集群，此举至关重要。假如他们不提供那些象，围城战的结局本可能不同。

②　埽繟［sào yùn］，把树枝、石头等捆扎成束，用以修筑堤坝或掩体。——译者注

被运送到作战现场；还有炮座和弹药库框架、沙袋、壕沟挖掘工具、梯子，以及用于修筑炮台和展开进攻的一切必需品。[97]

次日英国人就着手修筑重型炮台以轰垮城墙，旁遮普坑道工兵在英国军事工程师的指导下作业。该项作业不可能保密，叛军炮手从城墙及棱堡瞄准施工队，必然是印度苦力最先遭受叛军炮轰，英国主子们则略带轻蔑地冷眼旁观。弗雷德·罗伯茨写道："凭着本地人所特有的那种'被动的勇敢'，当一个又一个人被轰翻时，他们会停留片刻，为同伴阵亡而稍稍哭泣，把那人的尸首连同其余尸首摆成一排，然后还像之前一样继续作业。"[98]

336　　巴克特·汗将军颜面尽失地从纳杰夫格尔打道回府，由于未尝试前去援助尼默奇部队将士而任其吃败仗，在朝堂上遭受辱骂。最近数周来，扎法尔渐渐超然物外，不掺和朝中议事，然而面对这场祸殃，就连他也重新清醒一些，他"遣信使告知巴克特·汗将军说，转身背离战场时，就已失职失责"。[99]

一周来军队似乎濒于再一次兵变。印度兵里有人口出狂言说要罢黜吉娜塔·玛哈尔——她被控与英国人保持通信往来——还说要以其前任泰姬皇妃，接替她担任皇后，"除非他们的薪饷在十五天内有着落"。[100]吉娜塔·玛哈尔之父库里·汗亲王（Mirza Quli Khan）也被一群印度兵暂时拘捕，印度兵看来是自动自发地采取行动。其他人提出废黜扎法尔、支持贾旺·巴克特王子的想法以供讨论，不过在都城被围期间，贾旺·巴克特王子几乎始终不露面。一日，五百名印度兵聚集于私人谒见厅外，指控阿布·贝克尔王子和希兹尔·苏丹王子挪用资金，还指责他们"从城内民众那儿拿走数十万卢比，但没给过军队任何东西"。万般无奈之下，扎法尔只得把宫里所余留的银器，尽数交给印度兵，告诉他们说："变卖它们，收入你们自己分，以作薪饷之用。"[101]

随着英军攻城炮群一点点靠近，9 月 8 日开始猛轰城墙，认识到末日即将来临的叛军凝心聚力、团结一致，那是被围期间他们一直未能达成的状态。这在很大程度上要归功于莫卧儿王子，为了实施城市防御，其办公室着手提出连串指令，并以其父的名义发出最后呼吁，恳请市民联合起来对抗异教徒。"这是一场宗教战争，"莫卧儿王子于 9 月 6 日写道，他下令须借着鼓声，遍及全城宣告此番话语，"基于信仰就要继续进行这场战争，帝都或远乡僻壤的全体印度教徒和穆斯林居民，理当……继续忠于其信仰与信条，诛戮英格兰人及其仆从。"[102]

英军攻城炮正于城墙朝北一面连续轰炸：到 9 月 12 日时，全部 60 门炮尽可能快地一轮又一轮齐射，全天 24 小时无休无止。查尔斯·格里菲思写道："喧嚣声和轰鸣声震耳欲聋。昼夜听闻炮兵齐射，'隆隆'声此起彼落、不绝于耳。"[103] 成为攻击目标的一方情况更糟。查希尔·德拉维写道："德里岭上的大炮和迫击炮不停运转，天晓得那里有多少门炮。那日都城全部的门和墙都在颤动，炮火像雨点般从空中倾泻而下。整座城仿佛人间地狱，地覆天翻。"[104]

英国人有所不知的是，莫卧儿王子已经着手在城墙另一边构筑一个由街垒和街头防御工事组成的精密复杂的系统，其中包括一座位于克什米尔门前方区域的泥堡（damdama）。莫卧儿王子意识到：不同于匿身在德里岭上精心建造的胸墙，英军官兵一旦进入城郭内，就远比任何时候都易受攻击得多。[105]莫卧儿王子的计划似要鼓惑英国人离开他们牢不可破的堑壕，进而将其诱入城市街巷，令其失去战略优势。该处不仅满是狙击手的据点，而且有填装好葡萄弹的大炮，一切准备就绪，只待痛击他们。当然，叛军会任由英国人夺取德里岭与城郭间的地域而不多做抵抗，英国人一旦进入城郭所轻松覆盖的射程之内，叛军就以武力回击。

置身于无掩蔽的环境、试图在城墙附近的平地上修筑炮座的英方作业队，相较于6月以来可供反叛分子攻击的所有目标，都更为诱人。莫卧儿王子于9月8日致函诸军官道："目前异教徒在我方射程之内。来开战吧！我们可从城墙头很好地射杀。事不宜迟，勿玩忽职守，现在兵临城下，人人都应磨砺以须、奋勇向前。"[106]

再者，圣战武士头一回可以靠得足够近以挥斧作战。据说，巴克特·汗麾下圣战武士伊姆达德·阿里·汗（Imdad Ali Khan）表现得格外英勇，"他虽被包围，仍克服相当多的困难设法脱逃"。[107]当时的随行者中有"纳瓦齐什·阿里大毛拉（Moulvee Nawazish Ali），连同他旗下的2000名将士"，以及一个新抵城的团，此团由瓜廖尔的"立誓与异教徒战斗的伊斯兰自杀式勇士"组成，众勇士立誓绝不再进食，要战斗到底，直至在异教徒的手中迎接死亡，"因为前去赴死之人，不需要食物"。[108]

此时战功卓著的另一个反叛者戈登中士（Sergeant Gordon）是改信伊斯兰教的英格兰人，先时被印度兵由沙贾汗布尔带至此地。据赛义德·穆巴拉克·沙记述，戈登"布设炮阵，以对抗英格兰人的炮群。炮弹打得不偏不倚，落点毫厘不差，印度兵欢欣鼓舞地向戈登中士敬献贡品，但他答道：'为时已晚，现在我无能为力。发轫之始，如果早依我的劝告行事，英国人的炮群本不可能前进一步。事态既已似膏肓之疾，你们却想让我阻止他们进一步向前推进，此乃天方夜谭，但我会跟你们共生死。'"[109]

圣战者组织的伊玛目沙尔法拉兹·阿里大毛拉于 9 月 10 日入朝禀称，积日累久，圣战武士的"骁勇善战和献身精神"总算得到赏识，此乃何等庆幸之事，还称他们渴盼以比过往任何时候都更为抖擞的精神，参与即将到来的战斗。[110]据赫维·格雷特黑德估算，考虑到 8 月里印度兵开小差的事件频发，圣战武士所占比例随之急剧上升，目前数量略低于叛军残部人数的一半：留于德里的起义军总人数估计约 6 万，其中多达 2.5 万人是圣战武士。[①][111]

莫卧儿王子打发街头公告员走街串巷，号召普通市民加入防御战。圣战武士喊出同样的召唤，他们开始巡行于德里的大街小巷，高声呼喊："'市民们，市民们，所有有志成为信仰

---

① 科格希尔中尉（Lieutenant Coghill）认为圣战武士至少占叛军人数的一半，他写信给其兄道："敌军约有 2.5 万或 3 万名真正意义上的印度兵，另约有 3 万名立誓与异教徒战斗的伊斯兰勇士……"参见国家陆军博物馆，6609-139，科格希尔书信集，科格希尔中尉给其兄的信，发信地址及日期：德里，1857 年 9 月 22 日。如果说叛军正在发生急剧变化，那么英国军队亦如此，目前印裔官兵在英军中大概占 4/5。如果说德里起义是以印度斯坦的印度兵与英国人之间的较量开始，那么它就是以一支族群混杂的反叛武装力量与英方雇佣军之间的战斗收场，叛方至少半数是平民身份的穆斯林圣战武士，其所迎战的军队则由受雇于英国人的锡克、旁遮普穆斯林和帕坦族裔的雇佣兵组成。

殉道者的人,跟我们来吧……' 他们蜂拥蚁聚,准备展开行
339 动,还立下最庄严的誓言称,自己将出去战斗,必要时不惜捐
躯疆场,但绝不会后退。"[112]9 月 10 日,其他命令被传达给各
印裔上尉,号召他们为最后一仗集结在一起。莫卧儿王子
写道:

> 皇帝陛下照准一道命令,提醒印度教徒和穆斯林:看
> 在牛的分上以及为了(防止被)猪(玷污),遵从宗教和
> 信仰,如果你们想在此生有所精进并赚取功德,那么让我
> 们看看你们可否令自己旗下的步兵、骑兵和炮兵整装出
> 发、奔赴克什米尔门,以攻击我们下劣又不足道的敌
> 手——邪恶可憎的异教徒。此事不容耽搁。遵照皇帝的御
> 旨行事,即刻行动。你们既已以宗教和信仰为由投身于战
> 斗,就应始终不渝地予以坚持。每名军官都应以属下的排
> 和骑兵组建分排,在队伍整编结束后,就应将此命令告知
> 部众,继而为进攻做准备。倘有任何人——不论是军官还
> 是印度兵——找任何借口,请立即当着皇帝的面,呈文
> 禀报。[113]

9 月 11 日,英国人着手协调各门炮的火力,以使炮弹同时轰
击城垣,一轮轮齐射铺天盖地、震耳欲聋。到中午时分,城
垣终于渐渐开始崩裂,"腾起滚滚尘土,垮塌的砖石接连落
入壕沟"。[114]克什米尔门上的数门炮很快就没了声响,幕墙上
也出现两道巨大的裂罅:一道裂罅靠近克什米尔棱堡
(Kashmiri Bastion),另一道裂罅位于亚穆纳河河滨附近的沃
特尔棱堡。反叛分子虽饿着肚子,此时却以一种前所未有的

饱满精神战斗，他们由诸城门遣出多个中队的骑兵，连番骚扰英方苦力、工兵和炮手。不出数日，英军伤亡人数就突破四百大关。

查尔斯·格里菲思写道："尽管棱堡上的叛军炮群几乎一直没有声响，但在城垣前方的开阔地上，反叛分子很好地坚守己方野战炮：从其中一座圆形石堡（Martello Tower）发射的火箭弹如暴风雨般落下，还从壁垒和前沿堑壕用步枪接二连三地射击。"[115]英军好几个炮群着火，进而"留下一堆阴燃的沙袋、埽縆和篾筐"。[116]就连爱德华·维贝尔也不得不承认："哗变者以一种匪夷所思的顽强态度战斗，诸座棱堡虽已成为一堆废墟，但他们仍向我们开火还击，他们的人数如此之多，以至于日复一日出城，从四面八方袭击我们。除非用刺刀拼杀，否则我们永远无法把他们驱离城垣。"[117]

到 9 月 13 日周日时，了然可见的是，突击近在眉睫。据大多数人揣测，英方将于次日上午发动突击。

英军官兵一整日都在用攻城梯演练"攀梯登城"。此外，鉴于"对所攻陷城池实施合法化抢掠"之事将由战利品代理人负责，他们也就己方人员谁将成为代理人的问题进行投票表决。爱德华·坎贝尔得票最多，就连他本人也大吃一惊。他在新前线得悉自己获任，新前线位于克什米尔门对面的古老的莫卧儿花园——库德丝娅花园，五天前，他被从兴都·拉奥大君私邸调至该处。

当天上午 11 点，在一次高级指挥官会议上，威尔逊将军宣布此次作战将由尼科尔森打头阵，暂定于次日清晨日出时分展开进攻。共有四路纵队，各纵队直接经由城墙朝北一面的不同缺口进城，然后向不同目标进发。第五纵队充当预备队。让爱德华·维贝尔感到厌烦的是，他发现自己被分派到第五纵队，故而不会参加突击。与此同时，西奥·梅特卡夫要引领一路纵队，经由克什米尔门进城，随后攻取主麻清真寺，继而把清真寺作为向皇宫发起猛攻的根据地。

入夜后，大多数人整晚在写遗嘱和遗信。一名青年军官给忧心如焚的母亲写信道：

> 我认为我们要攀梯登城，你知道那会怎样：冲上一架梯子，敌人想方设法要把你推下去，他们用刺刀从上方刺你，还射杀你。但你得挥舞刀剑，还得觉得这顶顶有趣，而且必须带领属下将士尽可能快地上去，然后从敌人上方跳下去，但那些人手拿上好了的刺刀，正准备迎头痛击。所有这一切都不大令人愉悦，你不能气定神闲地予以看待，不过那一刻来临时，兴奋感会让你觉得快乐无比……我希望它不会令我说脏话，尽管大抵上那能得到宽赦——由于兴奋得癫狂，所以不知道自己在说什么——但我会竭力克服它。[118]

341

随军牧师罗顿在德里岭上主持最后一场教会礼拜仪式，爱德华·坎贝尔也参加了。罗顿主持圣餐礼（Eucharist）——“一个极其庄严、令人印象深刻的场合”——并就“我准备好被浇奠”圣经文句布道，文句出自圣保罗（St Paul）写给提摩太（Timothy）的书信。不过他是宣读《旧约》，预言“充满谎诈和强暴"的"这流人血的城"尼尼微（Nineveh）之厄运，这委实投合罗顿的心意，他不厌其详地长谈阔论一番。"你要打水预备受困。要坚固你的保障。"他照着《那鸿书》（Book of Nahum）诵读道："在那里，火必烧灭你，刀必杀戮你，吞灭你如同蝻子……被杀的甚多，尸首成了大堆……人碰着而跌倒。"[119]

在城内，为抵御突击所做的准备工作也差不多完成。巴克特·汗忙着最终落实所要掌管的喀布尔门周围区域的城防事宜，修筑街垒并用沙袋堆起炮兵掩体。巴克特·汗似已与老对头莫卧儿王子艰难地达成临时性妥协。那日上午，巴克特·汗差人去找莫卧儿王子，让他送来 200 名苦力、厚木板、篮子和麻布袋。巴克特·汗索要的一切都被及时送到。[120]其间，莫卧儿王子发布最后一道命令：号召全体城镇居民带上所能寻得的一切武器，抵御英方突击。他亦监督如下事宜：对最靠近幕墙裂罅的两个封闭社区实施的清理工作，把社区居民遣散至城市其他地区的安全处所。[121]

在红堡里，扎法尔特意坚持履行礼仪性职责，好似未发生任何不寻常之事——在这种情况下：一名特使入宫觐见，主动向扎法尔禀明，勒克瑙宫廷效死输忠，扎法尔授予他"萨菲尔·乌德道拉"① 荣衔。但私下里，扎法尔担心会发生最糟的事。赛义德·穆巴拉克·沙写道："听闻城垣上的炮火被压制，皇帝变得大为沮丧，于是拿起一本《古兰经》，翻开书看它会宣明什么。目光落下之处的首节经文，大意如下：'不是你，也不是你的军队，而是之前那些人。'老皇帝默然无语，342

---

① Safir ud-Dowlah，意为国家的特使。——译者注

但阿赫桑努拉·汗大夫努力劝说称，那其实意指皇帝会在纷争中取胜。"扎法尔怀疑这句经文预示其他的含义。[122]

其间在都城另一边的拉尔库安私家哈维利，吉娜塔·玛哈尔透过霍德森手下的情报头子拉杰卜·阿里大毛拉，与英国人进行最后关头的谈判。自 8 月 4 日以来，扎法尔的皇后一直跟英国人保持定期联系，她先投石问路，以期与英方达成协议，换取英方满足己方一定条件。霍德森定期把事态进展转达给罗伯特·蒙哥马利爵士（Sir Robert Montgomery），该人是劳伦斯派驻于拉合尔的情报机关首长。霍德森报告称，吉娜塔·玛哈尔"正在跟英国间谍密谋"，她"坚决亲英"，还曾"在攻取城池期间主动施以援手"，甚至在"炸毁舟桥"时亦出手相助。[123]

8 月 25 日，即尼科尔森动身追击巴克特·汗那日，吉娜塔·玛哈尔曾遣密使去找格雷特黑德，"表示愿意对皇帝施加影响"。不过格雷特黑德委婉答称，尽管"我们祝愿她本人幸福安康，我们与妇孺亦无分歧"，但他未被赋予"与宫里任何人员保持沟通"的权限。[124]

吉娜塔·玛哈尔不达目的誓不罢休，现希望与霍德森沟通，指望或许能借此取得进一步进展。此乃精明之举，因为霍德森喜好诡道。虽未获授权，但他重新展开沟通，这显然是孤行己意。9 月 9 日，吉娜塔·玛哈尔曾要求在拉尔库安的自家哈维利与拉杰卜·阿里大毛拉进行另一次会面。到 13 日，即便在英方突击日益临近而她的影响力随之急速削弱之时，她仍然不妥协，坚持追寻旧梦，而为了实现该目标，她孜孜以求地奋斗了那么多年。正如霍德森在报告中所述，考虑到其所提供的援助，作为回报，吉娜塔·玛哈尔要求：

　　其子应被宣告为皇储，且应保证他的皇位继承权；对
于皇帝，她要求，其地位应持续无衰减；还应立即付清继
5月暴动后五个月的拖欠款。

　　我费了九牛二虎之力，才成功令她明白下述情况：皇
帝被置于的真实处境；对于已丧失的皇位，皇帝或其家族
的任何成员都绝不可能再复辟。她最终领悟到皇帝及其子
不仅人身自由难保，性命也危在旦夕。我这才借由保证其
子和皇帝的生命安全，在己方事业中成功谋求到吉娜塔·
玛哈尔的帮助。单单在前述条件下，她就同意动用自己对
皇帝的影响力。[125]

343

双方在拉尔库安进行上述秘密谈判期间，穆罕默德·巴卡尔大
毛拉出版了《德里乌尔都阿克巴报》，他强烈地感觉到这将是
自己所发行的最后一期报纸。该社论透出怅惘又驯顺的情怀，
讲述的话题是关于忏悔以及切莫试图理解真主的神秘方式。他
劝告道：

　　你们不应灰心丧气，而应激发信念，坚定自己对全能
的真主之信仰。纵使异教徒向我们推进，且几乎每晚都开
掘出一条新战线，但重要的是，要称颂我方胜利之师的气
魄和神勇，亦要留意到他们没日没夜悉力猛攻异教徒的阵
地的付出。如果全能的真主在我们的道路上设置这道障
碍，其中必有某种意图：谁知道不知不觉间我们是否做出
什么傲慢或不公的行为，以致这番光景？我们应向真主祈
祷，祈求他的宽恕和启示，我们还应特别注意，避免对人
类同胞做出任何过度举动或者以任何方式剥削和伤害

他们。

据说城内民众尤其是贫民，深陷水火之中。在此等时刻，必须向劳苦大众提供救济和支援，俾使他们诚心诚意地祈求皇帝的政府夺取最后胜利。务须谨记：一旦时机成熟，当全能的真主有意如此时，他会即刻给我们带来胜利。谁知道他欲令我们经受何种辛劳与检验，才这样推延我们的胜利？唯有知他晓未知之事。睿达智者敬候他的恩宠。[126]

344　那晚在北边德里岭上，罗伯特·泰特勒让哈丽雅特答应：次晨若情势变糟，她会跟孩子们一起坐犍牛车趁早动身赶往安巴拉。哈丽雅特写道："在发生全面溃败之前，他都得与其所掌管的财宝继续留在这儿。若想活下来，那差不多算是营地里最糟糕的地点，因为敌兵想必会争先恐后地冲去抢夺卢比，他们能抢多少就会抢多少……（但）要是吃了败仗，我认为没有任何人可以抵达一个安全之地。西姆拉会失陷，卡绍利镇①会失陷，印度上下皆会勠力一心、揭竿而起。"纵然如此，罗伯特还是把"我们的犍牛准备好，便于随时动身"，以防万一。[127]

大多数英国人提早就寝。"那晚在己方营地里，大家都没什么睡意，"理查德·巴特写道，"我时不时打个盹，但时间都不长，醒来时总能见到不止一名军官的营帐里透出灯光，士兵们也一直在低声细语地相互交谈。枪机发出的'啪嗒'声和推弹杆弹起的'砰砰'声，在寂静的空中传得很远，诉说

① Kussowlie，位于喜马偕尔索伦地区，现称"Kasaul"。——译者注

着为即将来临的纷争所做的准备。"[128]

爱德华·坎贝尔也无法入睡，转而给妻子写信，意识到这或许是自己写给 GG 的最后一封信，他把自己及家人交托给全能的上帝。他在营帐内草草写道：

> 如果没有我们的上帝，我们万事不成。我所珍爱的妻子啊，请记住，我们受他照拂，到目前为止，他一直对我们如此仁慈宽容。须信赖汝之上主，他仍将是我们的救世主。我越来越感到，从他那儿寻求慰藉多么重要，唯有他能令人真正安心……警报刚响起，我得就此搁笔而投身到日常工作中去。我心爱的妻子，愿上帝眷顾汝，愿他保佑我俩和我们所珍爱的所有人。[129]

午夜时分，众官兵起床，随后开始集合成各路纵队。借着提灯的光亮，威尔逊将军的数道命令亦被宣读：每人须携带 200 发弹药；概述各纵队的目标及行进路线；伤员将被留在倒下的地方；不应有抢掠行为，城内一切贵重物品都将在爱德华·坎贝尔的监督下，被放进一个公有金库；务须斩尽杀绝，但"出于人道和国家荣誉的考虑"，不得伤害妇孺。

9 月 14 日凌晨 3 点，四路突击纵队首先行进至旗杆塔，然后悄无声息地由德里岭向下推进，他们利用扎法尔的果树林作为掩护，那片果树林位于曾经秀美的莫卧儿花园——库德丝娅花园内。在这段时间里，攻城炮和破城炮群一直快速开炮，就像过去十天一样。据巴特记述，"白昼前的黑暗被持续不断的闪光照亮，空中似乎满是开花炮弹"。[130]

炮击持续半个钟头，直至曙光穿过地平线，骤然间枪炮一起安静下来。片霎中阒寂无声，士兵们能听见"林间小鸟啁啾"，还能闻到香橙花和扎法尔的花园里蔷薇的馨香，那两种香气依然"很明显，尽管伴有火药所散发的硫黄味"。[131]

接着尼科尔森一声令下，时隔三个月后，英国人终于向德里城郭挺进。

第十章
弹雨夺魂

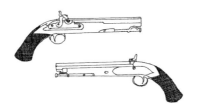

英军完全按照计划，开始对城池发起猛攻。一声令下，各纵队指挥官纷纷发出信号，耳边随之响起一声欢呼，官兵们疾步如飞地奔出库德丝娅花园林木繁茂的掩蔽所，穿过一座玫瑰园，继而冲进花园与城垣之间五十码宽的无人地带。该处的印度兵严阵以待，英军官兵即刻遭遇"全然似雹暴一般倾泻而下的弹雨"袭击。[1]

第一道障碍是 20 英尺深、25 英尺宽的壕沟。云梯被拿来摆放到位，其间官兵们尽力抓住斜堤堤顶，却无法下去，"迅即落入令人畏缩的炮火之下"。过了将近十分钟，死里逃生的首批官兵才成功地从斜堤另一边攀出来。一攀上那道裂罅，他们的势头就难以阻挡。[2]弗雷德·罗伯茨写信给母亲道："我军官兵向上行进，雄姿英发，仿佛一群猎犬。我方炮手出色地完成自己的工作，那道裂罅堪称完美，我们以较轻微的损失夺取壁垒。"[3]

在像理查德·巴特那样最先攀上去的人看来，攻城战似乎远没那么平顺。向前奔跑时，巴特记得自己望见守军将士的头从壁垒缺口冒出来，"循着城墙挤得密密麻麻，似蜂攒一般。万丈骄阳照在他们的白色包头巾和黑色面庞上，利剑和刺刀被照得熠熠生辉，他们到达那道裂罅时，我军官兵疯狂欢呼"。

我军停止射击时，敌军火力也随之减弱。我们从天而降，起初敌兵看似完全被惊呆，但旋即从惊慌中回过神来，轰轰烈烈地重新开火。实心炮弹从我们右方远处诸门炮里呼啸而出，葡萄弹和开花炮弹尖啸着飞离较近的火炮，城垣看似是沿我们前方伸展的一道火线。子弹在空中"嗖嗖"地穿梭，炸开我们足畔的土地，我军官兵接连不断倒下……

云梯队接连三次被迅速消灭，死伤者的云梯也接连三次被一把夺过……登上裂罅是份苦差事，因为裂罅被炮弹连续重击，好似布满海砂的斜岸。裂罅后面有一些篾筐，敌兵由篾筐的间隙保持一种迅猛火力，可谓巧捷万端。我们相距如此之近，我甚至能感觉到敌兵每次击发所伴有的闪光烘热面颊。为了扰乱他们瞄准，我右手握着转轮手枪不停射击，同时以左手攀上（云梯），因未携带剑鞘，所以我拼命地把剑夹在胳膊下。敌兵抓起一块块巨大的砖石，不停向我们投掷，还设法将一些砖石滚下来……

守军最终撤回城内，就剩我和菲茨杰拉德（Fitzgerald）紧挨篾筐站着。我俩握手道别，他顺着裂罅右侧下去，我循着左边的胸墙奔向克什米尔门。我没再见到他，他跟我分开后，旋即被城垣内射出的葡萄弹炸死。[4]

循着兵道奔跑时，巴特听到轰天震地的爆炸声，他抬头望去，只见克什米尔门"被炸塌进德里"。按照突击计划，十名坑道工兵和一名号兵被要求在紧挨城门的前方处，放置一种大型易爆材料以炸开缺口，以便让官兵们冲过缺口涌入城。因为突击开始的时间比预定计划稍晚一些，现已是大白天，事实证明，该计划比理论上听起来更难实现，原因在于英军发出突击信号时，守军就打开城门底部的小门，当坑道工兵设法沿着仅剩一道梁的受损桥梁把炸药搬运到位时，守军便开始直接向他们射击。[5]

27岁的菲利普·索尔克尔德（Philip Salkeld）冲在最前头，5月11日晚逃离此城门时，他是爱德华·维贝尔的同伴之一，在接下来流离转徙的日子里，他把自己的鞋赠予安妮·福里斯特，堪称体面可敬。现在身为爆破队的一员，他牵引着一触即发的炸药跨过一道残存的梁，手握专为引爆火药而准备的导火索。四人跟随在后，他们要把炸药包搬运到位。包括索尔克尔德在内的另外七人，按计划应把炸药包固定在城门的木门上，且应安装引爆炸药包的导火索和缓燃火绳（slow match）。

索尔克尔德等一行人靠近城门时，守军透过小门开火并由射击孔向下射击，在近距离平射射程内痛击来敌。坑道工兵试图把火药固定在门上时，先有一人，随后有第二、第三、第四人被击毙。数秒内，除三人外，整队人不是阵亡就是身负重伤。索尔克尔德身受致命伤，两处伤口惨不忍睹。史密斯中士（Sergeant Smith）是三名幸存者之一，虽也受重伤，仍设法重新点燃了熄灭的导火索，当炸药爆炸时，他旋即猛扑到桥下，由此将双扉城门的右门扉从铰链上炸下来。另一名幸存者是号兵霍索恩（Hawthorne），他从壕沟的掩蔽处吹响前进的号角，发出信号让英军官兵冲锋以夺取城门。[6]

此刻是清晨5点45分。第3纵队官兵还一直平卧于库德丝娅花园内，他们置身于火枪的射程之外，焦灼地等待号角声响起。不料城垣上的步枪声太大，以至于霍索恩的头两声号角未被听见，仅有第三声号角被隐约听到。在静候号角声的人之中，有一人是愤怒凶暴的盎格鲁-爱尔兰新教徒（Anglo-Irish

Protestant）肯德尔·科格希尔中尉（Lieutenant Kendal Coghill），数月来在北边德里岭上，他一直做着"以血洗血、恭行天罚"的梦。现在他写信给父亲道，那一刻已然来临，"我这么渴盼在那一刻'踏尸山、趟血海'，一种狂野疯癫之感乍然向我袭来，知道自己冲得越快，就越靠近敌人，也越早报仇"。

349

　　我嘴里含着手枪子弹以保持口腔湿润，我使劲咬了一下子弹，然后如魔鬼般吼叫着冲出隐蔽处。步枪射弹如雨，密匝匝袭来，我的四周不断有人倒下，但我觉得自己有符咒护身，所以它们伤不到我。伤员和垂死者恶骂呻吟、诅咒连连，委实可怜至极，他们咒骂命运弄人，让自己被弃于外头，不得报仇；他们还痛苦地扭动身躯，滚来滚去。

　　我们本应猛攻左侧，但右侧炮火如此猛烈，以致该侧整个云梯队都被击落，于是我们……冲向右侧（以替代他们）。自那以后，我就感觉自己像个醉汉，只记得自己收剑入鞘，接着抓住云梯，把它们朝下抛入壕沟，但云梯只有8英尺高，我们遇到的壕沟却有20英尺深。激奋之下，我们向下跳落，云梯够得着另一侧墙壕间的狭道，我们便往上冲。

　　那帮畜生奋战不懈，我们频频用剑和刺刀切削劈砍，这才从他们中间杀出一条血路。不幸的是，我的剑第一个击中的竟是手下一名上士的尸体，他刚刚还在紧邻的云梯上与我并肩攀登。他被射中，继而跌落到我的剑上。但转瞬间，我的剑就刺穿一名潘迪，接着刺穿另一名潘迪。序列和阵形皆化为乌有，我们尽可能地劈砍。我不曾想过拔出手枪，只一个劲地戳刺、劈砍，直到双臂疲累。[7]

经过十分钟拼死拼活的白刃战后，城门和城堡守卫围营都陷落到英国人手中，英国国旗（Union Jack）也飘扬于拱形门楼上方。[8]而后英军顺着街道挺进稍远一点距离，就在圣詹姆斯教堂对面的斯金纳哈维利遭遇愈加猛烈的抵抗。该处早被纳希拉巴德部队筑防，在围城期间他们一直将之用作己方司令部。其他人则抢占阵地，隔着圣詹姆斯教堂庭院的矮围墙开火。[9]两伙人现都不受控制，发射的葡萄弹和步枪子弹如暴风雨一般袭来，印度兵撤退前，仍设法杀死前排很多英军士兵——赛义德·穆巴拉克·沙认为，大概多达三四百名英军官兵倒毙于克什米尔门与斯金纳哈维利之间。[10]但因英军三支纵队目前都将火力集中于私邸和教堂庭院，纳希拉巴德的印度兵别无选择，只得扛着枪炮撤退。

此时城门外侧，在朝向圣詹姆斯教堂的空地上，尼科尔森集结三个纵队的将士。[11]但他意识到，麾下纵队大批人马没等他来，便循着城垣出发。他不希望逗留不前而致叛军有时间重整旗鼓，于是带领己方残余人员沿胸墙向西进发。其目标是要赶上失散将士，还要尽可能快地攻克喀布尔门和拉合尔门。他们要于该处与里德少校麾下第4纵队会合。依照威尔逊的计划，第4纵队应尽力从兴都·拉奥大君私邸辟出一条道路，以南下穿越城郊吉申根杰。如此一来，到午餐时间时，英国人就将赢得都城整个北部及西部周边的控制权。

第2纵队大部是廓尔喀人。在此期间，西奥偕第2纵队出发，他引领众人穿过背街小巷，朝着主麻清真寺方向推进。第

3 纵队向东南方行进，取道德里学院开赴红堡。威尔逊将军先在勒德洛城堡顶部遥观这场突击，当部队官兵动身时，他就从城堡赶来，还把指挥部设在内部被毁、现仅余残骸的斯金纳哈维利。一座临时餐室兼野战医院就设立于近旁的圣詹姆斯教堂里。

正是从这时候起——就在早上 7 点后——对于英国人来说，情势突然开始逆转。英方先前臆度：攻抵城郭内将是此次突击最困难的环节，该壮举已被实现，且付出了相对较低的损失，还比预定时间提前。但事实会证明，下一个阶段——穿过街巷向前推进——代价其实高昂得多。英方曾料定，他们向红堡进发之事一旦为人所知，印度兵会被吓破胆，迟早会掉头鼠窜。而事实上，前述情况非但未发生，印度军还发起反攻，以如此惊人的威力还击，差点就成功地把英国人逐出城去、赶退至德里岭。究其原因，是巴克特·汗和莫卧儿王子的战前准备工作做得好。诚如弗雷德·罗伯茨之言："从这时起，我方蒙受惨重损失。"[12]

第 3 纵队奉令向南挺进红堡，查尔斯·格里菲思是其中一员。纵队到达被毁遭劫的德里学院庭园，刚开始穿过庭园缓缓向前推进，就在那时径直走入埋伏圈。骤然间，

一阵暴风雨般的步枪子弹从四面八方袭来，来自各扇窗门、建筑物的射弹孔以及屋宇顶部的子弹向我们"致意"。我们行经街角时，装填了葡萄弹的野战炮还时不时地把炮里的东西射入我方纵队里。官兵们接二连三倒下。那起到的作用，只是激怒余下的人……某场严峻的小规模战斗过后，官兵们清理反叛分子的庭园和屋宇，并用刺刀

刺杀所寻获的一切人等。

纵队损失异常惨重，因此放弃深入敌阵的任何尝试，转而着手在德里学院筑防，以此作为己方前线据点。

西奥所在的纵队受引诱而长驱直进，深入闹市后才发现自己被圣战武士逼入一隅。西奥一直如履薄冰地择路而行，穿行于背街小巷，敌方狙击手以及偶然骤降的一阵阵葡萄弹弹雨导致兵力损失。街道上几乎空无一人，起初遭遇的抵抗出奇地少。他们惴惴不安地穿过月光集市，在一片诡异瘆人的寂静中继续向前推进，远抵主麻清真寺北门。

纵队未携带炸药，所以无法炸开清真寺院门，他们刚意识到这一点，数扇寺门就在寂静中自动缓缓开敞，静候门内的圣战武士成群冒出来，尖叫着拥下台阶。据赛义德·穆巴拉克·沙所述，圣战武士"向英格兰人猛扑过去，英格兰人铩羽而逃，损失两门炮"，约有40人丧生。[13]英国人撤回月光集市里，那时叛方由拉合尔门运来一门野战炮，圣战武士得到火力支援，那门炮循着集市一端至另一端开炮，一枚开花炮弹直接"落进英格兰人的纵队里，造成50余人伤亡"。[14]

352

西奥所在部队残部于月光集市盘桓半个钟头，设法挡开圣战武士的斧头和刀剑，指望格里菲思的纵队前来营救，该纵队本应在此时与西奥的纵队会合。但已过去三十分钟，渐趋明朗的是，该纵队也遇到麻烦，于是西奥的纵队奉令撤退至克什米尔门。[15]

上述事情发生之际，身在北边城垣上的尼科尔森麾下部队亦发觉自己深陷倒悬之危。在攻取克什米尔门期间，纵队四散分离，部众抛下尼科尔森，继续沿着城墙向前冲，这让尼科尔森失去麾下大部分将士。理查德·巴特是这些人中的一员，他小心翼翼地奋力前行，顺着城墙根由一个拱形壁凹飞奔至另一个拱形壁凹。"每望见敌军把拉火管插进炮里，我们便猛冲到这些垛口，时不时遭遇那些炮的沿路扫射。当一阵猛烈的葡萄弹已然飞过时，就在诸门炮重新装弹前，我们常常哄地一下夺走那些炮，还用刺刀刺杀并用枪射杀炮手。"间或，巴特等一行人会停下来袭击屋舍，他们偷袭屋舍里的印度兵，将之杀个精光，然后循着城墙脚继续推进。[16]

面对危境，其他人抱持一种更草率的态度。阿瑟·莫法特·兰中尉（Lieutenant Arthur Moffat Lang）在日记中写道："我们欢呼吼叫着（沿胸墙）继续猛冲，敌兵发射葡萄弹和步枪子弹，我军官兵接连倒下，弹雨来自每处拐角、我们左侧的每条街道，以及壁垒和屋顶上。"

这让人兴奋得癫狂，我心如铁石、无感无觉，就顾着继续猛冲。我只是纳闷：子弹似已铺天盖地，我还能继续冲多久而不被击中……我们攻占一座又一座塔楼，夺取一门又一门炮，不曾停息……我们蜂拥着穿过喀布尔门，然后一路前行，直至将抵拉合尔门。之后敌军一门炮从路障后发射葡萄弹，造成短暂阻碍。琼斯准将（Brig Jones）上前来找工兵军官，他询问喀布尔门在哪里……"在后面很远处，"我说，"我们马上就要攻下拉合尔门。"哎呀，他声言自己衔命要止步于喀布尔门……

只要我们继续猛冲，欢呼着不停歇，就一切顺利。但受制不前时，委实可悲：蹲伏在角隅后、掩身于拱道——用来支撑壁垒——内，士卒渐渐恐慌万状。他们一个接一个地试图遁返，我们加以阻止，从而将溃逃的惨剧耽延半小时，但最终，他们全都冲出来奔向喀布尔门，如流星赶月一般，把诸军官甩在身后。[17]

汇集于拉合尔门和伯恩棱堡（Burn Bastion）上的重炮，由巴克特·汗麾下巴雷利部队将士操炮，诸门炮所发射的葡萄弹正在扫射胸墙和城墙，英方看似即将面临全面撤退。在这个节骨眼上，尼科尔森出现在下方街道，试图力挽狂澜。召唤惊魂未定的部众下到地面上来以重整队伍，他拔出剑，纵有步枪子弹和葡萄弹不断穿梭，他仍然顺着狭窄的街道——城墙在其右侧，屋宇在其左侧——径直冲锋，还要求部众跟上来。沿街走到一半，尼科尔森突然意识到自己孤身一人，转而呼唤部众予以支援。在他迟疑之际，大概是藏身于伯恩棱堡上的一名印度兵狙击手，朝下方的尼科尔森射击，因为他依然挥舞着手中利剑，所以子弹射入胸腔，中弹部位恰位于无遮无挡的腋窝下方。另一批燧发枪兵姗姗来迟，其中一人指出尼科尔森中弹。"是啊，是啊。"尼科尔森暴躁地答道，随后就倒在地上了。[18]

尼科尔森被送回喀布尔门，那儿的两名轿式担架轿夫，依吩咐要把他运送到北边德里岭上的野战医院。但在越来越纷乱的局势中，因英军突击"马失前蹄"而陷入停顿，况且每个纵队都狼狈溃退，所以轿夫把受伤的将军离弃在街边。过了一段时间，弗雷德·罗伯茨赶巧路过。他写道："骑马穿过克什米尔门时，我注意到路边有一副轿式担架，没有轿夫，担架里显然有一名伤者。"

我下马看看担架里的人是否有什么要我帮忙，让我深感惊愕与悲痛的是，发现那是（奄奄一息的）约翰·尼科尔森。他告诉我说，轿夫放下轿式担架，动身去抢劫，他还说自己感到剧烈疼痛，希望被送往医院。他仰躺着，我看不见任何伤口，他脸色苍白、一直面无血色，除此之外，无任何迹象显示他忍受剧痛。我表示还有希望，但愿他伤势不重，他随即道："我已垂绝，全然无望。"亲见那伟人孤弱无助地躺着，人命危浅，那场景几乎令我痛不堪忍。周遭每天都有旁人死去，良朋战友阵亡于我身畔，但我从未有过当时那般感受——倘失尼科尔森，在那一刻于我而言，如同失去一切。[19]

到中午时，英国人的"精气神"迅速衰退，原因在于，攻破城郭的欢欣鼓舞之情被一种越来越强烈的认识所取代，他们觉察到诸多势力仍站在反英一方，而且规模如此之大；叛军抗击来敌的决心同样强大。乔治·鲍彻上校对此颇感震惊，他写道："敌军明摆着寸土不让，打算与我们争夺每一条街道。"[20]

英国人目前控制都城略多于 1/4 的区域，由此却令自己蒙受到目前为止的最大损失。野战部队现在承受的伤亡规模之大，远非始料所及：拂晓时分官兵列队向城池发起攻击，到日落时近 1/3 的人牺牲——损失约 1100 名士兵和 60 名军官，其中包括安妮·福里斯特的心上人哈里·甘比尔。另一位亡者是赫维·格雷特黑德，他不是中弹身亡，而是死于霍乱。

至此阶段，德里岭上的野战医院呈现一派不堪言状的恐怖景象。随军牧师罗顿挨个病床走动，尽力安抚垂死者，"军医和药剂师（则）都焦头烂额地忙着做手术。几乎每种截断术均被实施：干瘪、无血色的腿和胳膊乃至手指，胡乱地散落在地上，它们不再是各自身体的一部分"。[21] 伤员的身体堆叠在病室里，两三人被置于一张绳床上。爱德华·维贝尔也在场，他被留在预备队，从而失去参与猛攻的机会，还为此耿耿于怀：

　　我本比其他所有人都更应置身于此轮猛攻。但那由上苍主宰，让我留在营地照料不幸的伤兵和垂死者。每时每刻都有可怜的伙伴被带进来，我不曾目睹这般惨状。看着阴森可怖的种种景状，我痛彻骨髓……我们可怜的少校，他的一条腿被截肢，我前去探问，见到的只是他的遗体，尸身已被缝合在一张毯子里……叛兵拼死血战。在敌方一座炮台，我们被击退三次，而我忖测，我们尚未攻克该炮台。[22]

英军指挥部设于斯金纳私邸（Skinner's House），指挥部里的精神面貌亦非更昂扬，全然绝望的处境渐渐开始让指挥部成员憬悟。弗雷德·罗伯茨在给双亲的信中写道："12 点左右，我在教堂弄些早饭吃，其间一直有实心炮弹来袭，弹速相当迅疾，我想我这辈子从没见过这么多愁眉锁眼的容颜。"

　　各纵队都被迫撤退。我刚才见到己方最优秀的军官、比旁人杰出万倍的良将——可怜的尼科尔森，被抬进一副轿式担架，面带死相，况且……似乎无人能做任何事情。

全体老军官可谓计尽谋穷。让事态更坏的是我军数名将士醉酒，不知店家是否存心如此，但储有啤酒及白兰地的店肆都敞着门；其他人找不到所属团；此前接连五六天我们一直勤勉苦干，大伙儿都被累垮了……

我不知不觉睡着了，虽有这一切声响，我仍然一觉睡到日落……（接着）巡查己方阵地。所有岗哨都混乱不堪。给养根本送不进闹市区。那些像可怜鬼似的炊事小伙夫不听劝诱，拒不进城——炮火来自各个角落，铺天盖地。欧洲人豪饮大醉，本地人外出抢掠。[23]

军队的风纪和士气似已瓦解，其速度之快让霍德森深感惊骇。他写信给妻子道："在我有生之年，头一回亲睹英格兰士兵屡屡忤逆长官。实则是苦工和烈酒让官兵的士气彻底衰颓。"[24]更糟的是，对于其所指挥的突击，威尔逊将军似乎完全丧失信心，正在积极深思退兵一事。霍德森写道："威尔逊被疲劳和焦虑彻底压垮，他（甚至）不能用双腿站起身。"[25]

到下午3点左右，更多令人恐慌的消息传来：里德少校所率第4纵队，非但没能攻下拉合尔门，就连原本配属于里德所率部队的克什米尔大君（Maharaja of Kashmir）麾下将士亦抱头鼠窜，随后英军官兵就面对"在巴雷利及尼默奇营垒的众多立誓与异教徒战斗的伊斯兰勇士的支援下"，由巴克特·汗及其麾下巴雷利部队所领导的一场坚决的反攻。不得已之下，里德撤回到兴都·拉奥大君私邸。[26]日落时分，前述旅的另一个分排亦于摩丽棱堡（Mori Bastion）的城墙内发起激烈反攻，敌军"人多势众"，夜间仍继续向前侦察。[27]

英军官兵被牵制于摩丽棱堡与喀布尔门之间。身为这条西北战线上的一员，肯德尔·科格希尔发现圣战武士是尤令人闻风丧胆的对手。像许多同僚一样，他惊诧地发觉自己先前的逞强和嗜血欲，很快就被赤裸裸的恐惧所取代。他写道："当地人寸土必守，捍卫每一处地方。这是场硬仗，己方寥寥残兵用火枪迎击人多势众且配备有野战炮的敌兵。"

　　但军令如山，莫敢不从，我们必得攻下它并予以坚守，此劫不可避免。就是那时，我发觉我们最渴望获得的是勇气。将士疲顿得要命，这阵子兴奋劲已过。我们衔命对每一个出入口死守到底，于是在各个出入口及棱堡分别留下一支分遣队，结果只有约 200 人守御喀布尔（门）。敌军频繁围攻我们，遣出约 300 人和 2 门轻炮以攻击我方前线。如果我们展开攻击，他们便可从侧面袭击我们，继而夺回喀布尔门。所以我们只得平躺下来，任由敌军的炮在我们上方开火，直至敌兵走近，我们再用刺刀刺杀，这法子每每奏效。这活儿从上午 9 点，一直持续到下午 4 点，我们被从远处逐一狙击，却没有还击的希望，待援亦无望，还不晓得左翼和后方发生何事，因为我们是右翼前锋……

　　那一整日，我们没东西吃，也没东西喝，仿佛鸟入樊笼。我仅有的慰藉是苏打水瓶里盛着的一瓶兑水的淡白兰地，我把瓶子挂在身侧，瓶子现也被射穿，酒被白白浪费。穿过黑暗，敌兵一直在攻击我们，我们整夜都处于备战状态。[28]

失去尼科尔森让威尔逊烦躁不安，他觉察到巴克特·汗率兵向

北推进至兴都·拉奥大君私邸，势将包围他麾下部队，进而将
之与英方营地隔绝。随着时间推移，威尔逊变得"越来越焦
虑颓丧"，显然已在重压下垮掉。威尔逊之所以未下令让英军
即刻撤离城池，只是因为遭属下一众军官阻止，其中为首的是
工兵理查德·贝尔德-史密斯，之前正是此人筹划突击作战的
细节，而今他"坚称'我们必当咬牙坚持'，那般毅然又不妥
协的口吻，不容置喙"。[29]

威尔逊手下的高级军官内维尔·张伯伦（Neville
Chamberlain）致函拉合尔的劳伦斯，吐露心中的惶急忧思，
言称仅凭威尔逊疲惫的神经，就能令德里之战落败。张伯伦写
道："他常常更像是精神错乱之人，而非统率胜利之师的将
军。一望可知，他丧心失智，一如他频频向大家传递的
那样。"

> 你得接手处理这些问题，否则什么事也做不成。我们
> 陷入困境时，除非那将军一时高兴，否则对谁的话，他都
> 不留心听。对于一切建议，他的答复都是"这不可能"，
> 而且总是故意习难。他曾经告诉我说，德里失陷后，他打
> 算遁入山中。但（说老实话）遗憾的是，他未能把前述
> 意向付诸实施。[30]

北边德里岭上的野战医院里，生命垂危的尼科尔森不改一贯的
坦直作风，得闻威尔逊希图撤军的消息后，他的反应愈发直截
了当：纵然疼痛难耐又疲惫不堪，他仍伸手去抓自己的手枪，
咆哮道："谢天谢地，倘有必要，我目前尚有气力毙了他。"[31]

次日尼科尔森平静了一些，他叫一名军医笔录一封短笺，

此笺写给拉合尔的劳伦斯，附议张伯伦的书函所述之事。尼科尔森口授道："告诉约翰爵士，我建议他要尽其所能，撤换掉威尔逊。那人已经垮掉，其本人也意识到这一点。我认为事关我国之国运（National Destiny）兴衰，不容儿戏，岂能让威尔逊那样的人，继续统率这支军队。"[32]

9月14日，查希尔·德拉维早早醒来，照常骑马穿过闹市区去红堡当值。到此时，查希尔已听惯猛烈的炮火声，故而对北边不足一英里处所发生的战斗之重要性，全无察觉。钻出月光集市时，偶遇急着赶往相反方向的另一位内廷大臣，查希尔这才看出预示有不寻常之事发生的首个征兆。该大臣告诉查希尔说，继续前行毫无意义，因为红堡诸门都已锁闭。

直至那时，我才注意到：城内几乎全体店铺关门歇业，集市也异乎寻常地冷清，只有一两个人在闲荡。我想应该亲自去看看怎么回事，但来到（红堡的）拉合尔门时，只见门已上闩，门前有两门装填好炮弹的大炮。近旁闲站着一群人，他们正在听一名印裔军士诉说晨间战斗的始末。

就在这时，一个团的士兵骑马从里面赶到门跟前，叫嚷着让城门守卫开门，因为他们想出来。该印裔军士指示他们去都城的喀布尔门，说那里才是援兵集结地。闻此言，我随即转身回府。

没走多远，就瞥见普尔比亚兵从巴瓦尼·尚卡尔第宅一侧飞奔出来，显然是临阵溃逃。瞧见怯懦的印度兵，城民深表唾弃，进而诘问道："你们把我们的城市卷入这场战争，现在因何遁逃？"一听这话，普尔比亚兵便丢下自己的枪炮和刀剑，说："我们一直在战斗，现在你们何不去试试？"[33]

359 查希尔拿定主意，是时候回家给家人提个醒，但他赶到巴利马兰集市时，却发现封闭社区已经大门紧锁。于是他往回跑，朝着月光集市的小大日巴的大门奔去。该处的坊门也紧闭，但有一道狭窄的小门敞着没关。他挤过小门，不料发现战火已烧到警察局，纯粹是因为运气不好，西奥所在纵队正向着主麻清真寺进发，被他撞个正着：

此时来自警察局一侧的一阵炮弹齐射对准了我，炮弹浑似雹暴来袭，击中道路和排水沟。英格兰军队的一个作战单位伫立于警察局正前方，他们见谁毙谁。一名男子紧挨我站着，他因腹部中弹而弯下身。我拽着他穿过大门上的小门，把他送至安全地带，然后直奔回家……

我一到家，便去自己房里躺下。我被惊得魂飞魄散，刚才亲眼见到英格兰军队进城，还目睹普尔比亚兵仓皇退遁，当下英格兰士兵即将闯进各家各户，血洗宗门。我料想大限临头，除祷告外一无可为，于是等着看会发生何事。

我没把所见到的任何事告诉母亲及其他家族成员，反倒待在自己房里祷告。大约过了一个半小时，耳畔传来大炮的一连串巨大爆炸声，听似从家府外传来。至于大炮怎么进得了我们的巷子，我对此颇感纳闷，于是带着两三名家仆一同出去瞧个究竟。[34]

查希尔等一行人来到大路时，便向路人打听英格兰军队的去向，有人答说他们刚被赶了出去。查希尔接着去大清真寺后面的乔里集市，只见那儿的人东跑西奔，或者拎刀提剑，或者手持削尖的竹棍棒和所能寻获的一切武器。

> 我来到主麻清真寺侧边时，瞄见那么巨大的一堆死尸，一时间恍如看到木材商贩的货摊。在基尔希集市（Kilhih Bazaar）以及清真寺与警察局之间的小巷里，有更多死尸随处散卧。我问街上的人发生何事，他们告诉我说，英格兰军队的一个作战单位径直走上主麻清真寺的楼 ⟨360⟩ 梯。与此同时，一些英格兰士兵闯进民众家里，开始趁火打劫。
>
> 当时英格兰士兵曾试图进入主麻清真寺，寺里的人思忖：如果他们闯进来，势必在圣所内掀起血雨腥风，所以最好是走出清真寺奋勇抗敌。众人扛着枪炮猛冲出清真寺……许多英格兰官兵阵亡或受伤……最终撤往克什米尔门，英格兰人于该处固守顽抗并安放大炮。[35]

查希尔再次回府，设法睡了会觉。但次日上午，风言风语传遍整座都城，言称夜间英格兰官兵挨门逐户乱窜，由梯子爬进房间，还硬闯入民众的内宅，杀害宅内酣睡的女子，继后窃取其珠宝饰物。至于传言有多少事实依据，尚不明了——此阶段的劫掠恶行，似乎一直局限在陷落于英国人之手的克什米尔门周围地区——但在都城各处的一户又一户人家里，前一日从主麻清真寺逐退英格兰人而随之迅速蔓延至整个闹市区的凯旋之感，转眼间渐被越来越严重的恐慌情绪取代。

14 日早餐时，萨尔瓦尔·木尔克的家人获悉英国人进抵城郭内，他们认为，与其坐以待毙，不如与亲戚纳瓦布齐亚·乌德道拉（Nawab Zia ud-Daula）筹议。众人决定冒险一搏，该亲戚的府邸位于拉其普特纳的阿尔瓦尔，他们便想趁着还能出逃，索性排除万难投奔该处。唯有萨尔瓦尔·木尔克的伯父反对此计划，因为据占星术推算，他断定英格兰人必将败亡。

　　家父深感痛惜，他返回德里门（附近的私宅），以便**361**带上必要之物，并把自己的人护送至兄长府邸，但他没能顺利完成此事，因为陡然间，城（区北部）响起一阵叫喊声，在大街僻巷里，白刃战随之而起。白人士兵和其印度及帕坦盟友装备各式武器，沉醉于胜利之中，铆足劲要抢掠，他们无差别地对待女人和孩童、青年和老者，直杀得血流漂杵。随后一伙伙男子闯进内宅，开始侵吞掳掠，贵妇人们——菲尔多西（Firdausi）对她们的评价很准确，"这般严密地以罩纱裹肤，就连阳光也不曾渗透其玉体的肌肤"——不晓得丈夫的厄运，纷纷四散奔逃。

　　都城的（德里门，即南部）城门靠近家宅，家父和舅父跟妇孺婢仆一道，仓皇惊恐地穿过德里门脱逃，在（城垣外的）一座圣徒陵墓避难。老家仆与我们会合时，我们才惊悉伯父和纳瓦布齐亚·乌德道拉的死讯：看来他们先把自己武装起来，后偕家中女眷、儿童和婢仆步行离开府邸，怎料在月光集市或集市附近，偶遇"独眼梅特卡夫"（指西奥），在随后发生的战斗中，他俩罹难。尚不知一众妇孺下落如何。

　　这则消息令闻者悲楚，几无以名状。我们自身的景况也好不了多少，我们为生命财产不保而担惊受怕，可以说面临着"虎狼夹击"：一方面是哗变者，另一方面是英格兰人及其支持者。至于哪一方会在掠夺或抢劫中占上风，依我们看来，双方正在相互较量。[36]

不单是萨尔瓦尔·木尔克的家人，在英方目前"摇摇欲坠"掌控的全部区域——都城东北部地区——全部屋舍都被视为可供劫掠的对象，没有役龄男丁被视为非战斗员。相当大比例的德里居民，尤其是放贷者以及富室巨家和坐贾行商之辈，遭受印度兵长达四个月的抢掠搜刮，他们切盼这种无政府状态的终结，尽管东印度公司做过种种令人恼火之事，还有明显的非正义之举，但他们笃信，东印度公司的回归至少能重振闹市纲纪。况且，英国人透过己方诸多密探，对这种默示的支持了如指掌。德里居民中无人预见会有一场全面掠夺，更别说一场大规模屠杀。怎知英国人一攻入城郭，立即自便地忘却所有盟友和支持者。就连对英国人忠贞不贰的密探亦不安全，迟至 9 月 15 日前后，穆罕默德·巴卡尔大毛拉才有所醒觉，当时未得到任何解释，他就被捕并关押起来。[37]

　　这一切都极不公正，甚至令最阿谀谄媚的崇英派震惶。穆恩·乌德丁·侯赛因·汗写道："城内没有一条生命是安全的。但凡体格健全的男子都被当作反叛者予以射杀。"迦利布自一开始就反感印度兵，现亦惊骇于复返的英国人之暴虐行径，其受惊吓的程度与旁人不相上下。他在《希望的故事》

362

中写道:"当街寻得的人,胜者尽数诛灭。愤怒的雄狮踏足闹市,滥杀无助的人和弱者,然后焚其屋宅。大规模屠杀难以控制,恐怖气息遍布街巷。征服之后,或许总会发生这等暴行。"[38]

一些最残暴的凶手,恰是暴动时痛失故友或家族成员的人。英国人进城后不久,查尔斯·格里菲思就遇见古尔冈的前收税人约翰·克利福德(John Clifford),此人是安妮·詹宁斯的挚友兼唱诗班女指挥同伴——克利福德小姐之兄。在暴动前夜,约翰趁便把妹妹带至红堡,让她与詹宁斯一家人待在一起,现今他为妹妹之死而自咎,其妹死前——据英方荒诞言论所述——还遭轮奸。格里菲思并非爱好和平的自由派,但眼前的一切让他胆颤心寒,他写道:"我的昔日同窗完全变了个人。他所有的激愤之情都被最大限度地激发出来,除了报仇的念想外,什么都不挂在心上。"

> 随身配有剑、转轮手枪和来复枪,自从离开密拉特,他几乎参与跟哗变者的每次交战……他手握来复枪,不畏天、不悯人,一律杀无赦。他把个人生死置之度外,只求肆纵地膺惩杀害其妹的凶手,他极为鲁莽地暴露自己……

363

> 我们突入城池后,我在一条街上遇见他。他握住我的双手说,他把碰到的所有人都处死,妇孺也不例外,而从他兴奋的举止和衣服的外观——衣服上布满血渍——来看,我颇为确信他是实言相告……营地里有军中其他军官,他们也在德里失去妻眷,其行事方式与克利福德一般无二。[39]

不过英国人一次又一次发现，用准宗教推理来证明如此暴虐的战争罪行正当是可能的。他们认为是出于某种原因，自己正在把上帝的正义施诸彼众生，彼众生不能称之为人，反倒更像是魔鬼。在维多利亚时代的福音派信徒看来，"大规模残杀"不再是字面意义上的"大规模残杀"，业已成为"神圣的复仇"，如此一来，英军官兵就是神圣正义的执行者。就拿随军牧师罗顿来说，他毫不讳言地指出，依他之见，大规模残杀德里居民，在一定程度上是至尊上帝之工："我念及上帝和他已经为我们所做的一切……进而思及圣子耶稣和他的宝血，他所流的宝血，谅必汇成饶多淙淙溪流。那等暴行和罪戾，纵观世界各国历史，无论千古与今朝均无可与之相比，在上帝之前，唯有通过圣子耶稣，方能洗雪逋负。"[40]依据当时的标准来看，爱德华·坎贝尔绝非基要派，就连这位蔼然仁者也把德里突击战写成"吾之救世主的战役"，还乐于自我标榜称，此乃恪尽自己身为"基督精兵"之本分。[41]

查尔斯·格里菲思亦表示赞同："这是真正的可骇光阴。逆敌以下作手段杀害他们至亲至爱之人，信奉基督教的大丈夫和神勇的战士莫不怒火万丈，于是硬起心肠而无丝毫怜恤之情，矢誓要向哗变者复仇。"

从某种程度上而言，所有参与镇压兵变的人，内心都充满同样的感受。说到逆敌所犯的种种暴行，己方队伍中的每个战士都懂得算总账的日子已然来临，于是以不屈不挠的精神，奋不顾身地达成目标……这是一场歼灭战，此战中不要俘虏而尽数诛杀，绝不心慈手软——简言之，这是世间所发生的最残酷、最具报复心的战争之一……街上 364

和空地上厚厚叠卧着死尸，很多人于家宅遇害……许多非
战斗员丧命，我军将士兴奋若狂，故而不加区分、一概诛
灭。猛攻之下，城池失陷，其状甚可怖，没有比那更骇人
的景象了。[42]

言及很多英国人究竟以什么心态对待落入己手而任己宰割的民
众，一名士兵很好地吐露实情。该士兵从德里致函《孟买电
讯报》（Bombay Telegraph），强烈谴责其所谓的威尔逊将军的
"胡说八道"：将军下令称务必饶赦妇孺，这纯属胡扯。他写
道，这"是一桩错事"，因为他们"不是人类而是魔鬼，或者
说至少是只配惨毙的衣冠禽兽"。

> 我军官兵攻入城垣时，在城郭内寻获的所有城民，一
> 概被我们用刺刀当场刺死，死亡人数相当可观，如果告诉
> 你们，我们屡屡发现大约四五十人窜匿于一所房子里，那
> 景状一如你们许会猜度的那样。他们不是哗变者，而是都
> 城居民，他们仰赖于我方名扬天下的温和统治以求获得宽
> 赦。我欣然直言：他们注定要失望。[43]

9月15日至16日，德里之"气运"吉凶未卜。

英国人未取得进一步进展，只是从德里学院一点点向前推
进，并于16日上午夺取紧邻德里学院南边的弹药库。他们亦
迁离斯金纳哈维利，朝着月光集市方向、慢腾腾地由一所房子

挪至另一所房子。正如查尔斯·格里菲思所述："我们攻占己
方阵地前的寥寥几所房子，但因相当一部分欧裔步兵士气受
挫，所以未尝试任何大规模的进一步行动。"[44]

　　这样不温不火地推进，现令英国人进入红堡的臼炮射程之
内，由于遭遇顽抗而无法再前进一步，他们便在德里学院庭园
内搭建一座炮台，接着把开花炮弹砸落在沙·贾汗瑰丽雄奇的
宫殿上，借此摆脱挫折感。在西部前线，英国人循着城垣没有
任何形式的进一步进军，还遭受巴克特·汗麾下的部队以及集
结于伯恩棱堡上的炮兵持续压制。英军官兵灰心丧气，慢慢贪
杯纵酒、大行抢掠之事，很快就军容不在、风纪无存。威廉·
爱尔兰少校写道："我军士卒无法无天、难以管教，虽对己方
处境之危有所感知，却不能安分守己地留在队伍里。"[45]

　　斯金纳私邸的指挥部里，威尔逊属下军官忙得不可开交，
原因在于威尔逊将军打算彻底退兵至德里岭，甚而在更黯沮时，
欲退军至卡尔纳尔，众军官设法加以拦阻。正如威尔逊于 15 日
晚给妻子的信中所言："当前我们握着拿到手的东西，但仅此而
已……纵队里与我并肩战斗的欧洲人，在店肆弄到大量啤酒，
让自己成了行尸走肉……这巷战是令人生畏的活儿。我们蒙受
的损失颇为惨重，损兵又折将。我心力交瘁，于我而言，任何
操劳都力不能及。总而言之，我们前景不佳。这不容我多述。"[46]

　　在此阶段，城池本可落入敌我双方任一方之手，叛方本该
展开真正的协同反攻，尤其是旨在攻克目前几无防备的英军后
方或德里岭上的营地，迫使英国人立即撤离城池。叛方本可实
现的战功，在 15 日晚亦有所展现：其时在萨林加尔古堡诸棱
堡上的炮兵火力支援下，叛军展开一场规模不太大的反攻，把
英国人逐出新的征服地、赶回德里学院的老阵地。[47]

说到都城民众，由于此番交兵中叛方未能展开更有效的还击，就很多叛军首领而论，由此产生的挫败感，随着时间流逝变得越发强烈。有进一步的实例证实，颓丧溃逃的印度兵遭受一伙伙德里民众攻击："作为过往所蒙受的恶劣待遇之回报，愤怒的民众夺去印度兵的武器，用鞋子猛抽印度兵，还挖空心思地让他们丢尽颜面，高声辱骂道：'尔等自吹自擂的勇气何在？尔等的权力落得什么结果，怎么再也没法子压迫和凌虐我们了？'"[48]

继后在 16 日上午晚些时候，都城民众开始自发聚集于红堡外。以沙尔法拉兹·阿里大毛拉为首的圣战武士和"兵变军队的数名主要军官"与民众联袂而至，入宫央告扎法尔带领大家投身战斗。据赛义德·穆巴拉克·沙所述，众人"向圣上保证：全军上下、德里市民和周边村郊的乡民唯陛下马首是瞻，均会为陛下而战，抛头颅、洒热血亦在所不惜，誓将英国人逐出"。[49]随着越来越多圣战武士和都城居民凑聚于红堡外，"一些人只是手持棍棒，有几人提刀带剑，另一些人扛着老式火枪"，恍然间，这看似是一个转捩点。

皇宫里可谓愁云惨雾，人们的情绪一天更比一天低落。莫卧儿王子于 14 日向扎法尔呈送急报，恳请扎法尔提供额外资金以给部队将士放饷，俾使他们好好吃饭、好好战斗。扎法尔答说："把那套马具以及那几张银制象轿和椅子，给莫卧儿王子送去，他可以卖了它们，然后用所得款项支付那一切。我所剩无他。"[50]眼下几乎时刻都有开花炮弹坠落于皇宫宫墙内的某处。17 日晚，内维尔·张伯伦向拉合尔方面禀称："皇帝的居所料必热烘烘的，因为我们由北到南、遍及皇宫区围的一端至另一端，用开花炮弹把它炸得坑坑注注。"[51]更添愁云的是，进城的点滴食物补给亦被彻底中断，人们——包括诸王子和皇裔在内——真正濒于饿毙。

如今随着大毛拉和圣战武士麇至，当面吁请扎法尔领导一场反攻，真相乍现的一刻已然来临，但扎法尔不知所措。自古尔邦节过后，皇帝的思绪纷乱、态度摇摆：一下子黯然神伤，怨恨印度兵以及他们对其治下都城和皇宫所做的一切；一下子又对莫卧儿王子的大业表示支持，纵非热切支持，亦是默许支持。在其他时候，扎法尔似已劝服自己：在一场与己无关的斗争中，他自认为是中立观察者。而此时扎法尔不可能那么摇摆不定，无论思绪多么矛盾困惑，他必得依照请求，要么领导反攻，要么予以拒绝。赛义德·穆巴拉克·沙写道：

> 皇帝恐有性命之虞，所以踌躇未决，但这时，他们恳挚地乞请道："圣上的末日正在迫近——圣上行将被擒。为何辱身败名，死得汗颜无地？何不血染沙场，名垂千古？"皇帝答称，他将于那日 12 点亲自率军出征。
>
> 圣上有意领军亲征，众人知晓此事后，旋即就有更多哗变者、立誓与异教徒战斗的伊斯兰勇士以及城里人凑聚于皇宫前，至少有七万人之众。此刻只见御用"舆轿"慢腾腾地从大宫门探出来，部队将士和市民随銮向着弹药库推进，但在距离弹药库约两百码处停下来，因为英军的子弹如雨点般顺街蹦落下来，再向前行进的人，悉被子弹击倒。
>
> 到此时，銮舆已快到另一座宫门，皇帝不停差人去打探，想知道旗下军队推进了多远，岂料一行人还未能更接近弹药库，阿赫桑努拉·汗大夫就硬挤向皇主子，禀称因有欧裔来复枪手匿于各屋舍，主上倘再向前行，必定会被

367

射杀。大夫低声耳语道："况且，倘主上随军队一同出战，对于主上的行为，来日我怎可向英国人辩解。主上既已参与哗变者的战斗，我又能以何辞为主上辩白？"

扎法尔再也不能骑墙观望，无论如何都得拿定主意，但他依旧迟疑不决。就在扎法尔踌躇困惑之际，崇英的大夫利用扎法尔的忧惧，继续加以劝说。据大夫本人的记载，他告禀主上："但愿不会发生此等事：印度兵带着圣上开赴战斗前线，接着就如鸟兽散，圣上反倒成了阶下囚。万万不可……这些人徒然玷辱圣上。御驾绝不应驱驰向前。"[52]

赛义德·穆巴拉克·沙写道："突闻此番话，皇帝当即就以做晚祷为由离开队伍，再次回宫。大部分民众和部队将士如堕五里雾中，继而战战惶惶，最终尽数散去。"[53]

368　　　如果说 5 月 11 日下午扎法尔决意赐福于起义，是把一场军队兵变转变成英国人在整个 19 世纪历史进程中所面临的反抗大英帝国的最大规模抗争的一个至关重要的转捩点，那么 9 月 16 日晚扎法尔"前怕狼、后怕虎"的灾难性表现，同样是标志着此场抗争开始走向终结的决定性时刻。乌尔都语各种史料都清晰记载：德里城内的反叛分子抵抗英国人所需的信心和决心，直到那一刻之前还保持得格外好，此时开始渐渐匮乏。

反叛分子不是被挫败，实情远非如此，由于官兵的士气和"精气神"持续瓦解，英方亦濒于崩溃。迟至 18 日，威尔逊仍写家信称："我方士卒十分反感巷战……他们心生恐慌而不肯前进。我可谓上天无路、入地无门。"[54]不过扎法尔的惊惧退避之举，令反叛者的信心遭受毁灭性侵蚀，恐慌一旦生起，便继续迅速传遍叛方队伍。两军彼此对峙已三日，至少在一定程度上亏得扎法尔缺乏领导力，叛军先眨了眼。

德里民众觉察到行将栋折榱崩，纷纷拾掇行囊，逃往安全处所。那晚，屯扎于兴都·拉奥大君私邸屋顶上的英军瞭望哨禀称："人与动物缕缕行行地由阿杰梅尔门冒出来。"[55]先前稀稀落落离城的印度兵，现也逐渐汇成一股洪流。霍德森从艾提尕尔清真寺望见巴雷利部队将士已经着手炸毁己方弹药储备，为溃逃做准备。英方密探也报告称，巴雷利及尼默奇部队将士的行李辎重，一路南下被送往马图拉。将士们盘算着一有机会逃离闹市，就以强行军赶上去。[56]

赛义德·穆巴拉克·沙写道：

> 现在哗变者锐挫气索，他们还考虑完全撤离皇都。欧洲人只要逮着机会，便设法闯进主街和集市，把与之对抗的人统统射杀……不多时，月光集市通往皇宫的整段路上，乃至通往拉合尔门的路上，就只能见到零零散散的一伙伙印度兵和立誓与异教徒战斗的伊斯兰勇士——其余的人皆已遁逸。

历时两百余载后，16日当夜，成为莫卧儿王朝皇帝在沙贾汗巴德红堡度过的最后一夜。

库尔苏姆·扎曼尼公主（Kulsum Zamani Begum）是扎法尔最宠爱的女儿，据其家人累代相传的传说所述，当宫外的战斗声不断迫近红堡时，扎法尔遁至泰斯比哈屋（即御用祈祷

369

室），边祷告边思量。随后在 11 点时，一名内侍奉遣去传召库尔苏姆·扎曼尼公主：

> 随处可听见枪炮声……陛下告诉我："我把你交托到真主手中。立即随你丈夫走吧。我不想与你离别，但当下远离我，对你来说更安全。"接着，他为我们的平安高声祈祷，并祝福我们，还转交一些珠宝及其他贵重物品，然后吩咐我丈夫齐亚乌德丁亲王（Mirza Ziauddin）带我们离开。夜阑之际，我们的大篷车驶离红堡，到达库拉利村（Korali）时，简单吃了些大麦面包和酸乳酪，就算作一餐。但次日，向着密拉特（即四个月前，逃离德里的众多英国避难者的目的地）前行时，一伙古扎尔人袭击了我们，还几乎剥光我们的衣服。[57]

17 日清晨，就在午夜后黎明前的一段时间，扎法尔悄无声息地经由水门溜出红堡，他没告知宰相，甚至没知会吉娜塔·玛哈尔一声。若不是有一队侍从，他就算作孑然独行，随身只带一批经拣选的祖传珍宝，其中包括"属于国家的宝石和相同清单中的财产"，还有一顶御轿。[58] 天色破晓，扎法尔搭船沿着亚穆纳河顺流而下，大概是先去"老城堡"普罗纳城堡（Purana Qila）的码头登岸，再想办法由该地前往伟大的苏菲圣徒尼札穆丁的圣陵，该圣陵位于沙贾汗巴德东南方三英里处。[58]

370　　据圣祠守祠人家族——尼扎米（Nizami）一家世代相传的传说所述，当时扎法尔把先祖的遗物移交给他们，以便妥善保管。上述遗物包括扎法尔特意从红堡带来的一个圣髑盒，盒中装有先知穆罕默德的三根圣须，自 14 世纪以来，它作为一项神圣的托付，在帖木儿家族里父子相传。扎法尔一向对之尤为珍爱，莫卧儿宫廷日志和其他档案都曾提到他亲自在玫瑰水里浸洗圣须。[60]扎法尔在光亮处做完祷告，用过皮尔扎达奉上的简单晨膳。据说，那时扎法尔怆然泪下，告诉这位苏菲派首领说：

> 我总觉得，这些叛军士兵招惹的祸殃终会降临到我们头上。从一开始，我就心存忧惧，种种忧惧现已成真。英格兰人兴师，这些士兵望风而溃。吾兄啊！虽然我的志趣无异于托钵僧和神秘主义者，但我的血管里流淌着那伟大的血液，它将令我裹血力战，直到流尽最后一滴血。我的祖先们曾有比这更糟的日子，他们亦不曾灰心。怎奈我觉察到不祥之兆。我亲睹这一场即将到来的悲剧，它必将终结我治下王朝之荣耀。而今十分清楚的是，我是伟大的帖木儿家族最后一位登基坐殿的印度之君。莫卧儿人的统治权之灯正在迅速燃尽，唯能撑多几小时罢了。既已知此，何必激起更多流血事件？故此我离开红堡。吾国归真主所有，他愿把它赐予谁，就赐予谁。[61]

深言及此，把前述遗物交托给圣祠守祠人保管后，扎法尔乘御轿起驾前往梅赫劳利的扎法尔夏宫，该处毗邻库特卜大人之苏菲圣祠，扎法尔曾应允巴克特·汗于圣祠相会。但走出一段路后，伊拉赫·巴赫什亲王骑马上前，告禀扎法尔说，古扎尔人一如先时劫掠英国人那样，此时正成群结伙地打劫朝该方向进发的人。

伊拉赫·巴赫什所言之事千真万确，但扎法尔有所不知的是，伊拉赫·巴赫什早就被霍德森收买，眼下直接遵从霍德森

371 的吩咐而来，他还应许金主说，会尽力出卖自己的远房堂弟，阻止扎法尔逃离都城、远遁外乡。对于自己忙着筹议的协议，霍德森虽不曾请示上级主管，但希图借此让自己成为名垂后世的伟大帝国英雄，而且借由缉获皇帝入狱受审，将令自己"重拾体面。"[62]出于同样的目的，霍德森跟吉娜塔·玛哈尔和其父库里·汗亲王另行达成密约。父女俩仍然留在拉尔库安的吉娜塔·玛哈尔私家哈维利，他们瞻前顾后、左思右想之后，答允劝说扎法尔投降。作为回报，吉娜塔及其生命中的三个男人——其父、其子贾旺·巴克特王子以及其夫扎法尔——之性命都将得以保全。吉娜塔及其父谈妥的此项保证，颇为刻意地不把扎法尔与别的妻子所生的任何皇子算在内。[①][63]

扎法尔纳谏，当下回心转意，命御轿掉头返回尼扎穆丁，于该处等候吉娜塔·玛哈尔与他会合，[64]继而他们一同前往气势恢宏的扎法尔诸先祖陵寝，陵寝就坐落在近旁。那座宏伟的大理石拱顶陵墓，是莫卧儿王朝第二代皇帝胡马雍（Humayun）陵，是在近乎三百年前的16世纪中叶由莫卧儿人

---

① 霍德森给吉娜塔·玛哈尔写了多封保证函，其中一封函件注明的日期是9月18日，函中写道：

霍德森上尉向吉娜塔·玛哈尔皇后做出保证，译文如下：

问候语，而后言明：业已参与暴动的各方当事人咎有应得，须严惩不贷，但对于其本人、其子贾旺·巴克特以及其父，英方保证全其性命，他们不必有怵惕之心，而应继续照常居留于（拉尔库安的）处所。他明言，因要做些特别调查，所以恳请：由她本人差遣某个信得过的人，速来见他；他打算部署一支卫队，以便对其宅实施保护。

日期：1857年9月18日

（德里专员公署档案馆［DCO Archive］，《兵变文献》，文件编号10，信件编号3，副本被归入 W. L. R. 霍德森［W. L. R. Hodson］致 C. B. 桑德斯［C. B. Saunders］的信件，德里，1857年10月30日。）往来信件中提到，随后的一封函件亦保证扎法尔性命无虞，但此函现已遗失。

建造的第一座伟大的纪念性陵墓，现仍是德里最辉煌壮丽的莫卧儿王朝纪念性建筑。[65]

扎法尔在此传御旨，吩咐人向阿赫桑努拉·汗大夫的哈维利遣送象队，告知他来陵墓与皇室会合。[66] 372

随后扎法尔遁入先祖的墓室，边等候边祈祷。

扎法尔最终言行相符，做出长久以来屡屡扬言要做的事——离开红堡、前往库特卜大师圣陵——17 日上午，该消息似野火燎原一般迅速传遍闹市的封闭社区。

到半晌午，滚滚人流涌出阿杰梅尔门，摩肩击毂。其他误判形势的人，料定英国人不及古扎尔人那么可怖，所以碰运气似的经由英国人所占领的克什米尔门离城上路。在克什米尔门，很多男人及十多岁的少年被屠杀，卫兵有条不紊地夺去妇孺所携带的钱财、珠宝和包袱后，才准许他们继续前行。[67]

上述难民中的一些人循着四个月前英国人出逃所选的相同路线——卡尔纳尔路和密拉特路——登程北上。在英国观察者之中，哈丽雅特·泰特勒几乎算是独一无二，5 月 11 日她自己也不得不逃离城邑，此时望着难民离城，发觉自己对身陷苦境的难民尚存慈悯之心。她写道："目睹万千妇人孺子由克什米尔门和摩丽门出来，是何等难忘的经历。"

先前妇人们不曾见过内宅院墙外的世界，只曾走几步路、穿过自住的小庭院，身畔围绕的只有家人或奴婢。现在她们不得不面对己方士兵的上下凝睇，还要忍受欧裔官兵的注目观瞧……我为那些可怜人伤怀，尤其对信奉印度教的高种姓的不幸女子，我更生悲怜，她们与清扫女工及其他出身低贱的低种姓妇人一同被推来搡去，就她们而言，那苦楚好似油煎火燎一般。[68]

17 日整个上午，查希尔·德拉维的家人忧心如焚地看着周遭的人离去，却拿不准该怎么办。不过那晚，德里什叶派穆斯林社群的领袖纳瓦布哈米德·阿里·汗前来哀恳说，查希尔·德拉维一家应该趁着还来得及，随他一道离城。

> 他问家父："皇帝既已离开红堡，普天下的臣民现也纷纷离城，你怎么如此优游地坐于府中？看在老天爷的分上，今晚就偕家眷暂别贵府、避离都城。你难道看不出，德里随处都是杀戮和抢掠的风浪？我正要带妻小离开此地。请务必把你府上女眷随我家人一同安顿于马车里。"

> 纳瓦布哈米德·阿里·汗的宅第紧邻克什米尔门，但在一个月前（即英国人开始炮轰该地区后），他租了紧挨我家的一所宅子，以避离月光集市，并在那里住了下来。家父决意听从纳瓦布的规劝，尽管这时太阳渐渐西垂，他仍亲下指示说我们应离开。慌乱中，每个人都穿着当下所穿的各色各样衣服离家。家母惊惶失措，以致除去当时所佩戴的首饰外，连一枚戒指都没带在身上。我妻子至少保住约值 2500 卢比的嫁衣，还随身带了一小盒珠宝——先把所有物件裹入一个棉褥垫，再把褥垫卷得像垫枕一样，

然后把它铺在四轮犍牛车①里。

一行人穿过都城街巷登程而去，他们在这座城里生活了一辈子，当下却几乎认不出它来：

> 街上一派骇人景象。我们离开时，既见到民众的恐惧与贫苦，又见到他们的创痛与无助。我们目睹妇人的苦境，她们向来恪守深闺制度（pardah），以往从未像这样在街头抛头露面，显然也不惯于步行。我们听见孩子嘶吼悲啼。那景象着实让人心碎，唯有亲睹此等事的人，方能真正明了。
>
> 我们所有人——男人、女人和孩童——都从德里门出来，城门外的场地俨然一派地狱景象。数以千计蒙面纱的妇人带着幼童，跟随自家男人一道离城，男人们愁眉锁眼、心烦意乱。无人在意他们陷于何等处境或投奔何方，他们只管赶路。历尽艰辛、克服重重困难，我们一群人终抵冰窖②。纳瓦布哈米德·阿里·汗大人向业主们租下整个地方。我们都在那里过夜，虽说谁也没东西吃，却庆幸自己得以安然遁隐。[69]

374

那日下午晚些时候，巴克特·汗麾下将士最终离弃叛方前沿阵地，诸阵地设于吉申根杰，它们曾让威尔逊将军心烦意乱、寝食难安。英军后方——德里岭和营地——既已不再受威胁，威

---

① rath 或 ratha，印度的四轮轻便马车或牛车。——译者注
② Barf Khana，位于现在的康诺特广场（Connaught Place）底下。

尔逊将军这才长舒一口气，总算能以几分抖擞英姿继续挺进。虽然叛军仍在伯恩棱堡固守拒敌，并在闹市的西半部地区顽强抵抗英国人，但在东半部地区，英军官兵正穿过街巷、稳步推进。到 17 日晚，就在查希尔离开家宅后，英军官兵占领月光集市沿线诸阵地。

向前推进之际，英军官兵不时停下来洗劫沿途屋宇。屋中居民，运气好的被逐出，运气不好的被残杀。不管是何种情况，在挺进途中，英军官兵身后未留下一处有人烟的房舍，都城中被征服的地区鸦默雀静、荡然一空。穆罕默德·巴卡尔大毛拉之子——诗人兼评论家穆罕默德·侯赛因·阿扎德，至少相对而言，确属较幸运的人之一。不同于许多德里小伙子，阿扎德未被射杀。他生活在一个数世同堂的大家庭，那晚他与妻子以及全家老小一同留在家宅，据他后来记述，当时

胜利之师的士兵忽地闯进家宅。他们挥动来复枪叫嚷道："立刻离开这里！"我眼前的世界变得一片漆黑。面前是整整一屋子家当，我呆若木鸡地站着，寻思"自己要随身带些什么"。全部宝石及珠宝饰物都被锁入一个盒子，然后被投进井里。我的目光落在（扎乌克的）那捆抒情诗上（阿扎德是扎乌克的忠实弟子，1854 年尊师故去后，理应由他着手准备扎乌克抒情诗集的评述版之出版事宜）。我心想："穆罕默德·侯赛因，若蒙真主慈悯，你大难不死，那么所有这些有形物品都可被复原。然而能再谱写这些抒情诗的另一位乌斯达德（意为大师），从何而来？只要这些诗存世，就算扎乌克已作古，他亦万世不朽。倘遗失这些诗，扎乌克的尊名亦不能长存。"

所以我拾掇起那捆（扎乌克的诗），把它夹在腋下。我离弃银屏金屋，跟二十二个半死不活的人一道离开家园——或者更确切地说，是离开都城。于是这番话脱口而出："尊贵的阿丹（Hazrat Adam）离开天园，德里亦是天园。我若是阿丹的子孙，为何不应恰如他那般离开我的天园？"[70]

正当阿扎德的家人步履蹒跚地逃离德里时，一枚流弹或者炸开的开花炮弹所飞溅出的一块弹片，击中阿扎德一岁大的女儿，女婴逐渐陷入昏迷，数日后夭亡。

尽管阿扎德和查希尔的记事都未提到对方，但那夜潜匿于同一座冰窖与查希尔一同避难的还有阿扎德的家人。就像查希尔的家人一样，阿扎德的家人也狼狈万状地离家，这时凭借归拢大伙儿的资材，寻见少许面粉，"面粉现在贵如黄金"。于是，他们先把面粉揉搓在一个破锅片上，再用叶子和枯枝生火，还向其他避难者借来大蒜、辣椒和盐，以烹制酸辣酱（chutney）。纵然当时条件简陋、食物粗糙，但后来阿扎德经常告诉子女说，他"乐于享用那时的香蒜酸辣酱和半熟夹生的薄煎饼（roti），胜于任何绝顶美味的焖饭、拷玛炖菜（korma）和扑劳炒饭（pullao）"，而这些都是日后生活中他所醉心的美食。[71]

第二天寻获犍牛车，在一位大毛拉的照望下，一行人动身前往索内帕特县（Sonepat）。不过阿扎德未与他们同行。他已失去家园和女儿，但父亲尚在。尽管如赴汤火，他仍于次日折回德里城内，设法寻找并救助现被关押且受英国人监管的穆罕默德·巴卡尔大毛拉。阿扎德不知怎么地追踪到了一名锡克将军,此人是巴卡尔的朋友,所以同意相助。他亦给予阿扎德庇护,为了掩饰阿扎德的身份,让其假扮作自己的马倌。经过一番乔装改扮,这位将军把阿扎德领到法场,巴卡尔和其他囚犯于该处等候审判和行刑。此般情状之下,穆罕默德·巴卡尔被带至绞刑台,父子二人久久相望,自此天人永隔。

嗣后不久,穆罕默德·巴卡尔大毛拉被施绞刑,阿扎德确信英方对他发出拘捕状,便托人偷偷把他带出城,至此开始颠沛流离的生活。他孤身漂泊、一贫如洗,一晃就是四年,足迹遍布印度各地:先赴马德拉斯和尼尔吉里丘陵(Nilgiri Hills),然后前往勒克瑙,最后抵达拉合尔。一路上,他始终把先师的抒情诗带在身边。

直到 1861 年,阿扎德设法在拉合尔的邮政大臣办公室谋得一份低层差事,得以开始重建生活。阿扎德正是在此着手准备先时应承先师之事——编纂扎乌克的作品集。这部不朽之作将作为一座城市的丰碑而屹立千秋,以缅怀一段彻底被毁却蕴涵智性和艺术创造力的韶光。[72]

9 月 18 日半晌午,日全食持续五分钟。都城变得昏天黑地,其状甚不祥,将近三小时后,天地徐徐重现光明。

该事件让英军将士焦躁不安,由于事先无人提醒,事发时他们手足无措。但对印度教徒来说,该事件意义重大得多。即便是现今印度,在日食期间,有些高种姓印度教徒亦不会外出,在日食那一刻的前后 24 小时,印度教庙宇都会闭门上闩。在莫卧儿帝国时期德里之混融的社会氛围下,尤其是在莫卧儿

宫廷里，因为礼聘信奉印度教的占星家，所以日食是具有骇人
意味的事件：它乃极端不祥之兆，乃天神万分不悦之征。①　尽
管日食被认为是糟糕透顶的时刻，不宜踏上任何旅程，但在当
前场合下，它被当作一种暗示：对逗留恋战的最后一批印度兵
来说，现在是时候放弃无望的战斗，逃离气数已尽的都城。73

377

正值季风季季末，当晚突然大雨倾盆，印度兵赶忙趁着天
色复明，沿阿格拉路向南溃逃。阿格拉路已被步履沉重的德里
市民挤得水泄不通，印度兵尽可能快地弃城出逃，以便走避昂
然挺进的英国人及其诸盟友——锡克人、帕坦人和廓尔喀人，
他们都是不逊于英国人的虎狼之辈。查尔斯·格里菲思写道：
"全能上帝的愤怒，突然降临于这座城。地暗天黑，滋长人们
因迷信而产生的恐惧，促使他们匆促逃离城池。"

据报，当夜众多反叛分子经由南边撤离城池，巴雷利
旅和尼默奇旅则朝着瓜廖尔方向仓皇遁逃。无疑是从这一
时期开始，故军显露出"鼓衰力尽"之态，亦较少尝试
发起突击以夺取我方前哨阵地……

由于舟桥被我方炮火控制，日间很少有人能够越过
桥。但在 19 日夜里，我们坐在教堂院落内，望着开花炮
弹在皇宫及萨林加尔古堡各处爆炸，透过射击间隙，清楚
地听见远处传来嘈杂纷乱的人声，似有一大群人在喃喃低

① 据莫卧儿宫廷日志所载，1852 年 7 月 2 日，日食过后，扎法尔曾试图借
由让人"以若干种谷物、黄油、珊瑚等"度量他本人的体重，来抵消多
种恶性影响，"继而在贫民中分发前述称量物"。参见印度国家档案馆，
国外类，国外部杂项，第 361 卷，《宫廷情报摘要》，条目 1852 年 7 月
2 日。

语。声响是从河的方向传来且由桥上的人引发：桥上人头攒动，人们经由舟桥、弃城逃往对面。都城这么快就要落入我们手中。[74]

前一日，英国人虽再次被敌兵击退且蒙受惨重损失，但在 19 日下午，最终攻取伯恩棱堡。当晚晚些时候，英国人攻占德里银行大楼，屯兵城下以待次日即 20 日早上，向皇宫发起攻击。

德里难民在 9 月 17 日、18 日和 19 日的凄怆命运，与英国避难者在 5 月初的悲凄遭际毫无二致。众难民同样提心吊胆地沿着相同道路前行，遭受掠夺成性的古扎尔及梅瓦特部落的袭击和抢劫，而夏季早些时候，正是同一批部落民把英国人剥光抢净。起义结束后，数月内大量英方记事印刷出版，讲述 5 月 11 日所发生之事。当然，比起卷帙浩繁的英方记事，虽然几乎没有刀俎余生的印度难民以第一人称视角叙述的同时代记事留存下来，但一些古老的德里家族中尚残存一批丰富多彩的口头传说，叙说 1857 年降临至各家曾祖父母头上的厄运。哈桑·尼扎米大师（Khwaja Hasan Nizami）于 20 世纪初向诸长者搜罗其中一些传说，并把它们收录于一本名为《名门粉泪》（*Begmat ke Aansu*）的著作中，该著作最终于 1952 年出版。

沙佐尔王子（Mirza Shahzor）的故事具有代表性。"皇帝离宫后不久"，沙佐尔王子就与身怀六甲的妻子、妹妹和母亲，一同搭乘两辆二轮轻便马车逃离德里。像很多莫卧儿难民一样，他们先朝着梅赫劳利的库特卜大人圣陵进发，并于该处过夜，次日上午再次启程，但在数公里外的恰塔尔普尔（Chhatarpur）附近，遭到古扎尔人的袭击和抢劫。部落民把其所有物洗劫一空，但饶其性命。沙佐尔王子回忆道："女人湿哭干啼，我竭尽所能地抚慰她们。附近有座村落。家母每走一步都绊绊磕磕，她不断悲叹造化弄人，让自己在这把年纪，目睹如此深重的重重苦厄。没承想，村落里居住着梅瓦特穆斯林，他们为我们提供避难所，让我们借宿于村中央的公屋（chaupal），那所屋子为村里公用。"

村民们收留难民，还给他们吃食，但几天后，村民就要求沙佐尔王子多少做些贡献，以作回报：

> 他们问道："你为何一天到晚坐着？为何不做点什么？"我坦言自己乐于做活："我出身于一个尚武世家，会开枪放炮，还懂得怎么操刀挥剑。"听到此处，村民竟哑然失笑道："在这儿我们不是要你打枪射弹，而是要你犁地耕田、翻地松土。"闻此言，我双目噙泪，村民见状，心生怜悯，便说："好吧，你何不照管我们的田地，你的女眷还可以做些针线活，我们会把收成分你一份。"于是，我们的生活就演变成这样：我整日待在田间驱赶鸟雀，女人则留在家中缝补衣衫。[75] 379

就这样，他们含辛茹苦地跟村民共同生活两年：认识到真正的饥饿是什么体验；季风季的洪水险些把他们冲走；因无医生医治，沙佐尔王子的妻子死于分娩。不久后，家中剩余人等就可返回德里，靠着英方所给予的抚恤金——劫后余生的寥寥皇族成员，每月可领受 5 卢比——开始一种新生活。

其他许多人同样命运多舛。扎法尔·苏丹是巴布尔王子最宠爱的儿子，昔时崇英的皇弟巴布尔王子因穿着浮华俗丽的英式服装以及在红堡内修建一座英格兰风格的平房而遐迩闻名。如今随着皇宫失陷之殃逐渐迫近，9 月 19 日，扎法尔·苏丹把盲眼的母亲安置于一辆犍牛车里，接着使唤一个车夫，载送他们穿过阿杰梅尔门一路北上，赶往卡尔纳尔。第一天夜里，他们成功避开英国人和古扎尔人，在一个村子附近停下来，很快便沉沉入睡。第二天早上一觉醒来，却发现车夫已经独自赶着犍牛仓促脱逃。

他们在一个贾特村落里避难藏身，村民为他们奉上饭食，但没过多久，贾特人就猜度——委实正确——他们随身带着些价值连城的珠宝，进而突然攻击他们。扎法尔·苏丹恢复知觉后发现全部东西都被夺走，他们也被弃于丛林中，年迈的母亲因头部受到包铁粗杖击打，此刻奄奄一息。"我问她感觉怎么样，她说：'我是印度皇帝的弟妇，看看我的命运，我就要死在丛林里，甚至得不到一件下葬的寿衣。'说着便咽了气。我鼓足劲头，尽我所能地厚葬亡母。"

扎法尔·苏丹此后成为一名托钵僧，云游四方、辗转各城。他先前往孟买，再由那儿赴麦加，在麦加一住就是十年，靠着朝觐者的施舍过活，最终经由卡拉奇（Karachi）返回德里，"因为我对这座城魂牵梦萦……我在这儿当手推车工人（thelewala），搬运砖材以协助修建新铁路，后来终于攒够钱，买了自己的运砖车"。扎法尔·苏丹拒不接受政府所发放的抚恤金，他认为"与其靠抚恤金讨生活，不如靠辛勤劳作来谋生"。

1917 年哈桑·尼扎米大师与扎法尔·苏丹王子不期而遇，

那时后者已成聋叟，他因"与一名醉酒的旁遮普富商"厮打而被告上法庭，其身份这才被揭示出来。当时扎法尔·苏丹的运砖车与商人的轿车相撞后，商人便掏出马鞭，连续抽打老叟。老叟一声不吭，挨了头几下毒打，但最终鼓起勇气反抗，狠狠揍了商人，竟将其鼻梁打断。扎法尔·苏丹向全体出庭人员陈述道："阔人视穷人如土芥。但在六十年前，此人的祖辈本应是我的奴隶，而且不仅仅是他们，就连印度斯坦举国上下，彼时素来俯首听命于我。我从未忘记自己的皇族血统，安能容忍这般欺辱？只消看我揍他时，那懦夫怎么抱头鼠窜。帖木儿族人的掌掴，岂易忍。"[76]

英方前沿阵地设在德里银行的废墟中，9月20日，英国人由此进逼红堡。19日夜间，皇宫前面一字排开的多门炮被用大钉钉封，20日上午10点，在火力掩护下，一支爆破队向前奔去，他们要在诸宫门下放置炸药包。不同于攻取克什米尔门，英国人于皇宫几乎未遇抵抗，昭然在目的是，皇宫守军的大多数人已经望尘奔溃，仅余少数圣战武士，他们矢志不移，宁愿以身殉国，也不愿不做抗争就把自己的皇帝——身畔环绕万千天仙的"当代哈里发"——之御座拱手让人。[77]

尽管爱德华·坎贝尔是指挥这场突击的人之一，但其副手——名叫弗雷德·梅塞（Fred Maisey）的年轻陆军上尉所留下的记事，却是最详尽的。梅塞给瑞士的母亲及姊妹们写信道："悬着心静候良久，随着一阵天崩地裂般的爆炸声，炸药包爆炸。巨大的宫门有半边重重塌落下来，继而伴着一声呐喊，我们全都拥进去：军官、坑道工兵、欧洲人和当地人一窝蜂似的拥入。因缺乏秩序，倘遇不懈顽抗，我们本会被打得抛戈弃甲。"

我尽力支使一两名军官，好让其手下士卒略有几分秩序，但他们都连蹦带跳地跑开，我或其他任何人所能做的只是同样奔走。通往第一进院落的拱廊内，传出干脆利落的步枪射击声，形色各异的潘迪憨痴地来迎战，他们尽被诛灭。比起敌兵的子弹，己方子弹对我们造成更大威胁，我们乐得逃离拱廊、进入空地。

我往左走，因为那是通往萨林加尔古堡的路，而且有人说国王就在那个方向。我带领一行人，一个名叫米尔·汗（Meer Khan）的阿富汗将领的一道同行，先时此将领率领一群颇"不正规"的非正规骑兵来援助我方。这样一个仪表堂堂、目光锐利的黑胡子硬汉，一想到捉拿国王，就那么神采飞扬（他原本确确实实会杀死国王）。我们穿过多个门洞及狭街窄巷向前突进，你们谅必了然，宫墙内有一座完整的城。我们忖度，时刻都可能遭遇枪炮齐射，但途中只见到两个人——己方这位阿富汗朋友向那二人射击，二人都像山鹑似的坠落下来……

最终，我捉住一名男子，他从门口向外窥视，我让他来身旁一道前行。他手无寸铁，看似是个犍牛驭手。我告诉他说，如果肯待在我近旁，给我们引路并提供有效情报，我会尽量让他免受伤害——然而那天的保证，一钱不值。我的阿富汗朋友紧跟在我身后，我告知阿富汗人说，这老家伙是我的停虏，还说我向他许诺不会伤害他。那人吓得慌了手脚，用头在地上蹭来蹭去，向阿富汗人表示感谢。那可怜虫在我身旁，跑着向前指路。刚走出十码远，我就感到一道闪光"飕"的一声划过，俘虏被子弹射穿身体，应声倒下。习恶的阿富汗人射杀俘虏，这么做时，还差点把我烧着。我火冒三丈——但那将领完全不受我支配，而且无法理解：在敌军据点逮到习民，我们向他许下的诺言，何以具有约束力。

不一会儿，梅塞和同伴就听到皇宫区围中央传来开火声，由于 382
其所身处的这片区域似已人去楼空、四下阒寂，他们决定去跟
中央分队会合。

　　我们发现，分队的士兵、军官和马匹都混杂在一起。因（鼓楼门有）数座嵌满金属且以挂锁锁闭的巨大宫门，分队裹足不前。众人用粗重的横木频频猛撞，并用火枪射击，还伴以其他暴力手段，诸座宫门终被强行开启，随后我们一拥而上，乱哄哄地冲进皇宫中央广场，而公众谒见厅就位于广场远侧。宫廷里满是掳掠来的四轮马车、轻便马车、运货马车和肩舆。那儿还摆着一两门炮，显然是仓促间被丢弃的。

　　我军官兵继续向公众谒见厅突进，我们发现谒见厅已被布置成某种兵营。那里约有十五名伤病员，己方士卒想要像饿虎扑食一般扑向他们，但是军官们予以制止，于是我们开始盘诘那些家伙。一个穆斯林青年在我近旁，显然病情严重，我便向他打听：敌兵何在，皇帝又何在……那人求我饶命，我告诉他说，只要能透露皇帝在哪里，而且

如果肯跟着我，我就会保护他。他声言，皇帝、皇后以及年纪较小的皇子们都在禁宫，禁宫就位于紧邻的或最里面的庭院。那泼皮扯谎。数日前皇帝就已离城，他一清二楚。但我们信了他的话，所以高呼一声，涌去搜查紧邻的庭院。

就在那时，"黑胡子"走上前来，刚一瞥见潘迪，就偕部众一起扑向他们。谁也阻止不了他，确切说来，我认为己方士卒无意拦阻。至于诸军官，溃乱至此，弄得我们几乎不晓得发生何事，即便事先知晓，恐也相当无能为力。几声尖叫和几阵呻吟诉说着那惨事。我把刚刚跟我交谈之人交由一些列兵照管，当我离开时，他还活着——所有人都向前冲，我亦不能驻足于该处——但后来，他也被杀。我听说米尔·汗亲手杀死 12 或 15 人中的 8 人。我从未见过这么嗜杀成性的野蛮人。[78]

383　霍德森借由如下保密措施，私自进行交涉：尽管霍德森与伊拉赫·巴赫什亲王直接沟通，而且知道几乎全体地位较高的皇族成员的确切行踪，但攻坚队里似乎无人知晓皇帝不在禁宫之事。英军官兵突破红帷，接着一窝蜂似的拥入内庭院，料定皇室尚在该处，他们奔下拱顶回廊，细细搜寻。

不多时，带马刺的鞋后跟和清脆鸣响的武器，就"丁零当啷"地穿过私人谒见厅的廊腰缦回的区围，进入英格兰人此前不曾踏足的更墙高闹深的厅室：莫卧儿王朝历代皇帝的寝殿、"光宫"（Nur Mahal）的香闺秀阁，以及不计其数的宫娥、贮藏室、食品储藏室、若干小房间和浴室。

所有的房间都被外来的异族蛮夫搜个底朝天。起初官兵们一心只想寻获国王及其家人，绝无其他念头。但我们很快就发现"橱柜是空的"，继而施抢的精尼①比肩并起，随之呈现的那般景状，就连我的奇思怪想尚不可与之相当。

形形色色的一群官兵和从人搜遍每个犄角旮旯，他们搜寻战利品时，把所有东西弄得七颠八倒（很多时候，包括他们自己在内）。火枪左右开火，门锁被硬生生地打掉。随着士卒们越走越分散，子弹也越来越如骤风急雨一般飞散，因此风险相当大。我从未见过这么混乱的场面。各式各样的战利品先前被哗变者带进宫，以敬献给国王和朝臣，现在这些战利品以及宫廷家具、男女服装、舞姬的俗丽服饰、坛坛罐罐的食物和饮品、丰富多彩的壁挂和装饰、书籍和手稿，都被翻腾得东横西倒，并被胡乱丢进各个小房间，还被己方意气风发的军人再三再四地来回乱翻乱扔。

现在只见：这儿的一簇人在奇奇怪怪的箱匣里胡乱拨弄，以搜寻宝石；那儿的其他人满载着各色各样的物品——图片、书籍、炮、手枪，以及合意的任何东西。一些人试吃各色甜食和冰冻果子露，另一些人却没那么走运：一种东西，看似是某样正常的皇家饮品，于是他们大口大口地深深汲饮——唉！不料竟是药水，那些人这才弄清楚，但为时已晚。老国王热衷于药剂学，因此把大量物料存放于圣躬肘边。

我们没在禁宫里寻见一个人，至于劫掠品，绝大部分

384

① genie，根据伊斯兰教理论，真主用火焰创造精尼，精尼是人类无法用肉眼看见并受真主责成的被造物之一，是有形的物质世界中一种无形的存在。——译者注

纯粹是废物，所有东西压根一文不值。我在国王的宝座亭内捡起一个完好无损的新气垫，凯特（Kate，即梅塞之妻）现把它放入自己的山轿①。那是我在德里抢掠的唯一一件东西，不过我决定保留这件小纪念品，且将此事告知战利品代理人（指爱德华·坎贝尔）。最终，完全是因为疲惫不堪，士卒们慢慢安静下来，随后被军官集结起来。一个代表团奉派去向将军大人禀报攻占皇宫一事。[79]

那晚，英军士兵在主麻清真寺里跳起吉格舞，锡克人在清真寺神圣的米哈拉布②近旁点燃胜利之火，与此同时，威尔逊将军及其指挥部成员由圣詹姆斯教堂迁入红堡私人谒见厅，并在那里享用有鸡蛋和火腿的晚宴（"我纳闷，什么'地方守护神'［genius loci］想到这个"，弗雷德·梅塞思量道）。将军提议，为维多利亚女王干一杯："女王，愿上帝保佑她。"[80]随后，将军麾下一名军官向拉合尔方面发去电报，意气扬扬地通告："我们的斗争就此结束。兵变的孟加拉军队所引发的波及甚广的骚乱，在北印度（Upper India）被彻底戡平。克莱武③和莱克④的时代，在我辈中再度复兴。"[81]

---

① janpan，一种专供女士乘坐的轿子。——译者注
② mihrab，清真寺内指示麦加的克尔白天房方向的半圆形壁龛。——译者注
③ 即罗伯特·克莱武（Robert Clive，1725—1774），两任（1758—1760 年、1765—1767 年）不列颠东印度公司驻孟加拉省督。他在 1757 年的普拉西战役中，击败孟加拉王公西拉杰·乌德道拉，从而为英国在印度建立殖民地奠定稳固基础。——译者注
④ 即杰勒德·莱克（Gerard Lake，1744—1808），1801 年出任东印度公司英印军队总司令。在 1803 年的第二次马拉塔战争中，连续攻陷德里和阿格拉，击溃多支土邦军队，把马德拉斯和孟加拉两片殖民地连为一体，从而为英国全面占领印度做好了准备。——译者注

上述消息也被捎给尼科尔森，他正躺在德里岭上的营帐内，命若悬丝、延口残喘，随侍左右的是那位了不起的帕坦男仆兼侍卫。内维尔·张伯伦前去探望尼科尔森，顺便捎去捷报，那时发现他"像婴儿般无助，吃力地喘着气，而且只能间隔很长时间才以音节的方式结结巴巴地道出言语，那样子看起来颇为痛苦"。不过，尼科尔森仍然可以用自己的手枪，一枪射穿营帐一侧，以令麾下非正规骑兵闭嘴，因为这段时间以来，众骑兵一直聚在营帐外，昼夜不眠、严加守护。[82]

得知都城现已在英国人的掌握中，尼科尔森答说："我的 **385** 愿望就是在死前拿下德里，现在我得偿所愿。"[83]

尼科尔森于三日后身亡。为葬礼之用，英方从扎法尔所钟爱的月光花园里盗取一块大理石柱础，尼科尔森被安葬于柱础之下。

当皇宫遭受猛攻而英方人员为维多利亚女王举杯祝酒之际，整场起义最惨绝人寰的若干屠杀事件正在都城别处上演。就英国人而论，这场斗争或已结束，但对很多德里居民来说，此时此刻最严峻的考验才刚刚开始。

上午英国人横扫城垣周遭，攻克拉合尔门、阿杰梅尔门和伽斯廷棱堡（Garstin Bastion）。与此同时，霍德森率麾下非正规骑兵队策马绕行城垣外围，前往印度兵设于阿杰梅尔门及德里门外的大型营地，就这样最终包围都城。诸营地已被叛军离弃，只剩一些"不能行走的伤病（印度兵）"，伤病员随即成为剑下亡魂，尸首被弃于营地内乱糟糟的破碎杂物堆，里面都是敌兵溃逃时遗弃的弹药、衣物和劫掠品，还有"鼓、乐队乐器、寝具、烹饪锅具等，以及一切珍产淫货"。[84]

嗣后不久，上级下令"清理"德里门周围地区。随后发生的那场屠杀，爱德华·维贝尔是参与者之一。在致戈登叔叔的信中，他时而残忍血腥、逞强称能，时而对自己所做的骇人恶事，闪现一番觉悟："我近来目睹许多血淋淋的可怖景象，但如昨日所亲睹的那般刿目怵心之景，祈求上帝保佑，但愿我永不会再见。"

> 我团奉命清理德里门与土库曼门（Turkman Gate）之间的房舍，我们必得守住那两座城门，上级命令我们一律射杀、不留活口。我想自己必是见过大约三四十个毫无自卫能力的人在我面前被打死。这简直是谋杀，着实令我惊骇。女人都被饶恕，但一见到自己的丈夫和儿子被残杀，便发出撕心裂肺的尖叫，那叫声瘆人至极。
>
> 可以想见，市区当前所呈现的一派可怖景象……成堆死尸随处散卧，每间房舍都被破门而入、洗劫一空——我方军人雷嗔电怒，而正是这些（寻常的）市井小民，现在沦为军人手中的牺牲品。
>
> 你一下便想象得到我是怀着何种情感，在昔日常去的老地方挨个巡视。我前往记忆中的每个故地，几乎（成功地）假想一切都不曾发生，但抬眼四顾，那种错觉旋即就被驱散，因为触目皆是大炮及步枪的痕迹，这些痕迹清楚地表明不久前此地持续发生致命冲突。再往前一点，你会撞见一堆糜烂不堪的死尸或某个饥焰中烧的老媪，于是禁不住反躬自问：怎曾以喋血战争为乐。还要再向前走

386

几码远，就会有（己方）一些醉醺醺的将士摇摇晃晃地经过，这不由得唤起你的怜悯之心，还掺杂几分嫌恶之情。不管你去哪儿，总能见到某个倒霉的男子被从匿身处硬拖出来，还被残虐地处死。

苍天为证，我对他们心无怜恤，但若某个苍髯老者被带来，就在你眼前被射杀时，我想，能冷眼旁观之人，必有一副铁石心肠。然而，非得如此不可，因为这些黑鬼恶棍就该以自己的血，向我们遇害的同胞——我的生身父母——赎罪。姊妹兄弟嚎天喊地要复仇，而他们的儿子会替二老报仇。是的！他会投身战斗，决不退缩（不惧喋血、不畏牺牲），因为上帝已赐予他力量和勇气。[85]

在切兰巷，大肆残杀愈加惨烈，估计有 1400 名德里市民被砍杀。当时纳瓦布穆罕默德·阿里·汗（Nawab Muhammad Ali Khan）曾试图反抗抢掠暴行，并击毙三名英军士兵，因为那三人攀越其哈维利围墙、闯入内宅。死者的战友回去领来本团其余人员，还带回一门野战炮，他们用炮把哈维利炸成碎片。

接着就是大规模残杀都城该居住区的一切人等。英国人及其盟友厌倦用刺刀刺杀居民，便押着 40 名幸存者离家去亚穆纳河，让那些人在红堡堡墙脚下排成一行，然后予以射杀。切兰巷作为都城最智性的封闭社区，远近闻名，故而死者中有德里城内一些最天赋异禀的诗人和艺术家。查希尔·德拉维写道："他们是鼎鼎有名的富裕人士，那些堂堂须眉堪称德里的骄傲，在其自身的时代不曾有匹敌者，我们将来也不会见到如他们一般的人物。"

387

譬如，有世间无与伦比的杰出书法家米彦·阿米尔·潘贾-喀什（Miyan Amir Panja-kash），此外还有我们最伟大的诗人之一——伊玛目巴赫什·萨赫巴依大毛拉（Maulvi Imam Bakhsh Sahbai）和他的两个儿子，以及切兰巷里知名的说书人米尔·尼牙孜·阿里（Mir Niyaz Ali）。该封闭社区约有 1400 名居民遇害。有些人被捕，经由拉吉加特门被带至河畔，后于该处被枪杀。尸体均被丢进河里。其间，妻妾中的很多人因受所见之事困扰而无法自拔，便偕子女离家，继而投井自尽。嗣后数月，切兰巷的每口井都堆满死尸。对此，我不便进一步形诸笔墨。[86]

幸存者之一是卡迪尔·阿里（Qadir Ali），他是诗人萨赫巴依的侄甥，彼时在德里与萨赫巴依同住。迟暮之年，卡迪尔·阿里向德里史学家拉希德·哈伊里（Rashid ul-Khairi）诉说自己脱逃的故事。他言道：

德里恍若"审判之地"（Place of Judgement），俘虏被枪毙而非被绞死。士兵们荷枪实弹。就在那时，一名穆斯林军官来到我们身旁说："你们大限将至，因为前有枪炮、后有河流。你们当中会游泳的人，应当投河逃走。"我是游泳好手，但马蒙大人（Mamun Sahib，指萨赫巴依）和其子索兹毛拉（Maulana Soz）未曾习得这项本领。自己保命却把他们弃于身后，我于心何忍，但马蒙大人再三催促，我这才跳进河里游走。我不停回头望，游出五六十码后，忽闻枪炮声，只见那一溜人皆倒地身亡。[87]

那日，查希尔·德拉维蒙受了另一项更为个人的损失。城池被388
围期间，其岳父一直悄悄窝藏三名英格兰女子，满怀信心地认
为她们会为其平安作保，故而当其余家庭成员遁逃后，他继续
留在城内。岂料英格兰男子趁火打劫，悍然不顾地把他和其子
以及两名仆役一并枪杀。[88]

那天夜里，诸军官于私人谒见厅大快朵颐之际，抢掠城池
的恶行仍在继续。一名军官对正在发生之事有所觉察，此人正
是威廉·爱尔兰少校。他写道："锡克士兵梦想着带走珠宝珍
品，那些珍宝将保其家族永世富贵。威尔逊将军曾允诺称，变
卖都城的劫掠品之后，要将收益派发给军队……因此各城门口
均部署有卫兵，凡试图经由城门递送出去的任何物品，一律予
以扣押，（但）要让锡克人挫缩，可没那么容易。"

> 夜间，他们先让人驾着四轮运货犍牛车来到城墙边，
> 再把战利品抛落给下方友人。许多女子也被掳获且被运
> 走。直到有人看见由德里掠夺来的物品沿着旁遮普北上，
> 西北部地区各大穆斯林城市的民众才完全相信德里失陷的
> 消息……很多公民被射杀，他们十指交叉并紧握双手讨
> 饶。然而众所周知，大部分公民曾希望我们化险为夷。任
> 何性别的人陷于无助惨境，皆应受到尊重，尤其是那些从
> 未亏待过我们的人。无论是军官用手中刀剑刺穿瑟瑟发抖
> 的白叟，还是士兵把受伤黄童的脑袋打开花，都跟打女人
> 没什么两样，那绝非大丈夫之所为。[89]

到 21 日上午，传闻陆续传至冰窖里的查希尔及其家人耳中，
称朝中全体亲英效忠派还是被英国人尽数残杀，他们先时留守

于城内，曾确信会受到良好对待。朝中亲英派系的领军人物之一——米尔·海德尔·阿里（Mir Haidar Ali）就在遇害者之列。查希尔这才如梦方醒：与朝廷扯上任何关系的人，现在一律被当作合法的攻击目标。查希尔明白他们兄弟俩是时候与其余家庭成员分开，以便逃往安全场所。"我们听闻，诸密探一向支持英格兰人，目前继续以告密者身份做事，他们帮英格兰人杀人越货，还帮忙找人去受绞刑，一个名字可换得 2 卢比……"

　　纳瓦布哈米德·阿里·汗告诉家母说我们兄弟俩住在冰窖，感觉不安全。他言道："打发他们走吧，哪儿能让他们高枕无虞，他们就该去哪儿。这些人（指英国人及其手下告密者）不会让任何与朝廷有关联的人活命。"于是，我毕恭毕敬地对家父说："此言凿凿，我们应当离开，您不得不忍受骨肉离散之苦，恩准我们兄弟俩离去。真主引领我们去何方，我们就会去何方。我格外担心我兄弟的安危，因为他一直为皇家军队效力，英国人绝不会放过他。但凭天意，若蒙真主护佑而刀俎余生，那么我们便会回来找您。"

　　接下来，我拿了几块薄银子，将它们垫在鞋的鞋面与鞋底之间，然后把两块银子塞进宽松裤束带的褶层里，还把一条长围巾①缠绑在腰间，随后提溜起一根棍子。我的妻子十分羞涩，她吞声饮泣。她刚痛失父亲和一个兄弟，

---

① dupatta，可包头的长围巾，通常与紧身衬衫和收脚宽松裤配搭。——译者注

眼下丈夫亦要离去。离别之际，我在她耳畔低语道，如今她在真主的照拂下，"我若活下来，便会回来寻你，如果我遇害，那么请原谅我"。言罢，我呼唤全能真主的尊名，随即阔步而出，前往（梅赫劳利的）大师阁下圣陵。[90]

刚走出半英里多，查希尔就望见一队骑兵朝自己奔来。"一到身边，他们就围住我们说，想看看我们随身所带之物。他们什么也没找着，不过有个家伙脱下我的包头巾，还把它拿走。我便将围在腰间的长围巾取下来绑在头上，稍后，另一个强盗瞥见围巾，就上前来把它夺走。"

由此不祥的开始，开启了接下来为期五年流离转徙的生活。查希尔在印度北部道路上游荡，匿影藏形以避开英方巡逻队，尽管多次返回德里，却再也未能重返家园。凭借贩马的生意，并由一个宫廷游历至另一个宫廷，他拼尽全力活下来。所390具有的书法和乌尔都语诗歌方面的本领，确保他在宫廷里至少有食果腹、有瓦遮头。

20日夜里，巴克特·汗将军逗留于胡马雍陵，极力劝说扎法尔跟随他前往勒克瑙，他打算在勒克瑙继续展开抵抗。阿赫桑努拉·汗大夫又一次说服扎法尔留下来："他言道：'犹记尊为一国之君，圣上此去实属不当。英格兰人的军队爆发兵变以反抗自己的主子，他们与主子交兵，现被打得溃败离散。陛下与他们有何干连？只管放心大胆，英格兰人不会认为陛下有罪。'凭借这番言辞，大夫劝阻皇帝随军溃退。"[91]与此同时，莫卧儿王子亦被说服而留在奸猾的伊拉赫·巴赫什亲王身边。[92]

或许是受吉娜塔·玛哈尔和阿赫桑努拉·汗大夫唆使，那夜伊拉赫·巴赫什亲王进入德里并告诉霍德森扎法尔和莫卧儿王子在何处避难。[93]他还向霍德森告密说，扎法尔随身带着"属于国家的宝石和相同清单中的财产"。[94]霍德森随即径直去见威尔逊，征求上司许可，以便去捉拿扎法尔。他争辩说"如果任由国王及其男性亲眷继续逍遥法外，就不是大获全胜"。起初威尔逊言称此等事业"过于危险"，但迫于霍德森和内维尔·张伯伦的压力，威尔逊准许霍德森前去，条件是霍德森亲率部众而无需一支大军。威尔逊补充说"莫让我为他们操心"，霍德森若想去，大可如此而为，正所谓自担风险、自负全责，不过他得自己应付整件事。[95]

21日早晨，"日出时分，鸣放一响皇家礼炮，宣告德里再次成为英国王权属地"。[96]然而，被占领的城市——印度斯坦古都，伟大的莫卧儿帝国大都会——现已是一座荒无人烟的"枉死城"，唯余一伙伙醉酒的英国抢掠者。在整场战役期间，威廉·爱尔兰少校亲见己方同事的残暴行径，他可谓始终如一的批判者。这座"被解放的"城市之景状，让威廉·爱尔兰少校触目惊心，他写道："这座伟大的城市，满地兵燹、满目
391　疮痍，充分展露战争之苦难。除驻屯有士兵的屋舍紧邻地区外，他处人烟断绝、鸡犬不闻。"

　　没有商贾坐在集市；没有一串串四轮运货骆驼车和犍牛车吃力地前行，慢腾腾地穿过城门；没有路人在大街上

穿梭；没有男人在屋门旁谈话；没有孩童在尘土里玩耍；没有女人的声音从屏风帘帷后传出。各式各样的家用器具摊落在街头。

不久前的居民留下的斑斑痕迹，只令那奇观更显悲凄。炉灶里的灰仍是黑色的，四下里都是来回溜达的家畜，它们正在找寻原来的主人。随处可见屋宇被焚毁，或者被大炮炮弹炸得粉碎，开花炮弹的弹片也东零西落。腐烂的尸体已被乌鸦和胡狼啃噬一半，这种场景不时扑入眼帘。商贾曾于自家店肆坚守到底，然而把他们撵出去的，只不过是轰炸和有关我方将士的凶暴举动之传闻。[97]

先导兵团的爱德华·翁曼尼中尉是乌尔都语及波斯语学者，对这座城市的历史有所了解。太阳升起时，他亦被眼前所见的一切惊呆。他写道：

> 全城人口剧减，观者偶尔可见一群人，约 60 名男女，顺着街道走向其中一座城门，他们要离开这个地方，除此之外，见不到一个印度兵或市民。兴许能看到我们的人在空房子里抢掠，仅此而已。整整 15 万居民几已离去。甚至当纳迪尔·沙征服这座城时，亦非此般情状。[①][98]

---

① 事实确实如此。传奇性的 1739 年纳迪尔·沙屠城事件仅持续数小时。相传一个印度诉愿人来到纳迪尔·沙面前，吟诵一节诗，屠城遂被叫停：

　　汝之剑风骚，今杀无可杀，

　　唯有起死复生，汝复屠之。

392 此后不久，威廉·霍德森送走伊拉赫·巴赫什亲王，随行的有
手下"情报头子"拉杰卜·阿里大毛拉和一支小型护卫队，
该护卫队由旁遮普非正规骑兵组成。"喘息未定"，霍德森就
亲率约由 50 人组成的另一队骑兵，从红堡动身前往胡马雍
陵。[99]他指望借由这场远征，不仅彻底恢复其在军中的声誉，
而且令其青史留名。

    如今万事俱备。许多英国人深信：有一人居于这场反叛的
核心地位，正所谓"居于蛛网中心的蜘蛛"。在霍德森看来，
亲自捉拿此人并将之作为俘虏带回来的时刻已然来临。

第十一章
枉死之城

霍德森所拟的"捉拿国王计划"，发端可谓不吉。

拉杰卜·阿里大毛拉和伊拉赫·巴赫什亲王接近胡马雍陵时，遭遇一伙圣战武士伏击，骑士护卫队里有四人受重伤。众人骤然转身、落荒而走，欲逃归德里，但没逃出多远就撞见霍德森。由于袭击"看似是狂热分子的行为，而非归罪于国王等一行人"，众人便被劝服，继续履行使命。[1]

抵达胡马雍陵后，霍德森就匿伏于某处废墟，因而处于陵寝门洞的视野之外，接着遣来己方交涉者——拉杰卜·阿里和伊拉赫·巴赫什，不难理解这二人为何心慌意乱。一支小型武装护卫队随同二人前往，护卫队由霍德森骑兵团的十五名士卒组成，并由一个名为曼·辛格将领（Sirdar Man Singh）的锡克骑兵上尉率领。霍德森下令称，此番交涉须受大毛拉指挥。大毛拉衔命而往，有大批反复无常的乌合之众——难民、沙扎达（shahzada，即王子）、廷臣、门客和圣战武士——躲在花园冢的围墙内避难，大毛拉从那些人中径直穿过。当接触到扎法尔时，大毛拉遵照指示，要"对国王说：若出来拱手而降，我（指霍德森）将保其平安；若胆敢离开陵寝，由于入口由我控制，我会毫不留情地射杀他及其侍从"。油煎火燎一般苦等两小时，什么动静也没有。霍德森正要认定，所遣使者均已遇害，就在此时耽搁良久，印裔骑兵上尉这才前来禀称国王要来了。霎时间，伊拉赫·巴赫什亲王和大毛拉出现，护送国王的銮舆，紧随其后的是王后的凤舆（由其子贾旺·巴克特王子和其父库里·汗亲王陪同），还带着一众侍从以及皇宫和宫城的众多亡命者。数乘舆轿停下来，接着向我传话道，国王想听我亲口应承饶他一命。

我骑马上前，行至该处，抓住机会在紧邻国王的一行人与挤在后面的人群之间安插我的部下，因为后面那群人看起来具有威胁性。我暂时下马，言称只要叛方不试图展开营救行动，我方将允诺饶国王一命，以此打消国王和王后的疑虑（此二人显然十分焦躁惊恐）。[2]

除去保证扎法尔性命无虞之外，霍德森还向皇帝允诺说他不会遭受"羞辱（be-izzat）或者任何针对他个人的凌蔑"。[3]

然后我再次上马，用足够响亮的声调复述那番话，以令人群听到。我向部众补充下达一道命令：对于试图采取行动的领头人，一律射杀。继而我请求伊拉赫·巴赫什亲王和拉杰卜·阿里大毛拉：待数乘舆轿离人群足够远，他们便要立即随舆轿一道行进。[4]

穿过无人地带、赶赴德里的路程，在霍德森看来似乎永远走不到头。正如他对一位同僚所言，"（舆轿）轿夫慢悠悠地拖着脚走，还不停换肩，人群却在继续推挤"，这一切让气氛变得焦灼又紧张。尽管骑兵队的印裔骑兵骑马靠近皇帝的銮舆，但未试图展开营救行动。一行人接近城郭时，落伍的人群渐渐变

得稀疏，比及抵达拉合尔门，霍德森手下印裔骑兵发现自己孤
零零地陪同俘虏。[5]城门口的卫兵查问霍德森舆轿内捉了何人。 395
霍德森答说："不过是德里之王而已。"他们继续沿着月光集
市穿行，随后进入红堡。扎法尔返回祖居的宫阙，他不再是皇
帝，反倒成为战犯。

　　大家都停下手头的事盯着看。一名英国军医描述称"一
位面庞瘦削、焦眉愁眼的老翁"，被抬着穿过七颠八倒的宫
阙，那殿宇楼阁已被翻得底朝天。这名军医写道："他的面部
未流露出一丝残酷无情的神色，反倒颇显温厚。"[6]霍德森把战
利品移交给查尔斯·桑德斯——赫维·格雷特黑德的继任者，
接任德里民政署署长——转而去见威尔逊将军，禀明自己所立
的"丘山之功"。

　　让霍德森既骇然又败兴的是，国王被俘的消息似乎没让威
尔逊特别欢喜。"哦，我很高兴你逮到他，"威尔逊说，"我不
曾料到能再次见到你们二人中的任一人。"[7]当时弗雷德·梅塞
也在房间里，据他所述，老将军实则"对国王被活捉一事，
雷霆大怒……在我看来，该消息根本谈不上可喜，这让我对
（霍德森所）坚称的'威尔逊将军曾保证国王性命无虞'一事
始终心存疑念"。[8]威尔逊将军后来矢口否认自己做过那种事，
鉴于加尔各答的坎宁曾向德里民政当局和军事当局下达明确且
严格的指示称，除去无条件投降外，不得向莫卧儿人开出任何
条件，故此有充分的理由相信，威尔逊所言不虚。

　　21日下午，扎法尔被押往拉尔库安，并被关押于吉娜
塔·玛哈尔的哈维利，该处由肯德尔·科格希尔看守，他不讨
喜又好勇斗狠，从而徒增扎法尔的苦难。科格希尔于次日写信
给其兄道："接纳战犯身份的'印度斯坦国王'，我好不快意，

马上把他置于双重岗哨的严密监控下，绝无脱逃之虞。虽知这非大丈夫之所为，但我忍不住骂他是一头猪，还用其他适切的诨名唤他，我亦向他打听我们家人的情况。如果他抬起头就好了，我本想一枪毙了他。那畜生！我向哨兵下令说，只要他试图挪动身子，就撂倒（换言之，毙了）他。"⁹

396   22日上午，霍德森说服威尔逊获准赴胡马雍陵进行又一次远征。

此次行动旨在拘拿莫卧儿王子、希兹尔·苏丹王子和阿布·贝克尔王子。起义期间，此三位王子曾统领莫卧儿武装力量，现经伊拉赫·巴赫什亲王证实，诸王子驻留于该陵寝。①¹⁰威尔逊照旧立下一个条件：他本人不得受到战俘烦扰。至于能否保证诸王子活命，由于此事未被商议，霍德森便随意诠释将军之命。

上午8点，霍德森照旧在己方交涉者拉杰卜·阿里大毛拉和伊拉赫·巴赫什亲王的陪同下，带着一支护卫队骑马出城，护卫队由一百名印裔骑兵组成。霍德森和手下两名英裔副手再次于陵墓建筑群的入口外停下，继而打发两名印度人进去交涉。对于此后所发生之事的唯一记录，是麦克道尔中尉（Lieutenant MacDowell）留下的，据他所述："我们派人传话进去称，诸王子须无条件乞降，否则后果自负。"

---

①   提供这则情报时，伊拉赫·巴赫什亲王出卖了自己的亲外孙：阿布·贝克尔王子是伊拉赫·巴赫什的亲生女儿为法赫鲁王子所诞下的儿子，就连英国人后来也称之为"德里的叛徒"。

一位德里诗人的肖像画，此人可能是穆明·汗大夫 (Hakim Momin Khan)，此画据信是贾文·罗摩 (Jivan Ram) 所作。

吉娜塔·玛哈尔，依照《伦敦新闻画报》
(*Illustrated London News*) 所描绘的样貌。

《伦敦新闻画报》中的扎法尔像。

米尔扎·阿萨杜拉·拜格·汗，即诗人
迦利布。

吉娜塔·玛哈尔唯一留存的照片，
1872 年由麦克莫汉将军 (General
McMohan) 拍摄，当时吉娜塔·玛哈尔被
幽囚于仰光。

阿奇代尔·威尔逊将军。

约翰·尼科尔森准将。

霍德森骑兵团的威廉·霍德森。

哈丽雅特·泰特勒和罗伯特·泰特勒。

德里野战部队进逼莫卧儿王朝帝都。

霍德森骑兵团摆姿势留影。

9月14日，英国人攻打克什米尔门。

夺取德里城后，英国人把扎法尔的私人谒见厅改为军官食堂，1857年晚秋。

被征服的城池，费利斯·比托 (Felice Beato) 摄于 1858 年

舟桥。

克什米尔门。

旗杆塔。

胡马雍陵。

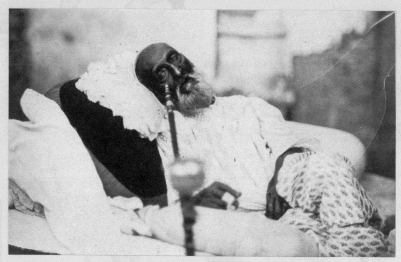

衰颓的废帝。这张著名的照片常被说成是摄于仰光，但据看守扎法尔的牢头爱德华·翁曼尼的日记所载，实则是在皇帝的德里"审判秀"之后，由"摄影师谢泼德先生 (Mr Shepherd)"拍摄，拍摄时间是在扎法尔被放逐到仰光之前。

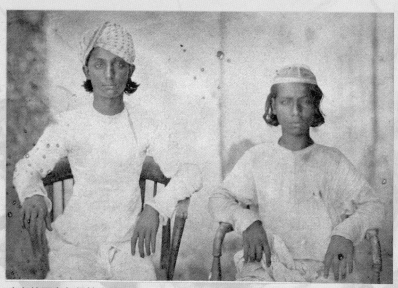

幸存的两名年纪较小的皇子：吉娜塔·玛哈尔的独子——宠儿贾旺·巴克特（左侧），以及庶子沙·阿巴斯。此二人与扎法尔一同被流放。

漫长的半小时过去，那时一名信使出来说诸王子想知道倘使自己出来，性命会否得保全。"无条件投降。"我们如此作答。我们再次等待。在那段时间里，我们像热锅上的蚂蚁一般。我们不敢强行抓捕，那样一来，就会一切尽失，而又认为他们未必能来。我们听见狂热分子（指圣战武士）的叫嚷声，他们恳求诸王子继续带领自己抗敌，但我们只有 100 名士卒，且距德里 6 英里远……（在筑有围墙的陵园里）约有 3000 名穆斯林追随者。在近旁的城郊里（指尼扎穆丁），另有约 3000 人，众人皆擐甲执兵。所以这活儿有点棘手……

最终，揣度自己迟早非得被俘，诸王子下决心无条件投降。据我猜测，他们臆度我们既已宥恕国王，亦应饶恕他们。于是，一名信使奉遣来告，说他们要来了。我们派 10 人去接，我还遵照霍德森之命，横穿道路排好队伍，以便做好接收准备，倘有人妄图展开营救行动，立即射杀诸王子。不一会儿，他们就搭乘一辆小型四轮牛车①出现，车两侧各有五名骑兵。约有两三千名（我未夸大其词）穆斯林，蜂拥着跟随在后。与他们相会时，霍德森和我随即纵马上前，让那些人稍稍落在后面。我们走到跟前时，他们躬身行礼，霍德森一面躬身还礼，一面吩咐车夫继续前行。

霍德森吩咐印裔骑兵要催动诸王子循路而行，麦克道尔及手下骑兵则在人群与诸王子之间列队，朝着廷臣和侍从的方向缓缓

① rath，以犍牛牵引的印度斯坦的轻便牛车。

推进，迫使众人返回陵寝庭园内。

> 霍德森和我本人（我始终紧跟着他）带了四名士卒，（接着）骑马拾级而上，（然后）穿过拱门，其时他呼喝着让那些乌合之众放下手中武器。随即一阵低语声响起。他一再呼喊那道号令（天晓得为什么，我永远无法理解），他们开始依令而行……
>
> 我们希望争取时间，好让诸王子走远些，因为众人若袭击我们，我们恐无计可施……我们于该处逗留两小时，以便收集他们的武器，而我向你保证，我觉得他们随时会向我们冲过来。我一声不吭，只一个劲地抽烟，以显示自己毫不在意；但最终，一切处理停当，全部武器亦被装进一辆运货马车，霍德森便转向我说："我们现在要走了。"我们慢悠悠地攀鞍上马，让骑兵队整队，继而小心翼翼地出发，那群人跟随在后。当我们走出约一英里远时，霍德森转向我道："好啦，麦克，我们总算逮到他们。"于是，我俩都如释重负地舒了一口气。[11]

然而，接下来发生的事颇具争议。据霍德森所述，自己一行人总算在三英里远的一道拱门——自那以后，它就被称为"血腥之门"（Khuni Darwaza）——附近追赶上诸王子，该处临近德里城郭，其时颇具威胁性的一大群人逐渐向诸王子合围过来，看起来即将营救诸王子。据包括麦克道尔在内的其他人的记事所述，那只是一小群人且根本构不成威胁。不过，对于霍德森接下来的举动，则不存在任何疑义。

他拦住轻便牛车，命令三名王子出来，还要求他们脱光衣服。接着他手持柯尔特转轮手枪（Colt revolver），在近距离平射射程内，冷血地将他们逐个枪杀。然后，他取走尸身上的印章戒指和绿松石臂镯（bazuband），将之塞入口袋，继而夺下死者的刀剑，刀剑上都镶嵌有宝石。次日，霍德森在给其妹的信中称，因各种努力他精疲力竭，但"因在'歼灭我族类之敌'方面所取得的成功，我收到来自各方面的热烈祝贺，不由得心花怒放。举国上下都将额手称庆。"他补充道："我非残忍之辈，但老实说，有机会肃除地球上这些卑鄙小人，我确实乐在其中。"[12]

数具尸首被带走且被留在警察局前，尸身赤裸，英军官兵排队等着看看他们的模样。弗雷德·梅塞写道："我瞧见他们僵直地躺在那儿，我得承认，见到那些尸首让我喜出望外，因为他们的罪责毋庸置疑，而我确信国王在很大程度上是他们手中的傀儡。"[13]霍德森"除掉世上的歹人恶徒"，查尔斯·格里菲思亦心生赞佩，他补充道："就此事迹而论，霍德森得到德里全军上下的支持，相较于国内感情用事的人，就各方面而论，众将士都更有资格在这一细情上做出判断。"

我于当日下午目睹数具毫无生气的尸身，即便这样也不能说我或其他人对那些卑鄙小人心生丝毫哀悯。他们罪行累累，恶报降临到自己头上可谓极其正当。最年长的（指莫卧儿王子）是个正值盛年的壮实铁汉，下一位（指希兹尔·苏丹）稍年轻一点，第三位（指阿布·贝克尔）完全是个不超过20岁的小伙子。三名皇子皇孙，每人心脏部位都有两处小弹孔，因为子弹是近距离射出的，弹孔处的肉已被火药烧焦……停尸三日后，尸首被葬于"垢耻之墓"。[14]

就德里的英国人而论，梅塞和格里菲思的此种态度十分普遍。
399 后来，虽然针对霍德森的行为展开了一整套调查，但所审查的
不是枪杀王子一事，反而是霍德森宽仁地擅自保证扎法尔性命
无虞一事。①

  整个上午，当霍德森在胡马雍陵忙活的时候，好奇的英军士
兵缕缕行行地赶去盯着皇帝看。皇帝被俘，惨兮兮地在妻子的哈
维利中坐着，"浑似一只笼中兽"，一名军官如此记述道。②15 休·
奇切斯特（Hugh Chichester）同样以白眼对之，他报知父亲："我
见到一个老猪猡般的国王。他老迈龙钟，像个老男仆
（khitmatgar）。通常而言，在造访清真寺或者与国王会面时，人人
都要脱鞋。但如今我们弃绝那些小事情。"16 其他军官写信回家，
讲述自己怎么"十分轻慢无礼地"对待那位皇帝，他们强逼他站
起身、行额手礼（salaam），有一人炫耀说自己扯了他的胡子。17
  22 日晚，扎法尔的访客中有新任民政专员（Civil
Commissioner）查尔斯·桑德斯及其妻子玛蒂尔达（Matilda），他

---

① 最终，咎责——诚如所见——被强加于赫维·格雷特黑德身上，已故的
格雷特黑德无法确认或否认霍德森所声言之事。霍德森坚称保全扎法尔
的性命一事，是经由格雷特黑德批准的。

② 那与其说是从数名访客的笔端轻易跃然而出的一种描绘，倒不如说是一
种映像，相当重要的原因是，同一座庭院里豢养着吉娜塔·玛哈尔的宠
物老虎。负责看管吉娜塔的牢头于 9 月 24 日写道："这里有只老虎，我
认为还是把它迁走为好，因为没人喂它；或可把它卖给某些本地人以从
中获利。或许很可能无法把它带走，那最好就把它射杀。这里还有一只
绝美的公羚羊（Buck Antelope）。"参见东方与印度事务办公室汇编，大
英图书馆，C. B. 桑德斯文献，欧洲语言，手稿，卷宗 E，第 186 页，编
号 122，翁曼尼致桑德斯函，1857 年 9 月 22 日。

们去探望他，以便将噩耗——两名皇子和一名皇孙被枪杀——报知给他。当值的看守中有查尔斯·格里菲思，他写道："在庭院檐廊中，一席坐垫被搁在本地常见的绳床上，其上盘腿而坐的，正是伟大的莫卧儿王朝最后一位代表人物。"

除了触及腰带的白色长髯外，他的外貌没有什么令人印象深刻之处：约莫中等身量，年过七旬，① 身穿一袭白衫，裹着相同颜色布料制成的圆锥形包头巾。两名侍从立于其身后，在其头部上方摇动巨大的孔雀羽扇，那羽扇是君权的象征——对于一个已被剥夺帝王属性且已落入敌手的战犯而言，实乃一出可悲的闹剧。他缄口不语、昼夜默坐，双目垂视地面。对于自身被置于何等境地，他仿佛冥然罔觉。一名值班军官坐在另一张床上，距离国王三英尺远，两个虎背熊腰的欧裔哨兵分立两旁，他们上好刺刀。上级下达命令：一旦有人妄图展开营救行动，该军官即刻亲手开枪射杀国王。[18]

向扎法尔宣布三位王子的死讯时，扎法尔悲沮震愕得没能做出反应。据玛蒂尔达·桑德斯所述，吉娜塔·玛哈尔先前被安置于"舱室状的数间狭小房间"，此刻隔着房内垂挂的帷幔听到这个消息的她，欣喜若狂。"她说较年长的诸皇子之死让她欣喜非常，她的儿子（指贾旺·巴克特王子）现在有机会嗣位。有些人或许称之为坦直，但这个执迷不醒的可怜女人，很快就要醒觉的是，她的儿子在这世上寻不见御座。"[19]

---

① 扎法尔实则整整 82 岁。

玛蒂尔达·桑德斯接着去探望泰姬皇妃，皇妃被关在一个单间里，以与其多年的老对手分开。

我们去看望另一位后妃，她被称为泰姬皇妃，据说昔时拥有倾国倾城之貌。我们发现她的表情非常难过，黑色细洋纱（muslin）被胡乱披裹在头和双肩上。自我方展开突击后，她的母亲和一个兄弟已死于霍乱，她也不再是国王最宠爱的妻子。吉娜塔·玛哈尔非常嫉妒泰姬皇妃，曾令她入狱三年。

我正欲离开，却被国王唤回去，他告诉我说盼望再次见到我，还说指望我能充当他与查理①之间的使者。我断然拒绝，斩钉截铁地答道："绝不！"我重复说了两遍，确保那老可怜虫彻底明白我的话。外面有一支由来复枪兵组成的卫队（Rifle Guard）负责看守国王，查尔斯协助格兰特夫人（Mrs Grant）攀上大象时，我对卫兵说希望你们好生守着国王，切勿出差池，莫让他逃走。（一名卫兵答说：）"噢，不会的，夫人，别挂虑那事，我们实在太喜欢他！"我说："那就对了。"接着，一边向他们道早安，一边走开。[20]

青年军官亨利·乌弗里（Henry Ouvry）在当晚见到诸王

---

① 指查尔斯·桑德斯，"Charlie"为"Charles"的昵称。——译者注

子赤裸的尸身横陈于警察局，他在日记中记述称这只是惩恶工作的开始，英国人为此谋划那么久。他写道，虽然"厌恶血腥"，但他深信不疑的是，"我们将不得不处决一大批人，方可了事"。[21]

几乎没耽延时间，这则"自证预言"便开始实现。都城内部被毁，城内各处竖起绞架——"人们说，德里各社区都有自己的刑场"，一个德里市民如此写道——绞刑随之开始。[22]最大的绞架"就位于月光集市中央，这个拙丑的木制建筑"是整条街上"唯一未受损的新构筑物"。[23]后来不久，23岁的爱德华·翁曼尼中尉外出透气，顺着月光集市闲步，他漫不经心地在日记中提到自己看见"19名男子被绞死在警察局对面的绞架上，还有9人在另一个绞架上"。[24]

一如法国大革命期间的巴黎，行刑所带来的乐子引来大批人聚集围观，翁曼尼见状心生嫌恶。他留意到月光集市"挤满军官和欧洲人"。当夜，翁曼尼在日记中写道："眼见一个人这么快就死去，真可叹浮生如寄。不一会工夫，那活生生的躯体就与灵魂分离，彼灵魂去矣，已然显现在造化主面前。但看这芸芸众生，对于自己眼前所发生的糟糕至极的变化，几乎无动于衷，似也不甚了了。"[25]他还特别提到"宪兵军士（Provost Sergeant）称绞首索承受不住长距离坠落，故而有一种坠落距离非常小的行刑方式"——此话弦外有音，即短的绞首索意味着慢慢将受刑人扼死，死亡过程更加迟延，但是"长距坠落"（long drop）会绞断的脖子而导致受刑人瞬间死亡。[26]

其他观察者幸灾乐祸地直言称，短的绞首索是一种蓄意策略，以延长受刑人的死亡过程。据一份史料所载，英军士兵成群结伴地闲站着，猛吸雪茄烟，他们买通行刑者，以确保绞刑吏让受刑人"求生不得、速死不能……因为他们喜欢看犯人跳'一种潘迪的号笛舞'——那些可怜虫的垂死挣扎过程，被他们如此命名"。单单一名宪兵司令（provost-marshal）在"有意向辞职"前，就已处决"四五百个可怜虫"。[27]某些绞刑吏甚至试验"有艺术气息的"方法，即"以8字形"处死受刑人。[28]

有关此类事情的诸多报告，让加尔各答的坎宁伯爵日渐忧心。他于9月25日致函维多利亚女王：

> 英格兰人社群中很大一部分人，对各阶层所有土生土长的印度人怀有满腔怨愤。四下里流传一种偏执又不分皂白的报复心理，许多人本应正身率下，但甚至在他们当中亦如此。沉思细想，便不可能不替同胞感到羞耻。看来只有不到1/10的人认为：除其他反叛者外，还绞死或枪杀四五万名哗变者可能并非正确可行……[29]

德里的战俘不是都被处以绞刑，其他许多人被枪决。休·奇切斯特写道："在过去三天里，我们做的只是不停地枪毙这些凶徒，昨日有三四百人被枪决。"他还特别提到，英国人偶遇若干稚龄男童，尽管他们获准穿过城门自由出城，但"其中大多数人被处死"。[30]据威廉·爱尔兰少校所述："犯罪分子被拿获后，会被移交给一个特别军事法庭（military commission）待审。该项工作迅速向前推进，死亡几乎是唯一的处罚，科罪几乎是一场审判唯一的议题。诸绅士必得对犯罪分子做出判决，他们没心情从宽发落。"[31]不仅仅是杀戮欲和复仇的冲动为此番大规模屠杀提供动机，这样做还有钱挣。每当哗变者被捉拿归案，举报者便可获得 2 卢比赏金，擒获者则获许留下"在被擒哗变者身上所找到的全部钱财和金子"。[32]

乔治·瓦根特利伯在《德里公报号外》，为这一切加油鼓劲。城池陷落后，他就从拉合尔归来，着手对自己渴盼许久的惩恶工作进行报道。归返后不久，他如此写道：403

> 我不无欢喜地说，这儿的绞刑好似家常便饭。每天早上有 6 个或 8 个反叛者被绞死，而且每天都会有人从周边村落把他们带过来。在和平年代，一个德里居民可能会辨认出他们是让月光集市（有失）光彩的俗丽骑手，会在每个周日晚上夸示自己的容姿。然可叹，沧海桑田！德里居民或许认得他们的容貌，旧日却从未在这座宫殿之城见过这么一伙灰头土脸的下作可怜虫。[33]

瓦根特利伯的读者能从接下来的几期报纸中，掌握持续进行的屠杀之最新情况。"昨日上午在警察局对面有 14 个反叛者被吊死，今日上午又有一些。"回归后的两三个星期，瓦根特利伯就语带赞许地评述道。对瓦根特利伯来说，这远远不够，由于桑德斯宽仁庸懦，他便在专栏中对之进行抨击：

> 我们德里有一人，生得一副菩萨心肠，以至于虽有普遍呼声，要求因其狼戾不仁的虐行而向德里之王以及全体胤嗣复仇，但此人仍对无辜子嗣怀有"慈悲心肠"，还对 18 岁的小男孩（指贾旺·巴克特王子）满怀慈悯之心，尽力减少那小顽皮鬼所面临的凌辱……（他）每一接近

那个王室战犯，必抱着最深切的敬意。

瓦根特利伯写道，唯有梅特卡夫正着手于惩恶事务，并以"恰如其分的活力实施绞刑……在西奥菲勒斯爵士当机立断的指示下，谢天谢地，我们总算摆脱那帮刁徒泼皮。他们要么陷于缧绁而无法在城内露面，要么被天下第一的'妙法子'绞架清除"。[34]

404　　9月27日，随军牧师罗顿在私人谒见厅主持了一场特殊的主日感恩礼拜。罗顿援用《圣经》布道："我拿什么报答耶和华向我所赐的一切厚恩？"

就罗顿而言，这场礼拜代表着旨在让良善从邪恶之手中得到拯救的感恩祈祷。他写道："恐怕几乎不可能构想出什么事能够比这次集会更令人赞叹。一支规模虽小却奏凯的基督教武装力量，集结于印度斯坦古老的穆斯林国都的宫阙内，循着大理石会堂四面排列成行。此前不久，国王及其谋士还在此召集朝会，密谋并敲定悖于英国人的事业之恶行。"

> 现在恶人的顾问班子已毫无价值，彼辈的一切龌龊意图亦全数落空，凯旋之师——上帝乐于采用此种手段，以促成此等慈悲恩果——虔敬地侍立在神的面前，愿颂赞归与他，敬颂光荣与荣誉、权柄与权能归于你。[35]

库普兰夫人（Mrs Coopland）是少数几名到场的女性之一，罗顿对诸事件所持看法被她发挥到极致，可谓谬妄尤甚。她写道："皇帝专横跋扈，其训令曾响彻这座金碧辉煌的会堂，那暴君口衔天宪，独掌数百万驯从的奴仆之生杀大权，而今在这会堂里回荡着基督教信众祥和的祈祷。"[36]

次日一早，一个纵队的兵力起程向阿格拉进发，马后炮式地追击巴克特·汗及其麾下反叛的印度兵，但至此阶段，英方只剩下德里野战部队 2600 名士兵，令其继续把战火烧至阿格拉，进而投身于 1857 年的最后一场大战——为英国驻勒克瑙常驻代表处解围，该代表处仍被围困。纵队将士所面临的第一项考验，不过是横穿荒城德里。理查德·巴特写道：

> 那场行军着实糟糕，我方前卫由骑兵和炮兵组成，他们已把横卧于月光集市的肿得不成样子的死尸炸开压烂，以致恶臭熏天。呕吐的将士比比皆是。我寻思我们绝对熬不出城。我再也不想骑马兜这一趟，马儿跟我一样，也感觉到这一点，因为它一边溜过而非踏过覆满街头的"可憎物"，一边颤巍巍地喷着响鼻。[37]

弗雷德·罗伯茨同样目眙心骇。"沐浴晨曦穿过德里行军，实在是一场令人胆寒的行动。取道月光集市、前往拉合尔门途中，除去我们自己所踏落的足音外，听不到一丝声响，看不见一个活物。"

> 四下里死尸随处散落，其腐烂程度各异。死前的挣扎致使尸身呈现五花八门的姿态。在很多情况下，尸身的姿势宛然如生，状甚骇人。有些死尸躺着抬起双臂，似在召唤，确切说来，整个场景怪诞可怖而无以名状……空气中

依旧满是最有害、最令人作呕的气味，其恶心程度超乎想象。[38]

战利品代理人和一支小型卫戍部队留守于这座臭气熏天的"枉死城"。拔营回师的部队官兵，尽管要一头扎进冲突，而且在即将面临的勒克瑙的多场激战中很多人亦会丢掉性命，但纵队里几乎无人羡慕留守城池之人。

有些人刚刚收到坏消息称要留在德里，年轻的爱德华·翁曼尼中尉便在这些人当中。他是前程远大的语言学家，曾隶属于尼科尔森麾下机动纵队，也曾在日记中提到让他惊见骇闻的是，尼科尔森不仅残虐哗变者，甚至对帐下倒霉的小伙夫亦如此。不过自那以后，所亲见亲历的暴行给翁曼尼留下精神创伤，他也变得残虐不仁。因此就像爱德华·维贝尔的信函一样，翁曼尼的日记时而显露敏感的观察力，时而展现惊人的兽性。

确切说来，翁曼尼自发地觉察到每日的暴行已令英国占领军发生诸多变化。"不管谁死，对大家的触动都微乎其微。"翁曼尼得知约翰·克利福德的死讯后，于11月1日的日记中如此写道。克利福德之妹与安妮·詹宁斯先时一同遇害，在攻占都城期间，克利福德血迹斑斑的模样曾让查尔斯·格里菲思感到惋愕。"几天前，我最后一次见他，（克利福德）惨绿年华、意气飞扬。我告诉一些战友（有关克利福德之死的事），他们只说了句'哦，我听到有人这么说，可怜的家伙'，言尽于此。一人长眠，唯有挚友伤悼。然可叹，友人少之又少。"[39]

仅几周后，同一个人却能写出："东山再起，我们笞打每个不行额手礼的土著。"[40]

诸纵队开拔的前两天，翁曼尼接到桑德斯的命令，命其充任牢头，看管扎法尔。翁曼尼的第一项任务是在红堡的围墙内，为前君主找个"铁狱铜笼"。刚巧在集市后面寻见一所外观合宜的宅子——原本是尼利王子（Mirza Nili）的私宅，该人是闲散宗室的沙扎达——那时翁曼尼得悉，除去扎法尔及其贴身扈从外，自己还要照管皇帝后宫的 82 名妇女、47 名儿童和 2 名内侍。英方刚把前述人等从胡马雍陵押送进红堡：一支有 14 辆重载马车（gharri）的队伍鱼贯而行。这些人被置"于严密关押下"，并接受翁曼尼看管。[41]第二天，翁曼尼甚至还没来得及开动脑筋，盘算一下怎么养活这么多人，又怎么为这么多人筹备卫生设备，受其监管的皇室成员当中就暴发霍乱。次日晚，病魔夺去后宫女眷中的第一条人命。

扎法尔及家人的新住处污秽不堪、简朴至极。"我们进入一间墙壁被刷成白色、低矮肮脏的斗室，"轮到库普兰夫人来盯住战犯时，她写道，"矮矮的绳床上蜷缩着一位瘦小的老者，他穿着脏兮兮的白色棉质套装，身子裹进破旧的披肩和被褥里。看见我们到临，他便把一直吸着的水烟袋搁到一边，然后他——原先不管谁当着他的面坐下，一概被视为辱君犯上——开始以卑贱至极的方式，向我们行额手礼，还说'见到我们，万分荣幸'（burra kooshee）。"[42]

另一名访客评述道："他被幽禁于一个小房间里，房内仅设有一张绳床，每日只许得到 2 安纳①（即 3 便士）伙食费。 407

---

① anna，当时印度的货币单位，1 安纳等于 1/16 卢比。——译者注

官兵们对他大为不敬，但桑德斯先生对他很客气。"

> 其家族的后妃和公主，跟他同住于一所监牢。这些薄命淑女何罪之有，现被置于军官和士兵的凝视下。官兵们可以恣心所欲地走进她们所在的房间。对一个最低阶层的本地女性来说，那都是一桩如鲠在喉的羞耻事。（每当男性进屋时）她们总是背过脸、面向墙壁。[43]

如今扎法尔的英国访客们只凭借冲开女人的帷幔，就能让那家人受辱，许多访客自是乐此不疲。库普兰夫人写道："看似荒唐的是，既已尽力不让任何欧洲人遭受一丁点儿的侮辱和欺凌，对于自身愚蠢的偏见，他们却这般姑息。"[44]此外，纵使扎法尔一再要求面见朝中大夫，英方却禁止扎法尔接近该人以及御用男洗衣工和理发师。[45]对于这一时期英方的过度行为，尽管在大多数问题上，约翰·劳伦斯克己复礼并起到缓和作用，但当下就连他也奉劝桑德斯，别对扎法尔过于殷勤。劳伦斯于12月写道："国王及其任何家庭成员都不配经由我们之手获得任何东西。在目前的氛围下，我们向他表露丝毫的矜恤之情都将铸成大错。"[46]

且不论那隐含怎样的不公不义，但对于英方舆情的估测，劳伦斯完全正确。翁曼尼带着贾旺·巴克特王子外出、去达利亚甘吉骑大象兜风，借此将王子与双亲分开，本指望从小伙子那儿挖掘有关起事由来的情报，岂料《拉合尔纪事报》(Lahore Chronicle) 随即因"让国王穷泰极侈"而猛烈抨击德里行政公署，同时发起一场运动，呼吁绞死扎法尔、荡平城池。似乎嫌这还不够糟，《拉合尔纪事报》刊发社论，愤怒地表示不满：

> 　　国王（得以）活命，侯服玉食，（现在）其幼子①在
> 城中装腔作势摆王子谱，他身上依然染满英格兰人的鲜血，
> 他"咚咚"作响地顺着月光集市来回溜达，一名英格兰军
> 官就跟在他身后。岂有此理！竟有英格兰男子猥贱地去接
> 受任务，还有英格兰军官充当毒蛇之种②的哈巴狗！[47]

事实证明，夷平德里的运动是《拉合尔纪事报》的读者所尤
为喜闻乐见的。一名读者写道："方才读过贵报本月 18 日的
一期，一如贵报近几期的大多数报章，文中甚为切当地捍卫己
见，力陈'全然'毁灭德里以及'恐冒犯穆斯林，故此对主
麻清真寺等不予保留'之必要性。展开'一场血腥复仇'和
'打倒德里'乃举国上下之呼声。我认为在此事上襄助诸君是
对吾国应尽之责，全体英格兰人皆当如此、责无旁贷。"[48]对于
上述运动，德里的英军官兵亦心有戚戚。休·奇切斯特具有代
表性，他给父亲写信道："游目骋观，城内几座清真寺堪称美
轮美奂，但我宁愿见到它们被毁掉。那帮奸险歹毒的人，亵渎
我们的教堂和墓地，所以我认为我们不该对他们'臭烘烘'
的宗教报以丝毫敬意。"[49]查尔斯·雷克斯（Charles Raikes）认
为主麻清真寺应予以保留，但要将之改造成一座教堂，"并以
基督教殉教士的名字，分别为每块石头命名"。[50]

---

①　原文如此，贾旺·巴克特王子生于 1841 年，并非扎法尔最年幼的儿
　　子。——译者注
②　spawn of the viper，见于《圣经·新约·马太福音》。此处指扎法尔之子
　　贾旺·巴克特王子。——译者注

一仍旧贯，库普兰夫人愈加直言无忌，她在回忆录中写道："这座城的高墙矮壁与大街小巷都血迹斑斑。那是一种永恒的纪念，以追思给英格兰的荣誉所带来的侮辱。任之屹立不倒而不是将之夷平，不由得令我思虑，因为那会让英格兰颜面扫地。"

很多人会忘记那番侮辱，但不能够也不应将它遗忘……这座城是他们最不容亵渎的圣城，让他们忆念自己落魄的辉煌。如果城池被毁，相较于绞死数百人，更能够昭告世人：我们对其罪行的切齿痛恨以及对其怀有的满腔义愤。德里应被夷平，还应在废墟之上建造一座教堂或纪念碑，其上刻有诸场兵变的所有牺牲者名单——如果有可能将所有被屠者的姓名都搜集起来的话——而且对与兵变有牵连的当地人，应一律科以罚金，由此筹集建造资金。[51]

409　在此般"自义"的歇斯底里的氛围中，唯有一人敢于公开呼吁改善扎法尔的待遇。下议院艾尔斯伯里（Aylesbury）选区前议员亨利·莱亚德（Henry Layard）前来拜会扎法尔，眼前的一切令他震骇。莱亚德对一群伦敦听众讲述道："许多人对德里之王尚未为自身罪过而遭受应有的惩罚感到遗憾。我见过德里之王，所以打算说道一番，至于他是否受到惩罚，留待与会者听罢再做评判。"

至于我辈对待他的态度，是否配得上"一个伟大的民族"之美誉，我无意大发议论。我看见那位病骨支离的老者——不是在房间里，而是在自己宫中一个粗陋的洞

里——卧于床架上，除去一张垢敝不堪的床单外，没有其
他铺盖。我凝视他，随着时间推移，凤昔身为万乘之尊的
记忆，似也涌上他的脑海。他吃力地从卧榻上站起身，给
我看他的手臂，双臂受到疾病侵蚀和苍蝇蚕食——在一定
程度上是因缺水所致。他还以一种可怜今夕的声音，说自
己吃不饱。身为基督教徒，我们应当以这样的方式对待一
位国王？我也见到其妻眷，她们全都带着孩子蜷缩在一个
角落里。我亦得悉，他们每日只准得到 16 先令的生活费！
就一个曾经尊居万乘的人而论，这惩罚难道还不够吗？[52]

翁曼尼坚信，英国人在处理德里的事情上历来过于手软，本该
实施一场更狂暴的惩恶行动。尽管无意轻易地改善监禁环境，
但令他本人始料不及的是，日濡月染他渐渐喜欢扎法尔。他觉
得扎法尔看上去"非常像查尔斯·内皮尔爵士"。岂止如此，
翁曼尼很快就断言称，扎法尔如此老迈龙钟、神昏意乱，以至
于"他对自己"在起事期间的"行为不负任何责任"。[53]没多
久，这位耄耋之年的皇帝就开始回报牢头意外的关爱：到 10
月中旬，翁曼尼在日记中记述，扎法尔怎么"看似要拥抱我，
（但转而）把右臂搭在我的左肩上，拍了拍我"。[54]

翁曼尼也慢慢对吉娜塔·玛哈尔兴趣日增——据翁曼尼
称，吉娜塔严苛地管制年老力衰的丈夫。不过，翁曼尼所处置
的 16 名后宫女眷之中，似乎只有她照管那老翁。[55]翁曼尼在日
记中写道，扎法尔"被最得宠的妻子吉娜塔·玛哈尔照料得
规规矩矩。她说话时，他要是插句嘴，她就叫他别出声，因为
她正在说。他总想要些琐碎物品，如果物品不合他心意，他就
随手丢掉，那举动不时激怒这位管钱的前王后。他本人的侍从

和子嗣，对他毕恭毕敬"。①[56]

至于吉娜塔·玛哈尔本人，翁曼尼在日记中写道："她谈吐优雅，不过对一个生手来说，她的语言很难懂。"他后来补充道："我从未见过吉娜塔·玛哈尔的真容，（可是）有一天，我瞧见她一侧的手和胳膊，当时她想要钱，所以展示自己的部分衣服给我看。她舌灿莲花，但我料定她无羞花之貌。她给我留下的印象是一个千伶百俐、别具魅力的妇人。"[57]

翁曼尼唯独对一名家庭成员确实立刻心生反感。此人正是吉娜塔·玛哈尔的爱子贾旺·巴克特王子，他娇生惯养又薄情寡义，很快就用行动证明，他十分乐意提供起事期间任何家人的诸多活动之相关证据。在他被囚初期，扎法尔的裁缝曾经擅入大牢，翁曼尼便"责打"裁缝，他见状大笑。年轻的王子受到翁曼尼警告："当我惩办一个人的时候，如果他发笑，十之八九会同受责罚。"[58]短时间内他就主动向翁曼尼指明自己母亲埋藏财宝之处，以此换取 100 根方头雪茄烟。帕西贸易商高华治公司（Cowasjee and Co.）现已从德里岭迁入红堡集市，因此翁曼尼由该处采办前述雪茄烟。[59]翁曼尼在日记中写道："他（指贾旺·巴克特）若自以为受到鼓励，动辄变得胡天胡地。依我看，按照英格兰人对下述品德的观念而论，他没有丝毫荣誉感和情意可言。"

---

① 库普兰夫人有类似记述，称自己曾"听闻国王与王后不怎么琴瑟和谐。她说，他仍自认为是国王，她打发人从集市买来些物品时，他便一口咬定它们不够好。她还说，烟丝到手时，他也不肯抽，因为他认为烟丝不够可口。他抱怨说，他藏起大量钱财和宝石，却不愿献出来以令他过得舒坦，所以翁曼尼先生不得不支拨一笔费用给他，每日约 6 便士"。参见 R. M. Coopland, *A Lady's Escape from Gwalior and Life in the Fort of Agra during the Mutinies of 1857*, London, 1859, p. 277.

　　　　他向我讲述很多事，意指其父涉嫌反叛。他谈到其母　411
　　的宝石及财产，虽则其母声言不名一文，但事实上，他
　　同样向我告密说，其母满口谎言。在展示完一位兄弟的
　　珍宝后，他惊惶惶、抖瑟瑟地去找双亲，对于自己之前
　　的去向，他胡诌一气。他对兄弟们冷眉冷眼，称他们是
　　习徒泼皮。岂需异事，但看这位年少的奸逆子孙的所作
　　所为，就表明一度傲骨嶙嶙、叱咤风云的帖木儿人，已
　　然蜕化。[60]

至 11 月中旬时，从加尔各答传来消息称，包括皇帝在内的德
里全体王公贵族所要接受的特别军事法庭审判的诸多细节，均
已最终敲定。嗣后不久，J. F. 哈里奥特少校（Major J. F.
Harriott）以军法署副署长（Deputy Judge Advocate General）身
份抵达德里，开始投身于各种审讯工作。至于先时在宫中寻获
的文书，翁曼尼受命协助哈里奥特进行翻译。据英方臆断，上
述文书将作为证据，以对整个莫卧儿皇族及其朝臣定罪。[61]英
方亦指望，对扎法尔——很多英国人现将他看作"合谋起事
的乱党幕后的核心人物"——的审判可以说起到调查委员会
（Commission of Enquiry）的作用，以便查究反叛因由。

　　11 月 27 日初次会面后，翁曼尼写道："从哈里奥特的模
样及举止来判断，就任何一名战俘而论，赦过宥罪的可能性都
不大。"[62]

　　不管皇室经历何等风霜，其处境都比德里的平民百姓更优

越。大部分平民百姓现到星星落落地散布于周围乡村各处,他们在墓群和废墟里避难,或觅食野果,或乞食果腹,可谓各尽所能。只有极少数人仍留于城郭内,其中大多数人也在挨饿。据查尔斯·格里菲思所述:

> 据发现,散布于全城各处的地下室(tai-khana)都人满为患——那些人或因岁衰,或因体弱,始终未能亲历围城战最后数日所发生的倾城大迁离。在这种地方,数以百计、饿得半死的老叟妇孺挤作一团,那是我所见过的最惨不忍睹的景状。

> 无法在城内养活他们,他们的存在反倒会引发瘟疫,所以我们奉将军之命,把他们从德里诸城门撵出城。他们结队走出闹市,数百人穿过拉合尔门,那惨象令人触目伤怀……我们获悉已在数英里远的一处地点,搜集了供其所用的给养,但愿那些可怜的家伙不会变成饿殍。不过在这个问题上,疑云难消,况且我们知道,面对人间疾苦,当局变得多么麻木不仁,所以我担心很多人会因缺衣少食、餐风沐雨而死亡。

对英国人矢忠不贰的仆人们,选择留在城内自家哈维利,当下就连他们亦发觉自己的生活如"抱虎枕蛟"一般。官方和非官方的各抢掠团伙,挨门逐户抄家。杂七碎八、东横西倒的破家具以及店肆里被打烂的东西,散落于街头各处,他们经过那些破烂,逮住什么夺什么,一旦发现地窖内仍有居民避难,就逼迫那些人指出自己的贵重物品藏匿于何处。[63] "对我们所有人(指士兵)来说,洗劫城池是一种适当的、对之前所经历的困苦和辛劳的补偿，"查尔斯·格里菲思写道，"这项事务的争议性本质，亦未受到我们哪怕刹那的重视，原因在于，依据公认的军事法，'强攻夺城。城邑作为战利品，归属于征服者……'"

> 如果士兵们未能善用周围各处的抢掠设施，那将悖于人性，且与掠夺性本能全然不符。同样不能指望任何人把贵重物品据为己有之后，还愿意……把战利品尽数上缴给当局……在他人的陪伴下，我在城中游荡、搜寻劫掠物时，经常碰见像我们一样不懈搜求的军官……[64]

其间，战利品代理人开始干活。马特尔夫人（Mrs Muter）描 413
述称她的丈夫用罢早饭后动身：

> 带着一队配备有镐头、撬棍和测绳的苦力。据称贮有财宝的一所房子，会分派一日，借由一系列活计加以处理。通过对该建筑物及附属场地的细致勘测，开始此项业务……对上方屋顶及下方房间进行仔细测量，任何隐蔽空间都可被探测出来。继而冲破墙壁，若还有一间密室或者一个内嵌式壁龛或壁凹，亦会被发现，进而获得一些丰厚奖品以酬报搜检之劳。有一次……他带回13辆装满战利品的四轮运货马车，在其他贵重物品中，还有8万卢比现款——换算成英格兰货币，即8000英镑。另一次，他带回银器皿和金饰物，以及……装有1000卢比的一袋钱。[65]

查尔斯·格里菲思写道：

在很短的时间内，战利品代理人的房间里就装满各种各样的珍宝——珠宝和贵宝石、钻石、红宝石、祖母绿以及无数珍珠，从鸡蛋一般大小的品种，到用来做项链的小品种，应有尽有；金饰物、工艺精妙绝伦的链子、由纯金属制造的手镯和脚镯……我参观一个房间，毫不夸张地说，房内长桌堆金叠玉，被压得"嘎吱"作响，好一派炫目景象。[66]

尽管很多密探和通敌者都书写证词，以声明自己曾襄助英国人，但威尔逊将军仍下令，"除非经他会签，否则任何保护许可证都将被认定为无效。其结果是只有区区数人的私产，算是得到些微保护"，东印度公司情报部门的一份报告如此申明，"不出两三日，每处房舍都被翻得底朝天，房舍内的东西悉遭攘窃。政府的敌与友均蒙受同等程度损害"。[67]在围城期间，门士吉旺·拉尔是英方一名关键情报官员，叛方曾屡次三番试图捕拿并处决他，他刚出虎口，家宅就于9月21日被锡克兵洗劫得一干二净。[68]即便是首要通敌者伊拉赫·巴赫什亲王，亦有相似的命运等着他，纵然其血亲扎法尔乃至亲外孙阿布·贝克尔王子都已被他出卖，但亲王府仍被倾箱倒箧地搜个遍，其全部动产也被战利品代理人夺去。[69]

一封令人心碎的书信表达出全体亲英效忠派所体悟的被出卖之感，这封信出自德里学院前数学讲师、改信基督教的罗摩昌德拉大师之手。5月11日罗摩昌德拉逃离德里，就在同一天，即起事当日上午，改信基督教的同道中人奇曼·拉尔医生遇害。德里失陷后，罗摩昌德拉返城，他曾料想基督教教友会为他归家接风洗尘，岂料反倒发现自己就如起事期间一样惶惶度日，随时有性命之虞——先时因信仰之故而成为众矢之的，现在却只因自身肤色而蒙受苦难。最终，他决定致函新近受任的德里军事统领（Military Governor）伯恩上校（Colonel Burn），借此将自身经历记录在案。罗摩昌德拉在信中描述自己怎么欣然担任战利品代理人助理和反叛者之受审文书的通译之职，可即便如此，仍然发现自身性命不断受到威胁。他写道："一个多月前，我受指示去墨菲先生（Mr Murphy）的宅子，此宅位于圣詹姆斯教堂附近，我要把那儿的一些波斯语文件翻译成英语。"

在路上穿行时，我望见一些英格兰军官站在哈米德·阿里·汗的清真寺，他们借助弓或弹弓（ghulail），朝着所有本地路人抛射黏土弹。我解释说自己是政府公仆和基督教徒，如此等等，但我的解释一概派不上用场，反倒惹得他们更加恼火。他们肆言詈辱，还更加卖力地抛射黏土弹……（后来，我再次去）前述清真寺寻找些书籍，因为我受雇于战利品代理人，需要搜集那些书。像之前一样，我再次遇袭，纵使我身边跟随着战利品代理处的两名传令兵（Prize Agency Chuprassee），并嘶喊着让诸军官知道，我有一张战利品代理人的许可证（即通行证）。

自那以后，我发现自己不仅在行人绝迹的街上有危险，就连在家府亦如此，这令我忧闷万分。大约十二天前，在晚上9点左右，当时我正跟两个朋友相互交谈……骤然间，石头"砰砰訇訇"撞击家府的门和墙壁，我们被弄得惊慌失措，还有一块石头劈头盖脑地落在我的床

415

上……

罗摩昌德拉细述始末，结果发现英格兰军官被安排住宿于其府宅对面，他们对此负有责任。嗣后没日没夜、每隔一定时间，他们就继续攻击他和其府宅。一日，罗摩昌德拉从红堡内爱德华·坎贝尔的宅子回来，

> 一名英格兰军官和另一名绅士骑马一道路过，该军官给我迎头一棍重击，施完这一击，接着转过身，要求我行个额手礼。[①] 我行了很多个额手礼而非一个，我还惊呼说自己是个信奉基督教的老师，受雇于战利品代理处。随后他一边朝着私人谒见厅继续前行，一边辱骂我，说我黑得像煤精一样。我受到莫大伤害，几乎被惊得目瞪口呆、凄入肝脾，故而在挨重击的地点稍作停留。刚才殴打我的那名绅士见状，纵马向我疾驰回来，接着滚鞍下马，在我的左臂及后背上猛击很多下……

罗摩昌德拉接着描述因改信之故，而在起事过程中所遭受的苦难。"但那时，每澄思寂虑，深觉我所经受的一切，相较于英格兰官员——文官和武官——以及传教士所蒙受的苦厄，根本不值一提，便从自身极大的悲苦中聊感宽慰。"

---

① 所言及的军官很可能是爱德华·翁曼尼。恰在这段时间，翁曼尼在日记中记述自己"笞打每个不行额手礼的土著"，而且当时他应当有理由前往红堡。参见国家陆军博物馆，档案号6301-143，爱德华·拉康·翁曼尼上校日记，A卷，条目11月24日。

另外，我觉得如果哗变者找来杀我，也是因为我宣誓弃绝祖辈的信经而皈信基督教，他们才那么做，我将作为万福救主之信仰的见证人而死，就像古代殉教者、众使徒和早期的基督教徒一样。历经所有试炼与危难，于我而言，此中有极大的安慰。然而，如果一名本地基督教徒仅仅因为不是生于英格兰，亦无一身白皮肤，便受到信奉基督教的军官本人威胁而踞炉炭上，那份安慰就几乎分毫不剩。即便在德里的反叛者——宣称信奉伪宗教的人——当中，情况亦非如此。在他们当中，穆斯林或印度教徒悉被接纳、如手如足。他们只是憎恶基督教徒以及因对基督教徒友善而名声在外的人。

416

大失所望的罗摩昌德拉写道："（被留于）德里的本地基督教徒寥寥无几，因此我的此番诉求不仅仅是为这些人，也是为印度教徒和某些穆斯林，他们获准居于都城，却因受到英格兰士兵，尤其是英格兰军官的威胁，而暴露于危险之中。"[70]

滞留于城内的穆斯林寥寥可数，迦利布便在其中之列。尽管诸多友人和恩主或遇害或被逐，但这位诗人福星高照，幸得护佑。原因在于，在迦利布所居住的巴利马兰封闭社区，住着效忠于伯蒂亚拉大君（Maharaja of Patiala）的一名大夫和数名高级廷臣，大君曾派兵增援德里岭上的英国人，也曾送去补给，此时亦安排卫兵以确保整条街免遭抢掠者袭击。幸亏有大君的卫兵，迦利布才成为仅有的一批德里市民中的一员，他们居于家宅却照旧不受烦扰，而且他大抵是唯一一个如此幸运的宫廷精英成员：经历德里失陷之劫，仍能活下来，其财产——尽管不很多——完好无损。

即便如此，这段光阴亦可谓令人绝望，迦利布在《希望的故事》中讲述了自己和街坊四邻如何关闭社区大门，堆叠石头抵住门，以便垒砌路障闭守于内，因为周遭随处都有"大规模缉捕、暗杀和屠杀"，致使许许多多友人被监禁或被杀害。其间，迦利布的邻人们焦灼地守候于临时垒砌的路障内，唯愿各自储备的少得可怜的食物和水可以一直撑到倒置干戈之时。这位诗人在日记中草草记下"覆巢之下，焉有完卵"的忧思。在其周遭，其所居住的城市业已彻底被毁：

417 　　　　　既无估客，亦无买主；没有可以买到面粉的小麦贩子，也没有可以送洗污衫的洗衣工；没有理发师修剪头发，也没有清扫夫打扫地板。我们不可能离开巷子去觅水或去买面粉。自家所囤的不管何种口粮，都日渐耗尽。虽然小心翼翼地用水，杯罐里仍滴水不剩，我们成日成夜枯肠渴肺。此外，大规模屠杀甚是猖獗，街头巷尾弥漫着恐怖气息……我们就像犯人一样，没人来看望我们，我们也收不到任何消息。我们无法离开巷子，所以不能亲见正在发生之事。继后有一日，乌云密布，下起雨来。我们便在自家院子里拾起一张床单，接着把家里的坛坛罐罐摆在下方，就用这法子集水……即便如此，当我那么娇生惯养的两个（被收养的）孩子向我讨要水果、奶和甜食时，我却满足不了他们的愿望……[71]

迦利布的另一重挂虑是患有精神疾病的弟弟。迦利布联系不上他，先听说其宅遭掠抢，随后听闻更坏的消息称他跑出宅子窜至街上，被恣意开枪的英国士兵乱枪击毙。糟糕透顶的是，迦利布不可能潜逃出城为其下葬，甚至很难找水来清洗遗体，亦难找到一袭得体的殓衣来罩住尸身，以令其得以安息。最终在10月5日，即英国人穿过克什米尔门进城的三周后，英军官兵攀爬进封闭社区，还把迦利布拽去接受伯恩上校的讯问。迦利布素来衣着考究，为了面讯，自是佩戴上好的土耳其式冠饰。

> 上校瞧见这怪模怪样的时尚，便用蹩脚的乌尔都语问道："咦？你是穆斯林？""半拉子。"迦利布言道。"那是何意？"上校问道。迦利布说："我饮酒，但不食猪肉。"上校大笑。接着，迦利布向上校展示自己所收到的印度事务大臣①的来函，因为迦利布曾经敬献一首致女王陛下的颂诗，该函旨在表达谢意。上校问："政府军获胜后，你为什么不在德里岭露面？"迦利布答说："依照我的身份，规定需有四名舆轿轿夫，但那四人都弃我而逃，所以我来不了。"[72]

418

据迦利布本人对这次会面的叙述，他还补充说："我既老又瘸还聋，正如不宜参战一样，同样难胜任'协谋之事'。我的确祈求你们功成业就，自始至终皆如此，而身在此处，我亦能做

---

① Minister for India，原文如此，实则指印度首席秘书托马斯·赫伯特·马多克（Thomas Herbert Maddock）。——译者注

到这一点。"[73]伯恩上校便让他离开。

像迦利布这样地位的人,大抵只剩他一人未曾离城,历经那一场毁灭德里的天崩地裂般的大灾难,他活了下来。但眼下,作为孑然于世的幸存者,他不得不面对那份强烈的孤寂——可以与他分享个人品味、艺术事业或者回忆的人,此生中一个不剩。据他本人估算,城内所余留的穆斯林勉强够千人,很多至交和敌手都已作古,其余人等则被驱散至周围乡间的"沟渠和泥棚"。实可谓铜驼荆棘,尚在城内的迦利布韬光养晦,我是"这片血海里的洄游者"。迦利布致兰布尔的一位友人的信中有一节诗,诚如诗中所写:

> 英国兵挥戟舞戈,
> 个个横行。
> 只离家去集市,
> 心怎就化成水。
> 月光集市是屠场,
> 家是囹圄。
> 德里的粒粒尘埃,
> 贪啜穆斯林的血水。
> 纵使你我相聚,
> 也只能为生活垂泣。[74]

迦利布在一封信中写道:"印度不见天日,这片土地没有灯火。数十万人丧生,幸存者中有数百人银铛入狱。"[75]他在另一封信中写道:"巨大的哀痛,让人们痴癫疯狂。倘因这哀伤的冲击,我丧心失志,那又有何惊怪?"

有何哀伤，我不曾经受：阴阳两隔之殇，亲朋离散之殇，丧失收入之殇，求荣反辱之殇。除红堡内的悲剧性事件外，那么多德里友人遇害……我怎能忘记他们？我到底怎么能让他们死而复生……亲戚、朋友、学生和恋人。如今无一例外，皆已归天。单单悼念一名亲人或友人，都那么难乎其难。想想看，我不得不悼念那么多人。我的天哪！那么多亲朋戚友死去，现在我若长眠，就连一个哀悼我的人都没剩下。[76]

419

迦利布以同样的绝望为《希望的故事》作结。"我之悲愁，无药可医，我之伤痛，永不能痊愈，"他写道，"我觉得，我似已死去。"[77]

如果说曾向英国人表露怜恤之情的人生活艰难，那么曾为英国人的垮台而欢欣鼓舞的人以及正在城外拾荒受饿的人，生活愈益如此。迦利布写信给一位信友道："难道英国军官未觉察，许多玉洁松贞的无辜女性——有老有少——带着幼小的孩子在德里城外的森林里流浪？"悖于周遭所有的证据，迦利布仍希望英国人的人本意识尚未丧尽。"他们既无饭吃，也无衣穿，既无夜寝地，也无处躲避火辣辣的阳光。世人只能为这座城的命运颓泣。"[78]

就连执拗的乔治·瓦根特利伯，亦震骇于自己在德里近郊所目睹的一切。城镇周围有"接连不断的一堆堆死尸——骆驼、马匹和犍牛，尸体的皮已经干得像羊皮纸，覆于朽烂的遗骨上，仍然污染着周围的空气"。

> 每棵树不是被伐掉，就是被我方炮弹摧毁。纳瓦布和其他土生土长的德里阔人之园林府第，现已是一堆断瓦残垣，状甚颓落。其中大多数府第，不过是千疮百孔的四堵墙，而其前方，确切说来，遍地都躺着人和家畜的遗骸，尸身渐渐泛白。靠近左侧道路，我看见某人一副完好无缺的骸骨，雪白的骨头彼此相连，就其外观来看，除颅骨上有一个孔洞外，别处未受伤。

420

> 走近（菜市场）萨巴兹曼迪，那里曾有万树森森的密林，短短六个月时间给它造成的变化令我深有触动。那里没了一长排高耸的菩提树、芒果树和其他树木，一连数英里竟可一览无余。昔时一座难以穿越的丛林，唯余光秃秃的树干。其中很多树，实则大多数树，树叶都被剥去喂牛，但毫无疑问，树木伤痕累累又错落不齐的外观是因被实心炮弹摧残所致……这里的屋宇无一幸免，未垮塌而残存的墙壁少之又少。即便是那些墙壁，亦被葡萄弹和火枪子弹弄得坑坑洼洼。[79]

就是在这样的废墟中，德里市民不论贫富，都熬心费力地寻找隐蔽所和吃食。诚如迦利布所述："方圆七英里，这茫茫一片地方的居民，陆无屋、水无舟，每天嗷嗷无告、命若悬丝。"[80]简陋的窝棚涌现在路旁，其中居住的"或许是富有的商人族群、坐贾行商之辈以及掌柜们"。11月时英国当局颁布一道法令，禁止建造此类棚屋，责令即刻予以拆除。自那时起，难民上无片瓦遮身，致使他们饱受狂风横雨摧残。[81]

难民们形容枯槁，许多难民群体中很快就暴发疾病，在梅赫劳利昔时的扎法尔夏宫以及尼扎穆丁圣陵周围地区尤甚。[82] 爱尔兰少校写道："数以百计身衰体弱之人因贫厄而惨死。直到 11 月底，全城居民中的印度教徒群体才获准返城。即便如此，如无特别指令，城门口的穆斯林仍无法进城。他们的屋舍设有一种标记，他们必须先证明自己的忠诚，而后方能再次归返。"[83]

萨尔瓦尔·木尔克出身于高门巨族，家里仍有多名家仆，但一家人遁隐于墓中且恐被捕，发觉自己过着拾荒者的生活。萨尔瓦尔·木尔克写道："每日两名家仆外出，加入其余抢劫者的行列，带回各种各样可食用的东西，如稻米、羊肉、棕榈粗糖和小麦粉，它们都被掺和在一起，再被一股脑地丢进一个装满水的罐子里，罐子放在三块石头上以维持平衡。然后，不管谁觉得饿，便会小心翼翼地靠近罐子，填饱肚子后，就在墙壁及隐蔽处的掩护下爬走。"[84] 迟暮之年，萨尔瓦尔·木尔克忆想当年自己爬上一棵罗望子树，把水果抛给下方友人，不料望见身穿卡其色制服的一纵队官兵朝着他所在的方向挺进，他顿感惊骇，但见到官兵改变路线、去往别处，便如释重负。事往日迁，但彼时心境总难忘怀。[85]

凡与朝廷有过牵连的人，其命运就愈加苦厄，无论所谓的牵连是多么牵强附会，原因在于，廷臣若被抓，通常都被处以死刑。查希尔·德拉维对此了然于胸，他疾步如飞，一个劲地往前赶路以免被俘。他的故事并非没有代表性。他在梅赫劳利的苏菲圣陵度过一宿，然后跟其他很多避难者一道，向贾杰切尔继续前行——5 月西奥曾沿同一条路行进——当地一名堂兄弟为他提供食宿，该堂兄弟是纳瓦布宫中宰相。查希尔享用好些日子以来的第一顿像样饭菜。在那里逗留一个星期，他历经苦海熬煎，才慢慢恢复。但在第八天夜里，堂兄弟唤醒查希尔，告诉他说英格兰军队到临，正在大规模抓捕德里难民，还说要想保命，他就得立刻动身。[86]

查希尔离开贾杰切尔，步行至巴尼伯德的姑母家宅，与其余家庭成员重聚。岂料厄运重演，几天后，英格兰人从四面包围城镇，接着开始挨门逐户地实施搜查，寻找哗变者以及莫卧儿贵族和廷臣。英格兰人破门而入时，查希尔恰巧离家外出，因此侥幸脱险，但其伯父、弟弟和妻弟都被抓走并被绞死。[87]夜间，在红堡前侍从宗·巴兹·汗（Jang Baz Khan）的陪伴下，查希尔遁逃。他们避开英国人的拉网式搜捕，设法渡过恒河，继而及时赶到巴雷利。两个小伙子终于成功撵上溃逃的叛军，怎奈随即被当作英国间谍而被捕。叛军就要把他俩带走枪毙时，米尔·法塔赫·阿里赶巧骑马路过，这位德里贵族决计与反叛分子共进退，此刻他认出他们：

> 看到我，他就从马上一跃而下，见我和宗·巴兹被绳索绑缚，便挥剑斩断绳索。他握住我们的手，带我们去见将军大人（指巴克特·汗），对着大人破口叱骂道："你们这帮逆徒，毁掉吾皇的家族，还毁掉德里。你们搞垮陛下的臣民，致使他们无家可归，但你们照旧兴妖作孽。这些人是皇帝的仆从，况且，这些可怜的家伙是为了不被英格兰人夷戮才亡命天涯，你们竟待之如告密者。我若不是走这条路，这些无辜的人就做了你们的枪下鬼。"[88]

在兰布尔，查希尔再次侥幸逃脱英国人的缉捕，随后设法在斋浦尔大君（Maharaja of Jaipur）的宫廷寻得庇护，并谋得诗人兼廷臣之职。继而他煞费苦心地由那儿前往海得拉巴，并效力于尼扎姆（Nizam），终于像萨尔瓦尔·木尔克一样开始新生活。[89]

20世纪的头几年里，查希尔正是在此地，总算"用扎乌克、迦利布和穆明的语言"，把在莫卧儿帝国时期德里以及羁旅异乡的生活记录整理成文。查希尔在文稿末尾写道："现我年过七旬，身心交瘁，记忆力也开始衰退，耳背眼花。曾目睹那一桩桩悲剧，我的心已碎。"[90]

查希尔·德拉维再也未能看到德里。他半世流亡、客死异乡，卒于1911年，被葬在海得拉巴。

关于扎法尔治下朝廷的大部分皇裔和廷臣的命运若何，查希尔流离转徙的一生可谓典型。几乎没什么人可以长时间避开英方搜查队，相当重要的原因是，对于跟红堡有瓜葛的一切人等，英方重金悬赏其人头。

10月至11月期间，英方不断派出搜查队以追捕皇室成员。首批被擒获的是扎法尔的两个年纪较小的孩子：18岁的巴克塔瓦尔·沙王子和17岁的敏杜王子。① 此二人先前分别指挥密拉特部队和"亚历山大步兵团"（Alexander Pultun）。他俩随即受到哈里奥特少校的审讯并被判处死刑。

"沃特菲尔德（Waterfield）下来这里，告诉那两名战犯

---

① 原文如此，巴克塔瓦尔·沙王子生于1837年，时年实为20岁；敏杜王子（Mirza Meandoo）生于1828年，时年实为29岁。——译者注

说，明天就要处决他们。"翁曼尼于 10 月 12 日的日记中记述道：

423　　　　　我同他一道。他们看似完全无动于衷，只想见见妻小。我带着敏杜王子的两房夫人和一个孩子，去见她们的丈夫和父亲，会面持续数分钟……（次日）他们被押赴刑场，前有炮兵开路，其所乘犍牛车在后行进。到达行刑地（即皇宫前面的沙堤），纵队立即排成横队，随后战犯被押下牛车并被蒙住双眼。继而 12 名来复枪手，奉令前行至 12 步之内。[91]

然而为了确保战犯在痛苦中慢慢死去，行刑队的廓尔喀兵故意射低，最终，主管军官只得用自己的手枪射杀那二人。查尔斯·格里菲思写道："没什么能比那些可怜可鄙的遇难者更丑陋污秽，怎知他们顽强沉着，一声不吭地泰然赴死。"[92]

或早或晚，扎法尔的大部分皇子皇孙落得同样下场。正如威廉·爱尔兰少校所记述，诸王子"有各种机会远走高飞。但令人惊诧的是，那么多人盘桓在邻近地区，因此被捉拿。（最后）王室有二十九个皇子被俘并被处死"。[93]天潢贵胄，那么多人不得善终，以致迦利布把皇宫的乌尔都语传统名称"吉祥堡"（Auspicious Fort）改为"不祥堡"（Inauspicious Fort）。[94]

扎法尔的子嗣当中的成功脱逃者，为人所知的只有两人。当巴克塔瓦尔·沙王子和敏杜王子被捕时，另两名王子——阿卜杜拉王子和夸瓦伊什王子（Mirza Qwaish）——同时被拘捕。当时他们仍在一名锡克看守的看管下，废然遁隐于胡马雍陵。

乌尔都语作家阿尔什·帖木儿于 20 世纪初年对德里的口头传
说进行记录，据其所载：

> 锡克骑兵上尉对这些年轻人心生悯惜，问道："你们
> 为何站在此处？"
>
> 他们答："那位大人叫我们站在这儿。"骑兵上尉瞋
> 目叱道："怜惜一下自己的性命吧。他回来后，就要宰了
> 你们。你们能朝哪个方向逃跑，就朝哪个方向逃跑。保持
> 警觉，就连停下来喘口气也不行。"说罢，骑兵上尉背过
> 身去，两名王子便朝着不同方向逃去。过了些时候，霍德
> 森回来，见战俘逃走，就向骑兵上尉打听："那些男子去
> 哪儿了？""谁？"骑兵上尉仿佛不知情，反问道。霍德森
> 答说："之前站在此处的王子。"骑兵上尉回说："我不知
> 道。什么王子？"
>
> 夸瓦伊什王子直奔尼扎穆丁去找妻舅，告诉他说，自
> 己逃脱霍德森的拘系。其妻舅言道："老兄，逃离本地
> 吧。"于是，夸瓦伊什王子请人剃光头，在头上扎了块
> 布，还把一块腰布围在腰间，以将自己扮成托钵僧的模
> 样。他设法到达乌代布尔（Udaipur，位于拉贾斯坦），在
> 那儿遇见大君身边的一名内侍，该人也来自德里。内侍上
> 奏大君说，一位苦行僧驾临，倘给他弄些俸钱，他便会留
> 下来，为大君的长命富贵不停祈祷。大君应允所愿之事，
> 为他弄妥每日 2 卢比的俸钱。那场兵变之后，夸瓦伊什王
> 子活了三十二年。他在乌代布尔耗尽一生，被俗称为
> "米安大人"（Mian Sahib）。
>
> 霍德森继续搜寻夸瓦伊什王子的下落，但纵然搜遍每

424

个角落，却寻不到他。政府甚至发布榜文以缉捕夸瓦伊什王子，并宣布巨额赏格。那诱使数人前往乌代布尔，在该市警察局长的帮助下，他们来到乔装改扮的夸瓦伊什王子所居住的房子，但王子不曾落入他们之手，终以自由身卒于乌代布尔。

与此同时，阿卜杜拉王子住在通克土邦，生活环境极其艰苦。他四处流浪、行乞度日，鹑衣百结、处境悲凉，终以落魄乞儿身，告别尘世。[95]

形形色色的王子一旦被捕，至于该领受何罪，无明晰的政策可循。被证明曾以任何方式牵连进起事者，当即被施以绞刑，但仍余留大批王子，他们除在血统上归属于莫卧儿王朝外，自身的罪状实非昭然。这一时期英国设于德里的行政公署，其记录被完好无损地留存于德里专员公署档案馆。这些记录显示，英国人对这一问题的应对方式，在本质上何其武断专横又惊人地混乱。[96]上述王子中的一些人被绞死；另一些人被流配往大英帝国设在安达曼群岛上的集中营，那里既炎热又潮湿得难以想象；还有些人被流放于国内。大多数人被监禁在阿格拉、坎普尔或阿拉哈巴德，由于监禁环境严酷，两年内有大批人相继死去，其中包括"一个瘸子、一个 12 岁的男孩，以及一个很老的男人"。

1859 年 4 月，桑德斯奉约翰·劳伦斯之命，对其中一些案件进行审查。德里专员不得不承认，就几乎全体身陷缧绁的王子和皇裔而论，"据我所做的调查，尚不能得出如下定论：应把罪责加诸上述各方中的任一方"。况且在大多数案件中，不可能"对任何明显的反叛行为加以证实"：

除去身为前国王的家族成员之罪外，战俘中无人被证实犯有任何更严重的违法行为。然而在很多人看来，仅凭那一点就足以名正言顺地对战俘严惩不贷，因为整个帖木儿家族（就像自然而然所臆度的那样）恶名昭著：他们对治下王朝再度前程似锦、蒸蒸日上而欢欣鼓舞，于是颇为积极热忱地参与一桩桩敌对行动以及皇宫内所发生的一幕幕骇人事件。

降临到前国王家族成员身上的报应不论何其猛烈，但可以看出：就其案件已交由特别军事法庭审议的战俘而论，死亡率一直高得超乎寻常（随函附上在此前 18 个月里，瘐死狱中的 15 名王子的名单）。我因此恳请把幸存的战俘由德里移送至远方，或者去仰光，战俘在该地不大可能获得丝毫的地方影响力；或者去印度教圣城贝拿勒斯；又或者去木尔坦，如果认为有必要继续由旁遮普省政府看管上述战俘。[97]

正是在这个阶段，由于疲于应付起义后数量庞大的蹲监坐狱的俘虏，刑事制度颠倒错乱的现象日益显现。监狱方相继致函桑德斯，称对于记录在案的已被收监的战俘，己方监狱无任何一人在押。事实上，拟被流放至缅甸的战俘，反被押解到安达曼群岛或卡拉奇。结果只不过两年时间，死亡人数甚至比之前所意识到的还要高得多。英方本认为一群走背运的皇裔在阿格拉蹲监狱，随后在坎普尔搜寻未果，最终发现他们一直在阿拉哈巴德监狱（Allahabad Jail），但不久前才被迁往加尔各答，以被转押至安达曼群岛，但临到登船时，反被流放到印度另一端的卡拉奇。最后，幸存者——其中包括从未被捕，正在德里安

426

稳度日的若干人——要么被归入"解送至卡拉奇"的少数人之列，要么被归入"流放至缅甸毛淡棉（Moulmein）"的绝大多数男性皇裔之中。

前述任何人都不得在德里定居，即便能证实自己完全清白亦未获准。不过，卡拉奇诸王子之中有五人随后"潜逃"，据信是隐姓埋名、如愿返归莫卧儿王朝皇都。[98]

英国人决计缉拿和审判的不仅仅是天潢贵胄。起事期间，当地大多数地主一直骑墙两顾，虽然力图对双方进行安抚，却不曾支持任一方。即便如此，英国人认为保持中立就意味着有罪。于是，扎法尔治下朝廷的纳瓦布和王公逐个遭到逮捕、监押和审判，并且被绞死。

迦利布之友纳瓦布穆扎法尔·乌德道拉（Nawab Muzaffar ud-Daula）与另两个门庭赫奕的德里贵族于阿尔瓦尔一同被捕，随后在古尔冈附近被处以绞刑，"该地区的收税人说没理由把他们押解回德里，所以就地予以处决"。[99]什叶派领袖纳瓦布哈米德·阿里·汗，先时与查希尔·德拉维的家人一道离开德里，在英方的穷追之下，最终在卡尔纳尔附近被抓。穆罕默德·阿卜杜勒·哈克大夫（Hakim Mohammad Abdul Haq）是伯勒布格尔（Ballabgarh）王公的代理人，纳瓦布穆罕默德·汗（Nawab Mohammad Khan）则是希兹尔·苏丹王子手下的里长，曾在辛丹桥的两场战斗以及巴里里车马店之战中指挥叛军一翼。上述二人"在贾杰切尔纳瓦布的领地"一同被捕，接着被解送回德里受审，继后于 11 月 25 日"被依法处以极刑"。[100]法尔鲁克那加（Farrukhnagar）纳瓦布在自己的府邸被捕，结果被发现是吸食鸦片的瘾君子，在翁曼尼严肃务实的监狱管理制度下，纳瓦布的鸦片供给被断然停掉，致使他受到非常严重的戒断症状折磨。后来他被绞死。[101]

　　在叛方起事第一周里，西奥·梅特卡夫亲自去捉拿贾杰切尔的纳瓦布，后者曾拒绝容留西奥避难。贾杰切尔纳瓦布的轩轩韶举和凛凛英风，给翁曼尼留下尤为深刻的印象，翁曼尼描述他为"一表人才、长得很敦实，还相当英俊"。[102]亦令翁曼尼为之动容的是判处死刑的消息传来时，"贾杰切尔纳瓦布的两名幼子一见到父亲，便泣涕如雨，那场面既动人心魄，又让人悲戚……对于纳瓦布，我颇感怅惜。那仪表堂堂的男子，凛然面对判决和死亡，动身赴刑场时，仆从们向他深鞠躬、行额手礼"。[103]

　　绞死上述所有贵族，为之动容的不止翁曼尼一人。贾杰切尔纳瓦布的当庭辩词具有"惊人的正义性"和逻辑性，尤令另一名目击者马特尔夫人感动。纳瓦布抗辩道："正是英格兰把歹徒武装起来并加以操练，这些暴徒在这片大地上招灾揽祸，但有失公允的是，英方指望他来逼迫自己的追随者苟容曲从，然而本国的统治者们和本案的法官们都未能强行驯服彼此。"

　　　　绞架上的王公平静坚毅，颇有绅士风度，就这样送命。护卫队由我丈夫指挥，由此激起他心头至高无上的敬意。益发令人伤感的是（伯勒布格尔的）王公之死，身为印度教徒，他对穆斯林皇帝怀有的悯恤之心与对英格兰人怀有的悲怜之情的程度很可能一样深。他举止文雅、风

华正茂、相貌英俊，可叹命运坎坷，不赀之躯被置于这般
境遇之下，条条道路皆凶险重重。况且，针对我方统治的
任何敌意行为，判决结果终是一死，但他还得受审。在审
判本案的诸法官面前，他最后所说的话里有某种感人之处：
"我稳当当地坐在一棵茂盛的树的一根粗大又讨喜的俊枝
上，哪承想自作自受，终究锯断自己所憩息的树枝。"[104]

428   西奥·梅特卡夫很快就证明自己有着最狂热的赏金猎人和
绞刑行刑者的才能。自从结束漂泊羁旅的生活、到达英方营地
后，他对复仇的渴望似乎一直有增无减，时至 10 月，竟至在
梅特卡夫私邸竖起一座绞架：凡被他视为犯事者的印度人，都
被他从烧焦的横梁上吊死。此举是一种毫不含糊的表态：对毁
坏其祖宅的行径以及他所认为的曾经亲历的背叛，诸恶行定有
恶报。刊载于《德里公报》的一则事例涉及一座村庄，村民
曾向反叛分子交出西奥的一名仆从。以牙还牙，据说西奥就地
从速从简地枪决了 21 名显要村民。[105]

从把新家安在拉尔库安的吉娜塔·玛哈尔富丽堂皇的哈维
利开始，西奥就让德里周围区域陷入"白色恐怖"：一群群难
民在坟墓和圣祠避难，西奥猛扑向他们，继而绞死他所臆度的
曾被卷入反叛的一切人等。[106]《泰晤士报》于 1858 年 1 月登载
一封书函，据该函所述，梅特卡夫"每天都在审问和绞死所
能擒获的各色人等……当地人十分害怕他"。查希尔·德拉维
记述道："梅特卡夫纵情于'射猎作乐'。每当发现一名青年

男子，他不分青红皂白、不问孰是孰非，先就地射杀，再用手枪补射。"[107]

岂止如此，西奥的名声那般骇人，以至于他很快成为一种与德里妖怪相仿的角色，仅凭其名就足以令人闻风丧胆。库普兰夫人可谓英气凛然，据她所述：

> 我在德里时，他正忙着缉访、审问和绞死哗变者及凶手：以猞猁般的眼力识别作奸犯科者。一日，途经彭尼将军（General Penny）的宅子，他察觉一个印裔骑兵卫队里有一名凶手，随即把那人挑出来，加以审问并定了罪。他亦查明是谁杀害了弗雷泽先生，还把凶犯绞死。一日，本地一名珠宝商来向加斯廷夫人（Mrs Garstin）兜售自家货物，加斯廷夫人认为他索价过高，便说："我会送你去见梅特卡夫大人。"闻此言，该男子匆促逃窜，纵然落下所售卖的珍宝，也不敢再露面。[108]

在这样一个时期，每日的绞刑和谋杀成为常态而非特例，英国人多多少少以近乎厌烦的心态看待这些事。故此，尽管对于诸多细节尚似雾里看花，但西奥仍因耽乐于射杀和绞刑而被专门挑了出来，这一事实就暗示出：肆意滥杀数量多得颇为异常，而西奥被认定对此负有责任。关于西奥之越轨行为的传言，甚至逐渐传至拉合尔的约翰·劳伦斯爵士耳中，有关"诸文官（正在）恣肆地实施绞刑"的报告，很快就让劳伦斯变得忧心。没多久，劳伦斯便着手就是否有必要对西奥加以管束，甚至暂令他停止服役等问题进行探询。劳伦斯致函桑德斯："倘若所闻之事完全属实，那么我们就有责任予以干预，绝不容梅 429

特卡夫操生杀之柄。（我的线人）似乎强烈感觉到，梅特卡夫的热情有悖于身为特别专员所需具备的慎思秉公之素养，故此，为民众和己方行政公署两者的利益着想，越快剥夺他斩立决的权力则越好。"[109]

劳伦斯听得越多就变得越心焦，于是致函桑德斯："他（指西奥）具备军人的良好素质，强攻德里时，他一战成名。但他执迷不醒又皂白不分，可谓毁钟为铎，此刻尤甚，这都是因为他对穆斯林所怀有的满腔激愤。想要管住他，难乎其难……我最老交情的至交中，便有梅特卡夫的双亲。就个人而言，我乐于帮助他，但要顾全更重大的诸多因素，甚至有甚于前述考量。"[110]

爱德华·坎贝尔担任战利品代理人，这就意味着他亦涉足复仇工作，不过比起日益凶暴嗜血的内兄，坎贝尔对这差事所展现的热忱要少得多。在各种各样的发掘现场，坎贝尔定期给 GG 写信。有一回，他草草写道："我正在城内挖掘财宝，寻见一个空白的旧簿子，便从簿里取出一张纸给你写信。我已经打发人去看看能否从一名班尼雅①那儿搞点墨水。我从战利品里给你弄到些小物件，只是小玩意罢了，但我觉得你会喜欢，一逮到机会，我就会把它们送上去。"[111]

战利品代理人的岗位，高薪又颇有赚钱潜力，但这并不是
430 让坎贝尔感兴趣的东西。他在同一周写信给 GG 道："让班尼雅慑于淫威，进而透露自己的财帛保藏于何处，那是件非常龌龊的苦差事。"

---

① Bunneah 或 Baniya，印度行商放贷者的种姓，属于第三等级的种姓"吠舍"。——译者注

　　我最亲爱的人，你是知道的，我从未跟刑讯扯上任何关系。榨取民财是赖福特（Wriford）的拿手好戏。我确信自己看起来不够残暴严苛——但事实上你不能长时间保持这样的步调。民众听说正在发生的事，望风而逃。除非（每）十户人家，就有一（人）来指给你看，他们所珍藏密敛的钱财在何处，否则你或许要永远挖寻下去。但这是颇令人作呕的活儿。① 我的爱妻啊，关于此事，我已对你说得够多了。[112]

他补充道："我们找到（梅特卡夫私邸的）一把老雕花椅。恐怕可怜的西奥自认为有权得到那些东西，如果发现必须要买下它们——（连同在德里寻获的其他所有东西）因为它们自然被算作战利品资产——他只怕会心乱如麻。身为战利品代理人中的一员，这对我毫无乐趣可言。"而对于接下来要写的事，坎贝尔希望 GG 莫误会："我担心西奥不依本分，他谙熟这座城，便以此为自身牟利。这令我痛苦，无法言表。"

　　正如后来的指控更明确披露的，当时坎贝尔看来意指西奥

---

①　爱德华隐忍不言，不愿以此事烦扰 GG，但是 A. H. 林赛中尉（Lieutenant A. H. Lindsay）留下一段文字，描写这"颇令人作呕的活儿"："他们逮到一个很友善、肥头大耳、状貌豪阔时髦的印度教徒，认定他是个有钱人。很长一段时间里，他拒不坦白自己把钱财藏匿于何处。于是他们把他关进黑暗的地窖，接着用手枪在他头顶上射击，直至他陷入万般惊恐的状态，进而直言奉告可在哪儿寻见他本人的 5 万卢比和一名友人的 4 万卢比，他拿定主意不让那友人安然脱身。次日，他们便捉住另一个富态的黑人，没承想，此人能躲避手枪的射击，就算他们仿效中国的耍把戏艺人扔飞刀，那人也压根不在乎。于是他们当着他的面，给一支手枪上膛，然后把一枚子弹射过他的包头巾。那人顿时觉得玩笑有点开过头了，便吐露自己的 4 万卢比的下落。"转引自 Christopher Hibbert, *The Great Mutiny: India 1857*, London, 1978, p. 321。

涉嫌对德里显贵的市民下手：那些人若拒绝把财产移交给西奥，就会被西奥绞死。亦有传言称西奥正私自实施抢掠，并向银行家收受保护费，而银行家们希望保有自身财产，准备预先行贿以求豁免。西奥无疑会不顾一切、铤而走险，在那场暴动中，他失去了一切：其宅、其所继承的遗产，以及先前投资于德里银行的钱财。再者，身为一名文职官员，他没资格得到战利品奖金，那些奖金按理只归于军队。

爱德华·坎贝尔承认，起码在这一点上显失公允："依我说，他应像军人一样，从战利品奖金里分得一杯羹，因为他曾引领其中一支分遣队，踏过德里、开赴主麻清真寺，那时他被迫表现得像军人一样。我希望让此事得以筹办。要不然，身为战利品代理人，我们须对他加以掣肘。"

爱德华总结道："GG，我不禁想撒手不管这个战利品代理处，不过到头来这兴许是件好事，况且在这么短暂的一场审判上，我要是牺牲那么多钱，则是不对的……我们如沧海一粟，既然要耗费极长的时间征募新兵，才能达到我们原先的兵力，那么我希望他们很快就能带我们回家（指返回英格兰）。自 6月 30 日（那时坎贝尔抵达德里）以来，我方约有 400 人伤亡，占全团人数近半。"[113]

到 1858 年 1 月底时，扎法尔治下朝廷的全体显贵都已受审并被绞死，轮到扎法尔本人面对审判了。

贯穿 1857 年的整个秋季和初冬，尽管争夺勒克瑙的战火仍在印度斯坦东半部肆虐，但英国驻德里行政公署已把大量精力投入一场历史性审判的准备工作中，以对一个天囚进行历史性审判，该犯分明行将成为末代莫卧儿人。通译官奉派自拉合尔南下，以帮助研读隐匿的繁多文牍，那些文牍是从皇宫总理大臣官署（Palace chancellery）及叛军营地寻回；先时霍德森向扎法尔保证其性命无虞，此时就所做保证的合法性和约束性，英方不厌其详地予以审查；皇帝的审判之性质以及英方欲对该犯提出的指控亦被商酌。最终，尽管先时所做的保证悖于坎宁伯爵再三的批示，但大家一致认为该项保证具有法律约束力；解决方案是由一个特别军事法庭指控扎法尔犯有"叛乱、叛国和谋杀罪"，以及身为一名英国臣民，但"不执臣道、不守忠节"之罪。英方定于 1858 年 1 月底开庭审理诸项指控。哈里奥特少校此前成功起诉并绞死扎法尔的大部分朝臣及其家人，现在英方打算由他起诉扎法尔，他亦明确表示自己把扎法尔视为"反叛分子的首要头目"。 432

　　不曾被商酌的是，东印度公司究竟是否经法律授权而有资格审判扎法尔，因为政府虽声称扎法尔既已领受东印度公司所发放的恩俸，便成为东印度公司的恩俸受领人，故而乃其臣民，但实际的法律立场要含混得多。东印度公司在东方从事贸易活动所持有的《1599 年特许状》①，虽出自君主会同议会（Parliament and the Crown），但从法律上讲，东印度公司在印度的管治权其实源自莫卧儿王朝皇帝本人，且始于 1765 年 8 月 2 日。② 彼时，在普拉西战役（battle of Plassey）后的数年

---

① 1599 charter，指英女王伊丽莎白一世于 1600 年 12 月 31 日颁布的皇家特许状，准许新成立的伦敦商业公司独享自好望角以东至麦哲伦海峡以西区域的贸易权和统治权。——译者注
② 原文如此，疑为 1765 年 8 月 12 日。——译者注

间，莫卧儿王朝皇帝一直正式雇用东印度公司担当驻孟加拉的收税人。

绝非年湮世远，近在 1832 年，即扎法尔 58 岁时，东印度公司还在所发行的铸币乃至大印上，承认自己称藩于莫卧儿王朝皇帝，印章被覆以"沙·阿拉姆之忠仆"字样的印文，只不过在查尔斯·梅特卡夫爵士的影响下，上述印文才于 1833 年被除去。自那时起，不曾发生任何改变双方法律关系的事，虽则东印度公司单方面终止进献贡品一事，且不再在铸币和印章上宣扬自身的附庸地位，但沙·阿拉姆、阿克巴·沙和扎法尔本人都不曾宣布放弃自己对东印度公司的君权。从这个角度来看，扎法尔自然可以作为战败敌国的皇帝受审，但他绝非臣民，故而似乎不可能被称作"犯有叛国罪的反叛者"。从法律的角度来看，这反倒可被弄成一桩足以胜诉的讼案：真正的反叛者是东印度公司，它对自己宣誓效忠近一个世纪的封建国主犯下悖逆之罪。[114]

《泰晤士报》驻外记者、"战地新闻之父"威廉·霍华德·拉塞尔精妙透辟地道出，东印度公司对扎法尔的指控之荒谬性。大约在这一时期，拉塞尔抵临疮痍满目的德里：尸骸东横西倒，仍然散卧于长街短巷，都城的穹顶和宣礼塔也被炮弹轰得千疮百孔，但红堡的墙垣看起来依旧壮丽。拉塞尔在自己的印度之行回忆录中写道："我所见过的墙垣，外观罕有比这更宏伟壮观的，朱红墙垣的巨大空隙竟让我想起温莎堡至善至美的部分。"在勒德洛城堡的万般惬意享受亦令拉塞尔沉醉，那是西蒙·弗雷泽的故宅，不久前，民政专员桑德斯请人修葺翻新。拉塞尔写道："马车在立柱门廊下疾驰而来。顷刻间，出来一位红光满面、神清骨秀的英格兰绅士，我还没反应过来自己身处何方，就被引到一个肤如凝脂的英格兰佳人面前，她坐在精心布置的餐桌旁，招呼一圈赴宴的宾客，力行地主之谊。"

　　从我离开加尔各答以来就不曾目睹英格兰女子的芳容。我风尘仆仆而来，只怕还灰头土脸，我是个又热、长相看起来又不太顺眼的异客。置身于久违的奢华享受中，我发觉自己顿时回归文明生活。宅子本身的舒适奢华，堪称一种颇有裨益的感官满足：高堂华屋，屋内有柔软的地毯、沙发、安乐椅、书籍、画，凡此种种，不一而足；屋外有香根草草帘①和摇扇仆从。我们进去时，那家人正在吃第一顿早饭。我发现本地有两顿早饭，一顿在8点，另一顿在3点。

然而，拉塞尔最终的目的地便没那么舒适惬意。他得悉扎法尔现被指控为起事的幕后操纵者。顺着红堡的"一条破败又幽暗的后廊"，他随后被领至该犯的囚室。"那个迟钝、眼神飘忽、神思恍惚的老者，下唇无力地垂下，牙床也没了牙。那人当真是他？曾构想出一个伟大帝国的复兴宏图，煽动起世界历史上最大规模的兵变，而且从古老皇宫的宫墙上，气势汹汹地挑衅、连珠炮似的嘲弄'把印度诸君王摆弄于手掌中'的彼民族。"惊讶的拉塞尔如此叩问道。拉塞尔走进去时，扎法尔正在呕吐，他"弯曲身体，几乎俯伏在黄铜盆上方，向着盆内剧烈地干呕……"

---

① kuskus-tatty，在炎热天气里始终保持湿润馨香的草及竹帘。

434 　　　蹲伏着的（是）一个身量极小、瘦骨嶙峋的老者，
他身穿一件寻常的穆斯林束腰外褂，褂子相当污秽，他赤
着一双清瘦的小脚，头上扣着一项又小又薄的细麻纱无檐
便帽……他缄口不语、昼夜默坐，双目垂视地面。对于自
身被置于何等境地，他仿佛冥然罔觉……他眼里流露出的
耄耋老者所具有的迷茫、呆滞神色……看似要把我们引领
向无尽的黑暗……有人听见他引诵自己作品里的诗句，还
用烧焦的棍子在墙上写诗……[115]

莫卧儿王朝山河破碎，拉塞尔知晓扎法尔的经历，亦被大皇宫
的壮丽打动。关于东印度公司对扎法尔的诸项指控的合法性，
拉塞尔实际上抱持怀疑态度。

　　　先时一则自矜自是的法令（ukase），授予少数几个战
战惶惶的贸易商在印度保有土地的权利，其条件是效劳且
臣服于此国，该法令就出自这个地方……即便衰朽至极
时，阿克巴的胤嗣亦以所遗存的"赫斯之威"，为自己筑
起藩篱，以至于印度总督也不能与之平起平坐。驻德里的
英国军官与之交往时要恭恭敬敬，须遵从"尊敬"的一
切外在标准，而一国之君有权强令忠仆如此……
　　　因起事反抗恩主，（皇帝）便被称作不知感恩。他无
疑是个懦弱残忍的老者，但说他辜恩背义，纯属谬悠之
说。于他而言，亲睹列祖列宗所开拓的整片疆土逐渐为人
鲸吞蚕食，直到给他留下一个空头衔、一个更为空虚的国
库，以及满满一皇宫一文不名的公主和皇妃。他发觉自己
落得此般处境，难道还要对东印度公司感恩戴德？

德里皇室之信奉伊斯兰教的始祖，开基立业，昔日声称对印度斯坦拥有主权（即征服权）。诚然，今时我们像他们一样对己方领地拥有同样的权利和同样的特许状，但我们并未像他们一样率领百万雄师开进印度，宣称降服此国的意图。我们身为谦卑的货贩子，蹑手蹑足地进来，我们的存在仰仗德里列王之副手①的深仁厚泽，但对于其先祖赐予本民族的恩泽，我们所展现的"慷慨大度"只不过是一份微不足道的谢礼。[116]

435

拉塞尔以此作结，指出如果皇帝由一个像样的法庭审理，而非在特别军事法庭受审，那么对扎法尔的诸项指控恐怕不大可能被证实。"英格兰法院的某位英格兰律师许会明示称，即使德里之王举兵向我们开战，就凭他'至高无上的主子'身份，我方政府要拟定起诉状来指控他犯有叛国罪，也颇为困难……"

拉塞尔也认为扎法尔殆不可因为想要挣脱束缚而遭受谴责。他写道："凝视那位老者，我不禁会想，我们的统治者或多或少地应当为对他所犯的罪行负责……"

依我看，远在叛方举旗抗争之前，皇帝的处境就可谓最凄楚不堪。他的皇宫其实是"为奴之家"②，留给他的君主特权少得可怜，那仿佛是对其所代表的"逝去的权力"之嘲讽。他知道自己的继承者会被剥夺上述特权，

---

① 指莫卧儿历代皇帝分封至印度各地的土邦王公，包括纳瓦布、尼扎姆和大君等。——译者注

② house of bondage，见于《圣经·旧约·申命记》。——译者注

也知道他们甚至会丧失在自家皇宫居住的权利，还会被放逐到宫墙外的某地。我们拒绝给予皇亲国戚许可，不准他们在我军服役，迫使他们接受一种有辱人格的生活。在皇宫的边缘地区内，他们金尽裘敝、举债度日，于是我们斥责他们疏懒粗鄙、声色犬马。他们被我们缢以闭门羹而无缘于军职晋升——他们之荣耀抱负的对象，被我们逐一掠去——进而，在我方报纸上，在我们的食堂里，随处可听见对这些慵懒怠惰又耽于声色的王子及王公的詈骂之词。

与其这般奴颜婢膝、有辱人格地偷活，毋宁一身万死。倘那老者及其子嗣克己慎行而未令无辜者血流成河——倘他们"命丧征鞍，身着战袍"①——于我个人而言，本该对他们之命运深怀悯恻。[117]

436　　扎法尔受审的日期最终定于 1858 年 1 月 27 日，当天扎法尔依然病得很重。那个冬日的黎明，寒冷潮湿、阴云密布，爱德华·翁曼尼在日记中倾诉说，非常庆幸自己的寝室里有炉火。[118]翁曼尼向桑德斯禀称："今天上午，那老者看起来十分衰颓。（他）非常虚弱，几乎说不出话来。我认为以这个样子，他坚持不了多久。"[119]由于扎法尔无法行走，翁曼尼只得把他搀出銮舆，贾旺·巴克特王子和一名侍从分别在两边撑扶

---

① 见于莎士比亚的经典悲剧《麦克白》第五篇第五场，引自〔英〕莎士比亚：《莎士比亚全集·英汉双语本 麦克白》，辜正坤译，外语教学与研究出版社，2015 年 7 月。——译者注

着他。他们把扎法尔领进昔日的私人谒见厅，此时扎法尔要在这里因叛国罪受审，然而审判他的那些人，仍然有理由被他视为封臣。

为了提醒扎法尔其自身所处的臣服状态，英国人既不准他用拂尘，也不准他抽水烟。观众早已就座，其中有查尔斯·桑德斯、玛蒂尔达·桑德斯、爱德华·维贝尔，以及代表《德里公报》到场的乔治·瓦根特利伯，还有哈丽雅特·泰特勒。攻克红堡当晚，哈丽雅特的丈夫罗伯特就把所掌管的团部金库挪至堡墙内，嗣后哈丽雅特便分到红堡里的几间房。[120]

果不其然，审判一开始就混乱无序。尽管进行诉讼要部分使用印度斯坦语，但事实证明，五名审判官——都是军衔相对较低的陆军军官——无一人通晓此种语言。爱德华·维贝尔写道："唯有庭长谙晓印度斯坦的语言。"[121]尽管原计划于上午 11 点开庭诉讼，但军事法庭庭长肖沃斯准将（Brigadier Showers）直到中午才露面，随后只是短暂出庭，宣布说自己衔命赴阿格拉挂帅。而这段时间里，扎法尔"在一支由来复枪兵组成的龙精虎猛的卫队看守下"，一直被留在外面苦等。[122]

下午晚些时候，诉讼程序总算开始，道斯上校（Colonel Dawes）担任庭长，诸项指控被逐一宣读，接着扎法尔——此时枯坐于道斯与检控官哈里奥特少校之间的褥位——被问到是否服罪。然而很快就显露的状况是，对于正在发生之事，那老者茫然不解，而且进一步"耽搁相当长的时间"，他才接受劝说，辩称自己无罪。

在随后几天里，一大堆证据被当庭出示，数量之多令人惊叹。证人被传唤出庭，以便对暴动和起事的诸多主要事件做出目击证人陈述，同时，由皇宫总理大臣官署、莫卧儿王子的办

437

公室、警察局和军营查封的文稿的关键段落也被全文宣读。证人查尔斯·鲍尔（Charles Ball）写道："所读到的每份材料都被展示给该战犯的代理人（即扎法尔的律师古拉姆·阿巴斯），且经他确认，尽管国王本人诈称自己全然不知上述文件的存在，否认经他签名，还做出不赞同的手势，力图让全体出庭人员对其'完全无罪'之观念有深切体会。"但不多时，扎法尔就渐渐走神。鲍尔写道："看来该王室战犯认为诉讼根本无足轻重，不过是腻烦人而已，所以借由打盹来缓解倦怠感……"

> 但时不时地，在某个特定段落被宣读时，原本呆滞的双眼会灼灼闪光，耷拉的脑袋也会扬起，片刻间分明心神专注，岂料故态复还，他重新陷入一种心慵意懒的漠然状态……其子看似更活跃，笑着跟父亲的侍从闲聊，压根儿没露出一丝窘态。[123]

翁曼尼认为贾旺·巴克特王子看起来"非常莽撞无礼、有失体统、不恭不敬"，没过多久，该牢头就禁止巴克特王子出席后续的几次开庭。[124]没有年少的爱子为伴，扎法尔对诉讼越来越不感兴趣。他时常病恹恹，根本无法出庭，法庭也频频以该战犯的健康状况欠佳为由休庭。据鲍尔所述，法庭果真开庭时：

> 国王展现出一种诡异的行为路线，这与他所处的严峻处境毫不相称。偶尔，在证据方面不断取得进展时，他会在披巾里蜷曲成一团，还会斜倚在垫子——为方便他而摆放的——上，看似对周遭的诉讼之事无动于衷；另一些时

候，他会蓦然惊醒，似梦初觉一般，对于某个接受讯问的证人的某段证言高声予以否认；继而重新陷入或真实或假装的漠然无感的状态，要么漫不经心地问个问题，要么对证词中所使用的某个短语，笑着加以阐释。

有一回，涉及诉称的"他勾连波斯耍阴谋"之事，438他为了在全体出庭人员面前佯装自己对某个问题茫无所知，竟询问："波斯人与俄罗斯人是不是同一个民族？"他屡次声言自己平白无辜，枉受一切指控。他还以一条围巾自娱，借此转化强制出庭所带来的倦意，他像个顽童似的，先把围巾捻绕在头上，再松开。[125]

扎法尔只提供唯一一份以乌尔都语写成的书面辩词，以此作为对诸项指控的答辩。在这份条理清晰得惊人的简短辩词中，他否认自己与起事有任何关联，坚称自己自始至终都是被印度兵幽囚的无助囚徒。"在暴动之日前，我未获悉涉及事变的任何谍报。"扎法尔的供述如此写道，

> 我恳求他们离开……真主是我的见证者，我对他起誓：我从未授命处死弗雷泽先生及其他任何欧洲人……至于所传的诸多谕旨，虽然加盖我的印玺且经我签署，但事实真相是：众甲士前来诛杀欧裔军官，他们把我幽囚起来，自那日起，我一直受制于人。他们觉得什么文件适宜，就指使人撰写什么，然后把文件拿给我，强迫我盖上印玺……他们常把印玺盖在未写姓名和地址的若干空信封外面。至于他们在信封里寄送什么文件或者将之送与何人，我自是无从知晓。

往时他们常指责说，我的婢仆给英格兰人送去书函，还说我一直跟英格兰人里勾外连……他们甚至声言要废黜我，然后拥立莫卧儿王子为皇帝。故而此事要耐下心来公道考量，试问：我在任何方面，焉握权柄？军中的军官们甚至妄为若此：要求我把皇后吉娜塔·玛哈尔移交给他们，以囚禁她。他们说她跟英格兰人保持友好关系……

439

往事种种，都是那支哗变的军队之所为。我在他们的掌控中，如之奈何？我孤弱无助，又受制于自身的恐惧，凡是他们要求的，我就照办；如若不然，我早被他们当场处死了。此事尽人皆知。我发觉自己深陷窘境，恰似池鱼笼鸟一般，所以对自己的生活感到厌倦。在那般情状之下，我决意熬清守淡，承袭虔诚托钵僧的装束，以红壤染色衣衫。我欲先去库特卜大人圣陵，再从那儿去阿杰梅尔，最终由阿杰梅尔赴麦加。

如果我一直与他们勾串，那这些事又怎会发生？至于那支反叛的军队之行为，可以这么说吧，他们甚至不曾向我施礼，也不曾有其他迹象显示他们对我怀有丝毫敬意。往时他们常穿鞋走进贵宾谒见厅和礼拜殿……众将士杀害自己的主子，我安能与他们交洽无嫌？他们既已杀害其主，所以如法炮制，他们幽囚我，还对我百般凌虐。他们一直留着我，以我之尊名作为对其行径的一种认可。那些将士弑杀自己的主子，逝者皆为权尊势重之人，鉴于此，像我这样一个没有金银财宝的光杆司令，如何捍拒？真主是我的见证者，他知晓我秉笔直书，句句属实。[126]

扎法尔未试图开展更为郑重一致的合法抗辩，也未决意对任何证人进行质证，就控方而论，这倒也妙哉。原因在于，随着审判缓慢进行，尽管所出示的证人和证据可谓铺天盖地，但该检控案件的要旨的荒谬性亦日渐昭彰。姑置勿论"该法庭是否有权审判扎法尔"这一更为重大的问题，纵然基于显然站不住脚的谬悠之说，而且对"起事旨在何为"不甚了了，检控官哈里奥特少校仍然决计立案，该案具有高度猜测性。英国观察员对审判加以记录，由于固执己见，以致臆断扎法尔的辩诉根本不足信。

哈里奥特坚称，自君士坦丁堡、麦加和伊朗绵延至红堡堡墙的一场伊斯兰世界的国际阴谋，其幕后的恶魔天才和灵魂人物正是扎法尔。哈里奥特声称扎法尔意图倾覆大英帝国，以此令莫卧儿人复归原位。然而凿凿有据，起事先是在印度教徒占压倒性多数的印度兵当中爆发，而且自始至终都是由信奉印度教的高种姓印度兵构成武装力量的作战主体。悖于前述一切证据，无视印度兵、圣战武士、波斯的什叶派穆斯林与德里的逊尼派朝臣之间的所有明显差别，哈里奥特少校辩称，围绕着"扎法尔的'复兴伊斯兰王朝'的狂热野心"，存在阴谋不轨的各方势力，这场兵变正是上述所有势力趋同的产物。哈里奥特少校争辩道："我们或许把 1857 年的骇人劫难，大抵归因于穆斯林的阴谋诡计，但哗变者与诸君公开审讯的本战犯存在直接关联。"

440

　　这场阴谋自发端之始，就不局限于印度兵，甚至不由他们倡始，却在皇宫及都城各处衍生出恶果……（扎法尔是）德里城内反叛分子的渠魁首恶……对于落在人类心头的一切值得尊重的感受，他都恬不为意。他这么蔑蔑地伪装歹意，就环绕在其周围的那伙恶棍而言，他想必成了再恰当不过的"中央摆设"……我们知道，（穆斯林）神职人员是多么早地，又是带着多么浓厚的兴趣全身心投入此事。我们也知道，城内穆斯林完完全全、纯纯粹粹地与这场阴谋画上等号……

（扎法尔是）始作俑者、此项事业的领头雁和急先锋，抑或只是百依百顺的工具……一个冒失自负、反道败德、尚算温顺的傀儡，因接受神职人员的技能训练而助长了宗教偏执？我相信，很多人会倾向于选择后者。公认的拥有宗教狂热的躁动灵魂的人，是最初挑衅者；那奇特信仰，既有报复性又不容异己，它不断抗争以谋求掌控权；煽动反叛的阴谋，是它的手段；此战犯，是它活跃的共犯；一切可能的罪行，则是可怕的恶果……穆罕默德主义①"苦毒的嫉妒"② 与我们无处不相逢……在行动上全然似恶魔一般……[127]

实则种种迹象显示，起义是由信奉印度教的上层种姓印度兵发起，他们投身军旅，感知自身的信仰和"法"受到威胁，冤苦不堪，特为对抗此事而起义。继后起义迅速蔓延至全国各地，吸引其他诸多相互割裂且分散的群体。英方挑衅性的麻木不仁和残暴的政策疏间了这批人，其中包括莫卧儿王朝的朝臣和许多穆斯林个体。故此，平民身份的圣战武士设法奔赴德里，团结一致以抗击异教徒敌人。哈里奥特偏执又"恐伊症"

---

① Mahommedanism，西方近代对伊斯兰教的错误用法。——译者注
② bitter zeal，见于《圣经·新约·雅各书》。——译者注

的争辩，把如此错综复杂的局面，过度简化为易于理解的—— 441
即便完全杜撰——全球性的所谓"穆斯林阴谋"，这场阴谋的
中心有一个吸引眼球的有形的憎恨对象，现在大可冲着这个被
俘对象展开正义的复仇。

这个避繁就简的画面，无疑投合不明就里、推崇极端爱国
主义的不列颠报纸读者的心意，但就身在德里的任何人而言，
上述论辩显然存在缺陷，相当重要的原因是，存在一个可证实
的事实：可恶的"潘迪们"当时至少有65%是上层种姓的印
度教徒。在2月3日聆讯期间，哈里奥特挖空心思，希图证明
印度兵与扎法尔之间早有关联，他揪住所谈及的一件事大做文
章：十来名印度兵于1853前去面圣，叩问能否成为扎法尔门
下"穆里德"（即灵性导师的弟子）。事实上，这仅仅表明某
些忠实信徒把扎法尔待若拥有奇迹般灵性力量的神圣的苏菲派
导师。不过这对于哈里奥特来说，实乃至关重要的证据，它可
表明早于暴动至少三年半时间，扎法尔就已然处心积虑地忙着
颠覆军队。[128]

举例来说，翁曼尼就相当清醒，他明白检控方所指控的事
纯属胡诌，而且显示出它对印度社会的复杂性以及导致起事的
各种冤苦完全缺乏了解。他在日记中写道："依我看，'暴动
由穆斯林发轫'之说实乃谬见。无论从什么角度来说，东印
度公司旗下本土部队中的情感状态，都不会影射到（哈里奥
特的见解）。军中印度兵见自己大权在握，于是决志要尝试征
服本国。穆斯林投军一事，无论如何都不能证明穆斯林就是暴
动的发轫者……"[129]

的确，随着一个又一个证人出现在证人席，事态变得越来
越清楚的是：或许存在的为一场勠力同心的起义所做的一切筹

划，扎法尔一概不知。除了设法保护其治下的德里臣民外，他始终未插手任何事，他何罪之有。马特尔夫人是此次庭审的旁观者，她写道："据我所搜罗的信息推断，看来他（指扎法尔）曾对坎普尔的那那大人（所实施的大规模屠杀）表示谴责；亦有充分的证据证明，他曾经尽心尽力地护佑子民，以令德里市民免遭兵燹之劫和贵族的蹂躏、本国民众免受古扎尔人的抢掠。"

442　　　在兵变的旋风里四处打转，那老者显然既无可支配的精力，也无驾驭周遭天性残忍的人所需的意志力，他何其凄怆。民众的大量请愿书已被翻译，上有国王的御批。他的很多批语都是金石之言。他的怨语是因印度兵的粗蛮无礼而愤愤不平……他多么敏锐地感到，"一榻芒刺"早就为他备好。他不过是个傀儡……

我认为，对待末代帖木儿皇族时，我国未能展现惯常的豁达雅量。我们始终要把下述事实摆在面前：是己方军队让该国陷入一片火光，我们惴怯不前，才酿此大祸；况且，我们甚至没理由说这场兵变是一起不可预见的事件。

在一切投向国王的困窘和轻蔑中，让我颇感宽慰的是窥见受传唤到庭作证的很多证人的风采。面对榻上那位悲惨人物，他们双手交握、一躬到地，称他为"宇宙的统治者"（Ruler of the Universe），虽则该委员会的全体委员都称呼他为"你"（tum，这种称呼方式仅用于劣等人及仆役）。这些证人一仍旧贯，给予那失权失势的老者一定程度的尊重，但他们拒绝对本庭审判人员——只需点头示意，就能处决他们——施以尊重。[130]

审判拖拖拉拉地持续了两个月。时常因扎法尔的健康状况欠佳而不得不休庭。有一回，皇帝呻吟着被从法庭带走。在审判的早期阶段，他脸上显露过焦虑惊惶的迹象，但随着时间流逝，数周过去，他的神色"逐渐变得越来越空洞，或者摆出满不在乎的样子，或者无动于衷，他显然持续处于一种昏沉状态，在诉讼的多半时间里都拢着双眼"。[131]

3 月 9 日，军事法庭最后一次开庭。上午 11 点，法庭里观者如堵，哈里奥特当着众人的面做结案陈词。这场演说持续两个半小时，哈里奥特再次详尽阐述自己的如下见解：兵变是一场伊斯兰世界的国际阴谋。他慷慨陈词道："我已竭力指出本战犯身为印度的伊斯兰教信仰的宗教领袖，一直与该阴谋组织保持如此密切的联系，要么充任其渠魁，要么作为反道败德的共犯……"

关于穆斯林背叛一事，凡此种种已获证实，听我之言后，谁能相信，一场深谋远虑、同心协力的阴谋与它毫不相干……我们在延期调查期间得以打探到各种情况，现若回顾性地观察一番便会明白，穆斯林怎么唯独成为与它牵连的所有显著的要点：一名伊斯兰教神职人员，拥有伪称的妙象和假定的奇迹般的力量；一名信奉伊斯兰教的国王、受他愚弄的人以及他的帮凶；一个暗中做事的伊斯兰教大使馆，驻地是伊斯兰教强国波斯和土耳其；伊斯兰教的诸多预言，言及我方权势垮台；伊斯兰教的统治，作为我们自身的后继者；信奉伊斯兰教的刺客所实施的最冷血的谋杀；一场宗教战争，旨在争夺伊斯兰教的优势地位；一份伊斯兰教报刊，灭德立违、煽风点火；加之，信奉伊

443

斯兰教的印度兵发起兵变。恕我直言，印度教根本无以映照，亦无可比拟……[132]

哈里奥特进而补充一段结语，对某些人早就暗示的一种看法加以批驳，称兵变绝不可能与基督教传教士的活动有关联。哈里奥特说："据我所知，从未有任何迹象显示，对于为赢得基督追随者而做出的推诚不饰的努力，当地任何一部分人抱持异议……在基督教本身的纯洁之光里予以静观，便知它绝不会让当地人惊惧……"[133]

就在下午 3 点前，诸法官退庭以斟酌裁决。数分钟后回来，全体达成一致，宣布对扎法尔所"提出的全部指控及各个细节"罪名成立。

庭长强调指出，通常此类裁决的结果本应是"作为叛国者和重犯，被判处死刑"。不过幸亏霍德森担保本犯无性命之虞，故此本庭不可能做出前述判决。取而代之，扎法尔被判"在流放中度过余生，或去安达曼群岛中的一个岛，或去总督会同行政局（Governor General in council）许会选定的其他此类地方"。[134]

444　　随后耽搁七个月时间，在此期间，英国人力求找到适宜的地点以放逐扎法尔，故而在德里、加尔各答、仰光、安达曼群岛乃至开普殖民地（Cape Colony）之间，书函往还频繁。亦有人忧虑重重，担心在印度斯坦东部一些更动荡的区域尚未罢战息兵时就把扎法尔押往沿海地区，兴许会有人试图展开营救行动。

最终，在临近 1858 年 9 月末时，尽管最终目的地尚待确定，但英方断定此时押送扎法尔离开德里可谓万无一失。翁曼尼中尉要陪同扎法尔流亡他乡，还要确保该"国事犯"（扎法尔现被这样称呼）在途中不与任何人保持联络。[135]

10 月 7 日凌晨 4 点，在巴卑尔首次征服这座城池的 332 年之后，莫卧儿王朝最后一位皇帝乘坐犍牛车离开德里。与他结伴同行的有其妻眷、存活于世的两个孩子、[①] 众妃嫔和婢仆，一行共计 31 人。负责解送他们的是：第 9 枪骑兵团、一支马拉炮兵中队、两顶肩舆和三辆马辇。该行程始终保密，就连扎法尔本人也蒙在鼓里。一日凌晨 3 点，那老者被翁曼尼唤醒，并被告知要做好准备，而在此之前，他压根不知道自己要动身离城。

接下来的一周里，玛蒂尔达·桑德斯给婆母写信道："他被尽快转移。一切都相当保密，不过查尔斯·桑德斯自然老早就晓得此事，先前他一直忙着尽数抢购运输工具，比如他们旅行所乘坐的有篷顶的马辇和舆轿、犍牛车和成套的帐篷装备，如此等等。"

> 深思远虑之下，万事俱备，于是，红堡里那可爱的小伙子（指桑德斯）凌晨 3 点起床，前去协助翁曼尼先生打点行囊，他是个能干的共同调停者。到 4 点，桑德斯把

---

① 皇室成员被英国人屠杀，除贾旺·巴克特王子外，另一名皇子亦得幸免。此人是扎法尔的幼子沙·阿巴斯王子，即扎法尔第十六子（原文如此，扎法尔共有二十二个儿子，沙·阿巴斯实为第二十子——译者注），他生于 1845 年，是妃嫔穆巴拉克·乌恩丽莎（Mubarak un-Nissa）为扎法尔所生的庶子。随同扎法尔和母亲一道离开德里之际，他时年 13 岁。

445   他们移交给一支枪骑兵卫队，然后目送他们安然走过舟桥，一路去往沿海地区。自此，皇帝对德里可谓"眼不见心不烦"。除去旁系支脉——本可以选择留下，却宁愿与王室一行风雨同舟——外，还有两位皇后、两名年少的皇子，以及较年长的皇子之妻陪伴他。

玛蒂尔达补充道："没有人涌来目送他们离去，这么一大早，万籁寂寂。"[136]

第十二章
末代大莫卧儿人

翁曼尼中尉于 10 月 13 日禀称："尽室以行，前国王和其他战俘怡然顺受。他们的状态非常好，个个精神焕发。每天上午 8 点，我就已经吩咐人把战俘舒舒服服地安顿于各自的营帐。每天（为了当日的行程）要在凌晨 1 点唤醒他们，除此之外，几乎没遇到什么麻烦。"[1]

扎法尔向来对出游、游行和远足探险乐此不疲，年轻时他的主要消遣方式之一便是动身去德里周围的乡间游猎，纵使年在桑榆，当季风季短休时，他就移驾至梅赫劳利的夏宫，但往往借故去了南方丛林，从而把短休变成有所拓展的射猎之旅。但是由治下都城出游，为期不过一两日，他此生从未去过更远的地方旅行，此次流配航程将是他所经历的最遥远的旅程。先时的起义和围城，可谓让他倍感压力，他被关押受审而屈身辱志，今时的放逐之旅，即便确切说来算不上游山玩水，至少相对而言，把他从之前十八个月所蒙受的恐怖经历中解脱出来。

一行人结队而行。一支由枪骑兵组成的骑兵中队走马在前，担任前卫。接着是扎法尔及两个皇子乘坐的华盖马辇，四面围簇着成群的枪骑兵。随后是吉娜塔·玛哈尔所搭乘的封闭式幨车，她与贾旺·巴克特王子年轻的妻子纳瓦布沙·扎曼尼太子妃以及自己的母亲穆巴拉克·乌恩丽莎一同出行。第三辆四轮马车载着泰姬·玛哈尔皇妃及其侍从，当中包括被唤作火者·巴利什（Khwajah Balish，意为垫子）的内侍，此青年

"木讷寡言又不讨人嫌"。[2]后面慢悠悠地跟着五辆"弹药仓库的斜顶犍牛运输车",内有男女侍从和扎法尔的后宫女眷,每辆货车载有四人,各辆车分别由一队枪骑兵押送。

一行人在舟桥上险遇不测,当时其中一辆仓库运输车险些把扎法尔的妃嫔抛进亚穆纳河,除此之外别无混乱不适,亦无抱怨不满。翁曼尼为战俘营所做的诸项安排,尤令那家人赞许:扎法尔及其皇子合用一顶"登山帐";为女士准备了一顶"有闺帷①围蔽的军帐"。[3]天气极好,早晚凉爽,日间晴朗温暖。甫抵坎普尔,眼前的景象就让一行人中的莫卧儿人啧啧称奇,他们第一次见到蒸汽火车"迎接乘客,而后不久就伴着规律的'噗噗'喷汽声和奇特的汽笛声开走",其间一支乐队在月台上演奏《英格兰人》(The Englishman)。[4]皇帝甚至向翁曼尼透露说,自己盼着看海以及乘大船旅行,还说之前不曾搭乘过比内河船更大的船舶。

在他们周遭,唯有近来战事之恒常的证据——严重受损且被炮火熏黑的平房以及被焚为废墟的警察局——作为一种提醒,让一行人想起此次旅程的令人不快的因由。他们偶一遭逢实战:当英军官兵猛攻叛军所占据的苏尼亚(Suniah)堡之时,扎法尔一度进入该堡的视野范围内;在前往阿拉哈巴德的最后一段行程中,他们大都沿着叛军所控制地盘的边缘行进。[5]亦有单单一起致命事故:"一些枪骑兵去饮马,一人进入深水区,他离了鞍座,马儿使他溺水数秒。耗时三刻钟,他的遗体才被寻回。"[6]

这段旅程的新奇感也让扎法尔的同伴欢喜,据说他们情绪

---

① kanat 或 qunat,即闺阃的帆布屏幔。

高昂。乔治·瓦根特利伯在《德里公报》中报道称："依据各方面的说法，众战俘乐乐呵呵，人们兴许会听到女人们在帷幔后说笑，身离德里，她们似乎没多大遗憾。"[7]

相较于德里的幽囚生活即将结束时的心境，他们此时的心境可谓天差地别。彼时，除去英国人一再对他们横加羞辱外，皇室成员之间也因积怨日深而自相纷争，由此更添苦难。据翁曼尼所述，皇室成员动身前，贾旺·巴克特爱上父皇后宫一名女眷，继后吉娜塔·玛哈尔就与贾旺·巴克特大吵大嚷个没完。贾旺·巴克特也开始利用家族现已匮乏的财力向看守行贿，让他们给他带来一瓶瓶波特啤酒（porter）。翁曼尼颇不以为然，他致函桑德斯道："说到前皇族的道德和家庭经济状况，此乃多么好的实例！母子是冤家，儿子想着法子跟父亲的妃嫔调弄风月，他把宗教戒律看作乌有，还从异教徒那儿买酒喝。"[8]

起程前，吉娜塔·玛哈尔同样跟老对头兼宿敌泰姬·玛哈尔争吵不休。兵变前，泰姬·玛哈尔已被囚禁三年，理由是与扎法尔之侄卡姆兰王子有私情。故此，德里城内因暴动而让自身遭际明显得到改善的人，虽然少之又少，泰姬·玛哈尔却是其中之一。然而经历那争吵后，泰姬随即宣称，不想跟吉娜塔·玛哈尔和扎法尔二人有任何瓜葛，因此搬至走廊另一头以远离他俩。她告诉翁曼尼："我与皇帝再无牵缠，我膝下无子，也不打算挪地方。""那好吧，泰姬·玛哈尔夫人，"翁曼尼答说，"你必须去前国王的住处，倘不自动自觉前往，我就得把你强行带到那里。"泰姬答道："你可以杀了我，但我不会去。"[9]正如翁曼尼致函桑德斯所言："前国王及其身边的人都不喜欢她，总而言之，她会是个非常'讨人嫌的人'。"

在旅程的头几个星期里，出行之乐，外加摆脱幽囚生活——居于自家皇宫后部一条脏乱的走廊——以及重获自由的喜悦，似曾平息皇室内部各种各样的宿仇积怨。但随着一行人临近阿拉哈巴德，前述紧张关系又变得明显。阿拉哈巴德的莫卧儿古城堡现被英国人占据，甫抵城堡，① 一行人中就有半数——由泰姬皇妃领头，还包括扎法尔的众妃嫔以及贾旺·巴克特王子的岳母和姨姐妹——决意返回德里，不肯继续流亡之旅。起初一行 31 人中，只有 15 人乐于继续跟随扎法尔。

此项重要议题有待裁夺，坎宁赶巧也在阿拉哈巴德，其间便与翁曼尼晤谈（但值得注意的是，并非与扎法尔晤谈）。他告诉翁曼尼说自己打定主意，前皇帝的流放地应当是缅甸，而非开普殖民地。不过，悬而未决的是被废黜的君主究竟应当留在仰光，还是沿该国北上、被押赴东吁②，该地位于克伦族（Karen）的丘陵地带，不仅"提供隔离之便，且因远离旅人及交通的惯常线路，任何陌客，尤其是土生土长的印度斯坦人，只要踏足其间就会立刻引起当局的注意"。[10]

在此期间，扎法尔接受健康检查。诸位医生的报告判定："考虑到伴随高龄所致的自然衰退现象，我们发现，他整体的身体状况好得超乎预期，就其年龄而论，他身体硬朗、元气旺盛，亦无病无恙。"

全体委员基于专业立场，没有人反对他经由海路迁往

---

① 扎法尔之弟贾汗吉尔王子（Mirza Jehangir）先时被英国人流放，阿拉哈巴德堡正是其流放地。也正是在该地，万念俱灰的贾汗吉尔王子终因"酗饮霍夫曼樱桃白兰地"而卒于 1821 年。

② Tounghoo，旧称同古。——译者注

仰光，继而前往该地的未来居所或者勃固省（位于缅甸
南部）的另外某处地方。反倒相较于（印度斯坦）东北
部诸省，勃固一年四季风和日暖、气候稳定，而且不可能
像在印度西北部诸省所能体验到的那样，存在相当大的气
温变化。故此，该地气候具备普遍认为的诸多有利条件，
可令年衰岁暮之人延长寿命。[11]

至于要将扎法尔解往哪个国家，坎宁自有决断，于是致函驻仰
光专员菲尔少校（Major Phayre）订立基本准则，以便对皇族
今后所受待遇起到指导作用。菲尔少校被告知：

> 总督阁下所愿如下：务必严密管押战俘，除日后被明　450
> 确提及的随行人员外，禁止战俘跟任何个人或群体保持任
> 何口头或书面形式的联络……务必当心，务须敬终慎始、
> 恭而有礼，须善待战俘，勿令他们遭受侮辱性的言行攻
> 击。此外，除去或许为安全管押战俘而势必引起的不适
> 外，勿令他们承受其他不适……须勿吝惜各方面的生活用
> 度，但他们中倘有人以货币形式领受津贴，诚非善策。

坎宁补充道："翁曼尼中尉仍将直接看管战俘及其同行者，务
须按规定每日巡视战俘，并且料理他们之所需。在他看来似有
任何意义或重要性的一切情况，均须引起你的注意，不得
违误。"[12]

　　一行人的人数缩减至 15 人，11 月 16 日由阿拉哈巴德继
续前行。两日后到达米尔扎布尔（Mirzapur），继而登上"泰
晤士号"（Thames）蒸汽船。翁曼尼禀称："诸国事犯未显露

丝毫焦虑，那老者看似颇为惬意，他说'这是有生以来第一次登上一艘大船'。"[13]凭借蒸汽推动，他们顺着恒河缓缓而下，沿途经过壮美的高止山脉（ghats）和贝拿勒斯的神庙。随后不久，他们路遇一对英国炮艇，因为反叛分子可能于布克萨尔战役（battle of Buxar）旧址附近渡河，炮艇正在巡捕反叛者。远在扎法尔的祖父沙·阿拉姆统治时期，1764年莫卧儿人就是在此与英国人发生首次冲突——正是始于这场战役，英国人开启攘夺地盘的进程，即由孟加拉沿该国北上，挺进德里。[14]"泰晤士号"蒸汽船的发动机出现故障，继后一行人在兰布尔换乘"柯莱号"（Koyle）蒸汽船，且于12月4日抵达加尔各答以南的锚地——戴蒙德港（Diamond Harbour）①。

451   扎法尔等一行人在该地被迅速转移至皇家海军"马加拉号"战舰（HMS Magara）。战舰起碇出航，莫卧儿王朝末代皇帝由父母之邦疾驰而去，再未归返。据河岸上一名看客所述：

> 12月4日上午10点，前德里之王被押上女王陛下的精良战舰"马加拉号"。作为皇家海军军舰，该舰当时呈现一派滑稽怪诞的景象：主甲板上拥塞着家具以及牛、山羊、兔子、家禽、稻米、豌豆，凡此种种形式的有生命和无生命的储备，王室战俘及其侍从携带它们以供自己享

---

① 此前不久被推翻的另两个伊斯兰王朝，其被远流的孑遗，即阿瓦德的前纳瓦布瓦吉德·阿里·沙的室家以及迈索尔的蒂普苏丹之子嗣的室家，就住在加尔各答的戴蒙德港上游。这两个家族都活出几分派头，瓦吉德·阿里·沙在加登里奇（Garden Reach）有一所华美的宅子，而蒂普诸子嗣得到的房子现为托利甘吉俱乐部（Tollygunge Club）。不过在1857年全年，英方一直把他们幽禁于威廉堡，以防他们成为异见的"病灶"。

用，聊以慰藉。自他被俘以来，第 59 团①的翁曼尼中尉一直负责照管他，此刻也在舰上予以引导。在他的游历之旅中，这大概会是为他效力的最后一种交通工具，再无其他。

他有两名妻子②相伴，她们的脸被面纱遮得严严实实，以至于还得让向导领下去。他年已老耄，看起来非常虚弱。倘说他是东方面孔及举止的典范，倒也不赖：沟壑纵横的面容有几分王者之气，身上的长袍和克什米尔山羊绒织物（Cashmere）③，裹得里三层外三层。他夷然自若，人们听见他询问一些军官在船上各自担任什么职位，如此等等。

一儿一孙④跟他一道，他们的脚一沾甲板，所关心的头等大事竟是讨要方头雪茄烟——简言之，他们处之优游。其间，前国王已走到甲板下，据说立马在一张卧榻上伸起懒腰。卧榻由枕头和垫子堆成，眨眼工夫，他手下的人就为他准备好。转移他及其同行者的整场行动得以迅速完成，随后第 84 团的卫队返回加尔各答，而"马加拉号"则凭借蒸汽推动出港，沿着胡格利河（Hooghly）顺流而下，驶往目的地。

持续航行五天。"马加拉号"于 12 月 8 日驶出外海，随后沿着伊洛瓦底江三角洲（Irrawaddy Delta）边缘多沼泽的潮沟，

---

① 即第 59 孟加拉本土步兵团。——译者注
② 第二个罩面纱的女子，实为其儿媳沙·扎曼尼太子妃。
③ 即克什米尔披巾。
④ 其实是两个儿子。

452 在泥泞的棕色水域里溯流而上，继而驶入仰光河。热带河岸郁郁葱葱，遥遥可见瑞光大金塔金灿灿的巨大尖顶耸峙于青枝绿叶之上。翁曼尼写道："宝塔十分宏伟，我们一驶入河中，遥距二十英里，就能望见它。有三座砖砌的坛塔，一堆乱糟糟的建筑物从较高的坛塔中央耸起，又陡然向上隆成一个高耸入云的雅致构筑物，通体以金箔贴面。"[15]

甫抵仰光港，"万头攒动，本地人和欧洲人都聚拢围观这一幕：战俘登陆，而后前往住处"，怠躁的翁曼尼如此记述道。[16]不过，更多恼人事接踵而来。事实证明，仰光的食物价格远比印度高得多，家佣的佣金也是如此，而且让翁曼尼恼怒的是本地家佣未能像落败丧胆的德里市民那样行额手礼。一周后，翁曼尼致函桑德斯："仆役自作主张、放肆无礼，简直令人难以置信。从举止来看，他们似乎认为在你这儿帮佣是施恩于你。他们冷眉冷眼、傲头傲脑，委实惊得我哑言。"

最叫人恼火的是，驻地专员菲尔少校几乎没为扎法尔的到来做什么准备，也没备妥像样的住房以接待他们。翁曼尼写道："菲尔少校不晓得该把战俘终身囚系于何处。"

> 目前（在瑞光大金塔正下方的新营房区，靠近城堡守卫营垒处），为他们留出两间小房，它们都不及德里宅子里的任何房间那般大小，侍从叫人搭起四顶毗连的帐篷，并以一道闱帷圈起围场。战俘现在几乎没什么舒适可言。政府势必会改善他们的待遇。[17]

如果对翁曼尼来说，仰光民风傲悖而与他不相投，那么这座城对扎法尔等一行人来说，料必首先是异乎寻常的陌生感。且不论一个炎热的热带内河港所带来的新奇感——周边是董棕（toddy palm）林，还挤满明轮汽船、由原木制成的柚木筏，以及类似华舶且帆篷鼓胀的缅甸渔船（hnaw）——单说这座 453 城的缅甸建筑风格，它有层层叠叠的贴金箔的塔尖及尖顶饰和飞檐，亦有：佛教僧院，院内有巨大的梵钟和带翼神兽"狮鹫"；巨大的佛像和菩萨像；雕花的木支柱和竹隔断以及藤格栅；窣堵波式佛塔（stupa）和朝觐圣地。此外还有：随处可见的身披红袍和黄袍、手持化缘木钵的僧侣；女人的丝绸裹身裙"特敏"（htamein）和有亮片缀饰的阳伞，本地男人的纱笼"伯梭"（pasoe）；金漆器和精美的陈设陶器；街头乐队的音乐；曾属于缅甸历代国王的沉静的蓝色湖泊；外形怪异的犍牛车，车身有工致的竹编车篷和带花卉图案的侧板；缅甸饭菜辛辣刺鼻的气味……凡此种种，对莫卧儿人来说，料必都颇为新鲜。

即便如此，说到这座城的窘厄政局，诸多情势直接映现德里的政局乱象，而这一行人刚刚将之抛于身后。1852 年 4 月贾旺·巴克特迎娶沙·扎曼尼太子妃之日，就在他得意扬扬地巡行于莫卧儿帝国时期的德里街巷的同一天，一支由东印度公司兵卒组成的军队——其中包括一个团的锡克兵——武装入侵仰光，事件的诱因是两名英国船长被控谋杀自家的印度船员，港市的瑞波省督（Shwebo Wun）对此二人的举动表示抗议。英方舰炮蛮横地攻破寨子，缅甸官兵溃退并被逐向曼德勒（Mandalay），继后英方听任战利品代理人肆意洗劫圣祠，他们甚至击碎神圣的圣像以搜寻宝石。

一如在德里，很多非官方的劫掠活动亦有发生。据《加尔各答英格兰人报》（*Calcutta Englishman*）报道："所在地的每尊圣像内部都被翻找，很多此种做法被坚决执行，然而战利品代理人显然不知情，因为欧裔炮兵大量兜销银像和一瓶瓶红宝石，那些都是他们在圣像里寻获的。"[18] 一伙劫掠者甚至向着伟大的瑞光大金塔的地基深处挖掘地道，决意搜寻传说中曾被埋藏于此的宝石厚覆层。瑞光大金塔的庭院惨遭亵渎，当下一个团的锡克兵正在那里扎营，一般无二的是，他们的同胞坐在德里主麻清真寺的拱廊里生起炊火。

454　　此外，就在战俘抵城前，英国人开始摧毁仰光滨水区的孟人（Mon）古渔村，连同村里数以百计的古老的佛教标志性建筑和朝圣圣祠。缅甸劳工被强行征召，此时缕缕行行的劳工正在清理瓦砾碎屑，英方要按照方格棋盘式的井然有序的街道布局，以在废墟上兴建一座殖民时期风格的新城。

　　扎法尔于仰光迈步登岸时，一个类似的改建方案——大规模毁灭并以殖民时期风格进行改建——开始在德里实施，很多建筑已开始拆除，它们刚被扎法尔抛于身后，皆是昔日莫卧儿王朝帝都最为人熟悉又瑰丽无比的标志性建筑。

　　迦利布大约在这个时期写道："看似整座城市正被拆毁。某些最大、最出名的集市——哈斯集市、乌尔都集市（Urdu Bazaar）和哈努姆伽集市（Khanum ka Bazaar），每座集市几乎像小镇一般大小——现都杳无踪迹。你甚至辨认不出它们从前在哪儿。户主和店家无法向你指明自家宅子和店肆曾坐落于何处……食物价格腾贵，命如草芥，谷物售价奇高，让你不禁觉得每个谷粒都是一种水果。"[19]

彻底夷平德里的计划起初由《拉合尔纪事报》提出以供讨论，德里身为已遭挫败的反叛中心，此举可谓一种惩罚。迦利布所描述的其实是该计划的一个甚为缩减的版本。该计划在印度和伦敦两地拥有众多势要拥趸，巴麦尊子爵（Lord Palmerston）就是其中之一。他写道，应从地图上抹除德里，而且"凡与伊斯兰教传统有关的所有民用建筑物都应夷平，无须理会好古者的崇拜以及艺术家的偏嗜"。[20]起先坎宁伯爵一直对《拉合尔纪事报》诸提议抱持颇为开放的态度，但他最终勉强被说服而未下令夷平城池。说服他的人，正是约翰·劳伦斯。

劳伦斯曾在职业生涯初期担任托马斯·梅特卡夫爵士的助手，他在德里度过数年，渐渐喜欢上了莫卧儿王朝帝都。身为旁遮普首席专员，为了推动英国人在1857年获胜，他所做之事不比其他任何人少，因此同样有资格和能力规谏同僚放弃"大规模毁灭与合法化大屠杀"的计划，而时下在堂皇正大的惩恶行动的幌子下，这些都正在发生。

1858年2月德里行政公署被正式移交给旁遮普政府时，劳伦斯的首批举措之一就是把西奥·梅特卡夫遣送回英格兰休长假。他写道，西奥犯下"大规模屠杀"之罪，以此直接向加尔各答的坎宁提出申请，终在1858年3月2日达成此事。[21]到4月时，劳伦斯已能呈报称："各形各色的文官恣心所欲、肆意实施绞刑，我加以遏止并委派一个委员会，自那时起事态大有改善，当地人之间的信任感也大大增强。梅特卡夫在德里掌舵，实乃大不幸。"劳伦斯后又补充道："为害无穷，好在他现已卷铺盖回家。"①[22]

　　劳伦斯在同一封书函中，描述了自己如何开始极力敦促对不曾蓄意、冷血地亲手谋杀英国平民的人犯施行一次大赦。后来，劳伦斯向坎宁提出下述见解以供商酌：当下一些英国人表现得好像正投身于"一场灭绝战"。他反倒推荐实施全面大赦，因为"只要所有人（指哗变者）都被归于同一个'标题'下，所有人都会拧成一股绳而拼死抵抗"。劳伦斯之计划的一个出人意料的支持者是迪斯雷利（Disraeli）。印度兵变诱发英国人的杀戮欲，这令迪斯雷利深感震骇，他奉告下议院："我对'以暴制暴'表示抗议。我见过所述之事，亦看过近来所撰之文，这就让我揣测……我们正准备复苏火神摩洛克（Moloch）崇拜，而非敬拜耶稣之名。"[23]

　　大赦构想最终成为官方政策，1858 年 11 月 1 日以维多利亚女王的名义予以宣布。同时，在《印度政府改进法案》（Act for

---

①　西奥在英格兰待了五年，然后于 1863 年返回印度，但那时劳伦斯已被擢升为总督，他阻止西奥获任任何"值得称道的职位"，西奥迫于无奈，永久性地从印度行政参事会（Indian Civil Service, ICS）辞任，返回英格兰。一部家族回忆录现藏于大英图书馆，据其所载："数年后，贝利夫人（Lady Bayley，即西奥之妹埃米莉）探问劳伦斯男爵（原为约翰爵士），为什么对其兄一直那么不友善。劳伦斯男爵答称，因为他在缺乏罪证的情况下绞死那么多人。她答说自己曾就此事询问西奥菲勒斯爵士，他自称从未那么做，还称该自责的唯一一件事情是火焚阿里布尔，当他在那儿初次仔细搜查，立即寻获三只白色的小脚丫，那证明欧洲人曾于该地遇害。"1863 年之后，西奥未再返回印度，他在伦敦继续闲居二十年，甥侄们时常"听他讲述自己在 1857 年的冒险故事"，在他们的记忆中，西奥是"个有魅力和喜感的伴儿"，带着"一股强烈的恶作剧感觉"。鲜有迹象暗射他就是 1857 年被视为城内最冷酷无情、最狂热的绞刑判官。西奥于 1876 年再婚，但仅仅七年后，他就离世，年仅 55 岁。参见东方与印度事务办公室汇编，大英图书馆，哈德卡斯尔档案（Hardcastle Papers），图片欧洲卷，第 31，1A。

the Better Government of India）中，英国王室终于承担东印度公司所揽下的一切政府责任，东印度公司 2.4 万兵力的军事力量亦被收编。如果说印度斯坦行将失去延续近三百载之久的统治者"莫卧儿人"，那么它现在至少将由一个机构健全的殖民政府，而非一个为股东利益行事、聚敛无厌的跨国公司来统治。①

历经一场更旷日持久的运动，拯救德里和限制屋宇清拆量的计划才得以落实。迟至 1863 年，接替桑德斯担任驻德里专员之人仍然提出证据，称就凭参与举事，"反叛之城德里的市民作为一个团体，业已彻底丧失诸多权利"。他争辩道："切莫忘记，德里市民与哗变者同心协力。"²⁴不过，劳伦斯运用自身影响力，大幅缩减有计划拆毁行动之规模，他辩驳说，德里"是十分重要的阵地，应由我们占据"。悖于当时潮流，劳伦斯亦指出："对于所发生之事，我们几乎与民众一样难辞其咎。我尚未见过或听过任何事，以令我确信在戎行之外有任何阴谋。即便在军中，世人也几乎不能言称存在一场阴谋……军队陷入不如人意的状态，委实由来已久。"²⁵

坎宁已下令摧毁德里墙垣和城防设施，但劳伦斯设法让该指令被撤废，他辩称德里城内火药不足，无法炸毁数英里长的墙垣。²⁶到 1859 年年底，坎宁批准劳伦斯的计划，同意只拆毁必要的地方，以令红堡和城郭更易于守御。时至 1863 年，自月光集市东半部、下至大日巴伽蓝一带的有计划拆毁行动也已作罢。²⁷即便如此，城内大片大片地带，尤其是红堡周围，仍被清除。迦利布给印度斯坦各地的信友写去连串伤感的书信，

457

---

① 随着《东印度公司股息救赎法案》（East India Stock Dividend Redemption Act）生效，东印度公司残部最终在 1874 年 1 月 1 日被解散。

正如信中所记述的："绝非夸大其词，拉吉加特（位于城市东部边缘，俯瞰向亚穆纳河）与主麻清真寺之间的区域成了巨大的砖头堆。"

> 拉吉加特门已被填塞，唯有城墙的壁龛式城堞清晰可见，其余部分已被瓦砾塞满。为了筹建以碎石砌面的道路，加尔各答门与喀布尔门之间被弄出一片宽广的开阔地。旁遮普路边小客栈、男洗衣工聚居区（Dhobiwara）、罗摩吉甘吉（Ramji Ganj）、萨达特汗小客栈（Sadat Khan ka Katra）、穆巴拉克夫人（即奥克特洛尼的遗孀）的哈维利、罗摩大人（Sahib Ram）的哈维利和他的园子都被毁得面目全非。[28]

迦利布在其他书信中哀叹都城里若干精美绝伦的清真寺被毁，譬如阿克巴拉巴迪清真寺（Akbarabadi Masjid）和克什米尔小客栈清真寺，苏菲圣徒卡利穆拉·贾汗纳巴迪长老（Sheikh Kalimullah Jahanabadi）的圣陵[①]等伟大的苏菲圣祠，穆罕默德·巴卡尔大毛拉所建造的什叶派会堂[②]，布拉奇公主封闭社区，大日巴伽蓝的正门，以及经过清理而建置的一片70码宽的、围绕着主麻清真寺的旷地。[29]德里最美轮美奂的华宫，其中四座也全然被毁，它们是新近被绞死的贾杰切尔、巴哈杜尔格尔和法尔鲁克那加的三位纳瓦布各自的哈维利，以及伯勒布格尔王公的哈维利。[30]沙·贾汗之女贾汗娜萝（Jahanara）的大驿站被拆毁，被一座新的市政厅所取代。奥朗则布（Aurangzeb）的加冕地——沙利马尔花园被廉

---

① 不过，该圣徒的一座朴实无华的坟墓尚存于老德里的卖鸽人集市（Pigeon Sellers' Bazaar）。

② 什叶派的修道会堂，过去常在穆哈兰姆月期间举行悼念仪式。

售以作农用。即便获许继续留存老的莫卧儿构筑物的地方，也往往被重新命名，例如"公主花园"（Begum Bagh）被更名为"女王花园"（Queen's Gardens）。

令人嗟伤的是，因劳伦斯插手干预得太晚而无法加以阻遏，最终被全盘毁灭的另一片区域，正是红堡。劳伦斯设法保全主麻清真寺和皇宫宫墙，辩称它们不仅可以服务于莫卧儿人，也可以让英国人派上用场，但红堡其余部分已有八成被夷平。当时哈丽雅特·泰特勒就住在公众谒见厅楼上的一个套间，她震悚于该项决定，所以拿定主意要赶在都城消失前，绘制一幅城市的全景画。① 自 9 月 14 日英方发起反攻后，英国

① 那幅全景画似乎已完成，但后来消失不见。不过大英图书馆确实藏有另一幅红堡的完整全景画，它是在 1857 年之前，由托马斯·梅特卡夫爵士委托绘制，它的部分翻印图载于本书。此后一段时间，由于哈丽雅特·泰特勒的丈夫罗伯特被任命为安达曼群岛上可怖的英国集中营总管，她于 1862 年陪丈夫赴任。哈丽雅特"从第一天起，就憎恶那个地方"，虽则她仍因群岛上最高的山"哈丽雅特山"（Mount Harriet）之名而被人们纪念。尽管泰特勒夫妇试图降低当地高得惊人的监犯死亡率，但收效甚微。他们到达时，监犯每年的死亡人数约达 700 人，因为置身于安达曼群岛湿热又有碍健康的热带丛林，很多人会在数周至多数月内死于疾病，而且有一次，战俘营的 1 万名监犯中只有 45 人被随营医生判定为"体格健康"，其他人则因岛上的土著居民——其中一些是食人族——频繁袭击战俘营而丧命。为数众多的被放逐且受制于这个骇人的管理体制的监犯来自德里：在起事期间，无论就什么议题向皇帝呈递单单一封诉愿书，就足以让诉愿人被终身放逐至安达曼群岛。迦利布最才华横溢的友人之一——诗人兼知识分子法兹勒·伊·哈克（Fazl i-Haq）便在被判刑的人之列。法兹勒本是奥克特洛尼的门生，也曾是跟迦利布定期下西洋棋的棋友。他被指控犯有"怂恿德里的穆斯林发动圣战以反抗英国人"之罪，尽管被告知倘对此项指控予以否认，便可获得赦免资格，但他在法庭上仍然拒绝否认。就在其获释的命令送抵前，他溘逝。十年后的 1872 年，罗伯特·泰特勒离世。哈丽雅特赴英属哥伦比亚（British Columbia）远游，跟女儿在那里住了些日子，后又返回印度，居住在西姆拉并撰写回忆录。她卒于 1907 年，享年 79 岁。

人在德里的行为方式让哈丽雅特极为厌恶。她在回忆录中写道："如今德里果真是一座'枉死城'。彼般德里，死一般的岑寂，瘆煞人。你所能见到的只是一幢幢空屋……阒寂无声……让人哀肠百转，不堪言状，仿佛有些东西从我们的生活中彻底消失了。"[31]

拆毁行动于 1857 年 11 月在女王浴场（Queen's Baths）开始，继而贯穿皇宫大部，"两倍于埃斯科里亚尔（Escorial）建筑群面积"的一片区域被摧毁。建筑史学家詹姆斯·弗格森颇感惊骇，诚如他在二十年后所指出的："由集市向南、向东各约 1000 英尺范围，建筑群中央区之间的整片区域属于皇宫宫闱的占用地——比欧洲任何宫殿的面积都大一倍。"

> 依照我所持有的本地平面图，我看不出有任何理由存疑，它包含错落有致的 3 座内苑以及 13 或 14 座其他庭院，一些为国事之用，一些为方便起见，至于它们是什么样子，我们不得而知。它们的遗迹现已荡然无存……宫闱的整个庭院被掸出尘寰，以便腾出地方修建一座奇丑无比的英国兵营。他们实施这桩恣意破坏的可怕蛮行，甚至认为不值得为自己所摧毁的东西订个计划，也未留存这座人世间最美轮美奂的宫殿的任何记录。[32]

迟至 1859 年 3 月，乔治·瓦根特利伯在《德里公报》中欣然记述，称皇宫里仍在持续进行"大量爆破"。一些最精美的建筑物最先被毁掉，譬如小彩宫（Chhota Rang Mahal）。就连红堡瑰丽堂皇的宫苑，尤其是哈亚特·巴赫什花园和月光花园也被摧毁。到年底为止，只剩约 1/5 的原始建筑架构——大体是沿着亚穆纳河滨水区，一字排开的几座孤零疏落的大理石建筑。那些建筑得以保留在很大程度上是因为英方占领军将之用作办公室和食堂。它们本是那些庭院的一部分，庭院一旦被毁，其建筑逻辑就荡然无遗。

所有贴金箔的穹顶和大部分可拆卸的大理石零配件，都被战利品代理人拆下，然后以贱价抛售。正如弗格森特别提及：

> 我们占据皇宫时，大家各自为政，看似依照最独立的方式肆意抢掠。此外还有一名上尉——后来的约翰·琼斯爵士（Sir John Jones），在攻占红堡期间，他曾把拉合尔门炸塌进去——拆毁很大一部分，他还想出妙点子，把自己的掠夺品嵌入大理石台面。他把其中两件带回家，并以500英镑的价格卖给政府，它们被摆进印度博物馆①。[33]

460

这些碎片中包括享负盛名的彩石镶嵌画（pietra dura）"俄耳甫斯嵌镶板"（Orpheus panel），沙·贾汗曾把它安放在孔雀宝座（Peacock Throne）背后。

与此同时，莫卧儿王朝红堡的残余部分成了灰色的英国兵营。鼓楼成了一名英军上士的住所，昔时鼓楼的鼓声和小号声曾一度宣告伊斯法罕（Isfahan）及君士坦丁堡诸大使驾临。公众谒见厅变成军官休息厅，皇帝的御道成了军人服务社，彩宫也成了军官食堂。"天选宫"（Mumtaz Mahal）被转变为军事监狱。壮丽的拉合尔门更名为维多利亚门（Victoria Gate），

---

① India Museum，即东印度公司的印度博物馆，创办于1798年，1879年并入南肯辛顿博物馆，现为维多利亚和阿尔伯特博物馆的印度展馆。——译者注

变成"一座集市，以裨益红堡的欧裔将士"。扎法尔对宫殿建筑的贡献"扎法尔夏宫"——巨大的红砂岩池塘里的一座巧夺天工的浮榭——成了军官游泳池的中央摆饰，哈亚特·巴赫什花园残存的亭阁则被改造成男用小便池。[34]

当这一切发生时，贯穿 1858 年全年，印度教徒正慢慢被重新接纳进城，但穆斯林仍几乎完全被禁止踏入城郭。诚如迦利布在《希望的故事》中所写：

> 德里城内，倾城寻不着一千个穆斯林，而我就是这些人中的一个。有些人离这座城市很远，仿佛不曾是德里居民。很多权重望崇之人居于城外，或住在山脊上、茅庐里，或居于沟渠中、泥棚内。栖身于荒野中的许多人，或是渴望返归德里的人，或是被囚者的亲眷，又或是靠施舍过活的人。[35]

"形容枯槁的老穆斯林（Musulmani）和像吉卜赛人一样的莫卧儿人（仍然）露宿于库特卜大人圣陵。"1860 年一个过路的旅人目眦心骇。就连盛气凌人的玛蒂尔达·桑德斯也觉察到："每日因无食果腹、无瓦遮头而垂毙的人，比比皆是。"[36]

461　　德里的穆斯林于 1859 年 12 月向政府请愿，要求获准各返其宅。他们致函维多利亚女王，祈求（据查尔斯·桑德斯委托翻译的译文所载）：

> 可被准许返回德里城内家宅。他们被严密隔绝于城镇之外，如踞炉炭上，苦不堪言，既无处避难，亦苦无生计。眼下寒冷天气即将来临，鉴于自身所处的赤贫和悲苦

现状，故而乞求免受风刀霜剑之厄。他们深信女王陛下会
效法其他宽厚仁君，对他们的不端行为予以宥恕，并准许
他们再居于自家老宅——如若不然，可以想见，他们只能
过着豕食丐衣的日子。[37]

1860 年申诉得到准予，他们陆续获得返城许可，即便那时，
很多穆斯林因无法自证忠诚而发现家宅被没收。情势变得如此
糟糕，以至于印度的一些英国报纸都对德里的穆斯林日渐同
情。"欧洲人焦躁的神经，何时得以平息？"1860 年 6 月《乡
巴佬报》（*Mofussilite*）提出质问，"没理由如此……"

> 那些民众之所以卑屈惟怯，是因被饿垮、放逐和洗
> 劫。数以千计的穆斯林颠沛流离，他们无瓦遮头、无家可
> 归；印度教徒却以佯装的忠诚而自矜，高视阔步、穿街走
> 巷，摆足了架子。勿令公众觉得，德里尚未受到惩罚。不
> 妨缓缓穿行于荒草蔓蔓的空街冷巷，留意那被"连根拔
> 起"的屋舍和被枪击炮轰得千疮百孔的宫殿。[38]

穆斯林的房产被英国人没收且被交付拍卖，其中大部分被城中
信奉印度教的卡特里——诸如琼纳·马勒（Chhunna Mal）和
罗摩吉·达斯——以及信奉耆那教的银行家一揽子购买，只有
这些德里市民仍有权使用流动性现金，原因在于都城失陷后不
久，他们就通过支付一大笔款项而得到豁免，以使自己的主要
中心——尼尔小客栈（Nil ka Katra）免被战利品代理人哄抢
糟蹋。[39]信奉印度教的商贩和银行家甚至把都城里最著名的两
座清真寺整个买下来：琼纳·马勒买下法塔赫布里清真寺，一

462

名信奉印度教的面包师买下美丽的吉娜塔清真寺。起义期间，吉娜塔清真寺一直是主要的圣战中心之一。[①][40]

这一切加剧了突如其来的权力转移：从起义前主宰都城的穆斯林精英，到起义后城中最富有的市民——信奉印度教的银行家。"首都掌握在像琼纳·马勒和马赫什·达斯（Mahesh Das）那样的一两个人手中。"1858年爱德华·坎贝尔如此写道。[41]宫廷圈子及莫卧儿贵族阶层之绪余，大体到了身无分文的境地。少数人担任学校教员和家庭教师，靠薄薪活下来，但就很多人而言，如扎卡乌拉赫大毛拉（Maulvi Zaka'ullah），其身处的世界彻底毁灭，那番打击令人"无法忍受"，他后来承认，自己有一阵子被"一种惆怅心绪压垮，近乎绝望到心如死灰"。[42]

迦利布于1862年1月写信给一位友人道："可叹！我亲爱的老弟，此非你呱呱坠地的彼德里，非你入学受教的彼德里，非我旧时同来上课的彼德里，非我度过人生五十一载的彼德里。"

> 它是一座营地。这里仅有的穆斯林或为工匠，或为英国当局的仆役。余者皆是印度教徒。被废黜的皇帝，其男性后嗣——比方说锋镝余生者——每月支领5卢比津贴；其女性后嗣，年老者当上鸨婆，年轻者沦为娼妓……[43]

---

① 直到多年后，两座清真寺才被奉还给德里的穆斯林：1875年法塔赫布里清真寺被奉还；20世纪初叶，吉娜塔清真寺由寇松爵士（Lord Curzon）奉还。锡克部队一直盘踞于主麻清真寺，直至1862年才物归原主。参见 S. M. Ikram, *Muslim Rule in India and Pakistan*, Lahore, 1966, p. 462。

迦利布未言及的是都城失陷后，继之而来的大规模群体性强奸把德里许多闺秀贵妇逼上卖淫之路。英方认为，暴动时德里的英国女性曾遭性侵——后来证实此乃十分虚假的谣言，诚如桑德斯委托展开的一项全面调查所证实的——因此英国军官几乎未插手阻止手下士卒强奸德里女性。关于被控的任何一个强奸实例，桑德斯委托展开的调查均证明：反叛分子完全无罪，与此同时，另一项调查发现，皇室或许有多达 300 名后妃和公主——不包括宫中前妃嫔——"在德里失陷后，被我方官兵掳走"，还有很多不曾被诱拐的人，为了谋生现已沦落风尘。[44] 目睹皇室女性之厄运，迦利布显然被深深震撼，在书函中一次又一次重提旧话。他告知友人米尔扎·塔夫塔（Mirza Tafta）："你若在这儿，便会见到红堡的淑女在都城四处活动，她们冰肌月貌，但一袭衣衫脏兮兮，宽长裤的裤管破敝，软履也烂开花。这非夸大其词……"[45]

失去莫卧儿朝廷，都城作为文化与学术中心的声誉也随之大为丧失。城中图书馆遭抢掠，馆藏的手抄珍本遗失。伊斯兰宗教学院几乎悉被关闭，其屋宇大多被信奉印度教的放贷者囤购——而且迟早被拆毁。所有学校之中最负盛名的拉希姆伊斯兰宗教学院，被拍卖给商人族群的领军人物之一——罗摩吉·达斯，他将之用作栈房。[46]

时至 1859 年，迦利布发牢骚说在这座曾经最"书卷气"的城市，自己甚至寻不见单单一名书商、装订工或书法家。[47] 遑论任何诗人的存在："曼侬（Mamnun）何在？扎乌克何在？穆明·汗（Momin Khan）又何在？有两位诗人劫后余生：一位是阿祖尔达，他默默无言；另一位是迦利布，他耽溺于自我，陷于一种醉生梦死的状态。无人作诗，亦无人赏析。"对迦利布来说雪上加霜的是，他所创作的大量诗歌——毕生的伟大成就——已然遗失，因为他从未保存自己所创作的抒情诗副本，而友人保藏其诗作的两座私人图书馆，都被英国人洗劫并捣毁。"一名托钵僧有副好嗓子又擅吟唱，几日前，他在某处发现我的一首抒情诗，便叫人把它写下来，"迦利布在一封信中写道，"实话告诉你，当他拿给我看时，我泪涌双目。"[48]

忧闷的迦利布于 1861 年写信给一位友人道："整座城已然变成荒漠，德里民众还以德里语而自矜！何等可悲的信仰！我的好哥们啊，乌尔都集市不复存在，乌尔都语又安在？老天爷作证，德里不再是一座都邑，而是一座营地，一座军营。无红堡、无集市、无水道……"[49]另一名友人探问这些日子德里若何，迦利布回信道："四样东西让德里保持勃勃生机：红堡、每日云集于主麻清真寺的人群、每周去亚穆纳河大桥的徒步之行，以及每年的卖花郎巡游。这些都无一幸免，德里又焉得自免？是的，在印度王国的疆土之上，曾有一座城被唤作彼名。"[50]

此般情形之下，迦利布时常感到困惑：一切追求既已矣，继续活下去意义何在。他写道："人不能以泪止渴。你是知道的，身陷最深的绝望深渊时，所剩的唯有顺天应命。能有什么深渊比这更深：正是死的寄望让我偷活？"[51]他于 1862 年 6 月写道："这些天来，我的灵魂栖居在我的身体里，似笼中鸟一样躁动不安。"[52]

没有德里学院和伊斯兰宗教之巍巍学府，没有印刷机和乌尔都语报纸，也没有莫卧儿朝廷——虽因缺乏资金而不具备实际资助能力，但总能以巨大的文化声望加以弥补——最重要的是，没有皇帝在朝堂上担任焦点以及某种程度上的"触媒"

角色，德里的文艺复兴与艺术繁荣背后的驱动力亦随之消亡。印度的伊斯兰文明"跳动的心脏"被撕扯出来，无以代之。诚如迦利布的临终绝笔之言："唯有皇帝在位，这一切方能绵延赓续。"[53]

1859 年 4 月 1 日，爱德华·翁曼尼向扎法尔及其家人道别，随后偕同所在的团动身返回印度。扎法尔的另外四名印裔侍从跟着翁曼尼一道离去，那四人虽身在缅甸，却发觉自己念念不舍故国印度，便欲各自归家。

三周后，扎法尔被迁移一小段距离，穿过军营搬至瑞光大金塔下方半英里处的新住处。[54]"房子在距离城堡守卫营垒不过几码远处，像该国的木屋一样被架高，离地面有相当一段距离，"扎法尔的新狱卒尼尔森·戴维斯上尉（Captain Nelson Davies）告禀称，"它在一座 100 英尺见方的围场里，且被 10 英尺高的栅栏围住。"

465

　　该住所由四个房间组成，每间房 16 英尺见方，其中一间分拨给前国王使用，另一间为贾旺·巴克特和年轻的太子妃所用，再一间被吉娜塔·玛哈尔王后占用。这几间房各自附带一个洗沐区。沙·阿巴斯及其母住在余下的那间房。

　　众侍从要么慵懒地闲卧于檐廊四处，要么止宿于房子底下，该处被捣碎的砖料覆盖，以便保持干燥。一条排水渠环绕房子四周，也基于这个目的。有两间盥洗室和一间

双人浴室，以满足仆佣的使用需要，还有一个做饭的
地方。

　　房子上面几层的檐廊周围满是鸡仔，鸡仔都被钉牢的
板条围住。年老体衰的前国王和儿子们通常坐于该处，楼
上地面几乎被抬升至栅栏的高度，他们得以坐享"当地
常刮的海风"之甜头以及延展开来的赏心悦目的美景。
他们望着过路的人，还凝视船舶装运，这多多少少对单调
乏味的铁窗生活有所调剂，在某种程度上也让他们顺服地
接受目前的居住区。

戴维斯接着描述为看守前皇帝一家所部署的安保措施："白天
有两名哨兵站岗，夜里通常有三名。"战俘被每日巡视并检查
两次。至于养活皇帝及其家人的花销，其"数额会大大超过
印度，日均花销 11 卢比左右，鉴于供给物的价格一路上涨，
每日开支恐怕会超出前述金额。自我接管后，每个星期日额外
发给他们 1 卢比"，宽宏大度的戴维斯继续说，"并且于每个
月的第一天外加 2 卢比"。

　　这让他们得以放任地享用几样盥洗用品，而不必向我
索要或许在某种程度上有所依赖的每件小玩意。笔墨纸当
然被严禁使用。在我接管前，他们以自己的资源，自行满足
个人所需的诸多琐细的必需品以及所穿戴的全套丽服。但眼
下他们言明，自己的钱款都已花光——此声明或许尚有若干
疑点。至于供给的食物是否充足且品质良好，我每日通过亲
自查验和调查予以核实。近来已经提供一批衣装供给，但因
他们的老存货颇为破旧，我只能马上更进一步地添补衣物。

为战俘维持的编制处于尽可能低的等级，仅由一名信差（Chupprassie）组成，他分内的工作是采办战俘的日常补给，可以说是我本人与战俘之间的密使。目前我所雇的男工虽是缅甸人，但印度斯坦语讲得很好，至于听从战俘差遣而需要由集市采办些什么，该男工足以应付。相较于雇用印度斯坦男工，雇用该男工所应支付的薪酬颇高，但我觉得，由于所要求的是这等常来常往之事，在此情形之下，雇用不同种族的人，方为通权达变之举。

受雇的其他仆佣，只有挑水夫（bheestie）、男洗衣工和清扫夫各一名。我们无从规避上述印度斯坦裔雇工，但他们都配属于我手下的部门，且因我的院子紧邻战俘，所以我迫使他们都住进我的院子，这样我便可以时时掌握他们的情况，亦可以一直严密监管。当然不允许公众与战俘保持交往，仆佣也只能凭我本人所签发的通行证获准进出。通行证逐日签发，在他们获准进入前，还须经过城堡守卫营垒上的军官查验。为加强安保，除各个签名外，前述许可证还以一种编号体系印制和核查。

戴维斯接着谈论扎法尔的健康状况，他评述为："还算好……自迁离先时狭小的围居所之后，他的健康状况已经得到相当大的改善，虽然虚弱不堪，但就一名 86 岁[①]高龄的土生土长的印度人而论，其朽迈程度并不比料想的更糟。"

如果酌留时间让他拿主意，他的记性尚好，但因牙齿　467

[①]　原文如此。——译者注

脱落而口齿不清。凡需要"脑力延展"方面的精力及能力之事，他一概力所不及，当前给人的印象固然如此，但总的来说，他看似格外好地承受住了岁月的重担。像槁木死灰般昏昏度日，除去对永恒的事务外，他对一切都表现得相当漠然。在过去很长一段时间里，这看似一直是他的常态，而且在未来的一段时间里，或许依然故我，直到他的生涯戛然而止，却不会让任何人感到惊诧。

吉娜塔·玛哈尔一直留在帷幔内，戴维斯无法探视她，因此差遣妻子回来汇报。"戴维斯夫人间或探望两位后妃"，吉娜塔·玛哈尔"被戴维斯夫人描述成一位中年妇人"。

    她的身体非常健康。我从屏幔后面跟她交谈数次。她屡次细述德里暴动时她所采取的举措：致函（阿格拉的）科尔文先生（Mr Colvin），即已故的西北诸省副总督（Lt Gov of NW Provinces），恳请他前来援助。她以此暗示王室当时沦为反叛分子的俎上鱼肉。她还不断坚称，他们一家无助无能到那般地步，甚至庇护不了一名欧洲姑娘，而那个不幸的姑娘曾向她寻求保护。

    此外，她一再拐弯抹角地提到自己私有的财宝及宝石遗失一事，还声称霍德森少校曾经许下诺言并给她一份文据，以作为其个人财产安全的担保。我不了解确切的细情始末，但我思量，那同样符合王后对于这一情形的说法。她明言霍德森少校死后，她的财产才被人鼓捣，当时她遵从要求交出文据，该文据是霍德森少校先时给她的，以作为一种保护措施。继后她的贵重物品统统被驻德里专员桑德斯先生剥夺，价值高达 200 万卢比（等值于 20 万英镑），而他拒绝把该文据还给她。

我已经向她解释说，其夫一经被判犯有叛乱罪，其家庭的全部财产就转而收归政府所有，下述事实与此事扯不上一丁点关系：她的家业有别于国王的家业，她亦居于独立的宫殿。不过她似乎认为其个人财产被没收，在某种程度上悖于习俗。她指望凭借财富去搬弄是非，不管我怎么不留余地打消她的念头，但若倾向于如此，凭着与生俱来的才能，她兴许办得到，因为从言谈举止来判断，她看上去是个性情阳刚的妇人。说到反叛分子的阴谋，在她和昏蒙的丈夫二人中，她极可能有更多话事权。①

戴维斯进而透露，扎法尔和吉娜塔·玛哈尔二人把自身的处境都怪罪于昔时的股肱心腹——御医兼宰相阿赫桑努拉·汗大夫。据包括通常可靠得无可挑剔的查希尔·德拉维在内的数名目击者所述，反叛分子希图杀害红堡内的欧裔战俘时，正是阿赫桑努拉·汗强谏扎法尔莫要阻止该企图。尽管英方对扎法尔提出的主要控罪之一是主持大规模屠杀，但大夫仍似脱壳金蝉一般，非但未受绞刑，甚至未被关押，其交换条件是出庭作证，以提供对前东家不利的证言。戴维斯写道：

当然始终要以审慎的态度，听取诸战俘的供述，不过牵涉她遗失财宝之事，某个名叫阿扎姆·乌拉·汗

---

① 这其实与事实相反：吉娜塔·玛哈尔一直跟反叛分子保持距离，而且自始至终反对他们，其中相当重要的原因是，与贾旺·巴克特争夺皇位继承权的诸位对手，全都热情高涨地欣然接纳叛方事业。

（Azam Oollah Khan）的人似乎参与其中——至少全体战俘无不对之怀怨。他们还坚称该人身为国王的大夫兼谋臣，实为首恶，正是经他诡诈的劝谏，才致使欧裔战俘毁灭。我认为这与事实相悖，[①] 但该男子似曾提供涉及隐匿财宝的若干情报亦非不可能，此举招致王后等一行人怨恨。说千道万，有充分合理的理由而无庸置辩的是，禀词中的该大夫看来已博得德里英国当局的信任，况且，王后及同伴愤懑的表现反倒越发证实前述观点。

随后戴维斯把注意力转移到沙·扎曼尼太子妃身上，想必又是透过其妻所提供的描述得来的二手资讯。他把她形容为：

　　一个楚楚可人的年轻女子，虽已是两个孩子的母亲，但她至多 15 岁。相较于旁人，她似乎更强烈地感受到图圄生活的束缚。那种束缚感，或许在某种程度上是因为生产后身体虚弱：抵达本地后，她旋即分娩。我从翁曼尼中尉那儿得知她生了个男孩，但是个死胎。老国王和他的儿媳尤其偏好见缝插针地为一切鸡毛蒜皮的事寻医问药。那个年轻女人一心盼着偶尔获准出外兜风。

至于贾旺·巴克特王子和沙·阿巴斯王子，

　　这两个王子身强体健，都是相当有前途的青年，但在

---

① 关于这一点，戴维斯之见有误。扎法尔曾经试图搭救诸战俘，若非大夫哀求扎法尔停止抗议，扎法尔本来完全可以成事。

风操和仪止方面略有不同。年长的贾旺·巴克特的外表和仪态显得高人一等，这可能更多的是因为他在家庭中享有的公认地位，而不是因为品性及造诣方面的任何明显的优势，他生来就是嫡皇子。而其同父异母的弟弟则没那么幸运，他不过是侍女之子。兄弟俩都无知至极，为兄者仅略懂波斯文字读写方面微不足道的知识，每当被问及最寻常的话题时，他们的寒腹短识马上暴露无遗，就连自己祖国的疆界也不了解。

作为唯一能传达他们愿望的媒介，我觉得自己有责任记录这两个小伙子所展现的那种值得称道的学习欲望，以供政府参考。尤其是他们时常表示非常渴望学习英语方面的知识，他们似乎充分意识到这样做即便不能免除当前的无知状态所连带的"活现眼"，亦是消弭厄运的最后一种途径。他们表示自己向德里专员表达了宁愿被送到英格兰，而非其他任何地方的心愿。小伙子们的父母均就该话题来找我谈过话，大家看起来都很心焦，巴望能开个头。小伙子们所具备的智能足以确保自己有望突飞猛进，他们也信誓旦旦地向我许诺说倘政府应许着手实施该方案，他们会力学笃行。我告诉他们说我会把他们的愿望传达给政府考虑。

470

戴维斯在附信中进一步阐发了对两个小伙子的冀望，并提议通过把两位王子送往英格兰，他们便可培育一对盎格鲁化（Anglicised）又崇英的莫卧儿王子。戴维斯还补充说，扎法尔和吉娜塔·玛哈尔二人都对该计划表示支持。他写道："我刻意避免给予小伙子们任何鼓励，以免令其期盼政府替他们插手干预。但随着其父生命的沙漏疾速漏尽，这两名青年的境遇和地位可能在不久的将来会有所变化。"

在此种情况下，不可否认的是，培养他们此刻对于获得欧洲人教诲的热望，这在道义及政治上的优势，绝非无足轻重。它所铺垫的"准备性"，或许是"在某种程度上让他们丧失民族特征"的唯一方法，也会因此带来非常有利的结果，以作为在诸继承人与被外国强权压服的王朝臣民之间的、潜在却共同的希望的一种同化……

小伙子们的父母均就该话题来找我谈过话，大家看起来都很心焦，巴望该项工作能马上开个头……

就他们而论，此种结局似乎提供一个有利时机，可以把他们与同胞之间的那种断离关系加以了结，如此一来，这可被认为是一个合意的结果。再者，如果将他们完全从印度生活的狭隘世界及其所有的偏见和谬论中解脱出来，将会极大地促进该进程。况且说到达利普·辛格大君①，凡作用于一个有用的头脑，此种转变的益处总会得到令人满意的体现。当前这些男孩恰逢这样的年纪：良好的印象易于形成，与生俱来的天赋也易受栽培；戒律可被反复灌输而不费吹灰之力，固有恶习也可被轻易根除；兴许可以

471

---

① Maharajah Duleep Singh，即 Maharaja Dalip Singh，他是赫赫有名的拉合尔的锡克统治者——独眼的兰吉特·辛格的幼子，10 岁时成为旁遮普的统治者，在 1849 年的盎格鲁-锡克战争（Anglo-Sikh war）后被英国人废黜。他于 1854 年前往英国，在当地变为基督教徒，也成为维多利亚女王的宠儿，女王经常邀请他到自己的宅邸奥斯本宫（Osborne，位于英国怀特岛东考斯镇——译者注）做客。他在东英吉利（East Anglia）的埃尔夫登（Elveden，位于爱尔兰东部的萨福克郡——译者注）买了所乡间住宅，英国人渐渐将他视为"盎格鲁化的土著绅士"之典范，他喜好松鸡狩猎，这尤令英国人嘉许。

让"要获取真正的幸福，不可或缺的是道德"之认识，一劳永逸地在他们身上发挥作用，况且此道德准则的实际应用，或可被深深培植，直至变成习惯性的行为。

不容忽视的是，幽于缧绁的这些年轻人即将成年，而为他们的未来赋予明确的方向，是有权管辖他们的人力所能及之事。既然如此，归属于此等职位的，岂无责任？

故此，首要且最基本的必要条件是给予小伙子们喘息的空间，还要把他们与目前环绕于其周围的偏执顽迷和由此导致的劣化的有害氛围，彻底分隔。他们仅有的同行者是一众厮役，教育和道德的福祉却同样不为厮役——没落的亚细亚后宫里名副其实的渣滓——所知。

戴维斯又稍微写了点关于扎法尔的侍从之事，以此为这封书函作结。众侍从宁愿跟随扎法尔流放而同陷缧绁之厄，其所展现的忠节之心颇令人惊叹，但戴维斯丝毫不为所动。

至于诸侍从，我所能说的只是：他们是一帮下作人，习惯恶浊，比军官家庭的普通家佣阶层要逊色很多。唯一的例外或许是艾哈迈德·贝格（Ahmed Beg）。他看起来是个正派可敬的老汉，除了尽忠之外，他侍奉前国王绝不可能有其他任何动机。至于王后的侍从阿卜杜勒·拉赫曼（Abdool Rahman），情况多少有些不同。此人是个下劣诡诈的家伙。我不太清楚他跟王后的关系，是侍从还是有甚于此的某种关系。[55]

关于戴维斯所提出的"王子们可被送往英格兰"的想法，驻加尔各答诸上司不容分说，立即予以驳回，还禁止他今后"在书函和日记中毛举糠秕，插述与政府无关且无须禀明的细务"。[56]戴维斯也因使用"如'前国王'、'前王室'、'王后'这样的措辞而受到斥责。总督会同行政局要求戴维斯上尉今后要奉命回避上述措辞"。他遵照上级指示只可提到"德里国事犯"。[57]

既已禁止他们脱离仰光的幽囚生活，驻加尔各答的英方政府现在也对他们全无兴趣，两个小伙子别无选择，只得指望戴维斯为其提供教育。他们继续"相当有规律地"造访戴维斯的屋宅，据说在英语方面日益"精进"，虽则戴维斯承认，他发现"难以创造任何东西来打破他们单调乏味的生活方式……"

> 他们间或来串门，还跟戴维斯夫人交谈，交流自己酸楚的殃事……沙·阿巴斯更专心，故而领先。贾旺·巴克特的脾性相较于其弟而言，看似更不待见欧洲人。其弟缺乏更好的机遇，但偶或跟卫队里的欧裔军人攀谈。[58]

其他书函亦暗示贾旺·巴克特日渐不满。戴维斯写道：

> 沙·阿巴斯有意识地注意到规则的必要性，所以畅快地驯从，通常于每日上午在一名哨兵的陪同下前往庭园散步。但贾旺·巴克特或许觉得这些安排多少有点"倒退"，便予以婉拒，他压根就不出门，在过去两个月里也未进行任何锻炼。如果拘泥于这种犟脾气，将不利于他的健康。而我几乎毫不怀疑的是，随着时间的推移，他的情绪会有好转。[59]

其间，囚居于仰光的扎法尔默默地坐在露台上，凝望着过往的 473
船舶。英方不准他使用纸笔，所以关于他本人对隔离及流放生
活的反应，世人只能猜度。诚然，被认为是流放中的扎法尔所
创作的表达哀愁与苦痛的著名诗篇，现在看似并非出自他本人
之手，尽管威廉·霍华德·拉塞尔明确描述称，扎法尔用烧焦
的棍子在监牢的墙上书写诗行。不过，诗行或以某种方式被记
录和保存下来，亦非完全不可能。①

时至 1862 年，扎法尔寿登 87 岁遐龄，纵然体弱力衰，而
医生们早在二十年前就预言他寿数将尽，但他除了"感到舌
根部患痿痹之疾"外，仍未显露出任何屈从于医生预言的

---

①　长久以来被认为是扎法尔所创作的两首闻名于世的抒情诗《什么都不能
让我喜上心头》（*Lagtaa nahii hai dil meraa*）和《我无以告慰心眸》
（*Naa kissii kii aankh kaa nuur huun*），之所以在次大陆广为人知，在很大
程度上是因为穆罕默德·拉斐（Mohammed Rafi）为孟买电影《红堡》
（*Lal Qila*）演唱过它们。然而在那之前，得益于一个名叫哈比比·瓦
里·穆罕默德（Habeeb Wali Muhammad）的人，他在锡兰广播电台
（Radio Ceylon）的达人秀《阿华田业余时光》（Ovaltine Amateur Hour）
上，对这些抒情诗加以诠释，使得它们早在 20 世纪 50 年代末就流行起
来。60 年代的全印广播电台（All India Radio）中，拉斐演唱的版本进一
步成为一首最受喜爱的金曲。不过拉尔学者伊姆兰·汗（Imran Khan）
所展开的新近研究——得到另几名首屈一指的乌尔都语文学学者支
持——让人们对这两篇诗文是否为扎法尔所作产生怀疑。毫无疑问，这
些抒情诗未在已出版的四部扎法尔个人诗集中的任何一部发表，也未登
载于期刊《尊敬的先生》（*Hazoor-e Wala*）——扎法尔曾在该期刊发表诗
作。我衷心感谢弗兰·普里切特教授（Professor Fran Pritchett）和桑蒂
普·杜格尔，是他们让我注意到前述研究进展。我也要感谢 C. M. 纳伊
姆，他成为杰出的乌尔都语文学学者前，曾是《阿华田业余时光》的忠
实听众。

迹象。[60]

时至 1862 年 10 月下旬的季风季季末，扎法尔的身体状况急转直下，他无法吞咽，也吃不下食物。戴维斯在日记中称，这一来，其寿命会"非常不确定"。那老者被以羹匙喂食清汤，但到 11 月 3 日，发觉连汤汁也越来越难咽下。5 日，戴维斯写道："民职外科医生认为阿布·扎法尔活不了几天了。"戴维斯于次日报告称，那老者"显然正因咽喉部位的衰朽和痿痹而沉沦"。为了准备后事，戴维斯命人搜集砖块及石灰，并于扎法尔所囚居的围场后面预备一处背静场所，以作安葬之用。

经过一夜漫长的挣扎，扎法尔最终在 1862 年 11 月 7 日，即星期五凌晨 5 点咽气。帝国机构随即闻风而动，以确保莫卧儿末代王朝的消亡尽可能地不惹人注意又太平无事。扎法尔之死或许标志着一个享国 350 载之久的伟大王朝的终结，但戴维斯决计让尽可能少的人见证这一悲壮的历史性时刻。戴维斯写道："一切就绪，当天下午 4 点，他被安葬于城堡守卫营垒后部的砖墓，其上覆盖的草皮与地面齐平。"戴维斯特别提到为何扎法尔的两个儿子和男仆得以参加下葬仪式，而依照穆斯林的习俗，女人不得出席。

他总结道："一圈竹篱环绕该墓很长一段距离，比及篱笆破烂，该处又会被草丛遮得严严实实，不会留下任何痕迹，无从辨识末代大莫卧儿人的长眠之所。"

戴维斯负责照管的人寿终，他于次日就此事撰写公务报告，颇感欣慰地特别指出："就一众亲属和全城信奉伊斯兰教的居民而言，该项活动留下微乎其微的印象。举行葬礼时，大概有两三百名观众，此番结局在很大程度上是由游手好闲者惹起，他们从邻近的苏达尔集市（Sudder Bazar）来到镇上，以观看当天下午的赛马会，而比赛就在战俘的住处附近举行。"[61]

戴维斯补充道："或许除了为伊斯兰教最终奏凯而祷告的寥寥几名狂热观者外，前国王晏驾可以说对仰光民众中信奉伊斯兰教的成员毫无影响。"

两周后的 11 月 20 日，扎法尔晏驾的消息传至德里。迦利布在《阿瓦德阿克巴日报》（Avadh Akhbar）上看到这则新闻，就在同一天，主麻清真寺终于被宣告要交还给德里的穆斯林。其他那么多死亡和悲惨的消息，早就令迦利布麻木，故而他此时的反应隐忍温和。"11 月 7 日星期五，亦即主马达·敖外鲁月[①] 14 日，阿布·扎法尔·西拉杰·乌德丁·巴哈杜尔·沙（Abu Zafar Siraj ud Din Bahadur Shah）解脱异邦人的枷锁和肉身的束缚。'我们确是真主所有的，我们必定只归依他。'"[62]

迦利布的反应颇有代表性。英国报纸和印度报纸所登载的新闻，均未披露扎法尔之死的任何细节。此前有那么多流血事件，那么多丧事，况且在一定程度上，扎法尔已经被悼念，进而被淡忘。毕竟，自他被逐出都城且被放逐至缅甸，已有五载。

时移势易、似梦初觉，随着扎法尔治下朝廷的覆灭离散，所留下的真空状态之程度若何，这才逐渐浮出水面。起义爆发时，印度教徒与穆斯林双方都以戏剧化的方式集结于莫卧儿王朝帝都，已然示范了莫卧儿人在停止行使政治、经济和军事方面的任何实权一个多世纪后，该王朝的神秘气息依然充沛到何

475

---

① 　Jamadu ul Awwal，伊斯兰教历五月，又称第一个干月。——译者注

种程度。万万想不到的是，"莫卧儿王朝皇帝作为神授的'寰宇之至高统治者'和'世界之主'"的观念，那个时候仍在印度斯坦各地产生回响。愈加令人惊愕且悖于近现代诸多假说的是，一如该观念强烈地引起穆斯林共鸣，就印度教徒而论显然亦如此。正如马克·桑希尔先前所写的，印度兵从密拉特抵临后不久，他坐在马图拉，听着办公室职员兴冲冲地议论光复莫卧儿王朝帝权之事：

> 他们所谈论的话题都围绕皇宫礼仪，以及如何助其复兴。谁会担任御前大臣，哪位拉其普特纳部族首领守御哪座城门，谁会是麋至沓来、拥立扎法尔称帝的五十二位王公，凡此种种，他们揣来度去……我一面听一面意识到，那古老朝廷的辉煌给大众的想象烙上深深的印记，那些传统对他们来说何其珍贵，他们又如何心虔志诚地保留传统，我们对此竟一无所知。[63]

这场起义揭示出，在何等惊人的程度上，印度北部各地民众尚未将莫卧儿朝廷视为某种异邦的穆斯林强霸政权——就像现今某些人，尤其是印度教右翼分子看待莫卧儿人那样——反而将它视为政治合法性的主要来源，因此它自然而然被看作对抗英国殖民统治的抵抗运动的中心。[①]

---

① 诚然，并非所有人——即便是印度的穆斯林——都寄望于莫卧儿人，举例来说，迈索尔的蒂普苏丹就执意祈请奥斯曼帝国"哈里发"（Ottoman Caliph）赐福。然而委实意味深长的是，虽然英国人曾经鼓动勒克瑙宫廷寄望于加尔各答而非德里，年轻的准继承人比尔吉斯·卡迪尔也已经以皇帝的名义铸造硬币，但该宫廷仍在1857年向扎法尔派去使团，请求扎法尔照准比尔吉斯·卡迪尔持有"维齐尔"荣衔。

即便如此，但若说这场起义证明了"莫卧儿"尊名的影响力，那么它的灾难性进程，则戏剧性地凸显古老的莫卧儿王朝之封建秩序的缺陷与无能。扎法尔也许赢得了印度兵和其治下臣民名义上的忠诚与效忠，但那种忠诚未扩展到直接俯首听命或降服于他，尤其是在其空虚的内库被呈现于人、其个人权威的孱弱日益显现之际。可谓关键性失败的是，甚至德里腹地也未臣服于扎法尔的统治，他也未能组建一个正儿八经的后勤机构以养活集结于城郭内的部队将士。这就意味着，迅疾而醒目地麇集于德里的那支规模庞大——大多是印度教徒——的军队，很快就揭不开锅，没过多久就被逼到了濒于饿毙的程度。基于这个原因，早在英国人踏入克什米尔门给予"致命一击"之前，叛军早就如一盘散沙而行将离散。

1857年9月德里失陷之际，遭受根除和摧毁的不只是城池及扎法尔治下朝廷，还有印度举国上下更为广泛的莫卧儿政治界及文化界的自信与威信。遭受摧残和摧挫的规模之大，加诸败国丧家的莫卧儿人身上的奇耻大辱之深，不仅严重贬损旧的贵族秩序之信誉，也深深侵蚀——至少在一定程度上——印度教徒-穆斯林、印度-伊斯兰的复合型文明，而扎法尔治下朝廷一向贵为该文明的旗舰，迦利布的诗作亦是一个如此醒目的铁证，以彰显它通达谙练、宽容开明的姿态。

477

就英国人而言，在1857年之后，印度的穆斯林几乎成为低人一等的"次等人"，连同其他此般臣服并遭藐视的样本，诸如爱尔兰天主教徒或"永世流浪的犹太人"①，英国人毫无

---

① Wandering Jew，脱胎于《圣经》中关于耶稣的传说，犹太人因殴打和嘲弄耶稣而被罚永世流浪，直至耶稣再次降临，见于《圣经·新约·约翰福音》。——译者注

愧窘地在帝国时期种族主义的文学中将之归类。至于在英国人眼中，印度的穆斯林何其一落千丈，从 1868 年的一部名为《印度人》（*The People of India*）的作品中可见一斑，该作品包含南亚不同种姓的人及部落民的相片，所涉及的对象从原始澳大利亚人（Aboriginal，配以一名赤身裸体的部落成员的图片予以说明），到比哈尔族罗姆人（Dom），不一而足。"穆斯林"的形象是以一名阿里格尔劳工的图片加以说明，还配以下述文字说明："其特征颇有穆斯林的特色……（并）以强有力的方式，例示出彼阶层的冥顽不化、耽溺声色和偏执顽迷。大抵来说，几乎不可能构想出本质上比这更令人厌弃的特征。"[64]

英国人如此公然表达对印度的穆斯林和莫卧儿文化的深切藐视，事实证明这种蔑视具有感染力：尤其是对占主导地位的印度教徒，他们迅速对伊斯兰教一切事物的态度变得强硬；同时也让众多年轻的穆斯林确信，被他们视如珍宝的古老文明，已落得名声扫地而无可挽回。有些人甚至认可赛义德·艾哈迈德·汗爵士起初所笃信的观念，认为印度的穆斯林再也无法繁荣昌盛或"受到尊崇"。他写道："一段时间以来，我甚至不忍深思父老乡亲的凄苦景况。我与自己的哀痛苦斗，相信我，这确也催人老。"[65]

诚如事实所证明的，莫卧儿王朝领导的"外行军队"无法跟英国将军和英国恩菲尔德来复枪抗衡，如出一辙，莫卧儿王子掌管的"踉踉跄跄"的委员会不堪与东印度公司的官僚机构相匹敌，所以嗣后数年，面对殖民时期的热带哥特式（Tropical Gothic）建筑风格以及维多利亚时代的其他艺术形式，仍然存续甚至还蓬勃发展的莫卧儿细密画和建筑传统，同

样很快就骤然而止。莫卧儿礼仪以及印度的伊斯兰礼节，一切 478
繁文缛礼逐渐只被看作不合时宜。人们发觉，扎法尔的"诗
人雅集"所呈现的诗意世界，越来越难以吸引印度的青年知
识分子，而当时以英语授课的学校，讲授丁尼生（Tennyson）
的"塞壬召唤"（siren call）或者华兹华斯式的自然主义
（Wordsworthian naturalism），令那些青年为之沉迷。[66]诚如穆罕
默德·巴卡尔大毛拉之子——诗人兼评论家阿扎德所写："重
要的是，赢家福运攀升，这荣耀为他们的一切——甚至是他们
的装束、步态和谈话——赋予令人神往的光芒。世人不只是接
纳之，而且是自豪地接纳之。"[67]

　　当然，未必所有的转变都更糟糕。莫卧儿专制统治的政治
结构遭受毁灭性的致命打击。自 1857 年英国人在德里诸城门
奏凯，到 1947 年英国人穿过印度门（Gateway of India）被逐
出南亚，时隔不过九十年。虽说对于英国人在 1857 年的暴虐
行径之追忆，或许对印度民族主义的诞生有所助益，起义之后
的统治者与被统治者之间的相互疑忌和日益割裂亦对此有所助
势，但是让印度迈向独立的肇因，无论如何都不在于寥寥数名
幸存的莫卧儿皇族后嗣，亦不在于旧时代的王公贵族和封建统
治者中的任何人。印度的自由运动反倒是由新一代英国化且受
过教育的殖民地公职机构（Colonial Service）的雇员阶层领导
的。1857 年之后，他们从英语语言学校脱颖而出，大体是用
近现代西方的民主结构和方法，即政党、罢工和抗议游行，为
自己赢得自由。

　　即便在印度独立后，莫卧儿人所培育的艺术事业——细密
画绘画传统、抒情诗、穷工极态的莫卧儿建筑风格——从未真
正重获完全的活力与艺术声望，而且至少在某些领域，仍然像

资助并施惠于彼事业的诸皇帝一样声名扫地。

今时今日，如果你游览莫卧儿王朝时期的古城阿格拉，或许去参观莫卧儿王朝统治时期登峰造极的建筑成就——泰姬陵，便会留意到环岛上何以满是詹西女王（Rani of Jhansi）、希瓦吉（Shivaji），乃至苏巴斯·钱德拉·博斯（Subhas Chandra Bose）的雕像，但自从独立后，就没有任何一位莫卧儿王朝皇帝的圣像竖立于城市的任何角落。虽则有一条"巴哈杜尔·沙·扎法尔路"依然留存于德里，而且以其他伟大的莫卧儿人命名的路确也留存，但是对现今很多印度人来说，姑且不论对错，莫卧儿人仍被认为是英国人所塑造的那样：耽溺声色、摧毁庙宇的颓堕侵略者。究其原因，在 1857 年后，印度学校开始宣讲帝国政治宣传，英国人为了切合所需便塑造此种形象，而且 1992 年拆毁圣城阿约提亚（Ayodhya）的巴卑尔清真寺①这一事件，强有力又令人沮丧地印证了前述形象。阿克巴、达拉·舒克赫及后世的莫卧儿王朝历代皇帝所拥护的极度通达谙练、自由多元的文明，对现代印度的都市中产阶层所产生的影响很有限。现今说到莫卧儿人的功烈，其中许多人有着深深的矛盾情绪，即使他们仍然会欣然享用一顿莫卧儿餐食，或者挤到电影院观赏一部宝莱坞的莫卧儿史诗式影片，又或者真的前往红堡聆听一年一度的独立日（Independence Day）演讲，而总理正是在拉合尔门正面的城堞上发表演讲。

至于扎法尔，他依然是诸多感旧之哀的焦点，尤其是——虽非仅限于此——在印度的穆斯林群体中。但是，对一个失落

---

① Baburi Masjid，建于公元 1528 年，印度教徒认为它建造在罗摩神庙遗址上，那是大神罗摩的诞生地，因此在 1992 年动手将它拆毁，从而引发印度教徒与穆斯林的冲突，致使二百余人丧生。——译者注

帝国的浪漫向往，并不足以保护和保持他所象征的莫卧儿文化，尤其是考虑扎法尔对起义抱持模棱两可的态度，在起义占据上风时，他只给予部分支持，而在起义失败时，他彻底予以摈斥。他的支持者无所依托，而他甚至没有给他们留下前后一致的政治理念。扎法尔死后七年，迦利布离世，随着他们长逝，整个文明的自尊与自信亦随之消亡，如此名声扫地，再也没有复兴的希望。

1869 年，迦利布卒于德里。同年在古吉拉特的博尔本德尔（Porbandar），一个名叫莫汉达斯·卡拉姆昌德·甘地（Mohandas Karamchand Gandhi）的男孩呱呱坠地。印度的未来正是在于甘地所领导的历次政治运动，而非在于扎法尔所代表的，或者确切来说是坎宁伯爵所代表的运动。

扎法尔死后，莫卧儿皇室所残存的一切都迅速土崩瓦解。　480
诚如戴维斯上尉在接下来的致加尔各答方面的报告中所写，如今莫卧儿人就像自身所代表的文明一样：

> 是一个"分裂之家"……吉娜塔·玛哈尔王后自身是一派，直到最近还跟儿子儿媳争斗得你死我活……贾旺·巴克特夫妇结成第二个派系，沙·阿巴斯与母亲及外祖母凑成第三个派系。这三派"别居异财、分炊各吃"，相互之间也几乎没什么交流。[68]

随着时间推移，情况越来越糟。1867 年这家人获准离开其所因居的围场，可在仰光军营别处定居。[69]然而，他们领受的津贴少得可怜，以致到 1870 年，即扎法尔死后八年，贾旺·巴克特与母亲及纳瓦布沙·扎曼尼太子妃合住的房舍，被描述为"破旧不堪……不过是个蓬庐，还极度拥挤"。想当年嫁给贾旺·巴克特王子时，沙·扎曼尼太子妃不过是个 10 岁的小姑娘，她骑坐在象背上巡游于莫卧儿帝国时期德里的大街小巷，何其荣耀；到头来竟活成这个样子，她在失望中饱受煎熬，现已"病得非常严重……罹患重度抑郁症"，而且开始失明，这让原本要照管她的英国官员感到恐慌。[70]

英方让贾旺·巴克特夫妇住进距离仰光监狱不远处的另一所房舍，希望能让问题有所好转。尽管穷困落魄，但贾旺·巴克特仍然买酒挥霍，而他根本负担不起买酒的花销。一名政府官员向加尔各答方面报告称，贾旺·巴克特的津贴"简直不足以满足家庭的实际所需……"

> 因此，但凡贾旺·巴克特稍有挥霍或稍稍沉湎于浪掷金钱的嗜好时，真正受苦的是他的妻小。沙·扎曼尼太子妃是该德里家族中唯一完全无辜的成员，却一直是所有人当中最大的受害者。不止一次，这位失明的贵妇人不得不典当自己的衣物和所剩无几的饰物，以便为自己和孩子弄些吃的，而贾旺·巴克特会在一阵豪饮之下，浇灭自己多多少少怀有的懊悔之情……我确实无力干涉，任何干预只会导致他恐吓妻子，并格外苛待她。[71]

时至 1872 年，据报告称，沙·扎曼尼太子妃"彻底失明、全然无助……这位贵妇人的品行向来堪称楷模，但她承受着巨大的不幸，尽管并非出于个人的任何过失。贾旺·巴克特近来的表现虽已大为改善，但她对他的绝对依赖感一定时而颇为强烈，那往往十分恼人……她是个令人悲怜的对象"。[72]

沙·阿巴斯王子最终娶了一个仰光姑娘——当地穆斯林商贾之女——似乎从摧垮其余家庭成员的苦楚中得以逃脱。[①] 与此同时，吉娜塔·玛哈尔继续独自生活，"以一种非常俭省而近乎吝啬的方式……居住于其本人购买的一所木屋里，由两三名女佣服侍……这位居孀的皇后任由屋舍年久失修、严重破损……她过着平静的隐逸生活，还算体面……（尽管）她居住的屋舍摇摇欲坠、不堪入目，就所坐落的地区而言可谓有碍观瞻"。迟暮之年，她提出申请，想要被获准返归印度，称受到儿子贾旺·巴克特的"压迫"，但申请被当即驳回。[73]她的一个慰藉品和嗜好就是鸦片，行将就木时，变得越发对这东西着魔。她卒于1882年，晚于其夫二十年。比及她离世，扎法尔之墓的确切地点已被忘却，也无从定位，只记得墓的近旁有棵树，于是，吉娜塔·玛哈尔就落葬于那棵树附近一个大致相似的位置。两年后，贾旺·巴克特王子罹患重度脑卒中，步其母后尘、入土为安，亡年仅42岁。

1903年一个参访团从印度来拜祭扎法尔的卒葬地，以示敬意，当时就连吉娜塔·玛哈尔之墓的确切位置也被遗忘，尽管当地的一些导游指明那棵"枯朽的落拓枣树（lotus tree）[②]"之景。[74]不过在1905年，仰光的穆斯林提出抗议，要

---

① 其后嗣现仍生活在仰光。
② 落拓枣（Lotus），古希腊神话中的一种果实，又称忘忧果，食用后会乐不思蜀，例见《奥德赛》俄底修斯的经历。此处可能是指酸枣树。——译者注

482　求扎法尔之墓被标示，依据申请书之言辞，原因在于："仰光的穆斯林社群，因莫卧儿人引以为傲的家系中最后一位皇帝的安息地之事而躁动不安……巴哈杜尔·沙作为一个人和一位皇帝均不令人钦佩，但他应当被铭记。"他们请求获得"政府允许，以购买一块狭长的土地，那块地要围得住所论及的墓，还要有足够大的面积，以便在其上竖立一座与巴哈杜尔·沙的身份相称的纪念碑"。[75]

　　英方起先的回应是不赞同。申请书被转送至加尔各答，回函被直接送回来，大意如下："副王赞成你方看法，政府倘随人作计，延续或眷注对巴哈杜尔·沙的追念，或者在其遗体之上建造一座许会成为朝圣地的陵墓，都甚为不妥。"[76]

　　不过，经由一次示威活动以及一系列刊载的报道，1907 年，英国当局最终应允竖立一块"朴实无华的刻字石板，上标有如下字样：前德里之王巴哈杜尔·沙。1862 年 11 月 7 日卒于仰光，落葬于此处所附近"。英方亦允许围绕所谓的墓地原址竖起栏杆。据 1907 年 8 月 26 日的《仰光时报》（Rangoon Times）所载，一次集会在维多利亚会堂（Victoria Hall）适时举行，"以便将穆斯林社群对建造本纪念碑的满足感予以记录在案"，且为了"政府以悲悯慈善之心对此事投入关注"。[77]同一年晚些时候，一块纪念吉娜塔·玛哈尔的石碑被加建于附近。

　　至 1925 年时，栏杆变成一座被覆以瓦楞铁屋顶的、临时代用的圣陵。[78]十八年后的第二次世界大战期间，日本人正是在这座简朴的麻扎①旁边的路上，为印度国民军（Indian National Army）将士临时设营。此举是否经过审慎盘算尚不

————————
　　①　mazar，圣贤权贵的墓冢。——译者注

明了，但正好紧邻圣陵——位于现在的剧院路（Theatre Road）——所部署的团体之一就是以1857年起义的另一位领袖之名命名的"詹西女王旅"（Rani of Jhansi Brigade），在一定程度上正是詹西女王激励那些人展开"遭劫在数"（在尼赫鲁和甘地看来，亦是执迷不悟）的尝试，试图通过与前来进犯的日本人联手，以把印度从英国的统治中解放出来。[79]

　　1991年2月16日，工人于圣陵后面挖掘排水沟时，发掘出一个用砖衬砌的墓穴。墓穴位于地下3英尺处，与圣陵相距约25英尺，在它内部发现保存相当完好的莫卧儿王朝末代皇帝的尸骸。 483

　　巴哈杜尔·沙的砖墓现位于老圣陵一侧的地下一个勉强称得上是墓窖的地方，今已成为仰光的穆斯林族群的大众化朝圣地。当地穆斯林把扎法尔视为可以呼风唤雨的苏菲派圣徒，纷纷前来向圣尊寻求庇佑（即圣灵赐福）和祈求恩泽。这一切无疑会取悦他，因为他生前就对接纳"穆里德"（即苏菲派弟子）之事乐此不疲。扎法尔也受到过路的南亚政治家相当定期的参拜，印度、巴基斯坦和孟加拉国的达官贵要亦争相向该墓敬献厚礼，其中最慷慨的礼物——虽然根本算不上漂亮——当属拉吉夫·甘地（Rajiv Gandhi）所献的一张大地毯。

　　即便如此，在近现代史书中，扎法尔鲜有支持者。诚然，就某些方面而论，他的一生可被看作失败的典型：归根结底，他对印度的伊斯兰文明之大崩塌负有责任；对于1857年的起义，他也几乎毫无英勇的贡献可言。因为在战事期间与英国人通信，扎法尔受到某些民族主义史学家的责难，亦因未能引领举事军队走向胜利而遭受旁人谴责。不过很难看出扎法尔原本还能做什么，起码对一个 82 岁高龄的人来说。他身体衰弱，又有些老糊涂，还没钱向成群结队涌至旗下的将士支付酬劳。八旬老者殆不能亲率骑兵冲锋。纵然奋力而为，但他甚至无力阻止一支哗变的军队洗劫德里，事实亦证明，那支军队对他治下臣民构成的威胁，几乎与对他的敌人构成的威胁相当。即便如此，对于他投入精力设法保护子民和治下都城一事，《兵变文献》却颇具说服力地予以佐证。

扎法尔固然并非天生适合担任英雄般的革命领袖，但他就像皇祖阿克巴一样，依然是最包容多元时代的伊斯兰文明的一个迷人的代表性人物：其本人是令人瞩目的诗人和书法家；其朝中有南亚近代历史上一些最具才华的文学艺术界人物；其所掌管的德里，当时正处于学问、自信和社区亲睦繁荣的伟大时期之一。倘与维多利亚时代的福音派信徒相比，扎法尔无疑是引人注目的自由主义者和受人喜爱的人物，反观福音派信徒，1857 年的起义之所以降临到他们自身以及德里民众和朝廷头上，进而使整个印度北部卷入一场充斥骇人暴行的宗教战争，那些信徒的荒唐盲目、妄自尊大和麻木不仁起了很大作用。

最重要的是，扎法尔一贯极为强调他身为印度教徒的捍卫者和穆斯林的需求之调停者的角色。他从未忘记维持治下信奉印度教的臣民与穆斯林臣民共相唇齿的核心重要性，而且始终将之认定为维系帝都统一体的"中央缝合线"。起义期间，他始终拒绝借由赞同圣战武士的要求而疏间信奉印度教的臣民，这大概是他唯一最一以贯之的方针。

莫卧儿王朝的灭亡绝非不可避免，诚如潮涌般的印度兵戏剧性地奔赴德里朝廷所昭示的。但在接下来的数年内，随着穆斯林的声望和学问的消退，以及印度教徒的信心、财富、教育和权势的增长，印度教徒与穆斯林两个群体渐行渐远，原因在于英国所推行的"分而治之"政策，在两种信仰的沙文主义者当中都遇到自愿的合作者。德里之复合型文化的"紧密梭织物"上的裂缝，在 1857 年张开，接着慢慢变宽为一道大裂口，继而在 1947 年印巴分治（Partition）时期最终分成两半。随着大批印度的穆斯林精英移居到巴基斯坦，在不久的将来，几乎无法想象的是：信奉印度教的印度兵曾经奔赴红堡，集结于一位穆斯林皇帝的旗帜下，与穆斯林同胞共赴国难，力图复兴莫卧儿帝国。

随着起义被镇压、德里皇室离开家园以及朝臣被诛杀，继后印度的穆斯林自身也沿着两条截然相反的道路分裂开来。一条是伟大的崇英派人士赛义德·艾哈迈德·汗爵士所支持的道路：寄望于西洋，相信印度的穆斯林只有通过崇奉西洋学问，才能时来运转。出于这种考虑，赛义德爵士创办阿里格尔穆斯林盎格鲁-东方学院①，致力于在印度斯坦平原上重新缔造牛津和剑桥大学（Oxbridge）。[80]

另一条是昔日的拉希姆伊斯兰宗教学院的幸存者所选择的路径：全盘拒斥西洋，并试图回归其所认为的伊斯兰教之纯正根脉的一切东西。出于此种原因，那些出身于沙·瓦里乌拉学校的失望学生，譬如穆罕默德·卡西姆·纳瑙塔威毛拉（Maulana Muhammad Qasim Nanautawi）——1857 年在密拉特以北的河间地的斯哈姆利（Shamli），短暂建立一个独立的伊

① Aligarh Mohamedan Anglo-Oriental College，即后来的阿里格尔穆斯林大学。

斯兰国家——在原先的莫卧儿王朝帝都以北一百英里处的代奥本德（Deoband），创办了一个有影响力的"似瓦哈比派"（Wahhabi-like）伊斯兰宗教学院，但其思想狭隘得颇令人沮丧。他们在这种压力下做出抉择，即反对其创始人所认定的有莫卧儿王朝老精英之堕落腐朽作风的一切事物。故此代奥本德伊斯兰宗教学院回归《古兰经》本原，严苛地把有关印度教徒或欧洲人的任何内容都从其所开设的课程中剔除掉。①81

一百四十年之后，塔利班（Taliban）从巴基斯坦和阿富汗的"代奥本德式"伊斯兰宗教学院滋生，正是他们创建的政权为"基地"组织提供了一个熔炉，也引发了现代西方国家迄今为止所遭遇的最强劲的宗教激进主义的反攻。

现今，西方与东方再次隔着一道分水岭——许多人视之为宗教战争——紧张对峙。一些激进乃至极端的圣战武士再次走向战场，实施其所认为的一场对抗基督教敌人的防御行动，无辜的妇孺和平民再次遭屠杀。一仍旧贯，西方的福音派政客动辄将对手和敌人描绘成"恶魔的化身"之角色，并将针对西方侵略和占领的武装抵抗与"纯粹的邪恶"混为一谈。至于自身外交政策对更广阔的世界所产生的负面影响，西方各国再次视而不见，却为己方遭受所谓盲目狂热分子攻击——如其所诠释的那样——怀冤抱屈。

比照此种苍白的二元论，扎法尔宽容平和的人生态度之中，有很多值得珍视之处。英国人以那样的方式，肃清和根除末世莫卧儿人多元化又蕴含哲理的复合型文明，此中也有很多

---

① 这绝非彻底的分裂，例如阿里格尔的宗教教育就掌握在代奥本德教派信徒手中。

令人痛惜之处。

　　诚如我们在身处的时代所见到的，没有什么能像西方国家在东方世界所施加的侵略性侵扰和干涉那样，对伊斯兰教自由温和的面貌构成那么强烈的威胁，一如没有什么能那么戏剧性地让普通穆斯林激进化并且给极端主义者注入力量。归根结底，宗教激进主义与西方帝国主义的历史，时常紧密又危险地交织在一起。在这一点上有真切的教训。对于西方在印度的侵略行径，埃德蒙·伯克（Edmund Burke）本人就是激烈的批判者，援引他的名言：未能以史为鉴，终要复蹈其辙。[82]

486

注　释

引　言

1. National Archives of India（以下简称 NAI），Foreign Department, Political, November 1862, p. 204/62。

2. Frances W. Pritchett, *Nets of Awareness: Urdu Poetry and Its Critics*, University of California Press, Berkeley and Los Angeles, 1994, p. 10.

3. NAI, Foreign, Foreign Dept, Misc., vol. 361, *Precis of Palace Intelligence*. 关于涂油揉搓，参见 entry for Monday, 29 March 1852；关于狩猎，参见 entry for Thursday, 13 April 1852；关于游赏御花园，参见 Friday, 16 April 1852；关于沐浴月光，参见 entry for Saturday, 10 September；关于巴哈杜尔·沙·扎法尔的妃嫔之不贞行为，参见 entry for Saturday, 17 April；关于皇帝妃嫔中的其他孕事，参见 entry for Tuesday, 30 August 1853。

4. Oriental and India Office Collections, British Library（以下简称 OIOC），Vibart Papers, Eur Mss 135/19, Vibart to his Uncle Gordon, 22 September 1857。

5. Major W. S. R. Hodson, *Twelve Years of a Soldier's Life in India*, London, 1859, p. 302.

6. Sir George Campbell, *Memoirs of My Indian Career*, 1893, vol. I.

7. W. H. Russell, *My Diary in India*, London, 1860, vol. I, p. 60.

8. Ibid., vol. 2, p. 51.

9. Cited in Pritchett, *Nets of Awareness*, p. 29.

10. Cited in Ralph Russell and Khurshid Islam, *Ghalib: Life and Letters*, Delhi, 1994, p. 269.

11. Ralph Russell, *The Oxford Ghalib: Life, Letters and Ghazals*, New Delhi, 2003, pp. 166, 188.

12. James Fergusson, *History of Indian and Eastern Architecture*, London, 1876, P. 594.

13. Lieutenant William Franklin in the 1795 edition of the new *Asiatick Researches*.

14. Lady Maria Nugent, *Journal of a Residence in India* 1811–15, 2 vols, John Murray, London, 1839; vol. 2, p. 9.

15. Irfan Habib, 'The Coming of 1857', *Social Scientist*, vol. 26, no. 1, January-April 1998, p. 6.

16. 案卷被编入 1921 年编目。参见 *Press List of Mutiny Papers 1857 Being a Collection of the Correspondence of the Mutineers at Delhi, Reports of Spies to English Officials and Other Miscellaneous Papers*, Imperial Records Dept, Calcutta, 1921。

17. Vincent Smith, *Oxford History of India*, Oxford, 1923, p. 731.

18. NAI, Mutiny Papers: bird catcher - collection 67, no. 50, 14 July; horse trader - collection 67, no. 76, 27 July; gamblers - collection 62, no. 80, 3 August; confectioners - collection 61, no. 296, 4 August.

19. NAI, Mutiny Papers: Hasni the dancer - collection 62, no. 84 (no date); kebab seller - collection 103, no. 132, 10 July; Manglu the courtesan - collection 60, no. 605, 29 August.

20. 诚然，数名学者——尤其是阿斯拉姆·帕尔韦兹和迈赫迪·侯赛因（Mahdi Hussain）——早就走马观花似的借鉴了《兵变文献》中的一些史料，玛格丽特·佩尔瑙也把它广泛用于即将开展的对 19 世纪德里穆斯林的研究，但我相信，本书是首次将该史料系统性地妥善用于研究 1857 年的德里。

21. 玛格丽特·佩尔瑙目前着手于一个项目，以翻译出版这些宝贵财富和宫廷邸报《阿克巴报》（Akhbarat）——它早于印刷型报纸。到目前为止，学者们只使用过下述文献中经翻译的简短片段：Nadar Ali Khan, *A History of Urdu Journalism 1822–1857* (New Delhi, 1991)。

22. 德里的史学家中，看似只有西尔维娅·肖图对旁遮普档案馆加以利用，她借鉴馆藏史料，撰写引人入胜的论文：*Public Lives, Private Places, British Houses in Delhi 1803–57*; unpublished dissertation, NYU, 2004。

23. Eric Stokes, *The Peasant and the Raj - Studies in Agrarian Society and Peasant Rebellion in Colonial India*, London, 1978; Stokes, *The Peasant Armed: The Indian Revolt of 1857*, ed. C. A. Bayly, Oxford, 1986; Rudrangshu Mukherjee, *Avadh in Revolt 1857–8 - A Study of Popular Resistance*, New Delhi, 1984; Tapti Roy, *The Politics of a Popular Uprising: Bundelkhand in 1857*, Oxford, 1994.

24. 参见 Mukherjee, *Avadh in Revolt*。

25. *Dihli Urdu Akbhar*, 17 May 1857.

26. Ibid., 24 May 1857.

27. Ibid., 23 August 1857.

28. 迦利布在其公开发表的作品——譬如《希望的故事》——和私人信函中，常规性地把哗变者称作"黑人"。例如，参见 Russell, *The Oxford Ghalib*, p. 167。

29. 鲁德兰舒·穆克吉在其优秀的短篇专著中，对这一点进行了很好的辩说。参见 *Mangal Pandey: Brave Martyr or Accidental Hero?*, New Delhi, 2005, p. 63。

30. 尽管当然有人抵制莫卧儿王朝的权利主张，譬如阿瓦德的诸位纳瓦布，以及更遥远的蒂普苏丹。

31. Rudrangshu Mukherjee, ' "Satan Let Loose upon Earth": The Kanpur Massacres in India in the Revolt of 1857', *Past and Present*, no. 128, pp. 110–11.

32. Akhtar Qamber, *The Last Mushaiirah of Delhi: A Translation of Farhatullah Baig's Modern Urdu Classic Dehli ki Akhri Shama*, New Delhi, 1979, p. 62.

33. Emily Eden, *Up the Country, Letters from India*, London, 1930, p. 97.

34. F.W. 巴克勒（F. W. Buckler, 1891—1960）在他的大作中，对这一点进行了很好的论证，参见 'The Political Theory of the Indian Mutiny', *Trans. of the Royal Historical Soc.*, 4 series, 5, 1922, pp. 71–100（亦重印于 *Legitimacy and Symbols: The South Asian writings of F. W. Buckler*, ed. M. N. Pearson, Center for South and Southeast Asian Studies, University of Michigan, Ann Arbor, MI, *c.* 1985）。

35. Mark Thornhill, *Personal Adventures and Experiences of a Magistrate, during the Rise, Progress and Suppression of the Indian Mutiny*, London, 1884, p. 7.

36. NAI, Mutiny Papers, collection 60, no. 830.

37. OIOC, Eur Mss B 138, *The City of Delhi during 1857*, translation of the account of Said Mobarak Shah.

38. 引自扎法尔受审时控方的结案陈词，参见 *Proceedings on the Trial of Muhammad Bahadur Shah, Titular King of Delhi, Before a Military Commission, upon a charge of Rebellion, Treason and Murder, held at Delhi, on the 27th Day of January 1858, and following days*, London, 1859, p. 142。

39. OIOC, Montgomery Papers, no. 198, 7 September 1857.

40. Fazl ul-Haq, 'The Story of the War of Independence, 1857–8', *Journal Pak. Hist. Soc.*, vol. V, pt 1, January 1957.

41. 参见 footnote on p. 473。

第一章 棋盘上的国王

1. National Archives of India（以下简称 NAI）, Foreign, Foreign Dept Misc, vol. 361, *Precis of Palace Intelligence*, entry for Friday, 2 April 1852。另见 *Delhi Gazette* (OIOC microfilms，以下简称 DG), issue of 31 March 1852; Munshi Faizuddin, *Bazm i-Akhir, Yani sehr e-Delhi ke do akhiri badshahon ka tareeq i-maashrat*（《最后的欢宴集——最后两位德里之王的生活方式》）, Lahore, 1965, ch. 7; Zahir Dehlavi, *Dastan i- Ghadr: An eyewitness account of the 1857 Uprising*, Lahore, 1955 pp. 17–18; Aslam Parvez, *Bahadur Shah Zafar*, pp. 78–9。关于莫卧儿巡游队伍的补充详情，引自罗伯特·史密斯上尉（Captain Robert Smith）在日志中的描述，由 Sylvia Shorto 转引, *Public Lives, Private Places, British Houses in Delhi 1803–57*, unpublished dissertation, NYU, 2004, p. 136; 亦来自所留存的此类巡游队

伍的诸多影像，譬如 Niall Hobhouse 的作品中所展示的：*Indian Painting for the British 1780–1880*, London, 2001, item 26，或者 Emily Bayley (ed. M. M. Kaye)，*The Golden Calm: An English Lady's Life in Moghul Delhi*, London, 1980, pp. 41–3，尤其是第 150—159 页。即便在两百年前，莫卧儿人怎么为这种夜间婚礼巡游队伍照明引路，关于这个问题，一份耐人寻味的说明，参见 the images of the night-time *barats* of Shah Shuja and Dara Shukoh in Milo Cleveland Beach and Ebba Koch, *King of the World: The Padshahnama, an Imperial Mughal Manuscript from the Royal Library, Windsor Castle*, London, 1997, pp. 61 and 71。

2. 1842 年舍夫特其实在德里，但是他所绘的莫卧儿王朝时期肖像画，似乎都摹画自当时较新近的素描、细密画或照片，而非他本人参访时所作，原因在于，摆姿让他作画的三人——扎法尔、贾旺·巴克特王子和莫卧儿王子——的年岁，都与各自在 19 世纪 50 年代中期（或 1854—1855 年）的岁数一致，而不是十年前的岁数。在舍夫特的作品中，有这方面先例。例如，为兰吉特·辛格所绘肖像画，由于在舍夫特抵达拉合尔前不久，兰吉特·辛格已离世，所以舍夫特的画作想必是摹画自先存的细密画。这些画于 1857 年首次展出。我要感谢让 – 玛丽·拉丰和 F.S. 艾伊耶兹乌德丁，是他们帮我破解了这个谜题。

3. 这两幅肖像画，连同一幅莫卧儿王子的肖像画，现在悬挂于巴基斯坦的拉合尔堡之莫卧儿馆。

4. Zahir Dehlavi, *Dastan i-Ghadr*, Lahore, 1955, p. 19.

5. DG, 31 March 1852.

6. 关于曼海蒂彩绘巡游，参见 NAI, *Precis of Palace Intelligence*, entry for 31 March, and DG, 31 March 1852。关于其他庆祝活动和婚礼颂诗，另见 Dehlavi, *Dastan i-Ghadr*, p. 19。在 entry for the wedding in the *Precis of Palace Intelligence*, Friday, 2 April 1852 中谈到婚用珠冠，在迦利布和扎乌克所作的庆典诗中也提到珠冠的珍珠；参见 Muhammad Husain Azad (trans. and ed. Frances Pritchett and Shamsur Rahim Faruqi), *Ab-e Hayat: Shaping the Canon of Urdu Poetry*, New Delhi, 2001, pp. 410–13。由诗中所提及的一串串珍珠来看，这顶珠冠与 Beach and Koch, *King of the World*, p. 68, item 25 中，父亲沙·贾汗罩在达拉·舒克赫脸上之物，似乎应为同一物件。

7. 例如，参见 Punjab Archive, Lahore（以下简称 PAL），Case 1D, item 8, November 1847 中针对此人的诸多怨言，其中一位王子自称被"陛下之忠仆马赫布卜的行为害得苦不堪言"。

8. DG, 31 March 1852.

9. 例如，参见 NAI, *Precis of Palace Intelligence*, entries for 1 and 4 March。

10. Bishop Reginald Heber, *Narrative of a Journey through the Upper Provinces of India*, London, 1828; vol. 1, p. 563.

11. NAI, *Precis of Palace Intelligence*, entry for Friday, 2 April 1852.

12. Mir Taqi Mir, quoted in M. Sadiq, *History of Urdu Literature*, Oxford, 1964, p.100.

13. Muhammad Saleh Kanbu, quoted by Narayani Gupta, 'From Architecture to Archaeology: The"Monumentalising"of Delhi's History in the Nineteenth Century', in Jamal Malik (ed.), *Perspectives of Mutual Encounters in South Asian History, 1760–1860*, Leiden, 2000.

14. Azad (ed.), *Divan-e-Zauq*, p. 145, cited in Frances W. Pritchett, *Nets of Awareness: Urdu Poetry and its Critics*, University of California Press, Berkeley and Los Angeles, 1994, p. 6.

15. Muhammad Khalid Masud, 'The World of Shah Abdul Aziz, 1746–1824', p. 304, in Jamal Malik (ed.), *Perspectives of Mutual Encounters in South Asian History, 1760–1860*, Leiden 2000. 关于猿与猪的说法，参见 Farhan Ahmad Nizami, *Madrasahs, Scholars and Saints: Muslim Response to the British Presence in Delhi and the Upper Doab 1803–1857*, unpublished PhD, Oxford, 1983, p. 175。

16. Sir Sayyid Ahmad Khan, *Asar us Sanadid*, Delhi, 1990, vol. 2, pp. 11–13.

17. Azad, *Ab-e Hay at*, p. 53.

18. Cited in Pritchett, *Nets of Awareness*, p. 10. 纳瓦布萨尔瓦尔·木尔克的著作《我的一生》的英译本中有一篇序言，其中评述道："原版自传以乌尔都语写成，咳珠唾玉、文风雅正，只有与红堡有密切关联的德里人，方可达到那般境界。红堡里的人都以最高妙优雅的乌尔都语讲话。"纳瓦布萨尔瓦尔·木尔克的这部著作由其子纳瓦布吉旺·亚尔·忠格·巴哈杜尔（Nawab Jiwan Yar Jung Bahadur）译自乌尔都语，1903 于伦敦出版。

19. Pritchett, *Nets of Awareness*, p. 10.

20. NAI, *Precis of Palace Intelligence*, entry for Friday, 2 April 1852.

21. Francois Bernier, *Travels in the Mogul Empire, 1656–68,* ed. Archibald Constable, trans. Irving Brock, Oxford, 1934, p. 373.

22. British Library, Warren Hastings papers, William Palmer to Warren Hastings, Add. Mss 29, 172, vol XLI, 1790, p. 184; 21st NOVEMBER 1790 AGRA："我以你的名义，叩请沙·阿拉姆恩准，以誊写其所珍藏的《摩诃婆罗多》（Mahbharrut）善本，但被确告说，如果该书一直归他所有，本会万分欣悦地照准，怎奈他的藏书已被抢掠一空，并被恶棍古拉姆·卡迪尔·汗（Ghullam Khauder Khan）销毁。他不无几分义愤，接着补充说，先时在勒克瑙购得部分书籍，亦即通过维齐尔。经询问发现实情如此，因为维齐尔阁下曾经向英格兰绅士们出示其中一些书，夸耀说它们是'国王的'。"

23. Quoted in Pritchett, *Nets of Awareness*, p. 3.

24. NAI, *Precis of Palace Intelligence*, entry for Thursday, 23 January 1851："收到米尔扎·苏贾·沙（Mirza Shoojat Shah）发来的呈请状，声言一名首领已由管区抵德里（Dehlee），意欲瞻谒皇宫。陛下答称，未获代办首

肯，异地土邦的首领一律不得获准入内。"

25. 例如，NAI, *Precis of Palace Intelligence*, entry for 5 December 1851。

26. 例如，NAI, *Precis of Palace Intelligence*, entry for 14 March 1851。

27. Ibid., entries for 3 and 8 April 1852. 对于上贡所蕴含的效忠姿态，御赐朝袍是一种象征性的认可。

28. Parvez, *Bahadur Shah Zafar*, pp. 351–6. 帕尔韦兹着重指出，在扎法尔的诗文中，这些主题以何等程度占据主导地位，他无疑是正确的。但在18—19世纪的抒情诗写作中，樊笼、鹪鸟和庭园是常见的借喻修辞，这也是事实。不过，扎法尔的诗歌所表达的痛苦和挫折感，其程度之深确也异乎寻常，阿尔什·帖木儿对此亦有批注。

29. Naim Ahmad, *Shahr ashob*, Maktabah Jami'ah, Delhi, 1968, p. 196。Cited in Pritchett, *Nets of Awareness*, p. 5.

30. Quoted in J. K. Majumdar, *Raja Rammohun Roy and the Last Moghuls: A Selection from Official Records (1803–1859)*, Art Press, Calcutta, 1939, pp. 319–20.

31. Ibid., p. 4.

32. 关于梅特卡夫誓绝效忠，参见 Bentinck Papers, Nottingham University, Charles Metcalfe to Lord W. Bentinck, Pw Jf 1637, Calcutta, 18 April 1832。关于终止纳贡，参见 Charles Metcalfe to Lord W. Bentinck, Pw Jf 1620, Calcutta, 18 December 1831。另见 Charles Metcalfe to Lord W. Bentinck, Pw Jf 1607, Calcutta, 13 November，谈到纳贡一事，梅特卡夫评述道："从某种程度上来说，此事可能将由德里之王来做，况且过去就对阿美士德勋爵（Lord Amherst）做过。在那一点上，诚非不对头，因为该国王的优越地位得到承认，而承认的本质不能被弄错。"

33. Shorto, *Public Lives*, p. 134.

34. 由 C. M. Naim 在即将发表的关于萨赫巴依的论文中引用，见 Margrit Pernau (ed.), *Delhi College*, New Delhi, 2006。

35. 这绝妙的译文出自拉尔夫·拉塞尔之手。参见 Russell, *The Oxford Ghalib: Life, Letters and Ghazals*, New Delhi, 2003, p. 18。

36. 诗名是对珍珠所制成的婚用珠幔的引语，昔时王子娶亲时，莫卧儿人常用珠幔罩在王子脸上。参见 note 6 above。

37. NAI, *Precis of Palace Intelligence*, entry for 17 April 1852.

38. Azad, *Ab-e Hayat*, pp. 410–13.

39. Ishtiaq Husain Qureshi, 'A Year in Pre Mutiny Delhi - 1837 A.C.', *Islamic Culture*, 17, pt 3, 1943, pp. 282–97.

40. 关于扎法尔的诸位妻子，参见 Parvez, *Bahadur Shah Zafar*, pp. 81–5；关于众嫔御，参见 NAI, *Precis of Palace Intelligence*, entry for Friday, 29 July 1853。

41. NAI, *Precis of Palace Intelligence*, entry for Saturday, 17 April 1852.

42. Delhi Commissioner's Office（以下简称 DCO）Archive, Delhi, File 65A, 7

December 1858, *Report on the Character and Conduct of the Attendants of the ex royal King*，其中评述称："这位贵妇曾是公认的美人，也博得前国王的爱慕，纵使出身于低种姓，仅为罗姆人（dommee），但前国王仍然跟她成亲。他们的婚姻生活并非一帆风顺。正是由于国王最宠幸的爱妻、贾旺·巴克特王子之母——吉娜塔·玛哈尔挑拨，人们才对泰姬·玛哈尔极度反感。暴动前的两三年时间里，泰姬·玛哈尔失宠、受辱并遭监禁，据说是因为她与前国王的侄子卡姆兰王子私通。但她声称，那是吉娜塔·玛哈尔因妒忌和嫌恶而陷害于她。"

43. 例 如，NAI, *Precis of Palace Intelligence*, entries for 21 February 1851, 25 September 1852 and 4 October 1852。

44. NAI, *Precis of Palace Intelligence*, entries for 27 January and 6 February 1852。论及皇帝后宫的丑闻与行为不检的指控，其他参考文献可查阅 entries for 13 January 1851, 6 August 1852 and 30 August 1853。

45. Russell, *The Oxford Ghalib*, p. 274. 不是所有皇裔都穷困。莫卧儿宫廷日志记载其中数人的遗产，而遗留价值高达 50 万卢比的庄园亦非罕见。例如，参见 NAI, *Precis of Palace Intelligence*, entry for 29 December 1851。

46. Major George Cunningham, quoted in T. G. P. Spear, 'The Mogul Family and the Court in 19 th Century Delhi', *Journal of Indian History*, vol. XX, 1941, p. 40.

47. NAI, *Precis of Palace Intelligence*, entries for 29 January 1851, 19 February 1851 and 11 April 1852.

48. Ibid., entry for Monday, 8 July 1853.

49. PAL, Case 1D, item 8, November 1847.

50. PAL, Case 94（索引误编为 Case 84），Delhi, 5 February 1848。

51. 法赫鲁王子的全名是古拉姆·法赫鲁丁王子。

52. PAL, Case 1, 45, BSZ to James Thomason, 19 January 1849.

53. PAL, Case 1, pt Ⅶ, 67, letter from Sir Thomas Metcalfe (TTM) to Thornton, 24 January 1852.

54. NAI, *Precis of Palace Intelligence*, entry for 9 March 1852.

55. Ibid., entries for 14 February, 27 February and 3 March 1852.

56. PAL, Case 1, 63, 4 December 1851. 把失宠被贬的朝臣遣至麦加，是莫卧儿王朝的一种旧风俗。

57. PAL, Case 1, 63, 4 December 1851, letter from TTM to Thornton.

58. 婚礼的规模与吉娜塔·玛哈尔对贾旺·巴克特所抱有的野心，关于二者之间的关联，参见 Dehlavi, *Dastan i-Ghadr*, p. 19。关于贾旺·巴克特王子被称为皇储，参见 DG(OIOC microfilms), 31 March 1852。

59. 令人遗憾的是，这则众口相传、趣味无穷的故事很可能是杜撰的。当然，我始终无法更近一步追溯，所能查考到的史料止于爱德华·汤普森 (Edward Thompson) 的 著 作 *The Life of Charles Lord Metcalfe*(Faber, London, 1937, p. 101)，该著作把本故事描述成"当地传说……这听起来像是民间传说"。它的灵感可能完全来源于印度事务部图书馆馆藏的一幅著名的奥克特洛尼细密画，虽则奥克特洛尼的儿子罗德里克·佩拉格林·奥克特洛尼（Roderick Peregrine Ochterlony），显然是由另一名印裔妻子所生，但在奥克特洛尼的遗嘱 OIOC L/AG/34/29/37 中，仅提到一名印裔妻子——"玛赫儒敦，其谓是穆巴拉克·丽莎夫人，亦常被称作奥克特洛尼夫人"，她与奥克特洛尼育有两个女儿。话虽如此，但那完全可能是真实故事，因为我屡屡发现关于此类事的德里古老传说被调研所证实，而那个时期的东印度公司数名雇员确也蓄养如此规模的妻妾。根据希伯主教对奥克特洛尼的描述来判断，奥克特洛尼显然印度化得足以令他自己那么做。

60. Emily Bayley, quoted in Kaye, *The Golden Calm*, pp. 124–8.
61. Ibid., pp. 125–6.
62. 例如，PAL, Case 1, item 45, January 1849, letter from TTM to BSZ, dated 27 May 1849。
63. Emily Bayley quoted in Kaye, *The Golden Calm*, p. 3.
64. Ibid., Sir Thomas Metcalfe's reflection on Humayun's Tomb.
65. 两者现都在收入 OIOC。
66. 例如，参见 South Asian Studies Library, Cambridge, Campbell Metcalfe Papers, Box Ⅷ, From TTM to Daughters，发信地址及日期：Camp Sudder Sarai, 27th（年月不详）。
67. South Asian Studies Library, Cambridge, Campbell Metcalfe Papers, Box Ⅷ, From TTM to Georgina, 发信地址及日期：Kootub, 22nd（年月不详，但显然是 1851 年 4 月）。
68. 令人遗憾的是，此处未明确详载此项不法行为的性质，但托马斯·西奥菲勒斯·梅特卡夫的其他往来书信谈到西奥让一名有影响力的放贷者蒙受冤狱，那或许是此处提及的不轨行为。
69. South Asian Studies Library, Cambridge, Campbell Metcalfe Papers, Box 1, GG to EC, Saturday, 23 October 1852.
70. Ibid.
71. South Asian Studies Library, Cambridge, Campbell Metcalfe Papers, Box Ⅷ, TTM to GG, 发信地址及日期：Kootub, 15th（年月不详，但显然是 1852 年 10 月）。

第二章 信徒与异教徒

1. Bodleian Library of Commonwealth & African Studies at Rhodes House Missionary Collections, Oxford, Jennings Papers, *Proposed Mission at Delhi*.
2. Jennings Papers, *Copies of Letters by the Revd Midgeley Jennings, Chaplain of Delhi 1851–57*, JMJ to Hawkins, 4 May 1852.
3. *Jennings Papers*, Proposed Mission at Delhi.

4. Bodleian Library of Commonwealth & African Studies at Rhodes House Missionary Collections, Oxford, *A Memoir of my Father - the Revd M.J. Jennings, M.A.*, p. 24.

5. Ibid., pp. 13, pp. 21. 关于道格拉斯，另见 SPG (Society for the Propagation of the Gospels) Annual Report for 1857, pxciii。

6. South Asian Studies Library, Cambridge, Campbell Metcalfe Papers, Box Ⅷ, TTM to his children, Letter from Camp before Hissar, 7 February（年份不详）; TTM to his daughters, Delhi, 6 April（年份不详）; Theo to Lady Campbell in Ferozepur，未载明日期，但可能是 1854 年。

7. *Dihli Urdu Akbhar*, 12 July 1857.

8. *Delhi Gazette*, 8 April 1855.

9. Campbell Metcalfe Papers, Box Ⅷ, TTM to his daughters, Delhi, 6 April（年份不详）。

10. Derrick Hughes, *The Mutiny Chaplains*, Salisbury, 1991, p. 28.

11. Fanny Parkes, *Wanderings of a Pilgrim in Search of the Picturesque*, London, 1850, reprinted London, 1992, as *Begums, Thugs and White Mughals*, ed. William Dalrymple, p. xvi.

12. Hughes, *The Mutiny Chaplains*, p. 20.

13. Quoted by Charles Alle, *Soldier Sahibs: The Men Who Made the North-West Frontier*, London, 2000, p. 340.

14. Quoted in Christopher Hibbert, *The Great Mutiny: India 1857*, London, p. 52.

15. Ibid., p. 52.

16. Olive Anderson, 'The Growth of Christian Militarism in Mid Victorian Britain', *English Historical Review*, vol. 86, 1971, pp. 46–72. 关于引语，参见 p. 52。

17. Hibbert, *The Great Mutiny*, pp. 51–2. 参见 Saul David, *The Indian Mutiny 1857*, London, 2002, pp. 72–3。

18. P. J. Marshall (ed.), *The British Discovery of Hinduism*, Cambridge, 1970, p. 42.

19. Quoted by A. N. Wilson, *The Victorians*, London, 2002, p. 202, and Niall Ferguson, *Empire: How Britain Made the Modern World*, London, 2003, pp. 136, 137.

20. Jennings Papers, *Copies of Letters by the Rev a Midgeley Jennings, Chaplain of Delhi 1851–57*, JMJ to Hawkins, 22 November 1855.

21. Farhan Ahmad Nizami, *Madrasahs, Scholars and Saints: Muslim Response to the British Presence in Delhi and the Upper Doab 1803–1857*, unpublished PhD, Oxford, 1983, pp. 166–92.

22. 法尔汉·尼扎米（Farhan Nizami）论述了阿卜杜勒·阿里大毛拉（Maulawi Abdul Ali）和穆罕默德·伊斯梅尔·伦敦尼（Muhammad Ismail Londoni）的事例，此二人都娶了英国女子。参见 Farhan Nizami, 'Islamization and

Social Adjustment：the Muslim Religious Elite in British North India 1803–57', in *Ninth European Conference on Modern South Asian Studies*, 9–12 July 1986, South Asian Institute of Heidelberg University, p. 5。

23. Nizami, *Madrasahs, Scholars and Saints*, p. 196.

24. Averil Ann Powell, *Muslims and Missionaries in Pre Mutiny India*, Curzon Press, London, 1993, pp. 52–3.

25. Victor Jacquemont, *Letters from India (1829–32)*, 2 vols, trans. Catherine Phillips, Macmillan, London, 1936, p. 354.

26. Khalid Masud, *The World of Shah Abdul Aziz, 1746–1824*, p. 304, in Jamal Malik (ed.), *Perspectives of Mutual Encounters in South Asian History, 1760–1860*, Leiden, 2000. 论及沙·阿卜杜勒·阿齐兹与弗雷泽的关系，最为原始的史料是阿齐兹的《苏菲圣徒集语》(*Malfazat*)，它展现英国人怎么被阿齐兹的学识和神力所慑服，并在前述背景下传达信息。

27. Fraser Papers, vol. 29 (private collection, Inverness, as listed by the National Register of Archives, Scotland). Letter from WF to his father, 8 February 1806.

28. Ralph Russell and Khurshid Islam, *Ghalib: Life and Letters*, OUP, Delhi, 1994, p. 53.

29. Jacquemont, *Letters from India*, VJ to his father, Delhi, 10 January 1831, pp. 344–5.

30. Ibid., pp. 150–1, 354.

31. Fraser Papers, vol. 29, letter from WF to his father, 8 February 1806.

32. Reginald Heber, *A Narrative of a Journey through the Upper Provinces of India from Calcutta to Bombay, 1824–1825*, 3 vols, London, 1827, vol. 2, pp. 362, 392.

33. Bengal Wills 1825, OIOC, L/AG/34/29/37, pp. 185–205.

34. 关于穆巴拉克夫人的个人背景，参见德里专员公署案卷中的 Mubarak Bagh papers：DCO F5/1861。据此记载："穆巴拉克·丽莎本是婆罗门出身的千金，被春巴女士（Mosst. Chumpa）从德干（Deckan）的浦那（Poona）买回来，然后在 12 岁时，被春巴女士引见或卖给奥克特洛尼将军。自那时起，穆巴拉克·丽莎女士就住在奥克特洛尼将军家宅，春巴女士也跟她同住在那里，并以班巴希（Banbahi）这个名字为人所知。"

35. National Army Museum, London, Gardner Papers, Letter 90, 16 August 1821.

36. Gardner Papers, Letter 16, p. 42.

37. 关于奥克特洛尼困惑于是否把子女当作穆斯林来养育，参见 Sutherland Papers, Oriental and India Office Collections, British Library（以下简称 OIOC），Eur Mss. D. 547, pp. 133–4。这封书信写给休·萨瑟兰少校（Major Hugh Sutherland），他是苏格兰雇佣兵，指挥马拉塔部队的一个团，与奥克特洛尼一样，他也娶了位穆斯林贵妇，而且也选择把子女当作穆斯林来养育。奥克特洛尼写信称，不知道该拿穆巴拉克夫人为自己所生的两个女儿怎么办，因此向休·萨瑟兰少校讨教。如果被当作基督教徒来养育，他所忧恐的是，她们会遭受英国人的种族主义之苦。奥克特洛尼写道："敬爱的少校，难得的是，我的孩子天生肤如凝脂，但若按照欧洲人的方式接受教育，即便肤色白皙，仍会被冠以'土著妇人为奥克特洛尼所生的庶出女'名号，从而苦于一切不利因素。性恶无为、拘挛之见所能传达的一切，都被浓缩进那一句表述。驻留于此国期间，你想必目睹众多此般实例。"话虽如此，但考虑到她们或将嫁入莫卧儿名门望族，奥克特洛尼称，对于把她们当作穆斯林来养育之事，自己仍有顾虑，因为"我本人忍受不了的是，自己的孩子或将成为三妻四妾中的一员，就算我确信伴随此种配置方式，不会产生其他不利因素，就算我经受得住世人评头论足——在先知的信条内培育子女，为父者必会遭受世人说长道短，虽则对那些孩子来说颇为不公"。书信结尾相当感人："我敬爱的 M（指少校），简而言之，自从我们离别后，我每时每刻都在脑海里盘算此事，但尚不能做出有把握的决定。"书信未载明日期，但可能是在 1801—1802 年，日期料必早于 1803 年盎格鲁-马拉塔战争（Anglo-Mahratta war）爆发日。

38. Private family papers in the haveli of the late Mirza Farid Beg, Old Delhi.

39. Ram Babu Saksena, *European & Indo-European Poets of Urdu & Persian*, Lucknow, 1941, pp. 100–17.

40. Gardner Papers, NAM 6305–56, Letter 14, Delhi, 6 June 1820.

41. Ibid., Letter 16, p. 41.

42. Nicholas Shreeve, *The Indian Heir*, Bookwright, Arundel, 2001, p. 7.

43. Missionary Collections, *A Memoir of my Father - the Revd M.J. Jennings, M.A.*, typescript mss by 'Miss Jennings, Chenolton, Wimbourne, Dorset'.

44. Hibbert, *The Great Mutiny*, p. 52. 阿格拉的监狱主管是 C. 索洛特（C. Thornlute）。

45. 关于 Shah Abdul Aziz，参见 Nizami, *Madrasahs*, p. 157。

46. Ibid., pp. 43–54。尼扎米提供证据称，1828—1840 年，有将近 200 万英亩的免税土地（ma'afi）被英国人没收。关于传教士栖身于清真寺，参见 Jacquemont, *Letters from India*, VJ to his father, Panipat, 17 March 1830, p. 80。

47. 参见《哈兹拉特·玛哈尔女王宣言》；原文的译文藏于 NAI, Foreign Department, Political Consultation 1858 年 12 月 17 日，from J. D. Forstythe Sec. to Chief Commr Oudh, to G. J. Edmonstone, Sec. GOI, For. Dept, Dt Lucknow, 4 December 1858。

48. Nizami, *Madrasahs*, pp. 203–4; Powell, *Muslims and Missionaries*, ch. 7, esp. pp. 193–6, 202 and 222.

49. Delhi Committee to the General Committee of Public Instruction, in J. F. Hilliker, 'Charles Edward Trevelyan as an Educational Reformer', *Canadian Journal of History*, 9, 1974, pp. 275–91. 另见 Michael H. Fisher, 'An Initial Student of Delhi English College：Mohan Lal Kashmiri (1812–77)', in

Margrit Pernau, *Delhi College*, New Delhi, 2006。

50. OIOC, Home Miscellaneous 725, pp. 389–422, *Letter Written by Munshi Mohun Lal to Brigadier Chamberlain dated November 8th 1857 at Dehli*e.

51. Gardner Papers, Letter 100, Babel, 27 September 1821.

52. Fraser Papers, Bundle 350, letter from DO to WF, Delhi, 31 July 1820.

53. Parkes, *Begums*, p. 313.

54. Christopher Hawes, *Poor Relations: The Making of the Eurasian Community in British India 1773–1833*, London, 1996, pp. 4–5.

55. *Delhi Gazette*, 5 January 1856.

56. Jennings Papers, *Copies of Letters by the Revd Midgeley Jennings, Chaplain of Delhi 1851–57*, JMJ to Hawkins, 26 December 1856. 另外，据同一案卷史料所载，Calcutta Letters Received, vol. 3 (CLR14)，JMJ to Hawkins, Hissar, 17 March 1854："我们本指望由官立学院（Government College）组建一个班级，但从未因希望落空而灰心。我有七名男孩，每隔一天晚上，他们便阅读英文版《圣经》和培根的随笔。除一人外，小伙子们都是印度教徒。穆斯林太过褊狭，不容许其子读英文。他们读过官立学院图书馆馆藏的一些基督教书籍，似对基督教颇有好感。他们提名一些人——对我们自己的神圣宗教来说，那些是最明摆着的异教徒——不过看样子没太重视那些人，因为他们通常认可我的解答的权威性。这些年轻人充满才智，给我留下深刻印象，让我赞叹不已。我预想，他们将成为各自岗位上的我方珍贵盟友。"

57. Jennings Papers, *Copies of Letters by the Revd Midgeley Jennings, Chaplain of Delhi 1851–57*, JMJ to Hawkins, 15 July 1852.

58. *General Report on Public Instruction* 1852–3, quoted in Powell, *Muslims and Missionaries*.

59. 参见斯瓦普纳·利德尔·萨赫巴依（Swapna Liddle Sahbai）所撰写的关于阿祖尔达的论文，Pernau, *Delhi College*。

60. Nizami, *Madrasahs*, p. 173.

61. Leupolt, *Recollections*, p. 33, cited in Nizami, *Madrasahs*, p. 207.

62. Aziz Ahmed, *Studies in Islamic Culture in the Indian Environment*, Oxford, 1964, pp. 201, 210.

63. Nizami, *Islamization and Social Adjustment*, p. 11.

64. Barbara Daly Metcalf, *Islamic Revival in British India, 1860–1900*, Princeton, NJ, 1982, p. 48.

65. Nizami, *Madrasahs*, pp. 144–5.

66. 沙·瓦里乌拉本人其实是苏菲派教徒，不过归于主张采取强硬路线的纳格什班迪耶教团道谱（Naqshbandiya silsilah，"silsilah"的字面意思是"链条"，意指引领一个苏菲教团兄弟会的诸长老、代代相传的传教谱系——译者注），它反对契斯提教团（Chishtia）的大部分灵修实践，譬如圣徒崇拜以及在苏菲圣祠演奏灵修音乐（即克瓦利）。恰添复杂性的是，似乎沙·阿卜杜勒·阿齐兹实际上相当喜爱音乐。

67. NAI, Foreign, Foreign Dept Misc., *Precis of Palace Intelligence*, entry for 17 April 1852.

68. Percival Spear, *The Twilight of the Moghuls*, Cambridge, 1951, p. 74. 另见 Aslam Parvez, *Bahadur Shah Zafar*, p. 242。

69. *Dihli Urdu Akbhar*, 14 June 1857.

70. Major Archer, *Tours in Upper India*, London, 1833, vol. 1, p. 113.

71. NAI, *Precis of Palace Intelligence*, entry for Sunday, 1 August 1852.

72. Parvez, *Bahadur Shah Zafar*, p. 242.

73. NAI, *Precis of Palace Intelligence*, entry for Tuesday, 16 August 1853.

74. Ibid., entries for 12 January 1851, 29 July 1853 and 1 August 1853.

75. Ibid., entries for 24 April 1851, 4 September 1852, 23 August 1853 and 31 December 1853.

76. Harbans Mukhia, 'Celebration of Failure as Dissent in Urdu Ghazal', *Modern Asian Studies*, vol. 33, no. 4, 1999, pp. 861–81.

77. Ibid., p. 879.

78. Ralph Russell, *Hidden in the Lute: An Anthology of Two Centuries of Urdu Literature*, New Delhi, 1995, p. 150.

79. Ralph Russell (ed.), *Ghalib: The Poet and His Age*, London, 1975, p. 81.

80. Ralph Russell, *The Oxford Ghalib: Life, Letters and Ghazals*, New Delhi, 2003, p. 202.

81. Pavan K. Varma, *Ghalib: The Man, the Times*, New Delhi, 1989, p. 51.

82. Nizami, *Madrasahs*, p. 163 对这一点进行了很好的辩说。

83. C. F. Andrews, *Zakaullah of Delhi*, Cambridge, 1929, pp. 13–18；David Lelyveld, *Aligarh's First Generation: Muslim Solidarity in British India*, Princeton, NJ, 1978, p. 51. 另见 Yoginder Sikand, *Bastions of the Believers: Madrasas and Islamic Education in India*, New Delhi, 2005。

84. Parvez, *Bahadur Shah Zafar*, p. 50.

85. NAI, *Precis of Palace Intelligence*. 关于占星家，例如参见 entry for Tuesday, 23 August 1853。其时巴哈杜尔·沙·扎法尔依照御用占星家的劝谏，赐给贫民一头母牛。

86. NAI, *Precis of Palace Intelligence*, entry for Saturday, 6 March 1852.

87. Ibid., entries for 9, 11, 17, 18 October 1853。18 日，"陛下自行落座于私人谒见厅的一张银椅，随后检阅皇家马场的御马。为了庆祝十胜节，御马身涂彩绘。御用鹰隼猎监管人把一只鹰放在陛下手上，然后猎手在陛下头部上方放飞一些鸟儿。皇帝按例赏给他们御赐朝袍（khillut），继而接收旗下信奉印度教的军官所呈献的贡品（nuzzer），贡品总计 43 卢比"。

88. Narayani Gupta, *Delhi between Two Empires 1803–1931*, New Delhi, 1981, p.10.

89. NAI, *Precis of Palace Intelligence*, entry for Tuesday, 1 November 1853.

90. Ibid., entry for Friday, 28 October 1853.

91. Farhatullah Baig, *Phulwalon ki Sair*. 我要感谢阿兹拉·基德瓦伊，她让我注意到此文献，并向我提供她自己翻译的译文。

92. NAI, *Precis of Palace Intelligence*, entry for 20 September 1852.

93. Ibid., entry for 21 September 1852.

94. Sir Sayyid Ahmad Khan, *The Causes of the Indian Revolt*, reprint edition introduced by Francis Robinson, Karachi, 2000, p. 9.

95. 扎法尔亲自帮忙挑选游行队伍里的圣陵模型（taziya），还有捐赠物和阿拉姆权标派送到印度各地的什叶派会堂。关于扎法尔出席挽歌诗会，参见 NAI, *Precis of Palace Intelligence*, entry for Wednesday, 5 October 1853。关于向其他地方的什叶派会堂派送赠品，参见 entry for Friday, 7 October 1853："陛下派人传召努尔丁王子（Mirza Noorooddeen），数个银制及铜制权标预先被牢牢固定在一个箱子里，陛下把它们交托给王子，同时吩咐他即刻动身前往勒克瑙，以便经由邮驿，把上述权标置放在沙·阿巴斯圣陵，以作为陛下所奉供品。" Munshi Faizuddin 在著作中，用长篇幅描写红堡里的穆哈兰姆月庆祝活动：*Bazm i-Akhir, Yani sehr e-Delhi ke do akhiri badshahon ka tareeq i-maashrat*, Lahore, 1965, ch. 7。扎法尔恳请迦利布为自己辩白，以抵制这项指控。关于乌理玛的愤怒，参见 Ralph Russell, *Ghalib - Life and Letters*, Oxford, 1964, p. 99。

96. 参见玛格丽特·佩尔璐所撰写的关于阶层与激进派的精彩论文, 'Multiple Identities and Communities: Re-contextualizing Religion', in Jamal Malik and Helmut Reifeld, *Religious Pluralism in South Asia and Europe*, New Delhi, 2005, pp. 147–69, 尤其是第 160—161 页。据佩尔璐估算，沙·阿卜杜勒·阿齐兹所发布的伊斯兰教令中，足足有 10% 的教令涉及经济事宜。英国当局也留意到，不是圣裔而是"穆斯林中，尤其是旁遮普人中的低等阶层"赞同激进的伊斯兰教义。不过，侯赛因·巴赫什（Hoosain Buksh）被说成是"本城的旁遮普巨贾……人们普遍认为，他认同瓦哈比教派"。PAL Case 70, no. 152, From: A. A. Roberts Esq., Magistrate Dehlee To: T. Metcalfe, Agent Lieut Governor of the government of NWP Dehlee Dated: Dehlee, 1st Sept 1852 Subject: Fanatics.

97. Nizami, *Madrasahs*, pp. 224–9; Nizami, *Islamization and Social Adjustment*, p. 7; Metcalf, *Islamic Revival in British India*, p. 62。

98. PAL, Case 70, no. 152.

99. Missionary Collections, '*A Memoir of my Father - the Revd M.J. Jennings, M.A.*', p. 20.

第三章　畸轻畸重之弊

1. *Dihil Urdu Akbhar*（以下简称 DUA）, 7 August 1853。另见 Margit Pernau, 'The *Dihli Urdu Akbhar*: Between Persian Akhbarat and English Newspaper', *Annual*

of Urdu Studies, 2003, vol. 18, p. 121。

2.　*Subae Shamalio Maghribi ke Akhbara aur Matbuat*, p. 101., cited in Aslam Parvez, *Bahadur Shah Zafar*, p. 316.

3.　Pernau, '*Dihli Urdu Akbhar*', p. 126; DUA, 10 May 1840.

4.　DUA, 12 May 1841.

5.　France W. Pritchett, *Nets of Awareness: Urdu Poetry and Its Critics*, University of California Press, Berkeley and Los Angeles, 1994, p. 19.

6.　Pernau, '*Dihli Urdu Akbhar*', p. 128；Nadir Ali Khan, *A History of Urdu Journalism*, Delhi 1991, pp. 72–86. 另见 DUA, 22 and 29 August 1852；关于罗摩昌德拉改信，参见 DUA, 25 July 1852；关于"淫逸恶行"，参见 2 May 1841；关于迦利布被捕，参见 15 August 1841。

7.　Pernau, '*Dihli Urdu Akbhar*', pp. 123–6.

8.　*Delhi Gazette*（以下简称 DG），19 March 1842 (Moti Masjid) and 2 March 1853 (canal)。

9.　DG, 19 February 1853 (locomotive race); 12 January 1855 (cricket); 27 January 1855 (Hansi dacoitee).

10.　Nicholas Shreeve (ed.), *From Nawab to Nabob: The Diary of David Ochterlony Dyce Sombre*, Bookwright, Arundel, 2000, pp. 71 and 75, entries for 5, 6 and 23 December 1834.

11.　关于迈克尔·费希尔所撰写的有关莫罕·拉尔·克什米尔的论文，参见玛格丽特·佩尔瑙即将发表的 volume on Delhi College, New Delhi, 2006。

12.　DG, 10 February 1847.

13.　Ibid., 19 January 1853.

14.　Ibid., 8 January 1855.

15.　Ibid., 9 January 1855.

16.　Ibid., 8 January 1855.

17.　Ibid., 12 February 1843. 另见 Pernau, '*Dihli Urdu Akbhar*', p. 118。

18.　James Baillie Fraser, *Military Memoirs of James Skinner*, 2 vols, Smith, Elder & Co., London, 1851, p. 105.

19.　Ibid., pp. 159, 162.

20.　Fanny Eden, *Journals*, reprinted as *Tigers, Durbars and Kings*, John Murray, London, 1988, p. 135.

21.　Ram Babu Saksena, *European & Indo-European Poets of Urdu & Persian*, Newul Kishore, Lucknow, 1941, pp. 96–7.

22.　*Tigers*, p. 135.

23.　在诺丁汉大学图书馆（Nottingham University Library）馆藏的致本廷克勋爵的一封信中，见 Pw Jf 2047/1–2, Hansee 12 October 1835，斯金纳写东西时，似乎先以乌尔都语构思，再竭尽所能地将之翻译成英语。他写道："关于我的叙事，假如爵爷大人认为它值得你们费神，那么我就把它献上，这可谓对我的恩荣，请爵爷随意处置。我唯一的遗憾是，自己在英语方面能力不足，以致无法更好地交代始末，仅止于它所包含的内容。所以，慈爱宽仁的恩主啊，请把我看作陶匠手里的一块黏土，我可以任由您摆弄。"

24.　Seema Alavi, *The Sepoys and the Company*, OUP, New Delhi, 1995, pp. 254–5。在诺丁汉大学图书馆馆藏的致本廷克勋爵的一封信中，见 Pw Jf 2047/1–2, Hansee 12 October 1835，斯金纳以单数形式提到一位"妻子"，她向总督和本廷克夫人祝颂问安。

25.　National Army Museum, London, Gardner Papers, Letter 16, p. 41.

26.　South Asian Studies Library, Cambridge, Campbell Metcalfe Papers, Box Ⅷ, Theo to Lady Campbell in Ferozepur, 未载明日期，但可能是 1854 年。

27.　Christopher Hibbert, *The Great Mutiny: India* 1857, London, 1978, p. 34.

28.　关于甘比尔，参见 National Army Musuem 6211/67, Letters of Lieutenant Charles Henry (Harry) F. Gambier, 38th Native Infantry。关于哈丽雅特，参见 Harriet Tytler, *An Englishwoman in India: The Memoirs of Harriet Tytler 1828–1858*, ed. Anthony Sattin, Oxford, 1986。

29.　David Burton, *The Raj at Table: A Culinary History of the British in India*, London, 1993, p. 83.

30.　Cited in Farhan Ahmad Nizami, *Madrasahs, Scholars and Saints: Muslim Response to the British Presence in Delhi and the Upper Doab 1803–1857*, unpublished PhD, Oxford, 1983, p. 18.

31.　Major General Sir W. H. Sleeman, *Rambles and Recollections of an Indian Official*, Oxford, 1915, pp. 523–4.

32.　Hali, *Kulliyat-e Nasir*, vol. 1, p. 344, cited in Pritchett, *Nets of Awareness*, p. 14.

33.　Margrit Pernau, 'Middle Class and Secularisation: The Muslims of Delhi in the 19th Century', in Intiz Ahmad, Helmut Reifeld (ed.), *Middle Class Values in India and Western Europe*, New Delhi, 2003, pp. 21–42.

34.　Nizami, *Madrasahs*, p. 170 论及这一时期的乌理玛对于接受和吸纳西方科学的新革新及新发现所展现的惊人的开明气魄。

35.　Cited in Ralph Russell, *The Oxford Ghalib: Life, Letters and Ghazals*, New Delhi, 2003, p. 40.

36.　Cited in Pritchett, *Nets of Awareness*, p. 14.

37.　Sir Sayyid Ahmad Khan, *Asar us-Sanadid*, Delhi, 1990, vol. 2, p. 45.

38.　Ibid., vol. 2, p. 45.

39.　Narayani Gupta, *Delhi between Two Empires 1803–1931*, New Delhi, 1981, p. 4; Pavan K. Verma, *Mansions at Dusk: The Havelis of Old Delhi*, New Delhi, 1992, pp. 55—63.

40.　Charles John Griffiths, *The Siege of Delhi*, London, 1910, p. 4.

41.　Johnson diaries, OIOC, Mss Eur A101, entry for 18 July 1850.

42.　Munshi Faizuddin, *Bazm i-Akhir, Yani sehr e-Delhi ke do akhiri badshahon ka tareeq i-maashrat*, Lahore, 1965..

43. National Archives of India（以下简称 NAI）Foreign, Foreign Dept Misc., *Precis of Palace Intelligence*, entry for Sunday, 4 April 1852。

44. Percival Spear, *The Twilight of the Moghuls*, Cambridge, 1951, p. 74.

45. Faizuddin, *Bazm i-Akhir*.

46. NAI, *Precis of Palace Intelligence*, entry for 13 March 1851.

47. Muhammad Husain Azad (trans. and ed. Frances Pritchett and Shamsur Rahim Faruqi), *Ab-e Hay at: Shaping the Canon of Urdu Poetry*, New Delhi, 2001, p. 343.

48. Antoine Polier, *Shah Alam II and his Court*, Calcutta, 1947, p. 72。关于法赫鲁王子的书法，参见下述文献中令人惊叹的样本：OIOC: 3577，尤其是 2972/42, a calligraphic lion。另见 NAI, *Precis of Palace Intelligence*, entry for 21 February 1851。关于法赫鲁王子的著作《列王与先知史》，参见 NAI, *Precis of Palace Intelligence*, entry for 10 January 1851。关于法赫鲁王子居住在国王塔，参见 NAI, *Precis of Palace Intelligence*, entry for 23 September 1852。

49. Reginald Heber, *A Narrative of a Journey through the Upper Provinces of India from Calcutta to Bombay, 1824–1825*, 3 vols, London, 1827, vol. 1, pp. 568–9.

50. Pritchett, *Nets of Awareness*, p. 4. 他以旁遮普语和布拉吉巴沙语创作的更加质朴自然的诗篇，用的是另一个笔名；他宁愿以笔名舒阿克·朗（Shuaq Rang，意为"热忱激越的"）写作，而非扎法尔（意为"胜利的"）。

51. S. M. Burke and Salim al-Din Quraishi, *Bahadur Shah: Last Mogul Emperor of India*, Lahore, 1995, pp. 218–19.

52. Arsh Taimuri, *Qila-i Mua'lla ki Jhalkiyan*, ed. Aslam Parvez, Urdu Academy, Delhi, 1986。参见 sections on gunmanship and archery。

53. Spear, *Twilight*, p. 73.

54. NAI, *Precis of Palace Intelligence*, entry for Tuesday, 13 January 1852.

55. Emily Bayley, quoted in M. M. Kaye (ed.), *The Golden Calm: An English Lady's Life in Moghul Delhi*, London, 1980, p. 128.

56. Major Archer, *Tours in Upper India*, London, 1833, vol. 1, pp. 108–9.

57. NAI, Precis of Palace Intelligence, e.g.entries for Monday, 28 July 1852, Sunday, 1 August 1852, Tuesday, 18 October 1853 and Wednesday, 21 December 1853。Akhtar Qamber, *The Last Mushai'rah of Delhi: A Translation of Farhatullah Baig's Modern Urdu Classic Dehli kiAkhri Shama*, New Delhi, p. 68.

58. NAI, *Precis of Palace Intelligence*, entry for 12 May 1851；关于他的婚事，参见 entry for 23 April。

59. Ibid., entry for Monday, 5 September 1853.

60. Ibid., entry for Tuesday, 26 July 1853.

61. Ibid., entries for 16 January 1852 and 22 September 1853.

62. 关于垂钓，参见 Ibid., entry for 2 February 1852。

63. Russell, *The Oxford Ghalib*, p. 99.

64. DG, 10 April 1855.

65. 例如 DG, 15 March 1855。

66. Faizuddin, *Bazm i-Akhir.*

67. Quoted in Pritchett, *Nets of Awareness*, p. 14.

68. Burton, *The Raj at Table*, p. 18.

69. Fraser Papers, Inverness, Bundle 366, VJ to Wm Fraser, p. 62, 未载明日期，但可能是 1831 年 2 月。

70. Emily Bayley, quoted in M. M. Kaye (ed.), *The Golden Calm*, pp. 105, 161.

71. Ibid., p. 213.

72. Fraser Papers, vol. 33, p. 279, Alec Fraser to his mother, Delhi, 3 August 1811.

73. Campbell Metcalfe Papers, Box Ⅷ, Theo to Lady Campbell in Ferozepur, 未载明日期，但可能是 1854 年。

74. Ibid., Box 1, GG to EC, Saturday, 23 October 1852.

75. DG, 24 March 1857.

76. Emily Bayley, quoted in M. M. Kaye (ed.), *The Golden Calm*, p. 127.

77. Azad, *Ab-e Hayat*, p. 385. 虽则故事实际上由一只狗来讲述，但它似乎的确反映出一个家喻户晓的德里人的烹饪习惯。

78. Faizuddin, *Bazm i-Akhir*, 对于这一切，此著作不厌其详、大书特书。对于红堡御膳房的活动，此著作堪称最为翔实又令人惊叹的史料之一。人们在紧邻主麻清真寺的卡里姆饭店（Karims Hotel），仍然可以试尝到文中提到的一些菜肴，该饭店是在 1857 年之后，由昔日皇室御厨创立的。

79. NAI, *Precis of Palace Intelligence*, entry for Wednesday, 10 August 1852. 关于烤肉串和香橙炖菜，参见 Taimuri, *Qila-i mualla ki Jhalkiyan*。

80. NAI, *Precis of Palace Intelligence*, entry for 26 September 1853.

81. Russell, *The Oxford Ghalib*, p. 50.

82. Ibid., p. 183.

83. Ibid., p. 190.

84. Khan, *Asar us Sanadid*, vol.2, p. 230.

85. NAI, *Precis of Palace Intelligence*, entries for 10 September 1853 and 4 October 1853.

86. Faizuddin, *Bazm i-Akhir.*

87. NAI, *Precis of Palace Intelligence*, entry for Tuesday, 9 August 1852.

88. Dargah Quli Khan, *The Muraqqa^y e-Dehli*, trans. Chander Shekhar, New Delhi, 1989, p. 50.

89. 关于艾德夫人，参见 ibid., p. 107；关于努尔·巴依，参见 ibid., p. 110。1739 年纳迪尔·沙武装入侵时，这两名娼家女正受追捧。

90. Saksena, *European & Indo-European Poets*, pp. 73–4.

91.　　Qamber, *The Last MushaiWah of Delhi*, p. 60.

第四章　山雨欲来

1.　　Oriental and India Office Collections, British Library（以下简称 OIOC）, Photo Eur 31 1B, Hardcastle Papers, pp. 247–62。

2.　　Ibid.

3.　　Ibid.

4.　　Ibid.

5.　　Ibid.

6.　　National Archives of India（以下简称 NAI）Foreign, Foreign Dept, *Precis of Palace Intelligence*, entry for Thursday, 3 November 1853。

7.　　西北诸省副总督詹姆斯·托马森（James Thomason）在 9 月 29 日卒于巴雷利；12 月 20 日，外交大臣亨利·义律爵士在返回英格兰途中，卒于开普殖民地。

8.　　Harriet Tytler, *An Englishwoman in India: The Memoirs of Harriet Tytler 1828–1858*, ed. Anthony Sattin, Oxford, 1986, p. 143.

9.　　OIOC, Fraser Collection, Eur Mss E258, Bundle 8, SF to SJGF, 25 March 1857.

10.　　关于安妮的唱诗班，参见 Bodleian Library of Commonwealth & African Studies at Rhodes House, Oxford, Missionary Collections, *A Memoir of my Father - the Revd M.J. Jenning, M.A.*, pp. 13, 38。关于安妮的婚约，参见 Tytler, *An Englishwoman in India*。关于弗雷泽加入唱诗班，参见 Fraser Collection, Mss Eur E258, Bundle 8, SF to SJGF, Delhi, 25 March 1857。

11.　　Fraser Collection, Mss Eur E258, Bundle 8, SF to SJGF, 21 April (?) 1854.

12.　　Ibid., SF to SJGF, Mynpoorie, 14 August（年份不详，但或是 1843 年）。

13.　　Ibid., SF to SJGF, 21 April 1854, 25 March 1857.

14.　　NAI, *Precis of Palace Intelligence*. 在 entry for Friday, 24 November 1853 中，报告弗雷泽抵达德里一事：原计划于 12 月 1 日在罗桑娜拉花园举办接风会，但是代办未出席，虽则他的确于星期四，即 8 日，在若干友人的陪同下，以游览的方式造访红堡，而当时巴哈杜尔·沙·扎法尔不在宫内。又等了两周，弗雷泽仍然懒于面君，直至 1853 年 12 月 22 日（星期四），才入朝做自我介绍。巴哈杜尔·沙·扎法尔组织一通仓促忙乱的大扫除和补葺活动，以为弗雷泽的接风会做准备。

15.　　NAI, Foreign Consultations, Item 180–193, 29 August 1856, From S Fraser Esq Agent Lt Gov NWP, Dehlie Dated Dehlie 14th July 1856. 关于弗雷泽的退职，参见 *Delhi Gazette* (DG), 12 July 1856。

16.　　NAI, Foreign Consultations, Item 180–193, 29 August 1856, 'Translation of a Shooqua from His Majesty the King of Dehlie to Simon Fraser Esquire Agent of Honble the Lt Gov, 'dated 12 July 1856. 当然，这正是扎法尔本人在父

亲阿克巴・沙的贬抑下所蒙受的屈辱待遇。

17. Ibid., pp. 319ff.

18. Michael Maclagan, 'Clemency' Canning, London, 1962, pp. 38–44. 另见 Christopher Hibbert, *The Great Mutiny*：*India 1857*, London, 1978, pp. 25–7。Saul David, *The Indian Mutiny*, London, 2002, pp. 14–15。

19. NAI, Foreign Consultations, Item 180–193, 29 August 1856, Minute by Canning, the Governor General, 12 August 1856.

20. Ibid.

21. *Proceedings on the Trial of Muhammad Bahadur Shah, Titular King of Delh, before a Military Commission, upon a charge of Rebellion, Treason and Murder, held at Delhi, on the 27th Day of January 1858, and following days, London, 1859*（以下简称 Trial）, p. 80。

22. NAI, *Siraj ul-Akbhar*, 19 March 1857.

23. 关于德里报刊对 1857 年初的动荡局面之不同征候的报道，参见 Salim al-Din Quraishi, *Cry for Freedom*：*Proclamations of Muslim Revolutonaries of 1857*, Lahore, 1997。1857 年 2 月 25 日刊发的《落日余晖》报道了"油煎饼"，孟加拉军中哗变一事的新闻则出现在 1857 年 4 月 20 日发行的同一种报纸中。另见 the evidence of Metcalfe, Trial, pp. 80–81。

24. Anon,（可能是 Robert Bird）, *Dacoitee in Excelsis, or the Spoliation of Oude by the East India Company*, London, 1857。

25. Ibid., iv-v, pp. 202–4.

26. Ibid., vi.

27. Quoted in S. M. Burke and Salim al-Din Quraishi, *Bahadur Shah: Last Mogul Emperor of India*, Lahore, 1995, p. 78.

28. Punjab Archives, Lahore, Case 1, 71，载明日期为 1856 年 2 月 24 日。

29. Ralph Russell, *The Oxford Ghalib: Life, Letters and Ghazals*, New Delhi, 2003, p. 135.

30. Ibid., p. 113.

31. Hali, *Yadgar-e-Ghalib*, pp. 28–9, cited in Ralph Russell and Khurshid Islam, *Ghalib: Life and Letters*, Oxford, 1969, p. 63.

32. Ibid., pp. 73–4.

33. Russell, *The Oxford Ghalib*, p. 89.

34. Ibid., p. 112

35. Ibid., p. 112, and Gopi Chand Narang, 'Ghalib and the Rebellion of 1857', in Narang, *Urdu Language and Literature: Critical Perspectives*, New Delhi, 1991, p. 16, note 45.

36. Pavan K. Verma, *Ghalib: The Man, the Times*, New Delhi, 1989, p. 61.

37. Ghalib, *Dastanbuy*, p. 48, cited in Pritchett, *Nets of Awareness*：*Urdu Poetry and Its Critics*, University of California Press, Berkeley and Los Angeles, 1994, p. 9; 另见 Varma, *Ghalib*, pp. 142–3。

38. South Asian Studies Library, Cambridge, Campbell Metcalfe Papers, Box 8（未载明日期，但显然是 1856 年）。

39. Ibid., Box 8, Theo to GG, 12 August 1856.

40. Ibid., Box 8, Theo to EC（未载明日期，但应是 1857 年 4 月）。

41. Ibid., Box 6, EC to GG，发信地址及日期: Camp Near Mooltan, 27 November 1856。

42. Ibid., Box 6, EC to GG（未载明日期，但可能是 1856 年末或 1857 年初）。

43. 关于那则老掉牙的印度历史故事——"涂油脂的弹药筒"，最好且最详明的描述，可查阅 Chapter 6 of David, *The Indian Mutiny*。鲁德兰舒·穆克吉的著作 *Mangal Pandey: Brave Martyr or Accidental Hero?*，New Delhi, 2005，篇幅简洁却文采斐然，其中亦有极好的一章。

44. 恩菲尔德来复枪的结垢及阻塞问题，亦被记载于 Richard Barter, *The Siege of Delhi*, London, 1984, p. 6。

45. Mukherjee, *Mangal Pandey*, p. 35. 据 1857 年 2 月 7 日的一封信所载，坎宁明言，关于润滑脂一事，忧虑"是有充分根据的"。

46. J. W. Kaye, *A History of the Sepoy, War in India 1857–8*, London 1877, vol. 1, pp. 316–18.

47. Irfan Habib, 'The Coming of 1857', *Social Scientist*, vol. 26, no. 1, January-April 1998, p. 6.

48. Sitaram Pandey, *From Sepoy to Subedar*, London, 1873, pp. 24–5. 某些学者质疑此书的真实性：它或是一个不列颠人以化名所著，或作为印度兵的代笔人。据我个人猜想，实情是后者，因为以那种语调诵读，在我听来很真实，所以实在难以相信它是一部彻头彻尾的伪书，尤其是在比照 1855 年 5 月 8 日登载于《德里公报》的那封印度兵的书函（参见下面的注释）之后，而该信函显然是伪造的。

49. DG, 8 May 1855. 这篇文章充斥着英国人的臆说、惯用的说辞以及对印度人的刻板印象，实际上绝不会像它所标榜的那样，是一名印度兵所写的。

50. Tytler, *An Englishwoman in India*, p. 81.

51. Ibid., pp. 110–11.

52. Ibid., p. 111.

53. Hibbert, *The Great Mutiny*, p. 72.

54. K. C. Yadav, *The Revolt of 1857 in Haryana*, New Delhi, 1977, p. 41.

55. OIOC, Home Misc. 725, *Kaye Mutiny Papers*, Item 35.

56. H. H. Greathed, *Letters Written during the Siege of Delhi*, London, 1858, p.xiv.

57. Tytler, *An Englishwoman in India*, p. 114.

58. 'How the Electric Telegraph Saved India', 重印于 Col. Edward Vibart, *The Sepoy Mutiny as Seen by a Subaltern from Delhi to Lucknow*, London, 1858, pp. 253–7。

59. Julia Haldane, *The Story of Our Escape from Delhi in 1857*, Agra, 1888, p. 2.

60. Tytler, *An Englishwoman in India*, p. 114; 另见 Charles Theophilus Metcalfe,

Two Native Narratives of the Mutiny in Delhi, London, 1898, 'Narrative of Mainodin', p. 42。

第五章　愤怒之主的利刃

1. Zahir Dehlavi, *Dastan i-Ghadr: An eyewitness account of the 1857 Uprising*, Lahore, 1955, p. 38.

2. Ibid., p. 44. 关于皇帝的权杖，参见 *Proceedings on the Trial of Muhammad Bahadur Shah, Titular King of Delhi, before a Military Commission, upon a charge of Rebellion, Treason and Murder, held at Delhi, on the 27th Day of January 1858, and following days*, London, 1859（以下简称 Trial），p. 26, Evidence of Ghulam Abbas。对于那日上午皇帝的活动，各种史料中的数种记述相互矛盾，尤其是关于扎法尔从什么时候开始觉察印度兵进驻，以及道格拉斯和大夫在什么时刻现身的问题。由于查希尔·德拉维对诸事件的说法最详明，而且看似格外可信又比较深入，所以我赞同他的看法，虽则该纪事的写作——或者说最终成稿——时间，比它所描述的事件发生时间晚了许多年。

3. Dehlavi, *Dastan i-Ghadr*, p. 44。关于收费人及仆佣之死，参见 *The City of Delhi during 1857*，赛义德·穆巴拉克·沙之纪事的译本，Oriental and India Office Collections, British Library（以下简称 OIOC），Eur Mss, B 138。

4. Trial, Evidence of Jat Mall, p. 72. 据贾特·马尔（Jat Mall）在扎法尔受审时的证言所述："暴动的前几日，我从宫门口的一些印度兵那儿听说，万一当局硬要他们接受涂油脂的弹药筒，他们也已将事情安排妥当。那些人说，密拉特部队将士要来此，德里部队将士要在此与他们会合，而且据说，盟约是经由一些本土军官安排的，那些军官在军事法庭当值，转而投奔密拉特。"如证言属实，那么泰特勒属下的印裔少校兼密友曼苏尔·阿里实际上可能是哗变者之一。

5. Trial, p. 78, Evidence of Makhan, mace bearer of Captain Douglas, 以及 p. 88, evidence of Hakim Ahsanullah Khan。

6. Ibid., pp. 26-7, Evidence of Ghulam Abbas.

7. OIOC Eur Mss B 138, *Account of Said Mobarak Shah*.

8. National Archives of India（以下简称 NAI），Mutiny Papers, Collection 56, no. 7, Defence of the King。

9. Ibid.

10. Trial, pp. 26-7, Evidence of Ghulam Abbas.

11. NAI, Mutiny Papers, Collection 56, no. 7, Defence of the King.

12. Ibid.

13. South Asian Studies Library, Cambridge, Campbell Metcalfe Papers, Box 8, Theo to EC（未载明日期，但疑为 1857 年 4 月）。另见同一文匣

中 typescript mss by Emily Bayley, *Account of the escape of Sir Theophilus Metcalfe from Delhi after the Outbreak of the Mutiny*。又见 OIOC, Eur Mss D610, Theophilus Metcalfe file。关于他的预言，参见 Wilkinson, Johnson and Osborn, *The Memoirs of the Gemini Generals*, London, 1896, p. 30。

14. Charles Theophilus Metcalfe, *Two Native Narratives of the Mutiny in Delhi*, London, 1898, 'Narrative of Mainodin', p. 44.

15. 关于达拉·舒克赫公馆故址上的弹药库建筑物，参见 Sylvia Shorto, *Public Lives, Private Places, British Houses in Delhi 1803–57*, unpublished dissertation, NYU, 2004, p. 112。常驻代表处于 19 世纪 50 年代初被迁出皇城，搬至不列颠居民区里的勒德洛城堡，随后德里学院由加齐乌德丁伊斯兰宗教学院（Ghaziuddin Medresse），迁至英国常驻代表处的老建筑。

16. Edward Vibart, *The Sepoy Mutiny as Seen by a Subaltern from Delhi to Lucknow*, London, 1858, pp. 40–41.

17. Bayley, *Account of the escape*. 关于愤怒的民众，参见 Metcalfe, *Two Native Narratives*, 'Narrative of Mainodin', p. 240。

18. Bayley, *Account of the escape*.

19. Metcalfe, *Two Native Narratives*, 'Narrative of Mainodin', p. 45.

20. Bayley, *Account of the escape*.埃米莉说，这块砖是从主麻清真寺被扔下，但说到西奥从月光集市的警察局到克什米尔门所必经的路线，那是在相反方向上，所以该说法想必有误。

21. Trial, Evidence of Chunni, News-writer for the Public, p. 84.

22. Ibid., Evidence of Jat Mall, News-writer to the Lt Gov. of Agra, p. 73.

23. Ibid., Evidence of Makhan, Mace bearer of Captain Douglas, p. 78.关于詹宁斯拿着望远镜仔细查看都城的情况，参见 ibid., Diary of Chunni Lal, News-writer, p. 102, and NAI, Mutiny Papers, Collection 39。关于弗雷泽之腰围的问题，参见 Dehlavi, *Dastan i-Ghadr*, p. 58。

24. Trial, Evidence of Makhan, Mace bearer of Captain Douglas, p. 79.

25. Metcalfe, *Two Native Narratives*, 'Narrative of Mainodin', pp. 80–81.

26. Trial, Evidence of Jat Mall, News-writer to the Lt Gov. of Agra, p. 73.

27. Ibid., Evidence of Makhan, Mace bearer of Captain Douglas, p. 79.

28. Dehlavi, *Dastan i-Ghadr*, p. 57。另见 OIOC, Eur Mss, B 138, *Account of Said Mobarak Shah*；Metcalfe, *Two Native Narratives*, 'Narrative of Munshi Jiwan Lal', pp. 80–81。

29. Trial, Evidence of Mrs Aldwell, p. 92.

30. 关于阿卜杜拉·贝格，参见 Metcalfe, *Two Native Narratives*, 'Narrative of Mainodin', pp. 60–61；另见 OIOC, Eur Mss B 138, *Account of Said Mobarak Shah*。关于戈登，参见 General Sir Hugh Gough, *Old Memories*, London, 1897, pp. 108–9。又见 National Army Musuem, 6309–26, Lt Gen. F.C. Maisey, *The Capture of the Delhi Palace*。德里失陷时，戈登向英国人自首，但是他不曾被交付

审判。据负责检控工作的弗雷德·梅塞将军所述，戈登改信以求生路，况且"没有证据"证实他犯有向英国人开火的罪行。在家书末尾，梅塞写道："因此我没让那可怜的家伙受审。不过他未获释，该案件已被呈报给总司令。我不知道最终结果如何。"

31. Abdul Latif, *1857 Ka Tarikhi Roznamacha*, ed. K. A. Nizami, Naqwatul Musannifin, Delhi, 1958, entry for 11 May.

32. Mirza Asadullah Khan Ghalib, *Dastanbuy*, trans. Khwaja Ahmad Faruqi, Delhi, 1970, pp. 30–33.《希望的故事》声称是迦利布记述该起义的日记。尽管在英国取胜后，它显然被改写，且在某种程度上是为了证明对获胜的英国人的忠诚，但几乎毫无疑问的是，它反映出有着贵族气质的迦利布，对"乌合之众"印度兵所怀有的发自内心的嫌恶之情。弗朗西丝·普里切特在著作中对这一个例进行了极好的辩说：*Nets of Awareness: Urdu Poetry and Its Critics*, University of California Press, Berkeley and Los Angeles, 1990, p. 19。拉尔夫·拉塞尔在 *The Oxford Ghalib: Life, Letters and Ghazals*, New Delhi, 2003, p. 12 中亦有极好的辩说。

33. Ghalib, *Dastanbuy*, pp. 30–33. 此文献中法鲁基的译文似乎复杂难懂，所以我改用下述文献中、拉尔夫·拉塞尔所译的更口语化的版本：*The Oxford Ghalib*, p. 118–19。

34. Sarvar ul-Mulk, *My Life, Being the Autobiography of Nawab Sarvar ul- Mulk Bahadur*, 由其子纳瓦布吉旺·亚尔·忠格·巴哈杜尔译自乌尔都语, London, 1903, p. 16。

35. Zahir Dehlavi, *Dastan i-Ghadr*, pp. 28–9.

36. Metcalfe, *Two Native Narrative*, 'Narrative of Munshi Jiwan Lal', p. 77. 我增添了一些史料，它们源自对以如下形式出版的同一篇乌尔都语原文所做的一种备选翻译以及略微不同的史料甄选：*A Short Account of the Life and Family of Rai Jiwan Lal Bahadur, Late Honorary Magistrate of Delhi with extracts from his diary relating to the time of the Mutiny 1857 compiled by his son*, Delhi, 1902。

37. 一位匿名的新闻撰稿人的记述，见 NAI, Mutiny Papers, Collection 39。

38. Trial, *Petition of Mathura Das and Saligram*, p. 43.

39. OIOC, Eur Mss B 138, *Account of Said Mobarak Shah*.

40. *Dehli Urdu Akbhar*（以下简称 DUA）, 17 May 1857。

41. Ibid., 17 May 1857. 末尾一段引自 DUA of 31 May 1857。

42. 本译文是我本人所做的口语化改写，其依据是：弗朗西丝·普里切特在 *Nets of Awareness*, p. 24 中所载的更为直译的译文。

43. Harriet Tytler, *An Englishwoman in India: The Memoirs of Harriet Tytler 1828–1858*, ed. Anthony Sattin, Oxford, 1986, p. 115.

44. Ibid., p. 116.

45. Vibart, *The Sepoy Mutiny*, pp. 14–19.

46. Ibid., p. 18.

47. N. A. Chick, *Annals of the Indian Rebellion 1857–8*, Calcutta, 1859 (reprinted London, 1972), pp. 86–7.

48. Ibid., p. 89.

49. Metcalfe, *Two Native Narratives*, 'Narrative of Mainodin', p. 41.

50. Ibid., pp. 47–8.

51. NAI, Mutiny Papers, Collection 39.

52. Metcalfe, *Two Native Narratives*, 'Narrative of Mainodin', pp. 47–8.

53. 据 NAI, Mutiny Papers, Collection 39 中所包含的一名新闻撰稿人的记述所载："都城的穆斯林连同一些印度教徒，跟随反叛分子逐个袭击都城的十二座警察分局和查布特拉警察局（Kotwali Chabutra），并把它们统统摧毁。都城警察局长沙尔夫·哈克（Sharful Haq）失踪，警察局副局长巴尔代奥·辛格（Baldeo Singh）则在受伤后逃走。"

54. Metcalfe, *Two Native Narratives*, 'Narrative of Mainodin', p. 49.

55. Ibid., pp. 50–51.

56. Dehlavi, *Dastan i-Ghadr*, pp. 30–31.

57. NAI, Foreign Department, Political Proceedings, 8 January 1830, part 2, Consultation No. 42, pp. 332–5, from HM the King of Delhi, received 1 January 1830.

58. Hakim Ahsanullah Khan, 'Memoirs', trans. Dr S. Muinul Haq *Journal of the Pakistan Historical Society*, Karachi, vol. 6, pt 1, 1958, pp. 1–33.

59. Metcalfe, *Two Native Narratives*, 'Narrative of Munshi Jiwan Lal', p. 83.

60. Latif, 1857, entry for 11 May.

61. Metcalfe, *Two Native Narratives*, 'Narrative of Munshi Jiwan Lal', p. 83.

62. Khan, 'Memoirs', p. 4.

63. Emily Eden, *Up the Country: Letters from India*, London, 1930, p. 100.

64. NAI, foreign, Foreign Dept and Misc., *Precis of Palace Intelligence*, 例如，参见 entries for Tuesday, 9 March 1852, and Sunday, 1 August 1852。

65. Trial, Evidence of Ghulam Abbas, pp. 26–7. 对于同一关键场景，NAI, Mutiny Papers, Collection 39 中有另一份更短的记述，看似是在 5 月 11 日当天或随后立即写成。在这份史料中，一位匿名的新闻撰稿人记录道："后来，骑兵师、来自密拉特军营的两个排的印度兵、来自德里的三个排的将士，一同上朝面见陛下，恳求陛下引领他们。他们说，自己会确保圣上统御整个国家。皇帝向他们保证说，会赐福于他们，还吩咐他们在萨林加尔古堡扎营。"

66. Chick, *Annals*, pp. 45–8.

67. Ibid., pp. 81–2.

68. Miss Wagentrieber, *The Story of Our Escape from Delhi in May 1857, from personal narrations by the late George Wagentrieber and Miss Haldane*, Delhi, 1894.

69. Tytler, *An Englishwoman in India*, p. 124.

70. Ibid., p. 125.
71. Vibart, *The Sepoy Mutiny*, p. 28.
72. Ibid., pp. 46–8.
73. OIOC, Vibart Papers, Eur Mss F135/19, 书信的发信地址及日期：Meerut, 9 June。
74. Vibart, *The Sepoy Mutiny*, p. 53.
75. Ibid., p. 56.
76. Dehlavi, *Dastan i-Ghadr*, p. 81.
77. Chick, *Annals*, p. 90.
78. Tytler, *An Englishwoman in India*, pp. 129–30.
79. Ibid., p. 131.
80. Ibid., p. 131.
81. 关于那一夜瓦根特利伯一家人的活动，有四种记述留存下来。最早也最可信的记述来自乔治，最初登载于《德里公报号外》，一个月后被发布在拉合尔城外，并于奇克（Chick）的著作 *Annals*, pp. 78–86 重印。两位瓦根特利伯小姐也都创作纪事，虽则她们的记述更详细，但某些部分的内容似乎没那么可信，参见 Miss Wagentrieber, *The Story of Our Escape*，以及 Julia Haldane, *The Story of Our Escape from Delhi in 1857*, Agra, 1888。我亦有一份影印本，它来自另一份未发表的手稿之打字稿，讲述的是瓦根特利伯小姐的冒险经历，斯金纳家族仍保有该手稿，并把它收藏于穆索里的斯干达府（Sikandar Hall）之避暑私邸。
82. Miss Wagentrieber, *The Story of Our Escape*, pp. 13–14.
83. Chick, *Annals*, p. 82.
84. Tytler, *An Englishwoman in India*, p. 133.
85. Ibid., pp. 134–7.
86. Chick, *Annals*, pp. 82–4.
87. Haldane, *The Story of Our Escape*, p. 20.
88. Chick, *Annals*, p. 83.
89. Haldane, *The Story of Our Escape*, pp. 24–5.
90. Ibid., p. 40.
91. NAI, Mutiny Papers, Collection 39.
92. OIOC, Home Miscellanous 725, pp. 389–422, *Letter Written by Munshi Mohun Lal to Brigadier Chamberlain dated November 8th 1857 at DEHLIE*.

第六章　毁灭与血腥之日

1. Punjab Archives, Lahore（以下简称 PAL），向公众公开展出。
2. K. C. Yadav, *The Revolt of 1857 in Haryana*, New Delhi, 1977, p. 41.
3. Sir Henry W. Norman and Mrs Keith Young, *Delhi 1857*, London, 1902, pp. 11, 19.

4. Richard Barter, *The Siege of Delhi*, London, 1984, p. 3.

5. Fred Roberts, *Letters Written during the Indian Mutiny*, London, 1924, p. 8. 弗雷德·罗伯茨后来成长为大名鼎鼎的"坎大哈的罗伯茨爵士"（Lord Roberts of Kandahar）。

6. National Army Museum（以下简称 NAM）, Wilson Letters, AW to his wife, Meerut, 12 May 1857。

7. Ibid., AW to his wife, Camp Ghazee Oo Deen Nuggur, 3 June.

8. Barter, *The Siege of Delhi*, p. 9.

9. 关于这一点的重大意义，参见下述文献中的精彩文章：Rudrangshu Mukherjee, *Avadh in Revolt 1857–8 - A Study of Popular Resistance*, New Delhi, 1984, pp. 65–6。

10. Charles John Griffiths, *The Siege of Delhi*, London, 1910, p. 23.

11. Roberts, *Letters*, p. 38.

12. Quoted by Saul David, *The Indian Mutiny 1857*, London, 2002, p.xxii.

13. J. W. Kaye, *A History of the Sepoy War in India 1857–8*, London, 1877, vol. Ⅱ, p. 342.

14. Major W. S. R. Hodson, *Twelve Years of a Soldier's Life in India*, London, 1859, p. 186.

15. Charles Allen, *Soldier Sahibs: The Men Who Made the North-West Frontier*, London, 2000, p. 280. 至于对尼科尔森的描写，艾伦的这部佳作绝对包含最好的记述。

16. David Gilmour, *The Ruling Caste: Imperial Lives in the Victorian Raj*, London, 2005, p. 162.

17. John Beames, *Memoirs of a Bengal Civilian*, London, 1961, p. 103.

18. Ibid., p. 102.

19. 关于第 52°轻步兵团的威尔伯福斯少尉（Ensign Wilberforce）的情况，在 James Hewitt, *Eyewitnesses to the Indian Mutiny*, Reading, 1972, p. 33 中有引用。

20. Allen, *Soldier Sahibs*, p. 217.

21. "尼科尔辛派"异端宗教的故事，虽然听来酷似维多利亚时代的神话，但它被同时代的太多记述所证实，所以不会是完全杜撰。例如，参见 Hewitt, *Eyewitnesses*, p. 34, 或者 Griffiths, *The Siege of Delhi*, p. 119 中所载的威尔伯福斯少尉的目击者陈述。

22. Allen, *Soldier Sahibs*, pp. 55, 62.

23. Captain Lionel J. Trotter, *The Life of John Nicholson, Soldier and Administrator*, London, 1898, p. 195.

24. Oriental and India Office Collections, British Library（以下简称 OIOC）, Eur Mss E211, Edwardes Collection, letter from Nicholson to Edwardes, 发信地址及日期：Peshawar, 23 April 1857。

25. R. G. Wilberforce, *An Unrecorded Chapter of the Indian Mutiny*, London,

1894, p. 43.

26. Allen, *Soldier Sahibs*, p. 293.

27. Wilberforce, *An Unrecorded Chapter*, pp. 40–41.

28. Ibid., p. 91.

29. Hodson, *Twelve Years*, p. xiv. 据其兄弟所述：“即便他在异教徒中间生活，但从未忘记自己是基督教徒，是英格兰男儿。”

30. Christopher Hibbert, *The Great Mutiny: India 1857*, London, 1978, p. 289.

31. Allen, *Soldier Sahibs*, pp. 236–7.

32. Hewitt, *Eyewitnesses*, p. 38. 在 David, *Indian Mutiny*, pp. 149–51 中，有关于其生平的很好的记述。

33. Allen, *Soldier Sahibs*, p. 236.

34. NAM, 6404–74–179, letter from Henry Lawrence to Hodson, Lucknow, 21 March 1857. 关于黑尔的引语，参见 Hibbert, *The Great Mutiny*, p. 289。

35. Hodson, *Twelve Years*, pp. 185–7; David, *Indian Mutiny*, p. 151; Allen, *Soldier Sahibs*, pp. 261–2.

36. Hodson, *Twelve Years*, pp. 188–9.

37. Ibid., p. 184; Allen, *Soldier Sahibs*, p. 335.

38. Hodson, *Twelve Years*, p. 319.

39. Ibid., p. 319.

40. H. H., Greathed, *Letters Written during the Siege of Delhi*, London, 1858, pp. 28–9; Hodson, *Twelve Years*, p. 191.

41. *A Short Account of the Life and Family of Rai Jiwan Lal Bahadur, Late Honorary Magistrate of Delhi with extracts from his diary relating to the time of the Mutiny 1857 compiled by his son*, Delhi, 1902, p. 27.

42. Ibid., pp. 29–32.

43. National Archives of India（以下简称 NAI），Mutiny Papers。例如，参见 Collections 15、16、51、61、67 和 71。可查阅东方与印度事务办公室汇编之西北诸省的情报头子罗伯特·蒙哥马利爵士的档案：Montgomery Papers, Mss Eur D 1019，对前述报告中较为重要的文书进行了出色的文摘汇编。凯达尔纳特（Kedarnath）的日志以如下形式出版：Appendix No. 2, *Memoirs of Hakim Ahsanullah Khan*, ed. S. Muinul Haq, Pakistan Historial Society, Karachi, 1958。关于跑腿者伪装成虔诚的托钵僧以传递信息，参见 *A Short Account*, p. 29。

44. OIOC, Eur Mss B 138, *Account of Said Mobarak Shah*.

45. Quoted in Allen, *Soldier Sahibs*, p. 270.

46. Hodson, *Twelve Years*, p. 196. Also Greathed, *Letters*, p. 25.

47. Zahir Dehlavi, *Dastan i-Ghadr: An eyewitness account of the 1857 Uprising*, Lahore, 1955, pp. 82–3.

48. Salim Qureshi and Ashur Kazmi (trans. and ed.) *1857 ke Ghaddaron ke Khutut*, Delhi, 2001, p. 112.

49. *Dihli Urdu Akbhar*（以下简称 DUA），17 May 1857。

50. Abdul Latif, *1857 Ka Tarikhi Roznamacha*, ed. K. A. Nizami, Naqwatul Musannifin, Delhi, 1958, p. 123。关于甜食商，参见 *Proceedings on the Trial of Muhammad Bahadur Shah, Titular King of Delhi, before a Military Comission, upon a charge of Rebellion, Treason and Murder, held at Delhi, on the 27th Day of January 1858, and following days, London, 1859*（以下简称 Trial），Narrative of Chunni Lal, news-writer, p. 103。另见 Kedarnath's journal, entry for 16 May。DUA, 17 May。

51. NAI, Mutiny Papers, Collection 111a, no. 10, May 1857.

52. Ibid., Collection 60, no. 605；另见 Collection 62, no. 71。

53. Trial, Narrative of Chunni Lal, news-writer, p. 103.

54. NAI, Mutiny Papers, Collection 110, no. 270.

55. Trial, Narrative of Chunni Lal, news-writer, p. 103.

56. DUA, 31 May 1857.

57. Abdul Latif, *Roznamacha*, p. 123. 阿耶什·贾拉勒（Ayesha Jalal）在著作 *Self and Sovereignty*, New Delhi, 2001, pp. 34–5 中，对此事例进行了极好的论证。

58. NAI, Mutiny Papers, Collection 146, no. 3, May 1857.

59. Ibid., Collection 125, no. 12, May 1857.

60. Ibid., Collection 60, no. 72, 11 June 1857.

61. Ibid., Collection 67, no. 14, 未载明日期。

62. Ibid., Collection 128, no. 43, 13 June 1857.

63. Trial, Narrative of Chunni Lal, news-writer, pp. 105–6；另见 Eric Stokes, *The Peasant Armed: The Indian Revolt of 1857*, ed. C. A. Bayly, Oxford, 1986, p.126。

64. Trial, Evidence of Mukund Lala, secretary, and Chunni Lal, news-writer, pp. 86–7.

65. Charles Theophilus Metcalfe, *Two Native Narratives of The Mutiny in Delhi*, 'Narrative of Munshi Jiwan Lal', p. 87.

66. Ibid., p. 87.

67. Ibid., p. 87.

68. 关于庭园，参见 NAI, Mutiny Papers, Collection 60, no. 290, 10 July 1857；关于印度兵窥视后宫，参见 ibid., Collection 100, no. 6, 22 May 1857。

69. Dehlavi, *Dastan i-Ghadr*, pp. 82–3, 88.

70. *Sadiq ul-Akabhar*, 10 August 1857.

71. PAL, Case 1, 45, letter from Sir Thomas Metcalfe, Delhi, to C. Allen, Sec. to Govt of NWP, Agra, dated 11 January 1849.

72. 关于迦利布的评说，参见 Ralph Russell, *The Oxford Ghalib: Life, Letters and Ghazals*, New Delhi, 2003, p. 90。关于希兹尔·苏丹王子索求梅赫劳利的私邸，参见 NAI, Foreign, Foreign Dept Misc., *Precis of Palace*

Intelligence, entry for Sunday, 8 August 1852；关于其妻与法赫鲁王子的妻子之间的友情，参见 entry for Sunday, 1 August 1852。

73.　关 于 殿 妻，参 见 NAI, *Precis of Palace Intelligence*, entry for Friday, 27 August 1852。

74.　关于枪击事故，参见 ibid., entry for Monday, 7 November 1853，此文献记载了事件原委：“他给枪上子弹，枪走火，他的一根手指被击碎，副助理医生奇曼·拉尔（Chimun Lal）已处理枪伤。”关于对阿布·贝克尔王子提出的起诉状，例如参见 NAI, Mutiny Papers, Collection 71, nos 95 and 96；另见 Kedarnath's journal, entry for 6 July 1857。

75.　NAI, *Precis of Palace Intelligence*, entry for 28 September 1852, and PAL, Case 1, 45, letter from Sir Thomas Metcalfe, Delhi to C. Allen, Sec. to Govt of NWP, Agra, dated 11 January 1849。

76.　NAI, *Precis of Palace Intelligence*, entry for Sunday, 1 January 1854.

77.　PAL, Case 1, 45, letter from Sir Thomas Metcalfe, Delhi, to C. Allen, Sec. to Govt of NWP, Agra, dated 11 January 1849.

78.　NAI, *Precis of Palace Intelligence*, entries for 14 and 27 February 1852.

79.　Ibid., entry for 20 February 1852.

80.　关 于 加 冕 肖 像 画，参 见 Stuart Cary Welch, *Room for Wonder: Indian Painting during the British Period 1760–1880*, New York, 1978, pp. 118–19。

81.　参见 Chapter 1, note 2。

82.　Trial, Evidence of Hakim Ahsanullah Khan, p. 89；另见 Narrative of Chunni Lal, news-writer, p. 103；*Memoirs of Hakim Ahsanullah Khan*, pp. 6–7。

83.　此函最先以英文刊印于 N. A. Chick, *Annals of the Indian Rebellion 1857–8*, Calcutta, 1859 (reprinted London 1972), pp. 101–3，新近被重印于 Salim al-Din Quraishi, *Cry for Freedom：Proclamations of Muslim Revolutionaries of 1857*, Lahore, 1997。相较于扎法尔所写的任何东西，此函的语言风格更有攻击性，也褊狭得多，所以据推测，必是莫卧儿王子所写。

84.　文书全文首次是以英文登载于 1857 年 9 月 29 日的《德里公报》。可查阅下述文献以阅读全文：Quraishi, *Cry for Freedom*，或者 S. A. Rizvi, and M. L. Bhargava (eds), *Freedom Struggle in Uttar Pradesh*, Lucknow, 1957, vol. 1, pp. 453–6。Rudrangshu Mukherjee, *Avadh in Revolt 1857–8–A Study of Popular Resistance*, New Delhi, 1984，此文献很有说服力地加以辩说，称文书与德里毫不相干。另见 Rudrangshu Mukherjee, 'The Azamgarh Proclamation and some questions on the Revolt of 1857 in the North Western Provinces', in *Essays in Honour of S.C. Sarkar*, Delhi, 1976。

85.　*Memoirs of Hakim Ahsanullah Khan*, p. 8.

86.　Ibid., p. 5.

87.　Ibid., p. 8.

88.　5 月 11 日，伊拉赫·巴赫什亲王起先“在红堡内的全部财产悉遭抄没，其仇敌马赫布卜·阿里·汗大师也欲加害其身”。不过他在暴动中幸存，而且在此期间，一直于朝内亲英派系中扮演突出角色——正如霍德森于 1857 年 12 月所拟定的此亲王的服务清单所表明的。与之相反，暴动后不久，马赫布卜·阿里·汗就被毒杀，尚不清楚是何人所为。Delhi Commissioner's Office Archive, Mutiny Papers, File no. 1, *Services performed by Mirza Elahee Bahksh for WLR Hodson*, 1 December 1857.

89. Trial, Narrative of Chunni Lal, news-writer, pp. 105–6.

90. Ibid., p. 106.

91. Ibid., p. 106.

92. Metcalfe, *Two Native Narratives*, 'Narrative of Munshi Jiwan Lal', p. 94.

93. *Memoirs of Hakim Ahsanullah Khan*, p. 10.

94. OIOC, Eur Mss B 138, *Account of Said Mobarak Shah*.

95. Dehlavi, *Dastan i-Ghadr*, p. 84.

96. Trial, Narrative of Chunni Lal, news-writer, p. 106.

97. DUA, 24 May 1857.

98. Ibid.

99. Stokes, *The Peasant Armed*, p. 70.

100. 例如，参见 the entry for 24 June in Kedarnath's journal；另见 DUA, 17 May 1857。

101. Russell, *The Oxford Ghalib*, p. 118.

102. NAI, Mutiny Papers, Collection 19, no. 10.

103. DUA, 31 May 1857.

104. NAI, Mutiny Papers, Collection 103, no. 24.

105. Ibid., Collection 110, no. 293.

106. DUA, 24 May 1857.

107. Metcalfe, *Two Native Narratives*, 'Narrative of Munshi Jiwan Lal', p. 98. 在 Trial, Narrative of Chunni Lal, News-writer, p. 108 中，有关于同一事变的另一份记述。

第七章　釜鱼幕燕

1. Oriental and India Office Collections, British Library（以下简称 OIOC），Photo Eur 31 1B, Hardcastle Papers, pp. 287ff。另见 South Asian Studies Library, Cambridge, Campbell Metcalfe Papers, Box 8, typescript mss by Emily Bayley, *Account of the escape of Sir Theophilus Metcalfe from Delhi after the Outbreak of the Mutiny*。

2. Charles Theophilus Metcalfe, *Two Native Narratives of the Mutiny in Delhi*, London, 1898, 'Narrative of Mainodin', p. 57.

3. 《德里画册》和梅特卡夫的全景画卷，现藏于大英图书馆，被收录进东方与印度事务办公室汇编，描绘贾杰切尔纳瓦布的宫廷的两幅影像也同样藏于此处；贾杰切尔纳瓦布的狩猎像，藏于维多利亚和阿尔伯特博物馆；贾杰切尔纳瓦布的骑虎像，属于纽约的辛西娅·波尔斯基（Cynthia Polski）的私人收藏。参见 Andrew Topsfield (ed.), *In the Realm of Gods and Kings: Arts of India*, New York, 2004, Catalogue no. 108, *Nawab 'Abd al-Rahman Khan of Jhajjar rides a tiger in his palace garden*, pp. 254–5。

4. OIOC, Photo Eur 31 1B, Hardcastle Papers, pp. 287ff.

5. OIOC, Saunders Correspondence, Eur Mss E 185, no. 24 Agra, 12 December 1857, to J. Lawrence.

6. OIOC, Metcalfe Papers, Eur Mss D 610.

7. Frances W. Pritchett, *Nets of Awareness: Urdu Poetry and Its Critics*, Berkeley and Los Angeles, 1994, pp. 15, 26–7.

8. Edward Vibart, *The Sepoy Mutiny as Seen by a Subaltern from Delhi to Lucknow*, London, 1858, pp. 63–4.

9. Ibid., pp. 65–70.

10. Ibid., pp. 90–92.

11. Ibid., p. 93.

12. 参见 John Lall, *Begam Samru: Fading Portrait in a Gilded Frame*, Roli Books, Delhi, 1997, pp. 126–7。

13. Ram Babu Saksena, *European & Indo-European Poets of Urdu & Persian*, Lucknow, 1941, p. 288.

14. 参见 Linda York Leach, *Mughal and Other Paintings from the Chester Beatty Library*, Scorpion Cavendish, London, 1995, vol. Ⅱ, p. 794。画作 7.121 中所描绘的两名欧洲人，以其穆斯林名字伊斯梅尔·汗大师（Khwajah Ismail Khan）和萨卢·汗（Salu Khan）被提及。

15. 此文献中有一幅照片以及对萨尔达纳纪念性建筑的很好的研讨：Gauvin Alexander Bailey, 'Architectural Relics of the Catholic Missionary Era in Mughal India', in Rosemary Grill, Susan Stronge and Andrew Topsfield (eds), *Arts of Mughal India: Studies in Honour of Robert Skelton*, Mapin, Ahmedabad, 2004, pp. 146–50。

16. 关于萨尔达纳和苏姆鲁女王（Begum Samru），参见 Lall, *Begam Samru*，尤其是第 126—127 页关于圣诞节庆祝活动的内容。另见 Michael Fisher, 'Becoming and Making Family in Hindustan', in Indrani Chatterjee, *Unfamiliar Relations*, Permanent Black, New Delhi, 2004；Nicholas Shreeve, *Dark Legacy*, Book- wright, Arundel, 1996, Nicholas Shreeve (ed.), *From Nawab to Nabob: The Diary of David Ochterlony Dyce Sombre*, Bookwright, Arundel, 2000。关于萨尔达纳诗人，参见 Saksena, *European & Indo-European Poets*。

17. 戴维·奥克特洛尼·戴斯·苏姆布雷的日记：例如参见 entries for Diwali (Thursday, 30 October 1833, p. 66), Holi (Easter Sunday, 29 March 1834, p. 21), Dussera (Thursday, 1 October 1835), witchcraft (3 January 1835, p. 78) and exorcism (Tuesday, 2 September 1834)。

18. Saksena, *European & Indo-European Poets*, p. 288.
19. Vibart, *The Sepoy Mutiny*, pp. 106–11.
20. National Army Museum（以下简称 NAM），Wilson Letters, AW to his wife, Meerut, 25 May 1857。
21. National Archives of India（以下简称 NAI），Mutiny Papers, Collection 39, entry for 14 May 1857。
22. OIOC, Eur Mss B 138, *Account of Said Mobarak Shah*.
23. *Memoirs of Hakim Ahsanullah Khan*, ed. S. Muinul Haq, Pakistan Historical Society, Karachi, 1958, p. 14.
24. NAI, Mutiny Papers, Collection 39, entry for 15 May 1857.
25. Ibid., Collection 8, no. 1, entry for 20 May 1857.
26. *Dihli Urdu Akbhar*, 31 May 1857.
27. OIOC, Eur Mss B 138, *Account of Said Mobarak Shah*.
28. Metcalfe, *Two Native Narratives*, 'Narrative of Mainodin', p. 61.
29. NAM, Wilson Letters, AW to his wife, Meerut, 26 May 1857.
30. Ibid., AW to his wife, Mehoodeenpore, 28 May 1857.
31. OIOC, Eur Mss B 138, *Account of Said Mobarak Shah*.
32. NAM, Wilson Letters, AW to his wife, Camp Ghazee Deen Nuggur, 30 May 1857.
33. Metcalfe, *Two Native Narratives*, 'Narrative of Mainodin', pp. 61–2.
34. NAM, Wilson Letters, AW to his wife, Camp Ghazee Deen Nuggur, 1 June 1857.
35. Ibid.
36. Ibid.
37. Ibid., AW to his wife, Camp Ghazee Deen Nuggur, 2 June 1857.
38. Major Charles Reid, *Defence of the Main Piquet at Hindoo Rao's House as recorded by Major Reid Commanding the Sirmoor Battalion*, London, 1957, p. 12.
39. Metcalfe, *Two Native Narratives*, 'Narrative of Mainodin', p. 62.
40. Quoted by Christopher Hibbert, *The Great Mutiny: India 1857*, London, 1978, p. 124.
41. Richard Barter, *The Siege of Delhi*, London, 1984, p. 9.
42. Ibid., p. 9.
43. Robert H. W. Dunlop, *Service and Adventure with the Khakee Ressalah*, *London, 1858*, pp. 156–7.
44. Harriet Tytler, *An Englishwoman in India: The Memoirs of Harriet Tytler 1828–1858*, ed. Anthony Sattin, Oxford, 1986, p. 144.
45. Ibid., p. 146.
46. H. H., Greathed, *Letters Written during the Siege of Delhi*, London, 1858, pp. 24, 27, 128.

47. Campbell Metcalfe Papers, Box 10, EC to his mother, 发信地址：Constantia, Simla。

48. Major W. S. R. Hodson, *Twelve Years of a Soldier's Life in India*, London, 1859, p. 198.

49. NAI, Mutiny Papers, Collection 126, no. 18, entry for 1 June 1857.

50. Ibid., Collection 126, nos 14 and 17, entries for 28 and 31 May 1857.

51. Abdul Latif, 1857 *Ka Tarikhi Roznamacha*, ed. K. A. Nizami, Naqwatul Musannifin, Delhi, 1958, entry for 9 June 1857.

52. Zahir Dehlavi, *Dastan i-Ghadr: An eyewitness account of the 1857 Uprising*, Lahore, 1955, p. 89.

53. NAI, Mutiny Papers, Collection 152, no. 43, entry for 7 June 1857.

54. Barter, *The Siege of Delhi*, pp. 12–17.

55. Eric Stokes, *The Peasant Armed: The Indian Revolt of* 1857, ed. C. A. Bayly, Oxford, 1986, p. 75.

56. OIOC, Eur Mss B 138, *Account of Said Mobarak Shah*.

57. Metcalfe, *Two Native Narratives*, 'Narrative of Mainodin', p. 63.

58. OIOC, Eur Mss B 138, *Account of Said Mobarak Shah*.

59. Stokes, *The Peasant Armed*, p. 75.

60. Tytler, *An Englishwoman in India*, pp. 130, 145.

61. *Delhi Gazette Extra*, issue of 20 June 1857, 发信地址：Lahore。

62. Dehlavi, *Dastan i-Ghadr*, p. 95.

63. OIOC, Eur Mss B 138, *Account of Said Mobarak Shah*.

64. Reid, *Defence*, p. 14.

65. Vibart, *The Sepoy Mutiny*, pp. 30–31.

66. Dehlavi, *Dastan i-Ghadr*, p. 92.

67. Metcalfe, *Two Native Narratives*, 'Narrative of Munshi Jiwan Lal', p. 118.

68. Ibid., pp. 117–18.

69. John Edward Rotton, *The Chaplain's Narrative of the Siege of Delhi*, London, 1858, pp. 61–2.

第八章　以牙还牙

1. Major W. S. R. Hodson, *Twelve Years of a Soldier's Life in India*, London, 1859, p. 201.

2. 关于皇帝观战，参见 Richard Barter, *The Siege of Delhi*, London, 1984, p. 32；关于城垣和屋顶，参见 H. H., Greathed, *Letters Written during the Siege of Delhi*, London, 1858, p. 141。

3. Sarvar ul-Mulk, *My Life, Being the Autobiography of Nawab Server ul-Mulk Bahadur*, 由其子纳瓦布吉旺·亚尔·忠格·巴哈杜尔译自乌尔都语，London, 1903, p. 16。

4.　Ibid., p. 16.

5.　Greathed, *Letters*, p. 45.

6.　Zahir Dehlavi, *Dastan i-Ghadr: An eyewitness account of the 1857 Uprising*, Lahore, 1955, p. 95.

7.　National Archives of India（以下简称 NAI）, Mutiny Papers, Collection 60, no. 253；关于马童，参见 Abdul Latif, *1857 Ka Tarikhi Roznamacha*, ed. K. A. Nizami, Naqwatul Musannifin, Delhi, 1958；关于吉娜塔搬至私邸，参见 NAI, Mutiny Papers, Collection 15, no. 19。

8.　Oriental and India Office Collections, British Library（以下简称 OIOC）, Eur Mss B 138, *Account of Said Mobarak Shah*。

9.　*Memoirs of Hakim Ahsanullah Khan*, Appendix no. 2, ed. S. Moinul Haq, Pakistan Historical Society. Karachi, 1958, entry for 14 June 1857.

10.　OIOC, Eur Mss B 138, *Account of Said Mobarak Shah*.

11.　Ralph Russell, *The Oxford Ghalib: Life, Letters, and Ghazals*, New Delhi, 2003, p. 119.

12.　Mirza Asadullah Khan Ghalib, *Dastanbuy*, trans. Khwaja Ahmad Faruqi, Delhi, 1970, pp. 33–4.

13.　Ibid., p. 34.

14.　NAI, Mutiny Papers, Collection mb, no. 14, entry for 3 July 1857.

15.　Ibid., Collection 146, nos 13 and 14, 16 July 1857.

16.　Ibid., Collection 146, nos 9 and 10, 1 July 1857.

17.　Ibid., Collection 61, no. 76, 20 June 1857.

18.　Ibid., Collection 67, no. 76, 27 July 1857. 此汇编中的上一项，即 no. 75，是梅赫拉布·汗的友人拉菲乌拉（Rafiullah）的史料集，此人自称随立誓与异教徒战斗的伊斯兰勇士一道从法里达巴德（Faridabad）进城，梅赫拉布·汗卖马的同时，他也卖了自己的马。他同样被古扎尔人打劫，且与其友一起被捕。

19.　*Dihli Urdu Akbhar*（以下简称 DUA）, 14 June 1857。

20.　Ibid.

21.　例如，参见 NAI, Mutiny Papers, Collection 67, no. 12, 24 June 1857。

22.　Irfan Habib, 'The Coming of 1857', *Social Scientist*, Vol. 26, no. 1, January-April 1998, p. 8.

23.　Ibid., p. 12.

24.　例如，关于吉娜塔清真寺，参见 NAI, Mutiny Papers, Collection 67, no. 77, 27 July 1857；关于主麻清真寺，参见 Collection 15, File 1。

25.　例如，参见 ibid., Collection 73, no. 171。

26.　关于密探高里·尚卡尔·苏库尔的报告，参见 ibid., Collection 18, no. 1, entry for 6 July 1857。

27.　Sarvar ul-Mulk, *My Life*, pp. 16–17.

28.　OIOC, Eur Mss B 138, *Account of Said Mobarak Shah*.

29. NAI, Mutiny Papers, Collection 65, no. 36, Petition of Maulvi Sarfaraz Ali, 10 September 1857.

30. *Proceedings on the Trial of Muhammad Bahadur Shah, Titular King of Delhi, before a Military Commission, upon a charge of Rebellion, Treason and Murder, held at Delhi, on the 27th Day of January 1858, and following days, London, 1859*（以下简称 Trial）, p. 57, *Petition of Ghulam Mu'in ud-Din Khan, Principal Risaldar*（未载明日期，但因末了的短笺所标注日期是 8 月 2 日，所以诉状的日期想必疑为 7 月末）。

31. Charles Theophilus Metcalfe, *Two Native Narratives of the Mutiny in Delhi*, London, 1898, 'Narrative of Munshi Jiwan Lal', p. 172.

32. Zakaullah, *Tarikh-I Uruj-e Saltanat-e Englishya*, New Delhi, 1904, p. 676.

33. NAI, Mutiny Papers, Collection 15, no. 19, 未载明日期。

34. *Memoirs of Hakim Ahsanullah Khan*, p. 31. 关于扎法尔给婆罗门付酬劳，让他们为胜利祷告，参见 NAI, Mutiny Papers, Collection 102, no. 113，未载明日期。

35. Cited in Rudrangshu Mukherjee, *Avadh in Revolt 1857–8–A Study of Popular Resistance*, New Delhi, 1984, p. 153.

36. 参见 Habib, 'The Coming of 1857', p. 8。

37. NAI, Mutiny Papers, Collection 57, no. 483, Petition of Generals Sudhari and Hira Singh to Mirza Mughal, 12 September 1857.

38. Allamah Fazl-I Haqq Khairabadi, 'The Story of the War of Independence, 1857–8', *Journal of the Pakistan Historical Society*, pt 1, January 1857, pp. 33, 36. 某些学者质疑此文献的原真性，还认为它可能包含后来所做的相当数量的插补窜改。

39. NAI, Mutiny Papers, Collection 100, no. 179（未载明日期）。

40. DUA, 14 June 1857.

41. OIOC, Eur Mss B 138, *Account of Said Mobarak Shah.*

42. Greathed, *Letters*, p. 71.

43. Major Charles Reid, *Defence of the Main Piquet at Hindoo Rao's House as recorded by Major Reid Commanding the Sirmoor Battalion*, London, 1957, p. 17, entry for 13 June 1857.

44. Dehlavi, *Dastan i-Ghadr*, p. 96.

45. Hodson, *Twelve Years*, p. 214.

46. W. H. Russell, *My Diary in India*, London, 1860, vol. 2, p. 14.

47. NAI, Mutiny Papers, Collection 67, no. 50, entry for 14 July 1857.

48. Ibid., Collection 60, nos 213–14, 23 June 1857.

49. John Edward Rotton, *The Chaplain's Narrative of the Siege of Delhi*, London, 1858, pp. 91–2.

50. South Asian Studies Library, Cambridge, Campbell Metcalfe Papers, Box 4, GG to EC（未载明日期，但疑为 1857 年 6 月末）。

51. Ibid., Box 6, EC to GG（未载明日期，但显然是 1857 年 6 月 20 日。

52. Ibid., Box 8，它包含西奥与妹妹及妹夫之间的长期书信往来，内容是关于对梅特卡夫私邸的物件进行拍卖之事，此事已被耽搁许久。私邸里的一些物件，最终在 1856 年年末被变卖，所得款又被投资到德里银行。

53. Ibid., Box 6, EC to GG（未载明日期，但疑为 1857 年 6 月 20 日）。我添加令人动容的最后一段，它引自后续的一封书信：Box 6, EC to GG，发信地址及日期为 Camp before Delhie, Main Picquet, Hindu Raos, 13 July 1857。

54. National Army Museum（以下简称 NAM），Wilson Letters, AW to his wife, Camp Delhi cantonments, 10 and 11 June 1857。

55. Fred Roberts, *Letters Written during the Indian Mutiny*, London, 1924, p. 29.

56. Charles John Griffiths, *The Siege of Delhi*, London, 1910, p. 81.

57. Ewart letter, cited in Hibbert, *The Great Mutiny: India 1857*, London, 1978, p. 288.

58. Colonel George Bourchier, CB, *Eight Months Campaign against the Bengal Sepoy Army during the Mutiny of 1857*, London, 1858, p. 35.

59. Rotton, *The Chaplain's Narrative*, p. 154.

60. Griffiths, *The Siege of Delhi*, pp. 69–70.

61. 在 Hibbert, *The Great Mutiny*, 1857, p. 287 中引用，未标注参考文献。

62. *Delhi Gazette Extra*, 8 July 1857.

63. Rotton, *The Chaplain's Narrative*, pp. 106–7.

64. Ibid., pp. 81–2.

65. Harriet Tytler, *An Englishwoman in India: The Memoirs of Harriet Tytler 1828–1858*, ed. Anthony Sattin, Oxford, 1986, p. 145.

66. Ibid., p. 147.

67. Ibid., pp. 148, 151.

68. Rotton, *The Chaplain's Narrative*, p. 136.

69. NAM, Wilson Letters, AW to his wife, Camp Delhi cantonments, 6 and 13 July 1857.

70. Cadell mss, quoted in Hibbert, *The Great Mutiny*, p. 281.

71. Greathed, *Letters*, p. 33.

72. Ibid., p. 45.

73. NAM, Wilson Letters, AW to his wife, Camp Delhi cantonments, 17 July 1857.

74. Eric Stokes, *The Peasant Armed: The Indian Revolt of 1857*, ed. C. A. Bayly, Oxford, 1986, p. 80.

75. OIOC, John Lawrence Papers, Mss Eur F 90, Folio 19b, 阿奇代尔·威尔逊准将致约翰·劳伦斯爵士的一封书信的副本，Camp before Delhy, 18 July 1857。

76. Durgodas Bandyopadhyay, *Amar Jivan-Charit*, cited in Raj at Kanta Ray, *The*

Felt Community: Commonality and Mentality before the Emergence of Indian Nationalism, New Delhi, 2003, p. 441。

77. Griffiths, *The Siege of Delhi*, p. 63. 关于水果和甜食，参见 Richard Barter, *The Siege of Delhi*, London, 1984, p. 32。

78. OIOC, Eur Mss B 138, *Account of Said Mobarak Shah*.

79. Bouchier, *Eight Months*, p. 44n.

80. Quoted in Farhan Ahmad Nizami, *Madrasahs, Scholars and Saints: Muslim Response to the British Presence in Delhi and the Upper Doab 1803–1857*, unpublished PhD, Oxford, 1983, pp. 212, 217.

81. 参见斯瓦普纳·利德尔所撰写的关于阿祖尔达的出色论文：Margrit Pernau (ed.) *Delhi College*, New Delhi, 2006。赛义德·艾哈迈德·汗爵士在其所开列的德里显贵市民清单中提及沙尔法拉兹·阿里大毛拉，在谈到他时，称之为"一位非常能干的学者。他以娴熟的技巧，教授传统科学和理性科学以及几何学和代数学。他师从萨德尔丁·汗大毛拉（即阿祖尔达）研习《圣训集》和《古兰经注》，现亦代表那位尊者在伊斯兰宗教学院'不朽之所'任教"。Sir Sayyid Ahmad Khan, *Asar us Sanadid*, Delhi, 1990, vol. 2.

82. OIOC, Eur Mss B 138, *Account of Said Mobarak Shah*.

83. *Memoirs of Hakim Ahsanullah Khan*, p. 18.

84. Metcalfe, *Two Native Narratives*, 'Narrative of Munshi Jiwan Lal', pp. 134, 167.

85. Ibid., pp. 135–7, 141–3, 169.

86. NAI, Mutiny Papers, Collection 15, no. 19（未载明日期，但应是 1857 年 7 月初）。

87. Barter, *The Siege of Delhi*, p. 36.

88. Griffiths, *The Siege of Delhi*, pp. 90–91.

89. William W. Ireland, *A History of the Siege of Delhi by an Officer who Served There*, Edinburgh, 1861, pp. 159–61.

90. Niall Fergusson, *Empire: How Britain Made the Modern World*, London, 2003, pp. 149–50.

91. 参见 Edward Thompson, *The Life of Charles Lord Metcalfe*, London, 1937, p. 101。

92. Campbell Metcalfe Papers, Box 8, CM in Clapham Common to GG, 30 July 1853.

93. 关于勒克瑙的罗顿一家，参见 Rosie Llewellyn-Jones, *A Fatal Friendship: The Nawabs, the British and the City of Lucknow*, New Delhi, 1992, p. 32。

94. Ram Babu Saksena, *European & Indo-European Poets of Urdu & Persian*, Lucknow, 1941, pp. 128–33.

95. Metcalfe, *Two Native Narratives*, 'Narrative of Munshi Jiwan Lal', p. 171.

96. Ibid., pp. 177, 179.

97. Ibid., p. 180.

98. Habib, 'The Coming of 1857', p. 13; 另见同一卷中 Iqbal Husain, 'The Rebel Admininstration of Delhi', p. 30。又见 Stokes, *The Peasant Armed*, p. 89。关于行政院的初始章程，在 Surendranath Sen, *1857*, New Delhi, 1957, opposite p. 80 中有所说明。

99. NAI, Mutiny Papers, Collection 63, no. 36, entry for 13 August 1857.

100. Barter, *The Siege of Delhi*, p. 36.

101. Metcalfe, *Two Native Narratives*, 'Narrative of Munshi Jiwan Lal', p. 142.

102. Trial, Supplement：Evidence of Hakim Ahsanullah Khan, p. 169; 另见 *Memoirs of Hakim Ahsanullah Khan*, p. 22。

103. Delhi Commissioner's Office（以下简称 DCO）Archive, New Delhi, Mutiny Papers, File no. 5028, July 1857, 门士穆罕默德·巴卡尔所写的一封信的译文，28 July, editor of the *Delhi Oordoo Akhbar*。

104. NAI, Mutiny Papers, Collection 103, no. 132, entry for 14 July 1857.

105. Ibid., Collection 45, entry for 26 July 1857.

106. Ibid., Collection me, no. 64, entry for 30 July 1857.

107. Ibid., Collection me, no. 44, entry for 29 July 1857.

108. Ibid., Collection me, no. 64, entry for 30 July 1857.

109. 参见玛格丽特·佩尔瑙的精彩论文, 'Multiple Identities and Communities：Re-contextualizing Religion', in Jamal Malik and Helmut Reifeld, *Religious Pluralism in South Asia and Europe*, New Delhi, 2005, p. 167。

110. Greathed, *Letters*, p. 166.

111. Sarvar ul-Mulk, *My Life*, p. 16.

112. *Siraj ul-Akbhar*, 27 July 1857.

113. OIOC, Montgomery Papers, Eur Mss D 1019, no. 236, Montgomery to the Secr. to the Chief Commissioner of the Punjab, 17 August 1857.

114. DCO Archives, New Delhi, Mutiny Papers, File 63, 7 August 1857.

115. 关于士兵们重返扎法尔的御花园，参见 Trial, p. 17。

116. Ibid., pp. 25–26.

117. NAI, Mutiny Papers, Collection 19, no. 10, entry for 19 July 1857, letter from the spy Gauri Shankar.

118. Dehlavi, *Dastan i-Ghadr*, pp. 98–9.

119. DCO Archive, New Delhi, Mutiny Papers, File no. 5028, July 1857, 门士穆罕默德·巴卡尔所写的一封书信的译文。

120. Ibid., Box 4, File 17; 另见 File 3, letters from Sec. to Gov. Gen. to H. H. Greathed, *passim*。

121. Greathed, *Letters*, pp. 153–4.

122. *Delhi Gazette Extra*, 22 July 1857.

123. Ibid.

第九章　风云突变

1.　John Edward Rotton, *The Chaplain's Narrative of the Siege of Delhi*, London, 1858, pp. 190–91.

2.　Charles John Griffiths, *The Siege of Delhi*, London, 1910, pp. 119–20.

3.　R. G. Wilberforce, *An Unrecorded Chapter of the Indian Mutiny*, London, 1894, P 75.

4.　Cited by Charles Allen, *Soldier Sahibs: The Men Who Made the North-West Frontier*, London, 2000, p. 293.

5.　National Army Museum（以下简称 NAM）, 6301/143, Diaries of Col. E. L. Ommaney, vol. A, pt 6, entry for 21 July 1857, Umritsur。

6.　Ibid.

7.　Major Charles Reid, *Defence of the Main Piquet at Hindoo Rao's House as recorded by Major Reid Commanding the Sirmoor Battalion*, London, 1957, p. 44.

8.　Wilberforce, *An Unrecorded Chapter*, pp. 28–9.

9.　H. H. Greathed, *Letters Written during the Siege of Delhi*, London, 1858, p. 179.

10.　Cited by Allen, *Soldier Sahibs*, p. 304.

11.　Lionel J. Trotter, *The Life of John Nicholson, Soldier and Administrator*, London, 1898, pp. 275, 277, 281.

12.　Cited by Eric Stokes, *The Peasant Armed: The Indian Revolt of 1857*, ed. C. A. Bayly, Oxford, 1986, pp. 81–2.

13.　Griffiths, *The Siege of Delhi*, p. 108.

14.　Greathed, *Letters*, p. 169.

15.　Ibid., p. 171.

16.　Robert H. W. Dunlop, *Service and Adventure with the Khakee Ressalah*, London, 1858, pp. 64–5, 69.

17.　Sir Henry W. Norman and Mrs Keith Young, *Delhi 1857*, London, 1902, p. 217.

18.　Greathed, *Letters*, p. 174, 8 月 6 日致其妻的信；Oriental and India Office Collections, British Library（以下简称 OIOC）, Fraser Collection, Eur Mss E 258, Bundles 11 and 12, 引自致 Mr Pidcock 的同一封信, 5 August 1857, Camp before Delhi。关于皮克与艾伦商店，详见 Christopher Hibbert, *The Great Mutiny*, London, 1978, p. 289。

19.　OIOC, Eur Mss C 190, A. C. Warner to Dick, 31 May 1857, cited in Narayani Gupta, *Delhi between Empires*, New Delhi, 1991, p. 21.

20.　Griffiths, *The Siege of Delhi*, p. 64.

21.　NAM, 6211/67, Letters of Lieutenant Charles Henry (Harry) F. Gambier, 38th

Native Infantry, HG to Annie Forrest, Camp Delhi, 20 August 1857.

22. Ibid., HG to Annie Forrest, Camp Delhi, 1 September 1857.

23. OIOC, Vibart Papers, Eur Mss F 135/19, Camp before Delhi, 12 September 1857.

24. Ibid., Camp before Delhi, 27 August 1857 to Uncle Gordon.

25. 关于尼尔怎么对待坎普尔的村落和村民的情况，参见 Hibbert, *The Great Mutiny*, pp. 209–11，以 及 Andrew Ward, *Our Bones Are Scattered*, London, 1996, pp. 454–7, 477。关于锡克人炙烤俘虏，参见 Lt Vivien Dering Majendie, *Up Among the Pandies or A Year's Service in India*, London, 1859, pp. 186–7。

26. Col. A. R. D. Mackenzie, *Mutiny Memoirs–being personal reminiscences of the Great Sepoy Revolt of 1857*, Allahabad, 1891, pp. 107–8.

27. Cited by Hibbert, *The Great Mutiny*, p. 354.

28. *Delhi Gazette Extra*, 20 June 1857.

29. Cited by Hibbert, *The Great Mutiny*, pp. 201, 340.

30. Rotton, *The Chaplain's Narrative*, p. 123.

31. Greathed, *Letters*, pp. 161, 205–6.

32. Cited by Allen, *Soldier Sahibs*, p. 305.

33. *Dihli Urdu Akbhar*, 23 August 1857.

34. *Delhi Gazette Extra*, 21 June and 8 July 1857.

35. National Archives of India（以下简称 NAI），在 Mutiny Papers, Collection 61, no. 426；21 August 1857 中提到在城内搜寻钓竿。

36. Abdul Latif, *1857 Ka Tarikhi Roznamacha*, ed. K. A. Nizami, Naqwatul Musannifin, Delhi, 1958, entry for 7 June 1857.

37. NAI, Mutiny Papers, Collection 128, no. 39, 12 June 1857.

38. *Memoirs of Hakim Ahsanullah Khan*, ed. S. Moinul Haq, Pakistan Historial Society, Karachi, 1958, p. 16.

39. NAI, Mutiny Papers, Collection 57, no. 185/186, 28 July 1857.

40. Ibid., Collection 61, no. 296, 4 August 1857.

41. Ibid., Collection 57, no. 328, 14 August 1857.

42. Delhi Commissioner's Office（ 以 下 简 称 DCO ）Archive, Mutiny Papers, File no. 3, letter from the spy Turab Ali, 5 August 1857。

43. NAI, Mutiny Papers, Collection 61, no. 547（未载明日期，但可能是 1857 年 7 月末或 8 月初）。

44. Ibid., Collection 61, no. 396, 17 August 1857.

45. *Memoirs of Hakim Ahsanullah Khan*, p. 21.

46. Ibid., pp. 28–9.

47. *A Short Account of the Life and Family of Rai Jiwan Lal Bahadur, Late Honorary Magistrate of Delhi with extracts from his diary relating to the time of the Mutiny 1857 compiled by his son*, Delhi, 1902, pp. 43–4.

48. Ibid., p. 45.

49. NAI, Mutiny Papers, Collection 20, no. 14（未载明日期，但应是 1857 年 8 月末）；另见 *Memoirs of Hakim Ahsanullah Khan*, p. 29。

50. DCO Archive, Mutiny Papers, File no. 3, letter from the spy Turab Ali, 5 August 1857.

51. Charles Theophilus Metcalfe, *Two Native Narratives of the Mutiny in Delhi*, London, 1898, 'Narrative of Munshi Jiwan Lal', pp. 199–200.

52. *Memoirs of Hakim Ahsanullah Khan*, pp. 28–9.

53. 关于都城贵族，参见 Metcalfe, *Two Native Narratives*, 'Narrative of Munshi Jiwan Lal', p. 197；关于在古尔冈征税，参见 NAI, Mutiny Papers, Collection 20, no. 14（未载明日期，但应是 1857 年 8 月末）；另见 *Memoirs of Hakim Ahsanullah Khan*, p. 29。

54. NAI, Mutiny Papers, Collection 20, no. 14（未载明日期，但应是 1857 年 8 月末）。

55. Metcalfe, *Two Native Narratives*, 'Narrative of Munshi Jiwan Lal', p. 206.

56. *Dihli Urdu Akbhar*, 23 August 1857.

57. OIOC, Eur Mss, B 138, *Account of Said Mobarak Shah*.

58. Ibid.

59. 关于硫黄短缺，参见 NAI, Mutiny Papers, Collection 15, no. 11, 21 August。关于将被俘的英格兰人的烈性酒用于火药制造，参见 Collection 60, nos 627–638。关于火药制造中的诸多问题，另见 DCO Archive, New Delhi, Mutiny Papers, File no. 5028, July 1857, 门士穆罕默德·巴卡尔所写的一封书信的译文, 28 July, editor of the *Delhi Oordoo Akhbar*。关于撞击式火帽的匮乏，参见 Greathed, *Letters*, p. 45。关于开花炮弹未能爆炸，参见 p. 67。关于起义初期古扎尔人抢掠火药，参见 *Dihli Urdu Akbhar*, 31 May 1857。

60. Mirza Asadullah Khan Ghalib, *Dastanbuy*, trans. Khwaja Ahmad Faruqi, Delhi, 1970, p. 37.

61. NAI, Mutiny Papers, Collection 15, nos 5 and 6, 16 August 1857.

62. *Dihli Urdu Akbhar*, 23 August 1857.

63. NAI, Mutiny Papers, Collection 70, no. 243, 30 August 1857.

64. Ibid., Collection 62, no. 80, entry for 3 August 1857.

65. OIOC, Montgomery Papers, Eur Mss D1019, no. 174, Delhee News, 2 July 1857.

66. NAI, Mutiny Papers, Collection 62, no. 167, 5 September 1857.

67. Ibid., Collection 67, no. 143（未载明日期，但应是 1857 年 8 月末）。

68. Ibid., Collection 62, no. 54, 24 June 1857.

69. Ibid., Collection 63, no. 42, 16 August 1857.

70. Ibid., Collection 62, no. 165（未载明日期）。

71. Ibid., Collection 62, no. 84, 4 August 1857.

72. Ibid., Collection 62, no. 71, 22 July 1857.

73. Ibid., Collection 60, no. 687, 7 September 1857, and no. 688, 11 September 1857.

74. Ibid., Collection 62, no. 71, entry for 22 July 1857.

75. Ibid., Collection 60, no. 605, entry for 29 August 1857.

76. Ibid., Collection 71, no. 96, entry for 5 July 1857.

77. 对于同一事变的另一份证人陈述，见 Ibid., Collection 71, no. 95, entry for 5 July 1857。对该事变的另一份记述，见 *Memoirs of Hakim Ahsanullah Khan*, p. 21。

78. *Dihli Urdu Akbhar*, 23 August 1857.

79. Metcalfe, *Two Native Narratives*, 'Narrative of Munshi Jiwan Lal', pp. 204–5.

80. Ibid., p. 204。另见 Stokes, *The Peasant Armed*, p. 85。

81. Metcalfe, *Two Native Narratives*, 'Narrative of Munshi Jiwan Lal', p. 206.

82. OIOC, Eur Mss B 138, *Account of Said Mobarak Shah*.

83. Ibid.

84. Griffiths, *The Siege of Delhi*, p. 123.

85. Greathed, *Letters*, pp. 225–6.

86. Richard Barter, *The Siege of Delhi*, London, 1984, p. 44.

87. Greathed, *Letters*, p. 227.

88. Metcalfe, *Two Native Narratives*, 'Narrative of Munshi Jiwan Lal', pp. 207–8.

89. Griffiths, *The Siege of Delhi*, p. 124.

90. Ibid., p. 125.

91. Ibid., pp. 125–6.

92. OIOC, Vibart Papers, Eur Mss F 135/19, Camp before Delhi, 27 August 1857.

93. OIOC, Eur Mss B 138, *Account of Said Mobarak Shah*.

94. Ibid.

95. Colonel George Bourchier, CB, *Eight Months Campaign against the Bengal Sepoy Army during the Mutiny of 1857*, London, 1858, p. 47.

96. Griffiths, *The Siege of Delhi*, p. 135.

97. Greathed, *Letters*, p. 251.

98. Lord Roberts of Kandahar, *Forty One Years in India: From Subaltern to Commander in Chief*, London, 1897, vol. 1, p. 219.

99. Metcalfe, *Two Native Narratives*, 'Narrative of Munshi Jiwan Lal', p. 209.

100. Ibid., p. 218.

101. Ibid., pp. 215–19。关于以贾旺·巴克特取代扎法尔，参见 OIOC, Montgomery Papers, Eur Mss D1019, no. 197, Delhee News, 31 August 1857。

102. NAI, Mutiny Papers, Collection 16, no. 20, 6 September 1857。另见 Trial, p. 142。

103. Griffiths, *The Siege of Delhi*, p. 147.

104. Zahir Dehlavi, *Dastan i-Ghadr: An eyewitness account of the 1857 Uprising*, Lahore, 1955, p. 111.

105. 关于泥堡，详情参见 OIOC, Eur Mss B 138, *Account of Said Mobarak Shah*。

106. NAI, Mutiny Papers, Collection 73, No. 158, 8 September 1857.

107. Metcalfe, *Two Native Narratives*, 'Narrative of Munshi Jiwan Lal', p. 226。关于在袭击施工作业队的行动中，圣战武士所扮演的突出角色，参见 *Memoirs of Hakim Ahsanullah Khan*, p. 31。

108. OIOC, Montgomery Papers, no. 198, 7 September 1857（关于立誓与异教徒战斗的伊斯兰自杀式勇士），and NAI, Mutiny Papers, Collection 16, no. 27。

109. OIOC, Eur Mss B 138, *Account of Said Mobarak Shah*.

110. NAI, Mutiny Papers, Collection 65, no. 36, petition of Maulvi Sarfaraz Ali, 10 September 1857.

111. Greathed, *Letters*, p. 206.

112. OIOC, Eur Mss B 138, *Account of Said Mobarak Shah*.

113. NAI, Mutiny Papers, Collection 57, no. 461, 10 September 1857.

114. Barter, *The Siege of Delhi*, p. 45.

115. Griffiths, *The Siege of Delhi*, p. 147.

116. Barter, *The Siege of Delhi*, p. 45.

117. OIOC, Vibart Papers, Eur Mss F 135/19, Camp before Delhi, 12 September 1857.

118. 查尔斯·尤尔特（Charles Ewart）给母亲的信，转引自 Hibbert, *The Great Mutiny*, p. 297。

119. Rotton, *The Chaplain's Narrative*, p. 260; 另见 Hibbert, *The Great Mutiny*, p. 302。

120. NAI, Mutiny Papers, Collection 73, no. 167, 13 September 1857.

121. Metcalfe, *Two Native Narratives*, 'Narrative of Munshi Jiwan Lal', p. 229.

122. OIOC, Eur Mss B 138, *Account of Said Mobarak Shah*.

123. OIOC, Montgomery Papers, Eur Mss D1019, no. 184, 4 August 1857; no. 192, 24 August; no. 194, 23 August 1857; no. 196, 30 August. 关于炸毁舟桥的提议，参见 DCO Archive, Mutiny Papers, File No. 1, *Services performed by Mirza Elahee Bahksh by W. L. R. Hodson, 1 December 1857*。

124. Greathed, *Letters*, p. 217.

125. DCO Archive, Mutiny Papers, File no. 14, letter from Lt W. Hodson to C. B. Saunders on the terms of BSZ's surrender, 29 November 1857.

126. *Dihli Urdu Akbhar*, 13 September 1857.

127. Harriet Tytler, *An Englishwoman in India: The Memoirs of Harriet Tytler 1828–1858*, ed. Anthony Sattin, Oxford, 1986, p. 163.

128. Barter, *The Siege of Delhi*, p. 48.

129. South Asian Studies Library, Cambridge, Campbell Metcalfe Papers, Box 6, EC to GG（未载明日期，但显然是 1857 年 9 月 13 至 14 日晚）。

130. Barter, *The Siege of Delhi*, p. 52.

131.　Ibid., p. 52.

第十章　弹雨夺魂

1.　Charles John Griffiths, *The Siege of Delhi*, London, 1910, pp. 156–7.

2.　Letter signed 'Felix, to the Editor of the Lahore Chronicle', 30 September 1857.

3.　Fred Roberts, *Letters Written during the Indian Mutiny*, London, 1924, p. 62.

4.　Richard Barter, *The Siege of Delhi*, London, 1984, pp. 52–4.

5.　Roberts, *Letters*, p. 62.

6.　Letter signed'Felix'。另见 Roger Perkins, *The Kashmir Gate: Lieutenant Home and the Delhi VCs*, Chippenham, 1983, pp. 23–8。

7.　National Army Museum（以下简称 NAM）, Coghill Letters, 6609–139, letter from Lt Coghill to his brother，发信地址及日期：Delhi, 22 September 1857。

8.　NAM, 6301/143, diaries of Col. E L. Ommaney, vol. A, pt 6, entry for 14 September.

9.　Barter, *The Siege of Delhi*, London, 1984, p. 55.

10.　Oriental and India Office Collections, British Library（以下简称 OIOC）, Eur Mss B 138, *Account of Said Mobarak Shah*。

11.　John Edward Rotton, *The Chaplain's Narrative of the Siege of Delhi*, London, 1858, p. 275.

12.　Roberts, *Letters*, p. 62.

13.　OIOC, Photo Eur 31 1B, Hardcastle Papers, pp. 306, 333–5. 另见 *Dastan i-Ghadr: An eyewitness account of the 1857 Uprising*, Lahore, 1955, p. 113 中查希尔·德拉维的描述。

14.　Charles Theophilus Metcalfe, *Two Native Narratives of the Mutiny in Delhi*, London, 1898, 'Narrative of Mainodin', p. 70.

15.　OIOC, Eur Mss B 138, *Account of Said Mobarak Shah*.

16.　Barter, *The Siege of Delhi*, p. 55.

17.　Arthur Moffat Lang, *Lahore to Lucknow: The Indian Mutiny Journal of Arthur Moffat Lang*, London, 1992, pp. 90–92.

18.　Ibid., p. 92; 另见 Charles Allen, *Soldier Sahibs: The Men Who Made the North-West Frontier*, London, 2000, pp. 322–3。

19.　Lord Roberts of Kandahar, *Forty One Years in India: From Subaltern to Commander in Chief*, London, 1897, vol. 1, p. 236.

20.　Colonel George Bourchier, CB, *Eight Months Campaign against the Bengal Sepoy Army during the Mutiny of 1857*, London, 1858, p. 69.

21.　Rotton, *The Chaplain's Narrative*, p. 295.

22.　OIOC, Vibart Papers, Eur Mss F 135/19, Camp Delhi, 15 September 1857.

23. Roberts, *Letters*, pp. 63–5.
24. Major W. S. R. Hodson, *Twelve Years of a Soldier's Life in India*, London, 1859, p. 296.
25. Ibid., p. 294.
26. OIOC, Eur Mss B 138, *Account of Said Mobarak Shah*.
27. Barter, *The Siege of Delhi*, p. 58.
28. NAM, Coghill Letters, 6609–139, letter from Lt Coghill to his brother, 发信地址及日期：Delhi, 22 September 1857。
29. Lord Roberts of Kandahar, *Forty One Years in India*, vol. 1, p. 238.
30. OIOC, John Lawrence Collection, Eur Mss F 90, Folio 19b, NC to JL, 发信地址：Skinner's House。
31. Lord Roberts of Kandahar, *Forty One Years in India*, vol. 1, pp. 238–9.
32. OIOC, John Lawrence Collection, Eur Mss F 90, Folio 19b, 书信的发信地址及日期：Camp before Delhi, 17 December 1857。
33. Dehlavi, *Dastan i-Ghad*, pp. 111–12.
34. Ibid., p. 112.
35. Ibid., pp. 113–15.
36. Sarvar ul-Mulk, *My Life, Being the Autobiography of Nawab Server ul- Mulk Bahadur*, 由其子纳瓦布吉旺·亚尔·忠格·巴哈杜尔译自乌尔都语, London, 1903, p. 20。
37. Aslam Farrukhi, *Muhammad Husain Azad*, 2 vols, Karachi, 1965, vol. 1, p. 104.
38. Mirza Asadullah Khan Ghalib, *Dastanbuy*, trans. Khwaja Ahmad Faruqi, Delhi, 1970, p. 40.
39. Griffiths, *The Siege of Delhi*, pp. 97–9.
40. Rotton, *The Chaplain's Narrative*, p. 238.
41. South Asian Studies Library, Cambridge, Campbell Metcalfe Papers, Box 6, EC to GG, 25 September 1857.
42. Griffiths, *The Siege of Delhi*, p. 174.
43. Quoted in R. Montgomery Martin, *Indian Empire*, London, 1860, vol. II, p. 449.
44. Griffiths, *The Siege of Delhi*, p. 164.
45. William W. Ireland, *A History of the Siege of Delhi by an Officer who served there*, Edinburgh, 1861, p. 254.
46. NAM, Wilson Letters, AW to his wife, Delhi, 15 September 1857.
47. Griffiths, *The Siege of Delhi*, p. 178.
48. OIOC, Eur Mss B 138, *Account of Said Mobarak Shah*.
49. Ibid.
50. *Memoirs of Hakim Ahsanullah Khan*, ed. S. Moinul Haq, Pakistan Historial Society, Karachi, 1958, p. 32.

51. National Archives of India（以下简称 NAI）, Political Consultations, no. 12–27, 5 November, copies of telegrams arriving from Delhi at the Lahore telegraph office, received from Brig. General Neville Chamberlain, 17 September 1857。

52. *Memoirs of Hakim Ahsanullah Khan*, pp. 30–31.

53. OIOC, Eur Mss B 138, *Account of Said Mobarak Shah.*

54. NAM, Wilson Letters, AW to his wife, Delhi, 18 September 1857.

55. NAI, Political Consultations, no. 12–27, 5 November, copies of telegrams arriving from Delhi at the Lahore telegraph office, received from Brig. General Neville Chamberlain, 17 September 1857.

56. Ibid.

57. 引自对库尔苏姆·扎曼尼公主之女宰纳卜·扎曼尼郡主（Zainab Zamani Begum）所做的访谈, Khwaja Hasan Nizami, *Begmat ke Aansu*（《名门粉泪》）, Delhi, 1952。

58. Delhi Commissioner's office（以下简称 DCO）Archive, Mutiny Papers, File no. 1, *Services performed by Mirza Elahee Bahksh for W. L. R. Hodson, 1 December 1857*。

59. *Memoirs of Hakim Ahsanullah Khan*, p. 32.

60. Munshi Faizuddin, *Bazm i-Akhir, Yani sehre e-Delhi ke do akhiri badsha- hon ka tareeq i-maashrat*, Lahore, 1965, p. 27。

61. Mehdi Hasan, 'Bahadur Shah, his relations with the British and the Mutiny: an objective study', *Islamic Culture*, Hyderabad, vol. 33, no. 2, 1959, pp. 95–111.

62. DCO Archive, Mutiny Papers, File no. 1, *Services performed by Mirza Elahee Bahksh.*

63. Ibid., File no. 14, letter from Lt W. Hodson to C. B. Saunders on the terms of BSZ's surrender, 29 November 1857. 对于扎法尔屈服前的诸多阴谋, 霍德森所写的这封至关重要的信, 可谓最早又最确凿可信的记述。此前从未有任何史学家使用过此史料。

64. Ibid.

65. Ibid.

66. *Memoirs of Hakim Ahsanullah Khan*, pp. 32–3.

67. Griffiths, *The Siege of Delhi*, p. 196.

68. Harriet Tytler, *An Englishwoman in India: The Memoirs of Harriet Tytler 1828–1888*, ed. Anthony Saltin, Oxford, 1986, pp. 163–4.

69. Dehlavi, *Dastan i-Ghadr*, pp. 117–18.

70. Farrukhi, *Muhammad Husain Azad*, vol. 1, p. 105.

71. Ibid., vol. 1, pp. 106–7.

72. Frances W. Pritchett, *Nets of Awareness: Urdu Poetry and Its Critics*, Berkeley and Los Angeles, 1994, pp. 25–6. 另见 Farrukhi, *Muhammad Husain Azad*, vol. 1,

pp. 109–10。

73. NAI, Foreign, Foreign Dept Misc., *Precis of Palace Intelligence* 中的一则条目，显示扎法尔对日食忌惮到何种程度。1851 年 1 月 9 日（星期四）的条目中写道："据占星术士苏哈蒙德（Sookhamund Astrologer）透露，在星期四晚，即赖比尔·敖外鲁月（Rubbee Ool Ouwal，伊斯兰教历三月，又称第一个春月——译者注）13 日会有一场月食，它由此暗示陛下不应把移驾前往库特卜大人圣陵的日子定为该日。发出的相关指示称陛下将于次日，即星期五出行。"

74. Griffiths, *The Siege of Delhi*, pp. 183–4.

75. OIOC, Eur Mss B 138, *Account of Said Mobarak Shah.*

76. Khwaja Hasan Nizami, *Begmat ke Aansu*, Delhi, 1952.

77. Ireland, *A History of the Siege of Delhi*, p. 257.

78. NAM, 6309–26, Lt Gen. F. C. Maisey, 'The Capture of the Delhi Palace', pp. 4–7.

79. Ibid., pp. 7–11.

80. Ibid., p. 12.

81. NAI, Foreign Dept, Secret Consultations, 30 October 1857, pt 1, no. 83, to Chief Commr of the Punjab, 20 September 1857.

82. Allen, *Soldier Sahibs*, pp. 326–7.

83. Ibid., pp. 326–7.

84. NAI, Foreign Dept, Secret Consultations, 30 October 1857, pt 1, no. 86, from Mil. Secr, to Chief Commr of the Punjab, 23 September 1857.

85. OIOC, Vibart Papers, Eur Mss 135/19, Vibart to his Uncle Gordon, 22 September 1857.

86. Dehlavi, *Dastan i-Ghadr*, p. 128.

87. Rashid ul-Khairi, *Dilli KiAkhiri Bahar*, ed. S. Zamir Hasan, Delhi, 1991, C.M. 纳伊姆在关于萨赫巴依的论文中转引，Margrit Pernau (ed.), *Delhi College*, New Delhi, 2006。

88. Dehlavi, *Dastan i-Ghadr*, p. 127.

89. Ireland, *A History of the Siege of Delhi*, pp. 255–6.

90. Dehlavi, *Dastan i-Ghadr*, p. 128.

91. OIOC, Eur Mss B 138, *Account of Said Mobarak Shah.*

92. DCO Archive, Mutiny Papers, File no. 1, *Services performed by Mirza Elahee Bahksh.*

93. NAM, 6309–26, Lt Gen. F. C. Maisey, 'The Capture of the Delhi Palace', p. 13.

94. DCO Archive, Mutiny Papers, File no. 1, *Services performed by Mirza Elahee Bahksh.*

95. Hodson, *Twelve Years*, p. 300; 关于伊拉赫·巴赫什亲王，参见 DCO Archive, Mutiny Papers, File no. 14, letter from Lt W. Hodson to C. B.

Saunders, 29 November 1857, para. 5。

96. Rotton, *The Chaplain's Narrative*, p. 318.
97. Ireland, *A History of the Siege of Delhi*, p. 274.
98. NAM, 6301–143, Col. E. L. Ommaney's diaries, entry for 21 September 1857.
99. DCO Archive, Mutiny Papers, File no. 14, letter from Lt W. Hodson to C. B. Saunders on the terms of BSZ's surrender, 29 November 1857.

第十一章　枉死之城

1. Delhi Commissioner's Office（以下简称 DCO）Archive, Mutiny Papers, File no. 14, letter from Lt W. Hodson to C. B. Saunders, 29 November 1857。
2. Ibid.
3. Ibid., File no. 10, letter no. 3, from Lt W. Hodson to C. B. Saunders, 28 November 1857, '*GUARANTEE THE LIFE OF THE KING FROM BE IZZAT AT THE HANDS OF THE GORA LOGUE*'.
4. Ibid., File no. 14, letter from Lt W. Hodson to C. B. Saunders, 29 November 1857.
5. William W. Ireland, *A History of the Siege of Delhi by an Officer who served there*, Edinburgh, 1861, p. 263。就来自胡马雍陵的一行人而论，尽管德里门可能被预测为明摆着的入城地点，但爱尔兰明确提到一行人是穿过拉合尔门进城的。
6. James Wise, *The Diary of a Medical Officer during the Great Indian Mutiny of 1857*, Cork, 1894, pp. 114–15.
7. Major W. S. R. Hodson, *Twelve Years of a Soldier's Life in India*, London, 1859, p. 307.
8. National Army Museum（以下简称 NAM）, 6309–26, Lt Gen. F. C. Maisey, 'The Capture of the Delhi Palace', p. 13。
9. NAM, Coghill Letters, 6609–139, letter from Lt Coghill to his brother, 发信地址及日期：Delhi, 22 September 1857。
10. DCO Archive, Mutiny Papers, File no. 1, *Services performed by Mirza Elahee Bahksh for W. L. R. Hodson, 1 December 1857.*
11. Hodson, *Twelve Years*, pp. 310–12.
12. Ibid., p. 302.
13. NAM, 6309–26, Lt Gen. F. C. Maisey, 'The Capture of the Delhi Palace', p. 16.
14. Charles John Griffiths, *The Siege of Delhi*, London, 1910, pp. 204–5.
15. Sir George Campbell, *Memoirs of My Indian Career*, London, 1893, vol 1.
16. Oriental and India Office Collections, British Library（以下简称 OIOC）, Eur Mss Photo Eur 271, Letters of Hugh Chichester, letters to his father, Delhi, 24 September 1857。

17. Ireland, *A History of the Siege of Delhi*, pp. 307–8.

18. Griffiths, *The Siege of Delhi*, p. 202.

19. OIOC, Saunders Papers, Eur Mss E 187, correspondence pt Ⅳ, private letters 1857–60, K&J 716, 1–79, no. 44, Matilda Saunders to Eliza Saunders, Delhi Palace.

20. Ibid.

21. 由 Christopher Hibbert 转引, *The Great Mutiny: India 1857*, London, 1978, p. 317。

22. Frances W. Pritchett, *Nets of Awareness*：*Urdu Poetry and Its Critics*, Berkeley and Los Angeles, 1994, p. 27, 引述给哈里作传的萨利哈·阿比德·侯赛因（Salihah Abid Hussain）的话。

23. Mrs Muter, *My Recollections of the Sepoy Revolt*, London, 1911, p. 132.

24. NAM, 6301/143, Diaries of Col. E. L. Ommaney, vol. A, entry for 30 October 1857.

25. Ibid., entry for 23 December 1857.

26. Ibid., entry for 30 October 1857.

27. R. M. Coopland, *A Lady's Escape from Gwalior and Life in the Fort of Agra during the Mutinies of 1857*, London, 1859 pp. 268–9.

28. Michael Maclagan, '*Clemency' Canning*, London, 1962, p. 98.

29. Ibid., p. 140.

30. OIOC, Eur Mss Photo Eur 271, Letters of Hugh Chichester, letters to his father, Camp Delhi, 24 September 1857.

31. Ireland, *A History of the Siege of Delhi*, pp. 280–81.

32. DCO Archive, Mutiny Papers, Box 1, File no. 5, 2 October 1857, no. 279, C. B. Thornhill to G. I. Hansey.

33. *Delhi Gazette Extra*, 10 December 1857.

34. Ibid., 2 January 1858.

35. John Edward Rotton, *The Chaplain's Narrative of the Siege of Delhi*, London 1858, pp. 325–6.

36. Coopland, *A Lady's Escape*, p. 259.

37. Richard Barter, *The Siege of Delhi*, London, 1984, p. 76.

38. Lord Roberts of Kandahar, *Forty One Years in India: From Subaltern to Commander in Chief*, London, 1897, vol. 1, pp. 258–9.

39. NAM, 6301/143, Diaries of Col. E. L. Ommaney, vol. A, pt 6, entry for 1 November 1857. 关于监禁扎法尔一事，翁曼尼的日记是最重要的单个史料。就我所知，此前不曾有任何史学家使用过该史料。

40. Ibid., entry for 24 November 1857.

41. Ibid., entry for 28 September 1857.

42. Coopland, *A Lady's Escape*, pp. 274–7.

43. Ireland, *A History of the Siege of Delhi*, pp. 280–81.

44. Coopland, *A Lady's Escape*, p. 276.

45. OIOC, Saunders Papers, Eur Mss E 186, correspondence pt Ⅲ, official and demi-official letters, 1857–60, no. 128. 1857 年 10 月 1 日，翁曼尼在致桑德斯的信中说，扎法尔欲见御用男理发师，以便 "为自己曾经高贵的圣颜修面"。

46. Ibid., no. 26, Lawrence to Saunders, 29 December 1857.

47. 翁曼尼在日记中留存的一份剪报，entry for 6 November 1857: NAM, 6301/143, Diaries of Col. E. L. Ommaney, vol. A。

48. Ibid.

49. OIOC, Eur Mss Photo Eur 271, Letters of Hugh Chichester, letters to his father, Delhi, 24 September 1857.

50. Cited in Farhan Ahmad Nizami, *Madrasahs, Scholars and Saints: Muslim Response to the British Presence in Delhi and the Upper Doab 1803–1857*, unpublished PhD, Oxford, 1983, p. 219.

51. Coopland, *A Lady's Escape*, pp. 278–9.

52. Quoted in Charles Ball, *The History of the Indian Mutiny*, 1858–9, vol. 2, p. 179.

53. NAM, 6301/143, Diaries of Col. E. L. Ommaney, vol. A, entries for 20 and 23 September 1857.

54. Ibid., entry for 15 October 1857.

55. Ibid., entry for 23 September 1857.

56. Ibid., entry for 19 November 1857.

57. Ibid., entry for 19 November 1857.

58. Ibid., entry for 13 November 1857.

59. Ibid., entry for 21 October 1857.

60. Ibid., entry for 19 November 1857.

61. 这些文书现藏于印度国家档案馆，它们构成《兵变文献》汇编的核心。

62. NAM, 6301/143, Diaries of Col. E. L. Ommaney, vol. A, entry for 27 November 1857.

63. Griffiths, *The Siege of Delhi*, pp. 199–200.

64. Ibid., p. 234.

65. Mrs Muter, *My Recollections of the Sepoy Revolt*, London, 1911, pp. 137–8.

66. Griffiths, *The Siege of Delhi*, pp. 235–7.

67. *Records of the Intelligence Department of the Government of the North West Provinces of India during the Mutiny of 1857*, Edinburgh, 1902, vol. 2, pp. 298–9.

68. *A Short Account of the Life and Family of Rai Jawan Lal Bahadur, Late Honorary Magistrate of Delhi with extracts from his diary relating to the time of the Mutiny 1857 compiled by his son*, Delhi, 1902, p. 48.

69. DCO Archive, Mutiny Papers, File no. 1, *Services performed by Mirza Elahee*

Bahksh.

70. NAI, Foreign Secret Consultations, no. 524, 29 January 1858, Ramchandra to Burn, 27 November 1857.

71. Mirza Asadullah Khan Ghalib, *Dastanbuy*, trans. Khwaja Ahmad Faruqi, Delhi, 1970, pp. 43–6.

72. 哈里的记述引自 Ralph Russell, *The Oxford Ghalib: Life, Letters and Ghazals*, New Delhi, 2003, pp. 129–30。

73. 迦利布本人的记述引自 ibid., p. 130。

74. Pritchett, *Nets of Awareness*, p. 20.

75. Cited in Pavan Varma, *Ghalib：The Man, The Times*, New Delhi, 1989, p. 153.

76. Cited in Gopi Chand Narang, 'Ghalib and the Rebellion of 1857', in Narang, *Urdu Language and Literature: Critical Perspectives*, New Delhi, 1991, pp. 2–3.

77. Ibid., p. 3.

78. Cited in'The Sack of Delhi as Witnessed by Ghalib', *Bengal Past & Present*, no. 12, January-December 1955, p. 111n。

79. *Delhi Gazette*, 21 December 1857.

80. Russell, *The Oxford Ghalib*, p. 132.

81. Cited in Narayani Gupta, *Delhi between Empires*, New Delhi, 1991, p. 23. 关于损毁棚屋，参见 'The Sack of Delhi'，p. 112。

82. *Records of the Intelligence Department*, vol. 2, pp. 298–300.

83. Ireland, *A History of the Siege of Delhi*, pp. 279–80.

84. Sarvar ul-Mulk, *My Life, Being the Autobiography of Nawab Sarvar ul- Mulk Bahadur*, 由其子纳瓦布吉旺·亚尔·忠格·巴哈杜尔译自乌尔都语，London, 1903, p. 21。

85. Ibid., p. 20.

86. Zahir Dehlavi, *Dastan i-Ghadr: An eyewitness account of the 1857 Uprising*, Lahore, 1955, p. 132.

87. Ibid., p. 135.

88. Ibid., pp. 140–42.

89. Ibid., pp. 163–7.

90. Ibid., p. 252.

91. NAM, 6301/143, Diaries of Col. E. L. Ommaney, vol. A, entries for 12 and 13 October 1857.

92. Ibid., entry for 13 October 1857. 关于行刑队及其蹩脚的瞄准，参见 Griffiths, *The Siege of Delhi*, p. 214。

93. Ireland, *A History of the Siege of Delhi*, p. 280.

94. Pritchett, *Nets of Awareness*, p. 18.

95. Arsh Taimuri, *Qila-i Mua 'lla ki Jhalkiyan*, ed. Aslam Parvez, Urdu Academy,

Delhi, 1986.

96. 收藏于德里专员公署的《兵变文献》,看来近乎完全未被史学家使用过。就我所能查考到的情形来看,到目前为止,只有两位史学家——那罗雅尼·笈多和阿尼沙·谢卡尔·慕克吉(Anisha Shekhar Mukherji)——在所发表的作品中载有引自此汇编的资料。这个汇编的内容可谓惊人得丰富。

97. DCO, Mutiny Papers, Box no. 2, File no. 49, letter no. 110, Saunders to Sec. to the Gov. of the Punjab, 21 April 1859.

98. Ibid., 例如参见 Box 2, File no. 73, Davies to Saunders, 13 June 1859, Davies to Beadon, 26 April 1859, 以及 Davies to Beadon, 27 May 1859。关于下落不明的战俘以及他们在卡拉奇的最终流放生活,参见 Box 2, File no. 83, 29 June 1859; File 85, 1 July 1859; File 86, 2 July 1859; 以及 File 87, 5 July 1859。关于从卡拉奇潜逃的皇裔,参见 File no. 127, *Order passed by the Govt regarding the settlement of the Sulateens*, 10 October 1860。

99. Dehlavi, *Dastan i-Ghadr*, p. 151。在 Stuart Cary Welch, *Room for Wonder: Indian Paintings during the British Period 1760–1880*, New York, 1978, pp. 120–21 中,有一幅此纳瓦布的精美肖像画。

100. DCO, Mutiny Papers, File no. 10, letter no. 54, Saunders to Lawrence, 1 December 1857.

101. NAM, 6301/143, Diaries of Col. E. L. Ommaney, vol. A, entry for 9 November 1857.

102. Ibid., entry for 20 October 1857.

103. Ibid., entry for 23 December 1857.

104. Muter, *My Recollections*, pp. 145–6.

105. *Delhi Gazetteer*, 1883–4, p. 30.

106. NAM, 6301/143, Diaries of Col. E. L. Ommaney, vol. A, pt 6, entry for 5 November 1857.

107. Dehlavi, *Dastan i-Ghadr*, p. 151.

108. Coopland, *A Lady's Escape*, p. 212.

109. OIOC, Lawrence Papers, Eur Mss F 90, Camp near Goordaspur, 25 April 1858。另见 C. B. Saunders Papers, Eur Mss E 187, correspondence pt Ⅳ, private letters 1857–60, K&J 716, 1–79, no. 24, Lawrence to Saunders (extract), Lahore, 15 December 1857; 又见 no. 24, Enclosure - William Muir to Lawrence, Agra, 12 December 1857。

110. OIOC, Lawrence Papers, Eur Mss F 90, JL to Saunders, Lahore, 6 October 1857; 另见 JL to Saunders, 书信的发信地址及日期: Camp Delhi, 2 March 1858。

111. South Asian Studies Library, Cambridge, Campbell Metcalfe Papers, Box 6, EC to GG, Delhie (未载明日期,但显然是 1857 年 9 月)。

112. Ibid., Box 10, EC to GG, Delhie, 30 September 1857.

113. Ibid.

114. F.W. 巴克勒 (1891—1960) 在他的大作中，对这一点进行了很好的辩说：
'The Political Theory of the Indian Mutiny', *Trans. of the Royal Historical Soc.*, 4(5), 1922, pp. 71–100（亦重印于 *Legitimacy and Symbols: The South Asian writings of F. W. Buckler*, ed. M. N. Pearson, Center for South and Southeast Asian Studies, University of Michigan, Ann Arbor, *c.* 1985）。

115. W. H. Russell, *My Diary in India*, London, 1860, vol. 2, pp. 58, 60–61.

116. Ibid., vol. 2, pp. 48–9.

117. Ibid., vol. 2, pp. 50–51.

118. NAM, 6301/143, Diaries of Col. E. L. Ommaney, vol. A, entry for 27 January 1858.

119. OIOC, Eur Mss E 186, Saunders Papers, Letters of Lt Edward Ommaney to Charles Saunders, no. 212, EO to CS, 27 January 1858.

120. NAM, 6301/143, Diaries of Col. E. L. Ommaney, vol. A, entry for 27 January. 另见 Harriet Tytler, *An Englishwoman in India: The Memoirs of Harriet Tytler 1828–1858*, ed. Anthony Sattin, Oxford, 1986, p. 167。

121. Edward Vibart, *The Sepoy Mutiny as Seen by a Subaltern from Delhi to Lucknow*, London, 1858, p. 148.

122. Charles Ball, *The History of the Indian Mutiny*, 2 vols, 1858–9, vol. 2, p. 171.

123. Ibid., p. 172.

124. NAM, 6301/143, Diaries of Col. E. L. Ommaney, vol. A, entry for 27 January. 另见 Ball, *History*, vol. 2, p. 172。

125. Ball, *History*, p. 177.

126. *Proceedings on the Trial of Muhammad Bahadur Shah, Titular King of Delhi, before a Military Commission, upon a charge of Rebellion, Treason and Murder, held at Delhi, on the 27th Day of January 1858, and following days London, 1859*（以下简称 Trial），pp. 131–3。

127. Ibid., pp. 151–3.

128. Ibid., pp. 72, 151–2.

129. NAM, 6301/143, Diaries of Col. E. L. Ommaney, vol. A. entry for 27 March 1858.

130. Muter, *My Recollections*, pp. 149–151.

131. Ibid., p. 149.

132. Trial, p. 153.

133. Ibid., p. 153.

134. Ball, *History*, p. 178.

135. OIOC, Political Consultations, Range 203, 67, vol. 14, P/203/67, Fort William, 10 December 1858, no. 535A, Saunders to Ommaney, 4 October 1858.

136. OIOC, Saunders Papers, Eur Mss E 187, correspondence pt IV, private letters 1857–60, 1–79, no. 66, Matilda Saunders to her mother-in-law, Ludlow Castle, Dehlie, 13 October 1858.

第十二章　末代大莫卧儿人

1. Oriental and India Office Collections, British Library（以下简称 OIOC），Eur Mss E 186, Saunders Papers, Letters of Lt Edward Ommaney to Charles Saunders, no. 278, EO to CS, 13 October 1858, Camp Soomha。

2. Delhi Commissioner's Office（以下简称 DCO）Archive, Delhi, File 65A, 7 December 1858, *Report on the Character and Conduct of the Attendants of the ex royal King*。

3. *Delhi Gazette*（以下简称 DG），13 October 1858。

4. OIOC, Eur Mss E 186, Saunders Papers, Letters of Lt Edward Ommaney to Charles Saunders, no. 282, EO to CS, 5 November 1858.

5. Ibid., no. 280, EO to CS, 23 October 1858.

6. Ibid., no. 279, EO to CS, 19 October 1858 from Camp Etah.

7. DG, 13 October 1858.

8. OIOC, Eur Mss E 186, Saunders Papers, Letters of Lt Edward Ommaney to Charles Saunders, no. 230, EO to CS, 30 March 1858.

9. Ibid., no. 272, EO to CS, 1 October 1858.

10. OIOC, India Proceedings, Political Consultations, Range 203, vol. 14, Fort William, 10 December 1858, no. 77, From G. F. Edmonstone, Secr, to Govt of India, to C. Beadon, Off. Secr., Foreign Dept Calcutta, Allahabad, 16 November 1858. 关于翁曼尼与坎宁晤谈，参见 OIOC, Eur Mss E 186, Saunders Papers, Letters of Lt Edward Ommaney to Charles Saunders, no. 283, EO to CS, 17 November 1858, Camp Wuhda Nugger。

11. OIOC, India Proceedings, Political Consultations, Range 203, vol. 14, Fort William, 10 December 1858, no. 66, *Proceedings of a committee of Medical Officers, assembled by the order of the Rt. Hon, the Governor General of India for the purpose of examining and reporting upon the physical condition of Mahomed Bahadoor Shah, lately King of Delhie. President, G. M. Hadaway, Dy. Inspector General of Queens Hospitals. Members: Superintending Surgeon Cawnpore Circle, Surgeon J. Leckie M.D., surgeon to the Governor- General.*

12. OIOC, India Proceedings, Political Consultations, Range 203, vol. 14, Fort William, 10 December 1858, no. 4546, from Sec. to Gov. Gen. to Commissioner of Pegu, 13 November 1858.

13. OIOC, Eur Mss E 186, Saunders Papers, Letters of Lt Edward Ommaney to Charles Saunders, no. 284, EO to CS, 23 November 1858.

14. Ibid.

15. OIOC, Eur Mss E 186, Saunders Papers, Letters of Lt Edward Ommaney to Charles Saunders, no. 285, EO to CS, 14 December 1858.

16. Ibid.

17. Ibid.
18. *The Calcutta Englishman*, 1852, cited in Noel F. Singer, *Old Rangoon*, Gartmore, 1995, p. 69.
19. Ralph Russell, *The Oxford Ghalib: Life, Letters and Ghazals*, New Delhi, 2003, p. 182.
20. Cited by Eric Stokes, *The Peasant Armed: The Indian Revolt of 1857*, ed. C. A. Bayly, Oxford, 1986, p. 92, note 42.
21. OIOC, Lawrence Papers, Eur Mss F 90, Folio 12, Muree, June 1858.
22. Ibid., John Lawrence to Charles Trevelyan, Camp near Baree Doab Canal, 23 April 1858.
23. Cited in Gautam Chakravarty, *The Indian Mutiny and the British Imagination*, Cambridge, 2005, p. 41.
24. DCO Archive, Delhi, Foreign/General, January 1864, no. 16, *Copy of a Letter from the Commr Delhi Division, to the Sec, Govt of Punjab* (*no. 185 dated the 2nd Sept. 1863*), points 3 and 10.
25. OIOC, Lawrence Papers, Eur Mss F 90, Folio 12, John Lawrence to Charles Trevelyan, Camp Multan Road, 16 December 1857.
26. NAI, Foreign Secret, 25 January 1858,11–15, p. 51, Chief of Staff to Commanding Officer Meerut Division, 27 January 1858.
27. DCO Archive, Delhi, Foreign/General, January 1864, *Copy of a letter from the Offcg Commr, to the Commissioner Delhi Div. no. 256–209 dated 21st Aug. 1863*. 此处，大日巴伽蓝被说成是"经由副专员（菲利普·埃杰顿先生［Mr Philip Egerton］）和专员（布兰德雷思先生［Mr Brandreth］）强有力地申说"，方得以保全。
28. Cited in'The Sack of Delhi as Witnessed by Ghalib', *Bengal Past & Present*, no. 12, January-December 1955, p. 110.
29. Ibid., p. 111.
30. Narayani Gupta, *Delhi between Empires*, New Delhi, 1991, p. 27.
31. Harriet Tytler, *An Englishwoman in India: The Memoirs of Harriet Tytler 1828–1858*, ed. Anthony Sattin, Oxford, 1986 p. 165.
32. James Fergusson, *History of Indian & Eastern Architecture*, London, 1876, p. 594.
33. Ibid., p. 311n.
34. Anisha Shekhar Mukherji, *The Red Fort of Shahjahanabad*, New Delhi, 2003, 关于莫卧儿王朝皇宫的毁灭和盎格鲁化，此文献中的记述绝对是最好的，参见第 203—207 页。
35. Mirza Asadullah Khan Ghalib, *Dastanbuy*, trans. Khwaja Ahmad Faruqi, Delhi, 1970, pp. 60–61.
36. Cited in Gupta, *Delhi between Empires*, p. 23. 关于德里由莫卧儿王朝都城转变为殖民城市，笈多的著作绝对堪称最好的原始资料。

37. NAI, Foreign Political Dept, Consultation 31, 31 December 1959, no. 2269, *Abstract Translation of a Petition from the Musulmans of Delhi trans. by I. B. Outram, asst sec. to Govt.*

38. *Mofussilite*, June 1860, cited in Gupta, *Delhi between Empires*, p. 25.

39. Gupta, *Delhi between Empires*, p. 24.

40. Ibid., p. 27.

41. Cited in ibid., p. 41。

42. C. F. Andrews, *Zakaullah of Delhi*, Cambridge, 1929, pp. 67, 75.

43. Russell, *The Oxford Ghalib*, p. 200.

44. 关于桑德斯对"暴动时英国女性遭强奸"之事进行的调查，参见 OIOC, Eur Mss E 185, Saunders Papers, no. 104, Muir to Saunders, Agra, 2 December 1857，以及 no. 111, Muir to Saunders, Agra, 14 December 1857。另见下述著作中复制的缪尔（Muir）的书信：S. M. Burke and Salim al-Din Quraishi, *Bahadur Shah: Last Mogul Emperor of India*, Lahore, 1995, pp. 178–9。关于对王室女性实施的大规模群体性强奸，参见 DCO Archive, Mutiny Papers, Box 2, File no. 109, 31 October 1859, *Report on the Surviving Members of the Taimur House who are assigned a maintenance*, no. 303 from Brandreth, Commr of Delhi to the Secr., Gov. of Punjab, dated 31 October 1859。

45. Russell, *The Oxford Ghalib*, p. 188.

46. Farhan Ahmad Nizami, *Madrasahs, Scholars and Saints: Muslim Response to the British Presence in Delhi and the Upper Doab 1803–1857*, unpublished DPhil, Oxford, 1983, p. 19.

47. Cited in Gupta, *Delhi between Empires*, p. 41。

48. Cited in Frances W. Pritchett, *Nets of Awareness: Urdu Poetry and Its Critics*, Berkeley and Los Angeles, 1994, p. 22. 伟大的乌尔都语学者 S.R. 法鲁基（S. R. Farooqi）认为，对于在 1857 年所遗失的诗作数量，迦利布的话很可能有所夸大。

49. Russell, *The Oxford Ghalib*, p. 187.

50. Ibid., p. 165.

51. Ibid., pp. 154, 157.

52. Ibid., p. 214.

53. 转引自 Pritchett, *Nets of Awareness*, p. 29. 有一种思想学派——C.M. 纳伊姆也是其捍卫者——辩称，扎法尔与该朝廷对德里文艺复兴的所谓影响，不过是有名无实，还称德里文艺复兴最成功地繁荣于远离朝廷的诸多智性探索中心，譬如德里学院和伊斯兰宗教学院。然而，同一精英阶层——像萨赫巴依、法兹勒·伊·哈克和阿祖尔达这样的人——游走于诗歌报告会、伊斯兰宗教学院、讲堂和扎法尔的朝堂之间，似乎——至少在此作者看来——很难区别开来。诚然，随着都城失陷，一切都在同一场浩劫里同时消亡。

54. Myanmar National Archives（以下简称 MNA），Series 1/1 (A)，Acc. No. 983, File no. 85, 1859, *Confinement of Delhi state prisoners in Rangoon*；另见 OIOC, Foreign Political Proceedings, Z/P/203/50, Phayre to Beadon, 2 May 1859。

55. NAI, Foreign Consultations, 11 November 1859, pp. 124–5, from Capt. H. N. Davies in Charge of the State Prisoners, to C. Beadon, Secr, to Gov. of India, Foreign Dept, Fort William, dated Rangoon, 3 August 1859.

56. MNA, no. 5922, from Sec. to GG to Lt Col. Phayre, 27 September 1859.

57. Ibid., no. 5470 from Sec. to GG to Lt Col. Phayre, 6 September 1859.

58. Ibid., Series 1/1A, Acc. no. 555, 1860, File no. 58, 1860, Confinement of Delhi State Prisoners at Rangoon.

59. Ibid.

60. Ibid.

61. Ibid., Acc. no. 702, 1863, File no. 151, 1863.

62. Russell, *The Oxford Ghalib*, p. 207.

63. Mark Thornhill, *Personal Adventures and Experiences of a Magistrate, during the Rise, Progress and Suppression of the Indian Mutiny*, London, 1884, p. 7.

64. Cited in David Lelyveld, *Aligarh's First Generation: Muslim Solidarity in British India*, Princeton, NJ, 1978, p. 6。

65. Cited in Pritchett, *Nets of Awareness*, p. 30。

66. Ibid., 这部精彩的著作以优美的文笔记述了"数个世纪以来，抒情诗——一向是印度的伊斯兰文化的骄傲和乐事——是如何在自身的社会环境内，冷不防地被它本身的理论家废除和贬低的"。1857 年后，继之而来的是印度的伊斯兰文化自信的丧失，对于这一写作题材，该著作包含迄今为止的最佳叙述。在撰写本书的过程中，它一直对我产生最重要的影响。

67. Cited in Ibid., p.xvi.

68. MNA, Series 1/1A, Acc. no.702, 1863, File no. 151, p. 59.

69. Ibid., Acc. no. 832, 1867, File no. 41, Delhi State Prisoners.

70. Ibid., Acc. no. 1434, 1872, File no.63, dated Rangoon, 29 August 1872.

71. Ibid.

72. Ibid.

73. Ibid., p. 33, letter from Secr. to Gov. of India, Foreign Dept, to CC British Burma, no. 28 C.P., dated on board *Outram*, 28 October 1872.

74. Burke and Quraishi, *Bahadur Shah*, p. 205.

75. MNA, Series 1/1A, Acc. no. 3656, 1905, File no. C, 4, Bahadur Shah (ex-King of Delhi) Preservation of Grave.

76. Ibid., Acc no. 3657, 1906–7, File no. 55/56, Bahadur Shah (ex-King of Delhi) Preservation of Grave.

77. Ibid.

78. Burke and Quraishi, *Bahadur Shah*, p. 205.

79. 这则讯息包含在一张地图里——Third Edition, 1944, HIND/SEA/ 1036，由 Survey Dte Main HQ ALFSEA 加印，April 1945——该地图显然是在第二次世界大战期间借由英国军事情报绘制而成，它显示日本人在城里的阵地，其中包括印度国民军的兵舍以及"日本军官的舞厅和妓院"。由于该区域原先为英国军营，尚不清楚该布局是无心插柳，还是蓄意所为——很可能是两者之一。我要感谢英国外交官维基·鲍曼，是她向我展示此地图。
80. 例如，参见 Lelyveld, *Aligarh's First Generation*。
81. 芭芭拉·梅特卡夫在其代表作中对代奥本德教派信徒进行了出色的研究，见 *Islamic Revival in British India: Deoband 1860–1900*, Princeton, NJ, 1982。关于近现代发展状况的更多详情，另见 Jamal Malik, *Colonisation of Islam: Dissolution of Traditional Institutions in Pakistan*, Manohar, 1988。
82. 引语的出处尚存争议，某些人认为它出自乔治·桑塔亚纳（George Santayana）。

参考文献

1. 欧洲语言原稿史料

Oriental and India Office Collections, British Library (formerly India Office Library), London (OIOC)

Edwardes Papers, Mss Eur E 211
Chichester Letters, Mss Eur Photo Eur 271
Hardcastle Papers, Mss Eur Photo Eur 31 1B
Johnson Diaries, Mss Eur A 101
John Lawrence Papers, Mss Eur F 90
Metcalfe Papers, Mss Eur D 610
Montgomery Papers, Mss Eur D 1019
Saunders Papers, Mss Eur E 185–187
Vibart Papers, Mss Eur F 135/19
The City of Delhi during 1857, translation of the account of Said Mobarak Shah, Eur Mss B 138
Home Miscellaneous, vol. 725, Kaye Mutiny Papers
Delhi Gazette
Delhi Gazette Extra
Lahore Chronicle
Bengal Wills 1780–1804 L/AG/34/29/4–16
Madras Inventories L/AG/34/29 185–210
Bengal Regimental Orders IOR/P/BEN/SEC
Bengal Political Consultations IOR/P/117/18

British Library

Wellesley Papers, Add Mss 13,582

South Asian Studies Centre Library, Cambridge

Campbell Metcalfe Papers

Bodleian Library, Oxford

Jennings Papers
Archives of the Society for the Propagation of the Gospel (SPG)

National Army Museum Library, London

Ewart Papers, 7310-48
Gambier Letters, 6211-67
Gardner Papers, 6305-56
Coghill Letters, 6609-139
Lt Gen. F. C. Maisey, 'The Capture of the Delhi Palace', 6309-26
Spy Letters, 6807-138
Col. E. L. Ommaney's Letters and Diaries, 6301-143
Wilson Correspondence, 5710-38, NAM

Nottingham University Library

Bentinck Papers, PW JF 1537-1556

National Archives of India, New Delhi

Precis of Palace Intelligence, Foreign, Foreign Dept Misc., vol. 361
Mutiny Papers
Dehli Urdu Akhbar
Siraj ul Akhbar
Ahsan ul Akhbar
Lahore Chronicle
Secret Consultations
Political Consultations
Foreign Consultations
Foreign Miscellaneous
Secret Letters to Court
Secret Letters from Court
Political Letters to Court
Political Letters from Court

Delhi Commissioners' Office Archive, New Delhi
Mutiny Papers
Mubarak Bagh Papers

Myanmar National Archives, Yangon

Records of the Delhi State Prisoners
Files on the Grave of the King of Delhi

Punjab Archives, Lahore
Delhi Residency Papers
Punjab Mutiny Papers

Private Archives

Fraser Papers, Inverness

2. 未发表的手稿和学术论文

Ghosh, Durba, 'Colonial Companions: Bibis, Begums, and Concubines of the British in North India 1760–1830;' (unpublished PhD, Berkeley, 2000)

Hashmi, Shakila Tabassum Hashmi, 'The Trial of Bahadur Shah Zafar: Representation and Reality in Mughal-British Relations' (unpublished B.A. Honours thesis, Department of History, National University of Singapore 1, 1998/99)

Nizami, Farhan Ahmad, 'Madrasahs, Scholars and Saints: Muslim Responses to the British Presence in Delhi and the Upper Doab 1803–1857' (unpublished PhD, Oxford, 1983)

Shorto, Sylvia, 'Public Lives, Private Places, British Houses in Delhi 1803–57' (unpublished dissertation, New York University, 2004)

3. 波斯语和乌尔都语史料

1) 手稿

Oriental and India Office Collections, British Library (formerly India Office Library), London (OIOC)
The calligraphy of Zafar and Mirza Fakhru, OIOC: 3577 and 2972/42

Private family papers in the haveli of the late Mirza Farid Beg, Old Delhi

Bankipore Oriental Library, Patna
Farasu, *Zafar-uz Zafar* (also known as the *Fath Nama-I Angrezi*), Ms 129, Oriental Library, Bankipur

2) 已发表的文献

Ahmad, Naim, *Shahr ashob*, New Delhi, 1968
Ali, Ahmed, *The Golden Tradition: An Anthology of Urdu Poetry*, New York, 1973
Azad, Muhammed Husain (trans. and ed. Frances Pritchett and Shamsur

Rahman Faruqi), *Ab-e Hayat: Shaping the Canon of Urdu Poetry*, New Delhi, 2001

Dehlavi, Zahir, *Dastan i-Ghadr: Ya Taraze Zaheeri*, Lahore, 1955

Faizuddin, Munshi, *Bazm i-Akhir, Yani sehr e-Delhi ke do akhiri badshahon ka tareeq i-maashrat (The Last Convivial Gathering – The Mode of Life of the Last Two Kings of Delhi)*, Lahore, 1965

Farrukhi, Aslam, *Muhammad Husain Azad*, 2 vols, Karachi, 1965

Ghalib, Mirza Asadullah Khan, *Dastanbuy* (trans. Khwaja Ahmad Faruqi), New Delhi, 1970

Khairabadi, Allamah Fazl ul-Haqq, 'The Story of the War of Independence, 1857-8', in *Journal of the Pakistan Historical Society*, vol. 5, January 1957, part 1

Khan, Hakim Ahsanullah, 'Memoirs', in *Journal of the Pakistan Historical Society*, vol. 6, 1958

Khan, Dargah Quli, *The Muraqqa' e-Dehli* (trans. Chander Shekhar), New Delhi, 1989

Khan, Sir Sayyid Ahmad, *Asar us Sanadid*, New Delhi, 1990

Khan, Sir Sayyid Ahmad, *The Causes of the Indian Revolt, Translated into English by his Two English Friends*, Benares, 1873 (reprint edition introduced by Francis Robinson, Karachi, 2000)

Lal, Jeewan, *A Short Account of the Life and Family of Rai Jeewan Lal Bahadur, Late Honorary Magistrate of Delhi, with extracts from his diary relating to the time of the Mutiny 1857 compiled his son*, New Delhi, 1902

Latif, Abdul, *1857 Ka Tarikhi Roznamacha* (ed. Khaliq Ahmed Nizami), Nadwatul Musannifin Series (68), New Delhi, 1958

Nizami, Khwaja Hasan, *Begmat ke Aansu (Tears of the Begums)*, New Delhi, 1952

Parvez, Aslam, *Bahadur Shah Zafar: Anjuman Taraqqi-e Urdu Hind*, New Delhi, 1986

Qamber, Akhtar, *The Last Musha'irah of Delhi: A Translation of Farhatullah Baig's Modern Urdu Classic Dehli ki Akhri Shama*, New Delhi, 1979

Quraishi, Salim al-Din, *Cry for Freedom: Proclamations of Muslim Revolutionaries of 1857*, Lahore, 1997

Qureshi, Salim and Ashur Kazmi (trans. and ed.), *1857 ke Ghaddaron ke Khutut*, New Delhi, 2001

Rizvi, S. A. and M. L. Bhargava (eds.), *Freedom Struggle in Uttar Pradesh*, 6 vols, Lucknow, 1957

Russell, Ralph, *The Oxford Ghalib: Life, Letters and Ghazals*, New Delhi, 2003

Server ul-Mulk, *My Life, Being the Autobiography of Nawab Server ul Mulk Bahadur* (translated from the Urdu by his son, Nawab Jiwan Yar Jung Bahadur), London, 1903

Taimuri, Arsh, *Qila-i Mua'lla ki Jhalkiyan* (ed. Dr Aslam Parvez), New Delhi, 1986

Zafar, Bahadur Shah II, Emperor of Hindustan, *Kulliyat-I Zafar, or the complete poetical works of Abu Zafar Siraj al-Din Muhammad Bahadur Shah*, Lucknow, 1869-70

Zakaullah, *Tarikh-I-Uruj-e'Ahd -I Sultanat-I-Inglishiya*, New Delhi, 1904

4. 同时期的欧洲语言著作和期刊文章

Andrews, C. F., *Zakaullah of Delhi*, Cambridge, 1929

Anon. [probably Robert Bird], *Dacoitee in Excelsis, or the Spoilation of Oude by the East India Company*, London, 1857; Archer, Major, *Tours in Upper India*, London, 1833

Ball, Charles, *History of the Indian Mutiny*, 2 vols, London, 1858-9

Barter, Richard, *The Siege of Delhi*, London, 1984

Bas, C. T. Le, 'How we escaped from Delhi', *Fraser's* magazine, February 1858

Bayley, Emily, *The Golden Calm: An English Lady's Life in Moghul Delhi*, London, 1980

Beames, John, *Memoirs of a Bengal Civilian*, London, 1961

Bernier, François, *Travels in the Mogul Empire*, 1656-68 (ed. Archibald Constable, trans. Irving Brock), Oxford, 1934

Blomfield, David (ed.), *Lucknow – The Indian Mutiny Journal of Arthur Moffat Laing*, London, 1992

Bourchier, Colonel George, CB, *Eight Months Campaign against the Bengal Sepoy Army During the Mutiny of 1857*, London, 1858

Campbell, Sir George, *Memoirs of My Indian Career*, London, 1893

Chick, N. A., *Annals of the Indian Rebellion 1857-8 and Life in the Fort of Agra During the Mutinies of 1857*, Calcutta, 1859 (reprinted London, 1972)

Coopland, Mrs R. M., *A Lady's Escape from Gwalior in 1857*, London, 1859

Dunlop, Robert Henry Wallace, *Service and Adventure with the Khakee Ressalah or Meerut Volunteer Horse During the Mutinees of 1857-8*, London, 1858

Eden, Eden, *Journals*, reprinted as *Tigers, Durbars and Kings*, London, 1988

Eden, Emily, *Up the Country: Letters from India*, London, 1930

Fergusson, James, *History of Indian & Eastern Architecture*, London, 1876

Greathed, H. H., *Letters Written During the Siege of Delhi*, London, 1858

Griffiths, Charles John, *The Siege of Delhi*, London, 1910

Haldane, Julia, *The Story of Our Escape from Delhi in 1857*, Agra, 1888

Heber, Reginald, *A Narrative of a Journey Through the Upper Provinces of India from Calcutta to Bombay, 1824-1825*, 3 vols, London, 1827

Hodson, Major W. S. R., *Twelve Years of a Soldier's Life in India*, London, 1859

Holmes, T. Rice, *A History of the Indian Mutiny and of the Disturbances which Accompanied it among the Civil Population*, London, 1898

Huxley, Aldous, *Jesting Pilate*, London, 1926

Imperial Records Department, *Press List of Mutiny Papers 1857, Being a Collection of the Correspondence of the Mutineers at Delhi, Reports of Spies to English Officials and other Miscellaneous Papers*, Calcutta, 1921

Ireland, William W., *A History of the Siege of Delhi by an Officer who served there*, Edinburgh, 1861

Jacob, E., *A Memoir of Professor Yesudas Ramchandra of Delhi*, vol. 1, Cawnpore, 1902

Jacquemont, Victor, *Letters From India (1829–32)*, 2 vols (trans. Catherine Phillips), London, 1936

Kaye, J. W., *A History of the Sepoy War in India 1857–8*, London, 1877

Khan, Sir Sayyid Ahmad, *The Causes of the Indian Revolt* (reprint edition introduced by Francis Robinson), Karachi, 2000

Lang, Arthur Moffat, *Lahore to Lucknow: The Indian Mutiny Journal of Arthur Moffat Lang*, London, 1992

Mackenzie, Col. A. R. D., *Mutiny Memoirs – being personal reminiscences of the Great Sepoy Revolt of 1857*, Allahabad, 1891

Maisey, Lt Gen. F. C., 'An Account by an eyewitness of the taking of the Delhi Palace', in *Royal United Services Institution Journal*, 1930

Majendie, Vivien Dering, *Up Among the Pandies or A Year's Service in India*, London, 1859

Maunsell, F. R., *The Siege of Delhi*, London, 1912

Metcalfe, Charles Theophilus, *Two Native Narratives of the Mutiny in Delhi*, London, 1898

Montgomery, Martin R., *The Indian Empire*, 6 vols, London, 1860

Muter, Mrs, *My Recollections of the Sepoy Revolt*, London, 1911

Norman, Sir Henry W. and Mrs Keith Young, *Delhi 1857*, London, 1902

Nugent, Lady Maria, *Journal of a Residence in India 1811–15*, 2 vols, London, 1839

Panday, Sitaram, *From Sepoy to Subedar: being the life and Adventures of Subedar Sita Ram, A Native Officer of the Bengal Army, Written and Related by Himself* (trans. Lt Col. J. T. Norgate), London, 1873

Parkes, Fanny, *Wanderings of a Pilgrim in Search of the Picturesque*, London, 1850

Peile, Mrs Fanny, *The Delhi Massacre: A Narrative by a Lady*, Calcutta, 1870

Polier, Antoine, *Shah Alam II and his Court*, Calcutta, 1947

Proceedings on the Trial of Muhammad Bahadur Shah, Titular King of Delhi, Before a Military Commission, upon a charge of Rebellion, Treason and Murder, held at Delhi, on the 27th Day of January 1858, and following days London. 1859.

Records of the Intelligence Department of the Government of the North West Provinces of India During the Mutiny of 1857, Edinburgh, 1902

Reid, Major Charles, *Defence of the Main Piquet at Hindoo Rao's House as recorded by Major Reid Commanding the Sirmoor Battalion*, London, 1957

Lord Roberts of Kandahar (Fred Roberts), *Forty One Years in India*, London, 1897

Lord Roberts of Kandahar, *Letters Written During the Indian Mutiny*, London, 1924

Rotton, John Edward, *The Chaplain's Narrative of the Siege of Delhi*, London, 1858

Russell, W. H., *My Diary in India*, London, 1860

Sleeman, Major General Sir W. H., *Rambles and Recollections of an Indian Official*, Oxford, 1915

Thornhill, Mark, *Personal Adventures and Experiences of a Magistrate, during the Rise, Progress and Suppression of the Indian Mutiny*, London, 1884

Trotter Lionel J., *A Leader of Light Horse: A Life of Hodson's Horse*, Edinburgh, 1901

Trotter, Lionel J., *The Life of John Nicholson, Soldier and Administrator*, London, 1898

Turnbull, Lt Col, John, *Letters Written During the Siege of Delhi*, London, 1886

Tytler, Harriet, *An Englishwoman in India: The Memoirs of Harriet Tytler 1828–1858* (ed. Anthony Sattin), Oxford, 1986

Vibart, Edward, *The Sepoy Mutiny As Seen by a Subaltern from Delhi to Lucknow*, London, 1858

Wagentrieber, Florence, *The Story of Our Escape from Delhi in May 1857, from personal narrations by the late George Wagentrieber and Miss Haldane*, Delhi, 1894

White, Col. S. Dewe, *Indian Reminiscences*, London, 1880

Wilberforce, R. G., *An Unrecorded Chapter of the Indian Mutiny*, London, 1894

Wilkinson, Johnson and Osborn, *The Memoirs of the Gemini Generals*, London, 1896

Wise, James, *The Diary of a Medical Officer During the Great Indian Mutiny of 1857*, Cork, 1894

Young Mrs Keith, and Sir Henry Norman, *Delhi 1857*, London, 1902

5. 二次作品和期刊文章

Ahmed Aziz, *Studies in Islamic Culture in the Indian Environment*, Oxford, 1964

Alam, Muzaffar and Seema Alavi, *A European Experience of the Mughal Orient: The I'jaz-I Arslani (Persian Letters, 1773–1779) of Antoine-Louis Henri Polier*, New Delhi, 2001

Alavi, Seema, *The Sepoys and the Company: Tradition and Transition in Northern India 1770–1820*, New Delhi, 1995

Allen, Charles, *God's Terrorists: The Wahhabi Cult and the Hidden Roots of Modern Jihad*, London, 2006

Allen, Charles, *Soldier Sahibs: The Men Who Made the North-West Frontier*, London, 2000

Anderson, Olive, 'The Growth of Christian Militarism in Mid-Victorian Britain', in *English Historical Review*, Vol. 86, 1971

Archer, Mildred, *Company Drawings in the India Office Library*, London, 1972

Archer, Mildred and Toby Falk, *India Revealed: The Art and Adventures of James and William Fraser 1801–35*, London, 1989

Ashraf, K. M., 'Muslim Revivalists and the Revolt of 1857', in P. C. Joshi, *Rebellion 1857: A Symposium*, New Delhi, 1957

Bailey, Gauvin Alexander, 'Architectural Relics of the Catholic Missionary Era in Mughal India', in Rosemary Crill, Susan Stronge and Andrew Topsfield (eds.), *Arts of Mughal India: Studies in Honour of Robert Skelton*, Ahmedabad, 2004

Bailey, T. G., *History of Urdu Literature*, London, 1932

Banerji S. K., 'Bahadur Shah of Delhi and the Admin Ct of the Mutineers', in *Proceedings of the Indian Historical Records Commission*, vol 24, February 1948

Bayly, C. A., *Imperial Meridian: The British Empire and the World 1780–1830*, London, 1989

Bayly, C. A., *Empire & Information: Intelligence Gathering and Social Communication in India 1780–1870*, Cambridge, 1996

Beach, Milo Cleveland, and Ebba Koch, *King of the World: The Padshah-nama, An Imperial Mughal Manuscript from the Royal Library, Windsor Castle*, London, 1997

Bhadra, Gautam, 'Four Rebels of 1857', in *Subaltern Studies*, IV (ed. R. Guha), New Delhi, 1985

Buckler F. W., 'The Political Theory of the Indian Mutiny', in Transactions of the Royal Historical Society, IV, series 5, 1922, 71–100 (also reprinted in *Legitimacy and Symbols: The South Asian Writings of F. W. Buckler*, ed. M. N. Pearson, Michigan, 1985)

Burke, S. M. and Salim al-Din Quraishi, *Bahadur Shah: Last Mogul Emperor of India*, Lahore, 1995

Burton, David, *The Raj at Table: A Culinary History of the British in India*, London, 1993

Butler, Iris, *The Elder Brother: The Marquess Wellesley 1760–1842*, London, 1973

Cadell, Sir Patrick, 'The Outbreak of the Indian Mutiny', in *Journal of the Society of Army Historical Research*, vol. 33, 1955

Chakravarty, Gautam, *The Indian Mutiny and the British Imagination*, Cambridge, 2005

Collingham, *Imperial Bodies: The Physical Experience of the Raj c.1800–1947*, London, 2001

Compton, Herbert (ed.), *The European Military Adventurers of Hindustan*, London, 1943

Crill, Rosemary, Susan Stronge and Andrew Topsfield (eds.), *Arts of Mughal India: Studies in Honour of Robert Skelton*, Ahmedabad, 2004

Dalrymple, William, *City of Djinns*, London, 1993

David, Saul, *The Indian Mutiny 1857*, London, 2002

David Saul, *Victoria's Wars: The Rise of Empire*, London, 2006

Davies, Philip, *Splendours of the Raj: British Architecture in India 1660–1947*, London, 1985

Ehlers, E. and Thomas Krafft, 'The Imperial Islamic City: 19th Century Shahejahanbad', in *Environmental Design – Proceedings of the 7th International Convention of the Islamic Environmental Design Research Centre in Rome*, July 1991

Ferguson, Niall, *Empire: How Britain Made the Modern World*, London, 2003

Fisher, Michael, *Counterflows to Colonialism*, New Delhi, 2005

Fisher, Michael H., 'An Initial Student of Delhi English College: Mohan Lal Kashmiri (1812–77)', in Margrit Pernau, *Delhi College* (forthcoming), New Delhi, 2006

Fisher, Michael H., 'Becoming and Making Family in Hindustan', in Indrani Chatterjee, *Unfamiliar Relations*, New Delhi, 2004

Forrest, G. W., *A History of the Indian Mutiny* (3 vols), London, 1904

Gilmour, David, *The Ruling Caste: Imperial Lives in the Victorian Raj*, London, 2005

Grey, C., and H. L. O. Garrett, *European Adventurers of Northern India 1785–1849*, Lahore, 1929

Guha, Ranajit, *Elementary Aspects of Peasant Insurgency in Colonial India*, New Delhi, 1983

Gupta, Narayani, *Delhi between Two Empires 1803–1931*, New Delhi, 1981

Gupta, Narayani, 'From Architecture to Archaeology: The "Monumentalising" of Delhi's History in the Nineteenth Century', in Jamal Malik (ed.), *Perspectives of Mutual Encounters in South Asian History, 1760–1860*, Leiden, 2000

Habib, Irfan, 'The Coming of 1857', in *Social Scientist*, vol. 26, no. 1, January–April 1998

Hardy, Peter, *The Muslims of British India*, Cambridge, 1972

Hasan, Mehdi, 'Bahadur Shah, his relations with the British and the Mutiny: An objective study', in *Islamic Culture*, 33 (2), 1959

Hawes, Christopher, *Poor Relations: The Making of the Eurasian Community in British India 1773–1833*, London, 1996

Hewitt, James, *Eyewitness to the Indian Mutiny*, Reading, 1972

Hibbert, Christopher, *The Great Mutiny: India 1857*, London, 1978

Hilliker, J. F., 'Charles Edward Treveleyan as an Educational Reformer', in *Canadian Journal of History*, 9, 1974

Hobhouse, Niall, *Indian Painting for the British 1780–1880*, London, 2001

Hughes, Derrick, *The Mutiny Chaplains*, Salisbury, 1991

Husain, Mahdi, *Bahdur Shah II and the War of 1857 in Delhi with its Unforgettable Scenes*, New Delhi, 1958

Hutchinson, Lester, *European Freebooters in Moghul India*, London, 1964

Ikram, S. M., *Muslim Rule in India and Pakistan*, Lahore, 1966

Jalal, Ayesha, *Self and Sovereignty: Individual and Community in South Asian Islam since 1850*, New Delhi, 2001

Kanda, K. C., *Masterpieces of Urdu Ghazal*, New Delhi, 1994

Khan, Nadar Ali, *A History of Urdu Journalism 1822–1857*, New Delhi, 1991

Lal, John, *Begam Samru: Fading Portrait in a Gilded Frame*, New Delhi, 1997

Lal, Krishan, 'The Sack of Delhi 1857–8', in *Bengal Past and Present*, July–December 1955

Leach, Linda York, *Mughal and other Paintings from the Chester Beatty Library*, 2 vols, London, 1995

Lee, Harold, *Brothers in the Raj: The Lives of John and Henry Lawrence*, Oxford, 2002

Lelyveld, David, *Aligarh's First Generation: Muslim Solidarity in British India*, Princeton, 1978

Liddle, Swapna, 'Mufti Sadruddin Azurda', in Margrit Pernau, *Delhi College* (forthcoming), New Delhi, 2006

Llewellyn-Jones, Rosie, *A Fatal Friendship: The Nawabs, the British and the City of Lucknow*, New Delhi, 1992

Majumdar J. K., *Rajah Rammohun Roy and the Last Moghals: A Selection of Official Records 1803–1859*, Calcutta, 1939

Majumdar, R. C., *Penal Settlements in Andamans*, New Delhi, 1975

Majumdar, R. C., *The Sepoy Mutiny*, Calcutta, 1957

Marshall, P. J. (ed.), *The British Discovery of Hinduism*, Cambridge, 1970

Masud, Muhammad Khalid, 'The World of Shah Abdul Aziz, 1746–1824', in Jamal Malik (ed.), *Perspectives of Mutual Encounters in South Asian History, 1760–1860*, Leiden, 2000

Metcalf, Barbara Daly, *Islamic Revival in British India, 1860–1900*, Princeton, 1982

Mukherjee, Rudrangshu, 'The Azimgarh Proclamation and some questions on the Revolt of 1857 in the North Western Provinces', in *Essays in Honour of S. C. Sarkar*, Delhi, 1976

Mukherjee, Rudrangshu, ' "Satan Let Loose upon Earth": The Kanpur massacres in India in the Revolt of 1857', in *Past and Present*, 128

Mukherjee, Rudrangshu, *Avadh in Revolt 1857–8: A Study of Popular Resistance*, New Delhi, 1984

Mukherjee, Rudrangshu, *Mangal Pandey: Brave Martyr or Accidental Hero?*, New Delhi, 2005

Mukherji, Anisha Shekhar, *The Red Fort of Shahjahanabad*, New Delhi, 2003

Mukhia, Harbans, 'The Celebration of Failure as Dissent in Urdu Ghazals', in *Modern Asian Studies*, 33, (4), 1999

Naim, C. M., *Urdu Texts and Contexts: The Collected Essays of C. M. Naim*, New Delhi, 2004

Narang, Gopi Chand, 'Ghalib and the Rebellion of 1857', in Narang, *Urdu Language and Literature: Critical Perspectives*, New Delhi, 1991

Nizami, Farhan, 'Islamization and Social Adjustment: The Muslim Religious Elite in British North India 1803–57', in *Ninth European Conference on Modern South Asian Studies, 9–12 July 1986, South Asian Institute of Heidelberg University*

Panikkar, K. N., 'The Appointment of Abu Zafar as Heir Apparent', in *Journal of Indian History*, 44, (2), 1966

Parel, A., 'A Letter from Bahadur Shah to Queen Victoria', in *Journal of Indian History*, 47, (2), 1969

Perkins, Roger, *The Kashmir Gate: Lieutenant Home and the Delhi VCs*, Chippenham, 1983

Peers, Douglas M., 'Imperial Vices: Sex, Drink and Health of British Troops', in David Killingray and David Omissi (eds.), *Guardians of the Empire*, Manchester, 1999

Pernau, Margrit, 'Middle Class and Secularisation: The Muslims of Delhi in the 19th century', in Imtiaz Ahmad and Helmut Reifeld (ed.), *Middle Class Values in India and Western Europe*, New Delhi, 2003

Margrit Pernau, 'The *Dihli Urdu Akhbar*: Between Persian Akhbarat and English newspapers', in *Annual of Urdu Studies*, vol. 8, 2003

Pernau, Margrit, 'Multiple Identities and Communities: Re-contextualizing Religion', in Jamal Malik and Helmut Reifeld, *Religious Pluralism in South Asia and Europe*, New Delhi, 2005

Powell, Avril Ann, *Muslims and Missionaries in Pre-Mutiny India*, London, 1993

Pritchett, Frances W. P, *Nets of Awareness: Urdu Poetry and its Critics*, Berkeley and Los Angeles, 1994

Quraishi, Salim al-Din, *Cry for Freedom: Proclamations of Muslim Revolutionaries of 1857*, Lahore, 1997

Qureshi, I. H., 'A Year in Pre-Mutiny Delhi', in *Islamic Culture*, 17, 1943, part 3

Ray, Rajat Kanta, *The Felt Community: Commonality and Mentality before the Emergence of Indian Nationalism*, New Delhi, 2003

Ray, Rajat Kanta, 'Race, Religion and Realm', in M. Hasan and N. Gupta, *India's Colonial Encounter*, New Delhi, 1993

Rizvi S. A. A. and M. L. Bhargava, *Freedom Struggle in Uttar Pradesh*, vols 1 and 2, Lucknow, 1957–60

Robinson, Francis, 'Religious Change and the Self in Muslim South Asia since 1800', in *South Asia*, vol. 22, 199

Robinson, Francis, 'Technology and Religious Change: Islam and the Impact of Print', in *Modern Asian Studies*, 27, (1), 1993

Roy, Dr Kaushik, 'Company Bahadur against the Pandies', in *Jadavpur University Journal of History*, vols 19–20, 2001

Roy, Tapti, *The Politics of a Popular Uprising: Bundelkhand in 1857*, Oxford, 1994)

Russell, Ralph (ed.), *Ghalib: The Poet and his Age*, London, 1975

Russell, Ralph, *Hidden in the Lute: An Anthology of Two Centuries of Urdu Literature*, New Delhi, 1995

Russell, Ralph and Khurshid Islam, *Ghalib: Life and Letters*, Oxford, 1969

Sachdeva, K. L., 'Delhi Diary of 1828', in *Proceedings of the Indian Historical Records Commission*, vol. 30, 1954, part 2

Sadiq, Muhammad, *A History of Urdu Literature*, Karachi, 1964

Sajunlal, K, 'Sadiq ul-Akhbar of Delhi', in *Proceedings of the Indian History Congress*, Seventeenth Session, 1954

Saksena, Ram Babu, *European & Indo-European Poets of Urdu & Persian*, Lucknow, 1941

Saroop, Narindar, *A Squire of Hindoostan*, New Delhi, 1983

Schimmel, Annemarie, *Islam in the Indian Subcontinent*, Leiden–Koln, 1980

Sen, S. N., 'A new account of the siege of Delhi', in *Bengal Past and Present*, 1957

Sen, Surendranath, *1857*, New Delhi, 1957

Shackleton, Robert, 'A soldier of Delhi', in *Harper's* magazine, October 1909

Shreeve, Nicholas, *Dark Legacy*, Arundel, 1996

Shreeve, Nicholas (ed.), *From Nawab to Nabob: The Diary of David Ochterlony Dyce Sombre*, Arundel, 2000

Shreeve, Nicholas, *The Indian Heir*, Arundel, 2001

Sikand, Yoginder, *Bastions of the Believers: Madrasas and Islamic Education in India*, New Delhi, 2005

Singer, Noel F., *Old Rangoon*, Gartmore, 1995

Smith, Vincent, *Oxford History of India*, Oxford, 1923

Spear, Percival, *The Twilight of the Moghuls*, Cambridge, 1951

Spear, Percival, *The Nabobs*, Cambridge, 1963

Spear, T. G. P., 'The Mogul Family and the Court in 19th Century Delhi', in *Journal of Indian History*, vol. 20, 1941

Stokes, Eric, *The Peasant and the Raj – Studies in Agrarian Society and Peasant Rebellion in Colonial India*, London, 1978

Taylor, P. J. O., *A Companion to 'The Indian Mutiny' of 1857*, Delhi, 1996

Taylor, P. J. O., *What Really Happened During the Mutiny: A Day-by-Day Account of the Major Events of 1857–1859 in India*, Delhi, 1997

Thompson, Edward, *The Life of Charles Lord Metcalfe*, London, 1937

Topsfield, Andrew (ed.), *In the Realm of Gods and Kings: Arts of India*, New York, 2004

Varma, Pavan K., *Ghalib: The Man, the Times*, New Delhi, 1989

Varma, Pavan K., *Mansions at Dusk: The Havelis of Old Delhi*, New Delhi, 1992

Ward, Andrew, *Our Bones are Scattered: The Cawnpore Massacres and the Indian Mutiny of 1857*, London, 1996

Welch, Stuart Cary, *Room for Wonder: Indian Painting during the British Period 1760–1880*, New York, 1978

Wilson, A. N., *The Victorians*, London, 2002

Yadav, K. C., *The Revolt of 1857 in Haryana*, Delhi, 1977

译后记

　　成为译者之前，先要成为诚恳的读者，谈到阅读《莫卧儿王朝的灭亡》的感悟，就要提到威廉·达尔林普尔的另一部著作《王的归程》。初读《王的归程》就被深深吸引，书中错综复杂的人物关系、完美交织的叙事方式，以及庞杂的引文和精妙的遣词，无不令人赞叹。伴着阅读的愉悦体验，内心不禁泛起一丝慌张，犹如在群山环抱中，明知眼前是无尽的风景，却因沉沉雾霭，总有些看不透的东西。

　　威廉·达尔林普尔通过莫卧儿王朝末代皇帝巴哈杜尔·沙·扎法尔二世跌宕起伏的一生，谱写一曲莫卧儿王朝的悲怆挽歌。倘要厘清本书的脉络，不妨以音乐作品作比，它无疑是一部构思缜密的复调作品：多条时间线和人物线并行展开，这些"旋律线条"交织重叠、相互呼应，构建出饱满的内容和鲜明的层次，书中引文是支撑"旋律线条"的础石，整部作品的丰富性亦在于此。

　　亦如音乐作品的留白，书中有些段落欲说还休、余韵绵长。更不消说，很多史料源自片纸只字，考虑到语言表达的多样性，对同一段文字有多种解释；况且大量引文是从尘封已久的史料转译而来，仅凭一小段文字，难以判断语义，因此需要查找原始史料，以便理出头绪。这是一个否定、再否定的过程，不断地假设，不停地寻找另一种可能，就连"cousin"这样看似简单的称谓，为了确定人物的实际关系，也要查考史料；又因许多引文从未被其他史学家引用，故而关于某些"小人物"究竟是谁的问题，便要耐心探究。

尽管翻译过程格外艰辛，但在持续探寻中，时常伴有惊喜。威廉·达尔林普尔出色的叙事手法和语言技巧，赋予本书戏剧般的细腻质感，它有令人捧腹的段落，也有让人泪目的字句，读者仿佛置身于书中情境，与书中人物同呼吸、共命运。很多时候，作者不是以"上帝视角"，而是以一种近乎平视，甚至面对面的方式，诉说着书中人物的曲折经历。在作者笔下，尘封的历史有了色彩和温度，历史人物不再局限于书页上的几段文字，转而有了丰富的层次和鲜活的个性，每位读者或多或少都能在书中人物身上找到自己的影子。以皇室为例：扎法尔不仅仅是至高无上的皇帝，还是平凡的丈夫、慈爱的父亲，他也要面对夫妻矛盾和父子之争，在命运的重压下，不时流露出挫败感和无力感；莫卧儿王子总想得到父亲的认可，他有努力，也有失落；贾旺·巴克特王子尽享父母的溺爱娇宠，即便惹是生非，也能得到袒护；皇后吉娜塔·玛哈尔为了让独子贾旺·巴克特成为储嗣，甚至不惜出卖至亲。世异时移，纵然时代背景迥异，但书中有我们每个人每天面对的生活，读者在阅读过程中屡屡产生共鸣，原因就在于此。

说到阅读感受，各位读者各有喜爱的人物。暂不论功过，"不按牌理出牌"的迦利布无疑是书中最讨喜的人物之一，不管是面对皇帝扎法尔，还是英国占领军，甚至是维多利亚女王，他都敢于直抒己见。迦利布有自己的坚持，姑勿论那份坚持对错与否，仅凭那股自信的劲头，就足以让人拍案叫绝，更不用说他惊人的才华和俏皮的言辞。细想之下，那些言辞所透露的深刻哲理，不禁令读者感喟。

早年间的一部印度电影《抗暴英雄》（*Mangal Pandey: The Rising*），讲述的是印度兵曼加尔·潘迪的故事，他打响1857年印度民族大起义的第一枪。曼加尔·潘迪是一名老兵，参加过1839—1842年的英阿战争，《王的归程》所书写的就是那段历史。电影的另一位主角是英国军官威廉·戈登，在德里围城战中，正是他从城头向英军开炮。历史的陀螺不停旋转：1842年驻阿英军遭到阿富汗部落民痛击，同年侵华英军先后攻占吴淞、上海、镇江等地，进逼南京，强迫清政府签订不平等的《南京条约》；1857年印度起义军不敌英军，德里失陷，同年侵华英法联军攻陷广州，随后将两广总督叶名琛押解到印度加尔各答，1860年清政府被迫签订中英《北京条约》，割让九龙半岛。同一时期，英军捣毁德里红堡，英法联军焚毁北京圆明园，古老的东方文明蒙受空前浩劫。

19世纪中叶，大英帝国步入巅峰时期，号称"日不落帝国"，拥有强大的国力和军事实力，能够在全世界范围内同时展开多场战争。随着势力范围持续扩张，英国逐渐构筑起一个庞大的帝国体系，其触角几乎遍及全球，所积蓄的经济和军事优势，为其剥削和压迫殖民地提供便利条件。为了加速殖民化进程，英国人常把自己的文化和法律制度强加于殖民地的民族，这样的剥削和压迫必然遭到殖民地人民的抵制和反抗，而殖民者与被殖民者之间不可调和的矛盾与冲突，究其根源，在于殖民地人民的文化保护和身份认同意识。

《抗暴英雄》细述上述矛盾和冲突，以及1857年印度民族大起义的主要肇因：殉夫习俗"萨提"被废除，允许寡妇再嫁；军中使用涂敷有牛脂和猪脂的弹药筒，触犯了印度教徒和穆斯林的宗教禁忌；英国军官以轻蔑的态度对待印裔士兵；如此等等。不过电影未提及起义的其他肇因，譬如以"无嗣失权"政策和"治理不善"等理由，剥夺土邦王公的统治权和特权，兼吞诸多土邦，导致印度土邦面积减少三分之一。那那大人所领导的坎普尔大屠杀和詹西女王所领导的起义，也由此引发。此外，以米奇利·约翰·詹宁斯牧师为代表的激进的福音派传教士，推行大规模改信计划，劝诱印度教徒和穆斯林改信基督教，引发印度社会一片哗然，亦是起义的肇因之一。

起义不限于一城一地，而是遍及印度各地，德里、密拉特、坎普尔、勒克瑙、詹西、锡亚尔科特、海得拉巴等地烽烟迭起。1857 年 5 月 10 日，密拉特驻军中的印度兵率先起事，起事者袭击欧洲人和印裔基督教徒、诛杀英国军官、释放囚犯、焚毁东印度公司的管理机构。继后，信奉印度教的印度兵前仆后继地奔赴红堡，集结于穆斯林皇帝扎法尔旗下，与穆斯林同胞共赴国难。

扎法尔性格偏执、柔懦寡断，自幼不受父亲阿克巴·沙赏识，即位后又遭到东印度公司官员的压制，可谓"无权、无钱、无兵"。拜英国人所赐，时至 1857 年，扎法尔可以失去的东西少之又少。印度兵热血沸腾、揭竿而起，在兵众的拥戴下，扎法尔认为起义军到临，或许代表真主之手，借此良机，其治下伟大的莫卧儿王朝终将复兴。然而扎法尔不甚了了，打仗打的是钱粮。印度各地的王公各自为战，要么骑墙两顾，要么明里暗里地支持英国人，起义军将领和朝廷不能从德里以外的地区征税，将士们缺粮少饷、后勤补给匮乏，全凭一腔热血上战场，随着德里围城战持续进行，起义军士气大减。再者，长期以来英国人蓄意所致，印度兵在军队中擢升无望，对于稍大规模战场的作战指挥和后勤保障，印度兵毫无经验。德里围城战开战之初，英方兵少势孤，处于相对弱势，仅能在德里岭上维系一条单薄的战线，而起义军未能运用己方兵力优势全面围攻英军，也未能及时采取穿插迂回等战术，更未能切断英方补给线，而是一味地正面强攻，直到巴德里车马店之战时，才如梦初醒，但为时已晚。

1857 年印度民族大起义不仅是一场民族战争，而且是一场宗教战争。在印方，无论是信奉印度教的印度兵，还是参战的穆斯林，都把起义看作圣战，把英国人说成是异教徒，誓与英军血战到底。在英方，约翰·尼科尔森对印度教徒和穆斯林满怀仇怨，立志在异教徒的蛮荒之地扩张英国人的基督教帝国；威廉·霍德森自诩为"基督精兵"，并以虐杀起事者取乐；西奥菲勒斯·梅特卡夫为了替自己和家人报仇，大开杀戒，甚至滥杀无辜。就英国人而论，如此渴望复仇，与其说是一种欲望，毋宁说是《圣经》明文昭示的权利，他们非但不把起事者视为人类，反而视之为"畜生恶魔"。城破之时，英军官兵大肆屠戮，无差别地对待一切人等，使德里沦为一座"枉死之城"。

起义虽以失败告终，却让英国人和印度人在心理上和行动上发生了巨大转变。英国废除东印度公司的统治权，改由英国女王接管印度；成立内政、外交和财政等政府部门，设立市政机构；改革文官制度，吸纳印度人担任文官；在经济上放宽对印度人的限制，一批有规模的本土企业由此诞生。反观之，印度人开始反思印度传统文化与西方文化的矛盾和联系，从而促进印度文化的开放与现代化。1857 年之后，印度社会开始逐渐向现代化和工业化转型，印度民族大起义推动独立运动的发展,堪称印度走向现代化的基石。

《莫卧儿王朝的灭亡》的翻译过程充满艰辛,为了匹配原文的精妙,译者可谓搜肠刮肚,再三斟酌用词和译法,以使之贴近中文意境并便于理解。本书中译本的顺利付梓,有赖于亲朋的支持和帮助,尤其是社会科学文献出版社的董风云、李洋和胡涛的信任与引导,在此表示由衷的感谢。由于自身的能力和认知所限,译文难免存在欠妥之处,还望诸君不吝赐教。

2024 年 12 月于广州

图书在版编目（CIP）数据

莫卧儿王朝的灭亡：德里1857年／（英）威廉·达尔林普尔（William Dalrymple）著；何畅炜，李飚译.
北京：社会科学文献出版社，2025.7. -- ISBN 978-7
-5228-5288-1

Ⅰ. K351. 32

中国国家版本馆 CIP 数据核字第 2025E1L595 号

审图号：GS（2023）4672号

莫卧儿王朝的灭亡

德里 1857 年

著　　者／〔英〕威廉·达尔林普尔（William Dalrymple）
译　　者／何畅炜　李　飚

出 版 人／冀祥德
组稿编辑／董风云
责任编辑／李　洋
责任印制／岳　阳

出　　版／社会科学文献出版社·甲骨文工作室（分社）（010）59366527
　　　　　地址：北京市北三环中路甲 29 号院华龙大厦　邮编：100029
　　　　　网址：www. ssap. com. cn
发　　行／社会科学文献出版社（010）59367028
印　　装／三河市东方印刷有限公司

规　　格／开　本：889mm×1194mm　1/32
　　　　　印　张：24.375　插　页：0.75　字　数：615 千字
版　　次／2025 年 7 月第 1 版　2025 年 7 月第 1 次印刷
书　　号／ISBN 978-7-5228-5288-1
著作权合同
登 记 号　／图字 01-2025-0473 号
定　　价／149.00 元

读者服务电话：4008918866